KB030566

CLINICAL PSYCHOLOGIST

2023 최신판

쉽게 풀어 쓴

임상심리사

2급 실기

김도연 편저

심리학 전문출판사 학지사의
저자직강 동영상 강의
https://www.counpia.com

학지사

머리말

최근 들어 임상심리사의 역할과 책임에 대한 사회적 관심이 급증하면서 실제 자격을 취득한 후에 지역사회 기관, 병의원, 심리센터, 기업, 학교 등의 다양한 분야에서 활발하게 실무에 종사하며 심리상담 · 심리평가 · 교육 및 자문 등의 영역에서 활동하는 임상심리사가 매년 증가하고 있습니다. 이처럼 임상심리사의 실무적 역량에 대한 기대와 요구가 상당한 시기에 임상 실무의 기초적 기반이 될 수 있는 임상심리사 실기 수험서를 집필하게 되어 그 책임감이 매우 큽니다. 이에 이 교재는 임상심리사로서의 자격을 갖추기 위해 반드시 알아야 하는 주요 핵심개념과 기출문제풀이 및 실제 실무적 적용을 위한 실용적 임상가이드를 포함하는 데 중점을 두었습니다.

이 책의 전반적 내용은 임상심리사 실기시험에 필요한 핵심교과목에 기반을 두고 있으며, 시험을 준비하는 분들이 보다 쉽게 이해하면서도 명확하게 문제에 접근할 수 있도록 영역별 · 단계별로 세부내용이 구성되어 있습니다. 먼저, 기초심리평가, 기초심리상담, 심리치료, 자문 · 교육 · 재활을 포함하는 각 장은 그동안 기출문제로 출제되었던 핵심개념 및 앞으로 출제가능성이 높은 주요 개념 중심으로 정리되었으며, 특히 반복적으로 출제되는 내용은 추가적인 설명을 덧붙여 강조하였습니다. 또한 각 장에 요약된 핵심개념에 부합되는 기출문제를 별도로 복원하여 시험에 대비할 수 있도록 해당 설명을 수록하였으며, 최근 6년간의 임상심리사 실기 기출문제풀이를 통해 실제 시험유형을 확인하고 모범답안을 기술할 수 있도록 준비하였습니다. 나아가 다양한 사례 중심의 문제를 쉽게 이해할 수 있도록 사례형 기출문제를 별도로 준비하여 정리하였습니다.

임상심리사는 수많은 사람의 삶의 애환과 고통의 순간을 마주하는 가장 중심의 자리에 있는 직업이기도 합니다. 그렇기에 필자인 저 또한 내담자 앞에서 매 순간 주어진 본분을 다하고자 끊임없는 노력을 기울이고 있습니다. 보람과 의미가 큰 자리이기도 하지만, 가장 낮은 마음으로 겸손함을 잃지 않고 자신을 갈고닦아야 하는 소명이 큰 자리이기도 합니다. 모쪼록 임상심리사로서 첫걸음이 될 수 있는 자격과정에서 뜻깊은 결실이 있기를 기원하며, 이 실기서가 시험을 준비하는 많은 분에게 도움이 되기를 희망합니다. 끝으로, 이 책이 출간되기까지 한결같은 배려와 지지를 보내주신 학지사 김진환 대표님과 편집에 세심한 신경을 써 주신 김진영 차장님 및 관계자 여러분께 깊은 감사를 드립니다.

2023년 2월
저자 김도연

임상심리사 2급 시험안내

I. 자격정보

1. 자격명: 임상심리사 2급(Clinical Psychology Practitioner)

2. 관련부처: 보건복지부

3. 시행기관: 한국산업인력공단(http://www.q-net.or.kr)

4. 수행직무

국민의 심리적 건강과 적응을 위해 기초적인 심리평가, 심리검사, 심리치료상담, 심리재활 및 심리교육 등의 업무를 주로 수행하며, 임상심리사 1급의 업무를 보조하는 직무

5. 응시자격

임상심리와 관련하여 1년 이상 실습수련을 받은 자 또는 2년 이상 실무에 종사한 자로서 대학 졸업자 및 졸업예정자 등

6. 진료 및 전망

임상심리사, 심리치료사

7. 검정현황

종목명	연도	필기			실기		
		응시	합격	합격률(%)	응시	합격	합격률(%)
임상심리사 2급	2021	6,469	5,465	84.5	6,461	2,614	40.5
임상심리사 2급	2020	5,032	3,948	78.5	6,081	1,220	20.1
임상심리사 2급	2019	6,016	3,947	65.6	5,858	1,375	23.5
임상심리사 2급	2018	5,621	3,885	69.1	6,189	1,141	18.4
임상심리사 2급	2017	5,294	4,360	82.4	6,196	1,063	17.2
임상심리사 2급	2016	5,424	4,412	81.3	5,810	1,327	22.8
임상심리사 2급	2015	4,442	3,100	69.8	5,330	826	15.5
임상심리사 2급	2014	3,455	3,068	88.8	3,367	476	14.1

II. 시험정보

1. 시험과목

구분	시험과목	문항 수	시험시간	시험방법
필기	1. 심리학개론 2. 이상심리학 3. 심리검사 4. 임상심리학 5. 심리상담	100문항	2시간 30분	객관식
실기	임상 실무	18~20문항	3시간	서술형

2. 합격기준

- 필기(매 과목 100점): 매 과목 40점 이상, 전 과목 평균 60점 이상
- 실기(100점): 60점 이상

3. 출제경향

국민의 심리적 건강과 적응을 위해 기초적인 심리평가, 심리검사, 심리치료상담, 심리재활 및 심리교육 등의 업무를 수행하는 능력평가

4. 시험수수료

필기: 19,400원 / 실기: 20,800원

5. 시험일정

2023년 임상심리사 2급 시험일정

회별	필기시험 원서접수 (인터넷)	필기시험	필기시험 합격자 발표	실기시험 원서접수	실기시험	합격자 발표
2023년 정기기사 1회	2023. 1. 10. ~ 2023. 1. 19.	2023. 2. 13. ~ 2023. 3. 15.	2023. 3. 21.	2023. 3. 28. ~ 2023. 3. 31.	2023. 4. 22. ~ 2023. 5. 7.	2023. 6. 9.
2023년 정기기사 2회	2023. 4. 17. ~ 2023. 4. 20.	2023. 5. 13. ~ 2023. 6. 4.	2023. 6. 14.	2023. 6. 27. ~ 2023. 6. 30.	2023. 7. 22. ~ 2023. 8. 6.	2023. 9. 1.
2023년 정기기사 3회	2023. 6. 19. ~ 2023. 6. 22.	2023. 7. 8. ~ 2023. 7. 23.	2023. 8. 2.	2023. 9. 4. ~ 2023. 9. 7.	2023. 10. 7. ~ 2023. 10. 20.	2023. 11. 15.

6. 출제기준

출제기준(실기)

직무 분야	보건 · 의료	중직무 분야	보건 · 의료	자격 종목	임상심리사 2급	적용 기간	2020. 1. 1. ~ 2024. 12. 31.
ㅇ 직무내용: 국민의 심리적 건강과 적응을 위해 기초적인 심리평가, 심리검사, 심리치료상담, 심리재활 및 심리교육 등의 업무를 주로 수행하며, 임상심리사 1급의 업무를 보조하는 직무이다. ㅇ 수행준거: 1. 기초적인 심리평가를 수행하고 그 결과를 해석하고 적용할 수 있다. 2. 임상심리학 지식을 통해 기초적인 심리상담 및 심리치료를 할 수 있다.							
실기검정방법	필답형			시험시간	3시간		

실기 과목명	주요항목	세부항목	세세항목
임상 실무	1. 기초심리 평가	1. 기초적인 심리검사 실시/채점 및 적용하기	1. 지능검사를 지침에 맞게 실시, 채점하고 해석할 수 있다. 2. 표준화된 성격검사를 지침에 맞게 실시, 채점하고 해석할 수 있다. 3. 투사검사를 지침에 맞게 실시, 채점할 수 있다. 4. 신경심리검사를 지침에 맞게 실시, 채점할 수 있다. 5. 다양한 행동 평가 방법을 활용하여 목표행동을 규정하고 자료를 수집할 수 있다.
	2. 기초심리 상담	1. 심리상담 하기	1. 내담자와 관계형성을 할 수 있다. 2. 내담자의 심리적 특성을 평가할 수 있다. 3. 상담 목표와 계획을 수립할 수 있다. 4. 슈퍼비전하에 상담을 진행할 수 있다.
	3. 심리치료	1. 심리치료 하기	1. 내담자와 치료관계를 형성할 수 있다. 2. 기초 행동수정법을 적용할 수 있다. 3. 대인관계증진법을 적용할 수 있다. 4. 아동지도법을 적용할 수 있다. 5. 아동·청소년 스트레스 관리 프로그램을 실시할 수 있다.
	4. 자문, 교육, 심리재활	1. 자문하기	1. 기초적인 자문을 할 수 있다.
		2. 교육하기	1. 심리교육 프로그램을 개발할 수 있다. 2. 심리교육을 시행할 수 있다. 3. 심리건강을 홍보할 수 있다.
		3. 심리재활 하기	1. 심리사회적 기능을 평가할 수 있다. 2. 심리재활 계획을 수립할 수 있다. 3. 심리재활 프로그램을 실시할 수 있다. 4. 사례관리를 할 수 있다.

* 이 시험정보는 한국산업인력공단의 내용을 기준으로 하였으며 변동사항이 있을 수 있습니다.

둘러보기(이 책의 구성)

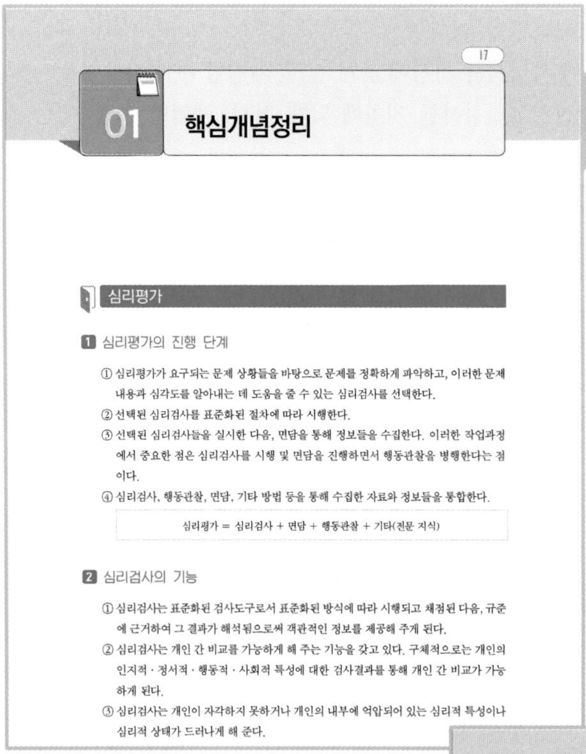
17

01 핵심개념정리

심리평가

1 심리평가의 진행 단계

① 심리평가가 요구되는 문제 상황들을 바탕으로 문제를 정확하게 파악하고, 이러한 문제 내용과 심각도를 알아내는 데 도움을 줄 수 있는 심리검사를 선택한다.
② 선택된 심리검사를 표준화된 절차에 따라 시행한다.
③ 선택된 심리검사들을 실시한 다음, 면담을 통해 정보들을 수집한다. 이러한 작업과정에서 중요한 점은 심리검사를 시행 및 면담을 진행하면서 행동관찰을 병행한다는 점이다.
④ 심리검사, 행동관찰, 면담, 기타 방법 등을 통해 수집한 자료와 정보들을 통합한다.

심리평가 = 심리검사 + 면담 + 행동관찰 + 기타(전문 지식)

2 심리검사의 기능

① 심리검사는 표준화된 검사도구로서 표준화된 방식에 따라 시행되고 채점된 다음, 규준에 근거하여 그 결과가 해석됨으로써 객관적인 정보를 제공해 주게 된다.
② 심리검사는 개인 간 비교를 가능하게 해 주는 기능을 갖고 있다. 구체적으로는 개인의 인지적 · 정서적 · 행동적 · 사회적 특성에 대한 검사결과를 통해 개인 간 비교가 가능하게 된다.
③ 심리검사는 개인이 자각하지 못하거나 개인의 내부에 억압되어 있는 심리적 특성이나 심리적 상태가 드러나게 해 준다.

핵심개념정리 ≫ 기초 튼튼

임상심리사 실기시험의 주요 교과목인 기초심리평가, 기초심리상담, 심리치료, 자문 · 교육 · 심리재활 부분에서 반드시 알아야 할 핵심개념을 쉽게 이해할 수 있도록 정리하였습니다. 실기시험을 준비하는 데 있어 놓쳐서는 안 될 주요 내용인 만큼 시험을 보기 전까지 수시로 살펴봅시다!

기출기반학습⁺ ≫ 실전 대비

2013년도부터 최근까지 임상심리사 실기시험에서 반복적으로 기출되었던 문제를 중심으로 실전에 대비해 학습할 수 있도록 요약해 정리하였습니다. 실전을 위한 중요한 파트인 만큼 문제의 유형과 모범답안을 잘 숙지합시다!

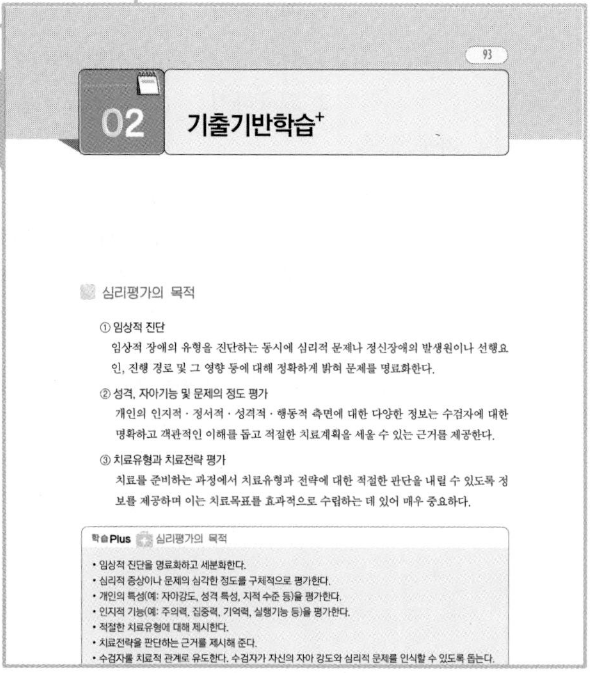
93

02 기출기반학습⁺

심리평가의 목적

① 임상적 진단
임상적 장애의 유형을 진단하는 동시에 심리적 문제나 정신장애의 발생원이나 선행요인, 진행 경로 및 그 영향 등에 대해 정확하게 밝혀 문제를 명료화한다.

② 성격, 자아기능 및 문제의 정도 평가
개인의 인지적 · 정서적 · 성격적 · 행동적 측면에 대한 다양한 정보는 수검자에 대한 명확하고 객관적인 이해를 돕고 적절한 치료계획을 세울 수 있는 근거를 제공한다.

③ 치료유형과 치료전략 평가
치료를 준비하는 과정에서 치료유형과 전략에 대한 적절한 판단을 내릴 수 있도록 정보를 제공하며 이는 치료목표를 효과적으로 수립하는 데 있어 매우 중요하다.

학습Plus 심리평가의 목적

- 임상적 진단을 명료화하고 세분화한다.
- 심리적 증상이나 문제의 심각한 정도를 구체적으로 평가한다.
- 개인의 특성(예: 자아강도, 성격 특성, 지적 수준 등)을 평가한다.
- 인지적 기능(예: 주의력, 집중력, 기억력, 실행기능 등)을 평가한다.
- 적절한 치료유형에 대해 제시한다.
- 치료전략을 판단하는 근거를 제시해 준다.
- 수검자를 치료적 관계로 유도한다. 수검자가 자신의 자아 강도와 심리적 문제를 인식할 수 있도록 돕는다.

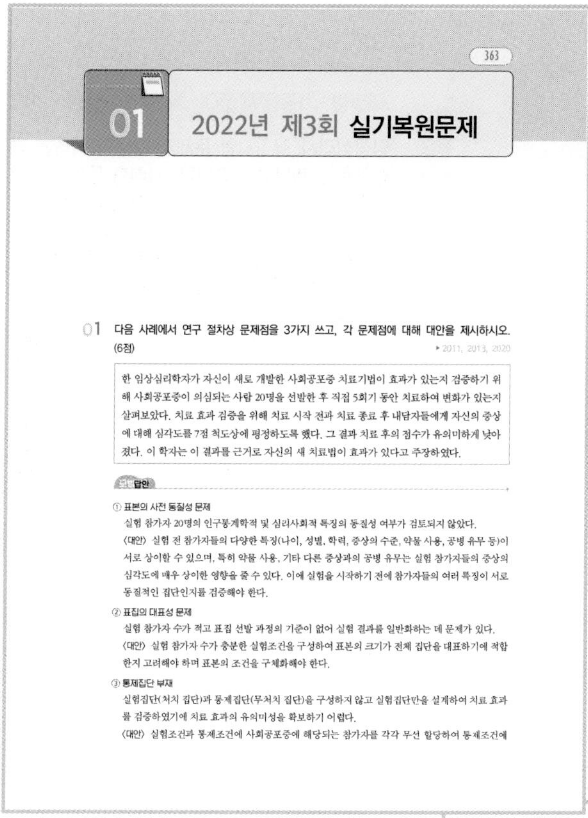

363

01 2022년 제3회 **실기복원문제**

01 다음 사례에서 연구 절차상 문제점을 3가지 쓰고, 각 문제점에 대해 대안을 제시하시오. (6점)

▸ 2011, 2013, 2020

한 임상심리학자가 자신이 새로 개발한 사회공포증 치료기법이 효과가 있는지 검증하기 위해 사회공포증이 의심되는 사람 20명을 선발한 후 직접 5회기 동안 치료하여 변화가 있는지 살펴보았다. 치료 효과 검증을 위해 치료 시작 전과 치료 종료 후 내담자들에게 자신의 증상에 대해 심각도를 7점 척도상에 평정하도록 했다. 그 결과 치료 후의 점수가 유의미하게 낮아졌다. 이 학자는 이 결과를 근거로 자신의 새 치료법이 효과가 있다고 주장하였다.

답안

① 표본의 사전 동질성 문제

실험 참가자 20명의 인구통계학적 및 심리사회적 특징의 동질성 여부가 검토되지 않았다.

〈대안〉 실험 전 참가자들의 다양한 특징(나이, 성별, 학력, 증상의 수준, 약물 사용, 공병 유무 등)이 서로 상이할 수 있으며, 특히 약물 사용, 기타 다른 증상과의 공병 유무는 실험 참가자들의 증상의 심각도에 매우 상이한 영향을 줄 수 있다. 이에 실험을 시작하기 전에 참가자들의 여러 특징이 서로 동질적인 집단인지를 검증해야 한다.

② 표집의 대표성 문제

실험 참가자 수가 적고 표집 선발 과정의 기준이 없어 실험 결과를 일반화하는 데 문제가 있다.

〈대안〉 실험 참가자 수가 충분한 실험조건을 구성하여 표본의 크기가 전체 집단을 대표하기에 적합한지 고려해야 하며 표본의 조건을 구체화해야 한다.

③ 통제집단 부재

실험집단(처치 집단)과 통제집단(무처치 집단)을 구성하지 않고 실험집단만을 설계하여 치료 효과를 검증하였기에 치료 효과의 유의미성을 확보하기 어렵다.

〈대안〉 실험조건과 통제조건에 사회공포증에 해당되는 참가자를 각각 무선 할당하여 통제조건에

기출문제풀이 ≫ **역량 강화**

2017년도부터 2022년도까지 기출되었던 임상심리사 실기 기출문제를 복원하여 모범답안을 제시하였습니다. 시험의 난이도를 확인하며 자신의 실력도 확인합시다!

학습 Plus ≫ **역량 강화**

추가로 도움이 될 만한 내용을 학습 Plus로 구성하였습니다. 기출문제의 모범답안 외 학습 plus까지 학습을 마쳤다면 합격을 위한 시험 준비는 완성! 합격을 위해 놓치는 부분이 없도록 꼼꼼하게 정리합시다!

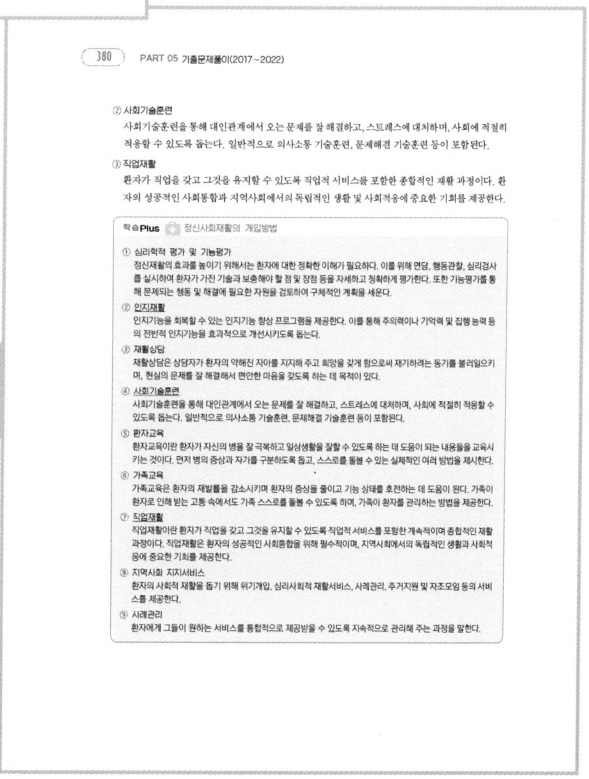

380 PART 05 기출문제풀이(2017~2022)

② 사회기술훈련

사회기술훈련을 통해 대인관계에서 오는 문제를 잘 해결하고, 스트레스에 대처하며, 사회에 적절히 적응할 수 있도록 돕는다. 일반적으로 의사소통 기술훈련, 문제해결 기술훈련 등이 포함된다.

③ 직업재활

환자가 직업을 갖고 그것을 유지할 수 있도록 직업적 서비스를 포함한 종합적인 재활 과정이다. 환자의 성공적인 사회통합과 지역사회에서의 독립적인 생활 및 사회적응에 중요한 기회를 제공한다.

학습Plus 정신사회재활의 개입방법

① 심리학적 평가 및 기능평가

정신재활의 효과를 높이기 위해서는 환자에 대한 정확한 이해가 필요하다. 이를 위해 면담, 행동관찰, 심리검사를 실시하여 환자가 가진 기술과 보충해야 할 점 및 장점 등을 자세하고 정확하게 평가한다. 또한 기능평가를 통해 문제되는 행동 및 해결에 필요한 자원을 검토하여 구체적인 계획을 세운다.

② 인지재활

인지기능을 회복할 수 있는 인지기능 향상 프로그램을 제공한다. 이를 통해 주의력이나 기억력 및 집행 능력 등의 전반적 인지기능을 효과적으로 개선시키도록 돕는다.

③ 재활상담

재활상담은 상담자가 환자의 약해진 자아를 지지해 주고 희망을 갖게 함으로써 재기하려는 동기를 불러일으키며, 현실의 문제를 잘 해결해서 편안한 마음을 갖도록 하는 데 목적이 있다.

④ 사회기술훈련

사회기술훈련을 통해 대인관계에서 오는 문제를 잘 해결하고, 스트레스에 대처하며, 사회에 적절히 적응할 수 있도록 돕는다. 일반적으로 의사소통 기술훈련, 문제해결 기술훈련 등이 포함된다.

⑤ 환자교육

환자교육이란 환자가 자신의 병을 잘 극복하고 일상생활을 잘할 수 있도록 하는 데 도움이 되는 내용들을 교육시키는 것이다. 먼저 병의 증상과 자기를 구분하도록 돕고, 스스로를 돌볼 수 있는 실제적인 여러 방법을 제시한다.

⑥ 가족교육

가족교육은 환자의 재발률을 감소시키며 환자의 증상을 줄이고 기능 상태를 호전하는 데 도움이 된다. 가족이 환자로 인해 받는 고통 속에서도 가족 스스로를 돌볼 수 있도록 하며, 가족이 환자를 관리하는 방법을 제공한다.

⑦ 직업재활

직업재활이란 환자가 직업을 갖고 그것을 유지할 수 있도록 직업적 서비스를 포함한 계속적이며 종합적인 재활 과정이다. 직업재활은 환자의 성공적인 사회통합을 위해 필수적이며, 지역사회에서의 독립적인 생활과 사회적응에 중요한 기회를 제공한다.

⑧ 지역사회 지지서비스

환자의 사회적 재활을 돕기 위해 위기개입, 심리사회적 재활서비스, 사례관리, 주거지원 및 자조모임 등의 서비스를 제공한다.

⑨ 사례관리

환자에게 그들이 원하는 서비스를 통합적으로 제공받을 수 있도록 지속적으로 관리해 주는 과정을 말한다.

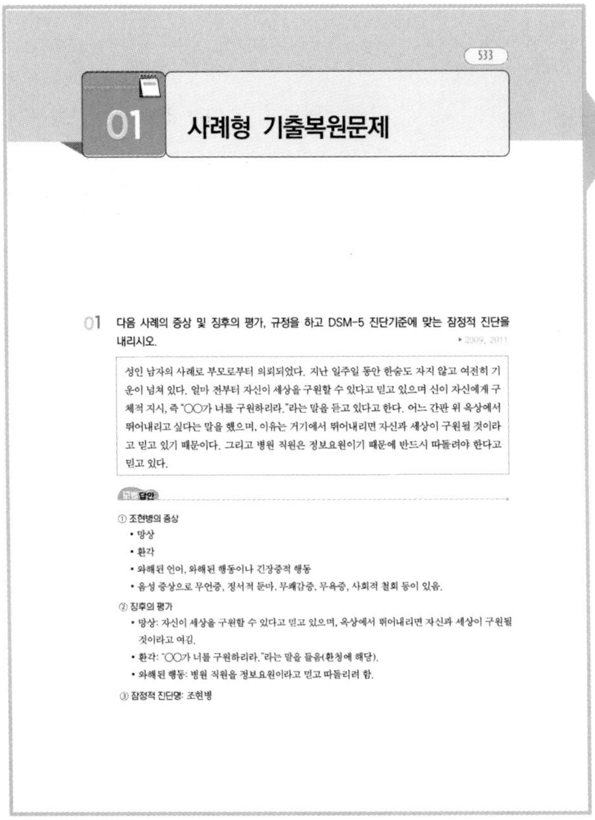

533

01 사례형 기출복원문제

01 다음 사례의 증상 및 징후의 평가, 규정을 하고 DSM-5 진단기준에 맞는 잠정적 진단을 내리시오. ▸ 2009, 2011

성인 남자의 사례로 부모로부터 의뢰되었다. 지난 일주일 동안 한숨도 자지 않고 여전히 기운이 넘쳐 있다. 얼마 전부터 자신이 세상을 구원할 수 있다고 믿고 있으며 신이 자신에게 구체적 지시, 즉 "○○가 너를 구원하리라."라는 말을 듣고 있다고 한다. 어느 간판 위 옥상에서 뛰어내리고 싶다는 말을 했으며, 이유는 거기에서 뛰어내리면 자신과 세상이 구원될 것이라고 믿고 있기 때문이다. 그리고 병원 직원은 정보요원이기 때문에 반드시 따돌려야 한다고 믿고 있다.

답안

① 조현병의 증상
- 망상
- 환각
- 와해된 언어, 와해된 행동이나 긴장증적 행동
- 음성 증상으로 무언증, 정서적 둔마, 무쾌감증, 무욕증, 사회적 철회 등이 있음.

② 징후의 평가
- 망상: 자신이 세상을 구원할 수 있다고 믿고 있으며, 옥상에서 뛰어내리면 자신과 세상이 구원될 것이라고 여김.
- 환각: "○○가 너를 구원하리라."라는 말을 들음(환청에 해당).
- 와해된 행동: 병원 직원을 정보요원이라고 믿고 따돌리려 함.

③ 잠정적 진단명: 조현병

사례형 기출문제풀이 ≫ 최종 점검

임상심리사 실기시험 문제가 다양한 사례를 중심으로 출제되고 있습니다. 사례형 문제가 나오더라도 긴장하지 말고 찬찬히 사례의 내용을 잘 살펴보며 요구하는 답안을 마련해 봅시다. 반복적으로 기출되었던 30개의 사례형 문제와 모범답안을 제시하였습니다. 반드시 검토하여 최종 점검합시다!

차례

PART 05 기출문제풀이(2017~2022) 361

PART 06 사례형 기출복원문제 531

PART

01

기초심리평가

01 핵심개념정리

- 심리평가
- 지능검사
- 성격검사
- 투사검사
- 아동 · 청소년 검사
- 신경심리검사

02 기출기반학습+

01 핵심개념정리

심리평가

1 심리평가의 진행 단계

① 심리평가가 요구되는 문제 상황들을 바탕으로 문제를 정확하게 파악하고, 이러한 문제 내용과 심각도를 알아내는 데 도움을 줄 수 있는 심리검사를 선택한다.

② 선택된 심리검사를 표준화된 절차에 따라 시행한다.

③ 선택된 심리검사들을 실시한 다음, 면담을 통해 정보들을 수집한다. 이러한 작업과정에서 중요한 점은 심리검사를 시행 및 면담을 진행하면서 행동관찰을 병행한다는 점이다.

④ 심리검사, 행동관찰, 면담, 기타 방법 등을 통해 수집한 자료와 정보들을 통합한다.

> 심리평가 = 심리검사 + 면담 + 행동관찰 + 기타(전문 지식)

2 심리검사의 기능

① 심리검사는 표준화된 검사도구로서 표준화된 방식에 따라 시행되고 채점된 다음, 규준에 근거하여 그 결과가 해석됨으로써 객관적인 정보를 제공해 주게 된다.

② 심리검사는 개인 간 비교를 가능하게 해 주는 기능을 갖고 있다. 구체적으로는 개인의 인지적 · 정서적 · 행동적 · 사회적 특성에 대한 검사결과를 통해 개인 간 비교가 가능하게 된다.

③ 심리검사는 개인이 자각하지 못하거나 개인의 내부에 억압되어 있는 심리적 특성이나 심리적 상태가 드러나게 해 준다.

3 심리평가의 기능

① 문제의 명료화

심리적 문제나 정신장애를 다각적으로 평가하여 문제의 원인이나 특징에 대해 정확하게 파악할 수 있도록 해 준다. 문제를 명료화하고 장애의 유형을 진단하는 동시에 기저하는 문제나 정신장애의 발생 원인이나 선행요인, 진행 경로 및 그 영향 등을 명료하게 밝혀 줄 수 있다.

② 수검자에 대한 이해

심리평가는 개인의 지적 능력과 적성, 인지적 특징, 성격, 대인관계 방식, 문제해결 방식이나 방어 양식, 적응 방식 등 다양한 측면을 평가할 수 있도록 해 준다. 또한 개인의 취약점과 더불어 강점을 밝혀 개인에게 적절한 치료목표를 설정할 수 있게 해 준다.

③ 치료계획 세우기

심리평가는 적절한 치료계획을 세울 수 있는 근거를 제공한다. 적합한 치료목표를 세우고 치료 유형을 선택하며 치료전략을 세우는 일련의 과정에 대한 정보를 제공해 준다. 만일 명확한 근거 없이 치료계획을 세우게 된다면 적절하지 않은 치료목표, 유형 및 전략이 세워지는 위험이 뒤따르게 되기에 치료계획 세우기와 관련된 심리평가의 기능은 매우 중요하다.

④ 치료결과에 대한 평가

치료 종결 시 원래 계획했던 치료효과가 나타났는지, 기대했던 긍정적 변화가 일어났는지를 평가하는 데 유용하다. 치료 시작 단계에서 시행했던 심리평가의 결과와 치료 중간이나 종결 단계에서 시행했던 심리평가의 결과를 비교해 봄으로써 치료효과를 밝힐 수 있다.

4 평가면담

평가면담은 수검자의 개인적 특성, 대처 양식, 장애의 특징, 사회적 지지, 역동 등에 대한 전반적인 측면을 집중적으로 탐색한다. 다만 수검자의 특성에 따라 유연하게 면담양식을 적용해야만 한다.

일반적인 고려사항

1) 주요 호소와 증상
① 주 호소문제
② 현재 병력(스트레스 요인, 증상, 이전 삽화, 병의 진행과정)
③ 기분 및 정도(유형, 안정성, 적절성)
④ 사고내용(자살사고, 망상, 강박사고, 환각)

2) 개인 및 사회적 영역
① 아동기 및 청소년기
- 성장과정(학령기 전, 초등, 중등, 고등, 청소년기의 문제 등)
- 성격 특징, 건강상태 및 신체 질병
- 교우관계, 교육(최종 학력, 학업 성취 및 학업 문제)
- 학대(신체적, 성적)

② 가족력
- 가족환경: 부모(연령, 직업, 성격, 환자와의 관계), 형제자매(연령, 직업, 성격, 환자와의 관계)
- 가족력(가족 및 친척들의 정신건강의학적 장애 유무)

③ 성인기
- 결혼(결혼 연령, 횟수, 자녀 수, 부부 문제 등)
- 배우자(연령, 직업, 성격, 환자와의 관계)
- 현재 생활환경(동거인, 주거 환경, 지지망, 경제력 등)
- 직업력(현재 직업, 과거 직업력)
- 대인관계(친구, 소속 및 단체 모임)
- 군대, 법적인 문제

④ 과거 의학력: 주요 병력(정신건강의학과 이외의 의학적 치료 등)
⑤ 물질남용
- 종류, 사용기간, 양, 빈도
- 사용 상황, 이유(이점)
- 결과(의학적, 직업적, 법적, 경제적)

⑥ 성격 특성: 성격 및 행동 양식, 성격의 장단점
⑦ 자살 및 자해시도: 상황, 방법, 횟수, 결과

3) 정신상태검사
① 전반적인 용모, 행동(옷차림, 개인위생, 눈맞춤, 말투, 자세, 태도 등)
② 감정과 정서, 기분(적절성, 강도, 지속기간, 깊이, 불안정성 등)
③ 지각(환청 및 착각 등)
④ 사고(지적 기능, 지남력, 기억, 주의력 및 집중력, 통찰력과 판단력, 사고내용 등)

5 행동평가

① 행동평가는 개인이 과거 경험에서 모두 다르다는 입장을 지니고 있고 환경적 변인이 미치는 영향을 강조하며 평가전략의 개별화된 적용을 중요시한다.

② 개별화된 적용이란 행동을 시작하고 유지하는 요인을 이해해서 유사한 행동이라도 개인들마다 다른 맥락변인을 고려하여 접근하는 것을 말한다.

③ 행동평가는 치료를 시작하기 전에 치료목표를 정하기 위해 실시할 수 있으며, 치료가 시작되면 치료적 향상을 측정하고, 선택된 치료방법이 적합한지, 치료의 마지막 결과가 어떤지를 평가할 때 사용된다.

〈행동평가 방법〉

- 행동적 면담: 선행사건, 행동, 결과 간의 관계를 기술하고 이해하는 데 초점을 둔다. 구체적인 표적행동의 빈도, 강도, 지속시간 등을 기술하며 당면한 문제의 인과적 요인을 확인한다.
- 행동적 관찰: 문제행동과 관련된 모든 행동이 표적행동이 되며, 모든 행동은 명확히 관찰할 수 있도록 객관적이고 분명하게 정의되어야 한다. 자연상태에서의 관찰, 관찰자(부모, 교사)에 의한 관찰, 이야기 기록(관심 행동을 기록하고 추론, 가설 세우는 데 도움), 평가 기록 등을 활용한다.
- 기능분석: 행동의 결과만을 보는 것이 아니라 행동을 이끄는 선행조건에 대해서도 분석이 이루어지는 것으로 행동이 이루어지게 된 원인, 환경적인 자극, 행동을 유지시키거나 발달시키는 요인, 결과와의 관계를 분석한다.
- 자기보고 평가: 행동평가를 위한 자기보고 검사나 측정치를 활용하는 방법이며, 때로는 질문지나 평가지가 부모, 교사 등의 주변인들에 의해 평가될 수 있다. 보다 구체적인 문제 특성을 밝히는 데 유용하다.

6 행동관찰

① 행동관찰은 면담 동안 나오는 행동의 측정영역을 측정하는 구체적인 전략과 기법을 말한다. 치료자, 교사나 부모, 배우자, 수검자가 자기관찰 보고를 하기도 한다. 가장 흔한 방법은 이야기식 기록, 시간 간격별 기록, 사건 기록, 평정 기록이다.

② 행동관찰의 첫 번째 과제는 목표행동(target behavior)의 설정이다. 목표행동은 그 자체가 문제행동이거나 의미 있는 방식으로 문제행동과 관련되어야 하며, 문제행동과 관련된 선행사건과 결과를 잘 설명해 줄 수 있는 것이어야 한다.

③ 측정되는 모든 행동은 추론적 용어에서 구체적 행동으로 좀 더 객관적인 평가와 측정이 가능하게끔 하고 그 행동의 강도와 지속 정도를 측정할 수 있어야 한다.

〈행동관찰 평정방법〉

- 이야기식 기록(narrative recording): 관찰자가 관심 있는 행동을 선정해서 추론하는 것이다. 장점은 향후 더 구체적인 영역에서 양적 방법으로 측정될 수 있게 하고 장비가 필요 없으며 수많은 가설을 세울 수 있다는 점이다. 단점으로는 관찰을 수량화하기 어렵고 타당도가 낮다는 문제가 있다.
- 시간 간격별 기록(interval recording): 정해진 시간 간격 내에 행동이 일어나는지 기록하는 것이다. 적당한 빈도로 나타나는 눈에 보이는 행동 측정, 시작과 끝이 명확하지 않은 행동 측정에 좋다. 장점은 시간 효율적이고 특정 행동에 초점을 둘 수 있고 모든 행동 측정이 가능하다는 것이다. 단점으로는 목표행동의 질적 측정이 안 되고 인위적이며 다른 주요 행동을 간과할 가능성이 있다.
- 사건 기록(event recording): 일어나는 행동 자체를 기록하고 행동에 대한 적절한 세부사항을 기록하는 것이다. 장점은 낮은 빈도의 행동, 시간에 따라 바뀌는 행동을 측정할 수 있어 효율적이다. 단점으로는 시작과 끝이 불분명한 행동이나 오랜 시간 지속되는 행동은 측정하기 어렵고 행동이 어떻게, 왜 일어나는가를 추측하기 어렵다.
- 평정 기록(ratings recording): 특정한 행동 특징에 대해 1~5점 혹은 1~7점 척도상으로 측정하는 것이다. 장점은 다양한 행동들에 적용하고 통계 분석에 이용 가능하며 비용 효과적이다. 단점으로는 평정자 간 일치도가 낮고 부정확한 측정 가능성이 초래될 수 있다.

지능검사

1 성인용 웩슬러 지능검사

웩슬러 지능검사는 현재 가장 많이 사용되는 지능검사의 유형이다. 성인용과 영유아용은 4개정판까지, 아동용은 5개정판까지 개발되었다. 한국 웩슬러 성인용 지능검사 4판(Korean Wechsler Adult Intelligence Scale-Fourth: K-WAIS-IV)은 16세 0개월에서부터 69세 11개월까지의 청소년과 성인의 인지능력을 확인할 수 있는 가장 보편화되고 표준화된 지능검사이다.

1) K-WAIS-IV 검사의 구성

① K-WAIS-IV는 총 15개의 소검사로 구성되어 있다. 15개의 소검사는 10개의 핵심 소검사와 5개의 보충 소검사로 이루어져 있다.

② 10개의 핵심 소검사는 4개의 조합 점수로 요약되고, 보충 소검사는 경우에 따라 핵심 소검사를 대체하거나 추가적인 정보를 제공하는 역할을 한다.

③ 전체지능지수(Full Scale IQ: FSIQ)는 전반적인 인지능력에 대한 최종적인 요약치이다. 전체지능지수와 같이 제공되는 네 가지의 조합 점수는 언어이해지수(Verval Comprehension Index: VCI), 지각추론지수(Perceptual Reasoning Index: PRI), 작업기억지수(Working Memory Index: WMI), 처리속도지수(Processing Speed Index: PSI)로 지능의 다양한 측면을 요약하여 살펴볼 수 있도록 구성되어 있다.

④ 언어이해지수와 지각추론지수는 이전의 언어성 지능과 동작성 지능의 개념을 대체한 개념으로 이 둘을 합쳐 일반능력지수(General Ability Index: GAI)라 하며, 처리속도지수와 작업기억지수는 인지효능지수(Cognitive Proficiency Index: CPI)라 한다.

〈K-WAIS-IV의 구성〉

조합척도(composite scale) 또는 지수척도(index scale)			소검사	
			핵심 소검사	보충 소검사
전체 척도 (full scale)	일반능력지수 (GAI)	언어이해지수 (VCI)	공통성 어휘 상식	이해
		지각추론지수 (PRI)	토막짜기 행렬추론 퍼즐	무게비교 빠진 곳 찾기
	인지효능지수 (CPI)	작업기억지수 (WMI)	숫자 산수	순서화
		처리속도지수 (PSI)	동형찾기 기호쓰기	지우기

2) K-WAIS-IV 조합 점수

① 전체지능지수

전체지능지수(FSIQ)는 개인의 인지능력의 현재 수준에 대한 전체적인 측정치이며, 프로파일을 해석할 때 가장 먼저 검토되는 점수이다. 언어이해, 지각추론, 작업기억, 처리속도의 4개 지수를 산출하는 데 포함된 소검사 환산점수들의 합으로 계산된다.

② 언어이해지수

언어이해지수(VCI)는 언어적 이해능력, 언어적 기술과 정보를 새로운 문제해결에 적용하는 능력, 언어적 정보처리능력, 어휘를 사용한 사고능력, 결정적 지식, 정신적 수행을 전환할 수 있는 능력을 포함한 인지적 유연성, 자기감찰능력 등을 측정한다.

③ 지각추론지수

지각추론지수(PRI)는 지각적 추론능력, 시각적 이미지에 대한 사고능력, 공간처리능력, 시각-운동 통합 능력, 인지적 유연성, 제한된 시간 내에 시각적으로 인식된 자료를 해석 또는 조직화하는 능력, 비언어적 능력, 유동적 추론능력, 자기점검능력 등을 측정한다.

④ 작업기억지수

작업기억지수(WMI)는 주의집중, 정신적 통제, 추론능력, 작업기억, 청각적 단기기억, 주의지속 능력, 수리능력, 부호화 능력, 청각적 처리기술, 심적 수행을 바꿀 수 있는 능력을 포함한 인지적 유연성, 자기감찰능력을 측정한다.

⑤ 처리속도지수

처리속도지수(PSI)는 시지각적 변별능력, 정신운동속도, 과제수행 및 처리속도, 주의력, 집중력, 단기시각기억, 시각-운동 협응능력, 수 능력, 자기점검능력, 정신적 수행을 변환시킬 수 있는 능력을 포함한 인지적 유연성 등을 측정한다.

3) 일반능력지수 / 인지효능지수

① 일반능력지수(GAI)

- 언어이해의 핵심 소검사(공통성, 어휘, 상식)와 지각추론의 핵심 소검사(토막짜기, 행렬추론, 퍼즐)로 구성된 조합 점수이다.
- GAI는 전체지능지수에 비해 작업기억과 처리속도의 영향을 덜 받는다. 이에 FSIQ에 포함된 작업기억과 처리속도 측면을 배제한 인지적 능력을 검토할 필요가 있을 때 사용할 수 있다.
- 신경심리학적 결함이 있는 경우 작업기억과 처리속도 과제의 수행이 언어이해나 지각추론 과제의 수행보다 더욱 민감하게 영향을 받는다. 이런 경우 작업기억과 처리속도 소검사들에서의 수행저하로 전체적인 지적 능력과 다른 인지기능 간의 차이가 실제만큼 드러나지 않을 수 있다.

- GAI는 일반적 능력과 다른 인지기능을 비교할 수 있도록 고안된 지수로, 이를 통하여 개인의 상대적인 강점과 약점을 파악할 수 있다.

② 인지효능지수(CPI)

- 작업기억의 핵심 소검사(숫자, 산수)와 처리속도의 핵심 소검사(동형찾기, 기호쓰기)로 구성된 조합 점수이다.
- CPI는 언어이해와 지각추론에 덜 민감한 인지적 능력 측정이 필요할 때 고려할 수 있다. 그러나 CPI 소검사들도 어느 정도는 언어이해와 지각추론을 필요로 한다.

4) K-WAIS-IV 소검사

K-WAIS-IV의 소검사는 언어이해 소검사, 지각추론 소검사, 작업기억 소검사, 처리속도 소검사로 분류된다.

① K-WAIS-IV의 언어이해 소검사와 측정 내용

구분	소검사	측정 내용
핵심 소검사	공통성	결정적 지능, 논리적이고 추상적인 추론능력, 개념적 사고능력, 언어적 이해능력, 기억력, 연합 및 범주적 사고, 핵심적인 측면과 지엽적인 측면의 변별, 언어능력과 결합된 연상능력 등을 측정한다.
	어휘	언어적 개념형성, 단어 지식, 장기기억, 결정적 지능, 언어발달의 정도, 언어적 이해능력, 축적된 언어학습의 정도, 획득된 사고, 언어적 유창성 등을 측정한다.
	상식	일반적인 사실적 지식의 범위, 장기기억, 실제적 지식에 대한 학습, 파지, 재인능력, 결정적 지능, 언어적 지각능력, 언어적 이해 및 표현능력 등을 측정한다.
보충 소검사	이해	언어적 추론 및 개념화 능력, 언어적 이해와 표현능력, 과거 경험을 활용하고 평가하는 능력, 사회적 판단력, 장기기억, 사회적 환경에 대한 이해력, 사회적 규칙과 규범에 대한 지식 등을 측정한다.

② K-WAIS-IV의 지각추론 소검사와 측정 내용

구분	소검사	측정 내용
핵심 소검사	토막짜기	추상적인 시각적 자극을 분석하고 통합하는 능력, 비언어적 개념형성과 추론능력, 유동적 지능, 시지각 및 조직화 능력, 동시적 처리 능력, 시각-운동 협응능력, 공간적 시각화 능력 등을 측정한다.
	행렬추론	부분과 전체의 관계를 파악하는 능력, 유동적 지능, 동시적 처리능력, 지각적 조직화 능력, 추상적 추론능력, 시공간적 추론능력, 분류와 공간적 능력 등을 측정한다.

	퍼즐	비언어적 추론능력, 추상적인 시각자극을 분석 및 통합하는 능력, 시각적 재인능력, 시공간적 추론능력, 전체를 부분으로 분석하는 능력, 유동적 추론능력, 지속적인 시각적 주의력 및 집중력 등을 측정한다.
보충 소검사	무게비교	비언어적 수학적 추론능력, 양적 및 유추적 추론능력, 시각적 조직화 및 집중력, 귀납적 사고 및 연역적 사고, 지속적 주의력 등을 측정한다.
	빠진 곳 찾기	시지각적 조직화 능력, 시각적 집중력, 시각적 주의, 시각적 재인 및 장기기억, 환경적 세부사항에 대한 인식(현실검증력), 본질과 비본질을 구분하는 능력 등을 측정한다.

③ K-WAIS-Ⅳ의 작업기억 소검사와 측정 내용

구분	소검사	측정 내용
핵심 소검사	숫자	즉각적인 기계적 회상능력, 가역적 사고능력, 인지적 유연성, 집중력과 주의력, 청각적 연속능력, 기계적 학습, 청각적 처리능력, 정보의 변형과 정신적 조작능력 등을 측정한다.
	산수	청각적 기억능력, 정신적 조작능력, 주의력 및 집중력, 단기 및 장기기억, 수리적 추론능력, 순차적 처리능력, 유동적 지능, 논리적 추론능력, 추상화 및 수리적 문제분석력 등을 측정한다.
보충 소검사	순서화	청각적 단기기억, 연속적 처리능력, 주의력 및 집중력, 순차적 처리능력, 정보를 재조직화하는 능력, 기억 폭 등을 측정한다.

④ K-WAIS-Ⅳ의 처리속도 소검사와 측정 내용

구분	소검사	측정 내용
핵심 소검사	동형찾기	시각적 단기기억, 시각-운동 협응능력, 인지적 유연성, 시각적 변별력, 정신운동 속도, 정신적 조작속도, 주의력 및 집중력, 정보처리 및 탐색의 속도, 정보의 부호화 능력 등을 측정한다.
	기호쓰기	정신운동 속도, 지시를 따르는 능력, 시각적 단기기억, 시각적 자극에 대한 학습 및 반응 능력, 정신적 전환능력, 지속적 주의력, 연합학습, 시각적 탐색 능력, 시각-운동 협응능력 등을 측정한다.
보충 소검사	지우기	지각적 재인능력, 지각적 변별력, 지각적 주사능력, 주의력 및 집중력, 시각-운동 협응능력, 시각적 선택적 주의력, 반응 억제 및 경계 능력, 지각속도, 과제 처리속도 등을 측정한다.

〈K-WAIS-Ⅳ의 언어이해 소검사와 반응 특징〉

① 공통성(Similarity: SI)

• 과도하게 정교화된 반응, 과잉 일반화된 반응, 과잉 포괄적인 반응, 자기참조적 반

응 등에 주목해야 한다. 과잉 정교화는 강박성을 시사한다. 과잉 포괄적 반응은 사고장애를 시사할 수 있다. 자기참조는 공통성 소검사에서는 매우 이례적으로 나타나는 것으로서 개인적인 집착의 표시일 수 있다.

- 이 과제의 수행 시 수검자의 자동화된 언어적 습관이 반영될 수 있으며, 과제를 수행하는 과정에서 좌절상황을 다루는 방식이 드러날 수 있다.

② 어휘(Vocabulary: VC)

- 청각적 이해력과 언어적 표현력도 이 과제의 수행에 영향을 줄 수 있다.
- 수검자의 문화적 배경, 사회발달, 좌절에 대한 반응 등을 알아볼 수 있다.
- 높은 점수는 생활 속에서의 지적 야망 또는 성취 압력을 반영하는 것일 수 있다.
- 반응에 나타나 있는 내용은 수검자의 두려움, 죄의식, 집착, 기분, 흥미, 배경, 문화적 환경, 기괴한 사고과정, 보속성, 음연상(clang associations) 등에 관한 분석을 제공한다. 수검자가 이러한 유형의 특이한 반응을 보이는 경우 추가적인 질문을 통해 그러한 반응의 배경을 탐색해 보아야 한다.

③ 상식(Information: IN)

- 정규교육, 학습환경에 영향을 받는다.
- 지적 야망은 높은 점수로 반영될 수 있으며, 이 경우 어휘 소검사에서도 높은 점수를 기록한다.
- 검사수행과정에서 어려운 문항에서는 성공하지만 쉬운 문항에서 실패가 반복되는 경우 낮은 동기수준, 불안감, 지루함, 장기기억에서의 인출 실패 등의 가능성을 고려해 볼 수 있다.
- 지나치게 길고 구체화된 여러 개의 응답을 하는 경우는 강박적이거나 완벽주의적인 성향을 나타내며, 그렇지 않다면 단순히 재능이 있거나 검사자에게 좋은 인상을 남기기 위해 노력한 것일 수도 있다.
- 기괴하거나 괴상한 반응은 개인의 정신적 상태를 반영하는 것일 수 있다.

④ 이해(Comprehension: CO)

- 수검자가 보유한 결정화된 지능, 관습적인 행동기준, 사회적 판단, 장기기억, 일반적인 상식수준이 수행에 영향을 준다.
- 이 소검사에서 보이는 반응을 통해 개인의 성격적 특성, 윤리적 태도와 사회적 및 문화적 배경에 대해 알 수 있다. 사회적 상황에 대한 판단을 요구하기 때문에 각 응답은 사회적 상황에 대한 개인의 태도를 반영한다.

〈K-WAIS-Ⅳ의 지각추론 소검사와 반응 특징〉

① 토막짜기(Block Design: BD)

- 수검자가 과제를 시작하거나 완성하는 데 오랜 시간이 소요되는 경우 그것이 신중하고 조심스러운 성향을 반영하는 것인지, 아니면 우울감, 무욕증, 지루함, 저조한 처리속도 등을 반영하는 것인지의 여부를 검토해야 한다.
- 자신이 수행한 것을 지속적으로 체크하는 행동을 보인다면 이는 강박적인 성향 때문일 수 있다.

② 행렬추론(Matrix Reasoning: MR)

- 이 소검사에서 과제를 해결하는 데 지나치게 긴 시간이 소요되는 경우 지나치게 심사숙고하는 경향, 강박성 또는 정신적 혼란 때문일 가능성이 있으며, 지적 장애나 신경생물학적 손상이 있는 경우에도 긴 시간이 소요된다.
- 충동성은 극단적으로 빠르면서 동시에 부정확한 반응으로 나타날 수 있다.

③ 퍼즐(Visual Puzzles: VP)

- 비언어적 추론과 추상적인 시각자극을 분석하고 통합하는 능력, 시각적 지능, 유동적 지능, 동시적 처리능력, 공간적 시각화와 조작능력, 부분들 간의 관계를 예상할 수 있는 능력 등이 영향을 준다.
- 충동성은 극히 빠르면서 잘못된 반응으로 나타난다. 적절한 시간을 사용하고 정답 반응에 실패한 경우는 지나친 심사숙고, 강박성 또는 혼란의 표시일 수도 있기 때문에 잠재적으로 진단적 가치가 있다.

④ 무게비교(Figure Weights: FW)

- 무게비교에서는 수검자가 여러 가지 다른 인지적 과정을 이용하는 동안 주의를 지속해야 하기 때문에 실행기능 기술을 많이 필요로 한다.
- 발달장애나 신경학적 손상이 있는 경우 반응하는 데 시간이 더 오래 걸릴 수 있다. 충동성은 극단적으로 빠르면서 부정확한 반응으로 나타날 수 있다.
- 적절한 시간을 사용하고 정답 반응에 실패한 경우는 지나친 심사숙고, 강박성 또는 혼란의 표시일 수 있기 때문에 잠재적으로 진단적 가치가 있다.

⑤ 빠진 곳 찾기(Picture Comprehension: PC)

- 작화적 반응(그림 속에 없는 것이 빠져 있다고 하는 반응)을 하는 경우 주의 깊게 살펴볼 필요가 있다. 사소한 내용의 반응 혹은 작화적 반응이 여러 차례 나오는 경우 잠재적으로 진단적 가치가 있다.
- 완곡한 방식으로 응답하거나 적절한 단어를 찾지 못할 경우 이는 단어 인출의 어

려움에 기인한 것일 수 있다.

- 반복적으로 빠진 것이 없다고 응답하는 수검자는 본질적 요소를 변별하지 못하거나 반항적 태도를 반영하는 것일 수 있다. 거부증(negativism)이나 적대감은 "아무것도 빠진 것이 없어요."라는 반응을 반복하는 데서 관찰할 수 있다.

〈K-WAIS-IV의 작업기억 소검사와 반응 특징〉

① 숫자(Digit Span: DS)

- 바로 따라하기는 즉각적 단기기억의 폭을 측정하며, 암기학습과 기억, 주의력, 부호화 그리고 청각적 처리과정을 포함하고 있다. 거꾸로 따라하기는 작업기억, 정보의 변형과 정신적 조작, 시공간적 심상화를 포함하고 있다. 순서대로 따라하기는 작업기억 및 정신적 조작기능을 측정한다.
- 두 과제(바로 따라하기, 거꾸로 따라하기)에서 높은 점수를 받는 것은 인지적 유연성, 기억전략, 스트레스에 대한 인내력, 우수한 집중력 등을 의미한다.
- 바로 따라하기에 비해 거꾸로 따라하기에서 더 높은 점수를 받는다면, 이는 인지적 요구가 높은 과제에서 더 많은 인지적 자원을 활용함을 의미하며, 수리적인 능력, 표상적인(높은 수준의) 과제에 유능성을 나타낸다.
- 과제의 수행은 개인의 불안수준, 특히 상태불안(또는 시험불안)의 영향을 받을 수 있다.
- 검사자가 숫자를 다 불러 주기도 전에 반응을 시작하는 경우 또는 수검자가 숫자를 매우 빠른 속도로 되뇌는 경우는 충동성의 증거가 된다.

② 산수(Arithmetic: AR)

- 수 계산 능력, 정신적 조작, 집중력, 주의력, 단기 및 장기 기억, 수리적 추론능력, 정신적 주의 등을 포함한다.
- 산수문제에서 실패의 원인(계산 실수, 추론 실패, 주의 실패, 질문의 의미에 대한 오해 등)을 추론해 보는 것이 유용하다.
- 특이한 반응은 부주의, 이해력 결핍 혹은 사고장애를 암시할 수도 있다.

③ 순서화(Letter-Number Sequence: LN)

- 순서화 능력, 빈약한 단기기억, 부주의, 산만성, 불안 등은 이 소검사에서 어려움의 원인으로 작용할 수 있다.
- 숫자와 글자(요인)를 올바로 기억은 하지만 잘못된 순서로 기억할 때 순서화 능력상의 문제로 볼 수 있다. 만약 순서가 맞지만 일부 숫자 혹은 문자가 누락되었다면

이는 단기기억 능력의 제한을 시사한다.

- 이 과제에서 수행이 빈약한 수검자는 유동적 능력(fluid ability, 예를 들어 행렬추론) 혹은 유연성(flexibility, 예를 들어 공통성)에 의존하는 다른 과제에서 어려움을 보일 수 있다.
- 어떠한 방식으로 대답하고 실수의 유형이 어떠한지를 살펴보는 것이 개인의 특성을 이해하는 데 도움이 된다(예: 생략반응, 추가반응, 보속반응, 순서 오류, 청각적 자극의 변별 실패 등).
- 이 소검사의 수행은 만성적 불안보다는 상태불안의 영향을 더 많이 받는다.

〈WAIS-Ⅳ의 처리속도 소검사와 반응 특징〉

① 동형찾기(Symbol Search: SS)

- 단기적 시각기억, 시각-운동 협응력, 인지적 유연성, 시각적 변별력, 정신운동 속도, 정신적 조작속도, 주의력, 집중력 등이 관여한다.
- 세부에 대한 강박적 염려, 산만성, 충동성, 심사숙고, 동기수준, 시력문제, 불안 등도 수행에 영향을 줄 수 있다.
- 수검자가 많은 수의 오류를 보인다면 충동성, 저조한 자기감찰능력을 의미할 수 있다.

② 기호쓰기(Coding: CD)

- 과제의 수행을 통해 수검자의 주의폭과 작업방식을 알 수 있다. 만약 오류가 많다면 이는 충동성, 낮은 자기감찰, 낮은 자기수정 혹은 시지각적 어려움과 연관되어 있을 수 있다.
- 소검사 동안 수행속도의 변화는 동기, 산만성, 피로, 지루함 등과 관계가 있을 수 있다. 과제 도중 속도가 느려지는 것은 피로감이나 주의분산을 시사한다.
- 협응(시각-운동), 주의/집중, 산만성, 동기수준, 시력문제(기호를 그릴 때의 곡선 처리 또는 왜곡), 완벽주의적 경향, 보속성(한 줄의 모든 칸에 같은 기호를 그려 넣는 경우), 불안 등이 검사에 영향을 줄 수 있다.

③ 지우기(Cancellation: CA)

- 과제 수행에는 주의와 집중이 영향을 줄 수 있다. 과제가 매우 단조롭기 때문에 좋은 점수를 받기 위해서는 주의의 지속(sustained attention)이 필요하다. 두 문항 사이에 일관성이 없는 반응(또는 반응속도)은 주의와 집중을 유지하는 데 어려움이 있음을 드러내는 것일 수 있다.

- 수행속도는 충동성(빠르고 부주의한 반응) 또는 완벽주의(느리고 조심스러움 반응)와 관련이 있을 수 있다.

5) 전체지능지수(Full Scale IQ: FSIQ) 분석절차

① 전체지능지수(FSIQ)에 대한 검토이다. 단, FSIQ를 구성하는 4개의 지수점수 중 가장 높은 지수와 가장 낮은 지수 간의 차이가 1.5 표준편차(23점)보다 작을 경우에만 FSIQ가 신뢰성 있고 타당한 측정치로서의 의미를 가진다.

② VCI, PRI, WMI, PSI 순으로 지수점수를 검토한다. 여기서도 각 세부지수에 포함되는 소검사들 간의 차이가 1.5 표준편차(5점)보다 작을 때에만 단일한 지수로서 의미가 있으며, 만약 5점 이상일 경우에는 단일한 지수로 해석하기는 적절하지 않다.

③ 각 지수의 해석이 가능한 것으로 판단될 경우 검사자는 해당 지수의 수준을 통해 현재 수검자가 보이는 능력이 어느 정도인지를 기술한다. 각 지수에 대한 결과를 보고할 때 백분위와 신뢰도를 함께 보고한다.

④ 지수점수들 간 차이값의 비교, 강점과 약점의 평가, 소검사 점수들 간 차이값의 비교, 소검사 내의 점수패턴 평가(선택적), 과정분석(선택적)의 단계를 거쳐 분석한다.

2 아동용 웩슬러 지능검사

1) 한국 웩슬러 아동용 지능검사 4판(K-WISC-IV) 검사의 구성

① K-WISC-IV(Korean Wechsler Intelligence Scale for Children-Fourth) 역시 성인용과 마찬가지로 총 15개의 소검사로 구성되어 있다. 15개의 소검사는 10개의 핵심 소검사와 5개의 보충 소검사로 이루어져 있다. 만 6세 0개월에서부터 16세 11개월의 아동 및 청소년을 대상으로 실시한다.

② 10개의 핵심 소검사는 4개의 조합 점수로 요약되고, 보충 소검사는 경우에 따라 핵심 소검사를 대체하거나 추가적인 정보를 제공하는 역할을 한다.

③ 전체지능지수(FSIQ)는 전반적인 인지능력에 대한 최종적인 요약치이다. 전체지능지수와 같이 제공되는 4개의 조합 점수는 언어이해지수(VCI), 지각추론지수(PRI), 작업기억지수(WMI), 처리속도지수(PSI)로 지능의 다양한 측면을 요약하여 살펴볼 수 있다.

〈K-WISC-IV의 구성〉

<table>
<tr><th colspan="3" rowspan="2">조합척도(composite scale) 또는
지수척도(index scale)</th><th colspan="2">소검사</th></tr>
<tr><th>핵심 소검사</th><th>보충 소검사</th></tr>
<tr><td rowspan="4">전체 척도
(full scale)</td><td rowspan="2">일반능력지수
(GAI)</td><td>언어이해지수
(VCI)</td><td>공통성
어휘
이해</td><td>상식
단어추리</td></tr>
<tr><td>지각추론지수
(PRI)</td><td>토막짜기
공통그림찾기
행렬추리</td><td>빠진 곳 찾기</td></tr>
<tr><td rowspan="2">인지효능지수
(CPI)</td><td>작업기억지수
(WMI)</td><td>숫자
순차연결</td><td>산수</td></tr>
<tr><td>처리속도지수
(PSI)</td><td>동형찾기
기호쓰기</td><td>선택</td></tr>
</table>

2) K-WISC-IV 조합 점수

① 언어이해지수(VCI)

언어이해지수는 언어를 활용한 이해와 능력, 개념형성능력, 처리능력, 수검자의 결정적 지능과 학습능력 등을 측정한다. 핵심 소검사는 '공통성' '어휘' '이해'이고 보충 소검사는 '상식' '단어추리'이다.

② 지각추론지수(PRI)

지각추론지수는 언어를 사용하지 않고 자극 책자에 제시된 그림 또는 모양을 보면서 시각적인 자극을 추상적으로 추론하여 얻게 된다. 비언어적인 기술, 주의력과 집중력, 시지각적 추론과 변별, 시공간 능력, 유동적이고 비언어적인 추론능력을 확인할 수 있다. 핵심 소검사는 '토막짜기' '공통그림찾기' '행렬추리'이고 보충 소검사는 '빠진 곳 찾기'이다.

③ 작업기억지수(WMI)

작업기억지수는 청각적인 자극을 듣고 수검자가 시행을 한다. 주의력과 집중력, 청각적 기억, 단기기억, 부호화 전략, 암기 전략 등을 확인할 수 있다. 핵심 소검사는 '숫자' '순차연결'이고 보충 소검사는 '산수'이다.

④ 처리속도지수(PSI)

처리속도지수는 시지각의 변별, 주의력과 집중력, 시각-운동의 협응 및 변별능력, 조직화하는 능력, 비언어적 및 지각적 추론능력 등을 확인할 수 있다. 핵심 소검사는 '기호쓰기' '동형찾기'이고, 보충 소검사는 '선택'이다.

⑤ 전체지능지수, 일반능력지수, 인지효능지수는 K-WAIS와 유사하게 해석한다.

3) K-WISC-IV 소검사

K-WISC-IV의 소검사는 언어이해 소검사, 지각추론 소검사, 작업기억 소검사, 처리속도 소검사로 분류된다.

① K-WISC-IV의 언어이해 소검사와 측정 내용

구분	소검사	측정 내용
핵심 소검사	공통성	언어적 추론능력, 개념화능력, 습득된 장기기억을 인출하는 과정에서의 언어적 기억에 대한 접근능력, 추상적 사고능력, 어휘지식, 결정적 지능 등을 측정한다.
	어휘	개인의 획득된 지식인 결정적 지능과 축적된 지식수준, 언어적 개념 형성능력, 언어의 개념화, 언어발달 수준, 장기기억 및 학습능력, 청각적 지각과 이해, 추상적 사고, 언어적 유창성, 어휘수준 등을 측정한다.
	이해	언어적 이해 및 추론능력, 언어발달 및 능력수준, 결정적 지식, 일반적인 상식, 사회적인 판단, 실제 사회적인 상황에 적용 가능 여부, 도덕적 및 윤리적 판단 등을 측정한다.
보충 소검사	상식	결정적 지능, 장기기억의 저장 및 인출 능력, 언어적 표현능력, 지적 호기심 등을 측정한다.
	단어추리	언어적 추론 및 추상화 능력, 언어적 이해, 언어발달, 어휘지식, 결정적 지식, 장기기억, 개념적 사고, 유추 및 추론능력, 정보를 통합 및 종합하는 능력 등을 측정한다.

② K-WISC-IV의 지각추론 소검사와 측정 내용

구분	소검사	측정 내용
핵심 소검사	토막짜기	부분을 통해 전체를 만드는 능력, 형태를 지각하고 분석하는 능력, 시지각 및 시각적 조직화, 시각-운동 협응능력, 전경과 배경을 분리하는 능력, 시각적인 관찰능력 등을 측정한다.
	공통그림찾기	비언어적인 추론능력, 추상화와 범주능력, 시각적 처리, 의미 있는 자극에 대한 지각, 시지각적 조직화 및 변별능력 등을 측정한다.

	행렬추리	유동적 지능, 비언어적 추론 및 문제해결 능력, 부분-전체를 확인하고 변별하는 능력, 귀납능력, 유추능력, 시지각 변별 및 추론능력 등을 측정한다.
보충 소검사	빠진 곳 찾기	시각적 지각과 조직화, 세부사항에 대한 주의력과 집중력, 시각적 추리능력, 결정적 지식, 유의미한 자극을 지각하는지 여부, 시각적 예민성, 본질과 비본질을 변별하는 능력 등을 측정한다.

③ K-WISC-Ⅳ의 작업기억 소검사와 측정 내용

구분	소검사	측정 내용
핵심 소검사	숫자	주의력과 집중력, 청각적 단기기억, 암기능력, 계획능력을 측정할 수 있다. 거꾸로 따라하기는 작업기억, 정신적 조작능력, 유연성 등을 측정한다.
	순차연결	정신적 조작, 주의력과 집중력, 청각적 단기기억, 작업기억, 부호화 및 암기 전략 사용 등을 측정한다.
보충 소검사	산수	단기기억, 수리적 계산 및 추론능력, 청각기억, 유동적 지능, 주의력과 집중력, 청각적 언어이해, 논리적 추론능력 등을 측정한다.

④ K-WISC-Ⅳ의 처리속도 소검사와 측정 내용

구분	소검사	측정 내용
핵심 소검사	기호쓰기	시각-운동 처리능력, 학습능력과 인지적 유연성, 주의력과 집중력, 시각적 연속 처리능력 등을 측정한다.
	동형찾기	시각-운동 능력과 변별능력, 처리 및 지각속도, 정신적 처리속도, 단기 시각기억, 인지적 유연성, 주의력과 집중력 등을 측정한다.
보충 소검사	선택	처리속도와 시각적 선택의 주의 및 무시능력, 지각적인 변별 및 인식, 지각적 탐색, 단기기억, 초점을 유지하는 능력, 주의력과 집중력, 시각-운동의 협응능력 등을 측정한다.

4) 한국 웩슬러 아동용 지능검사 5판(K-WISC-V)

① 한국 웩슬러 아동용 지능검사 5판은 2019년 출간되었다. 4판에서의 소검사 13개에 3개의 소검사(무게비교, 퍼즐, 그림기억)가 추가된 총 16개의 소검사가 포함되었다.

② 기본지표 점수는 5가지(언어이해, 시공간, 유동추론, 작업기억, 처리속도)로 늘어났고, 5가지의 추가지표(양적추론, 청각작업기억, 비언어, 일반능력, 인지효율)를 제공한다.

③ 미국판에서는 21개의 소검사가 있으나 한국판에서는 이름대기, 상징해석 등의 보조검사 5개를 생략하였고, 이에 따라 보조지표인 이름대기속도, 상징해석, 저장인출 지표

가 생략되었다.

〈K-WISC-V의 검사체계〉

전체 척도				
언어이해	시공간	유동추론	작업기억	처리속도
공통성 어휘 상식 이해	토막짜기 퍼즐	행렬추리 무게비교 공통그림찾기 산수	숫자 그림기억 순차연결	기호쓰기 동형찾기 선택

5) 유아용 웩슬러 지능검사

① 한국 웩슬러 유아용 지능검사 4판(Korean Wechsler Preschool and Primary Scale of Intelligence Fourth: K-WPPSI-IV)은 2세 6개월에서 만 7세 7개월까지 유아의 인지능력을 임상적으로 평가하기 위한 개인 지능검사이다.

② 연령범위에 따라 2세 6개월~3세 11개월용 검사와 4세 0개월~7세 7개월용 검사로 나뉜다. 연령범위에 따라 서로 다른 소검사를 구성하였고 도구 및 기록지가 다르다.

③ K-WPPSI-IV는 이전 판의 소검사 10개(토막짜기, 상식, 행렬추리, 공통성, 공통그림찾기, 모양맞추기, 어휘, 이해, 수용어휘, 그림명명)에 소검사 5개(동형찾기, 그림기억, 선택하기, 위치찾기, 동물짝짓기)가 추가되어 총 15개의 소검사로 구성되어 있다.

④ 소검사는 핵심 소검사, 보충 소검사, 선택 소검사로 구분된다.

- 핵심 소검사는 지표 점수와 규준 산출에 사용되며, 지적 기능에 대한 정보와 임상적인 의사결정에 필요한 추가정보를 제공한다.
- 보충 소검사는 핵심 소검사가 유효하지 않거나 생략된 경우 사용되고, 지적 기능에 대한 정보와 임상적인 의사결정에 필요한 추가정보를 제공한다.
- 선택 소검사는 보충 소검사처럼 지적 기능에 대한 더 많은 정보를 제공하지만 지표 점수 산출에는 사용되지 않는다.
- 2세 6개월~3세 11개월용 검사의 경우, 소검사 7개와 기본지표척도 3개, 추가지표척도 3개로 구성된다.
- 4세 0개월~7세 7개월용 검사의 경우, 소검사 15개와 기본지표척도 5개, 추가지표척도 4개로 구성된다.

〈K-WPPSI-IV의 2세 6개월~3세 11개월용 검사체계〉

<table>
<tr><th>기본지표</th><th>전체 소검사</th><th>약어</th><th colspan="2">추가지표</th></tr>
<tr><td rowspan="2">VC
언어이해</td><td>상식</td><td>IN</td><td></td><td rowspan="4">GA
일반능력</td></tr>
<tr><td>수용어휘</td><td>RV</td><td rowspan="2">VA
어휘습득</td></tr>
<tr><td></td><td>그림명명</td><td>PN</td></tr>
<tr><td rowspan="2">VS
시공간</td><td>토막짜기</td><td>BD</td><td rowspan="4">NY
비언어</td></tr>
<tr><td>모양맞추기</td><td>OA</td><td></td></tr>
<tr><td rowspan="2">WM
작업기억</td><td>그림기억</td><td>PM</td><td></td></tr>
<tr><td>위치찾기</td><td>ZL</td><td></td></tr>
</table>

〈K-WPPSI-IV의 4세~7세 7개월용 검사체계〉

<table>
<tr><th>기본지표</th><th>전체 소검사</th><th>약어</th><th colspan="2">추가지표</th></tr>
<tr><td rowspan="2">VC
언어이해</td><td>상식</td><td>IN</td><td rowspan="4"></td><td rowspan="10">GA
일반능력</td></tr>
<tr><td>공통성</td><td>SI</td></tr>
<tr><td rowspan="2"></td><td>어휘</td><td>VC</td></tr>
<tr><td>이해</td><td>CO</td></tr>
<tr><td rowspan="2">VS
시공간</td><td>토막짜기</td><td>BD</td><td rowspan="9">NY
비언어</td></tr>
<tr><td>모양맞추기</td><td>OA</td></tr>
<tr><td rowspan="2">FR
유동추론</td><td>행렬추리</td><td>MR</td></tr>
<tr><td>공통그림찾기</td><td>PC</td></tr>
<tr><td rowspan="2">WM
작업기억</td><td>그림기억</td><td>PM</td></tr>
<tr><td>위치찾기</td><td>ZL</td></tr>
<tr><td rowspan="2">PS
처리속도</td><td>동형찾기</td><td>BS</td><td rowspan="3">CP
인지효율</td></tr>
<tr><td>선택하기</td><td>CA</td></tr>
<tr><td rowspan="3"></td><td>동물짝짓기</td><td>AC</td></tr>
<tr><td>수용어휘</td><td>RV</td><td rowspan="2">VA
어휘습득</td><td rowspan="2"></td></tr>
<tr><td>그림명명</td><td>PN</td></tr>
</table>

성격검사

1 다면적 인성검사 MMPI-2

1) MMPI-2 개발

① 다면적 인성검사(Minnesota Multiphasic Personality Inventory: MMPI)는 미네소타 대학병원의 임상심리학자 해서웨이(Hathaway)와 정신과의사 맥킨리(Mckinley)에 의해 1943년에 제작되었으며, 정신과적 진단을 목적으로 만들어졌다.

② 검사개발자의 이론적 · 개념적 접근에 따라 문항을 결정하는 논리적 제작방식이 아닌 집단 간에 차이가 나는 문항들을 경험적인 문항 분석을 통해 결정하는 경험적 제작방식을 사용하였다.

③ 경험적 제작방식을 통해 수검자가 검사문항에 대한 반응을 자신이 원하는 방향으로 왜곡할 수 있는 문제점과 검사개발자가 주관적으로 결정한 채점방향이 실제 관찰되는 집단 간 차이가 일치하지 않는 문제점을 보완하였다.

④ MMPI가 개발된 이후 다양한 임상장면에서 사용되었으나, 시대에 맞는 새로운 규준의 필요성이 대두되었고 성차별적 문구, 종교 관련 문항, 구식 관용적 표현 등의 문제가 제기되어1980년대 초부터 재표준화 작업을 시작하여 1989년 최종 567문항의 MMPI-2가 미국에서 출판되었다.

⑤ MMPI-2는 MMPI의 4개의 타당도 척도에 6개를 추가하여 총 10개의 타당도 척도를 포함하고 있으며, 임상척도는 동일한 명칭과 특징을 유지하였다. 이외에도 재구성 임상척도, 내용척도, 보충척도, 성격병리 5요인 척도를 포함하고 있으며, 임상 소척도와 결정적 문항도 해석에 참고할 수 있도록 구성되어 있다.

2) 검사 실시 및 채점

① 검사자의 자격

- 심리측정적 자격조건: MMPI의 적절한 사용을 위해 검사규준의 역할과 규준에 대한 평가, 선택 및 적용에 대한 이해가 필요하다. 검사결과를 다양한 표준점수로 변환하고, 교정하고, 적절히 배치하여 요약하는 방법에 대한 기본적 지식 및 점수들이 가지고 있는 정확성의 한계와 측정치의 표준오차를 이해하는 것도 요구된다.
- 성격과 정신병리에 대한 배경지식: 성격구조 및 역동, 정신병리를 숙지해야 하며, 해석적 가설과 권고를 수검자의 배경과 특성에 대한 다른 정보와 통합할 수 있어야 한다. 또한 수검자에 대한 정확한 해석을 위해 진단적 개념과 진단체계에 대해 잘 알고 있어야 한다.

- 다른 분야 전문가들과의 효과적인 의사소통: 검사를 통하여 얻은 정보와 결론은 다른 분야의 전문가가 이해하기 쉬운 방식으로 기술되고 요약되어야 한다. 단순히 검사점수나 검사 프로파일의 코드유형을 제시하는 것은 적절치 못하며, 검사의 결과와 해석을 쉽게 요약된 방식으로 제시하고 전달하는 것이 중요하다.

② 수검자의 조건

- 수검자는 최소한 초등학교 6학년 수준 이상의 읽기능력, 즉 독해력을 지니고 있어야 한다. 이 정도의 독해력을 지니고 있어야 검사문항을 읽고 답하는 데 무리가 없는 것으로 본다.
- 수검자에게 적절한 검사수행을 방해하는 신체적 혹은 정서적 문제가 있는지를 확인해야 한다. 시력 저하, 난독증, 수용성 실어증, 중독상태 및 금단상태, 기질성 섬망, 뇌손상, 신경학적 손상, 환각상태 등에 대한 확인이 필요하다.
- 검사실시가 가능한 수검자의 연령은 한국판 MMPI-2의 경우 만 19세 이상의 성인이 대상이며, MMPI-A의 경우는 청소년(만 13~18세)을 대상으로 한다(MMPI-2는 만 18세 이상의 성인들을 위해 개발된 검사이다. 만 13~18세 청소년들에게는 MMPI-A를 실시한다. 다만, 만 18세의 경우 두 조건에 모두 부합되어 한국판 MMPI-2는 혼동을 피하고자 규준을 조정하여 만 19세 이상의 성인에게 실시하도록 되어 있다).

3) MMPI-2의 해석절차

① 수검태도 및 검사결과의 타당성을 확인한다.

검사결과의 타당성 및 해석에 영향을 미칠 수 있는 수검태도는 양적·질적인 두 가지 측면에서 평가된다. 검사완료에 소요된 시간, 검사수행 시 관찰된 구체적인 행동 등이 질적인 측면에서 고려되며, MMPI 결과로 산출되는 여러 타당도 척도 점수는 양적 지표로 검토된다.

② 척도별 점수를 확인한다.

척도 점수의 해석에는 임상척도를 먼저 파악하고, 수검자의 현재 감정상태, 성격 등에 대해 어떤 해석적 의미를 갖는지 가설을 수립한다. 상승한 임상척도의 소척도 중 어떤 요인이 모척도에 영향을 미쳤는지, 재구성 임상척도는 어떠한지를 함께 확인함으로써 중요한 문제가 무엇인지에 대한 가설을 정교화할 수 있다.

③ 프로파일의 코드유형 및 척도 간 연관성을 확인한다.

코드유형이란 가장 높이 상승되어 있는 두 개 혹은 세 개의 임상척도군을 의미한다. 코드유형 특징 및 척도 간 연관성에 대한 검토를 통해 전체 프로파일에 대한 해석을 마련한다.

④ 내용척도, 내용 소척도, 보충척도 점수 및 결정적 문항을 검토한다.
수검자의 증상 및 문제, 성격 특성에 대한 일관성 있는 통합된 해석을 위해 내용척도, 내용 소척도, 보충척도를 검토한다. 또한 결정적 문항을 검토하여 특정한 문제들에 대한 반응 및 간과된 증상이나 문제가 있는지를 확인한다.

⑤ 수검자의 주 호소문제와 특징에 대한 결과 해석을 기술한다.

〈결과 해석에 포함되는 내용〉

- 수검자의 수검태도가 결과 해석에 미치는 영향
- 수검자의 전반적인 적응 수준
- 수검자의 현재 증상, 정서 및 행동
- 수검자의 성격 특성: 주요 욕구, 환경 및 대인지각, 자기개념, 감정조절, 대처전략 및 방어 기제, 대인관계, 심리적 강점과 약점 등
- 진단적 시사점과 치료적 함의

MMPI의 일반적인 해석단계(7)

- 〈1단계〉 수검자의 검사 태도를 검토한다.
  검사 태도는 크게 양적(타당도 척도 고려), 질적(검사소요 시간, 검사수행 태도) 두 가지 측면에서 평가한다.
- 〈2단계〉 척도별 점수를 검토한다.
  각 척도의 상승 정도를 파악하고 그것이 수검자에게 어떠한 의미로 해석될 수 있는지를 검토한다.
- 〈3단계〉 척도들 간 연관성에 대한 분석을 한다.
  어떤 특정 개별척도의 점수가 의미하는 바와 그로부터 유추할 수 있는 가설들을 종합한 뒤 이를 근거로 다른 척도들의 상승 및 하락 여부에 대한 예측을 한다.
- 〈4단계〉 척도들 간의 동반 상승 또는 분산을 찾아보고 그에 따른 해석적 가설을 세운다.
  가장 높이 상승한 두 개의 임상척도뿐만 아니라 다른 척도들과의 분산도 검토한다. 동반 상승 척도가 다른 척도와의 관계에서 점수 차이가 클수록 코드유형의 해석이 명확해진다.
- 〈5단계〉 낮은 임상척도에 대해서 검토한다.
  낮은 임상척도의 해석이 필요한 경우, 충분히 주의를 기울여 해당 척도의 의미를 파악한다.
- 〈6단계〉 형태적 분석을 한다.
  척도를 보다 집단으로 묶어서 검토하는 것을 말한다. 상승한 세 개 혹은 네 개 척도의 형태를 분석하기 위해 상승 정도에 따른 행동 및 임상적 특성을 면밀히 검토한다.
- 〈7단계〉 전체 프로파일 형태에 대한 분석을 한다.
  이 단계에서는 주로 신경증 영역의 척도들(척도 1, 2, 3)과 정신증 영역의 척도들(척도 6, 7, 8, 9)이 보이는 상승도 및 기울기 전반을 검토한다.

4) MMPI-2의 기본척도

척도종류		척도기호	척도명칭	문항 수
타당도 척도	성실성	?	무응답(Cannot Say)	
		VRIN	무선반응 비일관성(Variable Response Inconsistency)	67문항 쌍
		TRIN	고정반응 비일관성(True Response Inconsistency)	23문항 쌍
	비전형성	F	비전형(Infrequency)	60
		F(B)	비전형-후반부(Back Infrequency)	40
		F(P)	비전형-정신병리(Infrequency-Psychopathology)	27
		FBS	증상 타당도(Symptom Validity)	43
	방어성	L	부인(Lie)	15
		K	교정(Correction)	30
		S	과장된 자기제시(Superlative Self-Presentation)	50
임상 척도		1(Hs)	건강염려증(Hypochondriasis)	32
		2(D)	우울증(Depression)	57
		3(Hy)	히스테리(Hysteria)	60
		4(Pd)	반사회성(Psychopathic Deviate)	50
		5(Mf)	남성성-여성성(Masculinity-Femininity)	56
		6(Pa)	편집증(Paranoia)	40
		7(Pt)	강박증(Psychasthenia)	48
		8(Sc)	정신분열증(Schizophrenia)	78
		9(Ma)	경조증(Hypomania)	46
		0(Si)	내향성(Social Introversion)	69

5) MMPI-2 타당도 척도

MMPI는 전체 결과를 무효화할 수 있는 수검자의 응답방식을 탐지할 수 있는 타당도 척도를 개발하였다. 타당도 척도를 통해 수검자의 검사 태도를 탐지해 볼 수 있다.

〈타당도 척도 응답 경향성〉

문항내용과 무관한 응답평가	무응답 점수, VRIN, TRIN
문항내용과 관련된 왜곡된 응답평가	과장된 왜곡보고 탐지
	F, F(B), F(P), FBS
	축소된 왜곡보고 탐지
	L, K, S

① 무응답(Cannot Say) 척도

- 수검자가 '그렇다' 혹은 '아니다'에 모두 체크했거나 응답하지 않고 생략한 문항의 개수를 나타낸다. 수검자가 문항에 응답하지 않는 이유는 다양할 수 있다(원점수가 30 이상이라면 프로파일이 무효일 가능성이 높다).

원점수 30 이상인 경우

- 수검자가 부주의하거나 혼란스러워 의도와 무관하게 반응을 누락하는 경우
- 자신의 바람직하지 않은 특성에 대해 고의로 거짓응답을 하기보다는 회피하려는 경우
- '예'와 '아니오' 양자택일 상황에서 어느 하나를 택하지 못하는 우유부단한 경우
- 의미 있는 결과를 도출하는 데 필요한 정보가 부족한 경우
- 독해능력 문제로 다소 복잡한 문항에 응답하지 않은 경우
- 심한 정신병리 상태로 인해 적절히 반응하는 것 자체가 힘든 경우
- 자신의 특정한 문제가 노출되는 것을 꺼려서 특정 문항 내용에 대해서만 응답하지 않은 경우
- 강박증적 경향이나 반추적 사고로 인해 어떤 방향으로 응답해야 할지 결정을 하지 못하는 경우
- 문항 내용이 자신과 관련이 없다고 느끼는 경우
- 검사 및 검사자에 대해 반항적이고 비협조적인 태도를 보이는 경우
- 심한 우울증으로 인하여 문항에 대한 결정을 내리기 어려운 경우

- 무응답 문항의 개수가 30개 이상이라면 검사결과 자체를 무효로 볼 수 있다. 단, 원판 타당도 척도들(L, K, F)과 임상척도들이 최초 370문항 안에 배치되어 있기에, 무응답이 대개 370번 이후라면 무응답 수가 많다는 이유만으로 전체 검사결과의 타당성을 의심할 필요는 없다.

② 무선반응 비일관성(Variable Response Inconsistency: VRIN) 척도

- 수검자가 문항 응답을 하면서 무선적으로 반응하는 경향을 탐지한다. VRIN 척도는 서로 내용이 유사하거나 또는 상반되는 문항들로 짝지어진 67개의 문항 반응 쌍으로 이루어져 있다. 문항 쌍의 예를 들면 다음과 같다(괄호 안은 채점방향).

> - 무엇인가에 대해 나는 자주 걱정을 한다(아니다). - 닥칠지도 모르는 불행에 대해서 걱정을 많이 한다(그렇다).
> - 나의 아버지는 좋은 사람이다(그렇다). - 나는 아버지를 사랑한다(아니다).
> - 나의 아버지는 좋은 사람이다(아니다). - 나는 아버지를 사랑한다(그렇다).

- VRIN 척도 점수가 T점수 80 이상인 경우 수검자가 문항 내용과 상관없이 임의로 반응하여 타당하지 않은 자료를 산출한 것으로 간주하여 그 결과를 해석하지 않는다.

- 임의적인 무선반응은 독해능력 부족, 극도의 혼란감, 의도적인 무선반응, 반응표 기상의 실수 등에 기인할 수 있다.

③ 고정반응 비일관성(True Response Inconsistency: TRIN) 척도

- TRIN 척도는 내용 면에서 정반대임에도 불구하고 문항내용과 무관하게 '그렇다-그렇다' 혹은 '아니다-아니다'와 같이 어느 한 방향으로 응답했을 때 채점된다.
- TRIN 척도의 경우에는 수검자가 무분별하게 '그렇다(모두 긍정)' 혹은 '아니다(모두 부정)' 어느 방향으로 응답했는지에 대한 정보를 제공해 준다(T점수에 숫자와 함께 응답방향을 나타내는 T 혹은 F의 알파벳이 표기되어 있다).
- TRIN 척도는 모두 20개의 문항 쌍으로 구성되어 있으나, 특정 문항 쌍의 경우는 두 가지 반응패턴(그렇다-그렇다, 아니다-아니다) 모두가 비일관적인 반응으로 채점될 수 있기 때문에 비일관적인 반응 쌍은 총 23개이다. 문항 쌍의 예를 들면 다음과 같다(괄호 안은 채점 방향).

- 거의 언제나 머리가 온통 쑤시는 것 같다(그렇다). - 거의 두통을 느끼지 않는다(그렇다).

- TRIN 척도의 T점수가 80점 이상인 경우 수검자가 '그렇다' 혹은 '아니다' 방향으로 응답하는 경향이 지나치게 강함을 시사하며, 이 경우 타당하지 않은 프로파일로 간주하고 해석하지 않는다.

④ 비전형(F) 척도

- F 척도는 규준집단에서 매우 낮은 빈도로 응답되는 60개의 문항으로 구성되어 있다. 이는 통계적으로 이탈된 이상반응 경향 혹은 관습적인 태도에서 벗어난 비전형적인 반응 경향을 탐지하기 위해 개발되었다. F 척도가 상승하는 경우에는 몇 가지 가능성을 고려해 볼 수 있다.

F 척도 상승의 의미

- 문항 내용과 상관없이 무작위로 반응하였을 가능성(T<80)
- 어느 한 방향으로만 고정 반응으로 응답하였을 가능성(T<80)
- 일반적인 사람들이 좀처럼 경험하지 않는 심각한 심리적 문제를 겪고 있을 가능성(VRIN, TRIN이 정상범위라면 환각, 망상, 판단력 손상, 극단적인 철수 등 매우 혼란스러운 상태의 심각한 정신병리를 반영함)
- 심각한 문제를 겪고 있지는 않지만 의도적으로 부적응을 부각시키고 심리적 문제를 가장했을 부정왜곡 가능성(VRIN, TRIN이 정상범위, F(P) 척도<100)
- 도움을 요청하는 의도로서 증상을 과장하여 표현했을 가능성(TRIN 척도 정상범위, F(P) 척도가 70~99점 범위로 상승되어 있을 경우)
- 채점이나 기록에서의 오류로 인한 경우

• 문항 이해나 읽기의 어려움으로 인한 경우
• 청소년의 경우, 반항, 적개심, 거부를 의미할 수 있음.

- F 척도의 T점수가 평균 범위보다 낮은 경우라면(입원 환자 T≤54, 외래 환자 T≤54, 비임상 장면 T≤39) 방어적일 가능성을 고려해 볼 수 있다.
- 정신병리를 보일 가능성이 있는 수검자가 낮은 F 척도 점수를 보인다면 자신의 심리적 문제를 부인하거나 축소하여 보고했을 가능성이 있기에 긍정왜곡(faking good)의 가능성을 고려하여 다른 방어척도를 검토할 필요가 있다.

⑤ 비전형-후반부[F(B)] 척도

- MMPI-2에서는 단축형 검사를 실시하기 위해서 타당도 척도와 임상척도의 모든 문항을 검사의 전반부 370문항 이내에 위치시켰다. F 척도의 모든 문항도 검사의 전반부에 위치하여 F 척도만으로는 검사 후반부의 수검태도 변화 및 타당도를 확인할 수가 없다.
- F(B) 척도는 총 40개의 문항으로 구성되어 있으며, 371번 이후에 배치되어 있어 검사 후반 부의 부정왜곡 경향을 탐지해 내고 보충척도 및 내용척도의 타당성에 대한 근거를 제공한다.
- F 척도 점수가 정상범위 내에 있고 F(B) 척도가 크게 상승한 경우에는(최소 30점 이상 높은 경우) 검사 후반부에 수검자 태도에 유의미한 변화가 있었음을 의미한다. 이에 검사 후반 부에 배치되는 보충척도, 내용척도 및 기타 척도들을 해석하지 말아야 한다.

⑥ 비전형-정신병리[F(P)] 척도

- F(P) 척도는 규준집단과 정신과 외래환자들 모두가 매우 낮은 빈도로 반응을 보인 27개 문항으로 구성되어 있다. 이 척도의 점수가 지나치게 상승한 경우라면 실제 정신병리를 반영할 가능성이 훨씬 낮아진다. 문항의 예를 들면 다음과 같다(괄호 안은 채점방향).

> - 누군가가 나를 독살하려고 한다(그렇다).
> - 누구를 사랑해 본 적이 없다(그렇다).

- F(P) 척도는 F 척도의 상승이 실제 정신병적 문제로 인한 것인지, 아니면 의도적으로 자신을 부정적으로 보이려는 태도로 인한 것인지를 판별하는 데 도움이 된다.

부정왜곡/꾀병 판별단계

① STEP 1. 무응답 문항개수를 확인하라
- 무응답 문항 원점수가 30개 이상: 무효 프로파일. 해석 중단
- 무응답 문항 원점수가 30개 미만: STEP 2 진행

② STEP 2. VRIN 척도와 TRIN 척도 점수를 확인하라
- VRIN 또는 TRIN 척도 중 어느 하나라도 T점수가 80 이상: 무효 프로파일. 해석 중단

③ STEP 3. F 척도 및 F(B) 척도 점수를 확인하라
- F 척도와 F(B) 척도 모두 T점수가 80 미만: 타당한 프로파일로 간주하고 해석 진행
- F 척도나 F(B) 척도 중 어느 하나라도 T점수가 80 이상: 증상 과장 가능성. STEP 4 진행

④ STEP 4. F(P) 척도 점수를 확인하라
- F(P) 척도의 T≥100: 꾀병 가능성이 높으므로 프로파일 해석하지 말 것
- F(P) 척도의 T=80~99: 꾀병 가능성 의심. 신중한 해석을 요하므로 부가정보 수집할 것
- F(P) 척도의 T=70~79: 타당성 여부 불명확함. 신중한 해석을 요하므로 부가정보 수집할 것
- F(P) 척도의 T≤69: 타당한 프로파일로 간주하고 해석 진행

⑦ 증상타당도(FBS) 척도
- F 척도를 비롯한 F(B) 및 F(P) 척도 등은 심각한 정신과적 증상을 과장되게 왜곡 보고하는지 여부를 탐지하는 데에는 효과적이지만 신체장애 신청이나 상해 관련 소송 장면에서 개인적 이득을 위해 보이는 다양한 방식의 증상 가장을 탐지하는 데 제한이 있어 이를 보완할 목적으로 개발되었다.
- FBS 척도는 개인상해 소송 시 꾀병으로 판단된 사람과 꾀병이 아닌 것으로 판단된 사람의 반응을 비교하여 선정된 43개 문항으로 구성되었다. 문항의 예를 들면 다음과 같다(괄호 안은 채점방향).

> – 잠을 깊이 들지 못하고 설친다(그렇다).
> – 아픈 데가 거의 없다(아니다).

- FBS 척도가 상승했더라도 VRIN, TRIN 척도의 T점수가 80 이상이라면 무선반응의 가능성을 우선적으로 고려하여 FBS 척도를 해석하지 않는다. 무선반응 가능성이 배제된다면 몇 가지 지침에 따라 해석한다.

FBS 척도의 해석지침

- T≥100: 객관적으로 심각한 의학적 문제가 명백한 사람들에게도 흔하게 나타나지 않는 높은 점수로, 신체적 · 인지적 증상의 심각도를 과장되게 보고했을 가능성이 높아지고 프로파일의 타당성이 의심된다.

• T=70~99: 심각한 의학적 문제를 갖고 있는 사람들에게서 나타날 수 있지만, 주요 프로파일의 상승이 신체적 · 인지적 증상의 과대보고를 반영할 가능성이 있다.
• T≤69: 과대 보고의 증거가 없으므로 프로파일 해석이 가능하다.

⑧ 부인(L) 척도

- L 척도는 자신을 지나치게 긍정적으로 표현하려는 수검자의 방어적 태도를 탐지할 목적으로 개발되었다. L 척도에서 높은 점수는 대부분의 사람들이 별 망설임 없이 인정할 수 있는 사소한 결함이나 부정적 감정과 욕구조차 단순한 방식으로 부인하며 자신을 필요 이상으로 좋게 보이려는 태도를 반영한다.
- L 척도의 T점수가 80 이상이라면 프로파일을 무효라고 볼 수 있는데, 이는 '아니다'로 반응하는 경향이 높기 때문이거나(TRIN 척도 80F 이상일 경우) 단순한 방식으로 사소한 결점까지도 부인하는 것과 같은 자신을 좋게 보이려는 태도가 반영되었기 때문이다.
- 임상장면이 아닌 경우, 특히 자신을 되도록 좋은 모습으로 보여 줄 필요성이 강한 상황일 때(예: 인사 선발, 보호감찰 평가) L 척도가 다소 상승하는 정도는 흔한 일이므로 프로파일 전체의 유효성을 의심할 필요는 없다.
- 매우 전통적이고 윤리적인 가정환경에서 성장하여 L 척도 문항에 포함된 덕목을 특히 중시하는 가치관을 가진 수검자라면 L 척도 점수가 다소 상승할 수 있는데, 이 경우는 좋게 보이려는 검사태도 때문이라고 해석하기 어렵다. 문항의 예를 들면 다음과 같다(괄호 안은 채점방향).

- 가끔 화를 낸다(아니다).
- 내가 아는 모든 사람을 다 좋아하지는 않는다(아니다).

⑨ 교정(K) 척도

- K 척도는 검사 문항에 방어적으로 응답하는 정도를 측정하고, 이러한 방어적 태도가 임상척도 점수에 미치는 영향을 교정하기 위해서 개발되었다. 이 척도는 L 척도에 반영되는 것보다는 좀 더 세련되고 교묘한 방어성을 탐지하기 위한 것이다.
- K 척도가 상승한 수검자들은 심각한 심리적 문제를 나타내지 않는 방향으로 반응했을 가능성이 크기 때문에 상승한 임상척도가 없다 하더라도 심리적 문제가 없다고 결론 내릴 수는 없다. 문항의 예를 들면 다음과 같다(괄호 안은 채점방향).

- 집안 식구들과 거의 말다툼을 하지 않는다(그렇다).
- 처음 만나는 사람과 대화하기가 어렵다(아니다).

- K 척도가 매우 높게 상승한다면 전형적으로 방어적 수검태도를 시사하지만, 경미하게 상승한 경우에는 자아강도가 강하고 심리적 자원이 풍부하며 현실대처능력을 갖추고 있음을 반영하기도 한다.
- K 척도 점수가 75T 이상이라면(임상장면에서는 65T 이상) 자신을 좋은 방향으로 왜곡해서 응답하는 긍정왜곡(faking good)의 가능성이 있는데, 이 경우 수검자가 대개 '아니다'로 반응한 경향성이 높기에 TRIN 척도의 점수를 같이 검토하는 것이 필요하다.
- K 척도는 방어적 수검태도가 임상척도 점수에 미치는 영향을 교정하기 위해 임상척도 1, 4, 7, 8, 9 척도를 K-교정을 통해 보정하여 진단적 정확성을 향상시켰음에도, K 척도가 상승하면 방어성향이 강하기 때문에 임상척도가 상승하지 않는 경향이 있어 신중하게 프로파일을 검토해야 한다.

K-교정 점수

- 높은 K 척도 점수로 나타나는 수검자의 방어성향이 임상척도의 점수를 낮추는 효과를 교정하기 위해 임상척도에 부여할 적당한 가중치 수준을 결정하여 부여하였다.
- 몇몇 임상척도들의 경우에는 임상척도의 원점수가 개인의 임상적 상태를 정확하게 예측하였기 때문에 K-교정 가중치를 부여하지 않았으나, 1(Hs), 4(Pd), 7(Pt), 8(Sc), 9(Ma) 척도는 점수를 적절하게 조정하여 각각의 원점수에 0.2~1.0까지 범위의 K-교정 가중치를 부여하여 원래의 임상척도 점수에 합산하였다.

⑩ 과장된 자기제시(S) 척도

- 과장된 자기제시 척도는 비임상 집단을 대상으로 자신에게 도덕적 결점이 없음을 강조하여 드러내고자 하는 방어적 수검태도를 탐지할 목적으로 개발되었다.
- S 척도가 70점 이상일 때 높은 점수로 간주하며, 만약 TRIN 척도의 T점수가 80F라면 질문 내용과 상관없이 '아니다' 방향의 응답 패턴으로 인해 S 척도 점수가 상승했을 가능성이 매우 높기에, 해석 시 TRIN 척도 점수에 대한 고려가 우선적으로 필요하다.
- TRIN 척도가 정상 범위라면 S 척도에서의 높은 T점수는 수검자의 방어적 태도를 반영하기에 검사자료를 해석하는 데 신중해야 한다. 이 경우 임상척도 점수가 다소 과소 추정되었을 가능성이 있음을 감안하여 해석한다.

6) MMPI-2 임상척도

① 척도 1 건강염려증(Hypochondriasis: Hs)

- 척도 1은 원래 건강염려증과 관련된 증상을 보이는 환자들을 진단하기 위해 개발

되었다. 신체기능에 대한 과도한 불안이나 집착 같은 신경증적인 걱정이 있는지를 알아보기 위한 문항으로 구성되어 있다. 문항의 예를 들면 다음과 같다(괄호 안은 채점방향).

- 거의 언제나 온몸에 기운이 없다(그렇다).
- 식욕이 좋다(아니다).

- 척도 1은 명백한 정신과적 장애로 진단 내릴 수 없는 다양한 성격 특성을 파악하는 데 유용하다.
- 80T 이상인 경우, 극적이면서도 기이한 신체적 염려를 지니고 있을 수 있다. 척도 3도 매우 높은 경우 전환장애의 가능성을 고려해야 한다. 척도 1과 함께 척도 8도 높다면 신체적 망상을 지니고 있을 가능성이 있다.
- 60~80T에 속한다면, 모호하고 불특정적인 신체적 불편감을 호소하는 경향이 있다(만성 통증, 두통, 위장계통 장애, 만성적 쇠약감, 피로감, 수면 곤란 등).
- 60T 이상인 사람들은 이기적이고 자기중심적이며, 자기도취적인 경향을 보인다. 이들은 비판적이고 패배적이며, 냉소적인 태도를 지니고 있다. 다른 사람에게 요구적이며 적개심을 간접적인 방식으로 표현하는 경향이 있다.
- 신체증상의 원인에 대한 통찰이 결여되어 있으며, 심리학적인 해석을 거부한다. 이들은 자신을 신체적으로 아픈 사람이라고 여기며, 자신의 증상에 대한 의학적인 설명과 치료를 추구하는 모습을 보인다. 전통적인 심리치료나 상담의 예후가 좋지 않다.

척도 1의 점수가 높은 경우

- 질병과 통증에 대해 과도하게 염려하며 근심과 걱정을 한다.
- 모호하고 전반적인 신체적 불편감을 호소한다.
- 스스로 불행하다고 느끼며 삶에 대해 비관적 · 자기패배적 태도를 보인다.
- 모호한 불안감, 초조감, 불쾌감을 경험한다.
- 완고하고 자기중심적이며 미성숙하다.
- 신체적 불편감을 이유로 책임을 회피하려 들거나 지나친 관심과 도움을 요청한다.
- 다양한 의학적 치료를 찾고 의료 서비스나 약물을 오남용한다.
- 신체증상은 상황적 스트레스에 의한 반응이라기보다는 장기간 지속되어 온 경우가 흔하다.

② 척도 2 우울증(Depression: D)

- 척도 2는 우울 증상을 평가하기 위해 개발된 척도로서, 문항들은 행복감 및 자기가

치의 부인, 정신운동 지체, 주변 환경에 대한 흥미 상실과 같은 우울증의 다양한 특징을 포함하고 있다. 문항의 예를 들면 다음과 같다(괄호 안은 채점방향).

> - 때때로 나는 정말 쓸모없는 인간이라고 느낀다(그렇다).
> - 힘이 넘칠 때가 가끔 있다(아니다).

- 70T 이상인 경우, 우울하고 슬프며, 울적하고 불행한 느낌을 호소한다. 희망이 없다고 느끼고, 미래에 대해 대체로 비관적이다. 자신을 비하하고 죄책감을 느끼며, 활력이 없고 자주 울며, 정신운동 속도가 느려지는 모습을 보일 수 있다.
- 흔히 나타나는 다양한 신체증상들로는 불면증, 피로감, 주의집중 곤란 등이 있다.
- 척도 2가 높은 수검자는 자살사고와 자살시도의 가능성에 대해 꼭 검토할 필요가 있다.
- 일반적으로 심리치료나 상담의 예후가 좋은 편이다. 그러나 극단적으로 점수가 높을 때에는 치료에 참여할 수 있는 최소한의 에너지도 부족한 상태일 수 있음을 고려해야 한다.

척도 2의 점수가 높은 경우

- 슬픈 기분, 우울감, 불행감, 불만족감, 불쾌감 등의 우울 징후가 시사된다.
- 무망감과 절망감이 심하며 미래에 대해 비관적이다.
- 자신감이 저하되고 열등감과 무능감을 경험하며 쉽게 포기한다.
- 의기소침하고 사기가 저하되어 있으며 자기비하, 죄책감, 자기패배적 사고를 보인다.
- 주의집중의 어려움, 의사결정의 곤란으로 인해 업무처리의 효율성이 저하된다.
- 흥미나 관심의 범위가 협소해지고 동기나 의욕수준이 낮다.
- 대인관계에서 소극적 · 회피적 태도를 취하며 사람들과 심리적 거리를 둔다.
- 죽음 혹은 자살과 관련된 생각에 몰두해 있거나 자살계획, 자살시도의 가능성이 있다(특히 척도 4, 척도 7, 척도 8, 척도 9 등이 높은 수준으로 동반 상승한 경우 주의가 필요).

③ 척도 3 히스테리(Hysterie: Hy)

- 척도 3은 심인성 감각장애나 운동장애를 보이는 환자들을 가려내기 위해 개발된 척도로서, 문항들은 주로 구체적인 신체증상의 호소와 정서적 곤란이나 대인관계 곤란의 부인과 관련된다. 문항의 예를 들면 다음과 같다(괄호 안은 채점방향).

> - 남이 나를 어떻게 생각하든 신경 쓰지 않는다(아니다).
> - 아무도 믿지 않는 것이 가장 안전하다(아니다).

- 80T 이상인 경우, 스트레스를 받으면 신체적 증상을 나타내고, 이러한 증상을 이

용하여 책임을 회피하는 경향이 있다. 흔히 내려지는 진단은 전환장애, 신체화 장애, 심인성 동통장애 등이다.

- 심리적으로 미성숙하여 때로는 유아적으로 보이고, 감정반응의 기복이 심한 편이다. 자기중심적이고 자기도취적이며, 타인으로부터 많은 관심과 애정을 갈구한다.
- 대인관계에 대한 관심이 높지만, 관계패턴은 피상적이고 미성숙한 경향이 있다.
- 방어기제로 억압(repression)과 부인(denial)을 자주 사용한다.
- 치료 초기에는 비교적 순응적인 태도로 치료에 참여하지만, 통찰이 부족하고 자신의 문제가 심리적인 것으로 생각하지 않으므로 예후가 좋지 않다.

척도 3의 점수가 높은 경우

- 신체적 불편감이나 신체기능 저하에 대한 호소가 많고(두통, 소화기 증상, 흉통, 쇠약감, 빈맥 등) 종종 전환장애, 신체화 장애, 통증장애와 같은 신체형 장애로 진단 내려진다.
- 스트레스가 증가하면 신체적 문제가 악화되는 경향이 있고, 강한 심리적 압박감을 자주 받는다.
- 적대감, 분노와 같은 부정적 감정을 잘 표현하지 못하고 부인한다.
- 심리적으로 미성숙하고 유아적이며 자기중심적이다.
- 모호한 불편감을 호소할 때가 많으며, 그 기원이나 자신의 심리상태에 대한 통찰이 부족하다.
- 애정, 인정, 관심, 지지를 받고자 하는 욕구가 강하며, 이러한 욕구를 간접적이고 우회적인 방식으로 드러낸다.
- 극적이고 과장된 행동으로 주목을 끌고자 하지만 대인관계가 피상적이다.
- 책임회피나 관심획득의 목적으로 신체증상을 이용한다(특히 T≥80인 경우).

④ 척도 4 반사회성((Psychopathic Deviate: Pd)

- 척도 4는 반사회적 성격의 환자들을 진단하기 위해 개발된 척도로서, 문항들은 삶에 대한 불만족, 가족문제, 일탈행동, 성문제, 권위와의 갈등, 사회적 · 도덕적 규범에 대한 무시와 같은 다양한 주제를 포함하고 있다. 문항의 예를 들면 다음과 같다(괄호 안은 채점방향).

> – 올바른 삶을 살아오지 못했다(그렇다).
> – 법적인 일로 말썽이 난 적이 없다(아니다).

- 점수가 높은 경우, 사회적 가치를 내면화하는 데 어려움이 있으며 법규나 규범에 반항적이다. 거짓말, 사기, 절도, 성적 일탈행동, 알코올 남용과 같은 반사회적 행동 및 범죄 행동을 저지를 수 있다.
- 권위적인 인물에 대한 깊은 적대감과 분노를 지니고 있으나, 이러한 감정이 외부적으로 나타날 때도 있고, 자기 자신에게도 내현화되었을 가능성도 있다.

- 계획성이 부족하고 충동적이며 좌절에 대한 인내력이 낮다. 경험을 통해서 무언가를 배울 줄 모르고, 동일한 문제를 되풀이하는 경향이 있다.
- 자기중심적이고 미성숙하며 이기적이며, 무책임하고 신뢰성이 부족하여 친밀한 관계 형성이 어렵다.
- 임상적으로 흔히 내려지는 진단은 반사회적 성격장애나 수동-공격성 성격장애(Passive-aggressive Personality Disorder)이다.
- 법적 처벌(수감, 이혼) 등을 피하려는 목적으로 치료 장면에 오는 경우가 많으며, 문제를 타인의 탓으로 돌리는 경향이 있어 심리치료의 예후가 좋지 않다.

척도 4의 점수가 높은 경우

- 사회의 보편적인 가치 기준, 관습, 도덕규범 등을 받아들이지 못한다.
- 소소한 규칙위반, 위법 행동을 자주 보일 수 있고, 반사회적 행동이나 범법 행위(사기, 절도, 성적인 일탈행동, 알코올 및 약물 남용 등)에 연루될 수 있다(T≥75인 경우).
- 부모, 교사 등 권위 있는 대상에게 반항하며 갈등을 빚는다.
- 미성숙하며 유아적, 이기적, 자기중심적이다.
- 모험적 · 감각적 · 자극적 활동을 선호하며, 단조롭고 지루한 상황을 잘 견디지 못한다.
- 결과를 고려하지 않고 섣부르게 결정하고 충동적으로 행동하여 시행착오가 많고 위험이 초래되기도 한다.
- 욕구지연, 실패, 좌절에 대한 인내력이 낮다.
- 다른 사람들의 욕구와 감정에 둔감하며 공감 능력이 부족하며, 반복적인 대인관계 문제, 직업 및 사회적 부적응을 겪는다.

⑤ 척도 5 남성성-여성성(Masculinity-Femininity: Mf)

- 척도 5는 원래 동성애자를 변별하기 위해 개발되었으나, 실제적으로 변별이 잘 되지 않는 것으로 밝혀져 남성성과 여성성의 정도를 측정하는 척도로 개정되었다. 해당 문항들은 직업 및 여가에 대한 관심, 걱정과 두려움, 지나친 민감성, 가족관계 등과 같은 다양한 주제로 구성되어 있다. 문항의 예를 들면 다음과 같다(괄호 안은 채점방향).

> - 꽃가게를 운영하고 싶다(그렇다).
> - 과학을 좋아한다(아니다).

- 척도 5가 높은 남성들은 전형적인 남성적 흥미가 부족하며, 심미적이고 예술적인 흥미를 가지고 있다. 대부분의 남성들에 비해 집안일이나 자녀양육에 더 많이 관여하는 편이다. 관계 형성에 관심이 많고 수동적이고 의존적인 양상을 보인다(T>65 남성).

- 척도 5가 낮은 남성들은 직업, 흥미 등 여러 활동에서 전형적인 남성적 성역할이나 특성을 강조하고, 신체적 힘이나 정력을 강조하며 공격적이고 거친 모습을 보일 수 있다(T<45 남성).
- 척도 5가 높은 여성들은 전통적인 여성적 성역할에 거부감을 느끼며, 일과 관련하여 성취지향적이고 자기주장적, 진취적, 경쟁적인 모습을 보인다(T>65 여성).
- 척도 5가 낮은 여성들은 아내나 엄마의 역할에서 만족을 얻는 경향이 있고, 수동적, 의존적이며 복종적이고 유순한 특징을 보인다. 교육수준이 높은 여성이라면, 양성적인(여성성과 남성성이 균형 잡힌) 생활방식을 반영할 가능성이 높다(T<45 여성).

척도 5(남성성/여성성)

① 척도 5의 점수가 높은 경우(남성)
- 전통적인 남성적 역할이나 관심사에 대한 흥미가 별로 없다.
- 심미적이며 예술적인 흥미를 가지고 있다.
- 섬세하고 민감하며 감수성이 풍부하다.

② 척도 5의 점수가 낮은 경우(남성)
- 전통적인 남성적 면모를 과시하고자 한다.
- 전통적인 남성적 역할에 부합되는 직업, 흥미, 취미를 갖고 있다.
- 신체적 힘이나 정력을 강조하며 공격적이고 거친 모습을 보일 수 있다.

③ 척도 5의 점수가 높은 경우(여성)
- 전통적인 여성적 성역할에 대해 거부적일 수 있다.
- 진취적이고 성취 지향적이며 경쟁적이고 자기주장이 강하다.
- 사회 통념상 남성적 역할에 부합한다고 알려진 직업, 취미, 활동에 관심이 많다.

④ 척도 5의 점수가 낮은 경우(여성)
- 전형적으로 여성적인 흥미를 많이 지니고 있다.
- 아내나 엄마의 역할에서 만족을 얻는 경향이 있다.
- 전통적인 여성적 태도를 지닐 수 있고, 교육수준이 높은 경우 양성적인 생활방식을 반영할 가능성이 있다.

⑥ 척도 6 편집증(Paranoia: Pa)
- 척도 6은 편집증적 상태 혹은 편집증을 보이는 환자들을 탐지할 목적으로 개발되었으며, 문항들은 관계사고, 피해의식, 의심, 지나친 예민성, 과대한 자기개념, 경직된 태도 등의 내용들을 포함하고 있다. 문항의 예를 들면 다음과 같다(괄호 안은 채점방향).

> - 누가 내 뒤를 몰래 따라다닌다(그렇다).
> - 나를 꼭 해치고 싶어 하는 적(원수)은 없다(아니다).

• 60~70T에 속하는 경우, 대인관계에서 예민하고 과도하게 반응하는 등 편집증적인 경향을 시사하는 특징들을 보인다. 자신들이 힘들고 불공평하게 살아가고 있다고 느끼며, 자신들의 어려움을 외부의 탓으로 돌리면서 합리화하는 경향을 보인다.
• 70T보다 높은 경우, 피해망상(persecutory delusion), 과대망상(grandiose delusion), 관계사고(idea of reference) 등과 같은 정신병적 증상을 보일 수 있다. 자신이 타인들로부터 정당한 대우를 받지 못한다고 느끼며 분개하거나 원한을 품고 있을 수 있다.
• 대표적인 방어기제는 투사(projection)로서 자신의 문제를 인정하기 보다는 남의 탓으로 돌린다. 임상장면에서는 정신분열증, 망상장애로 진단받는 경우가 많다.
• 척도 점수가 높은 사람들은 치료자와의 라포 형성이 어렵고, 자신의 정서적 문제를 인정하지 않으므로 심리치료의 예후는 좋지 않다.

척도 6의 점수가 높은 경우

• 타인의 사소한 말이나 행동에 예민하고 과민하게 반응한다.
• 상대방의 동기, 의도를 의심하고 오해하여 조심스럽고 경계적인 태도를 취한다.
• 세상은 불공평하며 자신에게 불리하게 작용한다고 지각한다.
• 적대감과 분노감을 드러내며 논쟁적이다.
• 사고나 태도가 매우 경직되어 있고 융통성이 부족하다.
• 피해망상, 과대망상, 관계사고 및 기타 사고 장애 등 명백한 정신증적 증상과 그에 수반한 행동 특성을 보일 가능성이 높다($T \geq 70$).
• 자신이 음모에 휘말렸거나 남들로부터 부당한 대우, 모함, 괴롭힘을 당한다고 지각한다.
• 투사, 합리화, 주지화 등의 방어기제를 많이 사용한다.

⑦ 척도 7 강박증(Psychasthenia: Pt)

• 척도 7은 개발 당시 신경쇠약 혹은 강박증으로 특징되는 사람들이 보이는 전반적인 증상을 탐지하기 위해 개발되었으며, 문항들은 강박적 사고, 두려움, 불안, 자신의 능력에 대한 의심과 회의, 불행감, 신체적 불편감, 주의집중 곤란 등을 포함하고 있다. 문항의 예를 들면 다음과 같다(괄호 안은 채점방향).

> – 정신이 나가거나 자제력을 잃을까 봐 두렵다(그렇다).
> – 가끔 중요하지도 않은 생각이 마음을 스치고 지나가 며칠이고 나를 괴롭힌다(그렇다).

• 점수가 높은 경우 지나치게 불안해하고 긴장되어 있으며 초조해한다. 사소한 문제에 대해서도 걱정이나 두려움이 많고 일어나지 않은 일을 미리 염려한다.
• 흔히 피로, 불면, 악몽, 주의집중 곤란 등을 호소하며 임상장면에서는 불안장애 진

단을 받는 경우가 많다.

- 자신감이 부족하고 자기비판적이며, 지나치게 도덕적이고 완벽주의적이어서 자신이나 타인의 수행에 대한 기준이 매우 높다. 자신의 기준에 못 미칠 경우 죄책감을 느끼며 목표를 이루지 못하면 우울해진다.
- 우유부단하고 의사결정을 잘하지 못하며, 의존적이고 자기주장을 잘하지 않으며, 미성숙한 사람으로 평가받는 경향이 있다.
- 주지화(intellectualization)의 방어기제를 많이 사용하며, 합리화(rationalization), 취소(undoing)의 방어기제도 나타난다.
- 심한 불편감 때문에 치료에 대한 동기가 높을 수 있지만, 주지화/합리화하는 경향으로 인해 단기 심리치료에서는 좋은 효과를 얻기 힘들다.

척도 7의 점수가 높은 경우

- 불안하며 긴장되어 있고 초조해한다.
- 부정적 상황이 초래될 것을 미리 염려하고 두려워한다.
- 정서적 동요, 혼란감, 불편감을 경험하며 주의집중 곤란을 호소한다.
- 강박사고, 강박행동, 의례적 행동, 반추적 사고를 보인다.
- 융통성이 부족하고 경직되어 있으며 지나치게 도덕적이고 양심적이다.
- 체계적 · 분석적이며 주도면밀하다.
- 자신과 타인의 수행에 대한 기대 수준이 높다.
- 사회적 평판, 다른 사람들로부터의 피드백에 민감하며 걱정이 많다.

⑧ 척도 8 정신분열증(Schizophrenia: Sc)

- 척도 8은 조현병(정신분열증) 환자를 감별하기 위해 개발된 척도로, 문항들은 기태적인 심리상태, 지각적 이상 경험, 피해망상, 환각 등과 같은 정신병적 증상뿐 아니라 사회적 소외, 가족관계 문제, 성에 대한 염려, 충동 통제 및 주의집중 곤란 등 다양한 주제를 포함하고 있다. 문항의 예를 들면 다음과 같다(괄호 안은 채점방향).

> - 나는 이상하고 기이한 생각을 가지고 있다(그렇다).
> - 혼자 있을 때면 이상한 소리가 들린다(그렇다).

- 척도 8이 75T보다 높은 경우 심각한 정신적 혼란, 망상 수준의 기이한 사고, 환각, 판단력 상실 등의 문제를 보이는 정신병적 장애를 지니고 있을 가능성이 있다. 단, 급성적으로 심리적 혼란을 경험하고 있거나, 도움을 절실히 요청하는 경우에도 높은 점수를 얻을 수 있다.

- 척도 8이 높은 사람들은 사람들로부터 소외되거나 고립되고, 받아들여지지 못한다고 느낀다. 또한 사회적으로 위축되어 있고 은둔적이며, 자신을 숨기는 경향이 있어 남들이 쉽게 다가가기 어렵다.
- 스트레스를 받을 때 백일몽(day-dreaming)이나 공상에 빠져드는 경우가 많고, 현실과 공상을 구분하는 데 어려움을 느낄 수 있다.
- 척도 8이 높은 사람들은 열등감, 무능감, 부적절감, 불만족감을 느끼며, 내면에 분노, 적대감, 공격성이 내재해 있으나, 이런 감정들을 적절히 표현하지 못한다.
- 성적인 집착이나 성역할의 혼란을 보이는 경우도 흔히 있다.
- 만성적인 문제를 지니고 있고, 치료자와의 라포를 형성할 수 있는 능력도 부족하므로 심리치료의 예후는 나쁜 편이다.

척도 8의 점수가 높은 경우

- 조현병(정신분열증)을 비롯해 정신증적 장애를 지닐 수 있다(T>75인 경우).
- 사고의 혼란, 와해된 행동, 현실검증력 수준의 심각한 손상을 보일 수 있다.
- 성적 혹은 종교적 공상에 집착하든지 기인한 사고나 행동, 환각, 망상 등을 보일 수 있다.
- 내적인 생각, 충동, 공격성, 분노, 적대감을 스스로 통제하지 못하고 외현화된 행동으로 보일 수 있다.
- 다른 사람들로부터 이해나 수용을 받지 못한다는 느낌, 소외감, 고립감을 경험한다.
- 사회적으로 위축되어 있고 타인과의 접촉을 회피하며 은둔생활을 한다.
- 체계적 · 조직화된 사고나 목표지향적인 사고가 어렵다.
- 무능감, 부적절감, 열등감을 경험하거나 스스로에 대해 회의적이며, 자살사고를 보일 수 있다.

⑨ 척도 9 경조증(Hypomania: Ma)

- 척도 9는 경조증 증상을 보이는 사람들을 탐지할 목적으로 개발되었으며, 문항들은 과잉활동, 정서적 흥분성, 과대 사고와 같은 구체적인 경조증 증상을 다루고, 그 외 가족관계, 도덕적 가치 및 태도, 신체적 염려 등의 주제를 다룬다. 문항의 예를 들면 다음과 같다(괄호 안은 채점 방향).

> - 때때로 생각이 너무 빨리 떠올라서 그것을 말로 다 표현할 수 없다(그렇다).
> - 한곳에 오래 앉아 있기 힘들 정도로 안절부절못할 때가 있다(그렇다).

- 척도 9가 높은 사람들은 에너지가 넘치고 지나치게 말이 많으며, 생각보다 행동이 앞선다.
- 다양한 홍미를 지니고 있으며 한꺼번에 여러 가지 활동에 참여하지만 마무리는 잘하지 못한다.

- 쉽게 지루함을 느끼고 안절부절못하는 경향이 있으며, 좌절을 인내하는 능력이 매우 낮다.
- 비현실적이고 근거 없는 낙관성을 보이고 자신의 가치와 중요성을 과대평가하며, 자신의 한계를 인식하지 못한다. 자주 사용하는 방어기제는 부인(denial)과 행동화(acting-out)이다.
- 척도 9가 매우 높은 경우(T > 80) 조증 삽화의 가능성이 있다. 과잉 활동을 보이고, 말의 속도가 빨라지며 환각, 과대망상, 사고의 비약(flight of idea)을 나타내고 정서적으로 매우 불안정하다.
- 척도 9가 낮은 경우(T < 40) 우울할 가능성을 고려해 보아야 한다. 이들은 쉽게 피로해지고 의욕이 없으며, 주의집중 곤란 등의 우울을 시사하는 증상을 보이는 경향이 있다.
- 척도 9가 높은 사람들은 치료자의 해석을 거부하고, 치료시간에 불규칙적이며 치료를 조기에 종결하는 경향이 있다. 치료자에게 적대감이나 공격성을 지니기도 하며 예후가 낮다.

척도 9의 점수가 높은 경우

- 과대망상, 혼란스러운 사고, 사고의 비약, 비생산적인 행동의 증가, 고양된 기분, 과장된 자기지각, 정서적 불안정성, 충동조절의 어려움 등을 보인다(T > 80).
- 생각보다 행동이 앞서고, 지나치게 활동량이 많다.
- 일이 체계적이지 못하고, 조직화된 처리를 하지 못해 마무리가 어렵거나 생산성이 낮다.
- 객관적인 현실과는 무관하게 자신감이 넘치며 자신의 능력을 과신한다.
- 자기중심적이고 충동적이며, 감정을 억제하지 못하고 쉽게 표출한다.
- 자신이 추구하는 바가 지연되거나 행동이 방해받을 때 과민한 반응을 보인다.
- 기분이 고양되어 있고 자신감에 넘치다가도 금방 초조해지고 동요되며 낙담하는 등 감정기복을 보인다.
- 넘치는 활력이나 심신에너지의 항진은 정서적 고통이나 스트레스 상황으로부터 주의를 분산시키는 역할을 한다.

⑩ 척도 0 내향성(Social Introversion: Si)

- 척도 0은 내향성–외향성 차원과 관련된 특징들을 측정하는 척도로서, 문항들은 대인관계 기술의 부족, 사회적 상호작용의 불편감, 사회적 활동에 대한 회피적 태도 등을 반영하며, 그 외 전반적인 신경증적 부적응 및 자기비하 양상을 다루는 내용으로 구성되어 있다. 문항의 예를 들면 다음과 같다(괄호 안은 채점방향).

> – 남이 내게 말을 걸어오기 전에는 내가 먼저 말을 하지 않는 편이다(그렇다).
> – 여러 클럽(동아리)에 가입하고 싶다(아니다).

- 척도 0이 높은 사람들은 사회적 상황에서 불안정감과 불편감을 느끼며, 특히 이성 앞에서 더 그러한 특징을 보인다.
- 수줍음이 많고 소심하며, 앞에 나서지 않으려고 한다. 감정 억제가 심하며 감정을 직접적으로 표현하지 않는다.
- 혼자 있을 때나 몇 명의 친한 친구와 있을 때만 편하게 느끼고, 사회적인 활동에 거의 참여하지 않으려고 한다.
- 자신감이 부족하고 남들이 자신을 어떻게 생각할지 매우 신경을 쓴다.
- 점수가 경미하게 상승한 경우(55~64T) 대인관계 형성능력은 있으나 혼자 있는 것을 더 선호할 수 있다.
- 척도 0이 낮은(T<45) 사람들은 외향적이고 사교적이며, 말을 잘하고 자기주장적이다. 다양한 사람과도 잘 어울리고 경쟁적인 상황을 즐기는 편이다.

척도 0(내향성/외향성)

① 척도 0의 점수가 높은 경우
- 내향적이고 소극적이며 수줍음이 많다.
- 다른 사람에게 자신이 어떻게 비춰지는지에 민감하다.
- 다른 사람에게 자신의 생각과 감정을 잘 표현하지 않으며 행동이 조심스럽다.
- 사회적 상황에 대한 불편감, 불안정감을 느끼며, 많은 사람과 어울려야 하는 상황이나 집단 활동을 어려워한다.
- 대인관계에서 수동적이고 순응적이며, 권위적인 대상의 의견을 거부하지 못하고 쉽게 받아들인다.

② 척도 0의 점수가 낮은 경우
- 사교적이고 활발하며 외향적이다.
- 언변이 유창하고 말수가 많으며 자기표현을 잘한다.
- 다른 사람들과 어울리고자 하는 대인관계의 욕구가 강하다.
- 여러 사람들과 잘 어울리고 폭넓은 관계를 맺지만 피상적일 수 있다.
- 권력, 지위, 인정 등에 관심이 있으며, 경쟁적인 상황을 즐기는 편이다.

7) MMPI-2 재구성 임상척도

재구성 임상척도(Restructured Clinical Scales)		
RCd	의기소침	자존감이 낮고, 비관적이며, 우울감, 불안감, 신체적 불편감 호소
RC1	신체증상 호소	신체적 건강에 대한 집착, 만성통증, 심리적 · 대인관계 곤란 시 신체화
RC2	낮은 긍정 정서	불행감, 무력감, 절망감, 동기 저하, 수동적, 고립감, 자살사고 고려

RC3	냉소적 태도	남을 배려하지 않고, 착취적이라고 생각하고, 자신만 생각하고, 거부적
RC4	반사회적 행동	논쟁적이고, 비판적이고, 화를 잘 내며, 반사회적 행동 및 약물남용 문제
RC6	피해의식	타인의 동기 의심, 타인 비난, 사회적 소외감, 망상 혹은 환각
RC7	역기능적 부정 정서	불안, 분노, 공포감과 같은 다양한 부정적 정서 경험, 수동적, 복종적
RC8	기태적 경험	현실검증력 손상, 환각, 망상, 기태적 감각 경험, 분열성 성격 특성
RC9	경조증적 상태	성마름, 고양된 기분 및 활력 수준, 충동통제 곤란, 감각적, 자극추구

8) MMPI-2 성격병리 5요인 척도

성격병리 5요인 척도(Personality Psychopathology Five Scale)		
AGGR	공격성	공격적인 주장적 행동, 지배적 행동 경향, 낮은 죄책감, 위협 행동
PSYC	정신증	비현실적 사고, 지각적 혼란, 소외감, 관계 망상, 현실검증력 손상
DISC	통제 결여	충동적, 행동통제 결여, 위험추구 행동, 타인 조정, 행동문제 과거력
NEGE	부정적 정서성/신경증	불안, 우울, 불안정성, 걱정, 비관적, 스트레스에 대한 신체적 반응
INTR	내향성/낮은 긍정적 정서	사회적 억제, 자신감 저하, 부정적 자기개념, 낮은 성취욕구, 무망감

9) MMPI-2 내용척도

내용척도		
ANX	불안	불안, 걱정, 주의집중 곤란, 광범위한 양상의 불안증상, 다양한 신체증상
FRS	공포	다양한 유형의 공포증 혹은 두려움, 소심함, 자신감 부족
OBS	강박성	강박사고 혹은 강박행동, 우유부단함, 의사결정 곤란, 완고함, 반추적 사고
DEP	우울	우울감, 불행감, 무망감, 동기 저하, 죄책감, 피로감 및 불면, 자살사고
HEA	건강염려	신체적 쇠약감, 다양한 신체증상 혹은 피로감 호소, 신체기능에 몰두함

BIZ	기태적 정신상태	정신증적 증상, 둔마된 정동, 동기 결여, 대인관계 철수 및 부적절성
ANG	분노	분노, 적대감, 성마름, 비판적, 논쟁적, 충동 및 감정통제 능력의 취약성
CYN	냉소적 태도	불신, 의심, 경계적 태도, 편집증적 사고, 적대적 태도, 염세적 신념
ASP	반사회적 특성	사회규범을 경시하는 태도, 권위적 대상에 대한 반감, 자기중심적, 충동적
TPA	A 유형 행동	조급함, 경쟁적, 적대적, 짜증이 많고 쉽게 화를 냄, 비판적, 참을성 부족
LSE	낮은 자존감	부정적 자기개념, 자신감 부족, 타인의 비판이나 거절에 민감, 관계 순응적
SOD	사회적 불편감	내향적, 수줍음, 대인관계 민감성, 사회적 철수, 정서적 위축, 낮은 활력수준
FAM	가정문제	가족 및 부부관계에 대한 부정적 지각, 불행감, 분노, 적대감, 학대 과거력
WRK	직업적 곤란	불안정감, 주의집중 곤란, 의사결정 곤란, 성취동기 결여, 비지지적 가족환경
TRT	부정적 치료지표	치료자 및 치료에 대한 부정적 태도, 변화를 불신하며 저항적임, 낮은 동기

10) MMPI-2 보충척도

보충척도		
A	불안	불안증상, 자신감 부족, 관습에 순응적, 의사결정 곤란, 낮은 적응력
R	억압	순종적, 관습적, 과잉통제 경향, 신중하고 조심스러움, 느린 행동 경향
Es	자아 강도	심리적 적응 및 치료적 예후의 지표, 책임감과 인내력 있고 안정적
Do	지배성	현실적, 업무 중심적 성향, 자신감, 유능감, 추진력, 주도적, 적극적
Re	사회적 책임감	정의감, 성실함, 자신에게 높은 기준 적용, 자신감이 강하고 독립적
Mt	대학생활 부적응	근심, 걱정, 긴장, 비관주의, 지연행동, 대학생활 전반의 부적응 시사
PK	외상후 스트레스 장애	정서적 고통감, 불안 및 수면장애 증상, 죄책감, 우울감, 통제 불능감
MDS	결혼생활 부적응	전반적인 부적응과 우울, 타인 거부 경험, 결혼 관계의 부적응 시사
Ho	적대감	타인에 대한 의심, 분노, 적대감, 불친절, 냉소적 태도, 투사
O-H	적대감 과잉통제	내재된 분노감, 적대감을 부인, 억제, 부적 정서자극에 과잉반응 경향
MAC-R	알코올 중독	알코올(물질) 사용 관련 문제가 있거나 잠재적 발전 가능성 시사

AAS	중독 인정	알코올 혹은 물질남용 문제를 자각하고 도움을 구하는 정도를 반영
APS	중독 가능성	현재 물질남용보다는 물질남용의 가능성 혹은 취약성을 반영
GM	남성적 성역할	전형적인 남성적 흥미와 활동 선호, 두려움이나 불안을 부인하는 성향
GF	여성적 성역할	전형적인 여성적 흥미와 활동 선호, 예민함, 순응적 성향 반영

11) MMPI-2 코드유형별 해석

① 코드유형(Code type) 해석을 할 때 정신병리 진단을 위해 개발된 척도가 아닌 척도 5와 0을 제외한 8개의 임상척도를 사용한다(코드유형을 지칭할 때는 더 높은 점수의 척도 번호를 먼저 언급함).

② 코드유형을 활용한 해석은 개별척도를 해석할 때보다 수검자의 행동 및 임상적 특징에 대해 보다 정확하고 유용한 해석을 할 수 있다. 단, 코드해석은 MMPI에서 T점수가 65점 이상 상승하는 경우에 적용한다.

③ 코드해석을 위해 상승 척도 쌍을 결정할 때는 가장 높게 상승한 2개 척도의 점수와 3번째로 높은 척도 점수 간의 차이가 적어도 T점수로 5점 이상이어야 한다(3개 코드유형 해석 시에도 동일).

④ 코드유형별 해석 시 높은 상승 점수에 초점이 맞추어져 있기에 병리적인 해석에 치우치지 않도록 신중하게 프로파일을 고려해야 한다.

- 13/31 코드
  - 애정과 관심을 받고자 하는 욕구가 강하며, 사회적인 인정과 수용을 받는 것을 중요시 한다.
  - 메스꺼움, 식욕부진증, 폭식증, 현기증, 마비감, 쇠약감, 피로감과 같은 다양한 신체적 불편감을 호소하는데, 이러한 증상에 기저하는 자신의 심리적 문제에 대한 통찰이 낮다.
  - 스트레스 상황에서 증상 호소가 증가하며, 스트레스가 사라지면 증상도 감소하거나 사라지는 경향이 있다.
  - 대인관계가 피상적이고 분노 및 적대감을 느끼지만 이를 부인 및 억압 등의 방어기제를 통해 강하게 통제하다가 수동적 · 간접적으로 표현한다.
  - 자기중심적이며 미숙하고, 자신의 신체증상을 이용해 다른 사람을 조종하고 통제하고자 한다.
  - 건강염려증, 전환장애, 우울장애, 수동-공격성 성격장애, 히스테리성 성격장애 진단이 흔하다. 척도 2가 척도 1과 3보다 10점 이상 낮을 때 전환(conversion)

V라 칭하며, 척도 2가 척도 1, 3보다 낮을수록 전환장애의 가능성이 증가한다.

- 2-4/4-2
  - 자신의 욕구와 충동을 통제하지 못하고 반사회적인 행동으로 표출한 뒤, 그것이 초래한 부정적 결과에 죄책감을 경험하며 불안하고 초조해한다. 그러나 이러한 후회와 걱정은 결과에 대한 일시적 반응일 뿐, 죄책감이나 걱정이 줄어들면 행동화 경향이 다시 증가한다.
  - 장기적인 조망이나 결과를 예측하여 계획적으로 행동하지 못하는데 이 유형의 행동문제를 심화시키는 요인이 된다.
  - 알코올 중독이나 약물남용이 있을 수 있고, 가정불화나 직장 부적응을 보일 때가 많으며 법적인 문제에 연루되기도 한다.
  - 대인관계가 미숙하고 자의식이 강하며 대인관계를 피상적으로 유지하며 안정감을 얻는다.
  - 자신에 대해 회의적이며 비판적이고 불만족감이나 부적절감을 경험한다.
  - 수동-공격성 성격장애나 반사회적 성격장애와 관련될 수 있으며, 우울기분을 동반한 적응장애와도 관련된다. 타인파괴적 경향으로 인한 처벌적 자살사고 및 자살시도 가능성을 고려해야 하며, 흔히 우울성 성격장애 진단을 받는다.
- 2-7/7-2
  - 지나치게 책임감을 느끼며, 불안과 걱정 및 염려가 많고, 예측 못하는 실패나 상실에 대응해서 세상의 위험 요소를 탐색하고 어떻게 대처할지에 대해 연습하는 방어적 양상을 보인다.
  - 완벽주의적이고 꼼꼼하며, 인정과 성취 욕구가 강하지만 스스로에 대한 기대수준이 높아 목표달성이 어렵다.
  - 목표달성에 실패하거나 일상에서의 실수, 문제상황에 직면하면 스스로를 탓하고 비난하는 자기처벌적 태도를 보인다.
  - 내면으로는 열등감, 부적절감, 불안정감을 경험하며, 내적인 스트레스 수준이 높기 때문에 신체적인 호소가 흔하다.
  - 대인관계에서 비교적 유순한 편이고 자기주장을 잘하지 못하며 자신감이 낮고 수동-의존적인 경향을 보인다.
  - 주요 우울장애를 비롯한 기분장애, 우울감을 동반한 불안장애, 강박장애, 공포증 진단이 흔하며, 회피성 성격장애, 강박성 성격장애, 수동-공격성 성격장애를 고려해 볼 수 있다.

- 3-4/4-3
  - 만성적이고 강렬한 분노, 적대적이고 공격적인 충동을 품고 있으나 효율적으로 표현하지 못하며 간접적이고, 수동-공격적인 방식으로 표현된다.
  - 애정욕구를 충족시키기 위해 순응적으로 행동하지만 대부분 피상적이며, 상대방으로부터 비난과 거부에 민감하다.
  - 자신의 행동 기저에 대한 통찰이 부족하며 미성숙하고 자기중심적이며, 자신의 분노를 타인에게 투사하며 비난한다.
  - 대개 이전부터 대인관계의 어려움을 보였던 경우가 많고 행동화, 결혼생활 불화, 알코올 남용 등의 과거력이 있을 수 있다.
  - 의존 대 독립의 갈등을 보이며, 타인으로부터 인정과 애정을 바라면서도 내재된 깊은 반감이 있으며, 이는 가족으로부터의 고립감과 거절감에서 나온다.
  - 히스테리성 성격장애, 경계성 성격장애, 수동-공격성 성격장애, 적응장애로 진단되는 경우가 많다.
- 4-6/6-4
  - 의심이 많고 적대적이며 미성숙하고 자기중심적인 특징으로 인해 친밀한 관계를 형성하는 것이 어렵다.
  - 주위 사람들에게 인정과 관심을 요구하면서도 상대방의 사소한 요구나 간섭은 잘 견디지 못한다.
  - 자신의 분노와 적개심을 정당화하며 타인 행동의 숨은 동기를 의심하고 깊은 정서적 유대관계를 맺으려고 하지 않는다.
  - 권위적 대상과 갈등이 많으며 상대방의 업적이나 명성을 평가 절하하고 손상시키려 한다.
  - 논쟁적이고 냉소적이며 따지기 좋아하고, 다른 사람의 마음을 부정적으로 해석하는 특징을 보인다.
  - 수동-공격성 성격장애, 편집형 조현병, 조현병 전구 단계일 수 있으며, 알코올 남용이나 의존 등의 과거력이 있을 수 있어 관련 탐색이 필요하다.
- 4-9/9-4
  - 충동적이고 욕구 중심적인 성향이 매우 강하며 보편적인 사회적 관습, 도덕규범을 무시하는 반사회적 행동을 보인다.
  - 신체 및 정서적 흥분을 자극받을 수 있는 감각적이고 쾌락적인 대상이나 활동을 선호하며 적극적으로 추구하는 반면 욕구 지연이나 좌절에 대한 내성은 매우 약하다.

- 자신의 행동이 초래할 결과를 고려해 신중하고 계획적으로 행동하지 못하고 즉각적인 욕구 충족에만 초점을 맞춰 충동적으로 행동한다.
- 자신의 경험과 시행착오를 통해 무엇인가 배우지 못하며, 행동에 대해 무책임하고 죄책감을 별로 느끼지 못한다. 주로 합리화, 행동화 방어기제를 자주 사용한다.
- 공감 능력의 부족, 자기중심적인 태도, 자신의 문제행동을 합리화하고 타인에게 전가하며 비난하는 태도 등으로 인해 호혜적인 유대관계를 맺기가 어렵다.
- 반사회성 성격장애, 조증 삽화의 양극성 장애 가능성을 고려할 수 있다.

• 6–8/8–6
- 의심이 많고 상대방을 불신하며, 종종 다른 사람의 의도를 부정적인 방향으로 지각한다.
- 주위 사람들과 거리를 두고 소원하게 지내며 정서적 유대 관계를 맺지 않기 때문에 친하게 지내는 사람들이 거의 없다.
- 자신감이 부족하고 자존감이 낮으며 열등감과 죄책감, 정서적 혼란을 경험한다.
- 사고방식이나 행동양식이 특이하고 기괴하며, 관계사고, 피해망상, 과대망상을 보이는 경우도 흔하다.
- 타인의 요구에 적절히 반응하지 못하며 둔마된 정동, 주의집중의 어려움, 현실감과 판단력의 부족으로 인해 적응상의 어려움을 겪는다.
- 편집성 성격장애, 분열성 성격장애, 편집형 조현병 진단을 많이 받는다.

• 6–9/9–6
- 에너지가 넘치고 쉽게 흥분하는 한편 의심이 많고 민감하며 화를 잘 낸다.
- 애정에 대한 욕구가 강하며 의존적이지만 실제 혹은 가상의 위협에 매우 취약하며, 대부분의 시간 동안 불안하고 초조해하며 긴장되어 있다.
- 사소한 스트레스에도 과도한 반응을 보이는데, 대개는 공상에 몰두하며 반추적 · 강박적 사고를 보인다.
- 감정을 적응적으로 조절해서 표현하지 못하는데, 감정을 과도하게 통제하다가도 격렬한 감정표출이나 폭발적인 행동문제를 보이곤 한다.
- 판단력이 부족하고 스트레스에 대한 반응으로 환상으로의 철수를 보이며, 망상, 주의집중 곤란, 환각, 연상의 이완, 지리멸렬 등과 같은 사고장애의 징후를 보이는 경우가 흔하다.
- 편집형 조현병 진단을 많이 받으며 양극성 장애 진단을 받기도 한다.

- 7–8/8–7
  - 근심, 걱정을 지속적으로 반추하며 늘 긴장되어 있고 불안하며 자살사고를 경험하기도 한다.
  - 자신에게 심리적 문제가 있음을 쉽게 인정하지만, 만성적인 열등감, 죄책감, 부적절감이 심하고 불안정하다.
  - 대인관계에서 자신감이 부족하며 자기주장을 잘하지 못하고 수동–의존적이다. 특히 이성과의 관계에서 어려움이 크며 성기능 장애나 비정상적인 성적 공상에 몰두하기도 한다.
  - 사회적 관계에서 심한 불편감을 느끼기 때문에 사회적 철수 행동으로 자신을 방어하는 경향이 있다.
  - 의사결정을 잘 내리지 못하고 우유부단하며 때로는 판단력이 저하되어 있다. 자살사고가 빈번하고 혼란스러운 상태에서는 자살시도를 보일 수 있어 주의가 필요하다.
  - 분열형 성격장애, 조현병, 불안장애(척도 7이 우세한 경우) 가능성을 고려할 수 있다.
- 8–9/9–8
  - 심신에너지가 넘치고 과잉 활동적이며 주의가 산만하고 미성숙하다.
  - 정서적으로 매우 불안정하며 긴장되어 있고, 과대망상을 가지고 있을 가능성이 있다.
  - 다른 사람에 대해 깊이 관여하려 들지 않으며 오히려 철수되어 지낼 때가 많다.
  - 자신의 능력이나 객관적 여건을 고려하지 않은 비현실적인 목표를 세우고 열망하며 이행하려 한다.
  - 사고과정은 산만하고 비약적이며 기태적일 수 있고, 과장된 자기평가, 과대사고를 보이며 자신에 대한 통찰이 부족하다.
  - 조현병이나 조증상태를 보이는 분열 정동장애 진단이 흔하다.

2 성격평가질문지(Personality Assessment Inventory: PAI)

① PAI는 모리(Morey, 1991)가 임상장면에서 환자나 내담자의 다양한 정신 병리를 측정하기 위해 개발한 성격검사이다.

② 4개의 타당도 척도, 11개의 임상척도, 5개의 치료고려척도, 2개의 대인관계척도를 포함하여 총 22개 척도 344문항으로 구성되어 있다.

③ PAI는 원래 18세 이상의 성인을 대상으로 임상적 문제를 평가하기 위해 개발되었으나, 한국 표준화 과정에서는 18세 미만의 고등학생 대상으로도 실시할 수 있도록 규준을 포함하였다(한국의 실시요강에는 고등학생을 포함하여 대학생, 일반 성인 및 임상 환자 규준을 구분하여 제시하고 있다).

④ PAI는 4점 평정척도로 이루어져 있어 장애의 정도나 주관적 불편감의 수준을 정확하게 측정하고 평가할 수 있다.

⑤ PAI의 대부분의 척도들은 3~4개의 하위척도로 구성되어 있어 척도의 점수가 상승되어 있을 때 하위척도의 상대적 상승을 통해 보다 정확한 해석을 할 수 있으며, DSM의 진단 분류체계를 따르고 있어 진단평가에 유용하다.

〈PAI의 척도구성〉

	척도명	문항 수	척도설명
타당성 척도	비일관성(ICN)	10	수검자가 얼마나 일관성 있는 반응을 했는지를 나타냄.
	저빈도(INF)	8	대부분의 사람들과 다른 방식으로 반응하는 경향을 측정함. 무선반응, 부주의, 무관심, 정신적 혼란이나 독해력 결함 등의 문제를 시사함.
	부정적 인상(NIM)	9	일부러 불편함이나 문제가 있는 것처럼 보이려는 경향을 측정함.
	긍정적 인상(PIM)	9	바람직한 인상을 주려고 하는 경향을 측정함.
임상 척도	신체적 호소(SOM)	24	전환(SOM−C), 신체화(SOM−S), 건강염려(SOM−H)로 구성되어 있으며, 신체적 기능 및 건강 관련 문제에 대한 관심을 측정함.
	불안(ANX)	24	인지적(ANX−C), 정서적(ANX−A), 생리적(ANX−P) 불안으로 구성되어 있으며, 불안을 경험할 때 공통적으로 나타나는 임상 특징을 측정함.
	불안관련장애(ARD)	24	강박증(ARD−O), 공포증(ARD−P), 외상적 스트레스(ARD−T)로 구성되어 있으며, 불안장애와 관련된 세 가지 상이한 증후군의 임상 특징을 측정함.
	우울(DEP)	24	인지적(DEP−C), 정서적(DEP−A), 생리적(DEP−P) 우울로 구성되어 있으며, 우울장애에서 나타나는 다양한 임상 특징을 측정함.
	조증(MAN)	24	활동수준(MAN−A), 과대성(MAN−G), 초조성(MAN−I)으로 구성되어 있으며, 고양된 기분, 과대성, 활동수준 증가, 초조성, 참을성 부족 등과 같은 다양한 특징을 측정함.

임상 척도	망상(PAR)	24	과경계(PAR-H), 피해의식(PAR-P), 원한(PAR-R)으로 구성되어 있으며, 주변 환경의 잠재적 위험에 대한 지나친 경계, 원한을 품는 경향, 타인으로부터 부당한 대우를 받는다는 생각 등을 측정함.
	정신분열병(SCZ)	24	정신병적 위험(SCZ-P), 사회적 위축(SCZ-S), 사고장애(SCZ-T)로 구성되어 있으며, 기이한 신념과 지각, 사회적 효율의 저하, 사회적 무쾌감, 주의집중력 결핍 및 연상과정의 비효율성 등의 내용을 측정함.
	경계선적 특징(BOR)	24	정서적 불안정(BOR-A), 정체성 문제(BOR-I), 부정적 관계(BOR-N), 자기손상(BOR-S)으로 구성되어 있으며, 감정통제 어려움, 강렬하고 투쟁적인 대인관계, 정체감 혼란, 자기파괴적인 충동적 행동 등을 측정함.
	반사회적 특징(ANT)	24	반사회적 행동(ANT-A), 자기중심성(ANT-E), 자극추구(ANT-S)로 구성되어 있으며, 자기중심성, 공감능력 및 자책감 부족, 무모한 모험심, 흥분과 자극추구 성향 등 반사회적 태도 및 행동을 측정함.
	알코올문제(ALC)	12	알코올 사용, 남용, 의존과 관련된 행동과 그 결과를 평가함.
	약물문제(DRG)	12	약물 사용, 남용, 의존과 관련된 행동과 그 결과를 평가함.
치료 고려 척도	공격성(AGG)	18	공격적 태도(AGG-A), 언어적 공격(AGG-V), 신체적 공격(AGG-P)으로 구성되어 있으며, 분노, 공격성, 적개심과 관련된 태도와 행동 특징을 측정함.
	자살관념(SUI)	12	죽음이나 자살과 관련된 사고를 평가함.
	스트레스(STR)	8	현재 혹은 최근에 경험한 생활 스트레스를 평가함.
	비지지(NON)	8	친지, 친구 및 가족 등과의 상호작용에서 지각된 사회적 지지의 부족정도를 측정함.
	치료거부(RXR)	8	심리적 · 정서적 변화에 대한 개인적 관심과 동기, 적극적으로 치료에 참여하려는 의지 등을 평가함.
대인 관계 척도	지배성(DOM)	12	지배와 복종의 양 차원에서 나타나는 특징을 측정함. 점수가 높을수록 대인관계에서 독립성, 주장성, 통제성을 나타냄.
	온정성(WRM)	12	온정과 냉담의 양 차원에서 나타나는 특징을 측정함. 점수가 높을수록 대인관계에서 사교적이고 공감적임을 나타냄.

3 기질 및 성격검사(The Temperament and Character Inventory: TCI)

① TCI는 클로닝거(Cloninger)의 심리생물학적 인성모델에 기초하여 개발되었다. 이 모델에서 기질과 성격은 성격을 구성하는 두 가지 큰 구조이다.

② 기질은 유전적으로 타고난 것으로서 일생 동안 비교적 안정적인 속성을 보인다. 성격은 개인이 추구하는 목표 및 가치에서의 개인차와 관련된다. 성격은 기질과 환경의 상호작용 속에서 형성되는 것으로서 일생 동안 지속적으로 발달하며, 기질에 의한 자동적인 정서반응을 조절하는 역할을 할 수 있다.

③ 기존의 다른 성격검사들이 기질과 성격을 구분하지 못하는 한계를 극복하여 인성발달에 미치는 선천적 기질의 영향과 후천적 성격의 영향을 구분하여 평가할 수 있도록 개발되었다.

④ 기질의 4가지 차원과 성격의 3가지 차원으로 구성되어 있으며, 기질차원으로는 자극추구(NS), 위험회피(HA), 사회적 민감성(RD), 인내력(P)이 있고, 성격차원으로는 자율성(SD), 연대감(C), 자기초월(ST)이 있다.

〈TCI의 기질 및 성격차원〉

기질차원	자극추구(NS) Novelty Seeking	새롭거나 신기한 자극, 잠재적인 보상 단서에 끌리면서 행동이 활성화되는 유전적 경향성
	위험회피(HA) Harm Avoidance	위험하거나 혐오스러운 자극에 대해 행동이 억제되고 위축되는 유전적 경향성
	사회적 민감성(RD) Reward Dependence	사회적인 보상 신호에 의해서 이전의 보상 또는 처벌 감소와 연합되었던 행동이 유지되는 유전적 경향성
	인내력(P) Persistence	지속적인 강화 없이도 한 번 보상된 행동을 일정 시간 동안 꾸준히 지속하려는 유전적 경향성
성격차원	자율성(SD) Self-Directedness	자신이 선택한 목표와 가치를 이루기 위하여 자신의 행동을 통제, 조절, 적응하는 능력
	연대감(C) Cooperativeness	타인에 대한 수용 능력 및 타인과의 동일시 능력에서의 개인차
	자기초월(ST) Self-Transcendence	우주만물과 자연을 수용하고 동일시하며 이들과 일체감을 느끼는 능력에서의 개인차

투사검사

1 로르샤흐 검사(Rorschach Test)

① 로르샤흐 검사는 스위스의 정신과의사 헤르만 로르샤흐(Herman Rorschach)에 의해 1921년에 소개되었다.

② 초기 연구에서의 주요 항목은, 첫째, 수검자가 어떤 위치를 보고 반응하였는지, 그다음으로 잉크 반점의 어떤 형태를 보았는지, 마지막으로 어떤 내용에 반응하였는지를 부호화하는 것이었다. 이는 현재의 채점 체계의 기초가 되었다.

③ 로르샤흐 검사는 오랜 기간 통합의 노력을 통해 엑스너(Exner)에 의해 1974년 로르샤흐 종합체계가 탄생되었다. 최근까지 실시, 채점, 해석에 대한 설명은 엑스너의 종합체계를 토대로 한 것이다.

④ 엑스너의 종합체계에서 한 반응을 완전하게 채점하기 위해서는 다음의 세 가지 범주의 채점이 우선 가능해야 한다.

엑스너 종합체계 주요 채점 범주

- 반응영역(어디서 그렇게 보았는지, 즉 전체를 보았는지 또는 부분을 보았는지 등)
- 반응결정인(무엇이 그렇게 보도록 만들었는지, 즉 형태 때문인지 또는 색채 때문인지 등)
- 반응내용(어떤 내용인지, 즉 사람, 동물, 풍경 등)

⑤ 로르샤흐 검사는 데칼코마니 형태의 대칭구조로 된 10장의 잉크 반점 카드를 사용하는데, 이 중 5장은 무채색으로 되어 있고, 2장은 검정색과 붉은색이 혼합되어 있으며, 3장은 여러 가지 색채가 혼합되어 있다.

⑥ 로르샤흐 카드는 여러 가지 형태와 색채, 음영과 같은 지각적 속성을 포함하고 있으며, 잉크 반점은 비교적 불분명하고 모호한 특징을 지니고 있어 다양한 반응을 유발할 수 있다.

⑦ 수검자가 각 카드의 잉크 반점에서 가능한 잠재적인 대답들 가운데 어떤 것으로 반응하는 과정에는 여섯 가지 요소가 포함되어 있다.

⑧ 로르샤흐 검사의 채점 영역은 반응영역, 발달질, 결정인, 형태질, 반응내용, 평범반응, 조직화활동(Z점수), 특수점수 등이 있으며, 이를 단계적으로 채점해 나간다.

로르샤흐 반응과정의 6단계

- 검사자극을 입력하고 부호화하기: 수검자는 잉크 반점 자극에 노출되고 난 후에 잠정적으로 반응을 어떻게 분류할 것인지에 관한 의사결정을 하게 된다.
- 검사자극을 전체 혹은 부분으로 분류하기: 검사자극이 입력되면 수검자는 전체 혹은 부분으로 나누어 분류하게 된다. 수검자의 장기기억에서 끌어낸 경험적 측면과 잉크 반점의 특성이 지각에 영향을 준다.
- 경제성의 원칙과 우선순위에 따라 잠재적인 반응을 버리기: 수검자는 잠재적으로 떠오르는 여러 가지 반응 가운데 무엇을 우선적으로 답해야 할지를 결정하는 과정에서 경제성의 원칙에 따라 반응 수를 결정한다.
- 검사의 선입견 등을 검열하는 과정에서 잠재적인 반응을 선택하기: 검사에 대한 선입견이나 검사에 대한 경험에 따라 자체 검열을 통해 여러 반응 중에서 취사선택하는 과정이 일어난다.
- 개인의 특성에 따라 반응 선택하기: 개인의 기본적인 심리적 특성은 로르샤흐 잉크 반점에 대해 잠정적인 반응을 결정하는 데 중요한 역할을 한다.
- 수검자의 심리상태에 따라 반응 선택하기: 수검자가 겪는 심리상태의 변화는 로르샤흐 반응에 영향을 미친다. 특히 상황적 스트레스와 관련된 것으로 알려진 무생물운동(m)과 음영확산(Sum Y) 반응은 통제와 관련해 민감하다.

⑨ 로르샤흐 검사의 해석 과정 과정에는 구조적 · 주제적 · 행동적 특징을 계열 분석에 통합하는 해석 전략을 통해 수검자에 대한 구체적인 정보를 얻을 수 있다.

로르샤흐 검사의 해석적 접근

- 구조적 특징: 잉크 반점을 구조화하는 방식은 수검자의 성격적 소인과 최근의 정서 상태와 태도에 관해 추론할 수 있는 근거가 될 수 있으며 수검자가 반응을 형성하는 방식은 다양한 해석적 의미를 지닌다.
- 주제적 특징: 수검자가 보이는 주제적 특징을 해석하는 것은 자기지각, 대인지각, 자기표상, 대상표상 등과 관련된 중요한 욕구, 태도, 갈등, 관심 등에 관한 많은 단서를 제공해 준다.
- 행동적 특징: 수검자의 행동적 특징을 해석하는 것은 심리적 상태에 대한 정보뿐만 아니라 문제해결과 대인관계 상황에 접근하는 방식에 대한 의미 있는 자료가 된다.
- 계열 분석: 한 반응에서 다른 반응으로 계열적으로 전환하는 과정을 검토해 보면 수검자의 고통, 방어능력, 악화, 회복력 등의 흐름을 알 수 있고, 심리적 문제를 다루는 대응 전략의 특성과 적응적 생활패턴을 분석할 수 있다.

⑩ 로르샤흐 검사를 마친 후 수검자의 반응을 기호로 바꾼 후에는 각 기호의 빈도, 백분율, 비율, 특수점수를 산출하여 이러한 자료들을 체계적으로 요약하고 해석을 시도하게 된다. 이를 구조적 요약이라고 한다.

⑪ 구조적 요약의 하단에는 6개의 특수 지표(Special Indices)가 있는데, 이들은 지각 및 사고 지표, 우울증 지표, 대응손상 지표, 자살 지표, 과민성 지표, 강박성 지표이다.

구조적 요약의 6개 특수 지표

- 지각 및 사고 지표(Perceptual-Thinking Index: PTI): PTI는 조현병 지표를 개정한 것으로 점수의 범위는 0~5점이다. 점수가 높을수록 지각 및 사고의 혼란을 경험할 가능성이 높음을 의미한다.
- 우울증 지표(Depression Index: DEPI): DEPI는 우울증의 다양한 양상을 측정하는 지표로, 점수 범위는 0~7점이다. 점수가 4점 이상일 때 약간의 우울 증상을 경험하고 있음을 시사하며, 점수가 높을수록 정서장애의 가능성이 높아진다.
- 대응손상 지표(Coping Deficit Index: CDI): CDI는 사회적 기술이 제한적이고 환경과 상호작용할 때, 특히 대인관계 영역에서 빈번하게 어려움을 겪을 가능성을 시사한다. 점수의 범위는 0~5점이며 4점이나 5점일 때 유의하게 해석한다.
- 자살 지표(Suicide Constellation: S-CON): S-CON은 수검자가 자기파괴적인 사고와 행동에 몰두하고 있을 가능성을 나타내기에 이에 대한 추가 탐색이 필요하다. S-CON에 포함된 12개의 변인 중 8개 이상 해당된다면 자살 가능성을 고려하여 주의가 필요하다.
- 과민성 지표(Hypervigilance Index: HVI): HVI는 과경계 양상과 관련되며, 환경에 대한 불신 또는 부정적인 태도를 반영한다. 유의한 HVI는 불안전하고 취약한 느낌과 더불어 행동을 수행할 때 매우 신중해지는 경향 및 과도한 에너지 사용을 의미한다.
- 강박성 지표(Obsessive Style Index: OBS): 유의한 OBS는 정확성을 추구하고 세부적인 사항에 집착하고 완벽주의 성향이 있으며 정서표현에 어려움이 있음을 의미한다.

1) 로르샤흐 검사의 채점범주와 채점기호

채점범주	채점기호 및 기준		
반응영역	W 전체반응 D 흔한 부분반응 Dd 드문 부분반응 S 공백반응		
발달질	+ 통합반응 ○ 보통반응 v/+ 모호/통합반응 v 모호반응		
결정인	형태	F	모양으로 인한 지각
	운동	M, FM, m	사람, 동물, 무생물의 운동을 본 경우
	유채색	C, CF, FC, Cn	색채에 근거하여 반응한 경우
	무채색	C′, C′F, FC′	무채색에 근거하여 반응한 경우
	음영-재질	T, TF, FT	반점의 음영으로 인해 재질을 지각
	음영-차원	V, VF, FV	반점의 음영으로 인해 깊이나 차원을 지각
	음영-확산	Y, YF, FY	반점의 밝고 어두운 특징을 지각
	형태차원	FD	크기와 모양에 따라 깊이나 차원을 지각
	쌍 반응	(2)	대칭성으로 인해 두 개의 동일한 대상으로 반응
	반사 반응	Fr, rF	대칭성으로 인해 반사 혹은 거울에 비친 이미지로 반응
형태질	+ 보통-정교화	○ 보통	u 드문 / - 왜곡된
반응내용	H 인간전체	(H) 비현실적 인간전체	Hd 인간부분
	(Hd) 비현실적 인간부분	Hx 인간경험	A 동물전체
	(A) 비현실적 동물전체	Ad 동물부분	(Ad) 비현실적 동물부분
	An 해부	Art 예술	Ay 인류학적 반응
	Bl 피	Bt 식물	Cg 의복

반응내용	Cl 구름 Fd 음식 Ls 풍경 Sx 성반응	Ex 폭발 Ge 지도 Na 자연 Xy 엑스선	Fi 불 Hh 가정용품 Sc 과학
평범반응	규준집단의 1/3 이상에서 자주 나온 반응들로서 10장 카드에서 총 13개 규정되어 있고, 수검자의 반응이 이에 해당하면 P로 채점		
조직화 점수	• 수검자가 자극을 얼마나 인지적으로 조직화하였는가, 얼마나 조직화하려 노력하였는가를 평가하기 위해 도입, Z점수를 줄 수 있으려면 형태가 포함되어 있는 반응이어야 하고, 반점의 부분들이 서로 의미 있는 관계를 맺고 있어야 함. • Z점수를 줄 수 있는 네 가지 기준(ZW, ZA, ZD, ZS)이 있는데, 각 카드마다 네 가지 기준에 따른 점수가 배정되어 있어 수검자 반응이 Z점수의 어떤 기준에 해당되는지 확인하여 점수를 부여함.		
특수점수	6개의 특이한 언어반응(DV, DR, INCOM, FABCOM, CONTAM, ALOG), 1개의 반응반복(PSV), 4개의 특수내용(AB, AG, COP, MOR), 2개의 인간표상반응(GHR, PHR), 개인적 반응(PER), 특수한 색채현상(CP)의 총 15가지로 구성됨.		

2) 로르샤흐 검사의 평범반응(popular responses)

평범반응은 수검자가 분명한 방식으로 반응할 수 있는지를 평가하며, 종합체계에는 13개의 평범반응이 포함되어 있다.

카드	위치	기준
I	W	박쥐: 반점의 윗부분을 박쥐의 머리 부분으로 지각하고 전체 반점 영역을 포함하고 있어야 함.
I	W	나비: 반점의 윗부분을 나비의 윗부분으로 보고, 반점의 전체를 포함해야 함.
ll	D1	동물: 곰, 개, 코끼리 등 구체적 동물이름 제시. 보통은 동물의 머리나 상체부분으로 표현되지만 동물 전체 모양이 지각될 때도 평범반응으로 채점함.
lll	D9	인간의 모습이나 인형, 만화 등 인간을 닮은 대상: 만약 D1이 두 사람으로 지각된다면 D9이 단일한 인간으로 지각되어도 평범반응으로 채점함.
lV	W / D7	인간 혹은 인간을 닮은 대상(거인, 괴물, 공상과학에 나오는 존재 등의 반응)
V	W	박쥐: 카드의 정위치나 거꾸로 돌려 본 위치에서 전체 반점을 포함함.
V	W	나비: 카드의 정위치나 거꾸로 돌려 본 위치에서 전체 반점을 포함함.
Vl	W / D1	동물가죽, 융단이나 모피: 흔히 고양이나 여우의 전체 모양의 가죽을 언급함. 평범반응은 피검자가 반응하는 과정에서 가죽을 실제로 묘사할 경우 채점함.
Vll	D1 / D9	인간 머리나 얼굴: 특히 여성, 어린이, 인디언으로 지칭되거나 성이 언급되지 않기도 함.

Vlll	D1	전체 동물 모습: 흔히 개, 고양이, 다람쥐 등 다양한 동물이 언급되고 동물모양의 문장과 같은 W반응의 일부분으로 D1이 지각된 때도 평범반응으로 채점함.
IX	D3	인간이나 인간과 닮은 대상: 마녀, 거인, 괴물, 공상 과학적 존재 등의 반응
X	D1	게: 모든 신체기관이 D1 영역에 국한되어야 함.
X	D1	거미: 모든 신체기관이 D1 영역에 국한되어야 함.

3) 로르샤흐 검사의 조직화 점수

반응에 나타난 형태를 통합하는 데 있어서 어느 정도로 의미 있게 처리되었는지를 평가한다(예: 반응을 단순히 '곰'이라고 하지 않고 '곰이 산을 오르고 있다.'라고 한다면 조직화 활동이 일어난 것). 조직화 처리는 해당 자극 영역을 정교하게 조직화하려는 인지적 활동 수준이 높은 정도를 평가하며, 이에 대해 Z점수를 주게 된다. 단, Z점수는 형태가 없는 순수 C, C′, T, V, Y 반응에는 주지 않는다.

〈조직화 점수〉

기호	기준
ZW	발달질(DQ)이 +, ○ 또는 v/+인 전체 반응. DQ 기호가 v인 반응에는 조직화 점수를 주지 않음.
ZA	반점의 인접(Adjacent) 영역에서 두 가지 이상 별개의 또는 분리된 대상을 지각하고 이들이 서로 의미 있는 관계를 맺고 있다고 보고된 반응
ZD	반점의 비인접(Distant) 영역에서 두 가지 이상 별개의 또는 분리된 대상을 지각하고 이들이 서로 의미 있는 관계를 맺고 있다고 보고된 반응
ZS	반점의 흰 공간(Space)과 다른 영역을 통합해서 반응한 경우. 단지 흰 공간만을 사용한 반응은 조직화 점수를 주지 않음.

4) 로르샤흐 검사의 특수점수

특수점수 가운데 DV, DR, INCOM, FABCOM에 반영되는 인지적 역기능의 정도에 차이가 있기 때문에, 반응이 얼마나 기인하는가에 따라 두 가지 수준으로 나누어 채점한다.

① 수준 1 반응

대개 특수점수의 채점기준을 충족시키지만, 부주의한 단어 선택, 미성숙, 교육기회의 제한, 단순히 심사숙고하지 않은 판단 등 표현이나 판단에 충분한 주의를 기울이지 못해서 일어나는 인지적 오류에 해당된다.

② 수준 2 반응

비논리적, 경계가 모호한, 분열되거나 우원적 사고가 좀 더 심하게 나타나는 경우이다. 수준 2 반응은 매우 부적절하고 기괴해서 채점하기 어렵지 않지만 어떤 반응이 수준 2에 해당되는지 의심스럽다면 신중하게 수준 1로 채점하는 것이 바람직하다.

〈특수점수〉

범주	기호	기준
특이한 언어반응 (Unusual Verbalizations)	DV	일탈된 언어(Deviant Verbalization). 부적절한 단어가 하나 이상 사용된 경우로, 두 가지 형태가 있다. 1. 신조어(Neologism): 수검자의 언어능력으로 보아, 정확한 표현을 충분히 할 수 있음에도 불구하고 부적절한 단어나 신조어를 사용하는 경우[예: "망원경으로 본 박테리아."(DV1), "이 피는 콘크리케이트처럼 굳어 있어요."(DV2)] 2. 중복사용(Redundancy): 대상의 성질을 두 번 보고하는 것 같은 언어의 기이한 사용[예: '사람의 죽은 시체'(DV1), '세 사람의 트리오'(DV2)]
	DR	일탈된 반응(Deviant Response). 과제와 상관이 없거나 과제를 왜곡하는 표현을 사용함으로써 반응의 질이 기이하고 특이해지는 경우. DV를 포함한 DR반응은 DR만 채점한다. 1. 부적절한 구(Inappropriate Phrases): 매우 부적절하거나 아무런 상관이 없는 구를 사용하고 앞뒤가 연결되지 않는 방식으로 반응한 경우[예: "개처럼 보이네요. 우리 아버지는 개를 기르지 못하게 했어요."(DR1), "이것은 박쥐네요. 나는 나비가 보고 싶었어요."(DR2)] 2. 우원적 반응(Circumstantial Response): 과제를 무시한 채 부적절하게 정교화하는 반응으로, 말이 주제에서 벗어나면서 산만하게 흘러가는 경우[예: "두 마리 뱀 같아요. 나는 항상 뱀을 싫어했는데, 형은 뱀을 무서워한다고 나를 놀리곤 했어요."(DR1), "아일랜드 지도 같아요. 어쩌면 아일랜드가 아니라 다른 곳일 수도 있어요. 그러나 아일랜드일 것 같아요. 나는 아일랜드에 대해 잘 모르지만 멕시코에 대해서는 잘 알아요."(DR2)]
부적절한 반응 결합 (Inappropriate Combination)	INCOM	조화되지 않은 결합(Incongruous Combination). 단일대상에서 부적절하거나 불가능한 하나 이상의 특징이나 활동이 나타나는 반응[예: "박쥐인데, 여기에 날개와 몸, 손이 있다."(INCOM1). "두 개의 머리를 가진 사람."(INCOM2)]
	FABCOM	우화적 합성(Fabulized Combination). 둘 이상의 대상이 있을 수 없거나 불가능한 방식으로 관계를 맺고 있는 것으로 지각한 반응[예: "두 마리 개가 농구를 하고 있어요."(FABCOM1), "두 여자가 잠수함을 공격하고 있어요."(FACOM2)]

부적절한 반응 결합 (Inappropriate Combination)	CONTAM	오염(Contamination). 부적절한 결합 중 가장 기괴한 반응으로, 둘 이상의 인상이 확실히 현실을 위반하면서 하나의 반응으로 융합되는 경우(예: "이것은 피로도 보이고 섬으로도 보여요. 이것은 확실히 피 흘리는 섬이에요.")
부적절한 논리 (Inappropriate Logic)	ALOG	부적절한 논리(Inappropriate Logic). 검사자가 아무런 개입도 하지 않는데 수검자가 부자연스럽고 틀을 벗어나는 추론을 하여 자신의 반응을 정당화하려는 경우(예: "이것은 북극이네요. 왜냐하면 카드 위쪽에 있으니까요.")
보속반응 (반응반복) (Perseveration)	PSV	보속반응(Perseveration). 동일한 반응이 반복되는 것으로, 인지적 경직성, 인지적 기능장애, 뚜렷한 심리적 몰두와 관련이 있다. 보속반응에는 세 가지 유형이 있으나 모두 PSV로 채점된다. 1. 카드 내 반응반복: 한 카드에서 반응 영역, 발달질, 결정인, 형태질, 내용 및 Z점수가 동일한 반응이 연달아 나타나는 경우[예: 카드 I에서 ① '박쥐'(Wo Fo Ap 1.0), ② 'to'(Wo Fo A P 1.0 PSV)] 2. 내용 보속(카드 간 반응반복): 한 카드에서 말한 내용이 다음 카드에서 동일하게 반복되는 경우로, 이전에 본 것과 동일한 대상으로 지각한 반응(예: 한 카드에서 두 사람이 싸우고 있다고 본 후, 다음 카드에서 "아까 그 사람들인데, 이제는 싸우지 않네요.") 3. 기계적 반응반복: 동일한 대상을 기계적으로 반복해서 보고하는 경우로, 지적 · 신경학적 결함이 있는 사람에게 가장 흔히 나타난다(예: 카드 I에서 '박쥐', 카드 II에서 '박쥐', 카드 III에서도 '박쥐' 등).
특수내용 (Special Content)	AB	추상적 내용(Abstract Content). 두 가지 유형이 있다. 1. 인간의 정서나 감각을 나타내는 Hx반응(예: "이 전체가 우울을 의미해요. 온통 검고 음울해 보여요.") 2. 명확하고 구체적인 상징적 표상을 언급한 반응(예: "이 두 사람이 사랑에 빠졌어요. 서로를 간절히 원하고 있어요. 여기 가운데 붉은 부분이 사랑과 갈망을 나타내는 거예요.")
	AG	공격적 운동(Aggressive Movement). 공격적인 내용이 포함된 운동반응(M, FM, m)으로, 반드시 공격이 일어나고 있어야 한다(예: "남자의 얼굴인데, 뭔가 격노해 있어요." 또는 "주먹으로 벽을 치고 있는 것처럼 보여요."). 대상이 공격을 받았을 경우 또는 폭발 자체는 AG로 채점하지 않지만, 폭발로 인해 뭔가 파괴된 경우에는 AG로 채점한다.

특수내용 (Special Content)	COP	협조적 운동(Cooperative Movement). 둘 이상의 대상이 긍정적 또는 협조적인 상호작용을 하는 운동반응(M, FM, m)으로, 긍정적이거나 협조적인 상호작용이 분명할 때 채점한다(예: "두 사람이 춤을 추고 있다." "두 사람이 서로 기대어 비밀을 속삭이고 있다.").
	MOR	병적인 내용(Morbid Content). 두 가지 중 한 가지 특징을 가지고 있을 때 채점한다. 1. 대상을 죽은, 파괴된, 폐허가 된, 망가진, 손상된, 상처 입은, 또는 부서진 것으로 지각한 경우(예: '깨진 거울' '죽은 개' '상처 입은 곰' '상처' '구멍 난 코트' '썩은 나뭇잎' '아메바의 실험실 슬라이드' '땅위로 뜯겨져 나온 뿌리') 2. 대상에 대해 우울한 감정이나 특징을 부여한 경우(예: '음울한 저택' '슬픈 나무' '불행한 사람' '울고 있는 사람' '우울증')
인간표상반응 (Human Representation Response)	GHR 또는 PHR	인간표상반응(Good/Poor Human Representation). 타인을 지각하거나 상호작용하는 방식과 관련된 인간표상에 대한 것으로, 다음 세 가지 기준 중 어느 하나를 충족시키는 반응에 대해 좋은(good) 또는 나쁜(poor) 반응으로 채점한다. 1. 인간 내용 기호를 포함한 반응: H, (H), Hd, (Hd), Hx 2. 결정인 M을 포함한 반응 3. 특수점수 COP 또는 AG를 포함한 FM 반응
개인적 반응 (Personalized Answers)	PER	개인적 반응(Personal). 자신의 반응을 정당화하고 명료화하기 위해서 개인적 지식이나 경험을 언급한 반응(예: "예전에 아버지가 나에게 이런 것을 보여 줬어요." "TV에서 그런 것을 본 적이 있어요.")
특수한 색채현상 (Special Color Phenomena)	CP	색채투사(Color Projetction). 무채색 반점을 유채색으로 지각한 반응(예: 카드 V에서 "아름다운 자주색 나비예요.")

5) GHR 또는 PHR 결정을 위한 단계

① 다음 세 가지 기준을 모두 충족시키는 순수 H반응은 GHR로 채점한다.
- 형태질이 +, ○ 또는 u일 것
- DV를 제외한 인지적 특수점수가 없을 것
- 특수점수 AG 또는 MOR이 없을 것

② 다음 중 어느 한 가지에 해당될 경우, PHR로 채점한다.
- 형태질이 − 또는 형태가 없는 반응(FQ None)
- 형태질이 +, ○ 또는 u이면서 ALOG, CONTAM 또는 수준 2의 인지적 특수점수가 있는 경우

③ AG 없이 COP를 포함한 나머지 인간표상반응은 GHR로 채점한다.

④ 다음 중 어느 한 가지에 해당되는 나머지 인간표상반응은 PHR로 채점한다.
- 특수점수 FABCOM 또는 MOR 반응
- An 반응

⑤ 카드 Ⅲ, Ⅳ, Ⅶ, Ⅸ에서 평범반응을 본 나머지 인간표상 반응은 GHR로 채점한다.

⑥ 다음 중 어느 한 가지에 해당되는 나머지 인간표상반응은 PHR로 채점한다.
- 특수점수 AG, INCOM 또는 DR 반응
- Hd 반응

⑦ 나머지 모든 인간표상반응은 GHR로 채점한다.

2 주제통각 검사(Thematic Apperception Test: TAT)

① 주제통각 검사는 1935년 하버드 대학의 머레이(Murray)와 모건(Morgan)이 소개했고, 1943년 31개 도판의 TAT 도구로 정식 출판되었으며 현재까지 변경 없이 사용되고 있다.

② TAT는 다양한 대인관계상의 역동적 측면 파악에 특히 유용한 검사로 알려져 있으며, 카드 자극을 보면서 이야기를 만드는 과정에 수검자의 과거 경험, 상상, 욕구, 갈등 등이 투사된다고 가정한다.

③ 수검자의 반응 과정에는 카드 자각 자체가 끌어내는 지각 과정 외 개인의 과거 경험이 결합되어 이해, 추측, 상상이라는 심리적 작용이 이루어지는 통각 과정이 영향을 주며, 통각이 반영된 내용 분석으로 수검자 성격의 여러 측면을 파악할 수 있다.

④ TAT는 개인의 욕구와 환경 압력 사이의 상호작용을 분석함으로써 개인의 심리적 상황을 평가하고 해석하는 욕구-압력 분석법을 적용하여 체계적이고 포괄적인 분석을 시도한다.

⑤ TAT의 검사도구는 총 31장(백지카드 포함)의 카드로 구성되어 있으며, 각 카드 뒷면에는 M(성인 남자), F(성인 여자), B(소년), G(소녀)와 같은 기호가 쓰여 있어 피검자의 성별과 나이에 따라 카드를 선정할 수 있도록 되어 있다.

⑥ 검사 지시문은 수검자에게 각 카드를 보여 주면서 어떤 일이 일어날지에 대한 이야기를 극적으로 만들어 보도록 되어 있으며, 각 카드마다 약 5분 정도 길이로 이야기하도록 안내한다.

욕구-압력 분석법의 해석과정

- 주인공을 찾는다.
- 환경 자극의 요구와 압력을 분석한다.
- 주인공의 반응에서 나타나는 욕구를 분석한다.
- 대상에 대한 주인공의 감정을 분석한다.
- 주인공의 내적 심리상태를 분석한다.
- 주인공의 행동이 표현되는 방식을 분석한다.
- 이야기의 결말을 분석한다.

3 집-나무-사람 검사(House-Tree-Person Test: HTP)

① HTP 검사는 벅(Buck, 1948)이 고안한 투사적 검사로, 이후 해머(Hammer, 1969)에 의해 발전되었다. HTP 검사에서는 수검자 자신에 대한 관점과 환경에 대한 내부적인 관점이 드러나며, 성격발달과 관련된 정서적인 면들과 역동을 나타내 준다.

② 집-나무-사람 그림이 소재로 선택된 이유는 친숙한 주제이기에 받아들이기 쉽고, 개인의 무의식과 관련하여 풍부한 상징을 나타내 준다는 점에 있다.

③ 집은 피검자의 집에서의 생활, 가족들과의 상호작용과 관련이 된다. 어린 아동의 경우는 집의 상황과 부모형제 관계를 연관 지어 볼 수 있으며, 기혼자의 경우, 배우자와 살고 있는 현재의 가정상황을 나타내기도 한다.

④ 나무와 사람은 성격의 중요 개념으로, 신체상과 자아개념을 나타낸다. 나무는 피검자의 좀 더 깊고 무의식적인 수준에서 느끼는 자신의 모습과 감정을 반영하며, 사람의 경우 피검자가 자신의 모습에 대해 지각하고 있는 것과 환경 간의 관계를 나타낸다.

HTP 검사의 유용성

- 짧은 시간 내에 간편하게 실시할 수 있다.
- 언어적 · 문화적 제약이 적다. 즉, 지적 능력이나 언어능력에 제약이 있는 사람, 문맹자, 다른 문화권의 사람, 수줍음이 많고 위축되어 있는 사람 등 언어 표현에 어려움을 겪는 사람들에게도 실시가 가능하다.
- 개인의 의식적인 방어가 덜 관여하며, 수검자가 인식하지 못하는 내면 세계까지 반영한다.
- 복잡한 채점 절차를 거치지 않고 그림만으로 직접 해석이 가능하다.

⑤ HTP 검사가 실시되는 시작시점부터 시간을 측정하여 그림을 완성할 때까지 기록하며, 검사 수행 시 수검자의 말이나 행동 등을 면밀히 관찰하고 기록해 둔다.

HTP 검사의 실시방법

- 준비할 도구는 A4 용지 4장, 연필, 지우개이다.
- 수검자에게 A4 용지 한 장을 가로로 제시하며 "여기에 집을 그려 보세요."라고 말하고, 소요 시간을 측정한다. '나무'와 '사람' 그림은 세로로 종이를 제시한다.
- 만약 '사람'의 얼굴만 그리거나 막대인형 식의 그림이라면 다시 '온전한 사람'을 그리도록 지시한다.
- 4번째 종이를 제시하며 방금 전 그린 '사람'의 반대 성을 그리도록 지시하고 소요시간을 측정한다.
- 검사수행 시 수검자의 말과 행동을 관찰 및 기록해 둔다. 이는 모호한 상황에서의 대처 방법에 대한 단서를 제공해 준다.
- 질문단계는 정해진 형식은 없고, 각각 수검자에 맞는 질문을 하는 것이 좋다. "이 그림에 대한 당신의 느낌을 자유롭게 말해 보세요." "이 그림에 대한 이야기를 한번 만들어 보세요."와 같은 질문도 좋다.

⑥ HTP 검사의 해석지침은 다음과 같다.

- 집
  - 지붕: 지붕은 개인의 정신생활, 즉 내적인 공상, 생각, 관념 및 기억을 반영한다. 집의 전체 모습에 비해 지붕을 크게 그린 사람은 공상의 세계에 빠져 있거나 대인관계에서 철회되어 있을 가능성이 있다.
  - 벽: 벽은 수검자의 자아강도를 반영한다. 붕괴될 듯한 벽은 손상되기 쉬운 자아기능을 시사하며, 성인이 벽면 내부가 보이는 투명한 그림을 그렸을 경우, 현실검증력 저하를 시사한다.
  - 문: 문은 수검자 자신과 환경 간의 직접적인 접촉 및 소통 방식에 대한 정보를 제공한다. 너무 작은 문은 외부와의 접촉을 꺼리고, 대인관계에서 위축되어 있음을 시사하며, 지나치게 큰 문은 타인에 대한 과도한 의존심을 반영한다.
  - 창문: 창문은 외부 환경과의 상호작용, 대인관계에 대한 불편감, 위축감을 반영한다. 창문이 생략된 그림은 대인관계에 대한 불편감, 위축감을 반영하는 반면, 창문을 지나치게 크게 혹은 많이 그린 그림은 공상이나 내적 사고 활동을 통해 세상과 소통하고 있음을 나타낸다.
  - 굴뚝: 일반적으로 가족관계의 분위기, 가족 교류의 양상 등에 대한 정보를 제공한다. 굴뚝을 지나치게 크게 그리거나 혹은 덧칠하여 강조한 경우 온정적이고 화목한 가정에 대한 소망이나 과도한 염려를 반영한다. 세부 묘사한 그림은 강박적 성향을 반영하며 혹은 가족 간의 친밀한 상호작용에 과도하게 집착하고 있음을 나타내기도 한다.
  - 조망: 외부환경이나 대인관계에 대해 수검자가 어떠한 관점과 태도를 취하고 있는지를 반영한다. 위에서 내려다본 듯한 그림은 집의 전통적 가치에 반감을 가지고 있

음을 나타낸다. 아래에서 위로 올려다본 것은 집에 대한 열등감을 시사한다.

- 기타 부속물: 숲과 나무는 불안전한 느낌이 내재되어 있음을 시사한다. 보도나 산책로는 타인과의 상호작용에 거리를 두나, 나중에는 상호신뢰감을 형성하는 사람임을 나타낸다. 울타리는 방어적 태도를 반영하며, 안정감에 대한 소망을 나타낸다.

• 나무

- 수관: 내적인 공상과 사고 활동을 주로 반영한다. 수관의 크기가 크고 펼쳐 있는 경우 적극적인 공상활동을 나타내며, 때로는 현실 불만족으로 인한 공상으로의 몰두를 시사한다. 수관을 덧칠해 음영이 있는 경우, 불안감, 우울감, 과민함 등 불안정한 정서를 반영한다.
- 기둥: 수검자 성격구조의 견고함과 자아 강도 및 기본적인 심적 에너지를 반영한다. 기둥을 희미하고 약하게 그렸다면 자아상실감이 내재되어 있는 만성적인 불안감을 시사한다. 나무기둥 안에 구멍이 있고 동물이 보이는 경우, 성격의 일부가 통제를 상실했거나, 피검자의 보호욕구가 있음을 반영한다.
- 가지: 환경 혹은 타인과의 접촉을 통해 성취를 향해 뻗어 나가고 만족을 얻는 심리적 자원과 능력을 반영한다. 크고 굵은 가지는 성취동기나 포부수준이 높음 상태임을 나타내며, 가늘고 빈약한 가지는 성장이나 목표 추구에 대한 두려움이나 수동적이고 소극적인 태도 등을 나타낸다.
- 뿌리: 자신에 대한 안정감, 현실접촉의 정도를 반영한다. 뿌리와 지면(땅)을 그리지 않은 채 나무기둥의 끝이 종이 밑면에 닿게 그린 경우 미숙하고 퇴행된 의존욕구를 반영하며, 뿌리를 지나치게 강조한 경우 자신에 대한 불안정감을 과잉 보상하려는 시도로 볼 수 있다.
- 부수적 요소: 여러 부수적 요소는 세상과 상호작용하는 것에 대한 불안을 보상하려는 욕구를 반영한다. 또한 나무의 내용, 주제는 개인의 심리상태 및 성격 특성을 반영한다.

• 사람

사람 그림에서는 그림의 크기, 전반적인 인상, 신체 부위와 의복 같은 구성요소, 남성과 여성을 그리는 순서, 그림에 대한 설명 등을 살펴보아야 한다.

- 머리: 머리는 지적 능력, 공상활동, 충동과 정서를 지적으로 통제하는 정도 등에 대한 정보를 제공한다. 지나치게 크게 그린 머리는 소망 충족과 관련된 내적 사고와 공상에 몰두하고 있음을 나타낸다. 작게 그린 그림은 부적절감, 무능감, 열등감, 수동적이고 위축된 태도 등을 나타낸다.
- 얼굴: 얼굴은 외부 환경이나 대인관계에 대한 태도 등을 반영한다. 측면을 향한 얼굴

그림은 심리적 혹은 외모에 대한 자신감이 부족하며 사회적 접촉을 꺼리고 회피하는 태도를 시사한다.

✓ 눈 그림은 사회적 관계에 대한 욕구와 관심, 민감함의 정도를 반영한다.
✓ 귀 그림은 외부정보를 받아들이는 민감성 및 사회적 평가에 대한 태도 등을 나타낸다.
✓ 코 그림은 환경으로부터 정서적 자극을 받아들이고 반응하는 방식을 반영하다.
✓ 입 그림은 심리적 욕구충족과 관련된 여러 가지 정서적 상태를 나타낸다.
✓ 목 그림은 충동 및 행동 반응 및 통제 욕구를 반영한다.

– 사지(팔/다리): 팔은 대인관계능력, 문제해결능력을 나타내며, 손은 욕구충족이나 문제해결의 정도를 상징한다. 다리와 발은 대처능력, 현실상황을 지탱해 나가는 능력을 반영한다.

HTP 검사의 질문단계의 예(Person)

- 이 사람은 무엇을 하고 있습니까?
- 이 사람은 몇 살쯤 됐습니까?
- 이 사람의 직업은 무엇입니까?
- 지금 기분이 어떤 것 같습니까?
- 무슨 생각을 하고 있는 것 같습니까?
- 이 사람의 일생에서 가장 좋았던 일은 무엇이었을 것 같습니까? 가장 힘들었을 때는 언제였을 것 같습니까?
- 이 사람의 성격은 어떤 것 같습니까? 장점은 무엇입니까? 단점은 무엇입니까?
- 당신은 이 사람이 좋습니까, 싫습니까?
- 당신은 이러한 사람이 되고 싶습니까?
- 당신은 이 사람과 친구가 되어 함께 생활하고 싶습니까?
- 누군가 생각하며 그린 사람이 있습니까?
- 당신은 이 사람을 닮았습니까?
- 이 그림에 더 추가해서 그리고 싶은 것이 있습니까?
- 당신이 그리고 싶은 대로 잘 그려졌습니까? 그리기 어렵거나 잘 안 그려진 부분이 있습니까?
- (이해하기 힘든 부분에 대해) 이것은 무엇입니까? 어떤 이유로 그렸습니까?

아동 · 청소년 검사

1 아동 · 청소년 심리평가

① 아동과 청소년들은 성인에 비해 지적 능력을 비롯해 발달적 특성이나 가족 간 상호작용

및 가정환경 등의 영향을 많이 받기에 보다 정교하고 통합적인 이해가 필요하다.

② 평가자는 아동 및 청소년 수검자들에게 통용되는 언어와 사회문화적 특성을 충분히 잘 이해해야 하며, 일상적 행동 특성을 잘 알고 있는 부모 혹은 주 양육자, 교사 등을 대상으로 한 면담이나 제3자 평정을 포함하도록 한다.

아동 · 청소년 심리평가에서 유의사항

- 의뢰과정
  - 아동 및 청소년들은 자신의 심리적 고통이나 적응상의 문제를 스스로 인식하여 도움을 찾는 경우가 드물며, 부모나 교사 등 주위 성인에 의해 문제가 인지되어 심리평가에 의뢰되는 경우가 대부분이다.
  - 수검자의 자발성, 검사 동기가 부족할 수 있으므로 평가자와 수검자의 라포 형성이 특히 중요하다.
  - 의뢰인과 수검자가 호소하는 문제의 내용, 심각도, 문제를 대하는 태도 등에 어떠한 차이가 있는지 살펴보아야 한다.
- 제3자의 정보제공
  - 수검자인 아동 · 청소년으로부터 수집된 자료(면담, 심리검사, 행동관찰)만으로는 충분치 않으며 부모나 주 양육자, 교사 등 그들을 잘 아는 제3자가 제공하는 정보 역시 평가의 중요한 자료원으로 활용된다.
  - 제3자는 면담, 행동관찰, 평정척도 등을 통해 평가에 참여한다.
  - 수검자인 아동 · 청소년과 제3의 정보제공자의 관계, 친밀도, 정보제공자가 평가에 참여하게 된 과정, 동기, 목적 등에 따라 제공되는 정보의 신뢰도가 달라질 수 있다.
- 발달특성에 대한 이해
  - 아동 · 청소년의 발달단계에 따라 인지, 정서, 행동 및 사회성 등의 주요 주체와 특성에 차이가 크므로 해당 심리평가에서는 정상 발달에 대한 이해가 선행되어야 한다.
  - 지능을 비롯한 인지기능 평가, 발달 평가에서는 일반성인에 비해 연령규준의 구간이 짧게 적용되기에 검사측정 시 유의하여 검토되어야 한다.
  - 지능이나 발달 상태는 다른 검사수행 수준에 영향을 많이 미치기에 아동 · 청소년의 발달특성을 고려하여 검사를 선택 및 평가하여야 한다.

③ 아동 · 청소년의 경우 행동 특성에 대해 그들을 잘 알고 있는 주 양육자(부모 등) 혹은 교사를 대상으로 쉽고 간편하게 평가하기 위해 다양한 행동평정 척도 및 체크리스트가 개발되어 있다.

아동 · 청소년 부모(및 교사) 평가의 장점과 단점

- 장점
  - 수검자를 잘 아는 정보제공자의 객관적 평정에 기초하기에 다양한 측면에 대한 유용한 정보를 얻을 수 있다.
  - 비교적 짧은 시간 내에 간편하게 실시할 수 있다.
  - 행동관찰이나 수검자 자신의 방어적 · 회피적 태도로 인해 확인할 수 없는 영역까지 측정할 수 있다.

• 단점
- 수검자와 평정자의 관계, 평정자의 태도 등이 평정에 영향을 미칠 수 있다.
- 평정자가 수검자의 행동을 전체 맥락에서 파악하지 못해 반응편향이 초래될 수 있다.

1) 아동 · 청소년 행동평가 척도(CBCL)

① 아동 · 청소년 행동평가 척도(Child Behavior Checklist: CBCL)는 아동 · 청소년 문제행동의 여러 속성들을 포함하고 있는 포괄적이고 정교한 행동평가 척도이다.

② 대상연령은 만 4~18세의 아동 및 청소년이며, 부모를 비롯한 주 양육자 평정 외 교사평정에 기초한 평가가 개발되어 있다. 2001년 일부 문항 및 척도를 변경하고 DSM 진단척도가 도입되어 개정된 미국판이 출시되었고, 2010년 이를 기초로 한국판 아동 · 청소년 행동평가 척도 부모용(K-CBCL, 6-18)이 출판되었다.

③ CBCL은 크게 문제행동 증후군 척도와 사회능력 척도로 분류된다. 문제행동 증후군 척도는 8개의 문제행동 증후군 소척도(불안/우울, 위축우울, 신체증상, 사회적 미성숙, 사고의 문제, 주의집중 문제, 규칙위반, 공격행동)로 분류되고, 그 밖에 4~11세에의 특정 연령에 적용되는 성문제 척도 등이 기타 문제행동 증후군 소척도에 포함된다.

④ 문제행동 증후군 척도는 각 소척도 점수 외에 문제행동 총점과 내현화 척도(불안/우울, 위축/우울, 신체증상) 및 외현화 척도(규칙위반, 공격행동) 점수가 산출된다.

⑤ 사회능력 척도는 사회능력 총점 및 2개의 하위 척도(사회성 척도, 학업수행 척도) 점수가 산출된다. CBCL의 새로운 버전에는 문제행동 영역과 관련해 DSM 진단 척도와 문제행동 특수 척도 등이 새롭게 포함되었다.

2) 한국 아동인성평정척도(KPRC)

① 한국 아동인성평정척도(Korean Personality Rating Scale for Children: KPRC)는 아동 및 청소년을 대상으로 정신과적 장애의 선별 및 진단, 학교 장면에서 심리적 도움이 필요한 학생의 조기 발견 등을 위해 개발된 부모보고 평정 척도이다.

② 한국 아동인성검사(Korea Personality Inventory for Children: KPI-C)는 만 3~17세에 속하는 아동 및 청소년을 대상으로 하였으며 177문항으로 구성된 4점 척도(0~3점)이다.

〈KPRC의 척도 구성 및 내용〉

척도명		척도설명
타당성 척도	검사-재검사 척도(T-R)	각 문항에 대해 얼마나 일관성 있게 반응했는가를 측정
	L척도(L)	문제행동을 부정하고 바람직한 방향으로 기술하려는 보호자의 방어적인 태도를 측정
	F척도(F)	의도적이거나 비의도적인 증상의 과장이나 무선반응과 같은 일탈된 반응태도를 측정
자아탄력성 척도(ERS)		여러 가지 심리적 문제에 대한 아동의 대처능력이나 적응잠재력을 측정
임상 척도	언어발달(VDL)	언어적 능력의 발달지체나 기능상의 손상을 측정
	운동발달(PDL)	정신운동 기능이나 동작성 능력에서 발달지체나 기능상의 손상을 측정
	불안(ANX)	자연현상이나 동물, 대인관계, 사회관계에서의 두려움이나 불안 및 긴장을 측정
	우울(DEP)	우울한 기분, 자신감의 결여, 활동성의 저하, 흥미 감소 등 우울과 관련된 특징을 측정
	신체화(SOM)	심리적인 문제를 신체증상으로 나타내는 신체화 경향을 측정
	비행(DLQ)	반항과 불복종, 공격성과 적대감, 거짓말, 도벽 등 비행이나 품행의 문제를 측정
	과잉행동(HPR)	주의산만, 과잉행동, 충동성과 이에 수반되는 문제 등을 측정(ADHD 아동을 가려내기 위한 척도)
	가족관계(FAM)	가족 내의 역동이 아동의 부적응이나 정신병리에 영향을 미치는 정도를 평가하기 위해 가정 내 긴장, 부모-자녀 관계, 부부관계 위기, 자녀에 대한 무관심 등을 측정
	사회관계(SOC)	또래 관계나 어른들과의 관계 등 사회관계에서의 어려움을 측정
	정신증(PSY)	상동적인 행동, 부적절하고 특이한 언행, 망상과 환각, 비현실감 등 언어, 사고, 행동 상의 특이함이나 현실접촉 곤란을 측정(정신증적 증상이 있는 아동을 가려내기 위한 척도)

3) 홀랜드(Holland) 진로탐색검사

홀랜드는 RIASEC라는 육각형 모형을 통해 성공적인 진로결정을 위한 효과적이고 체계적인 방법을 제시하고 있다. 각 유형은 실재형(Realistic: R), 탐구형(Investigative: I), 예술형(Artistic: A), 사회형(Social: S), 기업형(Enterprising: E), 관습형(Conventional: C)으로 구분된다.

〈RIASEC 유형별 특징〉

실재형(R)	분명하고, 질서정연하고, 체계적인 대상을 조작하는 활동 또는 신체적 기술을 선호함.
탐구형(I)	관찰적, 상징적, 체계적이며 현상의 창조적인 탐구를 수반하는 활동에 흥미를 보임.
예술형(A)	예술적 창조와 표현, 변화와 다양성을 좋아하고, 상징적인 활동들을 선호함.
사회형(S)	타인의 문제를 듣고 이해하고, 도와주고 치료해 주고 봉사하는 활동에 흥미를 보임.
기업형(E)	타인을 선도, 계획, 관리하는 일과 그 결과로 얻어지는 인정, 권위를 얻는 활동을 선호함.
관습형(C)	정해진 원칙과 계획에 따라 자료들을 기록, 정리, 조직하는 일을 선호함.

4) 스트롱(STRONG) 직업흥미검사

개인의 직업 흥미에 적합한 진로가 무엇인지 살펴본다. 일반직업분류인 GOT(General Occupational Themes), 기본흥미척도인 BIS(Basic Interest Scales), 개인특성척도인 PSS (Personal Style Scales)로 구성되어 있다.

① 일반직업분류(GOT)는 홀랜드의 이론이 반영된 R, I, A, S, E, C로 나뉘어 있으며, 수검자의 흥미영역에 대한 포괄적인 정보를 제공한다.

② 기본흥미척도(BIS)는 특정 활동, 주제에 대한 개인의 흥미활동을 평가한다. 일반직업분류의 하위척도로, 6가지 흥미 유형이 총 30개의 세부항목으로 구분되어 있다.

③ 개인특성척도(PSS)는 일상생활 및 일의 세계와 관련된 광범위한 특성들(업무형태, 학습스타일, 리더십, 위험감수, 팀지향)에 대한 개인의 선호를 측정한다.

신경심리검사

1 신경심리평가

1) 신경심리평가의 목적

① 진단

신경심리평가는 두뇌 외상이나 뇌기능 장애를 진단할 목적에서 사용된다. 나아가 환자의 행동문제가 정신과적 증상에 기인한 것인지 혹은 뇌손상이나 다른 신경학적 증상에 기인한 것인지를 감별하고자 할 때 사용된다.

② 환자관리 및 치료계획

환자의 인지기능 및 심리사회적 기능 수준, 정서 상태, 행동 양상, 성격 특성, 환자의 강점과 약점 등에 대한 정보는 진단뿐만 아니라 환자를 관리하고 치료계획을 세우는 데 매우 중요한 역할을 한다.

환자관리 및 치료계획 수립 시 고려할 사항

- 환자의 인지기능
- 환자의 자기관리 능력 및 일상생활 기능 수준
- 환자에게 나타난 정서적 · 행동적 변화
- 환자의 신경심리학적 변화와 정서 및 행동적 변화의 관련성
- 변화에 대한 환자의 인지 정도 및 반응 양상
- 치료에 대한 환자 및 가족들의 협조 정도
- 환자에게 필요한 치료 및 재활 기법
- 제공된 치료적 개입에 대한 환자의 수행능력
- 환자에 대한 치료진 및 가족들의 대처방법

③ 치료: 재활 및 치료 평가

뇌손상 환자들에 대한 개입은 손상된 신경심리학적 기능의 회복이나 교정을 목적으로 한 치료적 접근뿐만 아니라, 손상된 상태에 적응하고 보완해 나가는 데 초점을 둔 재활적 접근도 중요하다.

④ 연구

신경심리평가는 뇌의 기능이 행동적으로 어떻게 표현되는가, 즉 뇌와 행동 간의 관계를 규명할 목적에서도 사용되어 왔다.

⑤ 법정 장면에서의 자문

법정 장면에서 신경심리평가 결과가 근거 자료로 사용될 수 있다. 법적 자문의 목적에서 신경심리평가를 실시할 때에는 수검자가 증상을 가장하거나 꾀병일 가능성에 대해 주의를 기울여야 한다.

2) 신경심리검사의 인지기능 영역에 따른 검사 종류

① 주의력

주의력은 외부 환경 자극을 처리하고 내적 사고 과정에 관여하는 데 매우 중요한 인지기능이다. 주의력을 측정하는 대표적인 검사는 다음과 같다.

- 시간 지남력 및 장소 지남력
- 숫자 바로 따라 외우기/거꾸로 따라 외우기(WAIS-IV), 웩슬러 기억 검사(WMS)
- 순서화(WAIS-IV), WMS
- 거꾸로 따라 말하기(요일, 달 또는 짧은 문장)
- 연속 빼기(100-7, 20-3 등)
- 지우기 검사(Cancellation Test)
- 연속 수행력 검사(Continuous Performance Test: CPT)
- 선로 잇기 검사(Trail Making Test)
- 스트룹 검사(Stroop Test)

② 언어능력

- 언어능력에는 언어표현력, 언어이해력, 따라 말하기, 이름 대기 등이 포함된다. 이러한 능력의 손상 양상에 따라 실어증의 하위유형이 분류된다.
- 언어능력은 좌반구 영역과 관련이 있으며, 언어 표현능력은 좌측 전두엽의 브로카(Broca) 영역, 언어 이해능력은 좌측 측두엽의 베르니케(Wernicke) 영역과 관련이 있는 것으로 알려져 있다.

브로카 실어증과 베르니케 실어증

- 브로카 실어증(Broca aphasia, 표현 실어증): 좌측 전두엽 관련 말을 유창하게 하지 못하지만 언어 이해와 발성 기제는 정상적이다. 언어 지시를 이해할 수 있음에도 불구하고 이 지시를 복창하는 능력은 손상되어 있다.
- 베르니케 실어증(Wernicke aphasia, 구문 실어증): 좌측 측두엽 관련 유창하게 말을 하지만 의미 있는 내용은 아니며, 타인의 말을 이해하지 못한다.

- 언어능력을 측정하는 대표적인 검사는 다음과 같다.
  - 보스턴 진단용 실어증 검사(Boston Diagnostic Aphasia Examination: BDAE)
  - 보스턴 이름대기 검사(Boston Naming Test: BNT)
  - 언어 유창성 검사(Verbal Fluency Test)
  - 따라 말하기 검사(Repetition Test)
  - 토큰 검사(Token Test)
  - 웨스턴 실어증 검사(Western Aphasia Battery: WAB)
  - 통제 단어 연상 검사(Controlled Oral Word Association Test: COWAT)

③ 기억력

- 대부분의 뇌손상 환자들은 손상 이전에 학습한 정보는 보유하고 있는 반면, 새로운 정보를 학습하는 데 어려움을 보인다.
- 단기기억은 전두엽의 여러 영역, 장기기억은 내측 측두엽, 간뇌, 전두엽과 관련된 것으로 알려져 있다. 언어기억은 좌반구 영역과 관련 있다. 기억을 측정하는 대표적인 검사는 다음과 같다.
  - 웩슬러 기억 검사(WMS)
  - 단기기억 검사
  - 레이 청각언어학습검사(Rey Auditory Verbal Learning Test: Rey-AVLT)
  - 캘리포니아 언어학습검사(California Verbal Learning Test)
  - 기억평가 검사(Memory Assessment Scale: MAS)
  - 리버미드 행동기억 검사(Revermead Behavioral Memory Test: RBMT)
  - 홉킨스 언어학습 검사(Hopkins Verbal Learning Test: HVLT)

④ 시공간 처리능력

시공간 능력에는 시지각 능력과 구성 능력 등이 포함된다. 시공간 처리에는 주로 뇌의 우반구가 관여하며, 특히 일차 시각 피질이 위치한 후두엽과 공간처리를 담당하는 두정엽의 역할이 중요하다. 시공간 능력을 평가하는 검사는 다음과 같다.

- 벤더 도형검사(Bender Visual Motor Gestalt Test: BGT)
- 레이-오스테리스 복합도형검사(Rey-Osterrieth Complex Figure Test: RCFT)
- 시계그리기 검사(Clock drawing test)
- 토막짜기(WAIS)
- 도형 그리기 검사(예: MMSE, CERAD-N)

⑤ 실행기능/전두엽 기능

실행기능이란 독립적이고 목표지향적으로 자신의 행동을 조절 · 통제 · 관리해 나가는 능력을 말한다. 개인의 실행기능을 평가하기 위해서는 관련된 신경심리학적 검사뿐만 아니라 면담, 행동관찰 및 영상 의학적 검사 등 다양한 출처의 자료에 대해 면밀한 검토가 필요하다.

전두엽 실행기능 구성요소

• 추상적 사고력
• 개념형성 능력
• 추론 및 예측 능력
• 목표설정과 계획 수립능력
• 목표에 맞게 행동을 이행하는 능력
• 인지적 융통성
• 사회적 판단 및 인식능력
• 행위의 시작, 중단, 행동통제
• 충동 및 감정 조절 능력

• 실행기능은 전두엽, 특히 전전두 영역과 관련되어 있다. 실행기능 및 전두엽 기능을 평가하는 검사는 다음과 같다.
  – 위스콘신 카드 분류 검사(Wisconsin Card Sorting Test: WCST)
  – 스트룹 검사(Stroop Test)
  – 공통성 검사(WAIS)
  – 언어유창성 검사(Verbal Fluency Test)
  – 선로 잇기 검사(Trail Making Test)
  – 레이-오스테리스 복합도형검사(Rey-Osterrieth Complex Figure Test: RCFT)
  – 런던 탑(하노이 탑) 검사
  – 운동조절능력 과제(예: Go-No-Go Test, Luria 3-Step Test 등)
  – 통제 단어 연상 검사(Controlled Oral Word Association Test: COWAT)

⑥ 성격 및 정서적 행동

• 성격 및 정서적 행동을 평가하는 데 있어 드러나는 양상이 중추신경계 결함 때문인지 아니면 정서적 요인 때문인지를 결정해야 한다(예: 인지기능 저하가 초기 치매 때문인지 노인성 우울증 때문인지를 감별하는 것).
• 다양한 정서적 요인과 성격 변인은 신경심리학적 손상과 관련이 있으며, 반면에

정서적 문제가 기질적 손상을 복잡하게 만들 수 있다. 이에 전반적인 기능수준과 관련된 심리사회적 적응과 재활 결과 예측은 중요하다. 대표적인 검사는 다음과 같다.

– MMPI–2/MMPI–A

– 벡 우울증 검사(Beck Depression Inventory: BDI)

3) 주요 신경심리검사의 종류

① 선별검사

- 실시와 채점이 빠르고 간편하며, 전문가가 아니더라도 간단한 교육과 훈련을 받으면 실시 가능하고 기능이 심하게 손상된 환자들에게도 적용할 수 있다.
- 대표적으로 간이정신상태검사(Mini–Mental State Examination: MMSE), 하세가와 치매 척도(Revised Hasegawa's Dementia Scale: HDS–R), 벤더 도형검사(Bender Visual Motor Gestalt Test: BGT) 등이 있다.

② 노인용 신경심리검사 배터리

- 서울신경심리검사(Seoul Neuropsychological Screening Battery: SNSB): 치매 평가를 목적으로 개발된 종합 신경심리검사 배터리로 주의집중력, 언어 및 관련 기능들, 시공간기능, 기억력 및 전두엽/집행기능의 다섯 가지 영역과 MMSE와 같은 신경심리검사, 그 외 노인 우울 척도(Geriatric Depression Scale: GDS), 바텔 일상생활 기능 평가(Barthel Activities of Daily Living: B–ADL), 치매 임상 평정 척도(Clinical Dementia Rating Scale: CDR)가 배터리에 포함되어 있다.

서울신경심리검사(Seoul Neuropsychological Screening Battery: SNSB)

- SNSB는 검사지시와 수행이 단순하고 어느 곳에서든 쉽게 실시할 수 있도록 기록용지와 펜 이외에 다른 도구나 설비가 필요하지 않으며(K-BNT, K-CWST 예외), 국내에서 표준화 연구가 수행된 검사들(K-MMSE, K-BNT, GDS, B-ADL, CDR)을 포함하는 기준으로 선정되었고 일부 검사(Seoul Verval Learning Test, Korean-Color Word Stroop Test, Controlled Oral Word Assaciation Test)는 SNSB를 위해서 새로이 개발하고 표준화되었다.
- SNSB는 종합적인 신경심리검사 배터리로서 인지기능 전반을 모두 평가하는 다양한 검사들로 구성되어 있다. 인지영역별로는 주의집중능력, 언어 및 그와 관련된 기능들, 시공간 기능, 기억력 및 전두엽/집행기능의 5가지 인지영역을 평가한다.

〈SNSB의 구성〉

① 주의집중력

- 언어적 자극에 대한 일시적인 주의집중능력과 지속적인 주의집중능력을 평가하는 숫자 외우기와 시공간적 주의능력과 무시증후군을 평가하는 글자지우기 검사로 구성되어 있다.

- 숫자 외우기 검사에서 바로 따라 말하기는 주의 폭과 더불어 지속적인 주의집중능력을 평가하고 거꾸로 따라 말하기는 작업기억에 대한 평가도구로 인정받고 있다.

② 언어 및 그와 관련된 기능

- 언어능력, Gerstmann's syndrome 및 실행증을 평가하는 검사들로 구성되어 있다.
- 언어능력은 자발적인 발화 능력 및 내용전달능력으로 나누어 평가한다. 자발적인 발화에서 유창성과 내용전달 능력은 면담이나 검사 중에 관찰된 피검자의 말의 수, 말의 속도, 발음장애, 착어증 및 word finding difficulty에 기초하여 검사자가 판단하게 되어 있다. 대개 한 문장이 5~6어절 이상으로 구성되어 있으면 유창한 것으로 간주한다.
- 언어이해력은 문장을 질문하여 '예/아니요'로 말하게 되어 있고, 따라 말하기 능력은 1어절부터 5어절의 문장까지 차례로 불러 주고 매번 따라 말하게 시킨다.
- 이름대기 능력은 K-BNT로 평가되는데 60개의 흑백 그림으로 구성되어 있고 그림의 이름을 말하게 되어 있다.
- 거스트만 증후군(Gerstman's Syndrome)을 평가하기 위한 검사로 손가락 이름대기검사, 산수검사, 좌우지남력 검사 및 쓰기검사가 있으며 이와 함께 신체부위 확인검사도 포함되어 있다.
- 실행증 검사는 구강안면실행증(buccofacial apraxia) 검사와 관념운동실행증(ideomotor apraxia) 검사로 나뉘어 있다.
  - 안면실행증 검사는 피검자가 이전에 잘 학습되어 있는 동작을 검사자의 구두 지시에 얼굴, 입술, 혀, 볼 등을 이용하여 흉내를 내는 검사이다. 여기서 문제를 보이는 환자들은 검사자의 구두 지시에 흉내 내는 행동 대신 말로 표현하거나 이전에 한 행동을 반복해서 보일 수도 있다.
  - 관념운동실행증 검사는 도구 사용을 흉내 내는 항목들로 구성되어 있고 이때 피검자들이 어떤 반응과 오류를 보이는지 관찰해야 한다. 피검자가 자신의 신체를 도구로 사용하는 오류를 보이는지, 도구와 도구의 목표물이 올바른 공간적 관계를 가지지 못하는 오류를 나타내는지, 동작의 특징적인 운동과 목표를 완성하기 위해 꼭 필요한 운동을 하지 못하는지(운동오류)를 살펴보아야 한다.

③ 시공간기능

- K-MMSE의 그리기검사의 결과와 레이 복합도형검사(Rey Complex Figure Test: RCFT) 모사 단계의 결과로 평가한다. 두 검사는 지각능력과 구성능력이 동시에 요구되는 그리기 과제이다.
- RCFT의 모사 양상을 살펴보면 어느 쪽 반구의 기능이 더욱 저하되어 있는지에 따라 그리기 과제의 반응 양상이 다르다고 알려져 있다. 병변이 어디에 있는지에 따라 시공간 기능의 손상 양상에 차이가 있다.
  - 좌반구의 기능이 더욱 저하되어 있는 경우에는 그림의 내용이 생략된 '빈곤한' 그림을 그린다.
  - 우반구의 기능 저하가 더 심한 경우에는 그림이 조각나고 구성요소들 간의 상대적 위치 관계가 맞지 않는 그림을 그리는 특성이 있다.
  - 두정엽 손상 환자들은 RCFT를 모사할 때 그림의 세부요소 각각은 대체로 잘 알아볼 수 있도록 그리지만 요소들 간의 공간적인 위치 관계가 틀리는 그림을 그린다.
  - 전두엽 손상 환자들의 경우에는 전반적으로 비조직화된 그림을 그린다.
- 알츠하이머 치매와 혈관성 치매 환자들의 RCFT 모사양상을 비교해 보면, 알츠하이머 치매 환자들은 그림의 부분들을 연결하거나 구성하여 전체적인 윤곽을 형성하지 못하고 부분 부분을 따로 지각하는 인지 양식을 보인다.
- 혈관성 치매의 경우는 그림을 전체적인 윤곽을 그린다 하여도 개념을 가지고 그림을 그리기보다는 주변 특징들의 연속성에 기초하여 그림을 그림으로써 세부요소들을 구조화하여 보지 못하고 인상적이고 두드러진 자극 특징에 기초하여 비조직화된 방식으로 그림을 그리는 양상을 보인다. 따라서 RCFT 모사 시 그림을 그려 나가는 과정이 기록될 수 있도록 여러 가지(4~5가지) 색깔의 색연필을 사용하면 피검자

의 시공간 구성능력을 평가하는 데 도움이 되는 정보를 얻을 수 있다.

④ 기억력

- 언어적 기억력과 시각적 기억력으로 구성되어 있다. 언어적 기억력은 K-MMSE의 기억등록과 기억회상 및 SVLT로, 시각적 기억력은 RCFT로 평가한다. 이들 검사들은 모두 일화기억을 평가하는 것으로서 자극제시 직후에 기억의 양을 측정하는 즉시회상과 자극제시 후 20~30분의 시간이 경과한 뒤에 기억하고 있는 양의 정도를 다시 측정하는 지연회상 및 재인검사로 구성되어 있다.
- SVLT는 검사자가 불러 준 단어 목록을 환자로 하여금 외우게 함으로써 새로운 언어자극에 대한 학습과 기억처리과정에 관한 질적인 평가를 가능하게 함으로써 기억의 다양한 요소들을 평가할 수 있다.
- 언어적 기억력과 시각적 기억력 간의 차이가 있는가를 확인하여 병소의 편측화에 대한 정보를 얻을 수 있으며, 재인과 회상 간의 차이에 주목을 함으로써 환자의 기억력 문제가 저장 단계에서 발생한 것인지 인출 단계에서 발생한 것인지에 대한 단서를 얻을 수 있다.

⑤ 전두엽/집행기능

- 전두엽 집행기능은 Motor impersistence, Contrasting Program, Go-No-Go, Fist-Edge-Palm, Alternating Hand movement, Alternating Square and Triangle, Luria Loop, Controlled Oral Word Assciation Test(COWAT) 및 Korean-Color Word Stroop Test(K-CWST)로 평가한다.
- Motor impersistence는 전두엽 손상 지표 중의 하나인 운동지속불능증을 평가하고, Contrasting Program과 Go-No-Go test는 전두엽의 중요한 기능인 mental set-shifting ability와 반응억제를 평가한다.
- Fist-Edge-Palm나 Alternating Hand Movement test를 시행하여 motor programming ability와 motor set-shifting ability의 장애를 평가한다.
- Alternating Square and Triangle test와 Luria Loop test는 그림을 모사하여 그리도록 하며 전두엽 손상 지표 중의 하나인 보속증을 평가한다.
- Controlled Oral Word Association Test(COWAT)는 동물과 마켓에서 살 수 있는 물건을 정해진 시간 내에 얼마나 많이 말할 수 있는가를 평가하는 범주(또는 의미) 유창성과 특정 자음인(ㄱ, ㅇ, ㅅ)으로 시작하는 낱말을 정해진 시간 내에 얼마나 많이 할 수 있는가를 평가하는 글자(또는 음소) 유창성 검사로 구성되어 있다. 이 검사는 생성이름대기 능력(언어유창성)을 평가하는 것으로서 사고의 생산성을 평가하며 전두엽 손상 환자들의 탐지와 변별에 유용하다.
- Korean-Color Word Stroop Test(K-CWST)는 '글자 읽기 조건'과 '색깔 읽기 조건'으로 구성되어 있으며 반드시 글자 읽기 조건을 먼저 실시하도록 되어 있는데 이는 전두엽에서 담당하는 주요 인지기능 중의 하나인 억제기능을 평가한다.

- 한국판 치매평가 검사(Korean Dementia Rating Scale: K-DRS): 치매환자 진단에 중요한 주의, 관리기능, 구성, 개념화 및 기억을 측정한다.
- CERAD-K(Consortium to Establish a Registry for Alzheimer's Disease-K): 알츠하이머병 환자의 평가, 진단 및 연구에 표준적인 평가도구와 진단방법을 사용함으로써 연구자 간에 협력기반을 마련하고자 하는 목적에서 평가된 개발도구이다.
- 노인 기억장애 검사(Elderly Memory disorder Scale: EMS): 치매, 특히 알츠하이머병의 정확한 진단을 위해 필요한 기억 검사들을 중심으로 구성되어 있다.

주요 신경심리검사

- 위스콘신 카드분류 검사(Wisconsin Card Sorting Test: WCST): 전두엽 실행기능을 평가하는 검사로, 추상적인 개념을 형성하고 범주화하는 능력과 피드백에 따라 인지 틀(cognitive set)을 변환하거나 유지하는 인지적 융통성을 측정한다. 전산화된 WCST에서는 스크린을 통해 제시된 도형카드를 색, 모양, 개수 등 분류 규칙에 따라 분류하도록 지시한 후에 '맞다/틀리다'의 피드백을 줌으로써 피검자가 스스로 과제에서 요구되는 색, 모양, 개수와 같은 범주규칙을 찾도록 한다.
- 선로 잇기 검사(Trail Making Test: TMT): 주의력과 실행기능을 평가하며 A형과 B형으로 되어 있다. A형은 검사지에 무작위적으로 배치되어 있는 숫자들을 1-2-3-4 …와 같이 차례대로 연결하는 것이고, B형은 숫자와 문자를 번갈아 가며 차례대로 연결하는 것으로(1-가-2-나-3-다 …), 검사를 마치는 데 걸린 반응시간과 오류 수가 측정된다. 국내에서는 알츠하이머 치매검사를 평가하기 위한 CERAD-K 신경심리평가집에 포함된 소검사 중 하나로 60세 이상 노인을 대상으로 표준화하여 사용되고 있다.
- 스트룹 색상-단어 검사(Stroop Color-Word Test): 스트룹 검사는 전두엽에서 담당하는 억제과정의 효율성을 평가한다. 단어의 색과 글자가 일치되지 않는 조건에서 자동화된 반응을 억제하고 글자의 색상을 말해야 하며(예: '파랑'이라는 단어가 빨간색으로 인쇄되어 있을 때, 단어를 무시하고 '빨강'이란 색상을 명명함), 반응시간과 오류 수가 측정된다.
- 루리아-네브래스카 신경심리 배터리(Luria-Nebraska Neuropsychological Battery: LNNB): LNNB는 총 269문항, 11개 척도로 구성되어 있으며, 좌반구, 우반구 척도 점수가 산출되므로 뇌 기능의 편측화(lateralization)와 국재화(localization)에 대한 평가가 가능하다. 아동용인 LNNB-C는 8~12세 아동에게 실시할 수 있고 총 149문항, 11개 척도로 이루어져 있다.
- 연속수행검사(Continuous Performance Test: CPT): 주어진 자극에 주의를 지속적으로 유지하는 능력인 지속적 주의력과 비표적 자극을 무시하고 표적자극에만 주의를 집중하는 선택적 주의력을 평가하는 대표적인 검사이다. CPT는 컴퓨터 화면에 특정한 기호, 숫자, 문자를 짧은 기간(약 0.1초) 동안 시각적으로나 청각적으로 제시한 후, 표적 자극이 나올 때마다 가능한 한 빠르고 정확하게 반응하는 것이 요구된다(표적 자극이 나올 때마나 마우스 클릭). 높은 누락 오류율은 부주의를, 높은 오경보 오류는 인지적 충동성 및 반응 억제 능력의 결함을 반영한다.
- 레이 청각언어검사(Rey Auditory Verbal Learning Test: RAVLT): RAVLT는 언어기억 검사로, 15개 단어를 불러 주고 피검자에게 5회에 걸쳐 회상하도록 한다. 그 후 방해자극으로 두 번째 리스트 단어 15개를 불러 주고 1회 회상하도록 한 뒤에, 다시 첫 번째 단어 리스트를 회상 및 재인하도록 한다. 이 검사는 순행간섭(proactive inhibition) 및 역행간섭(retroactive inhibition), 기억보유 등을 측정한다.
- 레이 복합도형검사(Rey Complex Figure Test: RCFT): RCFT는 시각기억 검사로, 복잡한 도형을 따라 그리게 하고 이후 회상 과제를 통하여 비언어적, 시각 기억력을 측정한다.

2 기타

- 사회성숙도 검사(Social Maturity Scale: SMS)
  - 사회성숙도 검사는 일상생활에서 개인의 적응행동 수준을 알아보는 데 보편적으로 사용된다.

– 사회성숙도 검사는 0~30세 연령에 대한 적응 행동 측면의 발달 정도를 여섯 가지 영역에 대해 평가하며 총 117문항으로 구성되어 있다.

사회성숙도 검사 평가영역

- 자조 행동(Self-help: SH): 조작 능력, 배변 관리, 이동, 자기 관리 및 기본적인 의사소통능력 등과 관련된 자조 일반/식사 도구 사용 및 식사 행동, 식이 행동 통제, 판단력 등과 관련된 자조 식사/세면, 착의 등과 관련된 자조 용의의 3가지 영역으로 구성되어 있다.
- 이동(Location: L): 기어 다니기, 걷기, 독립적인 외출 및 이동 등을 평가한다.
- 작업(Occupation: O): 단순한 놀이 행동, 장난감 사용에서부터 성인으로서 전문성, 독립성, 책임감을 요하는 작업 수행 능력 등을 평가한다.
- 의사소통(Communication: C): 간단하고 관습적인 제스처, 언어적 의사소통, 문자 등 매체를 사용한 수용성, 표현성 의사소통 능력을 평가한다.
- 자기관리(Self-Direction: SD): 돈의 용도를 인식하고 사용하는 능력, 구매, 경제적 자립 준비, 책임 있고 분별력 있는 행동, 독립성과 책임감 등을 평가한다.
- 사회화(Socialization: S): 사회화 활동, 사회적 책임, 현실적 사고 등을 평가한다.

02 기출기반학습+

심리평가의 목적

① 임상적 진단

임상적 장애의 유형을 진단하는 동시에 심리적 문제나 정신장애의 발생원이나 선행요인, 진행 경로 및 그 영향 등에 대해 정확하게 밝혀 문제를 명료화한다.

② 성격, 자아기능 및 문제의 정도 평가

개인의 인지적 · 정서적 · 성격적 · 행동적 측면에 대한 다양한 정보는 수검자에 대한 명확하고 객관적인 이해를 돕고 적절한 치료계획을 세울 수 있는 근거를 제공한다.

③ 치료유형과 치료전략 평가

치료를 준비하는 과정에서 치료유형과 전략에 대한 적절한 판단을 내릴 수 있도록 정보를 제공하며 이는 치료목표를 효과적으로 수립하는 데 있어 매우 중요하다.

학습 Plus 심리평가의 목적

- 임상적 진단을 명료화하고 세분화한다.
- 심리적 증상이나 문제의 심각한 정도를 구체적으로 평가한다.
- 개인의 특성(예: 자아강도, 성격 특성, 지적 수준 등)을 평가한다.
- 인지적 기능(예: 주의력, 집중력, 기억력, 실행기능 등)을 평가한다.
- 적절한 치료유형에 대해 제시한다.
- 치료전략을 판단하는 근거를 제시해 준다.
- 수검자를 치료적 관계로 유도한다. 수검자가 자신의 자아 강도와 심리적 문제를 인식할 수 있도록 돕는다.
- 치료 반응이나 치료 효과를 평가한다.

심리검사의 해석지침

① 심리검사 결과를 해석하는 단계에서 고려사항은 의뢰된 문제를 설명할 수 있어야 하며, 수검자의 현재의 기능 수준, 증상의 원인, 예후, 치료 제안 등과 관련된 고려사항을 충분히 검토하여 통합적으로 제시하여야 한다.

② 특히 치료적 개입이 효과적일 수 있도록 검사 해석 자료의 활용성을 고려하여 정확하게 수검자의 특징이 기술되어야 하고, 사실에 기반한 자료를 토대로 효과적인 개입을 위한 제언을 마련해야만 한다.

〈주요 해석 지침〉

- 의뢰사유에 대해 명확한 답을 제공한다.
- 수검자 개인에 대한 세부적인 특징을 설명한다.
- 수집된 다양한 자료를 조직화하여 통합적 해석을 마련한다.
- 치료적 개입방법에 대해 제언한다.

심리평가를 위한 면담의 유형

① 구조화된 면담

미리 정해진 문제들의 목록을 정해진 순서대로 제시하는 방식으로 실시된다. 표준화된 시행은 면접자 간 신뢰도를 높여 주고, 해석에 도움이 되는 규준치를 얻을 수 있다.

② 비구조화된 면담

일정한 면담문항 없이 내담자나 환자가 제공하는 정보에 따라 면담을 진행시키는 방식을 말한다. 질문의 순서들을 구성하는 데 있어 더 많은 선택의 자유를 제공하나, 더 높은 수준의 경험, 기술 및 훈련을 필요로 한다.

③ 반구조화된 면담

질문하는 문항이 갖춰져 있다는 점에서 구조화된 면담과 일치하지만, 내담자나 환자의 반응에 따라 융통성을 발휘하여 면담을 진행한다.

학습 Plus 구조화 면담과 비구조화 면담의 장점과 단점

- 구조화 면담

장점

– 표준화된 방식의 자료수집이 가능하기에 면담자 간 일치도를 높여 주며, 해석에 도움이 되는 규준치를 제

공할 수 있다.
- 면담 절차와 질문이 구체적으로 만들어져 있어 정해진 시간 내에 최대한의 주요 정보를 얻을 수 있다.

단점
- 사전 준비된 질문의 범위를 벗어나는 정보를 얻을 수 없기에 면담의 상황이나 내담자의 문제와 상태에 따른 융통성을 발휘할 수 없다.
- 면담 과정에서 내담자의 자발성이 억제되기 때문에 구체적인 개개인에 초점을 맞춰 평가하는 데 한계가 있다.

• 비구조화 면담

장점
- 미리 정해진 일정한 구조와 틀이 없이 내담자의 반응을 검토하고 질문하기에 면담의 융통성이 있고 라포 형성에 유리하다.
- 내담자의 진술을 따라 특정한 내용에 초점을 맞추어 중요한 정보를 집중적으로 탐색할 수 있다.

단점
- 임상가의 기술과 창의성에 따라 자료수집의 효율성과 수집된 자료의 가치에 차이가 있을 수 있다.
- 임상가의 판단과 능력이 다양하기 때문에 면담을 통해 가치 있고 유용한 자료를 얻기 위해서는 임상가의 숙련된 전문성이 필요하다.

심리평가 실시과정에서 고려해야 할 사항

① 라포 형성: 관심과 흥미, 협조적, 동기부여, 편안한 분위기가 필요하다.

② 수검자 변인: 심리검사에 대한 부정적 · 양가적 · 거부적 태도를 보일 수 있다. 검사목적을 설명하고 심리검사의 이로운 점에 대해 알린다.

③ 검사자 변인: 따뜻하고 공감적이며 존중의 태도가 필요하다. 검사자의 행동이 수검태도와 반응에 영향을 줄 수 있다.

④ 검사상황 변인: 소음과 자극으로부터 보호되어야 하며, 안정적인 자리배치와 정서적 안정감이 필요하다.

학습 Plus 심리검사 시행 시 고려해야 할 사항

• 라포 형성
- 최적의 심리검사가 실시되기 위해서는 초기 단계에서 검사자와 수검자 사이에 라포 형성이 적절하게 이루어져야 한다(평가상황에서는 이를 '평가동맹'이라고 한다).
- 검사자는 수검자에게 심리검사에 대해 관심을 갖도록 지지해 주고, 협조적 태도를 갖도록 격려해 주며, 검사지시를 적절하게 따르고 있음을 알려 주어야 한다.
- 검사자는 수검자에게 동기를 부여하고 심리검사 시행에 대한 참여도를 높이는 평가 동맹 기술을 습득해야 한다.

• 수검자 변인
- 심리검사를 받는 동안 수검자의 심리상태에 따라 검사 반응이 영향을 받을 수 있으므로 검사자는 검사가 진행되는 동안 수검자의 정서 상태 및 신체적 상태에 대해 관심을 가져야 한다.
- 수검자가 검사를 거부하거나 방어적 태도를 취하는 경우 저항과 두려움을 이해하고, 검사가 어떤 목적으로 실시되고 수검자에게 어떤 이득이 있는가를 충분히 설명해 주도록 한다.
- 검사자의 격려와 동기부여에도 수검자가 저항이 강한 경우는 일단 검사를 중단하거나 보류한다. 이 경우 정서적 안정이 이루어진 후 실시하거나, 한 번에 모든 검사를 실시하기보다 여러 번 나누어 실시하는 것이 라포 형성 및 정보 수집에 효과적일 수 있다.

• 검사자 변인
- 검사자 변인으로는 검사자의 연령, 성, 인종, 직업적 지위, 수련과 경험, 성격 특징, 외모 등이 영향을 미칠 수 있다.
- 검사시행 전이나 중간에 보이는 검사자의 행동이 검사결과에 영향을 미칠 수 있기에 언어적 행동 및 비언어적 행동에도 주의해야 한다.
- 검사자는 안정감과 신뢰감을 줄 수 있는 검사태도를 일관성 있게 유지하고, 검사를 실시하는 동안 수검자에게 따뜻하고 공감적인 태도를 갖추도록 한다.

• 검사상황 변인
- 심리검사가 시행되는 상황이나 조건이 검사결과에 영향을 미치기에 검사반응에 영향을 미칠 수 있는 요인들을 통제하려고 노력해야 한다.
- 심리평가가 시행되는 공간은 지나친 소음과 자극으로부터 보호되어야 하며, 적절한 채광과 통풍, 안정된 자리배치와 공간이 마련되어야 한다.
- 검사 시행시간과 수검자의 정서적 안정도나 피로감 등이 고려되어야 한다. 수검자가 피로하지 않고 정서적으로 불안정하지 않는 시간과 상황에서 검사가 시행되어야 한다.

내담자에 대한 심리평가를 위해 사용되는 행동평가 방법

① 자연관찰

• 자연스러운 맥락 내에서 일어나는 행동을 그대로 관찰하여 기록하는 것을 말하며, 다루어야 할 문제에 대한 포괄적이고 현실적인 이해를 돕는다.
• 자연관찰은 특별한 제한 없이 일상 활동을 관찰하기에 문제행동에 대한 직접적인 정보를 얻을 수 있다. 단, 시간과 비용이 많이 들고, 문제행동의 발현 유무가 관찰시기에 따라 다르게 나타날 수 있다.

② 자기관찰

• 자신의 행동을 객관적인 방법으로 관찰하고 기록하는 것을 말한다. 그외 행동발생과 관련된 느낌 및 생각과 같은 중요한 정보들을 작성한다.
• 자기관찰은 표적행동이나 문제를 강화시키는 요인에 대한 이해를 제공한다. 단, 자신

의 행동을 기록하는 과정에서 평가되고 있는 행동을 변화시킬 수 있으며, 긴 시간 동안 기록의 어려움 및 정직하게 과제를 수행하는 데 있어 문제를 지닌다.

③ 통제된 관찰

- 통제된 관찰은 인위적인 상황에 처하게 한 후 그 상황에서 관심행동이 나타나도록 하는 것을 말한다.
- 통제된 관찰은 참여관찰법의 결함을 보완한 것으로서 관찰의 방식이 엄밀히 통제되어 있는 관찰을 말한다. 단, 관찰자 기대효과가 나타날 수 있으며, 소집단 관찰에 용이한 제한점을 지닌다.

④ 참여관찰

- 관찰대상이 되는 집단이나 개인의 일상 속으로 들어가서 실제 구성원이 되어 관찰을 수행하는 것을 말한다.
- 참여관찰은 관찰대상의 행위동기, 구성원 간의 감정관계 등 외부로 나타나지 않은 사실까지 직접 경험하며 관찰할 수 있다. 단, 관찰 집단 속에서의 수행으로 인해 관찰행동의 제약이 있으며, 관찰자의 특성이나 피관찰자와의 관계 등으로 인해 관찰의 객관성을 유지하는 데 제한점을 지닌다.

심리평가에 포함되어야 할 주요 영역

〈심리평가의 3요소〉

① 면담

임상면담은 전체 평가과정이 전반적인 틀을 제공한다. 면담을 통해 방문사유, 내담자의 태도, 가정과 직장에서의 생활과 적응, 중요한 대인관계, 발달 초기부터 현재까지의 개인력 등에 관한 폭넓은 정보를 얻게 된다.

② 행동관찰

면담과 검사 장면에서 보이는 수검자의 특징적인 행동은 일상생활 속에서의 대인관계 상황, 압력과 긴장 상황, 문제해결 상황에서의 행동을 추측해 볼 수 있는 중요한 자료가 된다. 이를 위해 피검자의 외양과 행동, 감정과 정서 및 기분, 언어표현, 통찰력과 판단력, 사고내용 등을 평가한다.

學習 Plus 초기 면담 시 행동관찰 요소

- 면담태도: 적극성, 수동성, 방어성, 경직성 등
- 용모: 복장 상태, 위생 상태, 얼굴과 신체의 모습 등
- 언어: 목소리의 강도와 고저, 말의 속도와 반응시간 등
- 사고: 주의력, 집중력, 이해력, 논리력, 추리력 등
- 정서: 정서 억제, 정서 표현, 정서적 변화 및 조절 등
- 행동: 행동 억제 및 표현 양식, 행동의 조절 정도 등
- 의사소통능력: 언어적 · 비언어적 의사소통능력 등

③ 심리검사

심리검사는 개인의 적응기능 및 역할수행 능력, 사고 및 인지기능, 성격의 구조, 대인관계, 취약성과 자원 등에 관해 객관적이고 포괄적인 정보를 제공한다. 이는 심리적 문제나 현상의 개인차를 비교하고 피검자의 다차원적 측면을 이해하도록 돕는다.

學習 Plus 심리검사 도구 선정 시 고려사항

- 심리검사의 목적을 분명히 하고 이에 부합되는 심리검사 도구를 선정해야 한다.
- 표준화된 검사를 사용해야 하며, 신뢰도와 타당도가 충족되는 검사도구인지 검토해야 한다.
- 심리검사 도구의 실용성(시행과 채점의 간편성, 시행 시간, 검사도구의 경제성)을 고려하여 선정한다.

심리평가의 최종보고서에 반드시 포함되어야 할 내용

① 의뢰사유 및 배경정보

수검자에 대한 배경정보, 문제의 특징 등을 간단히 기술하고 평가를 실시하게 된 이유를 언급한다. 배경정보에는 수검자의 발달력, 의학력, 교육력, 가족구성, 직업력 등의 개인사가 포함된다.

② 실시검사 및 평가절차

수검자에게 실시한 검사항목을 기술하며, 검사 수행 순서가 중요한 경우라면 이에 대해 함께 기술한다.

③ 행동관찰 및 수검태도

검사 동안 수검자의 외관, 일반적인 행동관찰 또는 검사자-수검자 상호작용에서 나타난 행동을 기술한다. 행동관찰은 수검자의 문제에 대한 통찰을 제공할 수 있고 검사와

관련된 해석에 대한 자료가 된다.

④ 검사결과 및 해석

지적 능력, 사고 능력, 정서 및 성격, 대처 양식 등의 특징을 구체적으로 기술하고 이에 대한 타당한 근거와 이유도 함께 언급해야 한다. 또한 수검자의 문제나 고통이 현재 일시적인 것인지, 장기가 지속되는 문제인지 예견하는 것도 필요하다.

⑤ 진단적 제안 및 치료적 개입

심리평가를 실시하게 된 의뢰된 문제에 대한 진단적 제안과 치료적 개입에 대한 방법을 언급한다. 제언은 구체적으로 명확하게 제시하며 수검자의 문제해결에 실질적 도움이 될 수 있어야 한다.

통계적 접근방법과 임상적 접근방법의 장점 및 단점

① 통계적 접근방법

- 장점: 모호한 개념이 명확하게 정의됨으로써 구체적인 예측이 가능하며, 오류와 실수를 최소화할 수 있다.
- 단점: 개인의 특유적인 정보들이 검토되지 않을 수 있고, 측정하고자 하는 문제 외에는 접근이 어렵다.

② 임상적 접근방법

- 장점: 개인의 다차원적인 자료를 수집할 수 있으며, 고유한 심리적 특성을 평가할 수 있다.
- 단점: 임상가의 경험과 전문성에 따라 판단되기에 실수와 오류로 인한 예측의 정확성 문제가 나타날 수 있다.

심리평가자의 역할: '과학자로서의 자질'과 '예술가로서의 자질'

① 과학자로서의 자질

- 심리평가자는 과학자로서 전문적인 지식과 객관적인 평가 및 검증된 검사를 토대로 내담자에 대한 종합적이고 체계적인 해석과 판단을 내려야 한다.
- 표준화된 절차에 기반한 심리평가, 신뢰도와 타당도가 확보된 심리검사 도구 사용, 심리평가 해석에 있어 정신병리, 성격장애, 신경심리 등을 비롯한 지식과 이론적 체계를

갖추고 있어야 한다.

② 예술가로서의 자질

- 내담자의 특성과 문제를 이해하는 데 있어 다양한 임상적 경험과 실무를 기반으로 한 다차원적인 이해를 할 수 있어야 한다.
- 동일한 증상도 기저하는 다양한 심리사회적 원인이 있기에 내담자가 호소하는 문제에 대한 개인 특유적인 특성을 충분히 검토하여 평가하여야 하며, 해석과 판단에 있어 유연성과 통찰력, 치료적 과정을 이끌 수 있는 역량을 발휘할 수 있어야 한다.

임상심리학자의 과학자-전문가 모델의 의미

임상심리학자는 전문적인 자신의 연구를 수행하는 동시에 다른 사람의 연구를 소비할 수 있는 숙련된 전문가여야 함을 강조한다. 심리학적 임상가는 기술과 민감성을 가지고 임상실무를 하는 동시에 자신의 경험을 가설화하여 검증하는 방법을 이해함으로써 임상적 지식축적에 기여해야 한다.

신뢰도의 개념과 유형

신뢰도란 검사에서 측정하고자 하는 개념을 얼마나 안정적으로 일관성 있게 측정하는가를 말한다.

① 검사-재검사 신뢰도(test-retest reliability)

시간경과에 따른 검사의 안정성을 재는 것으로, 동일한 검사를 일정한 시간적 간격을 두고 두 번 실시하여 결과가 유사한지 확인한다.

② 내적 일관성 신뢰도(internal consistency reliability)

검사 내 문항들이 어느 정도의 동질성을 가지고 있는가를 살펴보기 위해 문항들 간의 유사성 혹은 일치성을 추정한다.

③ 동형 신뢰도(parallel-form reliability)

검사도구의 신뢰도를 검증하기 위해 두 개의 동형 검사를 제작한 뒤, 동일 피험자 집단에게 검사를 실시해 두 검사 간의 상관계수로 신뢰도를 추정한다.

④ 반분 신뢰도(split-half reliability)

단일 척도를 두 부분으로 나누어 두 부분 검사 점수의 상관계수를 계산한 후 추정한다.

⑤ 평정자 간 신뢰도(inter-rater reliability)
한 검사의 측정 결과를 평가하는 데 있어 다수의 평가자들 사이에 그 해석이나 판단이 얼마나 유사한가를 나타내는 정도이다.

타당도의 개념과 유형

타당도란 검사가 측정하고자 하는 변인 또는 개념을 측정하였는가를 말한다.

① 내용 타당도(content validity)
검사항목들이 실제로 재고자 하는 변인의 다양한 측면을 얼마나 제대로 포함하고 있는가에 대한 것이다.

② 구성 타당도(construct validity)
어떤 검사가 그 기저에 존재하는 이론의 구성개념을 정확히 측정하고 있는가를 검증하는 방법이다.

③ 예측 타당도(predictive validity)
어떤 검사에서 얻은 점수와 준거를 토대로 미래의 어떤 행위를 추정하는 방법이다. 예언 타당도라고도 하며, 시간이 지남에 따라 그 예측한 바가 얼마나 현실에 부합하는지 확인하는 방법이다.

④ 공인 타당도(concurrent validity)
기존에 타당성을 입증 받은 검사를 토대로 새로 제작한 검사와의 유사성 혹은 연관성을 검증하는 방법이다.

⑤ 수렴 타당도(convergent validity)
서로 상이한 방법으로 동일한 개념을 측정했을 경우, 각 측정결과 간 상관관계의 높고 낮음을 분석해 타당도를 판단하는 방법이다.

학습 Plus 심리검사 선택 시 고려사항

- 표준화: 표준화된 표집을 대상으로 한 점수 분포를 반영하는 규준이 있어야 수검자와 표준화된 집단, 즉 표집 간에 적절한 비교가 가능해진다.

(규준의 적합성 여부)
✓ 표준화된 집단이 전체 인구를 대표할 수 있어야 한다. 대표성에 문제가 있는 경우, 규준을 신뢰할 수 없는 문제가 생긴다.
✓ 표집 수가 적다면 안정적인 추정치를 얻기 어렵기 때문에 충분한 크기의 표집수를 확보해야 한다.

표준화된 절차에 맞게 검사를 시행해야 검사자 간 결과를 비교할 수 있고 신뢰성 있는 검사해석을 할 수 있다. 검사실시 방법을 달리하면 심리검사 결과가 다양해질 수 있기에 검사실시를 위한 다양한 요인(지시문, 라포 형성, 절차 및 해석지침 등)이 고려되어야 한다.

- 신뢰도: 검사의 신뢰도란 안정성, 일관성, 예측 가능성, 정확성의 정도를 의미한다. 측정도구는 오차에 의해 유발되는 측정의 변산성이 크지 않아야 한다. 이에 검사 선택과 관련하여 신뢰도 계수는 검사 변량의 정도를 측정하는 데 있어 중요하다(대체로 측정 도구의 신뢰도 계수가 .80 이상이어야 한다).
- 타당도: 타당도란 해당 검사도구가 측정하고자 하는 특성을 얼마나 충실하게 측정하였는가를 의미한다. 즉, 타당도는 검사점수가 검사의 사용목적에 부합하느냐의 문제로, 검사도구가 평가목적에 얼마나 적합한지를 보는 것이다.

각각의 검사를 개별 분석할 때의 장점과 단점

① 장점

각 검사가 측정하고자 하는 고유한 영역을 통해 내담자의 심리적 기능에 대한 출처를 명확하게 알 수 있고 그 검사항목을 통해 내담자의 특징을 세부적으로 파악할 수 있다.

② 단점

각 검사에서 측정한 부분들의 통합적 해석을 통해 내담자에 대한 전반적인 이해를 객관적으로 할 수 있는데, 개별검사로만 측정할 경우 검사가 측정하는 항목, 검사자 변인과 피검자 변인 및 상황적 요소로 인해 나타날 수 있는 개별자료의 특유성이 검사자료의 편향을 줄 수 있기에 제한점을 지닌다.

종합심리검사(Full Battery)를 실시하는 이유

① 단일한 심리검사로 얻는 정보는 제한적일 수밖에 없기에 종합심리검사를 통해 개인의 인지기능, 사고 및 정서, 성격 특성, 대인관계, 자아강도, 자기개념, 스트레스 자원 및 대처 등에 대한 다양한 정보를 얻어 다차원적인 측면에서 피검자를 통합적으로 이해하고 평가할 수 있다.

② 각 검사마다 평가하는 검사항목과 유형이 상이할 수 있어 다양한 검사를 종합적으로 실시할 경우 간과할 수 있는 피검자 특성을 고루 검토할 수 있고, 각 검사에서 서로 중첩되는 특성을 통해 문제의 특성을 명확하게 평가할 수 있다.

학습 Plus 종합심리검사 배터리

심리검사는 개별적인 검사를 중심으로 시행될 수도 있지만 심리검사 배터리(psychological test battery)로 실시되기도 한다. 검사 배터리로 실시될 경우 3개 이상 또는 5개 이상의 검사가 한 세트로 묶여서 시행된다.

- 심리검사 배터리를 시행하는 이유
  - 어떤 검사도 모든 영역을 다룰 수 있을 만큼 평가영역이 넓지 못하기 때문에 여러 심리검사를 함께 사용함으로써 수검자의 다양한 특성과 기능에 관심을 기울일 수 있고, 개인에 대한 폭넓은 자료를 수집할 수 있다.
  - 다양한 심리검사는 어느 정도 평가영역이 중첩되기 때문에 단일한 검사로부터 얻은 결과의 타당성이 다른 검사결과를 통해 검증될 수 있다.
  - 심리검사 배터리는 측정오차를 최소화하고 검사결과의 정확도를 최대화한다는 장점이 있기에 단일검사만 시행되는 것보다 충분한 근거를 마련할 수 있다.
  - 심리검사 배터리에 일반적으로 포함되는 객관적 검사와 투사적 검사는 상호보완적인 측면이 있어 수검자 문제를 보다 정확하게 이해하는 데 유용성이 있다.

풀배터리 검사에서 웩슬러 지능검사를 실시하는 이유

① 지능검사는 개인의 지적 기능 수준 및 양상을 평가하는 중요한 도구이다.

② 신경학적 문제와 정신건강의학적 문제를 감별진단하는 데 유용하다.

③ 개인의 성격적 및 정서적 특징, 강점 및 약점 등을 파악하고 임상적 진단 및 합리적 치료 목표를 설정하는 데 사용된다.

④ 지능검사에 대한 반응과정에서 독특하고 대표적인 행동을 직접 관찰할 수 있으며 적응적 · 부적응적 행동 양상을 이해하는 데 중요한 자료가 된다.

⑤ 지능검사를 통해 지적 기능의 획득 및 활용에 대한 다양한 정보 및 연령 변화에 따른 지적 기능의 변화양상을 파악하는 데 도움이 된다.

지능검사의 라포 형성 방법

① 사전 설명 없이 곧바로 검사를 시작해서는 안 되며, 먼저 피검자가 알아 두어야 할 일반적인 사항을 설명해 주는 것이 좋다.

② 지능검사 전에 면담 등을 통해 방어나 저항 없이 편안하게 검사를 실시할 수 있도록 분위기를 조성한다.

③ 검사를 실시하는 동안 피검자의 다양한 심리행동적 변화에 대한 지속적인 관심과 주의

깊은 상호작용을 유지한다.

④ 피검자의 연령에 적합한 언어로 간단하게 검사를 소개하고 질문에 대한 설명을 제공한다.

⑤ 지능검사 실시 및 채점 매뉴얼을 정확하게 숙지하여 검사의 효율성을 증진한다.

학습 Plus 심리검사의 일반적 라포 형성 방법

- 검사자는 가능한 최선을 다해 수검자가 심리검사에 대해 관심과 흥미를 갖게 하고 협조적으로 검사에 임하도록 편안한 분위기를 만들어 주어야 한다.
- 수검자가 최대로 집중할 수 있도록 돕고, 반응에 실패할 경우 수행을 잘 마칠 수 있도록 지지적 환경을 조성한다.
- 검사자는 수검자가 자신의 반응을 검열하거나 삭제 및 긍정적으로 편향된 반응을 하지 않도록 있는 그대로 솔직하게 응답할 수 있도록 격려한다.
- 수검자가 자극에 충분히 반응할 수 있도록 동기를 부여하고, 심리적 특성을 고려하여 피로감이 들지 않도록 주의를 기울인다.
- 검사자는 평가매뉴얼을 명확하게 숙지하여 수검자가 불필요한 검사 환경에 노출되지 않도록 조력해야 한다.

지능검사의 양적 분석

① 현재 지능

전체지능지수(Full Scale Intelligence Quotient: FSIQ), 언어이해지수(VCI), 지각추론지수(PRI), 작업기억지수(WMI), 처리속도지수(PSI)를 백분위, 오차범위로 밝히는 방식으로 기술한다.

② 병전지능의 추정

- 지능검사 후, 원래의 지능수준을 추정하여 현재의 지능수준과의 차이를 계산해 봄으로써 급성적 · 만성적 병적 경과, 지능의 유지나 퇴보 정도를 파악한다.
- 병전지능 추정의 기준이 되는 소검사는 요인분석 결과 가장 안정적이고 대표적인 '어휘'와 '상식' '토막짜기'로, 피검자의 현재 지능이 병전지능에 비해 15점 이상 저하되어 있다면 유의한 지적 기능의 저하로 간주한다.

③ 언어성 검사와 동작성 검사 간의 비교

각 개인이 속한 연령 집단에서의 유의미한 점수 차이를 근거로 하여 피검자의 언어성 검사지수와 동작성 검사지수 간의 차이가 유의미한지를 판단한다. 만약 차이가 난다면 유의미한 이유에 대해 추론해 보아야 한다.

④ 소검사 점수 분산분석

각 소검사의 평균치들의 유의한 점수 차이는 어휘 분산, 평균치 분산, 변형된 평균치 분산분석의 3가지 방식에 따라 측정한다.

지능검사의 소검사 분산분석 방법

① 어휘 분산분석

어휘점수의 평가치를 기준으로 하여 각 소검사가 유의한 점수 차이를 보이는지 검토하는 방식이다(어휘가 다른 소검사에 비해 부적응 상태에서도 점수 저하가 잘 나타나지 않다고 보고, 지능의 수준을 잘 대표한다고 보아 어휘점수를 기준으로 함).

② 평균치 분산분석

언어성 소검사는 언어성 소검사 평균치와 동작성 소검사는 동작성 소검사 평균치와 비교하여 특정 기능에 유의한 차이가 있는지를 검토한다.

③ 변형된 평균치 분산분석

한두 개의 소검사 점수가 지나치게 높거나 낮을 경우, 이러한 점수를 제외한 평균치를 계산하여 나온 점수를 다른 소검사와 비교하여 특정 기능의 유의한 차이가 있는지를 검토한다.

학습 Plus 양적 분석

양적 분석은 지능검사 결과 얻어진 수치를 분석하는 것으로, K-WAIS-IV를 실시하면 전체지능지수(FSIQ)와 일반능력지수(GAI), 네 가지 점수(VCI, PRI, WMI, PSI) 및 소검사의 환산점수를 얻을 수 있다. 이를 바탕으로 전체적인 것에서 세부적인 것으로 분석을 한다.

〈K-WAIS-IV 분석 절차〉

순차적 해석 절차	프로파일 기본적 분석
• 수준 I: FSIQ의 해석 - IQ의 백분위와 진단분류를 결정함.	• 단계 1: FSIQ의 보고 및 기술
• 수준 II: 지수점수 및 CHC 군집해석 - 지수점수 간 차이가 유의한 경우 수검자의 개인적 강점 및 약점 해석 - 규준적 해석	• 단계 2: VCI의 보고 및 기술 • 단계 3: PRI의 보고 및 기술 • 단계 4: WMI의 보고 및 기술 • 단계 5: PSI의 보고 및 기술 • 단계 6: 지적 수준에서의 차이값 비교 평가 • 단계 7: 강점과 약점 평가
• 수준 III: 소검사 간 분산분석	• 단계 8: 소검사 수준에서의 차이값 비교 평가

• 수준 IV: 질적/과정 분석	• 단계 9: (선택) 소검사 내 점수패턴 평가 • 단계 10: (선택) 과정분석 수행
• 수준 V: 소검사 내 분산분석	

지능검사의 질적 분석 내용

① 질적 분석은 지능검사를 실시하는 과정에서 수검자의 특이한 반응, 언어표현, 행동 등을 분석하는 것을 말한다.

② 양적 분석만으로는 평가하기 힘든 성격 특성이나 심리적 상태, 정신병리적 특성 등에 관한 정보를 제공한다.

③ 양적 분석과 질적 분석이 통합될 때 풍부한 해석이 가능해진다. 이에 수검자의 검사 반응에 주의를 기울여 해당 자료를 수집하도록 한다.

〈지능검사의 질적 분석 시 고려해야 할 사항〉

- 쉬운 문항에서 실패하고 어려운 문항에서 성공하는 경우
- 드물거나 기괴한 내용을 응답하는 경우
- 한 문항에 대해 강박적으로 여러 가지 응답을 나열하는 경우
- 잘 모르면서 짐작으로 응답하는 경우
- 지나치게 상세하고 구체화된 응답을 하는 경우
- 주관적인 감정이 포함된 정서적인 응답을 하는 경우
- 반응시간 및 검사를 대하는 태도
- 개인적 경험을 언급하거나 개인적 가치 판단이 개입된 경우

지능평가에서 임상적 접근방법 및 개념적 접근방법

① 임상적 접근방법

지능을 전체적인 잠재적 적응능력으로 정의하였으며, 가설을 바탕으로 지능검사를 제작하여 가장 중요한 목표인 개인의 전체적 능력을 평가하기 위해 검사를 사용해 왔다. 더불어 동기나 성격 등의 비인지적 요소가 지적 기능의 수행에 영향을 미치고 지능검사 결과에 반영되며 이러한 결과가 임상적으로 중요한 자료를 제공해 준다고 강조하였다(Binet, Terman, Wechsler, Bayley 등을 중심으로 발전함).

② 개념적 접근방법

지능의 개념을 과학적으로 정의하기 위해 지능검사 결과와 개인의 성, 연령, 학력, 성취 등과의 상관관계를 분석하거나 지능검사의 소검사들에 대한 요인분석 연구를 바탕으로 지능의 개념을 발전시켜 왔다. 더불어 지능의 보다 구별되는 영역을 확인하고, 지능검사 해석에 있어 특정 영역에서의 개인의 수행뿐 아니라 해당 영역에서의 발달적 경로상의 차이를 강조하였다(Speaman, Thorndike, Thurstone, Cattell, Guilford 등을 중심으로 발전함).

웩슬러 지능검사의 결과를 통해 나타나는 우울증의 특징

① 언어성 지능이 동작성 지능에 비해 상대적으로 높은 수준을 보인다.
② 산수 등의 주의집중력 관련 소검사에서 저조한 수행을 보인다.
③ 언어성 검사 중에서 공통성 점수가 낮고, 기호쓰기, 토막짜기 등의 동작성 소검사에서 낮은 점수를 보인다.
④ 검사 시 쉽게 포기하거나 노력과 에너지가 부족한 모습을 보인다.
⑤ 반응의 정교화 및 언어표현의 유창성이 부족하다.
⑥ 전반적으로 반응속도가 느리고, 비관적인 태도를 보인다.

학습 Plus 지능검사에서 나타나는 진단별 반응특징

① 정신증
- 상식, 어휘 소검사를 중심으로 극단적인 분산 보임(지적 기능의 심한 불균형).
- 언어성 기능>동작성 기능의 차이가 현저함(14점).
- 쉬운 문항에서의 잦은 실패
- 문항에 대한 잘못된 이해(오해석)
- 이해 문제 점수가 낮음(사회적 적응능력의 손상).
- 공통성 점수가 낮음(추상적 사고능력 손상).
- 빠진 곳 찾기, 산수 문제 점수가 낮음(주의집중력 저하).
- 토막짜기 점수가 낮음(시지각적 조직화 능력 저하).

② 강박장애
- 전체 지능지수 110 이상의 점수를 보임.
- 상식, 어휘문제 점수가 높음(주지화로 인해).
- 이해 문제 점수가 낮음(냉소적이고 회의적 태도로 인해).
- 언어성 지능>동작성(강박적 반응 경향 및 주지화로 인해)

③ 반사회성 성격장애
- 언어성 지능<동작성 지능의 차이를 보임.
- 소검사 간 분산이 심한 편임.
- 이해 소검사 점수가 낮음(사회적 판단력 문제 및 사회적 상황에 대한 예민성).
- 무성의하거나 충동적인 응답 경향성
- 반사회적 기준, 현학적인 반응 경향을 보일 수 있음.

④ 우울증
- 언어성 지능>동작성 지능
- 쉽게 포기하는 경향, 에너지 수준 저하
- 전반적으로 반응이 느림.
- 산수, 숫자 검사의 점수 저하(주의집중력 곤란)
- 공통성 검사 점수가 낮고, 동작성 검사 전반의 낮은 수행(빠진 곳 찾기 제외)
- 반응의 정교화 및 언어표현의 유창성 부족
- 비관적이고 비판적인 반응 내용

지능검사 결과에서 동작성 지능에 비해 언어성 지능이 의미 있게 낮은 경우 평가해석

① 언어적 이해력이 낮은 반면 지각적 구조화 능력이 우세함.
② 분석적-연속적 처리가 낮은 반면 동시적-전체적 처리가 우세함.
③ 좌반구 기능저하 및 손상을 예견할 수 있음.
④ 언어발달 및 언어능력의 제한을 예견할 수 있음.
⑤ 언어적 사고능력에 비해 비언어적 사고능력이 양호함.

학습 Plus 언어성 검사와 동작성 검사 간의 비교

- 언어성 검사지수와 동작성 검사지수 간의 유의미한 차이가 나는 경우는 비정상적인 차이가 있는 것으로 보고(20점 이상), 이러한 경우 뇌손상이나 정신장애의 영향으로 인한 것일 가능성이 있다.
- 언어성 검사는 아동기로부터 축적되고 조직화된 경험과 지식에 바탕을 두고 있는 반면, 동작성 검사는 비교적 덜 조직화되어 있으면서 보다 즉각적인 문제해결능력을 요구한다.
- 언어성 지수가 높고 동작성 지수가 낮은 경우 학력이 높고 교육적 요소에 의한 지적 활동이 지배적이나 새로운 상황에 대한 순발력 있는 즉각적인 대응능력은 약할 수 있다.
- 동작성 지수가 높고 언어성 지수가 낮은 경우 교육수준은 낮은 편이지만 일상생활에서의 대처능력은 비교적 잘 갖추어져 있는 편이다.

웩슬러 지능의 정의

① 웩슬러는 지능을 측정하기 위해 개발된 검사들은 지능검사를 구성하는 어떤 특별한 능력들이 개별적으로 아무리 중요하다고 하더라도 모두가 하나의 총체적 지능을 측정하기 위해 구성된 요소들이기 때문에 서로 호환적으로 사용되어야 하며, 어떤 특별한 요소를 독립적으로 분리해서 해석하지 말아야 한다고 강조하였다.

② 웩슬러 지능의 정의
웩슬러는 지능의 개념을 '개인이 합목적적으로 행동하고 합리적으로 사고하며 환경에 효과적으로 적응할 수 있는 총체적이고 통합적인 능력'이라고 정의하였다. 이는 지능이 질적으로 차별화되는 여러 요소(능력)로 구성되어 있다는 점을 의미한다.

학습 Plus 지능의 모델과 정의

① 스피어먼의 2요인 이론
- 스피어먼(Spearman, 1904)은 요인분석을 사용하여 지능의 구조를 일반요인(g요인, general factor)과 특수요인(s요인, specific factor)의 두 가지 요인으로 구성되어 있다는 2요인 이론을 주장하였다.
- 2요인은 지능을 일반적이고 공통적으로 가지는 g요인(일반지능, 일반지적능력)과 개개의 검사에서 발견할 수 있는 언어능력, 수리능력, 공간능력, 암기력, 기억력 등의 특수적인 지능인 s요인(특수지능, 특수지적능력)으로 나눈 것을 나타낸다.

② 서스톤의 다요인 이론
- 서스톤(Thurstone, 1955)는 지능을 다양한 종류의 정보를 전달하는 능력이나 기능으로 정의하였다. 지능의 구성요소들을 '각각의 독특한 정신능력'으로 정의하였으며 이들을 기본정신능력(Premary Mental Ability: PMA)으로 개념화하였다.
- 기본정신능력으로 수리능력(N요인), 단어유창성(W요인), 언어의미(V요인), 지각속도(P요인), 시공간능력(S요인), 논리적 능력(R요인), 기억(M요인)을 제시하였다.

③ 길포드의 지능구조 모델
- 길포드(Guilford, 1955)는 지능이란 다양한 방법으로 상이한 종류의 정보를 처리하는 능력들의 체계적인 집합체라고 정의하고 요인분석을 통해 지능구조의 3차원 모델을 제시하였다.
- 지능은 내용, 조작 및 결과 차원으로 구성되어 있고, 내용은 4가지(그림, 상징, 의미, 행동), 조작은 5가지(평가, 수렴적 조작, 확산적 조작, 기억, 인지), 결과는 6가지(단위, 분류, 관계, 체계, 전환, 함축)로 구성되어 있으므로, 이들을 조합할 경우 4×5×6=120가지 다른 종류의 지적 능력이 산출된다고 보았다.
  - 수렴적 사고: 문제해결 상황에서 기존에 알던 지식들로부터 가장 적합한 답을 찾아내는 사고방식을 말한다.
  - 확산적 사고: 다양한 문제해결 방식을 도출해 내는 사고로 창의성과 밀접한 관계가 있다.

④ 카텔과 혼의 이론
- 카텔(Cattell, 1963)은 스피어먼의 g요인의 개념을 확장하여 유동적 지능(fluid intelligence: Gf)과 결정적 지능(crystallized intelligence: Gc)의 2가지 요소로 지능의 개념을 분리하였다.

- 유동적 지능: 유전적이고 선천적인 지능으로, 뇌와 중추신경계의 성숙에 비례하여 발달하게 되며 외부요인 혹은 노령화에 의해 퇴화되는 지능이다.
- 결정적 지능: 성장하면서 겪게 되는 개인의 교육, 문화 등 다양한 환경 속 상호작용을 통해 발달하며 유동적 지능을 기반으로 학습을 통해 계속 발달해 나가는 지능이다.

• 카텔의 제자인 혼(Horn)은 유동적 지능과 결정적 지능의 개념을 체계화하였으며 추가적인 공통요인을 제안하여 유동지능, 결정지능, 공간지능, 청각지능, 단기기억, 장기기억, 양적지능, 처리속도, 결정속도 등을 제시하였다.

⑤ 캐럴의 3층 인지능력 이론과 CHC 이론의 발전

• 캐럴(Carrol)은 요인분석을 통해 지능의 구조를 면밀히 탐색하였고, 지능을 위계적 구조로 개념화하였다.
• 일반지능 요인인 g요인이 가장 상위인 III차원(일반능력)에 위치하고, 8가지 인지요인이 II차원(광범위한 능력)에 위치하며, 특수요인으로 70여 가지의 능력이 I차원(협소적 능력)에 존재한다는 '인지능력의 3층 이론'을 주장하였다.
• 혼과 캐럴(Horn & Carroll, 1999)은 카텔(Cattel), 혼(Horn), 캐럴(Carrol)의 이론과 연결된 CHC 이론을 명명하며, 상위개념인 g요인을 인정하였고, 다수의 광범위한 인지능력을 정리하였다.

⑥ 가드너의 다중지능 이론

• 가드너(Gardner, 1983)는 지능을 '문제를 해결하기 위해 하나 또는 그 이상의 환경에서 가치 있는 방법을 생산해 낼 수 있는 능력'이라고 정의하며, 지능은 매우 다양한 능력을 포함하여야 한다는 점에서 다중지능 이론을 제안하였다.
• 정신능력은 한 가지로 포괄할 수 없으므로 언어적 지능, 공간적 지능, 논리-수학적 지능, 신체 운동 지능, 음악적 지능, 자기이해 지능, 대인관계 지능과 같은 독립적인 지능이 존재하며 이는 상호작용한다고 보았다.

유동성 지능과 결정성 지능

① 유동성 지능

유전된 생물학적 요인이며, 자극 간의 관계를 찾아내고 관계 속에서 추론을 이끌어 내어 의미를 파악하는 능력으로서 귀납적 추리력, 형태지각의 융통성, 통합능력, 문제해결능력 등의 지적 능력으로 구성되어 있다.

② 결정성 지능

경험에 의한 요인이며, 교육 등의 체계적인 사회화 과정을 통하여 형성된 일종의 지식체계로 언어능력, 언어이해력, 개념형성이 이에 해당하며 특정 문화에서 훈련되고 경험으로 축적된다.

웩슬러 지능검사의 목적

① 지능검사를 통해 개인의 전반적인 지적 능력을 평가한다.
② 지능검사 프로파일을 통해 개인의 인지적 특성을 파악한다.
③ 지능검사 결과를 바탕으로 임상적 진단을 명료화한다.
④ 지능검사 결과를 바탕으로 기질적 뇌손상의 유무, 뇌손상으로 인한 인지적 손상을 평가한다.
⑤ 지능검사 결과를 바탕으로 합리적인 치료목표를 수립한다.

학습 Plus 웩슬러 지능검사의 목적

웩슬러 지능검사는 개인의 인지적 · 신경심리학적 기능뿐만 아니라 검사수행과 관련된 개인의 독특하고 대표적인 행동을 직접 관찰함으로써 수검자의 성격 특성과 적응적 · 부적응적 행동 양상을 이해하는 데에도 유용하다.

① 지능검사를 통해 개인의 전반적인 지적 능력을 평가한다.
- 웩슬러 지능검사는 일차적으로 개인의 지적 능력의 수준을 평가하며, 지적 잠재력을 측정할 수 있는 IQ 점수를 산출한다.
- 지능검사에서 산출된 IQ는 편차 IQ이므로 해당 연령대의 상대적인 위치에 관한 정보를 제공하며, 이로써 개인 간 비교가 가능해진다.

② 지능검사 프로파일을 통해 개인의 인지적 특성을 파악한다.
- 소검사 프로파일 분석을 통해 인지적 강점과 약점을 파악함으로써 개인 내 비교가 가능(소검사 내 점수 분산을 근거로 형태분석 실시)하다.
- 적응적 · 부적응적 측면에 대한 정보를 수집하여 적절한 지적 활동영역을 탐색하여 지적 성취를 효율적으로 계획할 수 있도록 돕는다.

③ 지능검사 결과를 바탕으로 임상적 진단을 명료화한다.
- 지능검사 결과는 지적 능력뿐만 아니라 개인의 성격 특성이나 불안, 목표 자각, 의욕적 성향 등의 비지능적 요인에 의해 영향을 받을 수 있다.
- 지능검사의 결과를 면밀하게 분석할 경우, 수검자의 성격적 · 정서적 특징을 파악할 수 있고 심리적 장애를 진단하고 평가하는 데 도움이 된다.
- 양적 분석을 넘어서 검사반응에 관한 질적 분석은 매우 유용한 정보를 제공한다. 검사반응에서의 특이사항이 있을 시 이를 고려하고 뒷받침할 수 있는 정보를 수집해야 한다.

④ 지능검사 결과를 바탕으로 기질적 뇌손상의 유무, 뇌손상으로 인한 인지적 손상을 평가한다.
- 지능검사가 특정 뇌기능을 측정하기 위한 신경심리검사는 아니지만, 신경심리검사의 기능을 대신하기도 한다(예: 기호쓰기: 뇌손상 민감).
- 지능검사만으로 기질적 뇌손상의 유무 또는 뇌손상으로 인한 인지적 손상을 평가하는 데는 한계가 있지만, 뇌손상의 어떤 특징들은 지능검사에 표현되기도 한다.

⑤ 지능검사 결과를 바탕으로 합리적인 치료목표를 수립한다.
- 임상 및 상담 장면에서 수검자에게 어떤 치료방법을 선택할 것인지, 선택한 치료방법을 적용할 때, 예상되는 결과는 무엇인지, 치료효과를 방해하는 요인은 무엇인지에 대한 해답을 제공한다.
- 수검자의 현재의 심리적 어려움과 연결된 능력을 평가할 수 있기 때문에 합리적인 치료목표를 설정하는 데 도움이 된다.

K-WISC-IV(아동용 지능검사) 4개 지표와 소검사

① 언어이해(Verbal Comprehension), 지각추론(Perceptual Reasoning), 작업기억(Working Memory), 처리속도(Processing Speed)의 4개의 지표로 구성되어 있다.

② 4개의 지표는 15개의 소검사로 구성되어 있으며, 핵심 소검사 10개와 보충 소검사 5개를 포함한다.
- 언어이해지수(VCI): 공통성, 어휘, 이해(핵심 소검사) / 상식, 단어추리(보충 소검사)
- 지각추론지수(PRI): 토막짜기, 공통그림찾기, 행렬추리(핵심 소검사) / 빠진 곳 찾기(보충 소검사)
- 작업기억지수(WMI): 숫자, 순차연결(핵심 소검사) / 산수(보충 소검사)
- 처리속도지수(PSI): 동형찾기, 기호쓰기(핵심 소검사) / 선택(보충 소검사)

학습 Plus WISC-III와 WISC-IV의 비교

〈4요인 해석 모델〉
- '언어이해-지각추론-작업기억-처리속도'로 대치함(WISC-IV).
- W-B부터 WISC-III까지 사용해 오던 '2요인 해석 모델(언어성/동작성IQ)'을 대신함.
- 기존의 하위 검사들을 삭제하고 새로운 하위 검사들을 추가함.

〈하위검사〉
- 추가: 공통그림찾기, 순차연결, 행렬추리
- 삭제: 차례맞추기, 모양맞추기
- 변경: WISC-III의 보충검사였던 숫자, 동형찾기가 WISC-IV의 주요 소검사 내 배치
  WISC-III의 주요 소검사인 빠진 곳 찾기, 상식, 산수가 WISC-IV의 보충 소검사로 배치

〈4개의 지표점수〉
- 언어이해지수(VCI): 낮은 VCI 점수
  - 좌반구 정보처리의 어려움, 언어기술 손상
  - 환경적, 교육적 제약이 있는 환경에서 자란 경우

- 지각추론(PRI)지수: 낮은 PRI 점수
  - 지각추론, 시각-운동 협응의 발달에서 정상적인 수준의 아동과 차이가 있음을 반영
  - 비언어성 학습장애, Turner 증후군을 포함한 다양한 임상적 상태와 관련됨.
- 작업기억지수(WMI): 낮은 WMI 점수
  - 학습장애의 위험요인, 면밀한 학습장애 평가 필요
  - 복잡한 정보처리 과정에서 시간소모를 더 많이 요구
  - 정신적 에너지를 빠르게 소모, 학습과제에서의 오류
- 처리속도지수(PSI): 낮은 PSI 점수
  - ADHD, 학습장애, 외상적 뇌손상과 같은 임상적 상태와 관련
  - 주어진 시간 내에 습득할 수 있는 정보의 양이 적고, 정보 습득에 시간이 많이 걸림.
  - 시간적 제한이 있는 과제를 수행하는 데 실수와 어려움

WISC-Ⅳ 기초 프로파일 분석 단계

① 1단계: 전체검사지능지수(FSIQ) 보고 및 기술
- 개인의 인지능력의 전반적인 수준을 추정하는 종합적인 합산점수임.
- 언어이해, 지각추론, 작업기억, 처리속도 점수의 합계로서 10개 주요 소검사 점수의 합계임.

② 2단계: 언어이해지수(VCI) 보고 및 기술
언어적 개념형성, 언어적 추론, 환경으로부터 획득한 지식 측정

③ 3단계: 지각추론지수(PRI) 보고 및 기술
지각적, 유동적 추론, 공간처리, 시각-운동 통합을 측정

④ 4단계: 작업기억지수(WMI) 보고 및 기술
- 기억 내 일시적으로 정보를 유지하고, 조작하여 결과를 산출하는 과정이 요구됨.
- 주의력, 집중력, 실행기능, 추론능력을 측정

⑤ 5단계: 처리속도지수(PSI) 보고 및 기술
- 간단한 시각적 정보를 빠르고 정확하게 살펴보고, 배열하고, 구별하는 능력을 평가함.
- 단기 시각적 기억력, 주의력, 시각-운동 협응을 측정

⑥ 6단계: 지표-수준의 차이 비교 평가
지표점수를 구성하는 소검사의 변산성을 고려하여 합산 점수의 수행능력을 평가함.

⑦ 7단계: 강점과 약점 평가
검사 지표 내 상대적인 인지적 강점 및 약점 영역들을 평가함.

⑧ 8단계: 소검사-수준의 차이 비교 평가
두 개의 소검사 점수에 대한 특정 쌍별 비교를 통해 추측한 가설에 대한 유용한 정보를 수립함(예: 공통그림찾기-공통성 간의 수행능력 비교: 범주적 추론능력의 가용성 측정).

⑨ 9단계: 소검사들 내에서의 점수 패턴 평가
소검사 내 점수 패턴을 고려하여 심도 있는 분석을 마련함.

⑩ 10단계: 처리분석 수행하기
- 인지능력에 대한 보다 자세한 정보를 얻기 위한 질적 분석 과정임.
- 3개의 소검사에서 추가적인 정보를 얻을 수 있음(토막짜기, 숫자, 선택).

학습 Plus K-WISC-IV 처리점수

- K-WISC-IV의 3개의 소검사(토막짜기, 숫자, 선택)에서 7개의 처리점수를 제공한다. 이 점수들은 아동의 소검사 수행에 기여하는 인지능력에 대한 더 자세한 정보를 제공해 주도록 고안되었다.
- 추가적으로 검사를 실시하는 것이 아니라 해당 소검사에 대한 아동의 수행에 기초하여 점수를 얻을 수 있다. 처리점수는 다른 소검사 점수로 대체할 수 없으며, 합산 점수에도 포함되지 않는다는 것을 주의해야 한다.

〈처리점수〉

처리점수	약자
시간 보너스가 없는 토막짜기	BDN
숫자 바로 따라하기	DSF
숫자 거꾸로 따라하기	DSB
가장 긴 숫자 바로 따라하기	LDSF
가장 긴 숫자 거꾸로 따라하기	LDSB
선택(무선배열)	CAR
선택(일렬배열)	CAS

WISC-IV 보고서 작성 시 주의사항

① 부적절하거나 지나친 세부사항들을 포함시키는 것
② 불필요한 전문용어나 기술적인 용어들을 사용하는 것
③ 모호한 언어를 사용, 축약된 진술문, 잘못된 문법을 사용하는 것
④ 여러 충분한 근거가 있는 가설과는 상이한 내용을 기술하는 것
⑤ 하나의 독립된 정보를 일반화하는 것
⑥ 검사자의 가치판단을 포함하는 것
⑦ 검사에 대한 해석 없이 검사행동이나 검사 점수만을 나열하는 것

⑧ 의뢰사유를 적절하게 다루지 못하는 것
⑨ 수검자의 행동특성이나 언어적 보고, 외양 등에 의존해 검사결과를 제공하는 것

K-WAIS-IV(성인용 지능검사) 4개 지수와 소검사

① 언어이해(Verbal Comprehension), 지각추론(Perceptual Reasoning), 작업기억(Working Memory), 처리속도(Processing Speed)의 4개의 지수로 구성되어 있다.
② K-WAIS-IV는 총 15개의 소검사로 구성되어 있으며, 10개의 핵심 소검사와 5개의 보충 소검사로 이루어져 있다.
③ 10개의 핵심 소검사는 4개의 조합 점수로 요약되고, 보충 소검사는 경우에 따라 핵심 소검사를 대체하거나 추가적인 정보를 제공하는 역할을 한다.
- 언어이해지수(VCI): 공통성, 어휘, 상식(핵심 소검사) / 이해(보충 소검사)
- 지각추론지수(PRI): 토막짜기, 행렬추론, 퍼즐(핵심소검사) / 무게 비교, 빠진 곳 찾기(보충 소검사)
- 작업기억지수(WMI): 숫자, 산수(핵심 소검사) / 순서화(보충 소검사)
- 처리속도지수(PSI): 동형찾기, 기호쓰기(핵심 소검사) / 지우기(보충 소검사)

K-WAIS의 일반능력지수와 인지효능지수

① 일반능력지수(General Ability Index: GAI)
- 언어이해 핵심 소검사(공통성, 어휘, 상식)와 지각추론 핵심 소검사(토막짜기, 행렬추론, 퍼즐)로 구성된 조합 점수임.
- 작업기억과 처리속도 측면을 배제한 인지적 능력을 검토할 필요가 있을 때 사용함.
- 신경심리학적 결함이 있는 경우 작업기억과 처리속도 과제 수행에 영향을 줄 수 있어 일반적 능력과 다른 인지기능을 비교할 수 있도록 고안된 지수임.
- 개인의 상대적인 강점과 약점을 파악할 수 있음.

② 인지효능지수(Cognitive Proficiency Index: CPI)
- 작업기억 핵심 소검사(숫자, 산수)와 처리속도의 핵심 소검사(동형찾기, 기호쓰기)로 구성된 조합 점수임.
- 언어이해와 지각추론에 덜 민감한 인지적 능력에 대한 측정이 필요할 때 고려할 수 있음.

WAIS-IV의 주요지수와 측정 내용

① 전체지능지수(Full Scale Intelligence Quotient: FSIQ)

개인의 전체적인 인지능력을 나타내는 지수이다. 개인의 인지능력의 현재 수준에 대한 전반적인 측정치이며, 프로파일을 해석할 때 제일 먼저 검토되는 점수이다. FSIQ는 현재의 인지능력 수준을 말해 줄 뿐만 아니라 학업적 성취와 성공의 유용한 예측변인이다.

② 언어이해지수(Verbal Comprehension Index: VCI)

언어적 추론, 이해 그리고 개념화를 필요로 하는 언어적 능력을 측정하는 소검사들로 이루어져 있다. 언어적 이해능력, 언어적 기술과 정보를 새로운 문제해결에 적용하는 능력, 언어적 정보처리 능력, 어휘를 사용한 사고능력, 결정적 지식, 정신적 수행을 전환하는 능력을 포함한 인지적 유연성, 자기감찰능력 등을 측정한다.

③ 지각추론지수(Perceptual Reasoning Index: PRI)

비언어적 추론과 지각적 조직화 능력을 측정하는 소검사들로 이루어져 있다. 지각적 추론능력, 시각적 이미지에 대한 사고능력, 시각적 이미지 처리능력, 공간처리능력, 시각-운동 통합능력, 인지적 유연성, 시각적 조직화 능력, 비언어적 능력, 유동적 추론능력, 자기점검능력 등을 측정한다.

④ 작업기억지수(Working Memory Index: WMI)

작업기억(동시적 과정과 순차적 과정을 포함하는), 주의력 그리고 집중력을 측정하는 소검사들로 이루어져 있다. 주의집중능력, 주의지속능력, 정신적 통제능력, 추론능력, 작업기억, 청각적 단기기억, 수리능력, 부호화 능력, 청각적 처리기술, 심적 수행에 대한 인지적 유연성 등을 측정한다.

⑤ 처리속도지수(Processing Speed Index: PSI)

정신·운동, 시각·운동 처리속도를 측정하는 소검사들로 구성되어 있다. 과제수행속도, 시지각적 변별능력, 주의력, 집중력, 단기시각기억, 시각-운동 협응능력, 수 능력, 정신적 전환능력, 인지적 유연성, 정신운동 속도 등을 측정한다.

K-WAIS-IV 소검사의 측정 내용

K-WAIS-IV의 소검사는 4개의 조합 점수에 따라 언어이해 소검사, 지각추론 소검사, 작업기억 소검사, 처리속도 소검사로 분류된다.

① K-WISC-Ⅳ의 언어이해 소검사와 측정 내용

구분	소검사	측정 내용
핵심 소검사	공통성 (Similarity: SI)	결정화된 지능, 언어적 개념 형성, 추론 과정, 추상적 추론, 언어적 이해, 기억력, 연합 및 범주적 사고, 핵심적인 측면과 지엽적인 측면의 변별, 언어적 표현력 등을 측정한다.
	어휘 (Vocabulary: VC)	결정화된 지능, 단어 지식, 언어적 개념 형성, 언어적 유창성, 추상적 사고능력, 지식, 학습능력, 장기기억, 언어발달 정도를 측정한다.
	상식 (Information: IN)	결정화된 지능, 장기기억, 언어적 지각, 이해 및 표현 능력, 정보인출능력 등을 측정한다.
보충 소검사	이해 (Comprehension: CO)	언어적 추론과 개념화, 언어적 이해와 표현력, 과거 경험을 활용하고 평가하는 능력, 실제적인 지식과 판단력 등을 측정한다.

② K-WISC-Ⅳ의 지각추론 소검사와 측정 내용

구분	소검사	측정 내용
핵심 소검사	토막짜기 (Block Design: BD)	비언어적 개념 형성과 추론, 유동적 지능, 시지각 및 조직화 능력, 동시적 처리능력, 시각-운동 협응능력, 학습 및 시각적 자극 내에서 전경과 배경을 구별해 내는 능력 등을 측정한다.
	행렬추론 (Matrix Reasoning: MR)	유동적 지능, 분류와 공간적 능력, 부분과 전체의 관계를 파악하는 능력, 동시적 처리능력, 지각적 조직화 능력 등을 측정한다.
	퍼즐 (Visual Puzzles: VP)	시지각적 지능, 유동적 지능, 동시적 처리능력, 공간적 시각화와 조작능력, 부분들 간의 관계를 예상할 수 있는 능력 등을 측정한다.
보충 소검사	무게비교 (Figure Weights: FW)	양적 추론능력, 유추적 추론능력, 주의지속능력 등을 측정한다. 실행기능과 관련이 있지만 시각적으로 제시하면서 관련성을 줄이고 지각추론과의 관련성을 높였다.
	빠진 곳 찾기(Picture Comprehension: PC)	시지각과 조직화, 집중력, 대상의 핵심적인 세부사항을 시각적으로 인식해 내는 능력을 측정한다.

③ K-WISC-Ⅳ의 작업기억 소검사와 측정 내용

구분	소검사	측정 내용
핵심 소검사	숫자 (Digit Span: DS)	• 바로 따라하기는 즉각적 단기기억, 암기학습과 기억, 주의력, 부호화 및 청각적 처리능력을 측정한다. • 거꾸로 따라하기는 작업기억, 정보의 변형과 정신적 조작, 시공간적 심상화 능력을 측정한다. • 순서대로 따라하기는 작업기억 및 정신적 조작능력을 측정한다.
	산수 (Arithmetic: AR)	수 계산능력, 정신적 조작능력, 집중력, 주의력, 단기 및 장기 기억, 수리적 추론능력, 정신적 주의 등을 측정한다.
보충 소검사	순서화 (Letter-Number Sequence: LN)	순차적 처리능력, 정신적 조작능력, 주의집중력, 단기 청각 기억력, 인지적 유연성, 과정 부호화 능력, 유동적 지능 등을 측정한다.

④ K-WISC-Ⅳ의 처리속도 소검사와 측정 내용

구분	소검사	측정 내용
핵심 소검사	동형찾기 (Symbol Search: SS)	단기적 시각기억, 시각-운동 협응능력, 인지적 유연성, 시각적 변별력, 정신적 조작속도, 주의력, 집중력, 청각적 이해능력, 지각적 조직화 능력, 유동적 지능, 계획 및 학습 능력 등을 측정한다.
	기호쓰기 (Coding: CD)	단기적 시각기억, 학습능력, 정신운동 속도, 시각적 지각능력, 시각-운동 협응능력, 시각적 탐색능력, 인지적 유연성, 주의력, 집중력, 검사 동기 등을 측정한다.
보충 소검사	지우기 (Cancellation: CA)	정보처리속도, 시각적 선택적 주의력, 반응 억제, 경계(vigilance) 능력, 지각속도, 시각-운동 협응능력 등을 측정한다.

K-WAIS-IV 시행 시 보충 소검사로 대체 가능한 경우

핵심 소검사 점수가 타당하지 않다고 판단되는 경우 보충 소검사 점수로 대체할 수 있다.

- 핵심 소검사에서 얻은 점수의 실시 오류가 발생되었을 시
- 최근에 동일한 지능검사를 받은 경험이 있을 시
- 신체적 한계 또는 감각 결함으로 인해 특정 소검사를 시행하는 데 어려움이 있을 시
- 반응태도의 문제(한 소검사의 모든 문항에서 같은 반응을 하거나 모르겠다고 하는 경우)가 있을 시

다면적 인성검사 MMPI-2 / MMPI-A 타당도 척도

	MMPI-2 척도	MMPI-A 척도
성실성	?(무응답)	?(무응답)
	VRIN(무선반응 비일관성)	VRIN(무선반응 비일관성)
	TRIN(고정반응 비일관성)	TRIN(고정반응 비일관성)
비정형성	F(비전형)	F1(비전형1)
	F(B)(비전형-후반부)	F2(비전형2)
		F(비전형 F1+F1)
	F(P)(비전형-정신병리)	
	FBS(증상 타당도)	
방어성	L(부인)	L(부인)
	K(교정)	K(방어성)
	S(과장된 자기제시)	

다면적 인성검사(MMPI)의 타당도 척도

① ?(무응답 척도)

피검자가 응답하지 않고 빠뜨린 문항과 '그렇다' '아니다' 모두에 응답한 문항의 수를 포함한다. 무응답 문항이 많으면 검사 결과의 타당성을 의심해야 한다(30개 이상 무효 프로파일로 간주).

② VRIN(무선반응 비일관성 척도)

- 이 척도는 내용 면에서 유사한 혹은 정반대인 문항들로 짝지어진 67개의 문항반응 쌍으로 구성되어 있으며, 피검자가 문항에 비일관적으로 응답하는 경향이 있는지를 탐지한다.
- VRIN이 높으면 F, F(B), F(P)의 상승은 검사문항에 부주의하게 반응했거나, 자신의 증상을 과장하고 있거나, 비협조적임을 나타내기에 해석을 진행하지 않는다.

③ TRIN(고정반응 비일관성 척도)

- 문항내용과 상관없이 무분별하게 '그렇다'로 응답하는 경향(모두 긍정) 혹은 '아니다'로 응답하는 경향(모두 부정)이 있는지를 탐지한다.
- 원점수가 13점 이상($T \geq 80$)이면 검사자료의 타당성을 의심할 수 있는 정도의 비일관

적인 응답을 보인 것으로 간주, 해석하지 않도록 권고된다.

④ F(비전형 척도)

- 총 60개의 문항으로 구성되며, 문항내용을 제대로 읽지 않고 응답하거나 무선적으로 응답하는 것과 같은 이상반응 경향 혹은 비전형적인 반응경향을 탐지한다.
- 일반적으로 F 척도가 높아지면 다른 임상척도들의 점수도 대개 상승하며, 특히 척도 6과 8의 점수가 상승한다. 심각한 심리적 문제를 겪고 있는 사람들이 F 척도의 문항에 반응한다.

⑤ F(B)(비전형-후반부 척도)

- 검사 후반부의 비전형 반응 탐지한다(281번 문항 이후에 분포).
- 무선반응, 고정반응, 정신병리, 부정가장에 민감하며, F(B)가 높으면 특히 내용 척도에 영향을 준다.

⑥ F(P)(비전형-정신병리 척도)

- F 척도를 보완하기 위해 개발, 비전형을 반응 탐지한다.
- F 척도에 비해 정신병리에 덜 민감한 27개 문항으로 구성되어 있다. 점수 상승 시 부정왜곡을 나타낼 수 있다.

⑦ FBS(증상 타당도 척도)

- F, F(B), F(P) 척도와 마찬가지로 과대보고를 평가한다.
- F, F(B), F(P) 척도는 정신병적 사고 과정, 삶의 혼란과 두려움, 불쾌감 등을 평가하는 반면, FBS 척도는 자신의 신체적/인지적 증상에 대한 과장된 반응을 탐지한다.

⑧ L(부인)

- 자신을 실제보다 더 좋게 드러내려는 의도적이면서도 세련되지 않은 시도를 탐지한다. 이 경우 사소한 약점마저도 인정하지 않아 L 척도 점수가 높아질 수 있다(사회적 · 도덕적 측면의 방어).
- 낮은 점수(45T) 이하는 가벼운 결점이나 단점들을 인정하면서 각 문항에 솔직하게 반응하였음을 반영한다.

⑨ K(교정)

- 심리적으로 세련되고 지적이며, 교묘한 태도로 자신을 방어하려는 피검자의 경우 K 척도가 상승한다. 자신의 정신병리나 심리적인 문제에 대한 방어적인 태도를 측정한다.
- K 척도의 경우, K 교정을 위한 가중치를 부여하여 정상집단과 임상집단을 판별한다(1, 4, 7, 8, 9 척도는 K 교정 적용).

학습 Plus K 교정(Correction)

① 낮은 K(T점수<45)
- K점수가 낮다는 것은 단도직입적이고, 방어적이지 않으며, 취약하고, 정서적 통제가 약하다는 것을 의미한다. 다른 임상척도가 80T 이상으로 높게 상승한 경우라면, 과장이거나 도움을 요청하는 것일 수 있다.
- 45T 이하: 과소 통제된, 쉽게 압도되는, 자기회의적인, 불안한 특징을 지닌다.

② 높은 K(T점수>65)
- K점수가 높다는 것은 방어성, 감정의 억제, 관습적인 태도와 관련이 있다.
- 65T 이상: 관습적인, 합리적인, 방어적인, 회복력이 있는, 감정적으로 억제된 특징을 지닌다.

⑩ S(과장된 자기제시)
- 자신을 매우 정직하고, 책임감 있고, 심리적인 문제가 없으며, 도덕적 결함이 없고, 다른 사람들과 잘 어울리는 사람인 것으로 드러내려는 경향을 탐지한다.
- 방어성에 대한 추가적 정보를 제공하는 척도로 긍정 왜곡을 하는 경우를 탐지해 내도록 구성되었다.

다면적 인성검사 MMPI 임상척도

	임상척도	임상적 특징
1	건강염려증(Hs)	신체기능에 대한 과도한 불안이나 집착, 의존적, 요구적, 통찰 부족
2	우울증(D)	흥미나 희망 상실, 자기비하, 걱정, 우유부단, 수면문제, 우울한
3	히스테리(Hy)	심인성 감각장애 및 운동장애, 미성숙, 감정기복, 피상적 대인관계
4	반사회성(Pd)	반사회적 성격, 충동적 행동화, 가정불화, 중독 행동, 성마른, 불쾌한
5	남성성-여성성(Mf)	남성성과 여성성의 전형적 및 비전형적 특징 및 성 역할 특징
6	편집증(Pa)	대인관계 예민성, 피해의식, 의심, 과민성, 비난, 판단, 편집적 성격
7	강박증(Pt)	불안, 걱정, 분석적, 자기비판적, 실패에 대한 두려움, 강박 사고 및 행동
8	정신분열증(Sc)	혼란감, 지남력 손실, 현실검증력 문제, 판단력 저하, 공감 부족
9	경조증(Ma)	불안정한, 쉽게 흥분, 충동성, 과대평가, 사고 비약, 성급한, 행동화
0	내향성(Si)	사회적 상황 두려움, 수줍음, 자기비하, 타인의식, 접촉 회피

MMPI-2의 재구성 임상척도의 개발 이유

- 재구성 임상척도(Restructured Clinic Scales: RC)
  - RC 척도는 MMPI가 지니고 있는 고질적인 문제, 즉 임상척도들 사이의 공변량이 지나치게 크기 때문에 각각의 임상척도를 차별적으로 해석하는 것이 어려워지는 문제를 해결하기 위해 개발되었다.
  - 임상척도들 사이의 공변량이 지나치게 크면 여러 개의 임상척도가 동시에 상승하거나 하강하는 현상이 나타나는데, 그 원인 중의 하나가 초기 MMPI 개발 시 경험적 문항선정방식을 채택했기 때문이다. 즉, 어떤 문항을 어떤 척도에 배치할지 결정하는 과정에서 그 문항이 다른 척도에도 포함되는지 여부는 고려하지 않은 것이다(그 결과, 1개의 문항이 여러 임상척도에 동시에 채점문항이 되어 점수화되는 채점문항 중복문제가 발생함).
- 이에 임상척도의 변별타당도의 근본적인 문제를 해결하고자 임상적으로 중요한 구성개념을 잘 반영하는 새로운 척도, 재구성 임상척도(RC 척도)를 개발하게 되었다.

MMPI 성격병리 5요인 척도

- 성격병리 5요인(PSY-5) 척도 구성개념은 성격장애와 정상 성격에 대한 근본적인 주제를 다루는 연구들을 바탕으로 개발되었으며, 다섯 가지의 폭넓은 성격영역을 다루고 있다.
- 이 척도들은 점수가 높을 때(65T 이상) 해석을 할 수 있으나, 통제 결여(DISC) 척도와 내향성/낮은 긍정적 정서성(INTR) 척도는 낮은 점수(40T 이하)인 경우도 해석할 것을 권하고 있다.

성격병리 5요인 척도(Personality Psychopathology Five Scale)		
AGGR	공격성	공격적인 주장적 행동, 지배적 행동 경향, 낮은 죄책감, 위협 행동
PSYC	정신증	비현실적 사고, 지각적 혼란, 소외감, 관계 망상, 현실검증력 손상
DISC	통제 결여	충동적, 행동통제 결여, 위험추구 행동, 타인 조정, 행동문제, 과거력
NEGE	부정적 정서성/신경증	불안, 우울, 불안정성, 걱정, 비관적, 스트레스에 대한 신체적 반응
INTR	내향성/낮은 긍정적 정서성	사회적 억제, 자신감 저하, 부정적 자기개념, 낮은 성취욕구, 무망감

① 공격성(Aggressiveness: AGGR, 18문항)

- 이 척도에서 높은 점수를 받은 사람들은 다른 사람을 위협하는 것을 즐기고, 목표달성을 위한 방법으로 공격성을 사용할 수 있으며, 좌절에 대한 반응으로 약탈적 혹은 가학적 공격성향을 드러낸다.
- 타인에게 지시받거나 통제당하는 것을 두려워하며, 타인의 지시와 통제를 회피하려고 의도적으로 타인을 가해하고 보복한다. 대인관계를 우월과 열등의 관계 및 지배와 종속의 관계로 해석하고 자신이 우월자 혹은 지배자의 위치에 있다고 생각한다.

② 정신증(Psychoticism: PSYC, 25문항)

- 이 척도에서 높은 점수를 받은 사람들은 외부의 세상과 타인의 행동을 관습적으로 설명하지 못하고, 실제적 현실을 왜곡하여 망상적 현실을 구성한다. 비현실적 경험, 비논리적 신념, 백일몽에 사로잡혀 있으며, 외부와 교류하지 못하고 타인을 이해하지 못한다.
- 타인을 적대적, 도발적, 공격적으로 대하고, 자신을 무능하고 부적절한 존재로 여기며, 기태적 행동과 자기패배적인 행동을 보인다. 외모와 행동이 기이하고 특이하며, 사회적으로 고립되어 있다.

③ 통제 결여(Disconstraint: DISC, 29문항)

- 이 척도에서 높은 점수를 받은 사람들은 충동을 조절하지 못하고, 즉흥적으로 행동하고, 충동적이며, 위험 추구적이고, 만족을 지연시키지 못하며, 일상적인 일에 쉽게 지루해한다.
- 규칙이나 규범을 준수하지 않고, 대인관계가 피상적이며, 관계에 충실하지 않고 쾌락주의적 도덕기준을 지니고 있다. 부모와 권위자와의 갈등, 또래나 관계 착취 및 반사회적 행동을 보임에도 자신의 행동을 뉘우치지 않기 때문에 전반적인 대인관계 문제가 지속된다.

④ 부정적 정서성/신경증(Negative Emotionality/Neuroticism: NEGE, 33문항)

- 이 척도에서 높은 점수를 받은 사람들은 걱정, 신경과민, 공포감, 죄책감에 쉽게 압도되며, 최악의 시나리오를 상상하고 자기비판적이며 죄책감을 느낀다.
- 대인관계가 지극히 수동적이고, 의존적이며, 버림받을까 봐 두려워하고, 비판에 과민하게 반응한다. 경계선 수준의 불안정한 애착을 보이며, 타인의 도움을 거절하면서도 반복적으로 불평하고 자살행동 및 자해행동을 드러낼 우려가 있다.

⑤ 내향성/낮은 긍정적 정서성(Introversion/Low Positive Emotionality: INTR, 34문항)

- 이 척도에서 높은 점수를 받은 사람들은 불쾌하고 혐오적인 정서를 경험할 뿐만 아니

라 비관적이며 신체증상을 보고한다. 성취에 대한 욕구가 낮고 무쾌감증, 활력저하, 불만족감, 낮은 자존감, 쉽게 포기하는 경향을 보인다.

- 다른 사람들과 어울리는 것이 불편하기 때문에 사회적 관계를 회피하며, 타인에게 적대적이지는 않지만 일정한 거리를 둔다. 대인관계 상호작용을 회피할 수 없는 상황에서는 최소한의 정서적 관여를 하며 관계를 유지하고, 지속적인 사회적 부적절감을 경험한다.

MMPI 1-3 / 3-1 코드의 임상적 특징, 가능한 진단명, 치료적 예후

① 임상적 특징

- 척도 2가 척도 1과 3보다 10점 이상 낮을 때 전환(conversion) V라 칭하며, 척도 2가 척도 1, 3보다 낮을수록 전환장애의 가능성이 증가한다. 심리적 갈등을 신체적인 증상으로 전환하므로 불안을 거의 경험하지 않는다.
- 메스꺼움, 식욕부진증, 폭식증, 현기증, 마비감, 쇠약감, 피로감과 같은 다양한 신체적 불편감을 호소하는데, 자신의 증상에 대해 무관심해 보이는 모습을 보이기도 한다.
- 척도 3이 1보다 높은 경우, 소화기 장애, 폐 또는 심장 등 기관 관련 증상을 호소할 수 있다. 척도 1이 3보다 높은 경우 더 부정적이고 비관적인 경향이 있으며, 손과 다리 등 신체 전반에 여러 불특정한 증상이 나타날 수 있다.
- 스트레스 상황에서 증상호소가 증가하며, 스트레스가 사라지면 증상도 감소하거나 사라지는 경향이 있다. 자주 사용하는 방어기제는 부인과 억압이며, 자신의 신체증상을 이용해 다른 사람을 조종한다.
- 대인관계가 피상적이고 분노 및 적대감을 강하게 억압한다. 또한 다른 사람들은 이들을 미성숙, 이기적, 자기중심적이면서도 외향적이고 애정에 대한 요구가 강한 사람으로 본다.

② 가능한 진단명

건강염려증, 전환장애, 우울장애, 수동-공격성 성격장애, 히스테리성 성격장애 진단이 흔하다.

③ 치료적 예후

자신에 대한 통찰이 부족하고 지나치게 정상적으로 보이고자 하기 때문에 전형적으로 심리치료에 대한 예후가 좋지 않다. 자신의 곤란을 다루기 위한 내면에 대한 관찰을 싫어하며 방어기제로 인해 치료가 조기 종결되는 경향이 흔하다.

MMPI 2-4 / 4-2 코드의 임상적 특징, 가능한 진단명, 치료적 예후

① 임상적 특징

- 알코올 중독이나 약물남용이 있을 수 있고, 가정불화나 직장 부적응을 보일 때가 많으며 법적인 문제에 연루되기도 한다.
- 비판적이고 논쟁적이며 충동을 즉각적으로 만족시키고 지연시키지 못한다. 사회적 기준을 경시하고 타인의 요구를 견디기 힘들어한다.
- 무모한 행동을 한 후에는 후회하며 죄책감을 느끼지만 비슷한 행동이 반복된다.
- 자신에 대한 부적절감과 불만족을 품고 있으며, 사회적 관계에서 불편감을 느낀다.
- 장기적인 조망이나 결과를 예측하여 계획적으로 행동하지 못하는데 이는 이 유형의 행동문제를 심화시키는 요인이 된다.

② 가능한 진단명

흔히 우울증, 성격장애 진단을 받는다(자살사고 및 자살시도 가능성을 고려해야 함).

③ 치료적 예후

도움을 호소하거나 변화하고 싶은 소망을 표현하기도 하나, 스트레스가 줄어들거나 곤란을 겪고 있는 문제가 해결되면, 치료를 조기에 종결할 가능성이 높다.

MMPI 2-7 / 7-2 코드의 임상적 특징, 가능한 진단명, 치료적 예후

① 임상적 특징

- 지나치게 책임감을 느끼며, 불안과 걱정 및 염려가 많고, 예측 못하는 실패나 상실에 대응해서 세상의 위험 요소를 탐색하고 어떻게 대처할지에 대해 연습하는 방어적 양상을 보인다.
- 완벽주의적이고 꼼꼼하며, 인정과 성취 욕구가 강하지만 스스로에 대한 기대수준이 높아 목표달성이 어렵다.
- 목표달성에 실패하거나 일상에서의 실수, 문제 상황에 직면하면 스스로를 탓하고 비난하는 자기처벌적 태도를 보인다.
- 내면으로는 열등감, 부적절감, 불안정감을 경험하며, 내적인 스트레스 수준이 높기 때문에 신체적인 호소가 흔하다.
- 대인관계에서 비교적 유순하고 자기주장을 잘하지 못하며 자신감이 낮고 수동-의존적인 경향을 보인다.

② 가능한 진단명

주요 우울장애를 비롯한 기분장애, 우울감을 동반한 불안장애, 강박장애, 공포증 진단이 흔하며, 회피성 성격장애, 강박성 성격장애, 수동-공격성 성격장애를 고려해 볼 수 있다.

③ 치료적 예후

치료실 내 규칙을 준수하고 완벽주의적 책임감이 높으며 자기성찰적 특성으로 인해 치료 예후가 양호하다. 다만, 심리치료 내에서 자기비난적 태도가 흔할 수 있어 정서적 지지가 필요하며 자살사고가 있을 가능성이 있어 해당 문제에 대한 고려가 필요하다.

MMPI 4-6 / 6-4 코드의 임상적 특징, 가능한 진단명, 치료적 예후

① 임상적 특징

- 의심이 많고 적대적이며 미성숙하고 자기중심적인 특징으로 인해 친밀한 관계를 형성하는 것이 어렵다.
- 주위 사람들에게 인정과 관심을 요구하면서도 상대방의 사소한 요구나 간섭은 잘 견디지 못한다.
- 자신의 분노와 적개심을 정당화하며 타인 행동의 숨은 동기를 의심하고 깊은 정서적 유대관계를 맺으려고 하지 않는다.
- 권위적 대상과 갈등이 많으며 상대방의 업적이나 명성을 평가절하하고 손상시키려 한다.
- 논쟁적이고 냉소적이며 따지기 좋아하고, 다른 사람의 마음을 부정적으로 해석하는 특징을 보인다.

② 가능한 진단명

수동-공격성 성격장애, 편집형 조현병, 조현병 전구 단계일 수 있으며, 알코올 남용이나 의존 등의 과거력이 있을 수 있어 관련 탐색이 필요하다.

③ 치료적 예후

치료 초기에는 변화에 대한 욕구를 보이나 이내 문제행동 경향을 보일 수 있어 장기적이고 근본적인 변화를 보이기는 어렵다.

MMPI 4-9 / 9-4 코드의 임상적 특징, 가능한 진단명, 치료적 예후

① 임상적 특징

- 충동적이고 욕구 중심적인 성향이 매우 강하며 보편적인 사회적 관습, 도덕규범을 무시하는 반사회적 행동을 보인다.
- 신체 및 정서적 흥분을 자극받을 수 있는 감각적이고 쾌락적인 대상이나 활동을 선호하며 적극적으로 추구하는 반면, 욕구 지연이나 좌절에 대한 내성은 매우 약하다.
- 자신의 행동이 초래할 결과를 고려해 신중하고 계획적으로 행동하지 못하고 즉각적인 욕구 충족에만 초점을 맞춰 충동적으로 행동한다.
- 자신의 경험과 시행착오를 통해 무엇인가 배우지 못하며, 행동에 대해 무책임하고 죄책감을 별로 느끼지 못한다. 주로 합리화 · 행동화 방어기제를 자주 사용한다.
- 공감능력의 부족, 자기중심적인 태도, 자신의 문제행동을 합리화하고 타인에게 전가하며 비난하는 태도 등으로 인해 호혜적인 유대관계를 맺기가 어렵다.

② 가능한 진단명

반사회성 성격장애, 조증 삽화의 양극성 장애 가능성을 고려할 수 있다.

③ 치료적 예후

치료 시 일정 기간 동안 대화의 초점을 유지하거나 핵심에서 벗어나는 경향이 있고 호전성을 보이는 형태로 조정하고자 한다. 대개 자발적으로 치료를 받으러 오는 경우는 매우 드물고, 재판부의 의뢰나 고용주, 배우자와 같은 다른 누군가에 의해 강제로 오게 된다. 이에 변화하고자 하는 동기가 거의 없어 치료가 조기 종결되는 경우가 흔하다.

MMPI 6-8 / 8-6 코드의 임상적 특징, 가능한 진단명, 치료적 예후

① 임상적 특징

- 의심이 많고 상대방을 불신하며, 종종 다른 사람의 의도를 부정적인 방향으로 지각한다.
- 주위 사람들과 거리를 두고 소원하게 지내며 정서적 유대 관계를 맺지 않기 때문에 친하게 지내는 사람들이 거의 없다.
- 자신감이 부족하고 자존감이 낮으며 열등감과 죄책감, 정서적 혼란을 경험한다.
- 사고방식이나 행동양식이 특이하고 기괴하며, 관계사고, 피해망상, 과대망상을 보이는 경우도 흔하다.

- 타인의 요구에 적절히 반응하지 못하며 둔마된 정동, 주의집중의 어려움, 현실감과 판단력의 부족으로 인해 적응상의 어려움을 겪는다.

② 가능한 진단명

편집성 성격장애, 분열성 성격장애, 편집형 조현병 진단을 많이 받는다.

③ 치료적 예후

비논리적이고 비일상적이며 기태적이기까지 한 신념체계를 가지고 있으며, 의심이 많고 남 탓을 하는 특징으로 인해 치료관계를 형성하는 것이 매우 어렵다. 또한 충동성과 퇴행의 특징도 치료적 예후를 낮게 만드는 요인이다.

로르샤흐 검사와 MMPI 같은 진단적 심리검사의 결과가 일치하지 않는 이유

① 인간의 심리 및 성격은 복합적인 구조로 되어 있어 다양한 양상으로 나타난다. 즉, 개인의 심리사회적 환경요인에 따라 심리검사 결과는 다르게 나타날 수 있다.

② MMPI와 같은 객관적 검사는 측정하고자 하는 문항 내용 이외의 피검자 특성을 살펴보는 데 제한점이 있다. 로르샤흐 검사와 같은 투사적 검사는 개인의 무의식적인 정신과정의 내용을 살펴보기에 반응내용의 독특성이 나타날 수 있어 두 검사 결과가 일치하지 않을 수 있다.

③ MMPI 검사는 문항내용에 따라 의식적인 방어가 가능하나, 로르샤흐 검사의 경우 내면의 욕구나 성격 특성이 검사자극에 투사되어 나타나기에 방어에 어려움이 있다. 이에 두 검사 결과가 일치하지 않을 수 있다.

④ MMPI 검사는 반응 경향성, 응답 제한성, 사회적 바람직성의 영향을 받을 수 있고, 로르샤흐 검사는 검사자의 전문성, 훈련 정도, 검사상황 변인에 영향을 받을 수 있어 두 검사 간 결과가 일치하지 않을 수 있다.

MMPI나 BDI와 같은 객관적 자기보고형 검사의 장점과 단점

① 장점

- 검사의 시행, 채점, 해석이 쉽고 응답이 용이하다.
- 검사 시간과 노력이 절약된다.

- 검사자나 상황변인의 영향을 덜 받고, 검사결과를 객관적으로 해석할 수 있다.
- 검사의 신뢰도와 타당도를 확보할 수 있다.
- 피검자의 무응답이나 검사목적에 부합되지 않는 응답을 줄일 수 있다.

② 단점
- 피검자의 사회적 바람직성에 의해 응답결과가 영향을 받는다.
- 의도적으로 좋게 보이고자 하는 긍정왜곡(faking good) 및 더 나쁘게 보이려는 부정왜곡(faking bad) 프로파일을 보일 수 있다.
- 피검자가 일정한 반응 세트에 따라 응답할 수 있다.
- 응답의 범위가 제한되어 있어 피검자 상황에 대한 자세한 정보를 얻기 어렵다.
- 내적인 갈등이나 무의식적인 내용을 평가하기가 어렵다.

로르샤흐 심리검사 결과를 엑스너(Exner) 방식으로 채점하고자 할 때, 질문을 통해 탐색해야 할 내용

① 반응영역(어디에서 그렇게 보았는가?): 특정 반응이 어느 영역에서 일어나는지 탐색한다.
② 반응결정인(무엇 때문에 그렇게 보게 되었는가?): 피검자의 반응이 나오게 된 반점의 특징이 무엇인지 탐색한다.
③ 반응내용(무엇으로 보았는가?): 반응에 나온 대상이 무엇이며 어떤 종류인지를 탐색한다.

학습 Plus 로르샤흐 심리검사의 채점원칙

- 채점은 피검자가 반응 단계에서 응답할 당시에 일어난 인지적 작용에 대해서 이루어져야 한다.
- 질문단계에서 검사자의 질문을 받고 유도된 반응은 원칙적으로 채점되지 않는다.
- 반응단계에서 나타난 모든 요소들이 채점에 포함되어야 한다.
- 질문단계에서 나온 내용이더라도 피검자가 자발적으로 응답한 것이라면 채점에 포함시킨다.
- 여러 개의 결정인이 복합적으로 사용된 경우, 각 요인들은 모두 개별적으로 채점되어야 한다.

로르샤흐 심리검사의 채점영역

로르샤흐 검사의 채점 영역은 반응영역, 발달질, 결정인, 형태질, 반응내용, 평범반응, 조직화점수(Z점수), 특수점수가 있으며 이를 단계적으로 채점해 나간다.

학습 Plus 로르샤흐 심리검사 채점영역

채점은 로르샤흐 검사에서 나온 반응들을 채점기호로 바꾸는 과정이다. 채점이 정확해야 이를 근거로 한 해석 또한 타당할 수 있으므로 정확한 채점을 위한 체계적인 훈련이 반드시 필요하다.

- 반응영역: 수검자가 반응한 카드의 영역이 전체인지 부분인지 혹은 공백을 포함하고 있는지를 평가하는 것이다.
- 발달질: 반응형성에 포함되어 있는 인지적인 처리의 발달수준을 평가하기 위한 것으로, 반응한 대상의 형태가 얼마나 구체적인가, 반응한 대상들 간의 관계가 의미 있게 조직화되어 있는가에 따라 네 가지 기호로 채점된다.
- 결정인: 수검자의 반응을 이끌어 낸 카드의 특징을 말하는 것으로 반점의 형태, 운동, 유채색, 무채색, 음영, 차원 등이 이에 해당된다.
- 형태질: 수검자의 반응이 얼마나 잉크 반점에 잘 부합되는지를 보는 것으로 수검자의 지각적 정확성과 현실검증력에 대한 정보를 준다.
- 반응내용: 수검자가 반응한 내용의 대상들이 어떤 범주에 들어가느냐를 평가한다.
- 평범반응: 평범반응 채점을 통해서는 대부분 사람들이 보고하는 반응을 수검자도 지각하여 반응할 수 있는지 평가한다.
- 조직화 점수(Z점수): 각 카드 자극의 복잡성을 고려할 때 얼마나 조직화된 반응을 하고 있는지를 가중치를 부여하여 수량화한 것이다.
- 특수점수: 기본적인 부호화 채점으로 평가가 되지 않는 특징들을 채점에 포함하기 위하여 개발되었고, 각 영역들은 사고의 비논리적이고 우회적이며 특이한 정도가 수준에 따라 수준 1과 수준 2로 구분된다.

로르샤흐 심리검사의 반응영역 채점체계

기호	정의	기준
W	전체반응(whole response)	잉크 반점 전체를 반응에 사용했을 경우
D	부분반응(common detail response)	흔히 사용되는 잉크 반점의 영역이 사용한 경우
Dd	드문 부분반응(unusual detail response)	드물게 사용되는 잉크 반점의 영역이 사용된 경우
S	공백반응(white response)	흰 공간이 반응에 사용된 경우로 다른 반응 위치 기호들과 함께 사용(WS, DS, DdS)

로르샤흐 심리검사의 특수점수 지표 중 반응반복(Perseveration: PSV)의 유형

반응반복(Perseveration)이란 동일한 반응이 반복되는 것으로, 인지적 경직성, 인지적 기능

장애, 뚜렷한 심리적 몰두와 관련이 있다. 보속반응에는 세 가지 유형이 있으나 모두 PSV로 채점된다.

① 카드 내 반응반복

같은 카드에 대해서 반응영역, 발달질, 결정인, 형태질, 반응내용 및 Z점수까지 모두 같은 반응이 연속적으로 나타나는 것을 말한다. 반응내용 자체는 다를 수 있지만 반응 채점 유목은 동일하다(단, 특수점수는 제외).

② 카드 간 반응반복

앞서 제시되었던 카드에서 나왔던 내용이 뒤에 제시되는 카드에서도 동일하게 반복되는 경우를 말한다. 이때 채점 기호가 반드시 일치될 필요는 없고 다만 다른 카드의 잉크 반점을 보고 이전 카드에서 보고했던 대상과 동일한 것으로 보고하는지 검토한다.

③ 기계적인 반응반복

카드가 바뀌어도 기계적으로 계속해서 같은 대상을 보고하는 경우를 말한다. 보통 짧고 간단한 것이 특징이다. 각 카드마다 동일한 한 가지로만 응답하는 경우에 해당된다.

HTP 검사에서 사람 그림의 평가요소

> ① 자화상(현재의 자기상)
> 수검자가 자신에 대해서 어떻게 느끼는가에 대한 묘사이다. 신체적인 자아와 심리적인 자아가 투사된다.
> ② 이상적인 자아(이상적으로 바라는 자기상)
> 수검자가 이상적으로 바라는 자기상이 묘사되어 나타난다. 현재의 자아 상태와 다른 기대하는 자기상이 표현된다.
> ③ 중요한 타인
> 수검자의 현재 혹은 과거의 경험과 환경으로부터 도출되어 묘사된다. 부모를 포함한 여러 중요하게 영향을 미친 대상이 표현된다.

- 형식적 부분: 사람의 크기(사람이 지나치게 큰지 혹은 작은지), 전반적인 인상(전반적 인상이 부드러운지, 우울하고 침체적인 분위기가 느껴지는지, 공격적인 성향이 느껴지는지 등), 움직임(인물의 움직임이 활발한지, 경직되어 있는지, 앉거나 누운 자세인지, 옆이나 뒤를 보고 있는 자세인지 등)을 살펴본다.
- 신체 부위와 의복 같은 구성요소: 머리, 손, 팔, 다리, 발 등 신체 부위에서 강조되거나 빠진 부분 등의 특징들을 살펴본다. 또한 의복 착용과 관련된 정교한 세부 묘사, 첨가되거나 생략된 요소, 장식, 투명성 등을 주의 깊게 검토한다.
- 남성과 여성을 그리는 순서: 대개는 자기 성과 같은 성을 먼저 그리는 것이 일반적이다. 다

른 성을 먼저 그리는 경우 성 역할 동일시에 갈등이 있거나, 남성과 여성에 대한 태도, 성적 정체감의 혼란이나 갈등, 현재 생활에서 특정 이성에 대한 비중이 큰 상태 등을 반영한다.

학습 Plus 집-나무-사람 검사의 투사적 상징

① 집
- 집은 주거 장소로 수검자 집에서의 생활, 가족들과의 상호작용과 관련이 있다. 어린 아동의 경우 집의 상황과 부모형제 관계를 관련지어 볼 수 있다.
- 결혼한 성인들의 집은 수검자가 배우자와 살고 있는 현재의 가정 상황을 나타내기도 하고, 어떤 수검자는 자신의 아동기 때 부모와의 관계를 나타내기도 한다(이 경우, 신경증적인 경향이 있거나 퇴행적이고 고착된 문제를 지닌 사람들에게서 더 많이 나타난다).

② 나무
- 나무는 수검자의 보다 깊은 무의식적인 수준에서 느끼는 자신의 모습과 감정을 반영하며, 기본적이고 오래 지속된 감정이 투사되어 나타난다.
- 실제 사람 그림에 비해 나무 그림에서 혼란스러운 감정이나 부정적인 감정이 나타나는 경우가 많은데, 이는 사람 그림에 비해 자기방어가 덜하고 두려움이 약화되기 때문이다.

③ 사람
- 사람 그림은 수검자 자신의 모습에 대한 지각과 환경의 관계를 나타내는 매개체가 된다.
- 수검자의 대인관계 방식, 타인에 대해서 느끼는 감정들이 드러나며, 자신의 모습에 대한 갈등과 방어 등을 알아낼 수 있다.

HTP 검사에서 그림의 크기와 위치가 나타내는 의미

① 그림의 크기
- 지나치게 큰 그림: 공격적, 행동화 경향, 과장적 경향, 조증상태, 과도한 자신감, 자아팽창, 부적절감을 보상 또는 억압 방어 등을 반영한다.
- 지나치게 작은 그림: 열등감, 부적절감, 낮은 자존감, 불안, 수줍음과 위축, 과도한 자기억제, 사회적 철수 경향, 낮은 자아강도, 의존적 경향 등을 반영한다.

② 그림의 위치
- 용지의 상단: 욕구수준 높음, 공상을 즐김, 성취를 위한 투쟁, 야심이 높음, 에너지 수준은 낮은데 과잉보상 방어를 하는 경향 등을 반영한다.
- 용지의 하단: 불안정감, 부적절감, 우울 경향, 구체적이고 현실적인 사고 경향, 조용한 성격 특성 등을 반영한다.

학습 Plus HTP 검사 해석: 그림의 크기와 위치

① 그림의 크기

• 지나치게 큰 그림
- 공격적, 행동화 경향, 낙천적, 과장적 경향
- 부적절감을 보상 또는 억압함
- 나이가 어린 아동의 경우 과활동성, 공격성, 인지적 미성숙과 더 관련되며, 청소년의 경우 내면의 열등감과 부적절감에 대한 과잉보상 욕구, 행동화 경향성, 충동성을 시사하는 경우가 많음. 성인의 경우 조증의 상태와 관련된 경우가 많음.
- 용지 크기를 벗어날 경우 환경이 주는 압박감이 매우 크고, 이에 따른 좌절과 실망감을 과잉보상하려는 욕구가 강하게 내재되어 있음을 반영할 수 있음.

• 지나치게 작은 그림
- 열등감, 부적절감, 자존감 낮음, 불안
- 수줍음, 위축, 과도한 자기억제, 철수 경향
- 퇴행적, 의존적 경향, 스트레스 상황에서 위축된 행동
- 자아구조가 약하거나 자아강도가 낮음.

② 그림을 그린 위치

• 용지 가운데에 그렸을 경우
- 일반적으로 가장 흔하며 모든 연령층에서 나타남. 적절한 수준의 안정감을 느끼고 있음을 반영함.
- 지나치게 가운데 그리려고 애를 썼다면 불안정감을 느끼거나, 인지적 · 정서적으로 경직된 특성이 있거나 대인관계에서 지나치게 완고하고 융통성이 없는 성향을 나타냄.

• 오른쪽에 치우쳐 그렸을 경우
- 인지적으로 감정을 통제하려는 경향이 있고, 행동 통제 및 욕구 만족 지연능력이 갖추어져 있으며, 지적인 만족감을 선호하는 경향이 있음.
- 한편, 권위적 대상에 대한 부정적이고 반항적인 경향을 반영하기도 함.

• 왼쪽에 치우쳐 그렸을 경우
- 충동적으로 행동하려는 경향성, 욕구와 충동의 즉각적인 만족을 추구하려는 경향성, 변화에 대한 욕구, 외향성 등을 반영함.

• 위쪽에 치우쳐 그렸을 경우
- 욕구나 포부수준이 높고, 달성하기 어려운 목표를 설정해 놓고 갈등과 스트레스를 느끼고 있을 가능성이 있음.
- 현실세계보다는 자신만의 공상 속에서 만족감을 얻으려는 경향이 있으며, 현실에서의 욕구 충족에 대한 과잉보상 태도를 반영하기도 함.

• 아래쪽에 치우쳐 그렸을 경우
- 불안정감과 부적절감이 내면화되어 있거나 우울증적 상태에 있을 수 있음. 조용하거나 내향적인 특성을 보일 수 있음.
- 공상에 자주 빠지거나, 이상을 추구하기보다는 확실하게 현실에 뿌리를 둔 분명하고 실제적인 것을 추구하는 경향성을 나타냄.

• 구석에 몰아서 그렸을 경우
- 왼쪽 상단 구석: 퇴행적인 경향성, 불안정감, 위축감, 불안감
- 오른쪽 상단 구석: 불쾌한 과거 기억을 억제하고 싶은 욕구, 미래에 대한 과도한 낙관

- 하단 구석: 우울감, 하단 오른쪽 구석은 미래와 관련된 무망감
- 용지 밑바닥이나 가장자리: 불안정감, 낮은 자신감, 타인에게 지지받고자 하는 욕구, 의존적인 경향, 자기독립에 대한 두려움, 경험 회피 경향

PAI 검사의 대인관계 척도와 측정 내용

PAI의 대인관계 척도인 지배성(Dominance: DOM)과 온정성(Warmth: WRM)은 대인관계 양식을 평가하는 핵심적인 부분이다. 두 척도는 극단적으로 높은 점수뿐만 아니라 낮은 점수도 해석적 가치가 있고 문제가 있을 가능성을 시사한다.

① 지배성(Dominance: DOM)

DOM은 대인관계에서 통제 욕구의 수준을 평가한다.

- T<40: 관계에서의 통제 욕구가 낮고 수동적인 방식으로 관계에 접근하기를 선호한다. 사회적 상호작용에서 자신을 내세우지 않고 자신감이 부족할 수 있다.
- T<30: 주장성이 부족하기 때문에 다른 사람이 부당하게 대하거나 이용할 가능성이 있다.
- T>60: 자기확신에 차 있고 자신감이 있으며 지배적이다. 사회적 장면을 비교적 편안하게 여기지만, 어떤 장면에서든 잘 어울리지 못하고 스스로 통제권을 행사할 수 있는 상황에서 상호작용하는 것을 선호하는 경향이 있다.
- T>70: 지나치게 지배적이고 통제적일 수 있다. 타인에 대한 통제 욕구가 강하고, 그에 대한 보상으로 존경과 칭찬을 기대한다. 경쟁적이고 권위적으로 보이며, 계획이나 욕구가 동의하지 않는 사람에 대한 내성이 제한적일 가능성이 높다.

② 온정성(Warmth: WRM)

WRM은 애착 관계에 대한 관심과 그것을 편안히 여기는 정도를 평가한다.

- T<40: 관계에 소원할 수 있으며 보수적이고 감정이 메마르며 인정이 없다는 평가를 들을 수 있다. WRM이 낮은 개인은 스스로 독립적이고 실용적이며, 다른 사람보다 타인의 의견에 영향을 많이 받지 않는다고 생각할 수 있다.
- T<30: 냉담하고 감정이 없는 것처럼 보일 수 있다. 대인관계에 관심이 없으며, 대인관계에서 감정을 표현하거나 관계를 시도하지 못할 수 있다.
- T>60: 온정적이고 친절하고 동정심이 많은 사람일 수 있다. 특히 화목한 관계를 가치 있게 여기고, 이런 관계를 통해 상당한 만족감을 느낀다. 이에 대인관계 대립이나 갈

등을 불편하게 생각하고, 논쟁을 꺼리는 경향이 있다.

- T>70: 타인으로부터 인정받으려는 욕구가 지나치게 강해질 수 있다. 지나치게 다른 사람을 수용해 주기 때문에 자신의 개성이나 창조성을 상실할 위험이 있다. 대인관계의 어떠한 갈등도 무조건 피하려고만 하기에 자기 자신의 적개심에 관한 단서를 쉽게 포착하거나 인정하지 못할 수 있다.

TCI 검사의 기질차원 및 성격차원 특징

① 기질차원

- 자극추구(Novelty Seeking: NS): 새로운 자극이나 보상 단서 앞에서 행동이 활성화되거나 처벌과 단조로움을 적극적으로 회피하려는 유전적 성향을 반영한다.
- 위험회피(Harm Avoidance: HA): 처벌이나 위험 단서 앞에서 수동적인 회피 성향으로 행동이 억제되거나 이전의 행동이 중단되는 유전적 성향을 반영한다.
- 사회적 민감성(Reward Dependence: RD): 사회적인 보상 신호에 의해 이전의 보상 또는 처벌 감소와 연합되었던 행동이 유지되는 유전적인 경향성을 반영한다.
- 인내력(Persistence: P): 지속적인 강화가 없더라도 한번 보상된 행동을 일정 시간 동안 꾸준히 지속하려는 유전적 경향성을 반영한다.

② 성격차원

- 자율성(Self-Directedness: SD): 자신이 선택한 목표와 가치를 이루기 위하여 자신의 행동을 통제, 조절, 적응하는 능력을 반영한다.
- 연대감(Cooperativeness: C): 개인이 자신을 얼마나 사회의 한 일부로서 이해하는가와 관련하여 타인에 대한 수용능력 및 타인과의 동일시 능력을 반영한다.
- 자기초월(Self-Transcendence: ST): 우주만물과 자연을 수용하고 동일시하며 이들과 일체감을 느끼는 능력을 반영한다.

학습 Plus TCI 기질차원과 성격차원의 해석

① 기질차원

- 자극추구(Novelty Seeking: NS)
  - 높은 경우: 신기하고 진기한 것에 쉽게 이끌려지며 빨리 흥분하고, 충동적이며 호기심이 많다. 반면, 지루하고 단조로운 것을 참기 힘들어한다.
  - 낮은 경우: 성미가 느리고 호기심이 적지만, 심사숙고하고 절제되어 있으며 단조로움을 잘 견딘다. 새로운 자극에 별 흥미가 없거나 익숙한 것을 더 편하게 느낀다.

- 위험회피(Harm Avoidance: HA)
  - 높은 경우: 조심성이 많고 꼼꼼하며 겁이 많고 잘 긴장한다. 걱정과 근심이 많으며 부정적 사고가 많으며, 스트레스를 잘 받고 자주 피곤해하며 쉽게 지친다.
  - 낮은 경우: 걱정이 없고, 낙천적이며, 과감하고 용기가 있다. 위기 상황 속에서도 침착하며 대부분의 사회적 상황에서 사교적이고 자신감이 있다.
- 사회적 민감성(Reward Dependence: RD)
  - 높은 경우: 사회적 보상 단서(타인의 칭찬, 찡그림 등) 및 타인의 감정에 민감하다. 감수성이 풍부하고 타인에게 공감적이며 자신의 감정을 잘 표현한다.
  - 낮은 경우: 타인의 감정에 둔감한 편으로, 무관심하고 냉정한 사람으로 평가된다. 혼자 있는 것에 만족하고, 타인에게 자신의 감정을 잘 드러내지 않는다.
- 인내력(Persistence: P)
  - 높은 경우: 근면하고 끈기가 있고 좌절과 피로에도 불구하고 열심히 일하며 꾸준히 노력하는 경향을 보인다. 좌절과 난관을 잘 이겨 내며 쉽게 포기하거나 단념하지 않는다.
  - 낮은 경우: 보상이 안정적으로 기대되는 상황에서도 게으르고 비활동적이며 일관성과 끈기가 부족하고 노력을 많이 하지 않는다. 일의 시작이 더디며 좌절에 부딪히면 쉽게 포기한다.

② 성격차원

- 자율성(Self-Directedness: SD)
  - 높은 경우: 성숙하고 강하며 자립적이고 책임감이 있다. 목표 지향적이고 건설적이며 자존감이 높고 자신을 신뢰한다. 선택한 목표에 맞게 행동을 조절하며 도전적이다.
  - 낮은 경우: 미성숙하며 불평불만이 많고 남을 원망하거나 비난하는 경향이 크다. 책임감이 부족하고 의미 있는 목표를 설정하고 추구하는 데 어려움이 있다.
- 연대감(Cooperativeness: C)
  - 높은 경우: 타인에게 관대하고 친절하고 협조적이며, 공정하고 도덕적 원칙이 분명하다. 자신의 지식과 능력을 남에게 베풀어 주며 봉사하는 것을 즐거워한다.
  - 낮은 경우: 타인에게 관대하지 않으며 비판적이고 비협조적이며 기회주의적이다. 자신의 이익을 추구하며, 타인의 권리나 감정에 대한 배려가 적고 의심이 많은 편이다.
- 자기초월(Self-Transcendence: ST)
  - 높은 경우: 창조적이고 독창적이며, 참을성이 있고, 모호함과 불확실성을 잘 견디며 자신의 활동 대부분을 충분히 즐긴다. 실패를 기꺼이 받아들이고 성공 및 실패에 대해 감사하며 겸손한 태도를 보인다.
  - 낮은 경우: 자의식이 강하고 현실적이며 세속적이고 상상력이 적어 건조하다. 유물론적이며 모호함과 불확실함, 경이로움 등을 잘 견디지 못하며, 자신이 하는 일의 모든 것을 통제하려고 애쓴다.

신경심리평가에서 일반적으로 평가하는 영역

① 주의: 지속적인 주의, 선택적 주의, 주의 분할, 편측 부주의

② 언어: 언어표현의 적절성 및 유창성, 언어 이해, 내용 전달 능력

③ 기억: 단기기억, 언어기억, 시공간 기억, 기억 저장과 인출

④ 시공간 능력: 시지각 능력 및 구성능력, 시공간 처리능력
⑤ 관리기능: 목표 지향적 행동, 조절 및 통제 기능
⑥ 정서 및 행동장애: 우울, 불안, 충동성, 탈억제/반복 행동 등

브로카 실어증과 베르니케 실어증

① 브로카 실어증(Broca aphasia, 표현 실어증): 좌측 전두엽 관련
- 말을 유창하게 하지 못하지만 언어 이해와 발성 기제는 정상적이다.
- 언어 지시를 이해할 수 있음에도 불구하고 이 지시를 복창하는 능력은 손상되어 있다.

② 베르니케 실어증(Wernicke aphasia, 구문 실어증): 좌측 측두엽 관련
유창하게 말을 하지만 의미 있는 내용은 아니며, 타인의 말을 이해하지 못한다.

전두엽 실행기능 구성요소 및 측정 검사

① 구성요소
- 행위의 시작, 중단, 행동통제
- 추상적 사고와 개념적 사고
- 인지적 추론과 예측
- 인지적 유연성과 새로운 것에 대한 반응
- 목표지향적인 행동(과제집중, 인지적 세트의 전환과 전략수정, 정보의 활용)

② 측정 검사
- 위스콘신 카드분류 검사(Wisconsin Card Sorting Test: WCST)
전두엽 실행기능을 평가하는 검사로, 추상적인 개념을 형성하고 범주화하는 능력과 피드백에 따라 인지 틀(cognitive set)을 변환하거나 유지하는 인지적 융통성을 측정한다.

학습 Plus 전두엽 실행기능 구성요소

- 추상적 사고력
- 추론 및 예측 능력
- 목표에 맞게 행동을 이행하는 능력
- 사회적 판단 및 인식능력
- 충동 및 감정 조절능력
- 개념형성 능력
- 목표설정과 계획 수립능력
- 인지적 융통성
- 행위의 시작, 중단, 행동통제

전두엽 집행기능(실행기능) 측정검사

- Contrasting Program
- Go-No-Go Test
- Alternating Square & Triangle
- Luria Loop
- Controlled Oral Word Association Test(COWAT)
- Fist-Edge-Palm
- Alternating Hand Movement
- Korean-Color Word Stroop Test(K-CWST)

- 전두엽 집행기능(실행기능)을 평가하는 검사이다. 집행기능이란 독립적이고 목표지향적으로 자신의 행동을 조절 · 통제 · 관리해 나가는 능력을 말한다.
- 해당 검사항목은 서울신경심리검사(Seoul Neuropsychological Screening Battery: SNSB) 내에 포함되어 있는 전두엽 집행기능을 측정하는 검사이다.

학습 Plus 전두엽 집행기능 측정검사

- 전두엽 집행기능은 Motor Impersistence, Contrasting Program, Go-No-Go, Fist-Edge-Palm, Alternating Hand Movement, Alternating Square and Triangle, Luria Loop, Controlled Oral Word Assciation Test(COWAT) 및 Korean-Color Word Stroop Test(K-CWST)로 평가한다.
- Motor impersistence는 전두엽 손상 지표 중의 하나인 운동지속불능증을 평가한다.
- Contrasting Program과 Go-No-Go test는 전두엽의 중요한 기능인 mental set-shifting ability와 반응 억제를 평가한다.
- Fist-Edge-Palm나 Alternating Hand Movement test는 motor programming ability와 motor set-shifting ability의 장애를 평가한다.
- Alternating Square and Triangle test와 Luria Loop test는 전두엽 손상 지표 중의 하나인 보속증을 평가한다.
- Controlled Oral Word Association Test(COWAT)는 생성이름대기 능력(언어유창성)을 평가하는 것으로서 사고의 생산성을 평가하며 전두엽 손상 환자들의 탐지와 변별에 유용하다.
- Korean-Color Word Stroop Test(K-CWST)는 전두엽에서 담당하는 주요 인지기능 중의 하나인 억제기능을 평가한다.

사회성숙도검사(Social Maturity Scale: SMS) 영역

① 자조행동(Self-Help: SH)

조작능력, 배변관리, 이동, 자기관리 및 기본적인 의사소통능력 등과 관련된 자조 일반/

식사도구 사용 및 식사 행동, 식이행동 통제, 판단력 등과 관련된 자조식사/세면, 착의 등과 관련된 자조용의의 3가지 영역으로 구성되어 있다.

② 이동(Location: L)
기어 다니기, 걷기, 독립적인 외출 및 이동 등을 평가한다.

③ 작업(Occupation: O)
단순한 놀이 행동, 장난감 사용에서부터 성인으로서 전문성, 독립성, 책임감을 요하는 작업수행능력 등을 평가한다.

④ 의사소통(Communication: C)
간단하고 관습적인 제스처, 언어적 의사소통, 문자 등 매체를 사용한 수용성, 표현성 의사소통능력을 평가한다.

⑤ 자기관리(Self-Direction: SD)
돈의 용도를 인식하고 사용하는 능력, 구매, 경제적 자립 준비, 책임 있고 분별력 있는 행동, 독립성과 책임감 등을 평가한다.

⑥ 사회화(Socialization: S)
사회화 활동, 사회적 책임, 현실적 사고 등을 평가한다.

틱장애를 평가하는 척도

① 예일 틱증상 평가척도(Yale Global Tic Severity Scale: YGTSS)

- 예일 틱증상 평가척도는 숙련된 임상가가 다양한 정보원과의 반구조화된 면담 후 작성할 수 있도록 되어 있어 자가평가 설문지와 직접관찰 평가의 장점을 살리면서 각 평가방법의 취약점을 보완할 수 있다.
- 임상가는 환자의 가족 또는 환자와의 반구조화된 면담을 통해 임상적 평가 1주 전에 관찰된 틱증상의 양상 및 해부학적인 분포에 대해 물어본 후, 이를 준비된 '틱증상 목록(Tic inventory)'에 기록한다. 틱증상 목록을 지침으로 반구조화된 면담을 마친 후 임상가는 다섯 가지의 분리된 차원에 대해 운동틱과 음성틱을 평가한다.
- 각 차원에 대해서는 6점의 순위척도가 사용되며, 각 척도에는 구체적인 설명과 적당한 예가 포함되어 있다. 운동틱과 음성틱은 다섯 가지 차원에 대해 동일한 순위척도를 적용하여 평가하며, 틱으로 인한 장해에 대해서는 분리된 척도로 평가하도록 되어 있다.

② 홉킨스 운동/음성틱 척도

- 홉킨스 운동/음성틱 척도(The Hopkins motor/Vocal tic scale)는 10cm의 직선으로 된 일련의 대응척도로 구성되어 있으며, 부모와 평가자는 이 직선 위에 틱의 빈도, 강도, 간섭(interference), 손상 정도를 참작하여 각각의 운동틱, 음성틱 증상을 평정한다.
- 환자의 현재 틱을 반영하기 위해 증상 목록이 개별화되고 수정되었는데, 한쪽 직선의 끝은 0점(틱 없음)과 다른 쪽은 10점(매우 심각함)이며 4개의 범위(약함, 보통, 약간 심함, 심함)로 나눌 수 있다.
- 평가자는 일주일 동안 있었던 모든 개개의 틱에 대해 평가하고, 이것에 근거하여 운동틱 및 음성틱 증상에 대한 3개의 최종 점수를 산출한다. 최종점수란 부모 정보에 근거한 평가, 평가자의 관찰에 근거한 평가, 전반적인 평가 점수이다.

PART

02

기초심리상담

01 핵심개념정리

- 상담관계 및 상담윤리
- 내담자 평가 및 슈퍼비전
- 상담과정 및 상담기법
- 단기상담 및 집단상담
- 가족상담
- 기타 주요상담

02 기출기반학습+

01 핵심개념정리

상담관계 및 상담윤리

1 상담의 기능

① 진단적 · 예방적 기능
내담자의 현재 문제와 부적응의 원인을 정확히 진단하고, 이에 대한 적절한 개입과 예방을 위해 노력한다.

② 교육적 기능
내담자가 바람직한 방향으로 행동을 변화시키고 효과적인 문제해결능력을 향상시키기 위해 심리교육을 실시하여 심리적 성장을 촉진한다.

③ 교정적 기능
내담자의 바람직하지 못한 생각과 태도, 행동적 습관들을 수정함으로써 심리적 문제를 해결하도록 조력한다.

④ 치료적 기능
내담자의 문제와 부적응적인 증상을 감소하고 제거함으로써 심리적 장애나 고통이 치유되도록 돕는다.

2 상담의 성과에 영향을 주는 상담자 요인과 내담자 요인

1) 상담자 요인

① 내담자의 이야기를 듣는 데 어려움이 있는 경우
상담자의 말이 많으면 내담자의 말을 들을 수가 없어서 내담자에 대한 탐색이 어렵다.

② 내담자의 침묵에 불안을 느끼는 경우

침묵은 내담자가 자신의 내면과 문제를 탐색하는 대단히 의미 있는 순간이라는 것을 깨달아야 한다. 상담자는 그 침묵을 방해하지 않으면서 내담자에게 어떤 의미가 있는지 다루어야 한다.

③ 서둘러 도움을 주고, 상담효과를 보기 원하는 경우

내담자의 문제가 무엇인지 정확하게 파악되지 않은 상태에서 성급히 도움을 주려는 것은 오히려 내담자에게 방해가 될 수 있다.

④ 내담자의 문제에만 초점을 두는 경우

상담자가 내담자의 문제행동에만 초점을 맞추느라 내담자 전체를 보지 못할 경우 전반적인 이해는 물론 문제해결을 위한 내담자의 강점을 간과해 버리기 쉽다.

⑤ 언제나 동일한 이론을 적용하는 경우

어느 하나의 이론만으로 상담에 임하는 것은 내담자를 폭넓게 이해하고 더 많은 도움을 주는 데 한계가 있다.

⑥ 역전이에 대한 자각 유무

상담자가 역전이를 자각하지 못하면 주관적인 방식으로 내담자를 다루게 되어 상담관계가 제대로 형성되지 않을 수 있다.

⑦ 상담자의 소진

상담자의 소진은 우울감, 고립감, 능률 저하를 가져와 내담자에게 피해를 준다.

2) 내담자 요인

① 상담자에게 강한 전이감정을 보이는 경우

상담자가 내담자의 전이 탐색을 위한 적절한 개입 기회를 놓치지 않도록 하며, 이를 위해 내담자의 전이감정을 이해하고 숙련되게 다루는 방법을 아는 것이 필요하다.

② 상담장면에 대해 저항하는 경우

상담과정에서 내담자가 자기를 탐색하는 작업을 하지 않으려고 하거나, 상담자와의 관계가 안정한지의 여부를 확인하기 위해 상담자를 탐색하게 된다. 상담자는 내담자가 겪는 불안한 마음을 이해하고 그대로 표현하도록 도와야 한다.

③ 상담에 비자발적으로 참여하는 경우

상담자는 상담방법이나 접근에 대해 검토하고, 상담 여부의 결정과 성과는 내담자 자신에게 있음을 일깨워 주어야 한다. 상담자의 공감과 질문은 내담자의 저항과 자발성을 탐색하는 데 도움이 된다.

④ 상담자에게 지나치게 의존하는 경우

상담자는 내담자의 의존을 자신이 어떻게 받아들이고 있는지 살펴보고, 내담자로 하여금 의존하도록 강화하고 있지는 않은지 잘 관찰하고 경계해야 한다.

⑤ 지나치게 말이 많은 경우

상담자는 적절한 순간에 내담자의 말을 멈추고 자신의 생각과 느낌을 전달하거나, 말한 내용을 요약하여 문제의 초점에 맞게 상담을 진행하도록 한다.

⑥ 자신의 감정을 전혀 드러내지 않는 경우

상담자는 내담자가 자신의 감정에 머물러 충분히 느낄 수 있도록 도와야 한다. 이를 위해 상담자는 내담자에 대한 이해와 인내가 필요하다.

3 초기상담 시 내담자의 귀인양식 및 대처유형

① 자조적 유형

내담자가 자신의 문제와 그것의 해결에 대해 책임감을 가지고 있는 내부귀인을 하며, 자신의 역할에 대한 책임감을 가진 상담자에게서 자극을 받고 싶어 하는 자기대처 유형이다.

② 보상적 유형

내담자는 문제에 대한 책임은 없으나, 그 해결은 자신이 해야 한다고 생각하는 외부귀인을 하며, 비록 자신이 일으킨 문제는 아니지만, 문제를 해결하는 과정에서 상담자가 대변인이 되어 도와주기를 바라는 자기대처 유형이다.

③ 의존적 유형

내담자는 문제에 대한 책임을 느끼고 있으나, 그것의 해결에 대한 책임감은 가지고 있지 않은 내부귀인을 하며, 상담자를 구원자로 인식하므로, 상담자가 지속적으로 자신을 돌봐 주기를 바라는 타인대처 유형이다.

④ 의학적 유형

내담자는 자신의 문제나 그것의 해결에 대해 책임감을 가지고 있지 않은 외부귀인을 하며, 상담자를 치료전문가로 인식하므로, 상담자가 자신의 문제에 대한 해결책을 처방해 주기를 바라는 타인대처 유형이다.

4 상담관계에서 중요한 상담자의 태도

① 진실성

상담자의 진실성은 상담자 자신에 대한 충분한 이해를 바탕으로 자신을 솔직하게 인정하는 것을 말한다. 상담자는 내담자를 만날 때 자신의 모습을 가장하지 않아야 하며, 진솔하게 한 인간으로서 자신과 온전히 접촉할 수 있어야 한다.

② 공감적 이해

공감적 이해는 상담자가 내담자의 경험방식으로 내담자의 세계를 경험하고 내담자와 같은 방식으로 생각하고 느낄 수 있도록 노력하는 것을 말한다. 상담자는 내담자의 입장이 되어 그가 가진 감정, 의견, 가치, 이상, 고민, 갈등 등을 그가 처해 있는 여러 상황에서 보고 이해할 수 있어야 한다.

③ 무조건적 긍정적 존중

무조건적 긍정적 존중은 내담자를 판단하지 않고 온전하게 받아들이는 것이며, 내담자가 한 인간으로서 갖는 인간적 약점과 긍정적 측면을 있는 그대로 수용하는 것을 말한다. 이는 내담자의 개인적 자각의 증진을 돕고 지속적으로 성장을 할 수 있는 기회를 제공한다.

④ 적극적 경청

상담자는 내담자에게 관심을 기울여 경청함으로써 내담자가 어렵고 혼란스러운 상황에서 빠져나오도록 하며, 내담자의 문제를 확인하고 적절한 대안을 탐색하도록 돕는다. 적극적 경청은 내담자와의 라포를 형성하는 데 중요하며 언어적, 비언어적 메시지를 통해 전달된다.

⑤ 동기부여하기

상담자는 내담자의 현재 심정을 충분히 표현하게 하고 공감해 주며, 내담자가 자신이 가진 문제를 자발적으로 해결하고자 하는 동기가 있는지 알아보거나 내담자가 상담에 대한 동기를 스스로 찾도록 노력해야 한다.

⑥ 내담자 문제를 정확하게 이해하기

상담에서 중요한 것은 상담자가 내담자의 이야기를 듣고 내담자의 가장 절실한 문제가 무엇 인지를 빨리 파악하여 무엇을 해결하는 것이 더 중요한지를 아는 것이다.

효과적인 상담관계를 위해 고려해야 할 사항

- 상담자의 따뜻함과 민감성: 상담관계는 상담자의 따뜻함과 내담자의 표현을 민감하게 알아차리고 반응해 주는 민감성을 포함한다. 상담가의 이러한 태도는 내담자와 더 깊은 정서관계를 맺게 한다.
- 허용적인 태도와 감정표현: 내담자로 하여금 어떤 감정이라도 자유롭게 표현할 수 있도록 허용하는 것을 포함한다. 도덕적이거나 비판적인 태도를 보이지 않고 수용하고 이해하려는 태도를 통해 내담자는 억압된 자신의 감정과 태도를 표현할 수 있게 된다.
- 행동의 한계: 상담에서는 내담자가 자유롭게 자신의 감정을 표현하도록 하지만 행동의 한계가 있다. 이를 통해 정해진 시간과 회기 내에서 지켜져야 할 사항들이 준수되고, 핵심적인 문제를 검토하고 해결할 수 있게 된다.
- 압력이나 강요의 부재: 상담가는 내담자에게 어떤 종류의 압력을 가하거나 강요하지 않는다. 충고나 조언은 내담자에게 반발심을 갖게 하거나 의존심을 갖게 하고, 진정한 문제해결에 도움이 되지 못한다.

5 상담의 기본원리

① 개별화의 원리
내담자의 개성과 개인차를 이해하고, 이를 고려하여 내담자에 따라 상이한 상담 원리나 방법을 활용해야 한다.

② 의도적인 감정표현의 원리
내담자가 가지고 있는 감정, 특히 부정적인 감정을 자유롭게 표현할 수 있도록 상담자는 온화한 분위기를 조성해 주어야 한다.

③ 통제된 정서적 관여의 원리
상담자는 내담자의 정서변화에 민감하게 반응하는 동시에 중립적이고 객관적인 판단을 위해 감정을 적절히 통제·조절하며 관여해야 한다.

④ 수용의 원리
상담자는 내담자를 하나의 인격체로 존중하고 내담자의 긍정적인 면과 부정적인 면 모두를 있는 그대로 수용하는 태도를 지녀야 한다.

⑤ 비판단적인 태도의 원리
상담자는 내담자의 행동과 태도, 가치관 등을 평가할 때 객관적이고 중립적인 자세로 임해야 한다. 내담자의 잘못이나 문제에 대하여 나무라거나 질책하는 것, 책임을 추궁하는 행동은 삼가야 한다.

⑥ 자기결정의 원리
상담자는 스스로 결정하고 선택하려는 내담자의 자기결정을 존중하며, 이에 따라 문제

를 해결할 수 있도록 도와야 한다.

⑦ 비밀보장의 원리
상담과정에서 알게 된 내담자의 정보와 상담자와 내담자 간의 대화내용은 반드시 비밀을 보장해 주어야 한다. 단, 비밀보장의 예외상황인 경우 내담자의 동의를 얻어 내담자가 노출되어 피해가 가지 않도록 최소한의 정보들을 신중하게 공개해야 한다.

비밀보장 예외상황

- 내담자가 자신과 타인에게 위해 행동을 할 위험이 있을 경우(예: 학대, 폭행, 살인 등)
- 내담자 자신이 타인의 위해 행동의 피해자인 경우
- 내담자가 자살시도와 같은 생명의 위험이 높을 경우
- 범죄 및 법적인 문제와 연루되어 있을 경우
- 내담자에게 위해한 감염성 질병이 있는 경우

6 상담의 일반적인 윤리적 원칙

① 자율성(autonomy): 타인의 권리를 해치지 않는 한 내담자가 자신의 행동을 선택할 권리가 있음을 의미한다.
② 선행(beneficience): 내담자와 타인을 위해 선한 일을 하는 것을 의미한다.
③ 무해성(nonmaleficence): 내담자에게 해를 끼치는 행동을 하지 않는 것을 의미한다.
④ 공정성(justice, fairness): 모든 내담자는 평등하며, 성별과 인종, 지위에 관계없이 공정하게 대우받아야 한다.
⑤ 충실성(fidelity): 상담자는 내담자에게 믿음과 신뢰를 주며 상담관계에 충실해야 한다.

7 상담자와 내담자의 관계적 측면에서 고려해야 할 윤리적 행동지침

① 상담자는 자신의 개인적인 욕구가 내담자에게 어떠한 영향을 미치는지를 명확히 자각하고 있어야 한다.
② 상담자는 내담자의 복지에 대한 책임이 있으며, 자신의 욕구충족을 위해 내담자를 이용해서는 안 된다.
③ 상담자는 치료적 관계를 명백히 해칠 수 있는 내담자와의 어떠한 다른 관계(예: 금전적 관계나 성적 관계 등)를 가져서는 안 된다.
④ 상담자는 내담자의 비밀을 보장해야 하며, 상담관계에 부정적인 영향을 미칠 수 있는

다른 문제들에 대해 내담자에게 알려야 한다.

⑤ 상담자는 자신의 태도, 가치관 등이 상담관계 및 내담자에게 어떠한 영향을 미치는지를 인식하고 있어야 한다.

⑥ 상담자는 상담 목표 및 절차 등을 비롯하여 상담관계를 시작함으로써 내담자에게 닥칠지도 모르는 위험, 상담결정을 내리기 전에 고려해야 할 요인들에 대해 미리 내담자에게 알려 주어야 한다.

⑦ 상담자는 자신의 한계를 명확히 알고 있어야 하며, 내담자에게 적절한 도움을 제공하기 어렵다고 판단하는 경우, 지도 감독자의 도움을 받거나 다른 상담자에게 의뢰해야 한다.

⑧ 상담자는 상담과정에서 자신이 내담자에게 모델이 될 수 있음을 알아야 하며, 따라서 자신의 생활에서 내담자에게 영향을 미칠 수 있는 일이나 행동을 인식하고 있어야 한다.

8 심리상담의 윤리강령 기본지침

① 비밀유지

내담자가 털어놓은 사적인 문제와 상담관계에서 나눈 상담내용은 내담자의 요청이 있는 경우를 제외하고 타인에게 노출해서는 안 된다. 상담자가 비밀을 보장할 수 없는 예외상황을 제외하고는 비밀을 꼭 지켜야 한다.

② 유능성

상담자는 내담자가 어려움을 해결할 수 있도록 전문적인 도움을 주어야 하므로 능력을 갖추고 있어야 한다. 상담사는 자신의 강/약점, 자신이 가지고 있는 기술과 그것의 한계에 대해 자각하여야 하며, 이를 보완하기 위하여 지속적인 교육수련으로 최신 기술을 습득하고 사회의 변화에 민첩하게 대응할 수 있어야 한다.

③ 전문적 한계

상담자는 전문적인 책임감과 기술을 가지고 내담자를 조력해야 하는데, 자신의 능력과 전문자로서 자격 이상의 부적절한 조력활동을 해서는 안 된다. 상담자는 자신의 전문적 한계를 인식하고 내담자에게 효과적인 조력을 할 수 없는 경우, 다른 상담자에게 내담자를 의뢰해야 한다.

내담자 의뢰사유와 관련된 쟁점

- 상담자가 내담자의 문제를 어떻게 다뤄야 할지 모르는 경우
- 상담자가 특정영역(예: 중독, 자살, 성 관련 상담 등)에서 경험이 충분하지 못한 경우
- 상담자가 내담자를 돕기 위한 필수적인 기술들을 가지고 있지 않은 경우

- 상담자가 내담자와의 관계가 초기상담관계에 고착된 경우
- 상담자가 내담자의 긍정적인 변화를 성취하는 데 필요한 역량의 한계를 보이는 경우

④ 이중관계

상담자는 내담자와의 상담관계에 영향을 줄 수 있는 다른 사적관계(이중관계)를 피해야 한다. 상담자가 내담자의 친구, 가족, 친인척 등인 경우에 이러한 관계가 상담의 성과에 영향을 줄 수 있다고 판단되면, 다른 상담자에게 내담자를 의뢰해야 한다.

피해야 할 이중관계의 예

- 사제관계이면서 동시에 사적 친밀관계인 경우
- 사제관계이면서 동시에 치료자-내담자/환자 관계인 경우
- 같은 기관에 소속되어 사제관계, 고용관계, 또는 상하관계에 있으면서 기관 내의 치료자-내담자/환자에 대한 지도감독의 대가로 직접 금전적 관계를 형성하는 경우
- 치료자-내담자/환자 관계이면서 동시에 사적 친밀관계인 경우
- 내담자/환자의 가까운 친척이나 보호자와 사적 친밀관계를 가지는 경우
- 기타 업무수행의 공정성을 저해할 가능성이 있거나 착취를 하거나 피해를 입힐 가능성이 있는 경우

⑤ 성적 관계

상담자는 상담관계 중에 있는 내담자와 어떤 형태의 성적 관계도 가져서는 안 된다. 이전에 성적 관계를 가졌던 사람을 내담자로 받지 말아야 하며, 한국임상심리학회 윤리규정에 따르면 상담관계가 종결된 이후 3년 동안 내담자와 어떠한 성적 친밀성도 맺지 말 것을 규정하고 있다.

한국임상심리학회 윤리강령: 상담 및 치료 관련 윤리

〈제7장 치료 관련 윤리〉

제60조 치료절차에 대한 설명과 동의

1. 심리학자는 내담자/환자에게 치료의 본질과 치료절차를 알려 주고 동의를 얻어야 한다. 이때 치료비, 비밀유지의 한계 및 제3자의 관여 등에 대한 설명도 있어야 한다.
2. 치료에서 위험요인이 있을 때는 그 사실과 다른 대체 치료방법에 대한 설명도 하여야 한다.
3. 이에 더하여 심리학자는 내담자/환자에게는 그 사람의 능력에 맞게 치료에 관하여 설명하여야 하며 치료에 대한 동의를 구하여야 한다.
4. 심리학자는 내담자/환자의 선호와 최상의 이익을 고려해야 한다.

제61조 집단치료

집단치료 서비스를 하는 경우, 심리학자는 치료를 시작할 때 모든 당사자의 역할과 책임 그리고 비밀유지의

한계에 대하여 설명한다.

제62조 내담자/환자와의 성적 친밀성

1. 심리학자는 치료적 관계에서 내담자/환자와 어떤 성적 관계도 허용되지 않는다.
2. 심리학자는 내담자/환자의 보호자, 친척 또는 중요한 타인과 성적 친밀성을 가져서는 안 된다.
3. 심리학자는 과거 성적 친밀성을 가졌던 사람을 내담자/환자로 받아들이지 않아야 한다.
4. 심리학자는 치료 종결 후 적어도 3년 동안 자신이 치료했던 내담자/환자와 성적 친밀성을 가지지 않아야 한다. 그러나 가능하면 치료 종결 3년 후에라도 자신이 치료했던 내담자/환자와 성적 친밀성을 가지지 않는다.

제63조 치료의 중단

심리학자는 자신의 질병, 죽음, 연락 두절, 전근, 퇴직 또는 내담자/환자의 이사나 재정적인 곤란 등과 같은 요인으로 심리학적 서비스가 중단될 경우에 대비하여, 내담자/환자에 대한 최상의 복지를 고려하고, 법적인 범위 안에서 이후의 서비스를 계획해 주는 적절한 조처를 취하는 노력을 하여야 한다.

제64조 치료 종결하기

1. 심리학자는 내담자/환자가 더 이상 심리학적 서비스를 필요로 하지 않거나, 계속적인 서비스가 도움이 되지 않거나 오히려 건강을 해칠 경우에는 치료를 중단한다.
2. 심리학자는 내담자/환자 또는 내담자/환자와 관계가 있는 제3자의 위협을 받거나 위험에 처하게 될 경우에는 치료를 종결할 수 있다.

제65조 다른 기관에서 서비스 받고 있는 사람에게 서비스 제공하기

다른 곳에서 정신건강 서비스를 받고 있는 사람에게 서비스를 제공할 것인지를 결정할 때, 심리학자는 치료의 쟁점과 내담자/환자의 복지에 대해 심사숙고해야 한다. 이러한 문제들과 관련하여 혼란과 갈등이 발생할 위험을 최소화하기 위해 심리학자는 내담자/환자 자신 또는 내담자/환자를 대신하여 법적인 권한을 부여받은 사람과 이러한 문제들에 대해 논의하고, 가능하다면 내담자/환자가 서비스를 받고 있는 다른 서비스 제공자의 자문을 구하면서 치료적 쟁점들을 주의 깊고 세심하게 처리한다.

제66조 치료에 관한 기록

1. 심리학자는 심리학적 서비스에 관한 기록을 최소한 10년 이상 보관하여야 한다.
2. 심리학자는 내담자/환자가 동의할 경우 다른 심리학자에게 치료기록이나 기록의 요약을 넘길 수도 있다.
3. 심리학자가 퇴직하거나 개인 개업을 중단할 경우에는 보관기간을 고려하여 기록을 없애고, 내담자/환자가 동의할 경우에만 기록을 후임 심리학자에게 넘길 수 있다.
4. 심리학자는 권리가 손상되지 않을 경우 치료의 종결 시점에서 내담자/환자가 희망할 경우 기록을 보게 할 수도 있다.

제67조 치료비

1. 심리학자와 내담자/환자는 가능한 빨리, 치료비 관련 문제에 대해 논의하고 합의한다.
2. 심리학자는 치료비에 대하여 허위 진술을 하지 않는다.
3. 재정적인 한계로 인하여 서비스의 한계가 예상될 경우, 이 문제를 내담자/환자와 가능한 빨리 논의한다.
4. 내담자가 동의했던 서비스에 대한 치료비를 지불하지 않을 경우나 심리학자가 치료비를 받아 내기 위하여 법적인 수단을 이용하려고 하는 경우, 심리학자는 그러한 수단이 취해질 것임을 내담자에게 먼저 통지하여 신속히 지불할 기회를 준다.

내담자 평가와 슈퍼비전

1 심리상담 시 주요 평가내용

① 도움을 청하는 직접적인 이유

상담자는 내담자가 도움을 청하는 직접적인 이유가 무엇인지, 왜 지금 문제가 되는지, 현재 문제로 인해 어떤 증상이 있는지를 구체적으로 파악해야 한다. 다양한 질문 등을 통해 내담자가 도움을 필요로 하는 동기가 무엇인지를 보다 명료하게 탐색한다.

② 현재 문제의 발생배경

상담의 목적을 파악한 후에는 문제의 발생배경을 확인하여야 증상을 보다 명확하게 이해할 수 있다. 내담자의 배경을 확인하는 것은 문제에 대한 내담자의 주요 정보나 분명하지 않은 정보를 탐색하는 데 유용하다.

- 문제는 언제, 어떻게 발생하게 되었는가?
- 내담자는 현실적으로 어떤 상황에 처해 있는가?
- 문제가 발생하게 된 환경적 · 내적 요인은 무엇인가?
- 문제가 발생하고 나서 그것을 해결하고자 어떤 노력을 해 왔는가?
- 왜 해결할 수 없었는가?

③ 상담동기의 평가

상담을 통해 자신을 힘들게 하는 심리적인 문제를 해결하고자 하는 내담자의 의지와 동기를 확인하는 작업이 필요하다. 자발적인 참여의 경우 상담에 대한 기대와 동기를 가지고 있으나, 비자발적인 경우에는 현재의 심리상태를 이해하고 수용해 주는 것이 우선되어야 한다.

④ 환경적 특성

내담자의 문제를 내담자가 처한 환경적 특성을 살펴보면 더 정확히 파악할 수 있다. 환경적 특성으로는 가정환경, 또래 및 동료 환경, 학교 또는 직업 환경, 지역사회 환경 등이다.

⑤ 심리상태 평가

상담자는 내담자의 외모, 태도, 운동기능 및 활동 수준, 의식기능, 정서상태, 기분, 언어, 사고의 내용과 과정, 지각, 지적 기능, 자기인식, 통찰과 판단력, 약물 남용과 중독, 자신 및 타인 위해 가능성 등을 구체적인 면담이나 심리검사를 통해 면밀히 평가한다.

심리상태 평가영역

- 전반적인 인상: 상담자는 내담자의 전체적인 모습, 즉 외모, 태도, 운동기능 및 활동 수준, 의식기능 수준 등에 대한 인상을 형성한다.
- 현 상황에 대한 지각: 현 상황에 대한 지각이란 주변 환경에 대한 개인의 일반적인 자각 수준을 의미한다. 내담자가 자신과 주변 환경에 대한 자각을 어떻게 유지하고 있는지를 평가한다.
- 감정과 기분: 상담자는 감정의 네 가지 주요 특성, 즉 적절성, 강도, 유동성 및 범위를 평가한다.
- 사고의 내용과 과정: 상담가는 내담자 사고의 주요 특성을 평가한다. 사고의 내용이 얼마나 실제에 가까운지, 사고를 얼마나 조절할 수 있는지, 사고가 얼마나 조직적인지에 대해 평가한다.
- 지각: 청각이나 시각적 환각 등의 증상이 있는지 유의해야 한다. 내담자에게 환각증상이 있다는 암시가 보이면 질문을 통해 내담자의 지각상태를 확인할 수 있다.
- 지적 기능: 지적 기능의 손상은 내담자가 기본적인 생활을 유지하는 데 필요한 능력에 영향을 줄 수 있다. 기억력 문제, 은유나 추상화 등에 대한 이해 부족, 낮은 언어능력 등은 지적 기능 저하를 나타내기에 주의 깊게 평가한다.
- 자기인식: 내담자가 자아정체감이나 자기인식을 어떻게 유지하고 있는지, 정체감의 혼란 등의 여부에 대해 평가한다.
- 통찰 기능과 판단력: 통찰은 내담자가 자기 자신과 자신의 상황 및 곤경에 처하게 된 자신의 책임을 얼마나 이해하는가와 관련된다. 통찰수준을 평가하려면 내담자가 자신의 문제를 얼마나 포괄적이고 이해할 수 있게 설명하는지 유의해야 한다.
- 약물 남용과 중독: 약물 남용에 대한 습관은 모든 형태의 언어적, 비언어적 행동에 영향을 줄 뿐만 아니라 의식, 정서, 행동 영역에 영향을 준다. 상담자는 내담자 행동의 약물 영향 가능성을 염두에 두어야 한다.
- 자신과 타인을 해칠 위험: 상담자는 내담자가 자신이나 타인에게 위험한 일을 할 개연성이 있는지 알고 있어야 한다. 자살시도와 같은 자신을 해칠 가능성이 있는지, 타인을 해칠 폭력행동의 위험성이 높은지에 대해 유의해야 한다.

⑥ 내담자의 장점

상담자는 내담자가 심리적인 문제가 있어 찾아왔지만 해당 문제만 있는 것이 아니라 장점이 있다는 것을 발견하여 알려 주는 것이 필요하다. 상담자는 내담자의 자원을 찾아내어 상담과정에서 활용하고 촉진할 수 있어야 한다.

2 상담 시 심리검사 활용의 이점

① 정보제공

상담장면에서 심리검사를 사용하는 것은 내담자가 지니고 있는 문제의 윤곽을 보다 손쉽게 파악할 수 있게 함으로써 내담자의 문제 해결에 도움을 줄 수 있다. 이에 내담자의 주 호소문제, 상담을 통해 밝혀진 내용, 초기 면접과 심리검사에서 밝혀진 정보의 통합은 매우 중요하다.

② 자기탐색 촉진

내담자는 심리검사에 대한 자신의 반응과 결과의 해석과정을 통해 자기 문제를 탐색하는 데 도움을 얻을 수 있다. 심리검사 결과는 자기탐색의 동기를 촉진할 뿐만 아니라 문제를 분명하게 하고 자기인식을 증진시키는 데 도움이 된다.

③ 적절한 상담기법의 선정

심리검사를 통해 내담자의 성격 특성, 상황 조건, 호소문제의 성질과 정도 등이 파악되면 적절한 상담기법을 선정하여 적용할 수 있다. 심리검사 결과를 통해 심리상담 유형과 기법이 특정될 수 있으며 주 호소문제의 정도가 현저하고 현실검증력이 손상되었을 경우 약물치료가 필요할 수도 있다.

④ 상담결과의 평가

심리검사는 상담과정 중의 변화나 상담결과를 객관적으로 평가해 주는 도구로 사용할 수 있다. 또한 내담자가 자신이 어느 정도 변화되었는가를 살펴보고자 할 때도 변화 정도를 막연하게 설명하는 것보다 심리검사를 활용하는 것이 객관적인 변화의 정도를 이해하는 데 도움이 된다.

상담에서 내담자 평가를 위한 면담 시 유의점

- 심리평가의 사유: 평가면담을 통해 의뢰사유, 부적응 문제, 환경 및 생활 상황에 관한 정보를 수집해야 한다. 특히 심리평가를 받게 된 직접적인 이유를 확인하여 주된 문제와 증상을 파악하여야 한다.
- 발달사적 정보: 평가면담을 통해 개인의 발달사적 정보(개인의 발달력, 가족력, 학업 및 직업력, 의학력, 사회적 관계 등)를 수집하고, 이러한 정보와 내담자(환자)의 주 호소와의 관련성을 검토한다.

3 상담면접의 종류

① 발달 상담면접은 개인의 발달문제에 초점을 두고, 내담자의 독립과 자기 이해 및 수용을 목표로 한다.

② 문제 중심의 상담면접은 일상생활에서 경험하고 있는 문제에 초점을 두고, 문제에 대한 정의를 명확하게 하고 목표행동을 설정한다.

③ 의사결정 상담면접은 특정한 의사결정을 하는 데 초점을 두고, 의사결정을 하는 데 방해요인이 있는지 확인하고 다루어 준다.

④ 위기 상담면접은 경험하고 있는 엄청난 갈등에 초점을 두고, 자살 위험성, 내담자의 보호요인 등에 대한 즉각적 판단이 필요하다.

4 상담 슈퍼비전의 목적

① 상담을 위한 개인적인 지지체계를 제공한다. 슈퍼비전은 상담에서 발생하는 다양한 어려움들을 극복할 수 있도록 해 준다.

② 상담자로 하여금 인식하지 못했던 다른 일들을 탐지할 수 있게 해 준다. 상담자가 상담을 하면서 동시에 객관성을 유지하는 것은 쉽지 않기에 슈퍼비전을 통해 이전에 인식하지 못한 다양한 자기인식을 돕는다.

③ 상담 슈퍼비전은 상담자로 하여금 더 많은 학습을 위한 중요한 토론과 비판의 장을 제공하는 동시에 상담자의 전문적 능력발달 증진을 돕는다.

5 할로웨이(Holloway)의 체계접근 모델에 의한 슈퍼비전의 기능

① 상담자가 상담기술을 적용하고 수행하는 데 대해 조정하고 평가하는 기능을 한다.

② 교사-학생의 관계처럼 지도와 충고를 하는 기능을 한다.

③ 전문가 행동모델로서 상담자에게 영향을 미치는 본보기의 기능을 한다.

④ 질문과 의견 제시를 통해 상담자에게 임상적/전문적 상황의 문제를 해결하도록 촉진하며, 직면한 이슈들에 대해 자문하는 기능을 한다.

⑤ 공감적 주의, 격려, 건설적 직면을 통해 상담자에게 어려움을 극복하고 자신감을 가지도록 하며, 전문성을 발달시키도록 지지와 공유를 해 주는 기능을 한다.

6 체계적 슈퍼비전 모델(Systems Approach to Supervision: SAS)의 슈퍼비전 과제

슈퍼비전 과제란 상담자로서 역할을 수행하는 데 필수적으로 요구되는 전문적 지식이라고 볼 수 있다. SAS에서는 슈퍼비전에서 요구되는 전문적 지식으로 상담기술, 사례개념화, 전문적 역할, 정서적 자각, 자기평가의 다섯 가지 과제를 구체적으로 제시하였다.

① 상담기술

상담자가 상담과정에서 나타내는 상담기법을 말하며, 구체적인 상담기술과 상담기법의 사용이 포함된다.

② 사례개념화

내담자의 심리사회적 역사, 현재의 호소문제에 대한 이해, 상담자 자신이 갖는 인간 발달과 변화에 대한 신념에 기초하여 다양한 내담자 유형에 적용 가능한 개념적 틀을 갖는 것을 말한다.

③ 전문적 역할

슈퍼바이지가 내담자를 돕기 위해 적절하게 외부 자원을 활용할 수 있는 전문가로서의 역할을 하는 데 전문적이고 윤리적 원리를 적용하는지, 적절한 기록 관리나 상담절차를 따르는지, 전문가들과 관계를 적절하게 맺고 슈퍼비전 관계에 적절하게 참여하는지 등을 포함한다.

④ 정서적 자각

내담자와의 관계, 슈퍼비전 관계에 영향을 미치는 자신의 느낌, 사고, 행동에 대해 슈퍼바이지가 스스로 알아차리는 것을 말한다. 슈퍼바이지의 심리내적 자각과 대인관계적 자각 모두가 포함된다.

⑤ 자기평가

내담자와의 상담과 슈퍼비전에서 기꺼이 자신의 능력의 한계를 인식하고 스스로 평가하고자 하는 노력을 말한다.

7 카두신(Kadushin)의 슈퍼비전의 기능

① 교육적 기능

효과적인 직무수행을 위해 필요한 지식과 기술을 제공하고 전문적 자아발달을 도모하는 것이다. 전문적 능력향상을 통해 상담사의 업무능력을 개선하고, 전문직업적 정체성을 확립하도록 돕는다.

② 지지적 기능

상담사가 능률적으로 업무를 수행할 수 있도록 심리적 자원을 제공하는 것이다. 즉, 실무수행을 방해하는 스트레스 감소, 사기진작을 통한 업무수행 동기를 증대시켜 직무만족도를 높이는 것을 의미한다.

③ 행정적 기능

직무를 효과적으로 수행할 수 있도록 환경을 구조화하고 필요한 자원을 제공한다. 즉, 내담자를 돕는 과정에서 윤리적 · 전문적인 서비스 체계에 따라 상담사가 효율적으로 자원을 활용할 수 있도록 돕고 필요한 지식과 기술을 적용할 수 있도록 조력한다.

상담 슈퍼비전의 윤리적 문제

- 슈퍼바이저(supervisor)의 불성실: 슈퍼바이저(Supervisor)가 효과적으로 슈퍼비전을 수행하기 위해서는 슈퍼비전에 앞서 수련생이 작성한 상담 자료 및 상담 녹취록을 면밀하게 검토하는 것이 필요하다. 이를 성실하게 수행하지 않은 상태에서 슈퍼비전에 임하는 것은 수련생과 슈퍼바이저의 관계를 악화시키는 요인이 된다.
- 수련생(supervisee)에게 부적절한 사례 배정: 수련생이 개입하기 어려운 내담자 위기개입 사례, 정심병리의 정도가 심한 경우, 법률적 쟁점이 되는 사례 등을 배정할 경우 내담자에게는 적절한 치료적 개입을 제공하지 못할 뿐만 아니라, 수련생에게도 내담자에게 적절한 도움을 주지 못했다는 윤리적 갈등이 초래될 수 있다.
- 슈퍼바이저와 수련생 사이의 갈등: 슈퍼바이저와 수련생의 관계에서 갈등이 발생할 수 있다. 이 경우 수련생에게 부정적인 감정이 표출되거나 불성실한 지도 등으로 인해 수련 전반에 어려움이 가중될 수 있다.
- 부적격 상담 수련생 가려내기: 슈퍼비전을 하다 보면 상담을 하기에는 기본적 자질이 부족하다고 판단되는 수련생이 있을 수 있다. 이 경우 구체적 윤리조항이 명시되어 있지 않아 후속조치를 취하기 어려울 수 있다.
- 슈퍼바이저의 낮은 윤리적 민감성: 슈퍼비전을 행하는 전문가가 윤리 전반에 대해 숙지하지 못할 경우, 수련생에게 역할모델이 되어 주거나 윤리강령을 인식하도록 도움을 줄 수 없다.
- 슈퍼바이저와 수련생의 이중관계: 슈퍼바이저와 수련생이 이중관계를 형성하여 개인상담이 진행되거나 그 외 기타 윤리적 쟁점이 될 수 있는 관계를 형성해서는 안 된다.

8 슈퍼비전에서 역전이 다루기

① 슈퍼비전에서 역전이를 다루는 것은 매우 중요하며, 슈퍼바이지가 내담자와의 관계에서 나타난 역전이 반응과 관련된 개인적 반응 및 관련 요소들을 검토하고 도움을 제공한다.

② 슈퍼비전에서 슈퍼바이지의 개인적 주제가 표면화되었을지라도 슈퍼비전을 받는 사례에 대한 특정 상호작용 과정에 주의를 기울이고 그러한 내용을 사례 중심으로 고려해야 한다.

③ 슈퍼비전에서 개인적 갈등을 탐색하여 촉진하는 것은 슈퍼비전 동맹관계를 손상시키기에, 전문가로서의 성장을 방해받는다고 판단되면 개인 분석을 추천한다.

9 슈퍼바이저의 역할과 기능

① 교사 역할: 슈퍼바이저는 슈퍼비전을 통해서 슈퍼바이지에게 사례를 파악하고 이해하는 데 필요한 사례개념화, 상담기법, 상담목표 수립 등에 대해서 함께 토의하고 필요한 경우, 이를 교육한다.

② 자문가 역할: 슈퍼바이저는 슈퍼비전 과정에서 발생되는 다양한 자문요구에 적절히, 효과적으로 대응하여야 한다. 자문을 요하는 쟁점들은 다양할 수 있으며(사례 종결 여부 판단, 내담자 위험성 대처, 내담자와의 관계 등) 해당 질문들이 해소될 수 있도록 돕는다.

③ 치료자 역할: 슈퍼바이저는 상담과정 중에 발생될 수 있는 다양한 문제들을 검토하고 도움을 준다. 슈퍼바이지가 상담과정 중에 내담자가 전달하는 내용이나 반응을 잘 파악하지 못하거나 자신의 개인적 문제로 인해 발생되는 역전이 등의 발생 시 자기탐색을 할 수 있는 치료적 기회를 제공한다.

④ 평가자 역할: 슈퍼바이저는 여러 가지 이유로 인해서 슈퍼바이지를 평가하는 입장에 놓인다. 슈퍼바이지가 전문가로서 발달하는 과정과 수준을 수시로 평가하여야 하는데, 그 주요 평가 내용은 슈퍼바이지의 발달 수준, 장점과 약점, 전문가 역량, 개인적 문제 등이 될 수 있다.

⑤ 멘토 역할: 슈퍼바이저는 슈퍼바이지의 멘토 역할을 통해 전문적인 발전을 할 수 있도록 돕는다. 슈퍼바이저는 자신이 그러한 입장에 있음을 인식하여 슈퍼바이저에게 바람직한 역할 모델이 될 수 있도록 노력하여야 한다.

효과적인 슈퍼비전을 위한 피드백 지침

슈퍼바이지 개인의 성장이나 슈퍼비전 관계에 긍정적으로 기여할 수 있는 평가나 피드백에 대한 지침을 요약하면 다음과 같다.

- 피드백은 체계적이고 객관적이며 정확해야 한다. 일반적인 기술은 도움이 안 되기에 구체적이고 실제적인 피드백을 제공한다.
- 피드백은 슈퍼바이지가 명확히 이해할 수 있도록 제시한다. 모호한 표현으로 피드백하면 다른 해석을 하거나 충분한 내용 전달이 안 될 수 있다.
- 적절한 시기에 피드백을 한다. 상담을 마친 직후가 가장 좋고 필요시 녹음 등의 방법을 활용하면 도움이 된다. 피드백 시기가 지연되지 않도록 주의한다.
- 피드백은 상호적이며 지속적이어야 한다. 슈퍼바이저나 슈퍼바이지가 상호 자유롭게 원하는 것을 전달할 수 있다면 서로 유익한 시간이 될 수 있다.
- 피드백은 다양한 대안 중 하나일 수 있다. 특히 상담을 진행하는 방법, 전략 등은 다양할 수 있기 때문에 슈퍼바이저가 주는 피드백만이 유일한 방식인 것처럼 제시되지 않도록 한다.

10 상담자가 상담실습을 지도할 때 일반적인 원칙

① 실습자가 실습목적을 어느 정도 성취하고 있는가를 정기적으로 확인한다.

② 실습자에게 실습활동보고서를 주기적으로 제출하도록 요구하여 실습자의 활동현황, 실습과 주제별 내용 및 결과를 점검한다.

③ 실습자에게 어떤 특정 이론이나 역할에 편중되도록 하는 영향을 주지 않는다.

④ 실습자로 하여금 내담자에게 보다 효과적인 협조자가 될 수 있도록 자기발전을 자극/격려한다.

⑤ 실습자와의 지도관계에서 실습자가 건설적인 비판과 평가를 수용하도록 안내한다.

⑥ 실습자에게 상담자 윤리강령의 중요성을 인식시키며, 이를 준수하도록 지도한다.

상담과정 및 상담기법

1 상담의 초기 · 중기 · 종결 단계 과정

① 초기 단계

- 상담자와 내담자 간에 라포를 형성한다.
- 상담자는 내담자의 문제를 파악하고, 문제가 발현하게 된 요인들을 이해해야 한다.
- 상담자는 내담자에게 상담에 대한 정보를 알려 주고, 목표를 설정한다.

② 중기 단계

- 상담의 중기 단계에서는 목표를 달성하기 위한 구체적인 시도들이 전개된다. 내담자의 문제들에 대한 해결이 시도된다는 점에서 '작업 단계' 또는 '문제해결 단계'라고도 불린다.
- 구체적인 문제해결의 방법은 내담자가 가진 심리적인 문제의 성질이나 유형에 따라 크게 달라진다.
- 상담자는 내담자의 호소문제를 해결하는 데 적합한 상담방법들을 동원해야 한다.
- 이 단계에서 내담자에게 저항이 일어난다면, 상담자는 내담자의 저항의 이유를 정확히 파악하고 그에 대한 적절한 대책을 세워야 한다.

③ 종결 단계

- 성공적인 중기 단계를 거쳐 목표를 달성하는 단계이다. 그러나 종결 단계가 곧 상담이 끝나는 것을 의미하지는 않는다. 내담자가 기존에 경험했던 어려움을 해결했다고 하더라도, 문제가 재현되거나 새로운 문제에 부딪힐 수 있다.
- 상담자는 내담자가 상담 종결 후에 경험할 수 있는 여러 가지 문제들에 대해 대처해 나갈 수 있도록 미리 준비시켜야 한다. 이에 상담자는 문제를 대처할 수 있는 다양하고 구체적인 방법들에 대해 잘 알고 있어야 한다.

심리상담의 일반적 단계

- 초기 단계: 라포 형성, 내담자 문제파악, 문제의 발생요인 이해, 상담 정보제공 〈목표설정 단계〉
- 중기 단계: 구체적인 문제해결 방법과 적절한 대책 마련 〈문제해결 단계〉
- 종결 단계: 종결문제 대비, 종결 후 과정에 대처하기 위한 다양한 방법 안내 〈목표달성 단계〉

2 상담의 초기 단계의 주요내용

① 상담관계의 형성

상담자와 내담자 간에 서로 신뢰로운 관계를 형성하는 것은 상담 효과에 영향을 미친다. 내담자가 상담자를 신뢰할 수 있기 위해서는 상담자가 내담자에게 일관된 관심을 보이고 공감하며 민감하게 반응하여야 한다. 상담 초기에 이루어지는 관계 형성은 이후 상담과정의 촉진적인 과정을 이끌며 내담자의 변화와 성장을 돕는 데 기반이 된다.

② 내담자의 이해와 평가

상담 초기 단계에서 상담자는 내담자가 상담을 받으러 온 이유와 내담자의 개인적 특성과 관련된 정보를 수집하고 분류하여 내담자가 자신의 문제를 정의하고 명료화할 수 있도록 돕는다.

상담 초기 내담자 이해와 평가를 위한 주요내용

- 내담자의 현재 문제 파악: 상담자는 내담자의 문제나 어려움이 무엇인지를 명확하게 파악해야 한다. 문제를 정확하게 평가하기 위해서는 무엇보다 내담자로부터 많은 자료를 수집하여야 한다(내담자의 현실지각력, 현실에 대한 반응, 내적 고통, 갈등 문제들과의 형성과정 등).
- 지금 도움이 필요한 이유: 상담자는 내담자가 도움을 필요로 하는 구체적인 이유와 왜 지금 그런 도움을 필요로 하는지를 분명하게 확인해야 한다. 또한 내담자가 외부의 압력에 의해 왔는가 혹은 자발적으로 찾아왔는가에 따라 상담에 임하는 태도가 다를 수 있으며, 이러한 기준을 통해 상담자는 내담자가 어느 정도 상담을 해 나갈 수 있는지를 평가하고 이해할 수 있기 때문이다.
- 내담자 스스로의 문제진단: 상담자와 내담자가 상담목표를 수립하기 위해서는 내담자가 무엇이 해결되기를 바라는지, 어떤 변화를 바라는지를 명확하게 확인하는 것이 중요하다.
- 행동관찰: 내담자는 반복적으로 학습된 전형적인 행동패턴을 상담장면에서 드러내기에 내담자 행동에 대한 관찰은 개인이 가지고 있는 심리적 어려움과 문제의 근원을 더 잘 이해할 수 있다. 단, 내담자의 행동을 이론적으로 해석하거나 행동의 의미를 직면시키기보다 행동의 의미를 파악하는 데 초점을 둔다.
- 정보의 기록: 초기 상담에서 수집된 정보들은 구조화되고 기록되어야 한다. 내용을 기록해 두는 것은 내담자의 문제를 보다 잘 이해하게 할 뿐만 아니라 그 내용을 언제라도 참고할 수 있는 장점이 있다.

③ 상담의 구조화

상담의 구조화는 상담을 전체적으로 안내하는 과정이다. 내담자가 상담에 대해 어떻게 생각하고 있는지, 상담이 무엇인지를 분명하게 설명함으로써 내담자와 상담자 간에 상담에 대한 기대를 맞추어 나간다. 이를 통해 상담에 대한 내담자의 불안감이나 모호함이 경감될 수 있고, 상담과정에 어떻게 참여해야 하는지를 알게 된다.

④ 상담목표 설정

상담목표 설정은 상담을 성공적으로 이끌기 위해 매우 중요한 요소이다. 목표를 설정하는 이유는 내담자로 하여금 문제와 관련된 상황이나 행동 과정을 탐색하고 조정하게 하여 상담과정에 적극적으로 참여하게 하기 위해서이다.

상담 초기 목표설정 단계

- 1단계: 상담목표 설정의 목적과 필요성에 대해 내담자가 납득할 수 있도록 자세히 설명한다.
- 2단계: 내담자가 원하는 것을 근거로 하여 상담목표를 설정한다.
- 3단계: 내담자가 세워진 목표에 합의하는지 확인해 본다.
- 4단계: 목표달성이 가져다줄 이점과 손실을 검토하고 목표달성에 장애가 될 수 있는 요인을 파악한다.
- 5단계: 필요한 경우 목표실행 과정에서 원래 정한 목표를 수정하여 새로운 목표를 설정한다.

3 상담의 일반적 목표

① 내담자의 문제해결

내담자가 상담자에게 호소했던 주 호소문제를 해결하기 위해 교육적인 방법이나 치료적인 방법을 통해서 도움을 제공한다.

② 환경에 대한 적응

내담자가 상담 중 혹은 상담이 끝난 후에도 자신의 생활 영역에서 건강하게 생활할 수 있도록 조력한다.

③ 내담자의 발달 및 효율성 향상

내담자가 다양한 문제 상황에 대해 효과적으로 대처하고, 문제를 정확하게 인지하고, 문제해결을 위해 자신의 여러 가지 강점들을 효율적으로 활용할 수 있도록 돕는다.

④ 문제 발생의 예방

상담이 끝난 후에 내담자가 앞으로의 어려움을 잘 해결해 나가고, 내면의 건강한 성장과 문제해결을 할 수 있도록 예방적 차원의 개입을 돕는다.

4 상담목표 설정의 필요성

① 상담목표는 상담의 방향을 제시한다.
② 상담자의 전문성과 기술적 역량을 평가할 수 있는 기회를 제공한다.
③ 상담과정에서 목표달성을 위한 노력을 촉진한다.
④ 상담목표에 부합하는 효과적인 상담전략을 계획할 수 있도록 한다.
⑤ 상담과정에서 상담의 진행 상황 및 유효성 여부를 판단할 수 있는 기준을 제시한다.
⑥ 상담목표 설정은 자기동기화의 기회를 제공한다.

5 상담의 소극적 목표와 적극적 목표

① 소극적 목표

문제 및 증상을 제거하거나 감소시키며, 내담자가 스스로 문제해결할 수 있도록 돕는 데 목표를 둔다. 구체적인 목표로 문제해결, 적응, 치료, 예방, 갈등 해소가 있다.

② 적극적 목표

긍정적이고 건강한 심리적 특성을 새롭게 형성시키거나 증진시키고자 한다. 구체적인 목표로 긍정적 행동변화, 합리적 의사결정, 전인적 발달, 자아존중감, 개인적 안녕감이 있다.

6 상담의 구조화 과정

상담의 구조화란 상담과정 전반에 대한 세부적인 안내과정을 말한다. 구조화 작업은 상담 첫 회기에 진행하는 것이 일반적이다. 상담의 구조화 과정은 크게 세 가지 영역으로 구분된다.

① 상담 여건의 구조화

상담 여건의 구조화는 상담시간, 상담횟수, 상담장소, 상담시간에 늦거나 약속을 지키지 못할 일이 발생했을 때 연락하는 방법 등에 대한 구조화이다.

② 상담관계의 구조화

상담관계의 구조화는 상담과정이 어떻게 진행되며, 상담자와 내담자가 어떤 역할을 하는가를 알려 주는 구조화이다.

③ 비밀보장의 구조화

상담자는 내담자에 대한 비밀보장을 유지하고 지켜 주어야 할 의무가 있다. 그러나 비밀보장이 특수한 경우에는 한계가 있음을 알려 줄 필요가 있다.

7 상담 구조화의 일반적 원칙

① 상담자와 내담자가 서로 편안한 느낌을 가질 수 있도록 구조화를 최소한으로 줄이는 것이 바람직하다.

② 구조화는 내담자에게 일방적으로 지시를 내리거나 처벌하는 방식으로 이루어져서는 안 된다.

③ 상담 시간 및 장소, 상담자와 내담자의 역할관계 및 행동규범 등을 구체적으로 규정해야 한다.

8 상담의 종결 단계에서 다루어야 할 내용

① 종결 시 이별의 감정 다루기

상담은 상담자와 내담자의 특별한 만남 속에서 이루어지는 관계이기에 내담자는 상담의 종결로 인한 이별이 힘들고 어려울 수 있다. 상담가는 이런 이별의 감정을 다루어 나가면서 내담자 스스로 설 수 있도록 지지해야 한다.

② 상담성과에 대한 평가하기

상담자는 내담자와 상담과정을 통해 변화하고 성장한 것은 무엇인지, 상담을 통해 해결하지 못한 것은 무엇인지를 탐색해 보아야 한다.

③ 문제해결능력 유지하기

현실 속에서 문제에 부딪혔을 때 상담을 통해 습득한 문제해결 방법을 효과적으로 적용해 나갈 수 있도록 한다. 특히 상담실 밖의 생활에서 상담성과가 유지되기 위해 필요한 노력을 구체화한다.

④ 재발가능성에 대해 안내하기

재발가능성에 대해 안내하고, 내담자에게 증상이 재발되었을 때 상담에서 배운 지혜를 활용하여 문제를 스스로 극복할 수 있도록 준비시킨다.

⑤ 추수상담에 관해 논의하기

상담을 종결한 후에 필요한 경우 언제든지 다시 상담할 수 있음을 알려 주어 내담자에게 심리적 안정감을 주도록 한다. 상담 종결 후에도 추수상담을 통해 내담자의 행동변화를 지속적으로 점검하고, 내담자의 부족한 점을 보완할 수 있도록 한다.

9 상담의 종결을 고려하기 위한 평가영역

① 내담자의 초기 문제 또는 증상이 경감되거나 사라졌는지에 대한 검토
② 상담에 오게끔 했던 스트레스를 유발하는 감정이 사라졌는지에 대한 확인
③ 내담자의 대처능력과 자신과 다른 사람들을 이해하는 정도에 대한 평가
④ 내담자가 다른 사람들과 관계를 잘 맺을 수 있는지에 대한 확인
⑤ 내담자가 계획을 세우고 생산성 있게 일할 수 있는 능력을 얻었는지에 대한 검토
⑥ 내담자가 더 즐겁게 활동하고 삶을 즐길 수 있는지에 대한 평가

10 주요 상담기법

① 관심 기울이기

- 관심 기울이기는 시선, 자세와 몸짓, 얼굴 표정, 목소리 등으로 내담자에게 관심을 가지고 있다는 것을 알리는 상담자의 비언어적 태도이다.
- 비언어적 의사소통은 내담자의 비언어적 표현을 상담자가 주의 깊게 관찰하고 의미를 해석하여 그에 맞는 비언어적 표현을 전달하는 기술을 말한다.

〈비언어적 의사소통의 효과〉

- 비언어적 의사소통을 통해서 상담자는 내담자가 직간접적으로 말하고자 하는 것을 이해할 수 있다.
- 비언어적 의사소통은 내담자의 의식상태나 정서상태에 관한 정보를 얻게 한다.
- 비언어적 의사소통은 신체적 · 정서적으로 내담자에게 맞추어서 따뜻하고 공감적인 상담 관계를 형성하게 한다.

[사례] 고등학생인 여성 내담자가 최근에 친구로부터 받은 마음의 상처를 이야기하고 있다.

내담자: 저는 옷도 빌려 주고 책도 빌려 주고 그 친구를 위한 것이라면 다 해 줬어요. 그런데 그 친구는 그렇지 않았어요.
상담자: 서운한 마음이 이해가 되네.

내담자가 자신이 받은 마음의 상처를 말하고 있을 때 상담자가 앞으로 구부린 자세로 고개를 끄덕이거나 부드럽고 온화한 목소리로 전달할 때 내담자는 공감받고 있음을 느끼게 된다.

② 경청

- 경청은 내담자의 이야기를 주의 깊게 귀담아 듣는 것으로, 말의 내용뿐만 아니라 말하

려는 의도, 심정을 주의 깊게 정성 들여 듣는 태도를 말한다.
- 경청을 통해서 상담자와 내담자 간에 신뢰관계가 형성되고, 이는 상담자와 내담자 간의 치료동맹으로 이어지게 된다.

〈효과적인 '경청'을 위한 유의점〉
- 내담자가 말하고자 하는 본질적인 내용이 무엇인지 파악하는 데 초점을 맞춰서 적극적으로 듣는다.
- 자신의 생각이나 판단을 배제하고 객관적으로 파악하여 정확하게 듣는다.
- 세세한 부분에 얽매이기보다는 핵심적인 메시지와 감정을 확인하고 의미를 듣는다.
- 내담자가 맥락상 중요한 내용을 빠뜨리고 말하는지 주목하며 듣는다.
- 상담자 자신에게서 일어나고 있는 행동과 정서에 대해서도 자각하며 듣는다.

[사례] 한 달 전에 남편이 병으로 사망한 내담자가 울면서 남편과의 사별에 대해 이야기하고 있다.

내담자: 남편이 한 달 전에 죽었어요. 암으로 오랫동안 고생하다가…….
상담자: 남편이 돌아가셨다니 매우 안타깝습니다(낮고 따뜻한 목소리).

내담자가 슬픈 이야기를 하고 있을 때 내담자의 말에 속도를 맞추어서 낮고 따뜻한 목소리와 자세로 말하는 것은 내담자에게 경청받고 이해받고 있다는 느낌을 준다.

11 질문하기

① 내담자에게 정보를 탐색하는 질문의 유형에는 개방형 질문과 폐쇄형 질문이 있다. 폐쇄형 질문은 내담자에게 '예' '아니요' 혹은 짧은 사실적 답변을 하게 하여 정보를 한정하는 데 비해서, 개방형 질문은 한정된 답을 요구하지 않고 내담자가 자신의 문제에 대해 깊이 생각하고 드러낼 수 있도록 질문하는 것을 말한다.
② 질문은 부드러운 목소리로 천천히 해야 하며, 내담자가 초점을 두고 있는 주제에 대해 알아듣기 쉬운 말로 공감반응과 함께 사용해야 한다.

〈개방형 질문의 필요성〉
- 내담자에게 더 많은 이야기를 할 수 있는 기회를 준다.
- 내담자가 특정한 문제를 구체적으로 탐색하도록 하는 데 도움을 줄 수 있다.
- 내담자가 말하고 있는 것을 상담자가 더 잘 이해할 수 있게 한다.

• 내담자가 자기의 느낌과 생각에 주의를 기울이도록 한다.

〈효과적인 '질문'을 위한 유의점〉

• 내담자에게 제한하는 형태의 질문은 삼가야 한다.
• 상담자의 추측이 들어 있는 질문은 삼가야 한다.
• 상담자 자신의 호기심에 따른 질문은 삼가야 한다.
• 내담자를 비난하는 것으로 느끼게 하는 '왜' 질문은 유의해야 한다.
• 상담자가 성급한 마음을 갖고 하는 질문은 삼가야 한다.
• 한번에 여러 개의 질문은 삼가야 한다.
• 질문에 지나치게 의존해서 상담을 진행하지 않도록 해야 한다.

〈폐쇄형 질문이 유용한 경우〉

• 상담자가 원하는 특정한 정보나 자료를 얻고자 할 때
• 상담자가 내담자의 말을 이해했는지 확인하고 동의를 구할 때
• 위기상황에 처했을 때

[사례 1] 40대 가장이 아내와의 갈등을 호소하고 있다.

내담자: 제가 얼마나 가족을 생각하고 가정에 충실하기 위해서 노력하고 있는지 아내가 좀 알아주고 이해해 주었으면 좋겠어요.
상담자: 부인이 어떻게 하면 당신은 이해받는 느낌을 가질까요?

내담자가 원하는 구체적인 예를 끌어낼 수 있는 질문으로 내담자를 이해하기 위한 정보를 얻을 수 있는 개방형 질문이다.

[사례 2] 대인관계에서의 불편한 감정 때문에 사람들을 만나는 것이 두렵다고 호소하고 있다.

내담자: 사람들과 만날 약속을 하면 걱정이 되고 두려워서 마음이 두근거려요. 사람들과 어색하게 만날 것을 생각하면 나가기 싫어지고 어떤 핑계를 만들까 고민하게 돼요.
상담자: 사람들을 만날 때 느끼는 두려움은 무엇에 대한 두려움일까요? **- 개방형 질문**
사람들과 만나는 것이 두려워서 만남을 피하게 되는군요. **- 폐쇄형 질문**

내담자의 감정을 구체화할 수 있는 개방형 질문을 통해 대인관계에서의 두려움이 구체적으로 무엇인지 탐색할 수 있다.

12 공감

① 공감은 내담자의 감정과 생각에 대한 상담자의 깊은 이해와 더불어 그 사실을 내담자에게 알려 주는 것까지의 과정을 말한다.

② 상담자는 자신에 대한 것이나 자신의 경험과는 분리되어 독립성을 유지하면서 내담자에 대한 어떠한 판단도 포함하지 않고 내담자의 시각과 입장에서 있는 그대로 들을 수 있으며 이해할 수 있어야 한다.

[사례] 남편과의 불화로 결혼생활에 환멸을 느끼는 30대 여성 내담자가 고통을 호소하고 있다.

내담자: 점점 더 나빠져요. 더 나빠질 수 있다고 상상도 못했어요. 아이들에게 고함지르고, 남편에게 소리치고 있어요. 저는 이런 제가 마음에 들지 않아요.

상담자: 남편에게 소리 지르고 싶지 않은데 그러고 있는 자신을 보니 마음에 들지 않고 그 모습을 받아들이기 힘들군요.

내담자: 요즘은 아이 끼니도 안 챙겨 줘요. 아마 난 내 새끼도 싫은가 봐요. 생각해 보세요. 제 새끼도 못 챙기는 엄마라……. 얼마나 웃겨요. (웃는다.)

상담자: 엄마로서 역할을 하고 싶은데 그러지 못하고 있는 자신을 자책하고 있네요. 그 말을 하는 ○○씨가 참 슬퍼 보여요.

내담자: (웃음을 멈추고 흐느낀다.)

고통스럽고 불행한 경험 속에서 힘들게 살아가는 내담자의 마음을 이해하고 깊이 공감해 주는 것은 내담자에게 위안이 되고 상담자와 심리적으로 연결되어 있다는 유대감을 갖게 한다.

13 감정의 반영

① 감정의 반영은 내담자의 말이나 비언어적 행동을 통해서 감정을 명확히 파악하여 감정을 중심으로 내담자에게 표현하는 것을 말한다.

② 상담자가 표현한 감정의 반영이 내담자가 느끼는 것과 비교적 가깝다면 상담자로부터 충분히 이해받고 있다고 느끼게 되고 자신의 감정을 보다 분명히 말할 수 있도록 돕는다.

〈감정 반영의 방법〉

- 내담자의 감정을 파악한다. 감정을 파악할 때는 말의 내용뿐 아니라 말하는 방식, 즉 자세, 목소리, 태도에도 주의를 기울이며 내담자의 감정이 무엇인지를 알아야 한다.
- 현저한 감정을 선별한다. 상담자는 내담자의 모든 감정을 반영하기보다는 가장 중요한 감정이 무엇인지 확실히 확인해야 한다.

• 현재 감정에 초점을 둔다. 내담자가 자신의 감정에 몰입하게 하기 위해서는 그 상황에 대한 현재의 감정에 집중할 수 있도록 도와야 한다("그 친구가 말했던 것을 떠올리는 지금도 화가 나는군요.").
• 감정의 수준을 구별한다. 구체적이고 주요한 감정이 무엇인가뿐만 아니라 감정의 강도도 평가하여 정확히 반영하는 것이 필요하다.
• 가설적으로 감정을 표현한다. 상담자가 내담자의 감정을 명확하게 표현하면 내면의 감정을 더 탐색할 필요를 느끼지 못하게 되기에 가설적으로 감정을 반영할 필요가 있다.

〈내담자에게 감정 반영이 적절하지 않은 경우〉
• 내담자에 대한 정보가 충분하지 않을 때
• 내담자에게 심한 정서적 장애가 있을 때
• 내담자에게 감정을 다룰 수 있는 능력이 부족하다고 판단될 때
• 내담자가 감정표현에 대한 거부 반응을 보일 때
• 감정해결을 위한 시간이 충분하지 않을 때

[사례 1] 갑자기 정리해고를 당한 30대 미혼 청년이 다음과 같이 말하고 있다.

내담자: 제가 할 수 있는 일이 뭘까요? 돈도 없고 기술도 없고 그렇다고 도와줄 사람이 있는 것도 아니고, 뭐라도 시작해야 하는데 무슨 일을 해야 할지 모르겠어요.
상담자: 지금 많이 혼란스러우신 것 같네요.

상담자는 내담자의 혼란스러운 감정을 정확히 파악하고 표현하고 있다.

[사례 2] 아이의 사고에 많이 놀란 어머니가 그때의 상황을 설명한다.

내담자: 비명소리에 뛰어나가 보니 애는 부엌 바닥에 있고, 옆에는 뜨거운 주전자 물이 쏟아져 있는데 제 정신이 아니었어요. 갑자기 어떻게 해야 할지 몰랐어요. 정말, 우리 애한테 이런 일이 일어났다고 믿을 수 없었죠.
상담자: 정말 충격적이었겠어요.

내담자가 놀란 상황에서 자신이 어떻게 느끼는지 모르거나 이야기할 수 없을 때 상담자의 이러한 반영이 자신이 어떻게 느꼈는지 생각해 볼 수 있게 하고 감정에 대한 이야기를 해도 된다는 것을 알게 한다.

14 재진술

① 재진술은 내담자의 이야기를 듣고 상담자가 자기의 표현 양식으로 바꾸어 말해 주는 기법을 말한다. 감정의 반영이 대화 뒤에 숨겨진 내담자의 '느낌'에 강조점을 둔다면, 재진술은 내화의 '내용', 즉 인지적 측면에 강조점을 둔다.

② 재진술은 상담자가 내담자 말의 내용이나 의미를 반복해서 말하거나 부연 · 요약하는 것으로 내담자가 사용한 유사한 단어로 짧지만 구체적이고 명확하게 표현한다.

〈효과적인 '재진술'을 위한 유의점〉

- 상담자는 내담자 이야기 중에서 가장 두드러진 내용이나 내담자가 중요하게 생각하는 중심주제를 찾아야 한다.
- 상담자는 내담자가 말하는 내용의 핵심을 파악할 수 있어야 한다. 내담자가 말하는 모든 것을 기억하려고 노력하기보다는 무엇을 말하고자 하는지 알아차리는 것이 중요하다.
- 상담자는 내담자가 말하고 있는 내용에 담긴 주된 의미에 대해 부연설명을 한다.
- 상담자는 내담자의 이야기 중 가장 중요한 주제에 초점을 맞추어 내담자 진술보다 짧고 간결하게 표현한다.
- 적절한 시기의 간결하고 정확한 요약을 통해 내담자 문제를 정리하고 통합함으로써 특정 주제를 면밀히 살펴본다.

[사례] 직장 동료들이 자기에 대해 끊임없이 부정적인 이야기를 한다고 하소연하는 남성 내담자가 다음과 같이 말하고 있다.

내담자: 내가 없는 데서 내 이야기를 하는 사람들에게 이제는 신물이 나요. 그들은 내가 등을 돌리면 나를 비난하기 시작해요. 내가 틀린 것이 없는데도 불구하고 나를 따돌리려고 하는 거죠.
상담자: 당신은 동료직원들이 번번이 자신을 배척하려 한다고 생각하는군요.

상담자는 내담자의 현재의 관계에서 지각되는 사고 경향성을 통해 발견할 수 있는 핵심주제에 초점을 둔다.

15 직면

① 직면은 내담자가 상담 중에 보인 사고, 감정, 행동에서 모순이나 불일치가 관찰될 때 이러한 모순이나 불일치를 지적하는 상담기법이다.

② 직면을 할 때는 비교 · 대조하기 쉽도록 모순되는 양면을 함께 제시하고, 단정적이지 않게 가설적이고 공감적으로 표현한다.

〈효과적인 '직면'을 위한 유의점〉

- 내담자의 변화를 위해 필요하고 치료적일 때만 실시한다.
- 내담자의 특성에 따라 상대적이며 유연하게 적용한다.
- 상담과정 전반 및 상담회기에서 시기적절하게 제시한다.
- 상담자와 내담자 간에 충분한 라포가 형성되었을 때 사용한다.
- 내담자의 모순적 행동 직후에 빠르고 명료하게 실행한다.
- 예의 바르고 신중한 태도로 실시한다.
- 가설적이고 공감적으로 표현한다.
- 평가나 조언이 되지 않도록 주의를 기울인다.
- 직면할 때와 직면한 후에 내담자의 불안감을 해소시켜 준다.

> [사례] 2년 전 약혼을 했으나 결혼이 차일피일 미뤄지고 있는 여성으로 불안감과 불면증을 호소하며 상담을 받고 있다.
>
> **내담자**: (직전에 약혼자가 자신을 무척 사랑한다고 말함) 이번 달에도 제 약혼자를 거의 만나지 못하고 있어요. 그래도 전 사랑받고 있으니까 행복한 여자라고 생각해요. 전 정말 운이 좋아요.
> **상담자**: 행복하다고 하시지만, 약혼자를 한 달에 한 번도 만날 수 없는 상황이 별로 달갑지는 않으신 것 같네요.
>
> 상담자는 내담자의 행복감과 약혼자를 못 만나는 현재 상황 사이의 불일치를 직면시키고 있다.

16 해석

① 해석은 내담자가 자신의 말이나 상황에 대해 명확하게 의식하지 못하는 것에 대해 그 의미를 설명해 주는 상담기법이다.

② 해석은 자칫 잘못 사용하면 내담자가 해석을 위협으로 느껴 저항을 불러일으킬 수 있기에 상담자와 내담자 간의 신뢰관계를 바탕으로 신중하게 실시되어야 하며, 해석을 하는 시기는 내담자가 받아들일 준비가 되어 있는 때에 이루어지는 것이 가장 효과적이다.

〈해석의 실시과정 6단계〉

- 1단계(해석을 위한 토대 마련하기): 해석이 원활하게 이루어지기 위해서는 우선 상담자와 내담자 간에 우호적인 관계가 맺어져 있어야 한다.
- 2단계(해석을 위한 명료화 질문하기): 상담자는 명료화 질문을 함으로써 내담자에 대한 풍부하고 정확한 정보를 확보한다.

- 3단계(경청을 통해 해석을 위한 단서 모으기): 내담자가 말하다 그만둔 것이나 혼란스러운 방식으로 이야기하는 것 혹은 함축적으로 이야기하는 것에 주의를 기울여 관찰하고 경청함으로써 적당한 해석으로 발전시킬 수 있다.
- 4단계(해석 제공하기): 상담자와 내담자 간의 신뢰관계를 토대로 질문을 통해 파악된 단서를 활용하여 해석을 제공한다. 이때 내담자의 인식수준에 근접한 해석을 제공하여야 하며, 상담자가 일방적으로 올바른 해석을 하기보다는 내담자와 협력하여 해석을 제공하도록 한다.
- 5단계(내담자의 해석 부인에 대처하기): 내담자가 해석을 받아들이지 않거나 부정적으로 반응할 때 상담자는 일단 그 해석이 정확했는지 검토해 봐야 하며, 내담자를 더 잘 이해하기 위한 탐색작업에 들어가야 한다.
- 6단계(해석 확장하기): 상담자는 내담자가 자기 자신에 대해 더 깊이 이해할 수 있도록 내담자에 대한 해석을 다양한 상황으로 확장하여 적용한다.

〈효과적인 '해석'을 위한 유의점〉

- 확고한 치료적 동맹이 형성될 때까지 해석적 과정을 시작하지 않는다.
- 내담자의 자각수준에 대한 충분한 고려 후에 해석을 해야 한다.
- 해석내용을 논의할 충분한 시간이 남았을 때 실시한다.
- 내담자 전체를 보지 않고 일부에 대해서만 해석하지 않도록 한다.
- 내담자의 욕구나 특성 등을 고려하여 실시되어야 한다.
- 해석이 빈번하게 실시되지 않도록 하며, 내담자의 반응에 따라 속도를 조절해야 한다.
- 해석 시 가능한 한 전문적인 용어를 피해야 하며 단정적이지 않게 가설적으로 표현해야 한다.
- 해석은 공손하고 조심스러운 태도로 실시되어야 한다.

[사례] 직장에서는 좋은 평가를 받고 있으나 혼자 있을 때는 무기력을 호소하는 30대 남성이다.

내담자: 이 사람 저 사람의 부탁으로 쉴 틈이 없어요. 몸과 마음이 너무 지쳤어요. 하지만 사람들이 부탁하는 것을 거절하기는 너무 어려워요. 거절이라는 말을 떠올리는 것만도 가슴이 답답해지고 우울해져요.
상담자: 착하고 성실하지 않으면 다른 사람들이 당신을 좋아하지 않을까 봐 두려워하는 건 아닌가요?

상담자는 내담자의 행동이나 감정을 지배하는 핵심 주제를 드러내며 해석을 통해 내담자의 변화를 촉진시킬 수 있다.

17 자기개방

① 자기개방은 상담자가 자신의 생각, 가치, 느낌, 태도 등 여러 가지 정보를 내담자에게 드러내 보이는 것을 말한다. 상담자의 자기개방은 내담자가 자신의 문제를 탐색하는 데 도움을 받을 수 있을 때 의미가 있다.

② 자기개방은 모델링의 효과 이외에도 내담자로 하여금 목표설정과 실행에 필요한 새로운 시각을 갖게 한다.

〈효과적인 '자기개방'을 위한 유의점〉

- 자기개방의 내용에는 초점이 있어야 한다. 내담자로 하여금 문제상황을 구체적으로 이해할 수 있게 하는지를 생각하여 선택적으로 공개해야 한다.
- 상담자의 자기개방이 내담자에게 부담이 되어서는 안 된다. 내담자에게 오히려 당혹스러움을 줄 수 있기에 적당한 시점에 자기개방을 사용함으로써 통찰을 도울 수 있도록 한다.
- 자기개방을 지나치게 자주 사용하지 말아야 한다. 상담자가 지나치게 많이 자기를 내보이는 경우 오히려 내담자의 탐색을 방해하고 상담자에게로 주의가 옮겨질 수 있으므로 조심해야 한다.
- 상담자는 명확한 이유 없이 개인정보를 드러내지 않도록 한다. 특별한 목적 없이 상담자가 정보를 개방하는 것은 내담자의 문제보다 상담자의 문제에 의한 것일 수 있으므로 주의한다.

[사례] 신학기가 되어 새로운 친구를 만나야 하는 환경에 접하는 것에 불안이 있는 내담자이다.

내담자: 학교 가기 싫어요. 새로 친구를 잘 못 사귀거든요. 친구 사귀는 법 좀 알려 주세요.
상담자: 새로운 친구를 만나기 전에 무슨 말로 인사를 시작할지 미리 생각해 보는 것이 내 경우엔 도움이 되었어요.

내담자가 자신의 불안감을 이겨 낼 적절한 방법들을 살펴보게 되므로 적절한 자기개방이다.

18 즉시성

① 즉시성은 내담자의 사고, 감정, 행동에 대한 반응으로 상담자가 보고 관찰한 것을 드러내는 것을 말한다. 즉시성을 통해 내담자는 대인관계에서 발생하는 갈등을 해결할 수 있는 기회를 제공받을 수 있다.

② 상담자가 즉시성 반응을 할 때 내담자와의 관계에서 있는 그대로의 자신을 나타내도록 해야 하며, 내담자에게 개방적이고 정직하게 표현하도록 한다.
③ 상담자의 '자기개방'은 단순히 상담자 자신과 삶을 노출하는 것인 반면, '즉시성'은 상담자가 아닌 내담자에 중점을 두어 반응하는 것이라 볼 수 있다.

〈즉시성 반응의 효과〉
- 의사소통의 명확성을 증가시켜 치료관계의 질을 증진함.
- 치료관계에서 발생하는 대인관계적 갈등의 해결 기회를 제공함.
- 내담자의 대인관계 방식에 대한 이해를 도움.
- 중요하고 깊은 탐색적 주제를 도출함.

〈효과적인 '즉시성' 적용을 위한 유의점〉
- 상담자는 자신 안에서 일어나는 감정과 생각을 평소에도 순간순간 확실하게 자각하도록 연습한다.
- 상담자는 자각한 것을 솔직하게 개방하는 것이 상담관계에 도움이 되는지 판단해 본다.
- 상담관계에 도움이 되는 즉시성 반응이라면, 상담자는 표현을 회피하지 않고 내담자에게 개방적이면서 정직하게 표현하도록 노력한다.
- 상담자는 전형적인 역할 행동을 피하면서 건설적인 방법으로 자신의 감정과 생각을 개방한다.
- 상담자는 내담자와의 관계에서 통제되지 않은 우연한 행동은 하지 않는다.
- 상담자는 자신의 가치와 행동, 자신이 생각하고 느끼는 것, 그리고 말하는 것 사이의 불일치를 피하고 그것이 일치되도록 한다.

[사례] 내담자는 지난 상담내용에 대해 상담자에 대한 불만을 표현하고 있다.

내담자: 지난 상담이 끝나고 정말 화가 났어요. 1년 넘게 연락을 하지 않았던 엄마에게 연락을 해 보라고 하셨는데, 무슨 생각으로 나한테 그런 제안을 했는지 도대체 이해할 수가 없었어요.
상담자: 의도하지는 않았지만 엄마에게 연락을 해 보라고 한 것이 화나게 한 것 같아서 미안하기도 하네요. 엄마에게 연락해 보라는 이야기가 어떻게 들렸나요?
내담자: 내가 왜 엄마와 인연을 끊었는지 충분히 이야기했는데 연락을 하라고 말씀을 하셔서 내 이야기를 제대로 듣지 않은 것 같았어요.
상담자: 내가 당신을 이해하지 못하는 것 같아서 화가 났군요.
내담자: 그래도 선생님이 미안하다고 하니까 마음이 진정돼요. 선생님이 틀렸다는 것을 인정하는 걸로 들려요.

상담자: 마음이 진정이 된다니 반갑네요. 그런데 하나 의문이 들고 조금 당황스럽네요. 그때는 웃으면서 좋은 방법이라고 했고 시도해 본다고 하셨는데 그때 반응하고 너무 달라서요. 저의 이야기에 대해 어떻게 느끼시나요?

내담자의 화에 대한 감정을 상담자가 솔직하게 드러내고, 내담자가 그 감정을 탐색할 수 있도록 하는 적절한 즉시성 반응이다.

19 정보제공

① 정보제공은 내담자에게 정보가 필요할 때 자료 또는 사실을 말로 전달하는 것을 말한다. 내담자가 요청하거나 내담자의 동의가 있을 때 사용하는 방법으로, 상담자는 내담자의 변화에 필요한 정보를 충분히 이해하고 있어야 한다.

② 정보제공은 자신의 문제를 새로운 시각으로 보게 하고 어떻게 행동해야 하는지를 보여줌으로써 내담자가 자신의 목표를 설정하는 데 필요한 새로운 통찰을 제공한다.

〈효과적인 '정보제공'을 위한 유의점〉

- 내담자 욕구에 적절한 자료나 사실을 알려 준다.
- 문제상황에 관련된 정보만 제공한다.
- 내담자가 정보를 잘 받아들이고 있는지 확인한다.
- 정보는 직접적이고 명확하고 구체적이며 실질적이어야 한다.
- 내담자가 활용할 수 있는 정보를 부분으로 나누어 제공한다.
- 정보제공 후 제공된 자료와 사실에 주의를 기울였는지 확인한다.
- 제공된 정보에 왜곡이 있었는지 평가하고, 이를 바로잡기 위해 다른 상담기술을 사용한다.
- 충고를 하는 것과 정보를 주는 것을 혼동해서는 안 된다.
- 내담자의 가치관에 압력을 가하는 방법으로 정보를 제공하지 않도록 한다.

[사례] 부당하게 해고를 당한 회사원 내담자가 내원하여 도움을 요청하고 있다.

내담자: 제가 열흘을 일했는데 해고를 당했어요. 회사의 복지에 대해 물어보았다는 이유로 관리자가 해고를 했는데, 이럴 때 도움받을 수 있는 방법이 있나요?

상담자: 부당한 해고를 당했을 때 도움받을 수 있는 기관이 있어요. ○○노동기관에서 부당한 해고에 대한 법적 대응절차 및 그에 필요한 지원을 받을 수 있어요.

정보는 구체적이고 간결하며 실질적인 도움이 될 수 있게 제공한다. 이렇게 할 경우 정보탐색의 시간이 짧아지고 내담자는 신속하게 자신의 문제를 해결할 수 있다.

20 명료화

① 내담자의 말 속에 포함되어 있는 불분명한 내용에 대해 상담자가 그 의미를 분명하게 밝히려는 것을 말한다.

② 명료화는 재진술과 달리 상담자의 판단에 의해 내담자의 감정, 생각 속에 내포된 의미를 보다 분명하게 말하는 것이다.

〈효과적인 '명료화'를 위한 유의점〉

- 상담자는 내담자의 말이 모호하거나 명확히 이해하기 어렵다는 사실을 밝힌다.
- 상담자는 내담자에게 스스로 자신의 말을 재음미하도록 하거나, 구체적인 예를 제시하여 명확히 해 줄 것을 요청한다.
- 내담자에게 명료화를 요청할 때는 상담자가 내담자에게 도움을 주기 위해 질문하고 있는 인상을 주도록 한다.
- 상담자는 내담자의 진술에 대한 상담자 자신의 반응을 나타냄으로써 내담자의 반응을 명료화한다.

[사례] 아버지와의 기억과 관련하여 고통을 호소하고 있는 20대 내담자이다.

내담자: 아빠가 돌아가신 지 일 년이 다 되어 가는데, 이젠 아빠 얼굴도 잘 기억이 나지 않고 기분이 좀 이상해요.

상담자: 기분이 이상하다는 것은 아빠가 돌아가신 지 일 년도 채 되지 않았는데, 아빠의 모습조차 기억하지 못하는 것에 대해 아빠에게 죄송한 느낌(죄책감)이 든다는 뜻이니?

상담자는 내담자의 모호한 진술의 의미에 대해 명확하게 하기 위해 명료화 기법을 적용하고 있다.

21 침묵

① 상담과정 중의 침묵은 여러 가지 의미를 갖게 된다. 대개의 경우 내담자가 자기 자신을 음미해 보거나 머릿속으로 생각을 간추리는 과정에서 침묵이 발생한다. 이런 경우 상담에 의미 있는 침묵으로 작용한다. 이럴 경우 상담자는 침묵을 선불리 깨뜨리려 하지 말고, 인내심을 갖고 기다려 보는 것이 바람직하다.

② 상담관계가 잘 이루어지지 않거나 상담자에 대한 저항으로 침묵이 발생하는 경우, 긴 시간의 침묵은 피해야 한다. 상담자는 무조건 기다릴 것이 아니라 침묵의 원인이 되는 내담자의 감정과 태도를 다루어야 한다.

단기상담 및 집단상담

1 단기상담의 특징과 접근방법

단기상담은 상담의 목표를 시간 내에 구체적으로 설정하고 그 목표를 해결하는 데 초점을 맞춘다. 단기상담의 특징과 접근방법은 다음과 같다.

① 상담시간의 제한성

- 첫 회기에 상담자는 상담의 진행방식 및 상담에서의 내담자 역할에 대해 내담자에게 구조화를 하는 것이 보통이다(단기상담의 특징, 상담자의 역할과 책임, 내담자의 역할과 책임, 상담 목표, 시간 및 공간적인 제한 사항 등).
- 단기상담은 대개 25회기 이내에 이루어지는 것이 일반적이며, 상담시간이 제한되어 있기에 내담자가 호소하는 문제의 본질이 무엇인지를 빠르게 판단해야 하고, 핵심문제를 중심으로 내담자의 현재 심리적 상태에 대한 분명한 평가가 이루어져야 한다.

② 상담목표의 제한성

- 내담자 문제의 본질이 평가된 이후에는 상담목표를 구체적으로 설정해야 한다. 단기상담에서는 시간이 제한되어 있기 때문에 상담목표 또한 제한되어 설정된다.
- 단기상담에서는 가능한 한 빨리 내담자의 문제 증상을 제거하거나 완화시키고, 현재 갈등의 원인에 대한 내담자 자신의 이해를 증진시켜 상담이 끝난 후에 유사한 문제에 적용할 수 있는 대처행동을 증진시키는 것을 목표로 삼는다.

③ 현재 중심의 치료적 초점

- 단기상담과 같이 제한된 시간 내에 목표를 달성하기 위해서 상담의 초점은 내담자의 현재 문제 증상, 반복적으로 문제를 일으키는 대인관계 등에 맞춘다.
- 과거의 사건이나 역사보다는 최근에 일어났던 의미 있는 경험 자료에 초점을 맞추어 상담 개입과 진행을 한다.

④ 상담자의 즉각적이고 적극적인 개입

- 단기상담에서는 내담자의 문제에 대해 즉각적이고 신속한 개입이 이루어진다. 이는 내담자의 문제증상이 만성화되는 것을 방지하며 위기상황을 극복하도록 돕는다.
- 단기상담에서 상담자는 적극적이고 지시적인 개입을 한다. 성공적인 상담을 위해 중요한 초점을 유지하며 상담목표를 제한된 시간 내에 달성하기 위해 다양한 상담기법을 융통성있게 적용한다.

⑤ 문제해결적 접근

- 신속한 문제해결을 희망하여 요청하게 되는 단기상담은 문제해결적 접근으로 진행된다. 내담자의 주 호소문제를 중요시하고, 핵심적인 문제증상을 표적으로 결정하여 상담해 나간다.
- 단기상담에서의 신속한 문제해결의 과정은 내담자가 상담에 가지고 온 기대를 충족하고 상담결과에 대한 희망을 갖게 한다.

⑥ 긍정적인 상담자-내담자 관계

- 성공적인 단기상담을 위해서는 상담자와 내담자 간의 긍정적인 치료동맹이 필요하다. 특히 제한된 시간 내에 특정한 목표를 달성해야 하는 경우나 위기 개입이 필요한 상황에서 긍정적 관계는 매우 중요하다.
- 상담자는 내담자에게 진솔하고 신뢰할 수 있는 우호적인 모습을 보임으로써 내담자의 긍정적인 측면을 북돋아 주는 것이 필요하다.

2 단기상담의 목표

① 단기상담의 목표는 내담자가 보다 건설적인 방식으로 자신의 문제들을 극복하고, 미래의 어려움들을 다룰 수 있도록 돕는 데 있다.

② 단기상담은 시간을 구체적으로 제한함으로써 상담자와 내담자가 가능한 빠른 성과를 얻을 수 있도록 돕는다.

③ 단기상담에서 상담자는 적극적으로 참여하며, 단기간의 상담 목표와 목적을 고려해서 치료 과정을 이끌어 가야 한다. 전반적 성격변화에 중점을 두기보다는 증상에 초점을 두어 집중한다.

3 단기상담에 적합한 내담자

① 비교적 건강한 내담자인 경우

인간관계에서 소통이 잘되고 정신기능이 능률적인 내담자일수록 단기상담에 적합하다고 볼 수 있다.

② 경미한 문제인 경우

내담자가 자신의 문제를 비교적 경미한 것으로 지각하고 있고 그 문제에 대한 자신의 생각을 좀 더 명확하게 정리하여 잘 해결되기를 원하는 경우에 단기상담이 더욱 효과적이다.

③ 조직체의 구성원인 경우

단기상담은 각종 조직이나 기관의 구성원에게 더 적합하다. 특정한 주제에 한정되어 있거나 그 내용이 심각하지 않은 경우가 많으므로 단기상담이 효과적이다(예: 기업상담, 진로상담 등).

④ 상실과 관련된 주제인 경우

내담자의 인생에 중요한 영향을 끼친 주요 인물과 최근에 사별했거나 이별했을 경우에 단기상담을 통해 상실에 최선의 대처를 하도록 하여 생활의 적응을 도와줄 수 있다.

⑤ 급성적 상황인 경우

단기상담은 내담자의 생활이나 지위에 최근 어떤 변화가 일어나서 내담자가 정서적인 어려움을 갖고 있을 때 적합하다.

⑥ 발달과업상의 문제인 경우

다양한 발달과업(예: 임신, 출산, 결혼, 은퇴 등)에 수반되는 심리적 변화를 겪는 내담자에게도 단기상담은 도움이 된다.

⑦ 호소하는 문제가 비교적 구체적인 경우

단기상담을 하는 상담자는 내담자가 호소하는 구체적인 문제에 초점을 두며, 경우에 따라 내담자의 문제를 구체화하여 단기상담에 적합하도록 목표를 조정하기도 한다.

- 주 호소문제가 발달상의 문제와 연관된다.

  성장하면서 겪게 되는 다양한 발달과정상의 문제는 단기상담에서 효과를 기대할 수 있다(예: 진학, 은퇴, 임신 및 출산 등).

⑧ 호소문제가 발생하기 이전에는 생활기능이 정상적이었던 경우

다른 모든 생활기능에서 정상적이었던 사람이 사랑하는 사람과 이별을 하고 나서 우울증이 생긴 경우 단기상담이 적합하다. 그 이유는 이별이 우울증과 직접적으로 연관된 것이기 때문이다.

⑨ 내담자를 사회적으로 지지해 주는 사람이 있는 경우

내담자 주변에 지지적인 관계가 있다면 정서적 위기나 곤란을 극복하는 데 있어 도움을 받을 수 있기에 보다 효과적이다.

⑩ 과거든 현재든 상보적 인간관계를 가져 본 적이 있는 경우

상보적 관계를 맺은 경험이 있는 사람은 상담자와도 초기에 상보적 관계를 형성할 수 있는 반면, 그와 같은 경험이 없는 사람은 상담자를 신뢰하지 않거나 반대로 상담자에게 의존적인 양상을 보일 수 있다.

⑪ 성격장애를 가지고 있지 않은 경우

성격장애로 진단된 내담자는 만성화된 다양한 문제를 보일 수 있어 단기상담을 통해서는 효과를 거두기 어려울 수 있다.

4 단기상담의 과정

① 단기상담의 초기

단기상담의 초기 단계에서는 내담자의 행동패턴을 확인하고, 내담자에 대한 견해를 수정하고 확장하며, 내담자에게 적합한 과제를 부여하면서 상담을 진행하도록 한다.

② 단기상담의 중기

단기상담의 중기 과정에서는 우호적인 상담관계를 바탕으로 내담자의 문제를 보다 깊이 탐색하고, 이를 현실적으로 해결하기 위한 노력을 시도하면서 상담의 진행과정을 평가한다.

③ 단기상담의 종결

단기상담의 종결에서는 내담자와 협의된 종결 계획을 세우고, 상담자와 내담자가 종결에 대해서 어떤 느낌과 생각을 갖는지 점검하며, 상담을 통해서 얻은 변화는 무엇이며 앞으로 문제 해결을 위해 어떤 노력을 할지에 대해 논의한다.

5 단기상담의 기본원리

① 내담자의 특성이나 상황에 따라 단기회기의 적합성을 결정해야 한다.
② 내담자가 원하는 바가 무엇인지 확인해야 한다.
③ 내담자와 함께 공동의 합리적인 목표를 수립해야 한다.
④ 내담자와의 면담과정을 효율적으로 이끌기 위한 상담기법을 적절하게 적용해야 한다.
⑤ 상담자는 융통성과 동시에 단호함을 갖추어야 한다.
⑥ 상담자는 내담자의 문제해결 의지와 동기를 강화할 수 있도록 노력해야 한다.
⑦ 상담자는 적합한 조언과 지시를 통해 효율적인 상담이 이루어지도록 노력해야 한다.

6 집단상담의 장점

① 집단상담에서는 상담자가 개인상담에 비해 짧은 시간에 많은 사람의 성장을 도울 수 있어 시간과 노력을 크게 줄일 수 있다.

② 개인상담에 비해 집단상담의 경우 내담자의 심리적 부담이 적을 수 있다.
③ 집단 속에서 집단원은 상호작용을 통해 자기지각과 자신에 대한 타인지각이 일치하는지의 여부를 검증할 수 있다.
④ 집단구성원 각자가 자기 자신의 문제에만 관심을 보이던 것에서 벗어나 타인을 위해서도 좀 더 폭넓은 관심을 갖게 된다.
⑤ 집단상담에서 개인은 어떤 외적인 비난이나 처벌에 대한 두려움 없이 새로운 행동을 실습해 볼 수 있다.
⑥ 집단성원이 똑같은 문제를 갖고 있지 않다고 하더라도, 최소한 집단구성원은 다른 사람들도 보편적인 문제를 가지고 있다는 사실을 발견하게 됨으로써 자신이나 타인을 더욱 잘 이해할 수 있게 된다.
⑦ 집단상담에서는 동료들 간에 서로의 관심사나 감정을 터놓고 이야기할 수 있기 때문에 소속감과 동료의식을 쉽게 발전시킬 수 있다.
⑧ 다양한 집단구성원을 만남으로써 개인상담에서 할 수 없는 여러 가지 풍부한 학습경험을 할 수 있다.

7 집단상담의 단점

① 집단상담은 인간의 행동을 변화시키는 여러 가지 접근법 가운데 하나이며, 모든 사람에게 효과적인 것이 아니다.
② 집단상담에서는 개인상담에서처럼 특정 집단원의 문제가 충분히 다루어지지 못할 가능성이 있다.
③ 집단과정에서 집단원이 부정적인 집단압력에 의해서 상처를 입게 될 우려가 있다.
④ 집단경험을 통해서 생활양식과 가치관의 변화가 일어날 경우 그 변화로 인하여 안정감을 상실할 수 있다.
⑤ 체계적인 훈련이나 교육 경험이 부족한 집단상담자가 집단상담을 하게 되면 오히려 피해를 줄 수 있다.
⑥ 집단상담에서는 집단원 간 공유된 내용들에 대한 비밀보장의 어려움이 발생할 수 있다. 집단상담 과정에서 내담자의 비밀보장이 철저히 이루어지지 않는 경우 사회적 · 법적인 문제를 야기할 수 있다.

집단상담이 적합하지 않은 경우

- 내담자가 위기에 처했을 경우
- 내담자 보호를 위해 비밀이 철저히 보장되어야 할 경우
- 내담자가 비정상적으로 말하는 것을 두려워하는 경우
- 내담자의 대인관계 기술이 매우 부족하고 비효율적인 경우
- 내담자가 자신의 감정, 욕구, 사고, 행동에 대한 인식이 매우 부족한 경우
- 일탈적인 성적 행동의 가능성이 있거나 과거력을 가지고 있는 경우

8 집단상담의 형태

집단상담은 그 형태와 접근방법에 따라 지도집단, 상담집단, 치료집단, 자조집단으로 나눌 수 있다.

① 지도집단은 개인적 요구나 관심사에 대한 적절한 교육적 · 직업적 · 사회적 정보를 제공하려는 목적으로 실시된다. 주로 학교에서 이루어지며 심리적 장애나 부적응을 치료하는 것보다 문제예방에 관심을 둔다.

② 상담집단은 지도집단과는 달리 주제나 문제보다는 사람에게 초점을 두고, 신뢰롭고 수용적인 분위기 속에서 집단원들은 개인의 문제를 다루고 행동변화를 도모한다. 지도집단에 비해 집단의 크기가 작은 편이며, 덜 구조화되어 있다.

③ 치료집단은 전문적인 훈련을 받은 치료자가 집중적인 심리치료를 필요로 하는 사람을 대상으로 실시한다. 치료목표를 기반으로 개입전략을 세워서 집단원들의 심리적 변화를 돕는다.

④ 자조집단(Self-help group)은 유사한 문제를 가진 사람들이 자발적으로 함께 모여 자신들의 공통된 문제에 대해 서로 경험을 나누고 도움과 지지를 제공함으로써 문제를 해결해 나간다. 비전문가들이 이끌어 가며, 집단성원들 상호 간의 원조를 목적으로 구성된다.

9 집단상담 주요기법

① 관심 기울이기

집단상담자는 집단성원들에게 전적으로 관심을 기울이면서 집단성원들이 전달하고자 하는 메시지를 제대로 듣고 이해할 수 있어야 한다. 집단원이 표현하는 말의 내용뿐 아니라 비언어적인 것들에 대해서까지도 민감한 관심을 기울이는 것을 의미한다.

② 공감적 반응하기

공감적 반응은 집단성원의 입장에서 그의 느낌 또는 내적 경험을 이해하고 이를 직접 말로 전달하는 것이어야 한다. 집단성원으로 하여금 집단상담자와 집단에 대해서 신뢰감을 갖게 하며 수용되고 있다는 느낌을 경험하도록 해 준다.

③ 자기노출하기

자기노출을 통해 집단성원에게 유사성과 친근감을 전달할 수 있고, 집단상담자와 집단성원 간의 보다 깊은 관심과 이해를 발달시킬 수 있다.

④ 피드백 주고받기

피드백 주고받기는 집단상담의 중요한 목적의 하나로, 집단성원으로 하여금 타인들이 자신을 어떻게 보고 있는지에 대해 학습할 기회를 제공한다.

⑤ 연결 짓기

연결 짓기는 집단성원이 제기하는 여러 가지 문제나, 주제, 정보, 자료들을 서로 연관시키는 것이다. 이를 통해 집단성원은 자신의 문제를 다른 각도에서 바라보거나 미처 인식하지 못했던 문제의 진정한 원인이나 해결책을 찾는 데 도움을 얻게 된다.

⑥ 행동 제한하기

집단상담자는 집단활동이 바람직한 방향으로 효율적으로 이루어지도록 노력할 의무가 있다. 행동 제한하기는 집단성원들이 비생산적이고 집단발전에 도움이 되지 않는 행동을 하지 못하도록 제한하는 것이다.

10 집단상담의 일반적인 치료적 효과

① 희망의 고취

집단은 집단구성원들에게 문제가 개선될 수 있다는 희망을 심어 주는데, 이때 희망 그 자체가 치료적 효과를 가질 수 있다.

② 보편성

참여자 자신만 심각한 문제 생각, 충동을 가진 것이 아니라 다른 사람들이 자기와 비슷한 갈등과 경험, 문제를 가지고 있다는 것을 알고 위로를 얻는다.

③ 정보전달

집단성원들은 집단상담자뿐 아니라 함께 참여하는 사람들에게 다양한 정보와 더불어 직접적 · 간접적인 제안, 지도, 충고 등을 얻는다.

④ 사회기술의 발달
집단성원으로부터의 피드백이나 특정 사회기술에 대한 학습을 통해 필요한 사회기술을 개발한다.

⑤ 대인관계학습
집단성원과의 상호작용을 통해 자신의 대인관계에 대한 통찰을 얻을 수 있으며, 대인관계의 새로운 방식을 시도해 볼 수 있는 장이 된다.

11 집단상담 사회기술훈련의 단계

① 1단계에서는 집단성원들이 사회기술을 학습하는 데 보다 흥미를 가지도록 하며, 이로써 훈련 과정에 적극적으로 동참하도록 유도한다.
② 2단계에서는 특정 기술을 성공적으로 수행하기 위해 각각의 구성요소들이 어떠한 의미와 기능을 가지는지 설명한다.
③ 3단계에서는 사회기술을 시연하며, 토론의 시간을 가진다.
④ 4단계에서는 역할극을 통해 표적사회기술의 개별요소들을 연습한다.
⑤ 5단계에서는 역할극에 대한 평가를 실시하며, 역할극에 기술적인 요소들을 결합한다. 집단성원들은 역할극을 통해 다양한 구성요소들을 종합적으로 연습하며, 서로에게 피드백을 제공하면서 숙달될 때까지 반복한다.
⑥ 6단계에서는 표적사회기술을 실제 상황에 적용한다.

12 집단상담이 필요한 경우

① 내담자가 여러 사람들을 보다 잘 이해하고, 다른 사람이 자기를 어떻게 보는지 알아야 할 필요성이 있는 경우
② 내담자의 생활배경 등의 이유로 다른 사람들에 대한 배려와 존경심을 습득할 필요성이 있는 경우
③ 내담자가 다른 사람과의 의사소통이나 대인관계 등 사회성 향상을 위한 기술을 습득할 필요성이 있는 경우
④ 내담자가 다른 사람과의 유대감, 소속감, 협동심을 향상할 필요가 있는 경우
⑤ 내담자가 자신의 관심사나 문제에 대한 다른 사람의 반응 및 조언을 필요로 하는 경우
⑥ 동료나 타인의 이해와 지지가 내담자의 행동변화에 도움이 되리라고 판단되는 경우
⑦ 내담자가 자신의 문제에 대한 검토나 분석을 기피하거나 유보하기를 원하고, 자기노출

에 대해 필요 이상의 위협을 느끼는 경우

13 개별상담이 필요한 경우

① 내담자가 처한 문제가 위급하고, 원인과 해결방법이 복잡하다고 판단되는 경우
② 내담자 및 관련 인물들의 신상을 보호할 필요가 있는 경우
③ 내담자의 심리검사 결과를 해석해 주는 면담의 경우
④ 내담자가 집단에서 공개적으로 발언하는 것에 대해 심한 불안공포를 가지고 있는 경우
⑤ 내담자가 상담집단의 동료들로부터 수용될 수 없을 정도로 대인관계가 좋지 못한 경우
⑥ 내담자의 자기 자신에 대한 탐색 및 통찰력이 극히 제한되어 있는 경우
⑦ 내담자가 상담자나 다른 사람들에게서 주목과 인정을 강박적으로 요구할 것으로 판단되는 경우
⑧ 내담자가 폭행이나 비정상적인 성적 행동을 나타내 보일 가능성이 있는 경우

가족상담

1 보웬(Bowen)의 다세대 가족상담

① 상담목표

- 다세대 가족상담은 문제의 근원이 개인보다 가족체계에 있기 때문에 원가족 구성원들과의 관계를 변화시킴으로써 개인의 심리적 문제를 개선할 수 있다고 보았다.
- 가족 내의 삼각관계 망을 파악하고 다세대에 걸친 가족 내의 삼각관계를 해체하여 탈삼각화를 이루는 것이다. 탈삼각화가 이루어지면 가족체계의 긴장과 불안이 감소되고 가족체계가 정서적으로 재편성되어 개인의 자기분화를 촉진하게 된다.

② 주요기법과 절차

- 가계도: 가족상담의 중심인물 또는 내담자를 IP(Identified Patient)라고 지칭하고, 원가족을 포함하여 3세대에 걸쳐 가족구성원에 관한 정보와 그들 간의 관계를 도표로 기록하는 방법이다. 가계도는 중요한 가족의 사건(탄생, 결혼, 별거, 죽음)들에 대한 정보가 도식화되어 있기 때문에, 몇 세대에 걸친 가족관계의 본질 및 구조를 신속하게 파악할 수 있어 매우 유용한다.
- 치료적 탈삼각화: 가족 내에서 갈등을 빚고 있는 사람은 안정성을 되찾기 위해 제삼자를

끌어들여 삼각관계를 형성하려는 경향이 있다. 이때 상담자가 중립적 입장을 유지하면서 탈삼각화를 위해 노력하고, 가족구성원들이 평정을 되찾아 자신들의 문제해결방법을 찾도록 안내한다.

- 관계실험: 삼각관계를 구조적으로 변화시키기 위해 사용하며, 가족들로 하여금 가족체계과정을 인식하고 그 과정 내에서 자신의 역할을 깨닫도록 학습시킨다.

2 미누친(Minuchin)의 구조적 가족상담

① 상담목표

- 구조적 가족상담은 개인의 심리적 증상이나 문제를 가족의 구조적 병리에 의해 생겨난 부산물로 본다. 따라서 개인의 증상과 문제를 해결하기 위해 가족의 구조적 변화를 시도한다.
- 상담자는 가족의 하위체계에 들어가 적극적으로 개입하여 가족구조를 변화시킴으로써 가족구성원들이 자신의 문제를 더 효과적으로 해결할 수 있도록 돕는다.

② 주요기법과 절차

- 가족과의 합류: 구조적 가족상담자는 가족의 일원으로 그들의 상호작용에 들어가 합류하여 개입을 한다. 가족과의 합류를 통해 새로운 상호작용을 촉발하고 가족구조를 새롭게 재구성한다. 가족과 상담자가 서로 협력하면서 치료를 계속하기 위해서는 합류가 중요하다. 합류를 촉진하는 방법은 유지하기, 추적하기, 모방하기 등이 있다.

구조적 가족상담에서 합류를 촉진하는 방법

- 유지하기: 상담자가 가족구조를 탐색하고 분석할 때 가족구조를 의도적으로 지지해 주는 방법이다(예: 강압적인 아버지에게 "제가 자녀에게 뭘 좀 물어봐도 좋을까요?"라고 말한다).
- 추적하기: 상담자가 가족이 지금까지 해 온 의사소통이나 행동을 존중하며 기존의 가족교류 방식의 흐름에 따라가는 것이다(예: "네, 그렇군요. 잘 알겠습니다."를 통해 가족이 자신들의 이야기를 계속하도록 격려한다).
- 모방하기: 상담자가 가족의 행동과 감정의 표현방법을 모방하는 것이다(예: 느리고 차분하게 반응하는 가족에게는 상담자가 속도를 늦춰서 반응하고, 가족의 경험과 유사한 자신의 경험을 적절하게 소개하는 것이다).

- 경계선 설정하기: 상담자는 가족의 경계선이 지나치게 경직되어 있을 때는 그것을 유연하게 변화시키고, 지나치게 모호할 경우에는 명료하게 경계선을 설정한다. 밀착된 가족의 경우에 상담자는 개입을 통해 부모와 자녀의 하위체계 간의 경계선을 강화하고

개인의 독립성을 키우도록 노력한다.

- 재현하기: 재현하기(enactment)는 치료시간 중에 가족구성원들에게 역기능적인 행동이나 반응을 실제로 재현하도록 하는 것이다. 이를 통해 가족문제나 역기능적 상호작용을 파악하여 개인의 관점에 따라 일방적으로 상황을 처리하지 않도록 돕는다.

3 헤일리(Haley)의 전략적 가족상담

① 상담목표

- 전략적 가족상담은 내담자의 증상이 지니는 기능적 측면을 가족의 위계구조와 의사소통 패턴에서 파악하고, 문제해결책을 모색하여 가족구성원에게 안내하는 단기치료이다.
- 가족구성원의 깨달음이나 통찰보다는 행동의 변화에 초점을 두며, 가족구성원의 역기능적 행동을 변화시키고자 다양한 전략적 개입을 적용한다.

② 주요기법과 절차

- 지시하기: 지시기법은 가족의 특성에 맞추어 사려 깊게 고안된 행동방식을 제안하는 것이다. 치료자가 가족구성원들이 하기를 원하는 행동을 하도록 만드는 방법이 있고, 다른 하나는 가족구성원들이 어떤 행동을 하지 않도록 하는 방법이 있다. 지시하기는 다양한 방식으로 사용된다.

'지시하기' 기법의 종류

- 직접적 기법: 상담자가 제안, 충고, 지도를 직접 내담자 가족구성원들에게 지시함으로써 내담자 가족들이 그것을 수행하도록 하여 문제를 해결하는 기법이다.
- 역설적 기법: 가족 내에서 문제행동을 유지하거나 더 강화하는 행동을 수행하도록 지시함으로써, 역으로 저항을 통한 변화를 이끌어 내고자 하는 방법이다. 이를 통해 문제행동의 부정적 영향을 더욱 분명하게 인식하게 될 뿐만 아니라 그러한 행동이 감소되는 효과를 거둘 수 있다.
- 은유적 기법: 가족구성원들이 성에 관한 문제처럼 자신들의 문제를 밝히는 것을 꺼리고 상담자와 의논하기를 원하지 않을 경우, 유사한 다른 문제에 대해 이야기하여 본질적인 성 문제까지 접근해 가는 방법이다.
- 재구성 기법: 가족구성원들이 문제를 다른 시각에서 이해할 수 있도록 돕는 방법으로 재명명 또는 재규정 기법이라고도 한다(예: 가족 간의 심한 언쟁으로 서운함을 느낄 때, 갈등을 서로 간 관심의 증거로 재규정하는 것).

- 과제 부여하기: 전략적 가족상담에서는 과제 부여하기가 필수적인 요소이다. 이는 상담자가 고안한 행동변화 방법을 내담자와 가족구성원들이 가정에서 수행하도록 매 회기마다 과제로 제시하는 것이다. 과제 부여하기는 내담자와 가족구성원들이 성공

적으로 수행할 수 있도록 명료한 과제를 구체적으로 지시하는 것이 중요하다.

- 가장기법(위장기법): 가족의 문제로 긴장상황을 조성하고 반항심을 유발하는 대신에 놀이를 하는 기분으로 가족의 저항을 우회하는 방법이다.
- 시련기법: 내담자 가족이 겪고 있는 증상이나 고통과 비슷하거나 또는 현재의 고통보다 더 심한 경험을 체험하도록 과제를 주어서 현재의 증상과 문제를 포기하도록 유도하는 방법이다.
- 순환적 질문기법: 가족구성원이 당면한 문제에 대한 제한적이고 단편적인 시각에서 벗어나 문제의 순환성을 인식하도록 유도하는 방법이다.

4 사티어(Satir)의 경험적 가족상담

① 상담목표

- 경험적 가족상담은 가족문제가 잘못된 의사소통에 기인한다고 생각하고, 치료적 개입을 통해 가족이 보다 바람직한 의사소통 기술을 습득하도록 도움을 주는 것을 목표로 한다.
- 건강하지 못한 가족은 가족 내에 존재하는 규칙이 역기능적으로 형성되어 있어 가족기능에 영향을 준다. 가족규칙은 상호작용에 영향을 주기에 개개인의 특성과 차이를 수용하며 생각과 감정의 표현을 허용할 수 있도록 가족규칙을 변화시킨다.

의사소통 유형

- 회유형(placating type): 상대방을 즐겁게 하는 데에서 위안을 얻으며, 다른 사람에게 모든 것을 맞추려는 의사소통 패턴이다.
  - 의사소통의 예: 동의하는 단어를 사용한다. “내 잘못이다. 실수다.” “네가 없으면 난 아무것도 아니다.” “제발 이해해 주세요. 제가 시간을 잘 봤어야 했는데, 모든 것이 나의 잘못이에요.”
  - 정서 및 행동: 구걸하는 마음, 의존적, 착한 행동, 양보하는 모습, 변명하는 표현과 목소리, 약한 신체적 자세를 보인다.
  - 상담목표: 단계적인 분노 감정표현, 자기주장 훈련, 자기존중감 강화
- 비난형(blaming type): 다른 사람을 무시하고 비난을 통해서 상대방을 통제하려는 의사소통이다.
  - 의사소통의 예: 반대하는 단어를 사용한다. “너는 제대로 하는 게 없다.” “모든 것이 네 잘못이다.”
  - 정서 및 행동: 비난적, 공격적, 심판적, 명령적, 자기우월적, 힘을 과시하고 융통성이 없음, 약점을 캐내는 행동을 한다.
  - 상담목표: 감정 조절훈련, 합리적으로 사고하는 훈련, 경청훈련
- 초이성형(super-reasonable type): 조용하고 침착하나 감정표현을 억제하며 매우 냉정한 태도를 취하는 유형이다. 다른 사람과 대화할 때 바른 말들만 하며 말의 속도는 매우 느리다.
  - 의사소통의 예: 대단히 객관적이다. 규칙과 옳은 것에 대한 단어, 추상적인 단어와 긴 설명을 사용한다.
  - 정서 및 행동: 원칙적, 권위적, 의도적, 냉정하고 경직되어 있으며 굳은 자세를 취한다.

- 상담목표: 감수성 훈련, 비언어적 의사소통 훈련, 신체이완 훈련
• 혼란형 혹은 산만형(irrelevant type): 다른 사람의 말이나 행동을 고려하지 않고 대화의 초점이 없이 부적절하게 반응하며 상황 파악을 잘 못한다.
  - 의사소통의 예: 관계없는 단어를 사용한다. 뜻이 통하지 않고 요점이 없다.
  - 정서 및 행동: 혼란스럽고 주의가 산만함, 말이나 대화주제와 상관없이 다른 곳을 응시한다.
  - 상담목표: 주의집중 훈련, 감수성 훈련, 상대방의 말을 끝까지 경청하기, 자기 생각을 마지막까지 표현하기
• 일치형(consistent type): 가장 바람직한 유형으로, 언어와 행동이 일치되어 있으며 다른 사람들과 감정적으로 잘 연결되어 있다. 일치형의 사람들은 자신의 대화패턴을 스스로 조절할 수 있으며, 이를 통해 다른 사람들과 좋은 관계를 맺을 수 있는 균형 잡힌 사람이다.
  - 의사소통의 예: 자신의 말과 행동, 태도가 일치되어 있다.
  - 정서 및 행동: 자신의 문제를 현실적으로 사고하고 그에 적합한 감정을 경험한다. 자아존중감이 높고, 자신과 상대방의 개별성을 존중한다.

② 주요기법과 절차

- 가족 지도 그리기(family mapping): 가족 지도 그리기를 통해서 가족구성원들 간의 관계와 의사소통 구조를 이해하도록 돕는다. 또한 가족 생애-사실 연대기를 통해 가족 3대의 역사와 생애사를 열거하며 세대 간 이해를 이끈다.
- 가족 조각기법(family sculpture): 가족이 어떻게 기능하며 다른 사람들에게 어떻게 보이는지를 인식하기 위해서 사용되는 기법이다. 가족구성원의 의사소통 태도를 고려하여 각 구성원을 가족 전체와의 관계 속에서 공간상에 위치시킨다. 이러한 기법을 통해서 가족의 경계, 상호작용 과정을 보다 분명하게 드러낼 수 있다.
- 가족 재구성(family reconstruction): 내담자와 가족 삼대의 중요 사건을 탐색하도록 한다. 내담자가 원가족으로부터 유래한 역기능적 패턴을 인식하고 벗어나도록 돕고 이를 통해 가족구성원들이 가족규칙의 기원을 인식하고, 부모에 대한 현실적 인식을 지니며, 개개인의 독특한 성격을 발견하도록 돕는다.

5 해결중심적 가족상담

① 상담목표

- 해결중심적 가족상담은 내담자의 문제에 초점을 맞추기보다 내담자의 긍정적 자원에 초점을 맞추어 내담자가 원하는 삶을 위한 해결책을 강구하는 데 초점을 둔다.
- 상담자와 가족은 체계적이고 의도적인 독특한 질문에 응답하는 대화를 통해 잠재능력과 자원, 성공경험을 발견하여 활용함으로써 문제해결 방안을 협동적으로 구축해 나간다.

② 주요기법과 절차

- 기적질문(miracle question): 문제가 해결된 상황 또는 내담자가 원하는 미래의 구체적인 모습을 상상해 봄으로써 해결하기 원하는 것을 구체화 · 명료화하는 데 도움을 주는 질문이다.
- 척도질문(scaling question): 내담자의 주관적인 상태를 확인하기 위해 문제의 심각성 정도나 치료목표, 성취 정도를 수치로 표현하도록 하는 질문이다. 변화에 대한 동기를 강화하고, 다음 단계로 발전하기 위해 무엇을 해야 할지 탐색하는 데 유용하다.
- 예외질문(exception-seeking question): 내담자의 문제가 나타나지 않거나 덜 심각한 경우를 찾아내도록 하는 질문이다. 예외질문은 일상생활에서 성공적으로 잘하고 있으면서도 의식하지 못하는 것을 발견하고, 성공했던 행동을 의도적으로 하도록 강화시키는 기법이다.
- 대처질문(coping question): 내담자가 스스로 인식하지 못하는 자원과 강점을 발견하도록 돕는 질문이다. 이를 위해 현재 잘 기능하고 있는 내담자의 삶의 영역이나 활동에 초점을 맞추고, 성공감을 갖도록 하는 대처방법에 관한 질문을 통해 위기를 극복하도록 돕는다.

기타 주요상담

1 중독상담

1) 중독의 개념 및 단계

중독(addiction)이란 중독성 있는 약물(물질)에 대해 과도한 집착과 강박적인 사용으로 인해 여러 가지 부작용이 있음에도 불구하고, 약물사용을 적절히 통제하거나 조절하는 것이 스스로의 힘으로 불가능한 상태를 의미한다.

〈약물(물질) 중독의 단계〉

① 1단계: 실험적 사용 단계

호기심의 일차적인 동기에서 약물(물질)을 실험적으로 사용한다. 약물의 심리적 효과에 대해 관심이나 주의를 크게 기울이지 않는다.

② 2단계: 사회적 사용 단계

사회적 상황에서 약물을 사용하는 것으로, 청소년의 경우 또래집단과의 사회적 관계가 영향을 미친다. 약물사용으로 인해 심리적 효과를 경험하지만, 약물사용을 문제라고 인식하는 경우는 드물다.

③ 3단계: 도구적 사용 단계(남용 단계)

약물에 의해 유발되는 심리적 효과에 익숙해져서 특별한 목적을 위해 의도적으로 약물을 사용하기 시작한다. 약물사용 목적은 크게 2가지 유형으로 분류되는데, '쾌락적 약물사용(즐거움과 쾌락을 추구하기 위해 약물을 사용)'과 '보상적 약물사용(고통스럽고 불쾌한 감정을 해소하거나 잊기 위해 약물을 사용)'이다.

④ 4단계: 습관적 사용 단계(의존 단계)

약물에 대한 의존증상이 나타나기 시작하며, 약물사용으로 인한 정신적 · 신체적 변화가 발생하여 약물을 중단하거나 조절하는 것이 어렵다. 약물을 사용하지 않으면 불안감, 초조감 등의 불쾌감을 경험하고, 내성으로 인해 더 많은 양의 약물을 사용하거나 더욱 강한 효과를 지닌 새로운 약물을 찾게 된다.

⑤ 5단계: 강박적 사용 단계

약물사용이 강박적인 행동으로 나타나게 되는 단계로, 약물에 과도하게 집착하고 전적으로 순응한 채 살아간다. 가정 · 직장 · 취미 생활을 비롯해 대인관계 전반에 대해 소홀해지고, 약물사용을 중단하거나 조절하려는 시도가 매번 실패로 돌아가 자아존중감이 더욱 악화된다.

2) 알코올 중독의 일반적인 단계별 증상

① 초기 단계

알코올이 주는 즉각적인 효과로 인해 긴장이나 불안을 해소하기 위해 마신다. 음주자의 대다수가 이에 해당하며, 여러 요인들에 의해 음주행위가 유지된다.

② 진행 단계

알코올에 의존하는 심리가 두드러지게 나타나며, 음주에 대한 생각과 행위가 빈번하고, 본인의 의지로 단주나 절주가 언제든지 가능하다고 생각한다. 음주로 인해 일상생활 및 대인관계 영역에서 문제가 발생하며 기억상실과 감정변화를 겪는다.

③ 위기 단계

음주에 대한 조절능력이 상실되며 금단 증상이 나타난다. 술 이외의 활동에 대해 무관심해지고, 음주로 인해 직장을 잃거나 가족과 단절되며, 스스로의 힘으로 술을 조절하겠다고 다짐을 하나 쉽지 않다.

④ 만성적 중독 단계

스스로의 힘으로 술을 통제하거나 조절하는 것이 불가능한 상태로, 논리적으로 사고하는 능력이 매우 저하되어 있으며, 음주에 대한 생각과 행동이 강박적으로 나타난다.

알코올 중독의 재발방지 지침

- 알코올 중독에 따른 심리평가를 실시한다.
- 단주 상태를 확인하고 유지하도록 한다.
- 재발의 과정에 대해 심리교육을 실시하여 내담자가 이해하도록 한다.
- 경고 증상에 대해 이해하고 알도록 한다.
- 회복 프로그램을 재검토한다.
- 목표를 세워 일상생활에 적용하도록 훈련한다.
- 재발의 증상을 알고 대처하는 방법을 훈련한다.
- 재발방지 계획을 실천하고 생활화하도록 격려한다.

3) 알코올 중독의 진행과정 4단계(Jellinek)

① 1단계: 전 알코올 증상 단계

사교적 목적으로 음주를 즐기기 시작하는 단계이다. 음주를 하는 대부분의 사람들이 경험하는 초기 단계로, 음주를 통해 긴장이 해소되고 대인관계가 원활해지는 등의 긍정적인 효과를 경험한다.

② 2단계: 전조 단계

술에 대한 긍정적인 이점과 매력이 상승하여 음주량과 음주하는 횟수가 증가하는 단계이다. 마시더라도 과음을 하며, 음주 동안 발생했던 일들에 대해 종종 망각을 하게 된다.

③ 3단계: 결정적 단계

술에 대한 자기조절력을 서서히 상실하게 되는 단계이다. 빈번히 술을 마심으로써 직장 및 가정생활, 대인관계에 있어 여러 가지 부적응적인 문제들을 초래한다.

④ 4단계: 만성 단계

술에 대한 자기통제력을 완전히 상실하게 되며, 내성과 금단증상을 경험하는 단계이다. 술을 계속해서 마심으로써 여러 신체질환을 앓고, 만성적 알코올 중독으로 인해 생활 전반에서 매우 심각한 문제에 놓이게 된다.

알코올 의존과 남용

- 알코올 의존(alcohol dependence): 알코올 의존은 잦은 음주로 인하여 알코올에 대한 내성(tolerance)이 생겨 알코올 섭취량이나 빈도가 증가하고 술을 마시지 않으면 여러 가지 고통스러운 금단현상이 나타나 술을 반복하여 마시게 되는 것을 말한다.

  〈알코올 의존 증상〉
  - 내성이 나타난다. 내성은 바라는 정도의 효과를 얻기 위해 필요한 음주의 양이 증가하거나 같은 양을 계속해서 사용했을 때 그 효과가 현저히 줄어드는 것을 의미한다.
  - 금단현상이 나타난다. 금단현상은 갑자기 금주를 하면 금단증상(식은땀, 손 떨림, 메스꺼움 및 구토, 환각, 초조, 불안 및 발작)이 나타나거나 이러한 금단증상을 없애기 위해 음주가 필요한 경우를 말한다.
  - 의도했던 것보다 더 많은 양의 음주를 하고 더 장기간 음주를 하게 된다.
  - 술을 끊거나 조절하려고 하지만 늘 실패한다.
  - 술에 대해 생각하거나 술을 구하거나 마시거나 회복하는 데 많은 시간을 보낸다.
  - 술을 마시기 위해 주요한 사회적 · 직업적 활동, 여가활동을 포기한다.
  - 술 때문에 이미 신체적 또는 심리적 문제를 갖고 있는 상태이면서도 계속 술을 마신다.
- 알코올 남용(alcohol abuse): 잦은 과음으로 인하여 직장, 학교, 가정에서 자신의 역할을 제대로 수행하지 못하거나 법적인 문제를 반복하여 유발하는 경우를 말한다.

  〈알코올 남용 증상〉
  - 거듭되는 음주로 인하여 직장, 학교 또는 집에서의 주요 역할 임무를 수행하지 못한다(예: 반복되는 결석 혹은 저조한 작업 수행, 음주와 관련된 결석, 정학 또는 제적, 아이 혹은 가족들에 대한 태만).
  - 신체적으로 해가 되는 상황에서도 거듭하여 음주한다(예: 음주상태에서 운전).
  - 음주와 관련된 법적 문제가 거듭하여 발생한다(예: 음주상태에서 싸움으로 경찰에 체포되는 것).
  - 음주로 인해 지속적인 사회적 문제, 대인관계 문제가 발생하거나 악화되고 있는데도 음주를 계속한다(예: 음주와 관련된 부부싸움, 폭력).

4) 중독의 행동변화단계이론(Prochaska & Diclemente)

① 숙고 전 단계

자신에게 행동문제가 없다고 생각한다. 아직 변화에 대해 생각하지 않는다. 현재 행동문제 에 대한 인식이 부족한 상태이다.

② 숙고 단계

행동문제에 대한 변화를 생각해 보기도 하지만 동시에 변화에 대한 생각을 거부하기도 한다. 행동문제에 대한 염려와 변화의 가능성을 인정하지만, 양가감정을 지니고 있어 변화를 확신하지 않는다.

③ 준비 단계

변화하는 쪽으로 많이 기울어졌고 문제행동을 더 이상 하지 않겠다는 생각을 진지하게 한다. 마음을 굳건히 하고 변화계획을 세우지만, 여전히 무엇을 해야 할지 생각하며 준비 중이다.

④ 실행 단계

문제행동이 더 이상 일어나지 않도록 조치를 취한다. 바람직하고 적응적인 행동습관을 갖기 위해 상당한 노력이 필요하다. 적극적으로 변화를 보이고 있지만, 안정상태에는 아직 도달하지 않은 단계이다.

⑤ 유지 단계

문제행동이 중단되는 등 초기목표를 달성하게 된다. 재발방지를 위한 전략을 찾아내고 사용 함으로써 예전의 습관으로 돌아가지 않도록 하며 변화된 행동을 유지하도록 노력한다.

5) 동기강화상담

동기강화상담(motivational interviewing)이란 중독 치료에서 내담자의 양가감정을 탐색하고 해결함으로써 그 사람의 내면에 있는 변화동기를 강화시킬 목적으로 하는 내담자 중심의 상담방법이다.

〈동기강화상담의 대화기술(OARS)〉

① 열린 질문하기(Opening question)

열린 질문은 내담자가 대답하기 전에 조금 더 생각하게 만들고 반응하는 방식에 많은 자유를 제공하는 개방형 질문을 말한다. 열린 질문은 특정한 방향에 초점을 두고 한 가지 주제에 대해 대화할 수 있도록 한다. 연속적으로 여러 개의 질문을 하는 것은 피해야 하며, 반영하기 기술과 함께 사용한다.

② 인정하기(Affirming)

인정하기는 개인에게 내재된 가치를 포함하는 좋은 면들을 알아보고 인정해 주는 것이다. 이해, 감사, 칭찬, 격려 등의 말을 내담자에게 직접 해 주고, 내담자의 강점과 노력하는 점에 대해 지지적 표현을 해 준다.

③ 반영하기(Reflection)

상담자가 내담자의 표현 속에 내재된 내면의 감정을 정확히 파악하여 이를 내담자에게 전달해 주는 것이다. 질문의 형태보다 내담자가 실제로 말한 핵심 내용을 간단하게 재진술하거나 바꾸어 말함으로써 내용을 반영할 수 있다.

④ 요약하기(Summarizing)

현재 상담에서 다루고 있는 문제를 내담자가 더욱 초점화하고 구체적으로 탐색하며 자신을 더욱 잘 이해할 수 있도록 돕는 방법이다. 변화대화를 끌어내기 위해 정기적으로 요약해 주는 것이 좋다.

6) 동기강화상담의 핵심기법

① 변화대화

내담자가 지니고 있는 변화에 대한 욕구, 이유, 필요성, 능력 등에 대해 이야기하는 것을 의미한다. 상담자가 주도하기보다는 내담자가 스스로 변화대화를 하도록 만드는 것이 중요하다.

② 변화대화를 이끄는 기술

- 유발적 질문하기: 가장 간단하고 직접적으로 변화대화를 이끌어 내는 방법으로 내담자에게 직접 질문을 하는 것이다. "이 변화를 어떻게 만들어 내고 싶은가요?" "이걸 해낼 수 있다는 자신감은 무엇 때문일까요?" 등을 통해 내담자가 자신의 생각이나 느낌, 염려되는 점, 변화필요성 등을 생각해 볼 기회를 제공한다.
- 중요성 척도 사용하기: 내담자가 생각하는 변화 중요성 정도에 대해 해당되는 숫자를 척도상에서 선택하도록 하고, 이에 대해 질문을 하고 탐색한다.
- 현 상태의 장단점 탐색하기: 내담자로 하여금 자신의 현재 상태나 행동의 긍정적인 면과 부정적인 면 모두에 대해 이야기해 보도록 한다.
- 정교화하기: 내담자가 변화하려는 이유를 언급하면, 그 이유에 대해 조금 더 상세히 말하고 구체화할 수 있도록 물어본다.
- 극단적 질문하기: 내담자가 변화를 원하지 않는 것처럼 보일 때, 내담자 자신이나 주위 사람이 갖고 있는 가장 큰 걱정에 대해 말하게 하거나 결과적으로 일어날 수 있는 극단적인 상황을 생각해 보도록 한다. 변화를 통해 나타날 수 있는 가장 좋은 결과를 상상해 보는 것도 가능하다.
- 과거 회상하기: 내담자의 현재 문제가 나타나기 이전인 과거를 회상하게 함으로써 현재 상태와 비교를 해 보도록 한다. 과거 회상을 통해 현재 상황의 안 좋은 측면과 더 나은 삶이 될 가능성 둘 다 부각시켜 생각할 수 있게 된다.
- 미래 예상하기: 변화된 미래를 상상해 보도록 하여 변화 후에 바뀔 상황에 대해 구체적으로 생각해 보고 미래에 대한 희망을 고취시킨다.

7) 인터넷 중독의 3단계

① 제1단계: 호기심 단계

인터넷 게임, 사이버채팅, 음란 사이트에 호기심을 가지고 참여한다. 정기적인 접속을 시도하고, 온라인상에서 정보를 얻는다.

② 제2단계: 대리만족 단계

현실에서 느끼기 어려운 즐거움을 인터넷을 통해 만끽한다. 폭력성, 사행성, 음란성의 욕구를 충족시킨다. 익명성을 통해 가상의 세계에서 자유와 쾌감을 경험한다.

③ 제3단계: 현실탈출 단계

현실에서의 질서와 규범을 무시하고, 가상세계에 사로잡혀 현실을 인식하는 데 장애를 초래한다. 오직 인터넷에 접속하기만을 희망하는 상태가 된다.

8) 인터넷 중독 개인상담 시 고려해야 할 사항

① 인터넷 사용에 대한 태도를 평가한다.
② 처음 인터넷을 사용했을 때의 상황 및 시기를 확인한다.
③ 실제 인터넷 사용시간을 평가한다.
④ 인터넷 사용 용도와 주로 이용하는 사이트를 확인한다.
⑤ 인터넷 사용으로 인한 비행 및 적응의 문제를 확인한다.
⑥ 인터넷에 대한 내담자의 동기 및 욕구를 평가한다.
⑦ 인터넷 사용과 관련된 가족 간의 갈등을 평가한다.
⑧ 인터넷을 대신할 수 있는 즐거운 활동을 확인한다.
⑨ 내담자의 정서적인 문제 및 대인관계 패턴을 평가한다.
⑩ 상담에 대한 동기강화 및 자기조절력 증진을 목표로 안내한다.

인터넷 중독의 평가영역

- 학교 전반에 대한 적응: 학교 재학 여부, 학교 결석 및 지각 여부, 학교 성적, 성적에 대한 만족도, 학교에서의 스트레스 유무 등
- 가족 및 대인관계: 가족의 사회경제적 지위, 가족 내 친밀도, 가족의 만족도, 가족의 동거 여부, 가족 내 병력, 인터넷 사용에 영향을 주는 가족구성원, 가족의 대처행동, 친한 친구의 수, 친구와의 친밀도, 인터넷 사용과 관련된 친구, 따돌림 및 폭력경험 여부
- 인터넷 사용 관련 평가: 인터넷 사용 기간과 역사, 인터넷 사용 시간(주말, 주중), 인터넷 관련 문제 발생 시기, 인터넷 관련 가족 갈등 시기, 인터넷 사용 용도, 자주 접속하는 사이트, 인터넷 이용 장소, 내성 및 금단 증상, 인터넷 갈망, 인터넷에 대한 긍정적 기대
- 일탈행동 여부: 온라인상의 불법적인 행동 여부(예: 해킹, 사기), 가출, 도벽, 무단결석 및 자퇴, 흡연과 음주 문제, 성 관련 비행, 음란물
- 자신에 대한 태도: 인터넷 사용으로 충족되는 욕구, 인터넷 사용으로 인한 부정적인 결과 인식 여부, 인터넷 사용으로 인한 변화 필요성 인식 여부, 인터넷 사용으로 인한 가족갈등 인식 여부, 인터넷을 중단하기 위한 노력 여부, 치료동기

9) 인터넷 중독 자녀를 다루는 개입전략(Young)

① 부모는 서로 통일되고 일관된 입장을 견지해야 한다.

② 애정을 갖고 자녀를 중독된 상태에서 벗어나도록 조력한다.

③ 인터넷 사용 시간 및 인터넷 사용을 위한 합리적인 규칙을 정한다.

④ 컴퓨터를 쉽게 보이는 위치에 놓게 한다.

⑤ 인터넷 이외의 다른 취미활동을 하도록 권장한다.

⑥ 필요시 인터넷 중독을 치료하기 위한 외부 전문가의 도움을 받는다.

2 자살위기상담

1) 자살위기상담의 목표

① 신체적 손상을 입지 않은 채 위기에 잘 대처할 수 있도록 돕는다.

② 절망적인 상황에도 불구하고 여전히 희망이 존재한다는 사실을 알려 준다.

③ 자살 외에도 현실적인 어려움을 해결할 수 있는 다양한 대안들이 존재한다는 것을 깨닫게 해 준다.

④ 주위의 다양한 자원들과 지지체계가 있음을 인식시키며, 이러한 요소들을 활용할 수 있도록 조력한다.

2) 자살위기 개입의 6단계 모델(Gilliland)

자살위기 개입의 6단계 모델은 크게 경청하기와 활동하기의 두 가지 과정으로 이루어진다. 전반부에는 경청하기를, 후반부에는 활동하기를 중심으로 이루어진다. 위기의 전 과정에 걸쳐 평가가 이루어진다.

〈자살위기 개입의 6단계 모델〉

경청하기(listening)		활동하기(acting)	
감정이입, 진실, 존중, 수용, 비판단, 돌보는 태도로 관심 기울이기, 관찰하기, 이해하기, 반응하기		내담자의 욕구와 환경적 지지의 활용가능 정도에 따라 비지시적 · 협력적 · 지지적인 수준에서 개입하기	
1단계 문제 정의	내담자의 관점에서 문제를 검토하고 정의한다. 개방형 질문을 포함하여 적극적 경청을 사용하여 내담자의 언어적 · 비언어적 메시지 모두에 관심을 기울인다.	4단계 대안 탐색	내담자가 지금 이용할 수 있는 선택사항을 탐색할 수 있도록 조력한다. 즉각적인 상황적 지지, 대처방법, 긍정적 사고를 찾아내도록 촉진한다.

2단계 안전 확보	내담자의 신체적 · 심리적 안전에 대한 위협의 치명성, 중요성, 심각성을 평가한다. 내담자를 둘러싸고 있는 내적 · 외적 환경들을 모두 평가한다. 필요하다면 충동적이고 자기파괴적인 행동에 대한 대안을 내담자가 자각하도록 돕는다.	5단계 계획 수립	내담자가 지닌 자원과 대처기제를 명확히 하고 현실적인 단기계획을 세우도록 돕는다. 이 계획은 내담자가 이해할 수 있고 실천할 수 있는 명확한 활동단계로 이루어져야 한다.
3단계 지지 하기	위기개입 전문가는 정당한 절차를 거쳤으며 지지적인 사람임을 내담자에게 알린다. 긍정적이고, 비판단적이며 수용적인 자세로 내담자를 대하고 지지한다.	6단계 참여 유도	내담자가 현실적으로 달성할 수 있고 수용할 수 있는, 명확하면서도 긍정적인 행동단계에 참여하도록 유도하다.

3) 강점에 기반한 자살위기 개입의 7단계 모델(Roberts)

위기 개입에 있어 촉발요인의 조기발견, 적극적 경청, 문제해결, 효과적인 대처기술, 강점 및 보호요인 찾기, 효과적인 위기해결 등이 단계적으로 구조화되어 있다.

〈자살위기 개입의 7단계 모델〉

1단계	치명성과 정신건강 상태를 평가한다. 이 단계에서는 생리적 · 심리적 · 사회적 측면에 대해 포괄적이고 철저한 평가와 위기 사건에 대한 평가가 함께 이루어진다.
2단계	관계 형성하기 단계로, 내담자와 신속히 라포를 형성하고 치료적 관계를 형성한다.
3단계	주요 문제를 확인한다. 내담자의 주요 문제가 무엇인지, 위기 촉발 요인이 무엇인지를 개방형 질문을 통해 표현하도록 한다.
4단계	감정 다루기 단계로, 적극적 경청이 효과적으로 사용되며 위기 개입 전문가는 적절히 반응하고 지지하고 격려함으로써 경청하고 있음을 보여 준다.
5단계	대안적 대처방법을 탐색한다. 내담자가 위기 이전에 가지고 있었던 성공적 대처기술을 찾아보고 현재 내담자의 강점을 찾는 것이다.
6단계	활동계획 수립단계로 이전 단계에서 탐색한 대처방안을 실행할 수 있는 구체적인 활동계획을 세운다.
7단계	종결 및 사후관리 단계이다. 위기가 해결되었을지라도 이후 위기가 또 나타나거나 내담자의 대처능력이 약화될 가능성을 고려하여 지속적인 사후관리를 한다.

4) 자살 위험도 평가

① 자살 위험에 대한 자기보고

상담자는 자살을 생각하는 내담자를 대상으로 그 위험수준에 대해 질문을 하며, 질문 내용은 자살에 대한 생각이 얼마나 자주 떠오르는지, 이를 얼마나 오랫동안 견디어 낼 수 있는지에 대한 질문이 포함된다.

② 자살계획 사정

상담자는 내담자가 실제 자살을 계획하고 있는지를 파악해야 한다. 자살계획의 치명성, 자살의 방법과 도구, 계획의 구체성 등에 대해 평가한다.

③ 과거 자살시도 경험(자살력)

과거 자살을 시도한 경험이 있는 사람의 경우 자살 위험의 가능성이 높다. 상담자는 내담자의 가족이나 주변 인물들 중 자살을 시도했거나 실제 자살한 사람이 있는지를 파악한다.

④ 심리적 증상

심리적인 고통과 증상에 대해 파악하고, 내담자가 심각한 정신장애를 가지고 있는 경우 즉각적인 치료적 개입이 필요하다.

⑤ 환경적 스트레스

내담자가 어떠한 스트레스 상황에서 자살충동을 느끼는지를 파악하고, 내담자의 스트레스 대처방식 및 자살을 문제 상황의 도피방법으로 생각하는 것은 아닌지 살펴본다.

⑥ 자원 및 지지체계

내담자에게 도움이 될 수 있는 유용한 자원 및 지지체계에 대해 살펴보아야 한다. 위기전화상담, 긴급히 연락을 취할 수 있는 방법에 대해서 안내해 준다.

5) 자살위기 상담 시 고려점

① 상담자는 위기상황을 구체적으로 평가해야 한다.
② 상담자는 내담자에게 개방적이고 솔직해야 한다.
③ 내담자의 생각과 감정의 심각성을 면밀히 평가해야 한다.
④ 상담자는 지시적이거나 비판적이어서는 안 된다.
⑤ 상담자는 내담자가 겪고 있는 위기상황에 대해 넓은 조망을 갖도록 한다.
⑥ 상담자는 미래에 희망이 있고, 많은 가능성이 있다는 것을 내담자에게 믿게 한다.
⑦ 내담자에게 자살 이외의 다른 대안들을 생각할 수 있도록 한다.
⑧ 내담자가 문제를 해결할 수 있는 계획을 세우도록 도와주어야 한다.
⑨ 내담자가 이용할 수 있는 지역사회의 다양한 자원들을 활용하도록 도움을 준다.
⑩ 상담자는 신속한 위기 개입을 위해 다른 전문기관에 내담자를 의뢰할 수 있어야 한다.

자살 위험성 예측을 위한 고려점

① 언어적 표현
- 죽고 싶다는 이야기를 자주 한다.
- 사후세계에 대한 이야기를 자주 한다.
- 자기비하적인 말을 자주 한다.
- 자살 이후 자신의 모습에 대해 관심을 가진다.

② 행동적 표현
- 대인관계를 기피하며 혼자 행동한다.
- 타인에게 아끼던 물건을 주는 등 정리하는 행동을 한다.
- 자신의 능력에 대한 회의감과 무기력감을 표출한다.
- 자살시도에 사용할 수 있는 물건들을 몰래 보관한다.
- 인터넷 자살 사이트에 관심을 가진다.

③ 상황 및 환경적 여건
- 가족이나 친구, 가까운 사람의 죽음 또는 이별로 인해 상실감을 경험한다.
- 학교나 직장에서 괴롭힘이나 따돌림, 폭력 등을 당한다.
- 사회적으로 고립되어 오랜 기간 혼자 생활을 한다.
- 만성질환이나 장애 등 치료와 예후가 좋지 않은 질환을 가지고 있다.

3 성 관련 피해 상담

1) 성폭력 상담의 주요목표

① 성폭력 피해자가 피해로 인해 가질 수 있는 부정적인 자존감을 회복하도록 하며, 무력감에서 벗어나 자신의 삶을 살아가도록 돕는다.

② 성폭력 피해로 인한 상처가 지속될 것이라는 두려움이나 미래에 대한 불확실성에서 벗어나도록 하여 건강한 삶에 대한 희망을 가질 수 있도록 돕는다.

③ 안전한 분위기에서 심리적인 안정감을 찾을 수 있도록 하면서 효과적인 외상치료가 이루어지도록 돕는다.

④ 치료를 통해 내면의 억압된 분노와 피해감정을 잘 표현하고 다룰 수 있도록 돕는다.

⑤ 분노조절 훈련, 문제해결 훈련, 스트레스 관리, 사회기술 훈련 등을 통해 일상생활로의 복귀를 돕는다.

2) 성 피해 아동의 상담지침

① 성 피해 아동은 피해시기의 발달단계에 따라 그 증상의 차이를 보이기 때문에 성 피해 아동을 대상으로 한 심리치료는 해당 연령 및 발달단계를 고려해야 한다.

② 성 피해 아동은 마치 유아로 돌아간 것 같은 퇴행행동을 보이기도 한다. 이 경우, 아동을 즉각적으로 나무라기보다는 성 피해 아동에게서 나타날 수 있는 자연스러운 반응으로 간주하여 참을성 있게 대하는 것이 바람직하다.

③ 상담자는 피해 아동이 신체인형(상담 보조도구)을 어떻게 다루는지 관찰함으로써 성 피해 상황과 상태를 보다 명확히 파악할 수 있다.

④ 상담자는 부모의 심정을 이해하고 지지해 주면서 성 피해 아동이 신체적, 심리적 치료와 부모의 따듯한 보살핌을 받게 되면 다른 아이들처럼 정상적인 삶을 지속할 수 있다는 확신과 희망을 심어 주어야 한다.

성폭력 피해를 돕기 위한 초기상담 시 파악해야 할 내용

- 피해자의 특성: 피해자의 성별, 연령, 장애 유무 등
- 가해자의 특성: 가해자의 성별, 연령, 결혼상태, 가족관계, 성격 특성, 전과 유무 등
- 피해자와 가해자와의 관계: 친족, 직장동료, 학교 선·후배, 이웃사람 등 아는 사람 또는 불특정한 사람
- 피해유형: 강간, 강제추행, 성추행, 성희롱, 스토킹 등
- 피해상황: 피해 시간 및 장소, 횟수, 지속 유무 및 지속 기간, 피해 후 산부인과 진료 및 심리상담 유무, 경찰에 신고 유무, 임신 또는 낙태 유무 등

3) 성폭력 피해자 상담의 단계별 유의사항

① 초기 단계

- 상담자는 내담자에게 상담내용의 주도권을 줌으로써 내담자에게 현재 상황에서 표현할 수 있는 것들에 대해 이야기할 수 있도록 배려한다.
- 내담자가 성폭력 피해의 문제가 없다고 부인하는 경우 상담자는 일단 수용하며, 언제든지 상담의 기회가 있음을 알려 주어야 한다.

② 중기 단계

- 상담자는 내담자가 성폭력 피해 사실을 이야기하는 것에 대한 두려움을 인지하며, 내담자로 하여금 자신의 억압된 감정을 표출하도록 유도한다.
- 상담자는 내담자의 성폭력 피해 사실에 따른 수치심이나 죄책감이 전적으로 가해자로 인한 것임을 확신시킨다. 상담자는 내담자의 잘못된 죄의식을 수정하도록 도우며, 자기존중감을 가질 수 있도록 배려한다.

③ 종결 단계

- 내담자가 버림받는 느낌이나 상실감 등을 가지지 않도록 사전에 체계적으로 종결 계획을 세운다. 이를 위해 상담자는 상담 시간 및 기간의 간격을 점차적으로 늘려

나간다.

• 상담자는 종결에 따른 아쉬움과 이별의 감정을 다루며, 상담의 종결이 완전한 결별이 아니므로 언제든 다시 상담할 수 있음을 인식시킨다.

성폭력 피해자를 돕기 위한 상담자의 태도

• 상담자는 내담자인 성폭력 피해자의 치유가능성에 대한 확신을 갖도록 한다.
• 공감적 이해를 통해 피해자의 고통을 함께할 수 있도록 마음의 준비를 갖춘다.
• 피해자의 말을 진지하게 경청하며, 있는 그대로 수용하고 존중한다.
• 상담에 앞서 상담자 스스로 자신의 성에 대한 가치관이 왜곡된 것은 아닌지, 성폭력이나 학대받은 경험이 극복되지 않은 상태로 남아 있는지 검토한다.
• 피해자가 자신의 느낌과 생각을 보다 건설적으로 조정하고, 긍정적인 관점에서 자신을 발견할 수 있도록 돕는다.
• 문제해결을 위한 다양한 방안을 제시하고 치료적 효과에 대해 안내한다.
• 피해자를 책망하거나 비난하지 않으며, 형식적인 위로나 지시적인 충고는 삼간다.
• 피해의 원인을 피해자의 부주의나 무저항으로 돌리지 않으며, 모든 피해의 책임이 전적으로 가해자에게 있음을 주지시킨다.
• 가해자의 폭력 유무, 피해자의 외상 유무를 떠나 성폭력 사건을 결코 개인화하거나 과소평가하지 않는다.
• 피해자에게 가해자에 대한 이해와 용서를 구하거나 이를 공공연히 암시하지 않는다.
• 상담자는 피해 이후에 나타날 수 있는 피해자의 심리적 방어기제, 신체적 · 심리적 후유증, 치료의 과정 및 단계 등을 명확히 알고 있어야 한다.
• 피해자의 고통이나 분노에 의한 격정적인 감정은 지극히 당연한 것이므로, 이를 억제하지 말고 외부로 표출할 수 있도록 용기를 북돋는다.
• 피해자가 비밀보장을 원할 경우 이를 약속하며, 피해자를 돕기 위한 목적이라도 피해자의 동의하에 관련 정보를 다른 전문가나 기관에게 알리도록 한다.

4 진로상담

1) 진로상담의 목표

① 자기 자신에 관한 정확한 이해 증진

자기개념의 구체화를 통해 자신의 현실적인 개념을 형성하도록 하며, 자신의 성격, 능력, 적성, 흥미 등을 이해하도록 한다.

② 일(직업)의 세계에 대한 이해 증진

현대사회에서 정치적 · 경제적 · 사회적 측면을 통해 요구되는 다양하고 복잡한 일의 세계를 이해하는 동시에 그 변화의 흐름에 적응하도록 한다.

③ 합리적인 의사결정능력의 증진

일(직업)의 세계에 대한 다양한 정보들을 적절히 활용하여 최선의 선택이 이루어지도록 의사결정 기술의 습득을 돕는다.

④ 정보탐색 및 활용 능력의 함양

내담자 스스로 일(직업)의 세계에 대한 정보를 탐색할 수 있는 방법을 알려 주고, 이를 수집, 활용할 수 있는 방법을 체득하도록 돕는다.

⑤ 일과 직업에 대한 올바른 가치관 및 태도 형성

직업에 대한 올바른 의식과 건전한 가치관을 습득하도록 하여 바람직한 직업윤리를 형성하도록 한다.

진로 및 직업상담의 기대효과

- 내담자가 이미 결정한 직업적인 선택과 계획을 확고하게 해 준다.
- 내담자 개인의 직업적 목표를 명백히 해 준다.
- 내담자로 하여금 자신의 자아와 직업세계에 대해 구체적으로 이해할 수 있도록 하며, 새로운 사실을 발견하도록 돕는다.
- 내담자에게 직업선택 및 진로 의사결정능력을 기르도록 해 준다.
- 내담자에게 직업선택과 직업생활에서의 능동적인 태도를 함양하도록 해 준다.

2) 진로상담의 이론

① 특성-요인 이론

내담자가 자신의 문제를 객관적으로 보지 못하고 독립적으로 해결할 수 없다는 가정하에, 내담자의 개인적 특성과 직업적 요인이 잘 부합될 수 있도록 조력한다.

② 윌리엄슨(Williamson)의 특성요인 상담모형 6단계

- 1단계-분석: 개인의 특성(태도, 흥미, 가족환경, 지적 능력, 교육 정도 등)에 관한 자료를 수집하고 표준화된 검사를 실시한다.
- 2단계-종합: 개인의 장점과 단점, 진로와 관련된 문제를 파악하기 위해 다양한 정보를 수집하고 종합한다.
- 3단계-진단: 진로문제의 원인을 파악하고 객관적으로 진단 내린다.
- 4단계-예측: 진로문제를 해결하기 위해 가능한 대안을 탐색하고, 각 대안의 성공가능성을 평가하고 예측한다.
- 5단계-상담: 개인특성과 직업요인 간의 자료를 바탕으로 직업에 잘 적응하기 위한 방법을 모색한다.

- 6단계-추수지도: 내담자가 계획한 것을 잘 실천할 수 있도록 돕고, 진로결정의 적합성을 평가한 후, 추수지도를 안내한다.

③ 홀랜드(Holland)의 성격 이론

- 홀랜드의 이론은 사람들의 성격과 환경을 실재형, 탐구형, 예술형, 사회형, 기업형, 관습형으로 구분했고, RIASEC라는 육각형 모형을 통해 효과적인 직업결정 방법을 제시하고 있다.
- 홀랜드의 직업선택이론은 개인의 특성과 직업세계의 특징과의 최적의 조화를 이루는 것을 가장 강조한다.
- 홀랜드는 사람의 행동은 그들의 성격에 적절한 직업환경 특성들 간의 상호작용에 의해 결정된다고 본다.

〈홀랜드의 6가지 성격유형〉

- 실재형: 질서정연하고 기계 등에 관한 체계적인 조직 활동을 좋아하지만, 사회적 능력이 부족하다.
- 탐구형: 분석적이고 호기심이 많고 조직적이며 정확하지만, 리더십 능력이 부족하다.
- 예술형: 표현이 풍부하고 독창적이며 비순응적이지만, 규범적 능력이 부족하다.
- 사회형: 다른 사람과 함께 일하거나 다른 사람을 돕는 것을 좋아하지만, 기계적 능력이 부족하다.
- 기업형: 조직 목표나 경제적 목표를 달성하기 위해 타인을 조작하는 활동을 좋아하지만, 과학적 능력이 부족하다.
- 관습형: 체계적으로 자료를 기록하고 정리하는 것을 좋아하지만, 예술적 능력이 부족하다.

〈홀랜드의 6가지 성격유형과 대표 직업〉

유형	선호하는 직업 활동	대표 직업
실재형 (R)	분명하고, 질서정연하고, 체계적인 대상(연장, 기계, 동물)을 조작하는 활동 또는 신체적 기술을 선호함.	기술자, 자동차 · 기계 및 항공기 조종사, 정비사, 농부, 엔지니어, 전기, 기계기사, 운동선수
탐구형 (I)	관찰적 · 상징적 · 체계적이며 물리적 · 생물학적 · 문화적 현상의 창조적인 탐구를 수반하는 활동에 흥미를 보임.	과학자, 생물학자, 화학자, 물리학자, 인류학자, 지질학자, 의료기술자, 의사

예술형 (A)	예술적 창조와 표현, 변화와 다양성을 좋아하고 틀에 박힌 것을 싫어함. 모호하고 자유롭고, 상징적인 활동들을 선호함.	예술가, 작곡가, 음악가, 무대감독, 작가, 배우, 소설가, 미술가, 무용가, 디자이너
사회형 (S)	타인의 문제를 듣고, 이해하고, 도와주고, 치료해 주고, 봉사하는 활동에 흥미를 보임.	사회복지사, 교육자, 간호사, 유치원교사, 종교지도자, 상담자, 임상치료사, 언어치료사
기업형 (E)	조직의 목적과 경제적 이익을 얻기 위해 타인을 선도, 계획, 통제, 관리하는 일과 그 결과로 얻어지는 위신, 인정, 권위를 얻는 활동을 선호함.	기업경영인, 정치가, 판사, 영업사원, 상품구매인, 보험회사원, 관리자, 연출가
관습형 (C)	정해진 원칙과 계획에 따라 자료들을 기록, 정리, 조직하는 일을 선호하고, 체계적인 작업 환경에서 사무적 능력, 계산 능력을 발휘하는 활동을 좋아함.	공인회계사, 경제분석가, 은행원, 세무사, 경리사원, 컴퓨터 프로그래머, 감사원, 안전관리자, 사서, 법무사

〈홀랜드의 5가지 주요개념〉

- 일관성: 일관성이란 개인의 성격유형뿐만 아니라 환경유형에도 적용되는 것으로, 유형들의 어떤 쌍들은 다른 유형의 쌍들보다 공통점을 많이 가지고 있다는 것을 의미한다. 예를 들면, 실재형(R)과 탐구형(I)은 실재형(R)과 예술형(A)보다 더 많은 공통점을 가지고 있다.
- 차별성: 한 개의 유형에는 흥미가 높게 나타나지만 다른 유형에는 흥미가 별로 나타나지 않는다는 것을 말한다. 여러 유형에 똑같은 흥미를 나타내는 사람은 특징이 없거나 잘 규정되지 않았다고 볼 수 있다. 예를 들면, 사회형(S)에 흥미가 높게 나타나는 사람은 다른 유형에는 흥미가 별로 나타나지 않으며, 그 중 실재형(R)의 흥미가 가장 낮게 나타난다.
- 정체성: 개인의 정체감 또는 환경의 정체감이 명료하거나 안정된 정도를 말한다. 개인적 정체감은 개인의 목표, 흥미, 재능에 대한 분명하고 안정된 청사진을 갖고 있는 정도를 말한다. 환경적 정체감은 환경이나 조직이 장기간에도 안정된 분명하고도 통합된 목표, 과업, 보상을 가지고 있을 때 나타난다.
- 일치성: 일치성이란 개인의 성격유형과 환경유형 간 일치의 정도를 의미한다. 개인은 자신의 성격유형과 비슷한 환경유형에서 일할 때 일치성이 높아지며 최대한 능력을 발휘하게 된다. 환경과 개인의 가장 좋지 않은 일치의 정도는 육각형에서 유형들이 반대지점에 있을 때 나타난다. 예를 들면, 예술형(A)은 관습적인 환경에서

일하거나 생활할 때 일치성이 낮게 된다.

• 계측성: 육각형 모델에서 유형들 간의 거리가 멀수록 직업 적응도와 성공도가 낮음을 의미한다. 즉, 두 유형 간의 거리가 가까울수록 이들 간의 유사성이 더 높고, 환경과 개인 내에 있는 일관성의 정도도 증가한다.

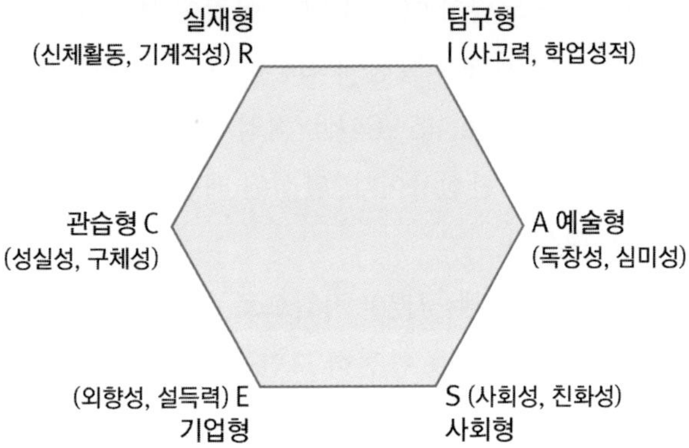

④ 크럼볼츠(Krumboltz)의 사회학습이론

• 교육 및 직업적 선호와 기술이 어떻게 획득이 되며, 교육 프로그램과 실제 직업현장에서의 일들이 어떻게 선택되는가를 설명하기 위해 발전된 이론이다. 행동주의 학습이론, 강화이론, 인지적 정보처리이론에 기반하고 있다.
• 진로발달에 영향을 미치는 다섯 가지 요인으로 유전적 요인과 특별한 능력, 환경적 조건과 사건, 학습경험, 과제접근 기술, 환경적 요인과 심리적 요인을 제시하였다.

⑤ 슈퍼(Super)의 진로발달이론

• 자아개념을 중요시하는 이론으로, 개인의 속성과 직업에서 요구되는 속성을 함께 고려한다. 사람들은 자기개념과 일치하는 직업을 선택하게 되어, "나는 이런 사람이다."라고 느끼고 생각하던 바를 잘 설명할 수 있는 직업선택을 가정한다.
• 직업발달에서 중요한 역할을 하는 자아개념은 유아기에서부터 형성되어 전 생애를 거쳐 사망에 이르기까지 계속 발달한다고 본다. 직업발달의 발달단계(성장기, 탐색기, 확립기, 유지기, 은퇴기)를 제시하였고, 각 단계는 성취해야 하는 발달적 과업을 포함하고 있다.

〈Super의 진로발달 5단계〉

• 성장기(growth, 출생~14세): 이 기간 동안 어린아이는 다른 사람과의 관계 안에서 스스로에 대한 정신적인 표상을 형성한다. 성장과정 동안 점차 많은 방식으로 직업세계를 지향해 가게 된다(예: 탐색, 정보, 흥미 등).

- 탐색기(exploration, 15~24세): 이 기간 동안 직업세계에 대한 일반적인 탐색과 진로선호를 구체화하게 된다. 다양한 역할 시도와 활동, 흥미와 가치, 능력 등이 고려되고 잠정적인 결정이 만들어지고 시도된다.
- 확립기(establishment, 25~44세): 이 기간 동안 적절한 영역을 찾고, 고정적인 영역을 세우려는 노력이 이루어진다. 이것이 한번 수립되면 은퇴를 하거나 전문성의 최고점에 이를 때까지 발전에 집중하며, 수행능력의 질적인 부분이 향상된다.
- 유지기(maintenance, 45~64세): 직업세계에서 영역을 구축한 후에 그것을 어떻게 유지하는가가 주 관심사이다. 완성된 패턴의 연속성을 유지하며 성취한 것을 보존하고자 노력한다.
- 은퇴기(decline, 65세~사망): 직업으로부터 자유로워지는 시기이면서 다른 만족을 찾는 시기이다. 직업을 완전히 그만두는 데 있어 다양한 모습을 보이며 다른 만족감을 찾거나 직업을 전환하거나 여가활동을 한다.

3) 진로상담의 기본지침

① 개인의 특성을 객관적으로 평가한 후, 상담자와 내담자 간의 신뢰관계를 형성한 뒤에 실시해야 한다.
② 진로상담 과정 속에는 의사결정에 대한 상담과정이 포함되어야 한다.
③ 진로발달의 단계에 근거하여야 한다.
④ 변화하는 직업세계에 대한 이해를 토대로 이루어져야 한다.
⑤ 여러 심리검사를 활용하여 그 결과를 토대로 합리적인 방안을 이끌어 내도록 해야 한다.

4) 진로상담 시 주요 고려사항

① 내담자의 진로문제를 정확히 파악한다.
② 진로문제 해결을 위해 내담자의 동기를 높인다.
③ 문제해결과 관련된 내담자가 활용할 수 있는 주변의 자원을 탐색한다.
④ 내담자의 의사결정 기술을 수정하고 훈련한다.
⑤ 내담자의 진로계획의 수립을 조력한다.
⑥ 변화의 가능성을 고려하여 현실적인 대안들을 창출하고 선택할 수 있도록 조력한다.
⑦ 내담자가 원하는 진로를 위하여 우선적으로 해야 할 순위를 정하도록 조력한다.

5 비행청소년 상담

1) 비행의 원인에 관한 이론

① 아노미 이론

현대사회의 가치관 혼란 현상이 청소년 비행의 원인이라고 본다(예: 우리나라 청소년의 경우 좋은 성적, 좋은 학교 입학, 사회적 성공 등). 문화적 목표를 달성할 수 없게 될 때 아노미 상태에 빠지게 된다.

② 사회통제 이론

사회통제력이 약화되어 개인에게 미치지 못하게 될 때, 그 개인은 규범을 위반하게 된다고 본다.

③ 하위문화 이론

하위계층에서 성장한 아이들은 학교를 다니면서 상위계층과 상이한 문화적 차이를 접하면서 적응 문제에 부딪히게 되어 비행을 일으킨다고 본다.

④ 차별접촉 이론

비행친구끼리 차별적 집단을 형성하게 되는데 그 집단의 행동을 통한 영향력이 비행의 원인이 된다고 본다.

⑤ 낙인 이론

자기 자신을 비행을 저지르는 사람으로 인식하는 데에는 타인으로부터 받는 낙인이 그 영향을 준다고 본다.

⑥ 중화 이론

비행의 원인이 학습된 변명과 정당화를 통해서 발생한다고 본다. 이 경우 죄의식 없이 비행을 저지르게 된다.

2) 비행의 유형이론(Weiner)

① 사회적 비행

- 심리적인 문제 없이 반사회적 행동기준을 부과하는 비행하위문화의 구성원으로서 비행을 저지른다. 특히 청소년은 집단문화에 동조하기 위한 수단으로서 비행을 저지르는 경향이 있다.
- 소속된 비행하위집단 내에서 통용되는 삶의 방식들은 제한적이고 편파적인 경우가 대부분이므로 장기적인 측면에서 적응적 행동양식이라고 볼 수 없다.

② 심리적 비행

- 성격적 비행: 반사회적인 성격구조, 자기통제력의 부재, 타인 무시, 충동성 등에 의한 행위의 문제로 비행이 나타난다. 유아기나 아동기에 거절당한 경험 및 아동기의 부적절하거나 일관적이지 못한 훈육으로 인해 타인에 대한 공감 능력 및 동일시 능력이 부족하고 자신의 충동을 통제하는 데 곤란을 보인다.
- 신경증적 비행: 자신의 요구가 거절되었을 때 갑작스럽게 자신의 욕구를 표현하는 행위의 문제로 비행이 나타난다. 이러한 비행에는 심리적 갈등이나 좌절을 유발하는 환경적 스트레스 요인이 존재한다.
- 정신병적/기질적 비행: 행동을 통제하기 어려운 정신병이나 뇌의 기질적 손상 등에 의해 비행이 나타난다.

3) 비행청소년 상담에서 상담자의 역할

① 비행청소년 상담은 청소년 개인은 물론 가족, 친구, 학교, 그리고 지역사회를 포괄하는 광범위한 지원망을 구축하여 통합적으로 운영되어야 한다.

② 비행청소년과 정서적 유대감을 형성하는 것이 무엇보다 중요하고, 부모나 가족과의 갈등을 해소하고 문제를 해결할 수 있는 능력을 기르도록 조력해야 한다.

③ 학교생활에서 지켜야 할 다양한 규칙과 대화기술, 갈등해결 기술 등과 같은 사회적 기술을 학습하도록 훈련시키는 것이 필요하다.

④ 친구의 유혹을 거절할 수 있는 자기주장이나 자기통제능력의 훈련이 필요하며, 경우에 따라 또래 상담자를 활용하는 것이 효과적일 수 있다.

4) 비행청소년 상담 시 고려사항

① 무조건적 수용과 공감적 이해를 하도록 한다.

② 상담관계의 한계 내에서 자유롭고 안전한 분위기를 형성한다.

③ 긍정적 측면을 인정하고 활용하도록 한다.

④ 대인관계능력과 문제해결 증진을 위한 훈련을 한다.

⑤ 비행청소년의 부모상담 시, 자녀의 문제와 상황, 이와 관련된 요인들에 대해 이해하도록 하고, 자녀를 대하는 부모와 가족의 행동변화와 대처방법을 함께 모색한다.

02 기출기반학습+

상담목표 설정 시 지켜야 할 기준

① 목표는 결과적 또는 성취적 목표로 설정해야 한다.
② 목표는 검증이 가능하며, 구체적인 행동으로 이어질 수 있는 것이어야 한다.
③ 목표는 가시적이고 실제적인 차이로 나타나는 것이어야 한다.
④ 목표는 내담자의 능력 및 통제력을 고려한 현실적인 것이어야 한다.
⑤ 목표는 내담자의 가치에 맞는 것이어야 한다.
⑥ 목표는 도달을 위한 현실적인 기간이 설정되어야 한다.

학습 Plus 초기상담의 주요목표

- 내담자가 호소하는 어려움(심리적 문제, 증상 등)을 파악한다.
- 치료에 대한 내담자의 목표를 파악한다.
- 치료자와 내담자 간에 긍정적인 라포를 형성한다.
- 전반적인 치료과정을 구조화한다.

초기상담 시 행동관찰 요소

① 면담태도에는 적극성, 수동성, 방어성, 경직성 등이 있다.
② 용모에는 복장상태, 위생상태, 얼굴과 신체의 모습 등이 있다.
③ 언어에는 목소리의 강도와 고저, 말의 속도와 반응시간 등이 있다.
④ 사고에는 주의력, 집중력, 이해력, 논리력, 추리력 등이 있다.
⑤ 정서에는 정서 억제, 정서 표현, 정서적 변화 및 조절 등이 있다.

⑥ 행동에는 행동 억제 및 표현 양식, 행동의 조절 정도 등이 있다.

⑦ 의사소통능력에는 언어적 · 비언어적 의사소통능력 등이 있다.

학습 Plus 초기상담 시 행동관찰의 유의점

- 상담자의 추측이 아니라 실제로 확인 가능한 구체적인 행동을 평가한다.
- 초기상담에는 행동을 해석한다거나 행동의 의미를 직면시키기보다 행동의 의미를 파악하는 데 초점을 둔다.
- 내담자가 반복적으로 보이는 행동을 관찰함으로써 심리적 어려움과 행동 간의 관계를 파악한다.
- 내담자의 전형적인 행동패턴에서 드러나는 전이감정을 확인하고, 이를 상담의 중요한 초점으로 다루도록 한다.

상담자가 내담자와의 관계에서 알아야 할 윤리 원칙 및 행동지침

1) 윤리적 원칙

① 자율성(autonomy): 타인의 권리를 해치지 않는 한 내담자가 자신의 행동을 선택할 수 있는 권리가 주어져야 한다.

② 선행(beneficience): 내담자에게 이로운 일을 행하고 선의의 태도로서 필요한 도움을 주어야 한다.

③ 무해성(nonmaleficence): 내담자에게 해를 끼칠 수 있는 어떠한 행동도 하지 않아야 한다.

④ 공정성(justice, fairness): 모든 내담자는 평등하며, 성별과 인종, 지위에 관계없이 공정하게 대우받아야 한다.

⑤ 충실성(fidelity): 상담자는 내담자에게 믿음과 신뢰를 줄 수 있어야 하며 주어진 책무에 충실해야 한다.

2) 행동지침

① 상담자는 자신의 개인적인 욕구가 내담자에게 어떠한 영향을 미치는지를 명확히 자각하고 있어야 한다.

② 상담자는 내담자의 복지에 대한 책임이 있으며, 자신의 욕구충족을 위해 내담자를 이용해서는 안 된다.

③ 상담자는 치료적 관계를 명백히 해칠 수 있는 내담자와의 어떠한 다른 관계(예: 금전적 관계나 성적 관계 등)를 가져서는 안 된다.

④ 상담자는 내담자의 비밀을 보장해야 하며, 상담관계에 부정적인 영향을 미칠 수 있

는 다른 문제들에 대해 내담자에게 알려야 한다.

⑤ 상담자는 자신의 태도, 가치관 등이 상담관계 및 내담자에게 어떠한 영향을 미치는지를 인식하고 있어야 한다.

⑥ 상담자는 상담 목표 및 절차 등을 비롯하여 상담관계를 시작함으로써 내담자에게 닥칠지도 모르는 위험, 상담결정을 내리기 전에 고려해야 할 요인들에 대해 미리 내담자에게 알려 주어야 한다.

⑦ 상담자는 자신의 한계를 명확히 알고 있어야 하며, 내담자에게 적절한 도움을 제공하기 어렵다고 판단하는 경우, 지도 감독자의 도움을 받거나 다른 상담자에게 의뢰해야 한다.

⑧ 상담자는 상담과정에서 자신이 내담자에게 모델이 될 수 있음을 알아야 하며, 따라서 자신의 생활에서 내담자에게 영향을 미칠 수 있는 일이나 행동을 인식하고 있어야 한다.

학습 Plus 심리상담자가 지켜야 할 윤리적 지침

- 심리상담자는 전문가로서 자기 능력의 한계를 인정하고 자격이 주어진 상담활동만을 하는 동시에 과학적이고 전문적인 지식과 기술의 습득에 지속적인 노력을 기울여야 한다.
- 심리상담자는 자신의 가치관, 신념, 제한점 등이 상담활동에 미칠 영향을 자각하고 상담목표와 상담방법 및 한계점 등을 내담자에게 명확하게 알려야 한다.
- 심리상담자는 사회의 윤리와 도덕기준 및 내담자의 인격을 존중하고 자신의 욕구충족을 위해서 내담자를 희생해서는 안 된다.
- 심리상담자는 자신의 방식과 다른 전문적인 치료적 접근을 존중해야 하며, 함께 일하는 다른 전문적 집단의 방식과 체계를 이해하려고 노력해야 한다.
- 심리상담자는 객관성과 전문적 판단에 부정적인 영향을 미칠 수 있는 이중관계를 피해야 하며 내담자와의 관계에서 어떤 금전적 · 물질적 거래관계도 맺어서는 안 된다.
- 심리상담자는 내담자와 어떠한 종류든 성적인 관계를 피해야 한다.
- 심리상담자는 사생활과 비밀유지에 대한 내담자의 권리를 최대한 존중해야 한다.

효과적인 상담을 위한 경청의 방법

① 소극적 경청

상대방의 이야기에 대해 특별한 외현적 표현 없이 수동적으로 들어 주는 것으로서, 상대방으로 하여금 더 많은 이야기를 할 수 있도록 격려하는 효과적인 비언어적 메시지이다. 상대방의 이야기를 수용하면서 경청하면 공감하고 있음을 전달할 수 있다.

② 적극적 경청

상대방의 말을 재미있게 듣고 있다는 것을 외적으로 표현해 주는 것으로서, 적극적 경청에는 맞장구, 추임새, 호응 등이 해당된다. 상대방의 말에 대한 주의 깊은 관심의 표현이자 보다 친밀하고 의미 있는 관계로의 촉진을 도울 수 있다.

학습 Plus 경청을 방해하는 상담자 요인

- 상담자가 자신의 문제를 가지고 있는 경우, 내담자의 말을 왜곡해서 듣거나 제대로 들을 수 없게 된다.
- 상담자가 선입견이나 편견을 가지고 있는 경우, 경청보다는 평가나 충고를 하기 쉽다.
- 상담자가 기술적인 능력이 부족한 경우, 내담자 문제의 원인, 동기, 해결방향성 등에 대한 잘못된 구조화를 하게 되어 내담자의 이야기를 선택적으로 수용하거나 간과할 수 있다.
- 내담자가 드러내는 명백한 사실적인 내용만을 들을 경우, 숨은 내용이나 감정적인 메시지를 놓치게 된다.
- 내담자에게 전적으로 주의를 기울이는 대신에 자신이 어떻게 반응할지에 몰두하는 경우, 대화의 중요한 내용을 놓치고 초점에서 벗어나게 된다.
- 상담자가 내담자에게 동정심을 가지는 경우, 내담자를 객관적으로 파악하고 내담자의 이야기를 경청하는 데 방해를 받는다.

심리상담에서 비밀보장 예외상황 및 대처방법

① 비밀보장 예외상황

- 내담자가 자신과 타인에게 위해 행동을 할 위험이 있을 경우(예: 학대, 폭행, 살인 등)
- 내담자 자신이 타인의 위해 행동의 피해자인 경우
- 내담자가 자살시도와 같은 생명의 위험이 높을 경우
- 범죄 및 법적인 문제와 연루되어 있을 경우
- 내담자에게 위해한 감염성 질병이 있는 경우

② 대처방법

- 관계기관이나 가족에게 보고해야 할 법적 의무가 있음을 내담자에게 알린 후, 필요한 조치를 취한다.
- 내담자의 문제를 도와줄 수 있는 관련 분야의 전문가에게 의뢰하여 적절한 도움을 받도록 조치한다.

심리상담에서 '유능성'의 의미 및 위배 이유

① 유능성의 의미

임상심리사는 자신의 강/약점, 자신이 가지고 있는 기술과 그것의 한계에 대해 자각해야 한다. 이를 보완하기 위하여 지속적인 교육수련으로 최신 기술을 습득하며, 사회의 변화에 민첩하게 대응할 수 있어야 한다.

② 유능성의 원칙이 위배되는 경우

- 상담자가 개인적인 심리적 문제를 가지고 있는 경우
- 상담자가 심리적으로 소진되어 있는 경우
- 상담자가 특정한 내담자의 문제를 다루는 데 필요한 전문적 기술을 습득하지 못한 경우
- 상담자가 상담 성과에 대해 너무 많은 부담으로 지쳐 있는 경우
- 상담자가 더 이상 배우지 않고 배울 필요가 없다고 자만하고 있는 경우
- 해당되는 특정 전문교육수련을 받지 않고도 특정 내담자군을 상담하는 경우

심리상담에서 '이중관계'의 의미, 피해야 하는 이유 및 예시

① 이중관계의 의미

이중관계란 상담자가 내담자와 전문적 역할관계에 있으면서 동시에 또 다른 역할관계를 가지는 것을 말한다.

② 피해야 하는 이유

이중관계는 공정하고 객관적이며 효율적으로 업무를 수행하는 데 위험요인이 될 수 있으며, 상대방을 착취하거나 해를 입힐 가능성이 있으므로 상담자는 이중관계가 발생하지 않도록 주의하여야 한다.

③ 피해야 할 이중관계의 예

- 사제관계이면서 동시에 사적 친밀관계인 경우
- 사제관계이면서 동시에 치료자-내담자/환자 관계인 경우
- 같은 기관에 소속되어 사제관계, 고용관계, 또는 상하관계에 있으면서 기관 내의 치료자-내담자/환자에 대한 지도감독의 대가로 직접 금전적 관계를 형성하는 경우
- 치료자-내담자/환자 관계이면서 동시에 사적 친밀관계인 경우
- 내담자/환자의 가까운 친척이나 보호자와 사적 친밀관계를 가지는 경우
- 기타 업무수행의 공정성을 저해할 가능성이 있거나 착취를 하거나 피해를 입힐 가능

성이 있는 경우

심리상담에서 '내담자 관계'에 대한 윤리원칙

① 상담자는 자신의 개인적인 욕구가 내담자에게 어떠한 영향을 미치는지를 명확히 자각하고 있어야 한다.

② 상담자는 내담자의 복리에 대한 책임이 있으며, 자신의 욕구충족을 위해 내담자를 이용해서는 안 된다.

③ 상담자는 치료적 관계를 명백히 해칠 수 있는 내담자와의 어떠한 다른 관계(예: 금전적 관계나 성적 관계 등)를 가져서는 안 된다.

④ 상담자는 내담자의 비밀을 보장해야 하며, 상담관계에 부정적인 영향을 미칠 수 있는 다른 문제들에 대해 내담자에게 알려야 한다.

⑤ 상담자는 자신의 태도, 가치관 등이 상담관계 및 내담자에게 어떠한 영향을 미치는지를 인식하고 있어야 한다.

⑥ 상담자는 상담 목표, 절차 등을 비롯하여 상담관계를 시작함으로써 내담자에게 닥칠지도 모르는 위험, 상담결정을 내리기 전에 고려해야 할 요인들에 대해 미리 내담자에게 알려 주어야 한다.

⑦ 상담자는 자신의 한계를 명확히 알고 있어야 하며, 내담자에게 적절한 도움을 제공하기 어렵다고 판단하는 경우, 지도감독자의 도움을 받거나 다른 상담자에게 의뢰해야 한다.

⑧ 상담자는 상담과정에서 자신이 내담자에게 모델이 될 수 있음을 알아야 하며, 따라서 자신의 생활에서 내담자에게 영향을 미칠 수 있는 일이나 행동을 인식하고 있어야 한다.

상담과정의 문서기록이 슈퍼비전에서 유용한 점

① 내담자의 치료경과에 대한 전반적인 이해가 가능하고 상담가의 치료적 개입의 적절성을 평가하는 데 효과적이다.

② 상담가의 치료적 성과와 한계를 파악하고, 강점과 역량을 강화할 수 있는 유용한 자료가 된다.

③ 슈퍼비전 시 회기내용의 정확성을 보장하고, 추후회기의 치료적 개입의 효율성을 증진한다.

학습 Plus 심리상담 슈퍼비전의 일반적 기능과 의의

〈일반적 기능〉
- 상담자가 상담기술을 적용하고 수행하는 데 대해 조정하고 평가하는 기능을 한다.
- 교사-학생의 관계처럼 지도와 충고를 하는 기능을 한다.
- 전문가 행동모델로서 상담자에게 영향을 미치는 본보기의 기능을 한다.
- 질문과 의견 제시를 통해 상담자에게 임상적/전문적 상황의 문제를 해결하도록 촉진하며, 직면한 이슈들에 대해 자문하는 기능을 한다.
- 공감적 주의, 격려, 건설적 직면을 통해 상담자에게 어려움을 극복하고 자신감을 가지도록 하며, 전문성을 발달시키도록 지지와 공유를 해 주는 기능을 한다.

〈의의〉
- 상담을 위한 개인적인 지지체계를 제공한다. 슈퍼비전은 상담에서 발생하는 다양한 어려움을 극복할 수 있도록 해 준다.
- 상담은 복잡한 과정이기 때문에 상담자로 하여금 인식하지 못했던 다른 일들을 탐지할 수 있게 해 준다.
- 상담자가 상담을 하면서 동시에 객관성을 유지하는 것은 쉽지 않다. 그래서 슈퍼바이저의 독립성과 객관성은 상담자로 하여금 이전에 인식하지 못한 다양한 일들을 탐지할 수 있게 한다.
- 상담자의 발달을 돕는다. 상담 슈퍼비전은 상담자로 하여금 더 많은 학습을 위한 중요한 토론과 비판의 장을 제공한다.

초기 면담 시 내담자 평가내용

① 심리평가의 사유

평가면담을 통해 의뢰사유, 부적응 문제, 환경 및 생활 상황에 관한 정보를 수집해야 한다. 특히 심리평가를 받게 된 직접적인 이유를 확인하여 주된 문제와 증상을 파악하여야 한다.

② 발달사적 정보

평가면담을 통해 개인의 발달사적 정보(개인의 발달력, 가족력, 학업 및 직업력, 의학력, 사회적 관계 등)를 수집하고, 이러한 정보와 내담자(환자)의 주 호소와의 관련성을 검토한다.

내담자를 평가하기 위한 면담 시 일반적 유의사항

① 내담자와 안정적이고 협력적인 관계를 형성한다.

- 초기 면담 상황에서 라포 형성이 잘 이루어진다면 내담자는 면담가와의 관계에서 안정감을 느끼고 방어나 왜곡을 최소화하여 자신이 겪고 있는 감정이나 문제를 솔직하

고 자유롭게 표현할 수 있다.
- 좋은 치료적 관계는 타당하고 신뢰할 수 있는 정보를 획득하고 효과적인 개입을 제공하는 데 필수적인 조건이라고 할 수 있다.

② 내담자 이해를 위한 객관적이고 정확한 정보를 수집한다.
- 내담자 문제를 이해하고 문제의 가설을 수립하기 위해 중요한 정보를 수집한다. 정보 수집 시에는 내담자 외에도 가능한 다양한 출처로부터 정보를 수집해 자료의 객관성과 타당성을 수립한다.
- 일반적인 표준자료로서 신상정보, 주 호소문제, 증상의 목록, 가족배경, 의학적 배경, 발달력, 성장내력, 외상내력 및 치료내력 등에 대한 정보를 수집한다.

학습 Plus 내담자의 문제해결을 돕기 위한 평가적 내용

- 도움을 청하는 직접적인 이유: 상담자는 내담자가 도움을 청하는 직접적인 이유가 무엇인지, 왜 지금 문제가 되는지, 현재 문제로 인해 어떤 증상이 있는지를 살펴보아야 한다.
- 현재 문제의 발생: 상담의 목적을 파악한 후에는 문제의 발생배경을 확인해야 증상을 보다 명확하게 파악할 수 있다.
- 상담동기의 평가: 자신을 힘들게 하는 심리적인 문제를 해결하고자 하는 내담자의 의지와 동기를 확인하는 작업이 필요하다.

심리상담사가 '전문가'로서 지켜야 할 일반적 윤리원칙

① 비밀유지

내담자가 털어놓은 사적인 문제와 상담관계에서 나눈 상담내용은 내담자의 요청이 있는 경우를 제외하고 타인에게 노출해서는 안 된다. 상담자가 비밀을 보장할 수 없는 예외상황을 제외하고는 비밀을 꼭 지켜야 한다.

② 유능성

상담자는 내담자가 어려움을 해결할 수 있도록 전문적인 도움을 주어야 하므로 능력을 갖추 고 있어야 한다. 상담자의 유능성은 전문적인 교육과 훈련, 임상경험 및 자격증을 통해 입증될 수 있다.

③ 전문적 한계

상담자는 전문적인 책임감과 기술을 가지고 내담자를 조력해야 하는데, 자신의 능력과 전문 자로서 자격 이상의 부적절한 조력활동을 해서는 안 된다. 상담자는 자신의 전문

적 한계를 인식하고 내담자에게 효과적인 조력을 할 수 없는 경우, 다른 상담자에게 내담자를 의뢰해야 한다.

④ 이중관계

상담자는 내담자와의 상담관계에 영향을 줄 수 있는 다른 사적관계(이중관계)는 피해야 한다. 상담자가 내담자의 친구, 가족, 친인척 등인 경우에 이러한 관계가 상담의 성과에 영향을 줄 수 있다고 판단되면, 다른 상담자에게 내담자를 의뢰해야 한다.

⑤ 성적 관계

상담자는 상담관계 중에 있는 내담자와 어떤 형태의 성적 관계도 가져서는 안 된다. 또한 이전에 성적 관계를 가졌던 대상과는 상담자−내담자 관계를 맺지 않아야 한다. 상담관계가 종결된 이후에도 윤리강령에서 정해진 기간 내 내담자와 어떠한 성적 친밀성도 맺지 않도록 한다.

심리상담 단계별(초기-중기-종결 단계) 고려점

① 초기 단계

상담자와 내담자 간에 라포를 형성한다. 상담자는 내담자의 문제를 파악하고, 문제가 발현하게 된 요인들을 이해해야 한다. 상담자는 내담자에게 상담에 대한 정보(상담 구조화)를 알려 주고, 목표를 설정한다.

② 중기 단계

상담의 중기 단계에서는 목표를 달성하기 위한 구체적인 시도들이 전개된다. 구체적인 문제 해결의 방법은 내담자가 가진 심리적인 문제의 성질이나 유형에 따라 크게 달라진다. 상담자는 내담자의 호소문제를 해결하는 데 적합한 상담방법들을 동원해야 한다. 이 단계에서 내담자에게 저항이 일어난다면, 상담자는 내담자의 저항의 이유를 정확히 파악하고 그에 대한 적절한 대책을 세워야 한다.

③ 종결 단계

성공적인 중기 단계를 거쳐 목표를 달성하는 단계이다. 상담자는 내담자가 상담 종결 후에 경험할 수 있는 여러 가지 문제들에 대해 대처해 나갈 수 있도록 미리 준비시켜야 한다. 그리고 상담자는 문제를 대처할 수 있는 다양하고 구체적인 방법들에 대해 잘 알고 있어야 한다.

상담의 초기 단계에 포함되는 내용

① 상담관계 형성

상담관계는 상담자와 내담자가 맺는 신뢰할 수 있는 관계를 의미한다. 내담자에게 관심 기울이기를 통해 상담자가 한 인간으로서 내담자인 자신에게 관심을 가지고 자신의 심정을 이해하고 존중하려는 태도를 갖도록 한다.

② 내담자의 이해와 평가

내담자의 현재 문제를 파악한다. 내담자의 문제를 정확하게 이해하고 평가하기 위해 자료를 수집하고, 호소하는 문제의 형성과정 및 내담자 스스로 무엇이 해결되기를 바라는지, 어떤 변화를 바라는지를 명확하게 파악하는 데 초점을 둔다.

③ 상담의 구조화

상담과정 전반에 대해 안내한다. 상담이 무엇인지를 분명하게 설명함으로써 내담자와 상담자 간에 상담에 대한 기대를 맞추어 나간다. 이를 통해 상담에 대한 내담자의 불안감이나 모호함이 경감될 수 있고, 상담과정에 어떻게 참여해야 하는지를 알게 된다.

학습 Plus 상담 구조화에 필요한 사항

- 시간의 제한: 상담자는 내담자에게 상담이 가능한 시간을 알려 주며, 전체 상담 횟수 및 비용에 대해 사전에 명확히 밝힌다.
- 행동의 제한: 내담자는 상담과정에서 자신의 감정을 직접적인 행동으로 표출할 수 있지만, 본인/타인의 신체에 상해를 입힐 수 있는 행동은 제한된다는 것을 밝힌다.
- 내담자 역할의 구조화: 상담자는 상담이 성공적이기 위해서는 내담자의 역할 또한 중요하다는 사실을 알려 준다. 또한 내담자의 상황을 파악하기 위해 내담자의 경험, 생각과 감정 등이 중요한 요소이므로, 내담자에게 이를 자유롭게 표현하도록 안내한다.
- 상담자 역할의 구조화: 상담자는 내담자에게 자신의 역할을 알려 주며, 역할의 범위 및 한계에 대해 알려 주어 내담자의 혼란을 방지하도록 한다. 또한 상담자는 내담자가 경험하고 있는 어려움을 직접 해결해 주기보다는 내담자 스스로 자신의 문제를 극복할 수 있도록 돕는 사람임을 인식시켜야 한다.
- 상담과정 및 목표의 구조화: 상담자는 내담자가 편안한 분위기에서 상담과정에 몰두할 수 있도록 도우며, 내담자의 비합리적인 기대를 교정할 필요가 있다.
- 비밀보호의 원칙 및 한계: 상담자는 내담자에게 상담내용이 내담자의 동의 없이 노출되지 않는다는 사실을 알려 준다. 다만, 내담자 본인 또는 타인의 안전을 위협하는 경우에는 비밀보호의 원칙이 깨어진다는 사실을 밝힌다.

④ 목표설정

상담목표 설정은 상담을 성공적으로 이끌기 위해 매우 중요한 요소이다. 목표를 설정하는 이유는 내담자로 하여금 문제와 관련된 상황이나 행동과정을 탐색하고 조정하게 하여 상담과정에 적극적으로 참여하도록 돕는 데 있다.

학습 Plus 초기 면담과정의 주요목표

- 내담자가 호소하는 어려움(심리적 문제, 증상 등)을 파악한다.
- 치료에 대한 내담자의 목표를 파악한다.
- 상담자와 내담자 간에 긍정적인 라포를 형성한다.
- 전반적인 치료과정을 구조화한다.

상담목표 설정 시 지켜야 할 기준

① 목표는 행동보다는 결과적 또는 성취적 목표로 설정해야 한다.
② 목표는 검증이 가능하며, 구체적인 행동으로 이어질 수 있는 것이어야 한다.
③ 목표는 가시적이고 실제적인 차이로 나타나는 것이어야 한다.
④ 목표는 내담자의 능력 및 통제력을 고려한 현실적인 것이어야 한다.
⑤ 목표는 내담자의 가치에 맞는 것이어야 한다.
⑥ 목표는 도달을 위한 현실적인 기간이 설정되어야 한다.

상담 종결에서 다루어야 할 내용

① 종결 시 이별의 감정 다루기
상담은 상담자와 내담자의 특별한 만남 속에서 이루어지는 관계이기에 내담자는 상담의 종결로 인한 이별이 힘들고 어려울 수 있다. 상담자는 이런 이별의 감정을 다루어 나가면서 내담자 스스로 설 수 있도록 지지해야 한다.

② 상담성과에 대한 평가하기
상담자는 내담자와 상담과정을 통해 변화하고 성장한 것은 무엇인지, 상담을 통해 해결하지 못한 것은 무엇인지를 탐색해 보아야 한다.

③ 문제해결능력 유지하기
현실 속에서 문제에 부딪혔을 때 상담을 통해 습득한 문제해결 방법을 효과적으로 적용해 나갈 수 있도록 한다. 특히 상담실 밖의 생활에서 상담성과가 유지되기 위해 필요한

노력을 구체화한다.

④ 재발가능성에 대해 안내하기
재발가능성에 대해 안내하고, 내담자에게 증상이 재발되었을 때 상담에서 배운 지혜를 활용하여 문제를 스스로 극복할 수 있도록 준비시킨다.

⑤ 추수상담에 관해 논의하기
상담을 종결한 후에 필요한 경우 언제든지 다시 상담할 수 있음을 알려 주어 내담자에게 심리적 안정감을 주도록 한다. 상담 종결 후에도 추수상담을 통해 내담자의 행동변화를 지속적으로 점검하고, 내담자의 부족한 점을 보완할 수 있도록 한다.

상담을 종결하는 기준 3가지

① 내담자의 기저 문제 또는 증상이 경감되거나 사라졌다고 판단되는 경우
② 상담의 초기 목표가 해결되었거나 성취되었다고 판단되는 경우
③ 내담자가 자신이 획득하고자 원했던 영역에서 도움이 되었거나 긍정적인 발전이 있는 경우

학습 Plus 종결 여부를 결정하는 기준

- 내담자의 기저 문제 또는 증상이 경감되거나 사라졌다고 판단되는 경우
- 상담의 초기 목표가 해결되었거나 성취되었다고 판단되는 경우
- 상담에 오게끔 했던 스트레스를 유발하는 감정이 해소되었다고 판단되는 경우
- 내담자가 자신이 획득하고자 원했던 영역에서 도움이 되었거나 긍정적인 발전이 있는 경우
- 내담자의 대처능력 및 자신과 다른 사람들을 이해하는 정도가 증진된 경우
- 내담자의 자기이해 및 다른 사람들과 관계 맺는 능력이 향상된 경우
- 내담자가 계획을 세우고 생산성 있게 일할 수 있는 능력을 얻은 경우
- 내담자가 더 즐겁게 활동하고 삶을 의미있게 즐길 수 있다고 판단된 경우

청소년 상담을 포함해 일반적인 상담의 종결 과정에서 다루어야 할 사항

① 상담과정 동안의 목표를 점검하고 평가한다.
② 증상의 재발가능성을 논의하고 해결방안을 마련한다.
③ 상담을 종결한 후에도 증상 재발 시 추수상담을 할 수 있음을 안내한다.

④ 상담과정 동안의 성과를 검토하고 내담자가 스스로 자기조절을 할 수 있도록 격려한다.
⑤ 종결에 따른 내담자의 의존성과 불안을 다룬다.
⑥ 종결에 따른 이별의 감정을 다루고 독립적으로 문제해결을 할 수 있도록 동기를 강화한다.

집단상담 구성 시 동질적인 집단이 가지는 장점

① 동질 집단인 경우 공통의 목표에 집중할 수 있고 정서적 유대감의 증가로 인해 소속감과 동료의식을 쉽게 발전시킬 수 있다.
② 동질 집단의 경우 집단원들 간의 유사성이 집단응집력을 높여 사적이고 깊은 개방을 촉진하며 보다 풍성한 집단경험을 나눌 수 있게 된다.
③ 동질 집단의 경우 공통의 문제를 해결해 나가는 과정 속에서 서로의 신뢰감이 증가되고, 지지적 상호작용이나 피드백이 강화되어 교정적 · 생산적 기능이 증진된다.

집단상담의 단계적 과정

① 1단계: 참여 단계(시작 단계)
- 초기에 집단원들은 불안해하면서 집단분위기를 탐색하고, 집단상담자에 대한 의존적 경향을 나타낸다.
- 이 단계에서 집단상담자는 집단원이 자유롭게 자신의 생각과 느낌을 솔직하게 표현하도록 돕고, 편안한 분위기 속에서 존중과 수용의 기본적 태도를 학습하도록 도와 집단원이 서로에게 신뢰감과 친밀감을 느낄 수 있도록 해야 한다.

② 2단계: 과도기적 단계(갈등 단계)
- 집단원이 집단과 다른 집단원에 대해 부정적인 정서반응을 나타내는 것이 특징이다. 집단원은 집단에 대해 불만을 표현하게 되며, 개인적 욕구불만을 드러내기도 하며 공격적인 태도를 보일 수 있다.
- 이 단계에서 집단상담자는 집단원의 저항과 방어를 다루기 위해 즉각 개입하고, 지지적이고 신뢰로운 태도를 통해 집단원의 방어와 갈등을 다루도록 한다.

③ 3단계: 응집성 단계
- 집단원 상호 간에 신뢰감이 증진되고 적극적인 관심과 애착을 갖게 되면서 한층 깊은

수준의 자기개방을 하게 된다. 단, 집단원은 자기만족과 다른 사람에게 호감을 얻으려는 경향을 갖고 있기에 더 이상 집단이 발달하지 못할 수 있다.
- 이 단계에서 집단상담자는 집단원이 가지고 있는 성장하려는 힘을 촉진하고 집단원 간 상호작용을 촉진하도록 한다.

④ 4단계: 생산적 단계
- 집단원은 자신에 대한 깊은 통찰을 얻게 되고, 그 결과 행동을 변화시킬 수 있는 준비도 이루어진다. 상호 간의 유대관계가 강해지므로 피드백이나 직면이 잘 이루어지고 교정적 정서경험을 하게 된다.
- 이 단계에서 집단상담자는 적절한 시기에 집단원 행동의 의미를 해석해 주며 더 깊은 수준의 자기탐색이 이루어지도록 돕고, 집단과정 동안 깨닫거나 알게 된 것을 행동으로 옮기도록 격려하며 새로운 기술을 익히도록 돕는다.

⑤ 5단계: 종결 단계
- 집단원들에게 집단과정에서 경험한 것의 의미를 명료화하며, 배우고 익힌 것을 실생활에 어떻게 적용할 것인가에 대해 이야기를 나누며 집단의 전 과정을 마무리한다.
- 이 단계에서 집단상담자는 종결 단계에서 오는 이별의 감정을 다루고, 미해결 과제를 정리하며 집단과정에서 배운 것을 일상생활에서 적용하도록 돕는다.

학습 Plus 집단상담의 종결 단계에서 다루어야 할 내용

- 집단상담을 통해 배운 것을 적용하는 문제
- 집단상담과 집단경험의 평가
- 미해결 과제 다루기
- 이별의 감정 다루기
- 집단원의 성장 및 변화의 평가
- 피드백 주고받기

얄롬(Yalom)의 집단상담의 치료요인

① 희망감 고취: 내담자가 자신의 삶에 대해 희망의 느낌을 갖는다.
② 보편성: 다른 사람들도 유사한 걱정거리를 갖는다는 것을 깨닫는다.
③ 정보 공유: 집단 논의를 통해 건강한 삶에 대한 정보를 획득한다.
④ 이타심: 집단구성원과 경험 및 생각을 공유하며 서로 도움을 주고받는다.
⑤ 일차가족집단의 교정적 개괄: 초기 아동기 경험과 유사한 역동성을 경험할 기회를 갖는다.
⑥ 사회화 기술의 개발: 기본적인 사회적 기술을 학습한다.

⑦ 모방행동: 다른 집단구성원의 긍정적 행동을 모델로 삼아 학습한다.
⑧ 대인관계 학습: 다른 집단구성원들과의 상호작용을 통해 대인관계 기술을 학습한다.
⑨ 집단응집력: 집단구성원들 간의 소속감이 긍정적인 치료적 요인으로 작용한다.
⑩ 감정 정화: 집단상담 이전에는 표현하지 못했던 감정을 표현하며 정화적 경험을 갖는다.
⑪ 실존적 요인들: 집단구성원은 자신의 삶에 대한 책임을 수용한다.

집단상담의 제한점

① 집단에 적합하지 않은 내담자의 경우에는 개인적인 문제가 충분히 다루어지지 않을 수 있으며, 오히려 집단상담의 목표에 부합하지 않아서 희생자가 될 수 있다.
② 내담자가 집단상담 경험에 도취되어 집단경험 자체를 목적으로 삼는 경우 오히려 현실 도피의 기회를 제공할 우려가 있다.
③ 심리적으로 준비가 되기 전에 집단압력에 의해 자신의 속마음을 털어놓아야 하는 상황에 처한 경우 오히려 집단에 대한 저항감을 야기할 수 있다.

집단상담 시 집단성원들이 동료성원에게 도움을 줄 수 있도록 사용하는 기법

① 연결 짓기
한 사람이 행동하거나 말한 것을 다른 사람의 관심과 연결시키는 방식을 말한다. 집단원의 이야기를 서로 연결 짓는 방식으로 집단원 간에 의사소통을 하도록 돕는 것이다.

② 피드백
피드백이란 타인의 행동에 대해 자신의 반응을 상호 간에 솔직히 이야기해 주는 과정을 말한다. 이를 통해 타인과 자신에 대한 이해의 폭을 넓힐 수 있으며, 집단원의 특정 행동변화에 도움을 줄 뿐만 아니라 피드백을 주고받는 방법에 대한 모델의 역할이 되기도 한다.

집단상담의 주요기법

① 관심 기울이기
집단상담자는 집단성원들에게 전적으로 관심을 기울이면서 집단성원들이 전달하고자

하는 메시지를 제대로 듣고 이해할 수 있어야 한다. 집단원이 표현하는 말의 내용뿐 아니라 비언어적인 것들에 대해서까지도 민감한 관심을 기울이는 것을 의미한다.

② 공감적 반응하기

공감적 반응은 집단성원의 입장에서 그의 느낌 또는 내적 경험을 이해하고 이를 직접 말로 전달하는 것이어야 한다. 집단성원으로 하여금 집단상담자와 집단에 대해서 신뢰감을 갖게 하며 수용되고 있다는 느낌을 경험하도록 해 준다.

③ 자기개방

집단상담자가 솔직하게 자신의 생각, 경험 및 느낌을 드러냄으로써 집단원의 상호작용과 자기탐색을 촉진하는 것을 말한다. 자기개방은 가능한 한 구체적인 말로 이루어져야 하며, 집단원의 느낌이나 경험과 유사한 내용일 때보다 효과적이다.

④ 적극적 경청

상대방의 입장에서 상대방의 생각이나 기분을 이해하기 위해 적극적으로 듣는 태도로, 말의 내용뿐만 아니라 그 속에 담긴 감정까지 파악하는 것을 말한다.

⑤ 반영

집단원의 행동이나 말 그리고 감정을 다른 참신한 말로 바꾸어 말해 주는 것을 말한다. 집단상담자는 반영을 통해 집단원으로 하여금 숨어 있는 감정이나 느낌을 볼 수 있도록 할 수 있다.

⑥ 명료화

집단원의 밑바닥에 기저하는 혼란스러운 감정과 갈등을 가려내어 분명히 해 주는 것을 말한다. 명료화를 통해 집단원은 자신이 미처 자각하지 못하고 있던 의미 및 관계를 분명히 구분해서 이해할 수 있게 된다.

⑦ 피드백

타인의 행동에 대해 자신의 반응을 상호 간에 솔직히 이야기해 주는 과정을 말한다. 집단원의 특정 행동변화뿐 아니라 피드백을 주고받는 방법에 대한 모델의 역할도 할 수 있다.

⑧ 연결 짓기

한 사람이 행동하거나 말한 것을 다른 사람의 관심과 연결시키는 방식을 말한다. 집단상담자는 이야기를 서로 연결 짓는 방식으로 집단원 간에 의사소통을 하도록 돕는다.

⑨ 해석

집단원의 행동이나 증상의 이면에 대해 설명해 줌으로써 무의식적 동기나 갈등을 의식화할 수 있도록 돕는 것을 말한다. 집단원이 명확하게 의식하지 못하는 행동 간의 관계나 의미에 대해 가설 형태로 제시하고, 가능하면 스스로 해석하도록 돕는 것이 바람직하다.

⑩ 촉진하기

집단원이 자신의 감정을 솔직하게 표현하고 집단원 간에 적극적인 상호작용이 일어나도록 하는 것이다. 집단상담자는 적극적인 지지를 통해 가능한 한 많은 집단원이 집단 활동에 참여할 수 있도록 촉진한다.

⑪ 비생산적인 행동 제한

집단원의 바람직하지 못한 행동을 제한하는 것을 말한다. 집단상담자는 집단원의 인격 자체를 비난하거나 공격하지 않으면서 비생산적 행동만을 제한한다.

학습 Plus 집단상담 시 제한행동의 예

- 지나치게 질문만 계속하는 행동
- 제3자가 이야기하듯 다른 집단원의 험담을 하는 행동
- 집단 외부의 이야기를 길게 늘어놓는 행동
- 다른 집단원의 사적인 비밀을 캐어 내려고 추궁하는 행동
- 자기 문제를 마치 다른 사람의 책임인 것처럼 떠넘기는 행동
- 다른 집단원들이 지루하게끔 길게 말을 횡설수설하는 행동

집단상담 시 집단구성에서 유의해야 할 고려점

① 대상의 부적합성

집단에 적합하지 않은 내담자의 경우, 개인적인 문제가 충분히 다루어지지 않을 수 있으며, 오히려 집단상담의 목표에 부합하지 않아서 희생자가 될 수 있다.

② 목적전치

내담자가 집단상담 경험에 도취되어 집단경험 자체를 목적으로 삼는 경우 오히려 현실도피의 기회를 제공할 우려가 있다.

③ 집단의 압력

심리적으로 준비가 되기 전에 집단압력에 의해 자신의 속마음을 털어놓아야 하는 상황에 처한 경우 오히려 집단에 대한 저항감을 야기할 수 있다.

④ 비밀보장의 어려움

집단상담 과정에서 내담자의 비밀보장이 철저히 이루어지지 않는 경우 그로 인한 사회적/법적 문제를 야기할 수 있다.

⑤ 지도자의 전문성 부족

집단지도에 대한 관심의 증가로 인해 적절한 훈련이나 경험 없이 집단상담지도자가 되는 경우가 있는데, 이는 부적절한 지도성의 문제를 야기할 수 있다.

집단 사회기술훈련의 장점

① 집단원 간의 사회적 반응이 촉진됨으로 인해 다양한 사회기술을 자연스럽고 자발적으로 연습할 기회를 갖게 된다.
② 집단이 공개토론 장소로 이용되므로 치료자가 참여자의 사회기술 습득 및 진행 정도를 자연스럽게 평가할 수 있다.
③ 집단치료자는 물론 다른 참여자들의 칭찬이나 격려는 학습한 기술의 강화효과를 제공한다.
④ 참여자들의 집단 참여 및 다양한 시연 행동을 통해 효율적인 사회적기술을 모델링할 수 있는 학습의 기회를 갖게 된다.
⑤ 참여자들이 지지자가 되어 주어진 과제를 완수하도록 격려 혹은 촉구함으로써 서로에게 도움을 제공한다.
⑥ 대인관계학습이 활발하게 일어나는 실험적 장을 제공하므로 자신에 대한 객관적 이해의 기회를 가질 수 있다.

학습 Plus 집단상담의 사회기술훈련에서 활용되는 주요기술

- 모델링: 다른 사람의 행동을 보고 들으면서 그 행동을 따라 하는 것으로 관찰학습을 의미한다. 집단치료자는 특정장면을 설정하여 직접 모델연기를 보여 주거나 참가자들에게 모델링을 하도록 요구할 수 있으며, 비디오 등의 매체를 이용하여 학습환경을 조성할 수 있다.
- 역할연습(역할시연): 문제상황을 구체적으로 재현하거나 새로운 행동을 연습하는 데 활용한다. 집단치료자는 연습 장면을 설정하여 참가자들과 함께 역할연기를 수행할 배역을 정하며, 필요한 장치와 소도구들을 준비한다.
- 강화(피드백): 역할연습과 함께 활용되는 것으로서, 참가자들이 각자 맡은 배역을 예행연습 할 때 긍정적인 피드백을 주는 것이다. 피드백은 긍정적인 측면 또는 변화된 점을 우선적으로 다루며, 이후에 부족한 점이나 개선할 점을 제시하는 방향으로 전개한다.

- 과제부여: 학습한 사회기술의 일반화를 위해 사회기술훈련의 매 회기가 끝날 때마다 참가자들에게 습득한 사회기술을 실제 생활에서 연습할 수 있도록 과제를 부여하는 것이다. 과제는 실질적이고 구체적이며, 성취 가능한 것이어야 한다.

집단상담의 일반적인 치료요인 5가지

① 집단응집력
집단 내에서 자신이 인정받고, 수용된다는 소속감은 그 자체로 집단성원의 긍정적인 변화에 영향을 미친다.

② 정화
집단 내의 비교적 안전한 분위기 속에서 집단성원은 그동안 억압되어 온 감정을 자유롭게 발산할 수 있다.

③ 보편성
참여자 자신만 심각한 문제, 생각, 충동을 가진 것이 아니라 다른 사람들도 자기와 비슷한 갈등과 경험, 문제를 가지고 있다는 것을 알고 위로를 얻는다.

④ 정보전달
집단성원들은 집단상담자뿐 아니라 함께 참여하는 사람들에게 다양한 정보와 더불어 직접적 · 간접적인 제안, 지도, 충고 등을 얻는다.

⑤ 사회기술의 발달
집단성원으로부터의 피드백이나 특정 사회기술에 대한 학습을 통해 필요한 사회기술을 개발한다.

집단치료에서 집단구성 시 현실적으로 고려해야 할 사항

① 집단원의 선정
집단원을 선정할 때는 사전 면담을 통해 집단의 목표에 적합한지를 확인해야 한다.

② 장소
집단상담 장소는 너무 크지 않고, 편안한 곳이 좋으며, 서로 얼굴을 볼 수 있도록 원형으로 앉는 것이 효과적이다.

③ 집단의 크기

집단의 크기는 6~12명 정도가 적절하다. 집단원이 너무 많으면 각 집단원이 개인적인 문제를 제대로 탐색하지 못하게 되며, 인원이 너무 적으면 내담자들의 상호관계나 행동의 범위가 좁아지고 집단원 개개인에게 미치는 압력이 커져서 비효율적이다.

④ 상담 시간 및 횟수

집단상담 시간은 내담자의 연령이나 집단의 특징 및 빈도에 따라 적절하게 정한다. 또한 집단상담의 전체 지속 횟수나 기간은 최소한 8~10회기 정도로 잡는 것이 바람직하다.

⑤ 집단의 구성

집단의 구성은 개방적으로 하거나 폐쇄적으로 할 수 있다. 폐쇄집단은 집단을 시작할 때 참여한 구성원들만으로 진행되며, 개방집단은 집단의 전 기간을 통해 아무 때나 새로운 구성원을 받아들인다.

시간제한적 집단상담의 주요 특징

① 시간제한

치료에서 시간제한을 미리 하면 집단원에게 치료현실을 직면시키고, 짧은 시간 안에 좋아질 수 있다는 치료자의 확신을 전달하여 집단원들을 격려할 수 있다.

② 제한된 목표

제한된 시간 때문에 목표설정 또한 제한적이고 여러 문제 중 중요한 한두 가지의 목표를 정하게 된다.

③ 초점유지

제한된 시간에 치료의 목표에 도달하려면 치료적 개입을 필요로 하는 특정한 문제영역을 선택하여 초점을 맞추어야 한다.

④ 적극적인 치료활동

제한된 시간에 설정된 목표에 도달하기 위해서 치료자는 보다 적극적으로 활동해야 한다.

⑤ 즉각적인 개입

시간의 한계로 인해 길고 포괄적인 평가를 할 수 없기 때문에 평가와 치료가 동시에 이루어진다.

자기표현 훈련이 필요한 내담자의 특성 및 내담자가 인식해야 할 측면

1) 내담자의 특성

① 수동적이고 억제적이며 타인의 시선을 회피한다.

② 의사결정 시 타인에게 의존하거나 결정을 맡긴다.

③ 문제에 직면하는 경우 회피하는 태도를 보인다.

④ 다른 사람의 조언이나 평가를 두려워한다.

⑤ 다른 사람의 비합리적 요구를 거절하지 못한다.

⑥ 자신에 대한 자존감 수준이 낮다.

2) 내담자가 인식해야 할 측면

① 자신의 부적응 행동에 대한 변화의 필요성을 인식하며, 행동변화에 대한 의지를 갖도록 한다.

② 시도하기 쉬운 것부터 자기표현을 시작하여 인내심으로 노력하며, 결과가 만족스럽지 않더라도 좌절하거나 포기하지 않는다.

오포드(Orford)가 제안한 자조집단의 1차적 기능

① 정서적 지지 제공

② 문제극복을 위한 역할모델 제공

③ 문제이해의 방법 제공

④ 중요하고 적절한 정보 제공

⑤ 사교적 관계 제공

학습 Plus 자조집단의 1차적 기능

- 정서적 지지 제공
- 문제극복을 위한 역할모델 제공
- 문제이해의 방법 제공
- 중요하고 적절한 정보 제공
- 사교적 관계 제공
- 기존 문제를 대처하는 새로운 아이디어 제공
- 집단원을 서로 도울 기회 제공
- 자신들의 문제에 대한 향상된 숙달감과 통제감 제공

단회상담에 적합한 내담자의 특징

① 환경적인 요인에 의해서 급성적으로 발생한 문제로 고통받는 내담자
② 이전에 양호한 적응능력을 가진 경험이 있었던 내담자
③ 대인관계에서 타인과 양호한 관계 형성의 능력이 있는 내담자
④ 상담에 대한 동기가 높은 내담자
⑤ 주 호소문제를 구체적으로 표현할 수 있는 내담자
⑥ 인간관계에서 소통이 잘되고 정신 기능이 비교적 건강한 내담자
⑦ 비교적 문제가 경미하며 그 문제에 대한 생각을 좀 더 명확하게 해결되기를 원하는 내담자
⑧ 조직체의 구성원인 내담자(각종 조직이나 기관의 구성원)
⑨ 인생에 중요한 영향을 끼친 주요 인물과 최근에 사별했거나 이별한 내담자
⑩ 인간으로서 겪는 다양한 발달 과업에 수반하는 심리적 변화를 겪는 내담자(임신, 출산, 자녀 양육, 은퇴, 노화 등)
⑪ 성격장애에 해당되지 않는 내담자

학습 Plus 단기상담 과정: 초기, 중기, 종결

- 초기 단계: 내담자의 행동패턴을 확인하고, 내담자에 대한 견해를 수정하고 확장하며, 내담자에게 적절한 과제를 부여하면서 상담을 진행하도록 한다.
- 중기 단계: 우호적인 상담관계를 바탕으로 내담자의 문제를 보다 깊이 탐색하고, 이를 현실적으로 해결하기 위한 노력을 시도하면서 상담의 진행과정을 평가한다.
- 종결 단계: 내담자와 협의된 종결계획을 세우고, 상담자와 내담자가 종결에 대해서 어떤 느낌과 생각을 갖는지 점검하며, 상담을 통해 얻은 변화 및 앞으로 문제해결을 위해 어떤 노력을 할지에 대해 논의한다.

심리상담의 주요기법

① 반영(reflection)

상담자가 내담자의 행동 속에 내재된 내면의 감정을 정확하게 파악하여 내담자에게 전달해 주는 것을 말한다. 상담자는 반영을 통해 내담자의 태도를 거울에 비추어 주듯이 보여 줌으로써 내담자의 자기이해를 도와줄 뿐 아니라 내담자로 하여금 이해받고 있다는 인식을 전달해 준다.

- 예: "당신은 ~을 이야기하는 것 같군요." "당신은 ~을 느끼고 있군요."

② 재진술(paraphrasing)

내담자의 메시지 내용에 초점을 두고 내담자가 말한 바를 바꿔 말하는 것이다. 환언 또는 부연하기라고도 하다. 재진술함으로써 내담자의 입장을 이해하기 위해 노력하고 있다는 모습을 전달하며, 내담자는 자신의 생각을 구체화할 수 있게 된다.

- 예: "지금 당신이 한 말은 ~하다는 말인가요?"

③ 해석(interpretation)

내담자가 새로운 방식으로 자신의 문제를 돌아볼 수 있도록 내담자가 경험한 사건들과 행동, 감정, 생각 등의 의미를 설명해 주는 것이다. 반드시 가설적 형태로 내담자에게 전달해야 하며, 충분한 라포가 형성되었을 때 신중히 사용해야 한다.

학습 Plus 심리상담 시 내담자의 해석을 돕는 질문의 유형과 예

내담자를 관찰하여 얻은 예감이나 가설을 토대로 하므로 가능한 한 질문 형태로 제시하여 내담자 스스로 해석하도록 돕는 형태이며, 여기에는 선도적 질문, 의미 탐색적 질문, 해석적 질문, 직면적 질문이 포함된다.

- 선도적 질문: 그와 같은 생각에 대해 조금 더 이야기를 해 보시겠어요?
- 의미 탐색적 질문: 그것이 당신에게 어떤 의미가 있는지요?
- 해석적 질문: 지금 당신이 여자에 대해 불신감을 가지게 된 것은 당신의 어머니가 당신을 잘 돌보지 못했다는 생각 때문인지요?
- 직면적 질문: 당신은 그렇게 당신 자신을 계속적으로 학대해도 괜찮다고 생각하는지요?

④ 명료화(clarification)

내담자의 말 속에 포함되어 있는 불분명한 내용에 대해 상담자가 그 의미를 분명하게 밝히려는 것을 말한다. 재진술과 달리 상담자의 판단에 의해 내담자의 감정, 생각 속에 내포된 의미를 보다 분명하게 말하는 것이다.

- 예: "~에 대해 조금 더 자세히 말해 주실 수 있을까요?"

학습 Plus 심리상담 시 명료화(clarification)를 하는 방법

- 상담자는 내담자의 말이 모호하거나 명확히 이해하기 어렵다는 사실을 밝힌다.
- 상담자는 내담자에게 스스로 자신의 말을 재음미하도록 하거나, 구체적인 예를 제시하여 명확히 해 줄 것을 요청한다.
- 내담자에게 명료화를 요청할 때는 상담자가 내담자에게 도움을 주기 위해 질문하고 있는 인상을 주도록 한다.
- 상담자는 내담자의 진술에 대한 상담자 자신의 반응을 나타냄으로써 내담자의 반응을 명료화한다.

⑤ 요약(summary)

상담회기의 내용의 일부 또는 전부에 대해 간결하게 정리하고 통합하는 과정을 의미한다. 매 회기의 상담을 자연스럽게 종결하며, 새로운 해결책을 강구하도록 하는 데 도움이 된다.

⑥ 침묵(silence)

상담과정 중의 침묵은 여러 가지 의미를 갖게 된다. 이런 경우 상담자는 침묵을 섣불리 깨뜨리려 하지 말고, 인내심을 갖고 기다려 보는 것이 바람직하다. 단, 상담관계가 잘 이루어지지 않거나 상담자에 대한 저항으로 침묵이 발생하는 경우, 긴 시간의 침묵은 피해야 한다. 이 경우 상담자는 침묵의 원인이 되는 내담자의 감정과 태도를 다루어야 한다.

⑦ 경청(listen)

경청은 내담자의 이야기를 주의 깊게 귀담아 듣는 것으로, 말의 내용뿐만 아니라 말하려는 의도, 심정을 주의 깊게 정성 들여 듣는 태도를 말한다. 경청을 통해서 상담자와 내담자 간에 신뢰관계가 형성되고, 이는 상담자와 내담자 간의 치료동맹으로 이어지게 된다.

⑧ 직면(confronation)

직면은 내담자가 상담 중에 보인 사고, 감정, 행동에서 모순이나 불일치가 관찰될 때 이러한 모순이나 불일치를 지적하는 상담기법이다. 직면을 할 때는 비교 · 대조하기 쉽도록 모순되는 양면을 함께 제시하고, 단정적이지 않게 가설적이고 공감적으로 표현한다.

학습 Plus '직면' 기술이 필요한 내담자의 불일치 유형

- 언어적 진술 간의 불일치: (예) 당신은 아무런 문제가 없다고 말합니다. 그런데 그 사람에게 분노의 감정이 느껴진다고 말하고 있습니다.
- 말과 행동 간의 불일치: (예) 당신은 슬픈 이야기를 하면서 웃고 있군요.
- 행동과 행동 간의 불일치: (예) 지금 당신은 웃는 표정을 보이지만 이를 악물고 있군요.
- 감정과 감정 간의 불일치: (예) 당신은 남편을 증오하면서도 남편을 가엾게 생각하고 있군요.
- 자아와 경험 간의 불일치: (예) 당신은 아무도 당신을 좋아하지 않는다고 말합니다. 하지만 지난주에 친구에게서 생일파티에 초대받았다고 말하지 않았나요?
- 이상과 실제 간의 불일치: (예) 당신은 시험에 합격하고 싶다고 말하면서 자신이 떨어질 것이라고 이야기하고 있군요.

⑨ 질문(question)

내담자에게 정보를 탐색하는 질문의 유형에는 개방형 질문과 폐쇄형 질문이 있다. 폐쇄형 질문은 내담자에게 '예' '아니요' 혹은 짧은 사실적 답변을 하게 하여 정보를 한정하는

데 비해서, 개방형 질문은 한정된 답을 요구하지 않고 내담자가 자신의 문제에 대해 깊이 생각하고 드러낼 수 있도록 질문하는 것을 말한다. 질문은 내담자가 초점을 두고 있는 주제에 대해 알아듣기 쉬운 말로 공감반응과 함께 사용해야 한다.

학습 Plus 심리상담 시 피해야 할 질문과 예

① 유도질문: 상담자는 내담자로 하여금 바람직한 결과를 나타내 보이도록 하려는 의도에서 간접적으로 특정한 방향으로의 응답을 유도해서는 안 된다.
- 당신의 행동이 잘못됐다고 생각해 보지는 않았나요? (×)
- 당신은 그 상황에서 어떻게 행동하는 것이 더 효과적이었을 거라고 생각하나요? (○)

② 모호한 질문: 내담자가 질문의 방향을 명확히 인지하지 못하거나 받아들이지 못하는 형태의 질문을 하지 않는다.
- 당신은 어렸을 때 어땠나요? (×)
- 당신은 어렸을 때 학교생활은 어땠나요? (○)

③ 이중질문: 한 번에 두 가지 이상의 내용을 질문하지 않는다.
- 당신은 상사에게는 어떻게 말했고, 부하직원에게는 어떻게 말했나요? (×)
- 당신은 업무를 실시한 것에 대해 상사에게 어떻게 말했나요? (○)

④ '왜' 질문: '왜' 의문사를 남용함으로써 내담자로 하여금 비난받고 있다는 느낌을 갖도록 하는 질문을 하지 않는다.
- 왜 당신은 직장을 구하는 것을 꺼리나요? (×)
- 당신이 직장을 구하는 데 어떤 부정적인 생각을 가지고 있는지 궁금하군요. (○)

⑤ 독촉질문: 한꺼번에 너무 많은 질문을 쏟아 내어 내담자로 하여금 피상적인 대답을 하게 하지 않는다.
- 당신은 남자친구와 헤어졌을 때 어떤 느낌이 들었나요? 혹시 당신이 남자친구에게 잘못한 것이 있다고 생각해 보진 않았나요? 그렇게 남자친구가 이별을 말했을 때 당신은 어떤 반응을 보였나요? (×)
- 당신은 남자친구와 헤어졌을 때 어떤 느낌이 들었나요? 당신은 남자친구가 이별을 말했을 때 어떻게 반응했나요? (○)

⑩ 자기공개(self-disclosure)

자기공개는 상담자가 자신의 생각, 가치, 느낌, 태도 등 여러 가지 정보를 내담자에게 드러내 보이는 것을 말한다. 상담자의 자기공개는 모델링의 효과 이외에도 내담자로 하여금 목표설정과 실행에 필요한 새로운 시각을 갖게 한다.

학습 Plus 심리상담 촉진을 위한 상담자의 자기노출 반응

- 자기관여반응: 상담시간에 내담자의 언행에 대한 상담자의 개인적인 감정이나 반응을 그 근거와 함께 직접적이고 즉각적으로 표현한다.
- 자기공개반응: 내담자의 문제와 관련하여 상담자 자신이 과거에 경험한 유사한 사건에 대해 이야기한다.

상담자가 직면을 사용할 시 유의할 점

① 상담자는 직면의 기본적인 목적과 의미를 명확히 이해한 후 직면을 시작해야 한다.
② 직면의 사용은 공감과 지지의 분위기에서 이루어져야 한다.
③ 상담의 초기 단계에서 직면을 사용하는 것은 바람직하지 않다.
④ 내담자와의 충분한 관계형성이 이루어진 후 직면을 사용해야 한다.
⑤ 직면의 첫 단계에서는 가급적 구체적인 방법으로 접근해야 한다.
⑥ 내담자에게서 치료적 징후가 보이는 경우 직면의 과정을 시작한다.

심리상담의 과정에서 내담자가 침묵을 지키는 이유

① 내담자가 상담 초기 관계형성에서 두려움을 느끼는 경우
② 상담 중 논의된 것에 대해 음미하고 평가하며 정리해 보고자 하는 경우
③ 상담자에게 적대감을 가지고 저항하는 경우
④ 내담자가 자신의 말에 대한 상담자의 확인이나 해석을 기대하고 있는 경우
⑤ 내담자가 자신의 감정표현으로 인한 피로에서 회복되고 있는 경우
⑥ 내담자가 다음에 무엇을 논의할 것인지 상담자로 하여금 결정해 주기를 기다리고 있는 경우
⑦ 내남자가 할 말이 더 이상 생각나지 않거나 무슨 말을 해야 할지 모르는 경우
⑧ 내담자가 자신의 생각이나 느낌을 표현하고자 노력하고 있음에도 불구하고 적절한 표현이 떠오르지 않는 경우

상담장면에서 '좋은 경청자' '생산적 경청자'가 보이는 구체적 태도

① 내담자의 언어적 메시지를 잘 듣는다. 언어적 메시지에는 내담자가 한 말의 내용은 물론 내담자의 경험, 행동, 감정, 정서 등에 주의를 기울인다.
② 내담자의 비언어적 메시지를 잘 관찰하며 듣는다. 비언어적 메시지에는 얼굴 표정, 몸의 움직임, 목소리의 높낮이나 억양 등이 포함된다.
③ 내담자가 설명하는 상황의 맥락을 잘 듣는다. 상담자는 내담자가 처한 상황 및 맥락 안에서 내담자를 이해해야 한다.
④ 내담자의 이야기를 객관적으로 듣는다. 이는 내담자 개인의 관점이나 경향, 자기 자신

과 세상에 대한 왜곡된 인식 등을 잘 구분하며 들어야 한다는 것을 의미한다.

⑤ 내담자가 자신에 대해 충분하게 이야기할 수 있도록 개방적이고 비판단적인 태도로 주의를 기울인다.

심리상담 중 내담자의 반응을 '해석'할 때 주의사항

① 내담자가 받아들일 준비가 되어 있다고 판단되는 경우 조심스럽게 실행한다.

② 내담자의 성격을 파악하지 못한 경우 또는 해석에 대한 실증적인 근거가 없는 경우 해석을 삼간다.

③ 상담 초기에는 감정의 반영, 상담 중기에는 명료화와 직면, 상담 후기에는 구체적인 해석의 과정을 거쳐 해석이 전개되도록 한다.

④ 즉각적인 해석이나 충고적인 해석은 삼가며, 모순은 지적하지 않는다.

⑤ 가급적 내담자가 스스로 해석하여 통찰을 얻도록 돕는다.

학습 Plus 심리상담 시 효과적인 '해석'을 위한 단계

- 준비작업(제1단계): 상담자는 내담자가 해석을 들을 준비가 되어 있는지 또는 내담자가 해석을 듣고 싶은 마음이 있는지 살핀다.
- 의도 명확히 하기(제2단계): 상담자는 상담과정에서 어느 특정한 시점에 해석을 제시하는 의도에 대해 생각하며 그 의도가 시기적절한 것인지 파악한다.
- 해석의 제시(제3단계): 상담자는 내담자가 어떠한 이유로 그와 같은 행동을 하는지 관심과 호기심을 가지고 해석과정에 임해야 한다.
- 반응 살펴보기(제4단계): 상담자는 내담자가 해석에 대해 어떠한 반응을 보이는지 수시로 살펴보아야 한다.

상담 초기, 중기, 후기에서의 해석 기법

① 상담 초기

초기상담에서는 상담에 대한 잘못된 기대와 미온적인 태도를 해석해야 할 필요가 있다. 초기 단계 해석은 상담과정을 밝혀 주고 내담자가 앞으로 유의해서 노력해야 할 영역을 제시한다.

② 상담 중기

상담이 진행됨에 따라 내담자의 방어기제들이나 문제에 대한 생각, 느낌 및 행동양식

등을 해석의 대상으로 삼는다.

③ 상담 후기

내담자 자신이 스스로 해석을 할 수 있도록 북돋워 주는 것이 필요하다. 이를 위해 일반적인 내용 수준의 해석을 하며 점차 해석의 횟수를 줄여 나가도록 한다.

가족상담 주요이론 요약

① 정신역동적 가족상담(Psychodynamic Family Therapy)

가족구성원이 원가족에서 해결되지 않은 대상과의 문제를 통찰하게 하여 변화를 돕는다.

② 보웬 가족상담(Bowen Family Therapy)

융합된 가족의 분화를 촉진하여 내담자가 자율적으로 기능하도록 돕는다.

③ 구조적 가족상담(Structural Family Therapy)

가족구조를 파악하여 역기능적인 가족구조를 변화시켜 문제를 해결한다.

④ 경험적 가족상담(Experiental Family Therapy)

가족구성원이 직접적이고 분명하며, 정직한 의사소통을 함으로써 자기존중감을 높이고 성장해 나가도록 돕는다.

⑤ 전략적 가족상담(Stratege Family Therapy)

문제행동의 원인에 관심을 두지 않고 최소 개입을 통해 문제행동을 변화시키는 해결방법을 찾는 데 초점을 둔다.

⑥ 해결중심적 가족상담(Solution-Focused Family Therapy)

문제보다는 예외적인 해결에 중점을 두고, 가족이 적용해 왔거나 적용 가능한 해결책 등에 초점을 두며 질문에 응답하는 대화방식을 통해 문제해결 방안을 협동적으로 구축해 나간다.

학습 Plus 가족상담의 일반적인 초기, 중기, 종결 단계

- 초기 단계: 접수면접, 문제 파악, 목표설정이 된 상태까지를 말한다. 가족과 상담관계를 형성하며 가족력, 과거의 중대한 사건, 가족 간의 상호작용 패턴 등을 파악하여 문제를 명료화하고 상담목표를 설정한다.
- 중기 단계: 가족 간의 관계가 수정되어야 하고 파괴적인 동맹이 있다면 가족 구조가 재조직되어야 한다. 가족구성원의 자주성이 증대되어야 하고, 가정 내 역할이 덜 경직되어야 하며, 기존의 숨겨진 경험을 서로 공유하고 인정하며, 가족구성원이 자기 행동에 대한 타인의 반응을 받아들일 수 있어야 한다.

• 종결 단계: 가족상담의 목표가 달성되었다고 판단이 되면 종결에 대한 준비를 한다. 종결 시기가 되면 내담자는 상담이 종결되는 것에 대해 불안을 느낄 수 있는데, 상담자는 이러한 내담자의 감정을 충분히 표현할 수 있도록 한다.

경험적 가족치료에서 사티어의 의사소통 유형

① 회유형

다른 사람은 존중하면서 정작 자신의 진정한 가치나 감정은 무시하며, 자신의 안정을 유지하기 위하여 상대방의 의견에 반박을 하거나 거절을 하지 못한다.

② 비난형

자신을 보호하기 위해 타인을 비난하고 무시하는 양상을 보이며, 자신을 강하게 보이도록 하기 위하여 타인을 통제하려 하거나 공격적인 태도를 보인다.

③ 혼란형(산만형)

생각과 말, 행동이 자주 바뀌며, 자신과 타인이 처한 상황을 고려하지 않는 일관성 없는 행동을 보인다. 내면에는 모두가 자신을 받아들이지 않는다고 생각하여 외로움, 고독감, 혼란스러움을 느낀다.

④ 계산형(초이성형)

원리와 원칙을 강조하며, 감정에 치우치지 않으려 하고 지나치게 이성적으로 상황에 초점을 둔다. 타인의 감정을 인정하지 못하며, 융통성이 부족하고 정보와 논리를 중요시한다.

⑤ 일치형

가장 기능적인 의사소통 유형으로, 자신이 하고 있는 일에 대해 잘 알고 그 결과를 받아들일 준비가 되어 있고, 변화에 대해 융통성이 있으며, 정보를 전달하는 방법에서도 말과 정서와 행동이 일치되어 균형을 이룬다.

해결중심 가족치료의 질문 유형

① 기적질문

문제가 해결된 상황 또는 내담자가 원하는 미래의 구체적인 모습을 상상해 봄으로써 해결하기 원하는 것을 구체화 · 명료화하는 데 도움을 주는 질문이다("밤에 자는 동안 기적이 일어나 지금 치료목표로 하는 문제가 해결되었다고 합시다. 당신에게 변화가 일어난 것을 다른 가족들은 무엇을 보고 알 수 있겠습니까?").

② 척도질문

내담자의 주관적인 상태를 확인하기 위해 문제의 심각성 정도나 치료목표, 성취 정도를 수치로 표현하도록 하는 질문이다. 변화에 대한 동기를 강화하고, 다음 단계로 발전하기 위해 무엇을 해야 할지 탐색하는 데 유용하다("0~10점까지의 척도에서 10점은 문제가 해결된 상태, 0점은 문제가 전혀 해결되지 않은 상태라고 가정합니다. 오늘은 몇 점이라고 생각하나요?").

③ 예외질문

내담자의 문제가 나타나지 않거나 덜 심각한 경우를 찾아내도록 하는 질문이다. 예외질문은 일상생활에서 성공적으로 잘하고 있으면서도 의식하지 못하는 것을 발견하고, 성공했던 행동을 의도적으로 하도록 강화시키는 기법이다("최근에 문제가 일어나지 않은 때는 언제인가요?").

④ 대처질문

내담자가 스스로 인식하지 못하는 자원과 강점을 발견하도록 돕는 질문이다. 내담자와 가족이 낙담과 좌절, 고통스러운 상황에 처해 있을 때, 위로를 하기보다는 약간의 성공감을 갖도록 하는 대처방법에 관한 질문을 하는 것이 바람직하다("제가 봐도 지금은 무척 힘든 상태라고 생각됩니다. 그런데 상태가 더 나빠지지 않도록 하기 위해 현재 어떤 노력을 하고 계신가요?" "무엇이 조금 바뀌면 희망이 생길까요?").

⑤ 관계성 질문

관계성 질문은 내담자와 중요한 관계를 맺고 있는 사람들의 관점에서 그들이 내담자 자신의 문제에 대해 어떻게 생각할지 추측해 보도록 하는 것이다("만약 당신의 어머니라면, 지금 상황에 대해서 무엇이라고 말씀하실까요?").

가족상담의 종결 단계에서 종결을 결정하는 준거

① 가족구성원이 새롭게 습득한 대처방법이나 행동양식을 수용하고 유지할 수 있다고 생각되는 경우

② 가족의 구조와 규칙이 보다 융통성 있고 기능적이 된 경우

③ 가족구성원 개개인이 보이던 증상들이 호전된 경우

④ 각자의 역할과 기능에 대한 합의가 가족이 만족할 만한 수준에서 이루어진 경우

가족상담의 종결과정 4단계

가족상담 모델에 따라 종결과정은 도입 단계, 요약 단계, 장기적 목표 나누기 단계, 추수면담 단계의 4단계로 나눌 수 있다.

① 도입 단계
상담자가 왜 종결의 문제를 꺼냈는지를 설명한다. 상담이 시작되었을 때 기대했던 것이 달성되었기 때문일 수도 있으며, 예정된 상담 횟수가 다 되었거나, 진전이 전혀 없기 때문일 수도 있다.

② 요약 단계
상담 중에 일어난 것을 정리함으로써 상담에 관여된 모든 사람에게 성취된 변화와 가족 현상을 되돌아볼 기회를 준다.

③ 장기적 목표 나누기 단계
가족이 목표에 도달했는지를 어떻게 아는지에 대해 서로 이야기한다. 가족이 앞으로 직면할 지 모르는 어려움을 예상해 보고, 가족의 능력과 심리적 자원으로 곤란을 극복할 수 있는지를 나눈다.

④ 추수면담 단계
추수면담 단계에서는 상담효과의 지속적을 확인한다.

인터넷 중독에서 벗어나는 방법

① 컴퓨터는 거실에 두어 부적절한 사용을 방지한다.
② 컴퓨터 사용시간을 스스로 계획하도록 하여 자기통제능력을 증진한다.
③ 인터넷 게임을 좋아하는 이유를 탐색하여 그 욕구를 전환시켜 주는 대안적 활동을 마련한다.
④ 가족 내에서 긍정적 관계 회복과 관심을 보여 주고, 신뢰와 기대를 가지고 대화를 갖도록 한다.
⑤ 학교, 교회, 동아리 활동 등을 통해 사회적 관계를 유지하도록 돕는다.
⑥ 규칙적인 식생활과 건강한 생활을 하도록 개인의 내적 · 외적 자원을 촉진한다.
⑦ 내담자의 기대나 욕구를 파악하여 실현 가능하도록 현실적이고 구체적인 계획을 수립한다.

인터넷 중독의 3단계

① 제1단계: 호기심

인터넷 게임, 사이버채팅, 음란 사이트에 호기심을 가지고 참여한다. 정기적인 접속을 시도하고, 온라인상에서 정보를 얻는다.

② 제2단계: 대리만족

현실에서 느끼기 어려운 즐거움을 인터넷을 통해 만끽한다. 폭력성, 사행성, 음란성의 욕구를 충족시킨다. 익명성을 통해 가상의 세계에서 자유와 쾌감을 경험한다.

③ 제3단계: 현실탈출

현실에서의 질서와 규범을 무시하고, 가상세계에 사로잡혀 현실을 인식하는 데 장애를 초래한다. 오직 인터넷에 접속하기만을 희망하는 상태가 된다.

학습 Plus 인터넷 공간에 몰두하게 되는 심리적인 특성

- 익명성
- 정체감의 탐색
- 대인관계 형성의 편리함
- 일상(현실)탈출
- 통제감과 습득을 통한 즐거움의 경험

약물남용 및 약물의존

① 약물남용(drug abuse)

- 어떤 약물을 의학 외적인 목적으로 과다하거나 부적절하게, 또는 습관적으로 사용하는 행위
- 사회적 · 심리적 · 신체적 문제 초래(향정신성 약물의 비의학적 사용)

② 약물의존(drug dependence)

- 어떤 약물을 억제하기 어려운 욕구에 의하여 지속적 또는 주기적으로 섭취하는 상태
- 반복사용에 따라 몸의 내성 증가(정신적 의존/신체적 의존)

〈약물의존의 유형〉

• 정신적 의존(psychic dependence)
어떤 약물의 특정 약리효과를 체험하고 난 후 계속하여 그 약물을 섭취하고자 하는 강한 욕구를 가진 상태를 말함(억제 후 흥분 상태로 뇌에 영향).

• 신체적 의존(physical dependence)
혈액이나 뇌 속의 알코올 농도가 점점 떨어지는 과정에서 오한, 손떨림, 호흡 이상, 의식 혼미 등의 증상을 보이는 상태를 말함.

중독상담 과정에서 나타나는 내담자의 단계별 변화과정

① 숙고 전 단계
자신에게 행동문제가 없다고 생각한다. 아직 변화에 대해 생각하지 않는다. 현재 행동문제에 대한 인식이 부족한 상태이다.

② 숙고 단계
행동문제에 대한 변화를 생각해 보기도 하지만 동시에 변화에 대한 생각을 거부하기도 한다. 행동문제에 대해 염려와 변화의 가능성을 인정하지만, 양가감정을 지니고 있어 변화를 확신하지 않는다.

③ 준비 단계
변화하는 쪽으로 많이 기울어졌고 문제행동을 더 이상 하지 않겠다는 생각을 진지하게 한다. 마음을 굳건히 하고 변화계획을 세우지만, 여전히 무엇을 해야 할지 생각하며 준비 중이다.

④ 실행 단계
적극적으로 변화를 보이고 있지만, 안정상태에는 아직 도달하지 않은 단계이다. 행동문제가 더 이상 일어나지 않도록 조치를 취한다. 바람직하고 적응적인 행동습관을 갖기 위해 상당한 노력이 필요하다.

⑤ 유지 단계
문제행동이 중단되는 등 초기목표를 달성하게 된다. 재발방지를 위한 전략을 찾아내고 사용함으로써 예전의 습관으로 돌아가지 않도록 하며 변화된 행동을 유지하도록 노력한다.

프로차스카(Prochaska)의 행동변화 6단계

① 프로차스카 등에 의해 개발된 초이론적 변화단계 모델에서는 사람들이 행동변화 과정을 밟아 가는 일련의 단계들을 소개하는데, 이러한 변화단계는 동기면담을 적용・활용할 수 있는 한 가지 틀의 역할을 한다.

② 변화단계는 한 번에 한 단계씩 이동하므로 상담자는 내담자의 변화단계에 맞추어 인내심을 갖고 내담자의 변화속도에 맞추어 진행한다.

- 1단계-인식 전 단계(precontemplation): 내담자는 아직 변화에 대해 생각하지 않는다. 변화하고자 하는 마음이 없고 자신의 행동 패턴이 문제이고 위험할 수 있다는 사실을 믿지 않는다.
- 2단계-인식 단계(contemplation): 내담자는 중독문제에 대한 염려가 있음을 인정하고 변화의 가능성을 생각하기는 한다. 그러나 양가감정을 지니고 있으며 변화를 확신하지 않는다.
- 3단계-준비 단계(preparation): 내담자는 가까운 미래에 변화하려 하는 마음을 굳건히 하고 변화계획을 세운다. 하지만 여전히 무엇을 해야 할지 생각 중이다.
- 4단계-행동실천 단계(action): 내담자는 적극적으로 변화를 보이고 있다. 이 단계의 내담자들은 자신의 습관과 환경을 적극적으로 바꾼다. 그러나 안정상태는 아직 도달하지 않았다.
- 5단계-유지 단계(maintenance): 내담자는 중독행동 중단과 같은 초기 목표들을 달성하였다. 그리고 그 이득을 유지하려고 노력하는 중이다. 내담자들은 중독행동을 초래할 수 있는 위험한 유발상황들을 알아차리는 방법과 이러한 상황에서 자신을 보호하는 방법들을 배운다.
- 6단계-재발(relapse): 내담자는 증상 재발을 경험했고 이제 결과에 대처해야 하며 앞으로 무엇을 해야 할지 결정해야 한다. 어떤 목표들이 비현실적인지, 어떤 전략들이 비효과적인지, 어떤 환경들이 효과적 변화를 일으키지 않는지 배우게 된다.

위기상담 시 자살위험도 평가영역

① 자살사고

상담자는 자살을 생각하는 내담자를 대상으로 그 위험수준에 대해 질문을 하며, 이를 평가해야 한다. 질문 내용은 자살에 대한 생각이 얼마나 자주 떠오르는지, 이를 얼마나 오랫동안 견디어 낼 수 있는지에 대한 질문이 포함된다. 내담자의 자기보고가 위험수준에 이르렀다고 판단되는 경우, 이를 심각하게 다루어야 한다.

② 자살계획

상담자는 내담자가 실제 자살을 계획하고 있는지를 파악해야 한다. 자살계획의 치명성, 자살의 방법과 도구, 계획의 구체성 등에 대해 평가한다.

③ 과거 자살시도 경험

과거 자살을 시도한 경험이 있는 사람의 경우 자살위험의 가능성이 높다. 상담자는 내담자의 가족이나 주변인물들 중 자살을 시도했거나 실제 자살한 사람이 있는지를 파악한다.

④ 심리적 증상

심리적 고통을 호소하거나 심리적 문제를 가지고 있는 사람의 경우 그렇지 않은 사람에 비해 자살할 가능성이 높다. 여러 검사도구를 활용하여 심리적인 고통과 증상을 파악해야 한다. 내담자가 심각한 정신장애를 가지고 있는 경우 즉각적인 치료적 개입이 필요하다.

⑤ 환경적 스트레스

내담자가 어떠한 스트레스 상황에서 자살충동을 느끼는지를 파악한다. 내담자의 스트레스 대처방식을 검토하고, 자살을 문제상황의 도피방법으로 생각하는 것은 아닌지 살펴본다.

⑥ 자원 및 지지체계

내담자에게 도움이 될 수 있는 유용한 자원 및 지지체계에 대해 살펴보아야 한다. 위기상황 시, 긴급히 연락을 취할 수 있는 방법에 대해서 안내해 준다.

학습 Plus 자살계획 평가를 위한 단계별 내용

- 1단계(자살의도 평가): 자살의도가 있는가를 분명하지만 신중하고 조심스럽게 묻는다. 자살의도가 분명할수록 자살 가능성은 높아진다.
- 2단계(자살방법 평가): 어떤 방법으로 자살할 생각을 하고 있는지를 물어본다. 이때 방법이 더 위험할수록, 계획이 더 구체적일수록 자살의 위험성이 큰 것으로 평가된다.
- 3단계(자살준비 평가): 자살을 위한 구체적인 준비를 하고 있거나 준비한 적이 있는가를 질문한다. 만일 실제로 준비하고 있다는 것을 알게 되었다면 매우 자살에 임박한 것이 될 수 있으므로 이에 대한 긴급조치가 필요하다.
- 4단계(자살시도 평가): 최근 자신이 생각한 방법으로 실제 자살시도를 남모르게 한 적이 있는지를 평가한다. 이 경우 자살의 위험성이 극도로 높은 것으로 평가되어야 한다. 즉각 주위에 알리고 관련 전문가를 통해 응급조치를 받도록 한다. 또한 최근의 일이 아닌 먼 과거라도 자살시도 경험이 있다면 주의 깊은 관심을 가져야 한다.

자살의 구체성을 드러낸 내담자에 대한 상담자로서의 조치

① 가족이나 가까운 사람에게 알리고 혼자 있지 않도록 하며, 자살을 시도할 수 있는 위험한 물건이나 상황으로부터 안전을 보호할 수 있도록 한다.
② 자살시도를 유발한 스트레스 원인에 대해 명확히 하여 상황을 객관화하도록 돕고, 내담자가 겪고 있는 위기상황에 대해 넓은 조망을 갖도록 한다.
③ 정신건강의학과 전문의를 포함한 자살예방전문가의 도움을 받을 수 있도록 적극적인 조치를 취하고, 지역사회의 다양한 서비스 자원들을 활용할 수 있도록 필요한 정보를 제공한다.

비밀보장 예외원칙 중 내담자가 자살계획 및 타인을 살해할 위험이 있는 경우의 대처방법

① 내담자가 자살계획이 있는 경우
- 가족이나 가까운 사람에게 알리고, 혼자 있지 않도록 한다.
- 자살을 시도할 수 있는 위험한 물건이나 상황으로부터 안전을 보호할 수 있도록 한다.
- 정신건강의학과 전문의를 포함한 자살예방 전문가의 도움을 받을 수 있도록 한다.

② 내담자가 타인을 살해할 위험이 있는 경우
- 내담자에게 비밀보호가 불이행되는 상황에 대해 고지하고 이를 인식시킨다.
- 내담자의 위험성을 평가하며 잠재적 피해자를 포함한 가족에게 그와 같은 사실을 알린다.
- 관련 기관 및 해당 분야의 전문가에게 의뢰하여 필요한 도움을 받도록 한다.

성폭력 피해 전화 상담에서의 대처방법

① 피해자의 안전을 위해 도움을 줄 수 있는 사람에게 연락하고 안전한 장소로 도피시킨다.
② 지역사회 자원을 통해 심리적 · 사회적 · 법률적 지원을 받을 수 있도록 한다.
③ 피해자가 처한 상황을 정확히 파악하여 의료조치가 필요하다면 해당 기관을 통한 의료처치를 받을 수 있도록 한다.
④ 피해자에게 증거를 확보하도록 해당 정보를 제공한다.
⑤ 대면상담을 원할 시 해당 전문가를 통해 필요한 도움을 받을 수 있도록 한다.

성폭력 피해 상담 시 자문방법과 개입방법

① 자문방법

- 상담자는 내담자에게 상담내용의 주도권을 줌으로써 내담자에게 현재 상황에서 표현할 수 있는 것들에 대해 이야기할 수 있도록 배려한다.
- 성폭력 피해 회복 프로그램 및 신고의사를 도울 수 있도록 관련 정보와 정서적 지지를 제공한다.
- 의사 및 관련 전문가에게 도움을 받을 수 있도록 안내하여 효율적인 치료적 개입이 될 수 있도록 돕는다.

② 개입방법

- 상담자는 내담자가 성폭력 피해 사실을 이야기하는 것에 대한 두려움을 인지하며, 내담자로 하여금 자신의 억압된 감정을 표출하도록 유도한다.
- 상담자는 내담자의 성폭력 피해 사실에 따른 수치심이나 죄책감이 전적으로 가해자로 인한 것임을 확신시킨다.
- 상담자는 내담자의 잘못된 죄의식을 수정하도록 도우며, 자기존중감을 가질 수 있도록 배려한다.
- 피해자가 자신의 느낌과 생각을 보다 건설적으로 조정할 수 있도록 돕고, 긍정적인 관점에서 자신을 발견할 수 있도록 배려한다.
- 문제해결을 위한 다양한 방안을 제시하고, 치료를 통해 내면의 억압된 분노와 피해감정을 잘 표현하고 다룰 수 있도록 돕는다.

성폭력 피해 상담의 단계별 유의사항

① 초기 단계

- 상담자는 내담자에게 상담 내용의 주도권을 줌으로써 내담자에게 현재 상황에서 표현할 수 있는 것들에 대해 이야기할 수 있도록 배려해야 한다.
- 내담자가 성폭력 피해의 문제가 없다고 부인하는 경우 상담자는 일단 수용하며, 언제든지 상담의 기회가 있음을 알려 주어야 한다.

② 중기 단계

- 상담자는 내담자가 성폭력 피해 사실을 이야기하는 것에 대한 두려움을 인지하며, 내담자로 하여금 자신의 억압된 감정을 표출하도록 유도한다.

- 상담자는 내담자의 성폭력 피해 사실에 따른 수치심이나 죄책감이 전적으로 가해자로 인한 것임을 확신시킨다.
- 상담자는 내담자의 잘못된 죄의식을 수정하도록 도우며, 자기존중감을 가질 수 있도록 배려한다.

③ 종결 단계

- 내담자가 버림받는 느낌이나 상실감 등을 가지지 않도록 사전에 체계적으로 종결 계획을 세운다.
- 상담자는 상담 시간 및 기간의 간격을 점차적으로 늘려 나간다.
- 상담자는 종결에 따른 아쉬움과 이별의 감정을 다루며, 상담의 종결이 완전한 결별이 아니므로 언제든 다시 상담할 수 있음을 인식시킨다.

성폭력 피해 여성이 피해 사실을 부정하고, 가해자는 무죄주장 시 적합한 자문방법과 치료적 개입방법

① 자문방법

- 성폭력에 대한 기억을 되살리는 일이 힘들다는 것을 인정해 주고, 치료에 대한 피해자의 자율성을 회복하도록 도움을 주어야 한다.
- 성폭력 후유증에 대한 정보를 제공하고, 피해자가 언제든 치료를 받을 수 있고 이를 통해 도움을 받을 수 있음을 안내한다.
- 피해자에게 필요한 법적 절차 및 의학적 조치에 대해 안내하고 해당 기관 및 의료적 도움을 받을 수 있도록 돕는다.

② 치료적 개입방법

- 상담자는 내담자가 성폭력 피해 사실을 이야기하는 것에 대한 두려움을 인지하며, 내담자로 하여금 자신의 억압된 감정을 표출하도록 돕는다.
- 상담자는 내담자의 성폭력 피해 사실에 따른 수치심이나 죄책감이 전적으로 가해자로 인한 것임을 인식시킨다.
- 상담자는 내담자의 잘못된 죄의식을 수정하고, 자신의 느낌과 생각을 보다 건설적으로 조정할 수 있도록 도와 긍정적인 관점에서 자신을 발견할 수 있도록 한다.
- 문제해결을 위한 다양한 대처양식을 증진하고 가족 및 사회적 보호체계로부터 지원을 받을 수 있도록 돕는다.

홀랜드(Holland)의 성격이론 RIASEC

① 직업적 흥미는 일반적으로 성격이라고 부르는 것의 일부분이기 때문에 개인적 · 직업적 흥미는 개인의 성격측면과 연결될 수 있다고 보았다.

② 직업선택에 있어서 개인의 홍미와 직업적 특성이 일치할 때 직업만족도가 가장 높으며 수행이 최고 수준으로 증가한다. 직업선택과 직업만족도를 결정짓는 가장 중요한 요인으로 직업 자체보다 개인의 흥미와 직업의 특성을 모두 고려할 것을 강조하였다.

〈홀랜드의 6가지 성격유형과 대표 직업〉

유형	선호하는 직업 활동	대표 직업
현실적 유형 (R)	분명하고, 질서정연하고, 체계적인 대상(연장, 기계, 동물)을 조작하는 활동 또는 신체적 기술을 선호함.	기술자, 자동차 · 기계 및 항공기 조종사, 정비사, 농부, 엔지니어, 전기, 기계기사, 운동선수
탐구적 유형 (I)	관찰적 · 상징적 · 체계적이며 물리적 · 생물학적 · 문화적 현상의 창조적인 탐구를 수반하는 활동에 흥미를 보임.	과학자, 생물학자, 화학자, 물리학자, 인류학자, 지질학자, 의료기술자, 의사
예술적 유형 (A)	예술적 창조와 표현, 변화와 다양성을 좋아하고 틀에 박힌 것을 싫어함. 모호하고 자유롭고, 상징적인 활동들을 선호함.	예술가, 작곡가, 음악가, 무대감독, 작가, 배우, 소설가, 미술가, 무용가, 디자이너
사회적 유형 (S)	타인의 문제를 듣고, 이해하고, 도와주고, 치료해 주고, 봉사하는 활동에 흥미를 보임.	사회복지사, 교육자, 간호사, 유치원교사, 종교지도자, 상담자, 임상치료사, 언어치료사
기업적 유형 (E)	조직의 목적과 경제적 이익을 얻기 위해 타인을 선도, 계획, 통제, 관리하는 일과 그 결과로 얻어지는 위신, 인정, 권위를 얻는 활동을 선호함.	기업경영인, 정치가, 판사, 영업사원, 상품구매인, 보험회사원, 관리자, 연출가
관습적 유형 (C)	정해진 원칙과 계획에 따라 자료들을 기록, 정리, 조직하는 일을 선호하고, 체계적인 작업 환경에서 사무적 능력, 계산 능력을 발휘하는 활동을 좋아함.	공인회계사, 경제분석가, 은행원, 세무사, 경리사원, 컴퓨터 프로그래머, 감사원, 안전관리자, 사서, 법무사

진로상담을 위한 기초평가 항목

① 직업 적성검사: 적성에 적합한 직업군, 성공가능성 예측

② 직업 흥미검사: 자신의 흥미를 파악, 적합한 직업을 탐색

③ 직업 가치관검사: 직업 관련 욕구와 가치들에 대한 정보제공

④ 진로 성숙도검사: 진로발달에 필요한 태도, 능력, 행동을 어느 정도 갖추고 있는가에 대한 정보제공

적성검사와 흥미검사의 공통점과 차이점

① 공통점

진로탐색을 통한 개인적 이해를 통해 진로의사결정과 진로설계에 대한 합리적 목표를 세우는 데 도움이 된다.

② 차이점

- 적성검사: 일정한 훈련에 의해 숙달될 수 있는 개인의 능력, 즉 어떤 특정 활동이나 직업을 수행하는 데 필요한 능력과 미래 작업의 성공가능성을 평가한다.
- 흥미검사: 일정한 사물이나 활동에 대해서 개인이 느끼고 있는 주관적이고 지속적인 흥미의 정도와 관련되며, 어떤 사물이나 활동을 선택하는 데 필요한 선호의 정도를 평가한다.

PART

03

심리치료

01 핵심개념정리

- 심리치료 이해
- 정신분석치료
- 행동치료
- 인지치료
- 인간중심치료
- 마음챙김에 기반한 심리치료
- 기타 심리치료
- 아동심리치료
- 가족치료

02 기출기반학습+

01 핵심개념정리

심리치료 이해

1 심리치료의 일반적 목표

심리치료의 목표는 일차적으로 내담자가 치료에서 기대하는 내용으로 이루어진다. 일반적으로 심리치료는 내담자와 치료자 간의 합의에 의해 수립되어야 한다. 심리치료는 크게 세 가지 목표를 둔다.

① 내담자가 호소하는 심리적 문제의 해결이나 증상의 완화
② 내담자의 심리사회적 적응을 돕는 적응능력과 기술의 향상
③ 내담자의 심리적 성장 및 성숙

2 심리치료의 효과성을 검증하기 위한 조건

① 처치의 표준화를 통해 처치과정의 일관성을 보장하여야 한다.
② 피험자 간 설계나 피험자 내 설계 등 객관적인 실험설계를 하여야만 한다.
③ 심리치료 효과를 측정하는 과정에서 객관화가 유지되어야 한다.

3 심리치료의 일반적인 진행단계

① 1단계-초기 면접
내담자의 부적응 문제 및 의뢰사유, 내담자의 문제와 관련된 환경 및 생활사적인 정보를 수집한다. 그 외 치료과정에 대한 구조화(한계, 비용, 시간, 치료적 접근방법 등)를 실시한다.

② 2단계-문제 및 상황 평가
내담자 문제에 대한 발생 및 지속 요인, 문제의 심각도 및 심리사회적으로 영향을 주는 요인에 대한 평가를 실시한다.

③ 3단계-치료목표 설정
내담자의 문제를 돕기 위한 치료적 목표를 수립한다. 목표설정은 내담자－치료자 간의 공동의 협력적 관계 속에서 이루어져야 하며 구체적이면서도 실현 가능한 방식으로 선택되어야 한다.

④ 4단계-치료 실시
내담자의 변화를 돕기 위해 다양한 방법을 적용하여 치료목표에 도달할 수 있도록 한다. 내담자의 수행수준을 고려하여 치료 실행 및 수정하는 과정을 거친다.

⑤ 5단계-치료 평가
치료계획의 효과성에 대한 평가를 실시한다. 초기 목표를 달성하는 데 있어 치료적 과정 및 결과가 효과적이었는지에 대한 여부를 검토한다.

⑥ 6단계-치료 종결
내담자의 문제가 상당 부분 해결되었다고 판단되면 내담자와 합의하에 치료를 종결한다. 치료과정 동안의 변화와 발생할 수 있는 장애물에 대한 탐색을 하고 대처방안을 논의한다.

⑦ 7단계-추수회기
치료 종결 이후 내담자가 치료과정 동안의 변화를 유지하고 있는지를 확인하기 위한 추수회기를 계획하여 제공한다.

4 심리치료의 기본요소

① 내담자
내담자(client)는 스스로 해결할 수 없는 심리적 문제나 장애를 지니고 전문적 도움을 요청하는 사람을 의미한다. 심리치료를 받기 위해 찾아온 내담자들이 호소하는 심리적 문제에 대한 효과적인 도움을 제공할 수 있어야 한다.

② 심리치료자
심리치료자(psychotherapist)는 내담자가 지닌 심리적 문제나 장애를 깊이 있게 이해하고 치료할 수 있는 전문적 지식과 기술을 지니고 있어야 한다. 이를 위해서 심리치료의 원리에 대한 이론적 지식뿐만 아니라 전문적 기술에 대한 교육과 훈련을 받아야 한다.

③ 치료자와 내담자의 상호작용

심리치료는 치료자와 내담자가 치료적 관계를 형성하고 치료목표를 이루기 위해서 주로 언어를 매개로 한 상호작용으로 진행된다. 치료자는 내담자가 원하는 치료목표를 이루기 위해서 최선을 다할 것이라는 명시적 또는 암묵적 계약을 통해 치료관계를 형성한다.

5 심리치료의 초기 · 중기 · 종결 단계

① 초기 단계

치료자가 내담자를 처음 만나 면담을 나누는 최초면접(initial interview)을 포함한 3~4회 이내의 면접회기를 의미한다.

최초면접

- 내담자가 호소하는 심리적 문제나 증상에 대한 탐색
- 치료에 대한 내담자의 기대 탐색
- 긍정적인 치료적 관계의 형성
- 치료에 대한 구조화

② 중기 단계

치료목표의 달성을 위해 본격적인 치료적 활동이 이루어지는 시기이다. 일반적으로 초기 단계에서 수립한 치료계획을 구체적으로 실행하는 과정이 중기 단계라고 할 수 있다. 중기 단계에서 치료자는 내담자에 대한 이해를 더욱 심화시키면서 내담자의 변화를 위해 다양한 기법을 적용하고 그 효과를 평가하면서 자신의 치료계획을 실행하거나 수정하는 과정을 거치게 된다.

③ 종결 단계

치료목표가 상당 부분 달성되어 치료를 마무리하는 과정을 의미한다. 내담자 스스로 심리치료의 성과에 만족하거나 치료자의 관점에서 내담자의 문제가 상당 부분 해결되었다고 판단될 경우, 치료자는 내담자와 합의하에 치료의 종결을 준비하게 된다.

6 치료자-내담자 간의 긍정적 치료동맹을 위한 필요조건

① 내담자가 치료를 시작하고자 할 때 치료자는 협력적 관계를 만듦으로써 내담자의 노력을 촉진해야 한다.

② 치료자와 내담자는 치료목표와 치료과정에 대해 공동의 이해에 도달해야 한다.

③ 치료에 대해 내담자가 가진 기대를 표현하도록 하고, 긍정적인 변화에 대한 현실적인 희망을 가질 수 있도록 격려해야 한다.
④ 치료관계에 어려움이나 결렬이 생길 때에는 반드시 이를 다루고 충분히 그 문제를 논의할 수 있어야 한다.
⑤ 내담자의 행동이나, 그 행동이 미치는 영향에 대해 내담자에게 적절한 피드백을 제공해야 한다.
⑥ 치료자가 자신에 대해 약간의 정보를 제공하거나 자기개방을 하는 것은, 특히 치료자와 내담자 사이에 있는 어떤 공통점을 강조하는 것이라면 이를 통해 치료자의 진솔성이 전달될 수 있다.
⑦ 내담자가 치료과정에 적극적으로 개입하도록 하고, 내담자가 치료에 자신감을 가질 수 있도록 도와야 한다.
⑧ 치료자는 내담자에 대한 감정을 잘 조절할 수 있어야 한다. 만일 치료자가 도움이 필요할 때는 슈퍼비전을 받거나 그 자신이 치료를 받아야 한다.

7 심리치료자가 준수해야 할 윤리적 원칙

① 심리치료자는 전문가로서 자기 능력의 한계를 인정하고 자격이 주어진 상담활동만을 하는 동시에 과학적이고 전문적인 지식과 기술의 습득에 지속적인 노력을 기울여야 한다.
② 심리치료자는 자신의 가치관, 신념, 제한점 등이 치료활동에 미칠 영향을 자각하고 치료목표와 치료방법 그리고 한계점 등을 내담자에게 명확하게 알려야 한다.
③ 심리치료자는 사회의 윤리와 도덕 기준을 존중해야 하며 내담자의 인격을 존중하고 자신의 개인적 욕구충족을 위해서 내담자를 희생시켜서는 안 된다.
④ 치료비용을 책정할 때는 내담자의 재정상태와 개인적 상황을 고려해야 하며, 만약 책정된 치료비가 내담자에게 적절치 않을 경우에는 가능한 비용으로 적합한 서비스를 받을 수 있는 방법을 찾아 줌으로써 내담자를 돕는다.
⑤ 심리치료자는 자신의 방식과 다른 전문적인 치료적 접근을 존중해야 하며, 함께 일하는 다른 전문적 집단의 전통과 실제를 이해하려고 노력해야 한다.
⑥ 심리치료자는 객관성과 전문적 판단에 부정적인 영향을 미칠 수 있는 이중관계를 피해야 하며 내담자와의 관계에서 상담료 이외의 어떤 금전적 · 물질적 거래관계도 맺어서는 안 된다.
⑦ 심리치료자는 내담자와 어떠한 종류이든 성적인 관계를 피해야 한다.
⑧ 심리치료자는 사생활과 비밀유지에 대한 내담자의 권리를 최대한 존중해야 한다.

8 윤리적 의사결정의 단계

상담자는 윤리적 딜레마를 의사결정하는 데 있어 다양한 측면을 고려하고, 전문가들과 자신의 문제를 개방적으로 질의하여 유용한 조언을 얻도록 한다.

① 문제 혹은 딜레마를 파악한다. 상담자가 다룰 문제가 윤리적 측면인지, 법적·직업적·임상적·도덕적 측면인지를 규명하는 것이 필요하다.

② 잠재적 문제를 확인한다. 상황과 관련된 다양한 요인들을 평가한다.

③ 문제의 일반적 지침과 관련된 윤리규정을 확인한다.

④ 적용할 수 있는 법과 규정을 고려해 보고, 윤리적 딜레마와 관련성을 갖는지 검토한다.

⑤ 딜레마에 관한 다양한 관점을 얻을 수 있는 한 곳 이상의 기관을 통해 자문을 구한다.

⑥ 가능한 한 다양한 행동방식을 생각하면서 다른 전문가들과 선택권에 대해 계속 상의한다.

⑦ 다양한 결과들을 열거하고, 내담자를 위해 각각의 행동방식의 영향을 생각한다.

⑧ 어떤 행동방식이 최선인지를 결정한다. 행동방식이 실행되면, 결과들을 평가해서 그 이상의 행동이 필요한지 검토한다.

9 심리치료의 치료적 기제

① 인지적 요인

- 보편화: 내담자들은 자신이 혼자가 아니고, 다른 사람들도 유사한 문제를 가졌으며, 인간의 고통은 보편적이라고 깨달았을 때 변화가 일어난다.
- 통찰: 내담자가 점차적으로 자기 자신과 타인을 이해하게 되고, 자신의 동기와 행동에 관한 다른 관점을 갖게 될 때 성장한다.
- 모델링: 내담자는 치료자를 지켜보는 과정에서 다양한 도움을 받는다. 치료자는 내담자의 모델이 될 수 있다.

② 정서적 요인

- 수용: 내담자는 치료자로부터 수용과 존중을 받는다는 생각이 들 때 변화가 일어난다.
- 이타성: 자신이 치료자나 집단의 다른 구성원들의 관심과 사랑을 받는 대상이라는 것을 인식할 때, 또는 자신이 다른 사람을 돕고 있을 때 변화가 일어난다.
- 전이: 치료자와 내담자 사이에, 그리고 집단치료에서는 집단원들 사이에 일어나는 감정적 유대를 통해 변화가 일어난다.

③ 행동적 요인

- 현실검증: 내담자가 치료자와 다른 집단구성원으로부터 지지와 피드백을 받으면서 치료시간 내의 안전한 상태에서 새로운 행동을 실험할 때 변화가 가능해진다.
- 정화: 내담자가 여전히 수용된다는 느낌을 가진 사람 속에서 소리를 지르거나 울거나 분노를 표출하는 것을 통하여 감정을 발산하는 것은 치료적 가치가 있다.
- 상호작용: 내담자가 치료자나 집단의 집단구성원들과 상호작용하며 자신의 행동에 무언가 잘못된 것이 있음을 개방적으로 인정할 수 있을 때 내담자는 향상된다.

심리치료 과정에서 내담자 저항이 일어나는 이유

- 변화가 주는 위협감으로 인해 두려움을 느끼게 된다.
- 2차 이득(증상을 통해 얻는 물리적 · 사회적 · 심리적 이익)을 포기하기 어렵다.
- 다른 사람들이 내담자의 변화를 바라지 않을 경우 저항이 일어난다.
- 치료자의 기대는 자유에 대한 위협을 느끼게 하여 변화를 시도하는 데 저항을 일으킨다.

정신분석치료

1 인간의 정신구조

인간의 정신(마음)을 의식, 전의식, 무의식으로 구분하여 지형학적 모형을 제시하였다.

① 의식(conscious)은 깨어 있는 상태에서 자각하고 있는 지각, 사고, 정서경험을 말한다. 빙산에 비유하면 수면 위로 떠 있는 빙산의 일부분과 같다.

② 전의식(preconscious)은 평소에는 의식하지 못하지만 약간의 노력을 기울이면 의식으로 떠올릴 수 있는 기억과 경험이다.

③ 무의식(unconscious)은 의식화되지는 않지만 개인의 행동에 지대한 영향을 미치는 것으로, 쉽게 자각할 수 없는 사고, 소망, 감정, 기억 등이 포함된다. 빙산에 비유하면 수면 아래에 잠겨 있는 거대한 실체와 같다.

2 성격의 삼원구조

① 원초아(id)는 무의식적 정신 에너지의 저장소이며, 쾌락의 지배를 받아 현실에 의해서 구속받지 않고 즉각적 만족을 추구한다(쾌락원리).

② 자아(ego)는 현실적인 적응을 담당하며, 원초아와 초자아와의 균형을 유지하고 둘 간의 갈등을 중재하는 역할을 한다(현실원리).

③ 초자아(super ego)는 자아로 하여금 현실적인 것뿐만 아니라 이상적인 것도 고려하도록 이끌고, 행위를 판단하게 하는 도덕적 규범과 같다(도덕원리).

일차 과정 & 이차 과정

- 일차 과정(primary process)
  - 원초아는 현실적 여건을 고려하지 않고 즉각적으로 욕구를 충족시키려는 쾌락원리(pleasure principle)에 따라 작동한다.
  - 원초아는 자기중심적이고 비현실적이며 비논리적인 원시적 사고과정을 나타내게 되는데, 초기의 기초적인 심리적 과정이라는 의미에서 이를 일차 과정(primary process)이라고 부른다.
- 이차 과정(secondary process)
  - 자아(ego)는 환경에 대한 현실적인 적응을 담당하는 심리적 구조와 기능을 담당한다.
  - 자아는 현실의 여건을 고려하여 판단하고 욕구충족을 지연하며 행동을 통제하는데, 이것은 자아가 현실원리(reality principle)에 따라 작동하기 때문이다. 자아는 적응적 기능을 하며 현실적이고 합리적이며 이성적인 사고과정을 나타내는데, 이를 이차 과정(secondary process)이라고 부른다.

3 정신분석의 불안의 세 가지 유형

자아는 환경의 요구와 더불어 원초아와 초자아를 중재하는 성격의 중심구조이다. 자아의 기능이 약해지면 불안을 느끼게 되는데, 자아는 불안을 감소시키기 위해 방어기제를 사용한다.

① 현실적 불안(reality anxiety)

자아가 외부세계의 현실을 지각하여 느끼는 불안이다. 불안의 정도는 실제 위험에 대한 두려움의 정도와 비례한다.

② 신경증적 불안(neurotic anxiety)

원초아와 자아 간의 갈등에서 비롯된 불안이다. 막대한 힘을 가진 원초아에 의해 충동적으로 표출된 행동 때문에 혹시 처벌받지 않을까 하는 무의식의 두려움과 관련된다.

③ 도덕적 불안(moral anxiety)

원초아와 초자아 간의 갈등에 의해 야기되는 불안이다. 자신의 양심과 도덕적 기준에 위배되는 생각이나 행동을 했을 때 수치심, 죄의식 등이 유발된다.

4 정신분석의 심리성적 발달단계

① 심리성적 발달과정에서 과도한 만족이나 좌절은 아이의 성격형성에 부정적인 영향을 미쳐서 성인기의 심리적 장애를 유발하는 원인이 될 수 있다.
② 심리성적 갈등이 성공적으로 해결되지 못하거나, 심하게 박탈되거나, 과도하게 몰두하게 되면 어떤 한 단계에 '고착(fixation)'이 된다. 고착이란 어떤 한 단계에서 미해결된 문제를 경험함으로써 야기되는 성격발달의 정지를 말한다.
③ 자신의 갈등을 성공적으로 해결하였다 하더라도 이후의 생활에서 심한 어려움을 겪게 되면 '퇴행(regression)'을 보인다. 퇴행이란 발달 초기의 보다 만족스러웠던 단계의 감정이나 행동을 보이는 것을 말한다.

〈심리성적 발달단계〉

시기	심리성적 발달단계	심리 및 성격특성
0~1세	구강기 (oral stage)	리비도가 입에 집중되어 있으며, 구강 만족을 통해 욕구를 충족함. • 구강기 수용적: 낙관론, 의존적, 과도한 신뢰 • 구강기 공격적: 비관론, 공격적, 논쟁적, 타인 이용
1~3세	항문기 (anal stage)	배변훈련 과정에서 부모와 갈등 및 자율성과 자기통제를 유지하고자 함. • 항문보유성격: 고집 셈. 완고함, 지나친 청결, 시간엄수 • 항문공격성격: 잔인, 파괴, 난폭, 적개심, 불결
3~6세	남근기 (phallic stage)	성기를 통한 만족, 근친상간적 소망(이성 부모에 대한 사랑)으로 심리적 갈등을 경험. 동일시를 통한 극복과 초자아 발달 • 남아: Oedipus complex(오이디푸스 콤플렉스), 거세불안 경험 • 여아: Electra complex(엘렉트라 콤플렉스), 남근선망 경험
6~12세	잠복기 (latency stage)	성적충동 억압, 성적 본능의 승화단계. 친구들과 어울리며 사회화 과정 학습
12세 이후	성기기 (genital stage)	급격한 신체적 성장에 따른 호르몬의 변화, 성적욕구가 강해지고 성 행동 추구, 이성에 대한 관심 증가

5 정신분석치료 절차

① 초기 단계

상담자는 내담자와 신뢰관계를 형성하고 자유 연상, 꿈 분석을 통해 내담자의 심리적 문제에 대한 윤곽이 드러나면 상호적 치료동맹을 맺는다. 이 과정은 내담자 갈등의 본질에 대한 전반적 이해뿐만 아니라 내담자의 전이감정을 촉진하는 데 중요하다.

② 전이 단계

내담자는 유아 및 아동기 때 중요한 대상에게 가졌던 감정을 상담자와의 관계에서 반복하며 전이욕구를 충족하려 한다. 상담자는 내담자의 전이욕구에 대해 중립적인 태도로 해석을 수행하고 참여적 관찰자의 역할을 통해 내담자의 욕구를 다룬다.

③ 통찰 단계

치료자는 내담자의 욕구와 갈등 간의 역동적인 평형상태를 이루도록 돕고, 내담자는 자신의 부정적인 감정이 애정과 욕구의 좌절에서 비롯된 것임을 깨닫게 되면서 갈등에 대한 만족스러운 해결을 이끈다.

④ 훈습 단계

상담자는 내담자가 통찰할 것을 실제 생활로 옮기도록 조력한다. 상담을 통해 획득한 통찰을 현실에 적용하려는 노력을 돕고, 훈습에 의해 내담자의 변화된 행동이 안정 수준에 이르게 되면 종결을 준비한다.

6 정신분석치료에서 종결을 위한 이상적 목표

통찰과 훈습을 통해서 저항이 극복되고 치료자에 대한 전이가 해소되면 치료자는 종결을 고려한다. 치료자는 내담자와 치료효과를 검토하면서 치료의 종결을 암시하며 자연스러운 종결을 준비한다.

〈치료 종결을 위한 목표〉

① 심각한 갈등의 해결과 자아기능의 향상

② 병리적 방어기제의 사용 감소

③ 성격구조의 중요한 긍정적 변화

④ 증상의 상당한 호전 또는 증상을 극복할 수 있는 능력이 생겼다는 증거의 존재

정신분석치료의 목표

- 내담자의 성격구조를 건강하게 변화시키는 데 있다.
- 무의식을 의식화하여 왜곡되고 억압된 욕구와 충동을 해결하는 것이다.
- 내담자에게 나타나는 전이를 해결하는 것이다.
- 자아의 기능을 강화하여 원초아와 초자아의 요구를 적절하게 해소하면서 현실에 잘 적응하도록 하는 것이다.

7 정신분석의 주요기법과 절차

① 자유연상

- 자유연상(free association)은 내담자가 편안하게 누운 상태에서 마음속에 떠오르는 것을 솔직하게 이야기하는 방법이다.
- 의식적 억제를 최소화한 자유로운 상태에서 억압된 무의식 내용이 잘 떠오른다. 감정 표현과 경험을 개방하여 자유롭게 해 주며, 마음속의 억압된 자료를 수집·해석하여 통찰하는 데 도움을 준다.

② 꿈 분석

- 꿈은 무의식 내용을 얻는 중요한 수단으로 보았다. 수면상태에서는 의식적 억제가 약화되기 때문에 억압된 무의식적 갈등이 잘 떠오른다.
- 꿈 분석(dream analysis)은 내담자의 꿈에 나타난 주제와 내용들을 분석하는 것으로, 이를 통해 무의식적 갈등을 밝혀 낸다. 일반적으로 내담자가 보이는 증상과 꿈이 유사한 구조를 가진다.

③ 전이분석

- 전이(transference)란 내담자가 과거에 중요한 대상에게 느꼈던(긍정적, 부정적) 감정이나 환상을 무의식적으로 현재 상담자에게 옮겨 와 나타내는 것을 말한다.
- 전이는 정신분석 상담의 핵심으로, 상담과정에서 내담자가 보이는 전이현상을 면밀히 분석하고 해석해야 한다. 전이분석을 통해 내담자는 자신의 무의식적 갈등과 현재 문제의 의미를 통찰할 수 있게 된다.
- 상담자도 내담자에게 전이현상을 나타낼 수 있다. 이를 역전이라고 한다. 상담자의 역전이는 내담자의 반응을 왜곡하여 받아들이게 만들어 객관성을 저해할 수 있으므로 조심해야 한다.

④ 저항분석

- 저항(resistance)이란 내담자가 상담과정에서 나타내는 비협조적이고 반치료적인 행동들을 말한다(예: 치료시간에 늦거나 잊어버림, 자유연상이 잘 되지 않음, 숙제를 잊거나 해 오지 않음).
- 저항은 환자의 무의식적인 갈등을 반영한다고 보므로, 저항적인 행동의 의미에 대해 분석을 하여야 한다.

⑤ 해석

- 해석(interpretation)이란 내담자가 명확하게 자각하지 못하는 것을 일깨워 주는 상담자

의 설명을 의미한다. 내담자의 말 속에 숨은 의미를 파악하도록 이를 다른 관점으로 제시함으로써 내담자가 자신의 경험, 행동, 감정, 태도에 대해 달리 생각해 볼 수 있게 하는 적극적인 상담기술이다.

- 해석을 통해 내담자는 자신의 무의식적 갈등에 대한 통찰(insight)을 얻게 된다. 환자가 스스로 이해하기 어려운 무의식적 갈등에 대해서 상담자가 해석을 해 주어야 하는데, 해석은 가능한 한 단정적이지 않고 가설적으로 표현하는 것이 좋다.

⑥ 훈습

- 훈습(working-through)이란 상담과정에서 통찰을 통해 얻게 된 성숙한 행동과 태도를 실제 일상생활에 적용하여 사용함으로써 변화된 적응적 행동이 지속될 수 있도록 돕는 기법이다.
- 상담을 통해 배운 것을 현실생활에 실천하여 점진적으로 변화가 일어나고 유지되도록 하는 것이 목적이다.

행동치료

1 행동치료의 기본가정

① 개인의 특성은 관찰될 수 있는 구체적인 행동으로 분석하여 이해해야 한다.
② 대부분의 행동은 후천적으로 학습된 것이다. 부적응적인 문제행동은 환경과의 상호작용에 의해 잘못된 학습으로 습득된다.
③ 치료의 주된 목표는 부적응적인 문제행동을 제거하고, 긍정적인 행동을 학습함으로써 내담자의 적응을 돕는 것이다.
④ 치료는 과학적인 원리와 방법에 의해서 시행되어야 하므로, 경험적으로 효과가 입증된 기법을 사용해야 한다.

2 행동치료의 주요개념

행동주의적 접근은 유기체가 새로운 행동을 학습하게 되는 원리와 과정에 대한 실험연구를 통해 다양하게 제시하고 있으며, 고전적 조건형성, 조작적 조건형성, 사회학습이론 등으로 발달해 왔다.

① 고전적 조건형성

인간이 새로운 행동을 학습하게 되는 원리와 과정을 고전적 조건형성으로 설명한다. 고전적 조건형성은 조건 자극과 무조건적 자극 간의 반복적 연합의 결과로 조건 자극의 무조건 반응을 일으키는 것을 말한다.

② 조작적 조건형성

어떤 행동이 학습되고 유지되는 것은 그 행동의 결과에 의해 결정이 된다고 보며, 특정 행동의 빈도를 증가시키는 것을 강화라고 한다. 인간이 바람직한 결과를 이끌어 내기 위해 단지 어떤 자극에 대해 수동적으로만 반응하는 것이 아니라 환경을 조작한다는 의미에서 조작적 조건형성이라 불린다.

③ 사회적 학습이론

인간은 고전적 조건형성과 조작적 조건형성의 방법 이외에 다른 사람의 행동을 관찰하고 모방함으로써 새로운 행동을 학습하게 된다. 사회적 상황에서 다른 사람의 행동에 대한 관찰 및 모방을 통해 새로운 행동을 학습하는 것을 사회적 학습(social learning)이라고 한다.

〈행동치료의 사회학습 과정〉

- 모방학습: 다른 사람의 행동을 그대로 따라 하는 모방학습이다. 흔히 아이들은 어른이 하는 행동을 흉내 내어 따라 함으로써 어른의 행동을 배우게 된다. 이러한 모방학습은 가장 단순한 형태의 사회적 학습으로서 인지적 요인의 개입 없이 자동적으로 이루어지는 경향이 있다.
- 대리학습: 다른 사람들이 새로운 행동을 시도할 때 어떤 결과가 나타나는지를 관찰함으로써 자신이 그러한 행동을 했을 경우 초래될 결과를 예상하는 방법이다. 어떤 행동이 보상적 결과를 초래하는 것을 보게 되면 그 행동의 빈도가 증가하는 반면, 처벌되는 것을 관찰하게 되면 행동의 빈도가 감소된다.
- 관찰학습: 사회적 상황에서 다른 사람의 행동을 관찰해 두었다가 유사한 행동을 나타내는 학습과정을 의미한다. 관찰학습에는 네 가지 인지적 과정(주의과정, 저장과정, 운동재생과정, 동기화과정)이 개입된다.

3 행동치료의 치료절차

① 내담자의 문제탐색

내담자와 신뢰 있는 치료적 관계를 맺고, 내담자가 호소하는 문제와 부적응 행동을 탐색한다.

② 문제행동의 평가와 분석

문제행동을 구체화하고, 그 빈도와 지속기간에 초점을 맞추어 평가한다. 문제행동의 시작과 유지, 강화시키는 환경적인 요인들도 함께 분석한다.

③ 목표설정

문제행동에 대한 분석이 이루어진 후에, 내담자와 함께 구체적인 치료목표를 설정한다. 치료목표는 명확하고 구체적이며 측정가능한 형태로 하는 것이 바람직하다.

④ 치료계획 수립 및 실행

치료목표를 정하고, 치료자는 내담자의 행동변화를 위한 치료계획을 수립한다. 내담자의 문제행동의 특성에 따라 적절한 기법을 모색하고, 내담자와의 협의하에 치료계획을 실행한다.

⑤ 치료효과의 평가

치료가 진행되는 동안 문제행동의 개선 정도를 지속적으로 평가한다. 개선되지 않은 경우 치료계획을 점검하고 수정한다. 구체적으로 설정된 치료목표가 행동평가를 통해서 달성되었을 때 치료가 성공적으로 이루어졌다고 볼 수 있다.

⑥ 재발방지 계획 수립

치료목표가 달성되면, 재발방지 계획을 수립하며 치료 종결을 준비한다. 치료종결 이후 재발할 수 있으므로, 재발방지를 위한 방법과 지침을 내담자와 함께 마련한다.

4 행동치료에서 부적응 행동을 감소시키는 기법

① 체계적 둔감화

- 체계적 둔감화(systematic desensitization)는 울페(Wolpe)에 의해 개발된 기법으로 공포증과 같은 불안장애의 치료에 효과적이다. 주로 특정 사건, 사람, 대상에 대한 불안이나 공포가 있는 사람들의 치료를 위해 고안된 것으로 공포 관련 부적응 행동이나 회피행동 또는 일반화된 공포치료에 적용된다.
- 불안을 유발하는 상황들을 생각하도록 함으로써 불안과 병존할 수 없는 이완을 연합시켜 불안을 감소 또는 소거시키는 기법이다. 공존할 수 없는 새로운 반응(신체적 이완)을 통해 부적응적 반응(불안, 공포)을 억제하는 상호억제의 원리를 이용한다.

체계적 둔감화 절차

① 1단계-이완훈련
- 이완상태에서는 불안이 일어나지 않는다는 원리를 토대로 한다(상호억제원리).
- 상담자는 수회에 걸쳐 내담자가 긴장을 이완할 수 있도록 훈련한다.

② 2단계-불안위계목록 작성
- 내담자가 가지고 있는 불안(공포)에 대한 정보와 증상, 행동을 파악한다.
- 불안(공포)을 일으키는 유발상황에 대한 위계목록을 작성한다.

③ 3단계-불안위계목록에 따른 둔감화
- 이완상태에서 내담자가 불안을 유발하는 상황을 상상하도록 유도한다.
- 순서는 불안(공포)을 가장 적게 느끼는 상황에서부터 시작하여 높은 수준의 불안으로 옮겨 가는 것이 바람직하다.
- 불안상황에서 불안반응을 더 이상 보이지 않을 때까지 반복하여 실시한다.

② 노출법(exposure therapy)
- 노출법은 내담자가 두려워하는 자극이나 상황에 반복적으로 노출시켜 직면하게 함으로써, 특정 자극 상황에 대한 불안을 감소시키는 방법이다.
- 노출법에는 실제적인 불안자극에 직접 노출시키는 실제상황 노출법(in vivo exposure)과 상상을 통해 불안자극에 노출시키는 심상적 노출법(imaginal exposure), 낮은 불안을 유발하는 자극으로부터 점점 강도를 높여 가는 점진적 노출법(graduated exposure), 처음부터 강한 불안을 유발하는 자극에 노출시키는 급진적 노출법(intensive exposure)이 있다.

③ 홍수법(flooding therapy)
- 강한 불안을 유발하는 자극이나 심상을 노출시키고 불안이 감소될 때까지 노출을 계속하는 방법이다. 초기에는 매우 높은 불안을 나타내 보이지만 오랫동안 노출됨에 따라 소거의 과정을 거침으로써 불안의 수준이 경감된다.
- 내담자의 극심한 불안반응을 유발할 수 있으므로 신중하게 사용되어야 하며, 치료과정은 전문가들에 의해 이루어지는 것이 바람직하다.

④ 혐오치료(aversion therapy)
- 역조건 형성의 일종으로서 바람직하지 못한 행동에 혐오자극을 제시하여 부적응적인 행동을 제거하는 기법이다. 혐오자극으로는 화학물, 시청각 자료, 내현적 가감법, 타임아웃, 과잉교정 등이 있다.
- 혐오기법을 계획하고 적용할 때는 신체적 · 정서적으로 부정적인 영향을 미치지 않도

록 주의해야 하며 내담자의 권리와 선택을 존중해야 한다.

혐오치료의 예

- 화학물 사용: 알코올 중독행동을 제거하기 위해 구역질을 유발하는 화학물을 사용하여 술을 마실 때마다 불쾌 경험을 느끼게 함으로써 알코올에 대한 매력을 감소시킨다.
- 시청각 자료: 금연을 위한 슬라이드나 담배와 관련된 질병에 걸려 고통스러워하는 장면의 자료 등을 통해 담배에 대한 싫증과 혐오감을 갖도록 할 수 있다.
- 내현적 가감법: 불쾌감을 연상시켜 바람직하지 못한 행동을 소거하는 방법으로 흡연, 비만, 약물남용 등의 치료에 효과적이다.
- 타임아웃: 부적절한 행동에 대해 정적 강화의 기회를 일시적으로 박탈하는 기법으로 수업을 방해하는 아이를 일시적으로 나가 있게 하는 조치를 취하는 경우이다.
- 과잉교정: 부적절한 행동이 나타날 때, 즉시 그 행동 이전의 환경조건보다 훨씬 나은 상태로 원상회복시키도록 하는 것이다. 가령, 식당 바닥에 음식을 흘리는 아이에게 흘린 음식은 물론 식당 바닥 전체를 청소하게 한다.

5 행동치료에서 적응행동을 증진시키는 기법

① 강화(reinforcement)

- 강화란 특정 자극을 제공하여 어떤 행동을 습득하게 하고 그 빈도를 증가시키는 것을 말한다. 강화에는 정적 강화(positive reinforcement)와 부적 강화(negative reinforcement)가 있다.
- 정적 강화는 학습자가 좋아하는 자극을 제공함으로써 기대되는 행동의 발생 빈도수를 증가시키는 것이다. 정적 강화인(positive reinforcer)으로는 칭찬, 사회적 인정, 돈, 음식 등이 포함된다.

정적 강화(positive reinforcement)

- 정적 강화: 특정한 상황에서 어떤 사람이 무언가를 하였을 때 즉각적으로 정적 강화물을 제공받으면, 그 사람은 이후 유사한 상황에 접하게 될 때 같은 행동을 하게 될 가능성이 높아진다(단, 강화물 제공시 즉시성이 중요하며, 기대 행동이 나타날 시에만 적용한다).
- 정적 강화물: 어떤 행동 뒤에 즉각적으로 제시하여 그 행동의 발생빈도를 증가시키는 자극이다.
- 정적 강화물의 유형
  - 소모할 수 있는 강화물(consumable reinforcer): 사탕, 과자, 과일, 음료수와 같이 먹거나 마실 수 있는 품목들
  - 활동 강화물(activity reinforcer): TV를 보기, 책 보기, 뛰어 놀기, 산책하기 등
  - 조작하는 강화물(manipulative reinforcer): 좋아하는 것을 가지고 놀기, 인터넷 하기, 자전거 타기 등
  - 소유하는 강화물(possessional reinforcer): 좋아하는 옷 입기, 자기 방 갖기, 원하던 물건을 갖는 등

- 사회적 강화물(social reinforcer): 애정 어린 마음으로 안아 주거나 등을 두드려 주기, 칭찬하기, 미소 짓기 등

- 부적 강화는 학습자가 싫어하는 자극인 부적 강화인(negative reinforcer)을 제거해 줌으로써 기대되는 행동의 발생 빈도를 증가시키는 것이다. 부적 강화인의 예로는 선행을 한 아이에게 아이가 싫어하는 청소를 면제해 주는 것이다.

② 행동조성(behavior shaping)

- 행동조성(조형)은 조작적 조건형성의 원리를 적용한 기법으로 바람직한 행동을 여러 하위 단계로 나누어 세분화된 목표행동에 접근할 때마다 적절한 보상을 주어 점진적으로 특정 행동을 학습시키는 기법이다.
- 복잡한 행동을 학습시키기 위해 목표행동에 근접하는 행동을 보일 때마다 강화를 하여 기대하는 목표행동에 이르도록 학습시키는 방법이며, 그 과정에는 강화, 소거, 일반화, 변별의 과정이 포함된다. 이는 나쁜 습관이나 문제행동을 교정하고 바람직한 행동을 습득시키는 데 효과적이다(예: 학생이 부산하거나 산만한 행동을 보일 때 교사가 관심을 주지 않다가 그 학생이 교사의 설명에 주의를 기울일 때는 반드시 관심을 기울여 칭찬이나 상을 주는 등의 방법으로 강화한다).

행동주의 주요 치료적 원리

- 강화(reinforcement): 특정 자극을 제공하여 어떤 행동을 습득하게 하고 그 빈도를 증가시키는 것을 말한다.
- 소거(extinction): 학습된 행동에 대해 강화가 제공되지 않음으로써 행동 수행이 중지되는 현상으로, 반응의 중단이나 제거를 말한다.
- 처벌(punishment): 특정 행동을 제거하거나 빈도를 감소시킬 경우에 사용된다. 바람직하지 않은 행동을 하지 못하게 할 때 벌이나 고통을 줌으로써 그 행동을 억제시킬 수 있다.
- 변별(discrimination): 제시된 자극조건에 따라 다르게 반응할 수 있는 능력을 말한다. 어떤 자극에 대해 그 의미나 특징을 구분하여 인식하는 것을 의미한다.
- 일반화(generalization): 특정 장면에서 강화를 통해 학습된 행동이 다른 상황이나 장면에서도 나타나는 것을 말한다.

③ 모델링(modeling)

- 모델링은 내담자의 문제행동을 수정하거나 바람직한 행동의 학습을 촉진시키기 위해 사용하는 방법으로, 다른 사람의 행동을 관찰함으로써 자신의 태도를 바꾸거나 새로운 기술을 학습하게 된다.

- 모델링에는 적응행동이 어떤 것인지 가르쳐 주는 교수(teaching), 적응행동을 실제로 행하도록 촉진할 수 있는 촉구(prompting), 적응행동을 하려는 동기를 강화하는 동기화(motivating), 내담자가 두려워하는 행동을 하는 모델을 관찰함으로써 불안이 감소될 수 있는 불안 감소(reducing anxiety), 문제행동을 하지 않도록 단념하게 하는 저지(discouraging)의 다섯 가지 기능이 있다.

④ 토큰경제(token economy)
- 토큰경제는 토큰 또는 교환권을 강화물로 사용하여 바람직한 행동을 유보하는 기법이다. 이 방법은 조작적 조건형성을 이용한 행동수정 기법이다.
- 토큰강화는 바람직한 행동들에 대한 체계적인 목록을 정해 놓은 후, 그러한 행동이 이루어질 때 그에 상응하는 강화(내담자가 선호하는 것으로 교환할 수 있는 가치가 있는 토큰)를 제공한다. 이때 강화는 공정하고 일관성 있는 방식으로 주어져야 하며, 강화물은 분명하고 실질적이며 의미 있는 것이어야 한다.

6 아동의 행동지도를 위한 행동수정 기법

① 용암법(fading)
- 용암법은 도움이나 촉진을 점차 줄여 나가면서 결국 혼자서 문제를 해결할 수 있도록 하는 방법이다.
- 새로운 행동의 학습에 있어서 초기 단계에서 아동은 많은 도움을 필요로 하지만 점차 단계가 높아질수록 도움의 양은 체계적으로 감소되며, 아동 스스로 해야 할 행동의 양이 증가되면서 점차 혼자 수행을 할 수 있게 된다(예: 부모가 아이에게 자전거 타는 것을 가르칠 때 도와주고 붙들어 주는 것을 서서히 약화시키는 것).

② 조형법(shaping)
- 조형법은 바람직한 행동을 여러 단계로 나누어 강화시킴으로써 바람직한 방향에 접근하도록 하는 방법이다.
- 목표행동을 여러 단계로 나누어 단계적으로 강화하여 점진적으로 목표행동에 접근하게 한다. 목표행동으로 접근해 가는 과정에서 처음에는 목표행동에 비슷하거나 근접한 행동에 대해 강화하고, 일관성 있게 행동이 유지되면 보다 어려운 반응에 대해서만 강화한다(예: 아이들에게 말을 가르칠 때 '음음–음마–엄마'라고 발음하게 됨).

③ 소거(extinction)

소거는 주위로부터 관심을 받지 않는 행동은 저절로 소거된다는 강화의 원리를 역이용하여, 아동이 문제행동을 보여도 타이르거나 꾸중을 하는 등의 관심을 보이지 않는 방법이다. 이때 소거를 받아야 할 문제행동 이외에 다른 행동에 대해서는 관심을 가지거나 보상을 해 주어야 한다.

④ 고립(time-out)
고립은 아동이 현재 즐기고 있는 상황으로부터 다른 곳으로 격리시키는 방법을 말하는데, 구석에 세워 두는 것, 다른 방으로 내보내는 것이 그 예이다.

인지치료

1 인지치료의 기본원리

인지치료의 기본적인 원리는 정신병리를 유발하는 왜곡된 인지를 수정하여 재구성하는 것이다. 이를 위해 내담자 스스로 자신의 부정적 사고를 인식하여 변화시키는 역량을 키우는 데 주력한다.

〈핵심치료원칙〉
- 자신의 부정적이고 자동적인 사고를 관찰하여 파악하기
- 인지, 정서, 행동 간의 관련성을 인식하기
- 자동적 사고의 지지 증거와 반대 증거를 검토하기
- 편향적인 인지를 좀 더 현실적인 대안적 사고로 대체하기
- 경험을 왜곡하게 만드는 역기능적 신념을 파악하고 수정하기

인지치료 사례개념화의 여섯 가지 요소

- 문제 목록
- 내재된 기제(핵심 믿음 또는 도식)에 대한 가설
- 현재 문제와 내담자가 가진 믿음의 관련성
- 현재 문제를 일으키는 촉발 요인
- 기저에 내재된 믿음의 발달과 관련된 배경의 이해
- 치료에 예상되는 장애물들

2 인지치료의 주요개념

① 합리적 정서행동치료

- 엘리스(Ellis)의 합리적 정서행동치료(Rational-Emotive-Behavior Therapy: REBT)에 따르면, 내담자의 문제는 일어난 사건이 아니라 개인이 갖고 있는 비합리적인 신념에서 비롯되었다고 본다.
- REBT 치료과정을 통해 내담자는 비합리적 신념을 효과적이고 합리적인 인지로 대체하는 방법을 배우게 되고, 결과 상황에 대한 정서적 반응을 변화시킨다.

비합리적 신념(사고)

심리적 문제의 원인이 되고, 문제상태를 계속해서 유지시키는 생각을 말하며, 당위성(당위적 진술)이 포함된다.

〈당위성의 유형〉
- 자신에 대한 당위성: '나는 실수해서는 안 된다.' '나는 항상 올바르게 행동해야 한다.' '나는 성공해야 한다.' '나의 외모는 매력적이어야 한다.' '나는 절대 살쪄서는 안 된다.'
- 타인에 대한 당위성: '가족이니까 나에게 관심을 가져야 한다.' '사람들은 내 말을 잘 들어 줘야 해.' '가족들은 나에게 화를 내면 절대 안 된다.' '자식이니까 내 말을 들어야 한다.' '사람들은 서로 돕고 이해해야 한다.'
- 세상에 대한 당위성: '우리가 사는 세상은 항상 공정하고 안전해야 한다.' '나의 가정(직장)은 문제가 없어야 한다.' '우리 집에 나쁜 일이 일어나서는 안 된다.'

② 인지치료

- 벡(Beck)의 인지치료(Cognitive Therapy)에서 내담자의 문제는 개인이 지닌 부정적인 자동적 사고와 인지적 왜곡에서 비롯되었다고 본다. 인지적 왜곡을 경험하는 내담자의 치료를 돕기 위한 인지행동치료(cognitive behavior therapy)를 개발하였으며, 간단히 인지치료라고도 한다.
- 인지치료에서는 인간의 감정과 행동은 객관적인 현실보다는 주관적 해석에 의해 결정되며, 심리적 고통과 정신병리는 인지 내용이 현실을 부정적으로 왜곡하는 데 기인하므로 심리치료를 통해 왜곡된 역기능적 인지의 교정을 돕는다면 심리적 증상이 호전될 수 있다고 보았다.
- 인지치료에서는 내담자의 주관적 경험(내담자의 눈을 통해서 비춰진 세상)을 이해하는 것이 중요하다. 내담자가 지닌 자신과 타인, 미래에 대한 주관적 인식이 정서와 행동에 영향을 미치므로, 부적응적인 인지를 변화시키는 것이 상담의 목표이다.

벡의 인지치료 주요개념

① 자동적 사고
인지행동치료의 핵심으로, 사람들이 경험하는 심리적 문제는 스트레스 사건을 경험했을 때 선택 또는 노력과 상관없이 자동적으로 떠오르는 부정적인 생각의 내용들이다.

〈우울증의 인지 삼제(cognitive triad)〉
- 자신에 대한 부정적 생각('나는 무가치한 사람이다.')
- 미래에 대한 부정적 생각('나의 앞날은 희망이 없다.')
- 세상에 대한 부정적 생각('세상은 매우 살기 힘든 곳이다.')

② 중간신념(intermediate belief)
사람들의 자동적 사고를 형성하는 극단적이며 절대적인 규칙과 태도를 의미한다. 핵심신념의 영향을 받은 삶에 대한 태도와 방식, 규칙과 가정으로 구성된 진술문으로 핵심신념과 자동적 사고를 매개하는 역할을 한다.

③ 핵심신념(core belief)
자신에 대한 중심적 생각으로, 보통 중재적 신념에 반영된다. 핵심신념은 보편적이며 과잉 일반화된 절대적인 것으로 표현된다. 어린 시절에 중요한 인물과 상호작용하면서 형성된 가장 근원적이며 깊은 수준의 믿음이다. 가장 깊은 수준의 인지로 개인에게 잘 인식되지는 않으나, 큰 영향력을 행사하며 암묵적으로 받아들여진다.

④ 역기능적 인지도식
인지도식은 개인의 삶에서 자신과 세상을 이해하고 현실을 지각하는 사고의 틀을 말한다. 인지 도식은 생의 초기에 시작되어 생의 전반에 걸쳐 발달하는 전체적인 것으로, 초기 아동기의 경험을 통해 긍정적 또는 역기능적 신념체계를 형성하게 되고 이러한 기본 신념이 인지도식화된다.

⑤ 인지적 오류(cognitive errors)
인지적 오류는 잘못된 사고, 부적절한 정보에 근거한 잘못된 추론 등으로부터 오는 부적절한 가정 혹은 개념을 의미하며, 인지적 오류가 빈번하게 발생할 때 심리장애가 발생할 수 있다.

3 인지치료의 치료적 기제

① ABC 이론

인간의 정서적 · 행동적 결과에 영향을 미치는 원인으로 사건보다는 신념체계의 중요성을 강조하는 이론적 모델이다. ABC 이론은 내담자의 감정, 사고, 행동 등을 이해할 수 있는 유용한 틀을 제공한다.

- A: 선행사건(Activating events)
- B: 신념체계(Belief system)
- C: 정서 및 행동적 결과(Consequences)

② REBT의 치료적 과정

ABC 이론은 합리적 정서행동치료 이론의 핵심개념이며, 내담자의 감정과 사고, 행동을 이해할 수 있는 유용한 틀을 제공해 준다. ABCDEF 모델은 비합리적인 신념을 합리적인 신념으로 수정하는 REBT의 치료적 과정을 설명해 준다.

- A: 선행사건(Activating events)
- B: 신념체계(Belief system)
- C: 정서 및 행동적 결과(Consequences)
- D: 자신의 비합리적인 신념을 논박하기(Disputes)
- E: 논박한 인지적 · 정서적 · 행동적 효과(Effect)
- F: 효과 때문에 나타나는 새로운 감정(Feeling)

REBT는 내담자가 가지고 있는 문제에 ABC 이론을 적용하여 비합리적 신념을 확인하고 논박을 통해 이를 합리적 신념으로 바꾼 후, 적절한 정서와 행동을 경험하도록 하는 과정이다.

4 인지적 오류(cognitive error)

① 이분법적 사고(흑백논리적 사고)

어떤 상황을 연속선상에서 보지 않고 양 극단으로만 보는 것을 말한다. 두 가지 극단 중 하나로 경험을 범주화하는 것을 의미한다(예: 성공 아니면 실패, 좋은 것 아니면 나쁜 것, 칭찬 아니면 비난).

② 과잉일반화

한 가지 사건에 기초한 결론을 광범위하게 적용시키는 것을 말한다. 하나 또는 몇 개의 고립된 사건에서 일반적인 규칙을 추출해 내고 이를 다른 사상이나 상황에 부적절하게 적용하는 것을 의미한다(예: '이번 시험을 잘 보지 못했으니, 나는 졸업도 못하고 대학에도 가지 못할 거야.', 모임에서 다른 사람들이 말을 걸지 않은 경우 '나는 매력이 전혀 없어.').

③ 정신적 여과(선택적 추상화)

전체를 보지 않고 부정적인 하나의 세부사항에만 지나치게 집중하고 선택적으로 받아들여 결론을 내리는 것을 말한다(예: '발표할 때 몇 명이 듣지 않고 웃었어. 내 발표가 형편없었던 거야.').

④ 의미확대, 의미축소

자신이나 다른 사람 혹은 어떤 상황을 평가할 때, 부정적인 측면을 지나치게 강조하고, 긍정적인 측면은 최소화하는 것이다(예: '내가 시험을 잘 본 것은 운이 좋았기 때문이야.').

⑤ 감정적 추론

자신의 감정반응이 실제 상황을 반영하고 사실이라고 믿고, 그 반대의 증거는 무시하거나 고려하지 않는 것을 말한다(예: '아무도 나를 좋아하지 않는 것처럼 느껴져. 결국 아무도 나를 좋아하지 않을 거야.').

⑥ 개인화

인과적 연결을 지지하는 증거 없이 외부적 사건을 자기 자신에게 귀인하여 잘못 해석하는 것을 말한다(예: 버스정류소에 서 있는 사람들이 웃는 소리를 듣고 자신의 외모나 행동을 비웃는 것이라고 받아들이는 경우).

⑦ 잘못된 명명(낙인찍기)

자기 스스로 부정적인 관점을 통해 개인의 정체성과 인식을 평가하는 것을 말한다(예: 직장에 다니는 엄마가 바쁜 하루를 보낸 후에 '나는 나쁜 엄마야.'라고 결론 내리는 것).

⑧ 독심술

충분한 근거 없이 상대방의 생각이나 의도, 마음을 알고 있다고 믿는 것을 말한다. 상호작용이나 관계에 있어서 타인이 어떤 생각을 하고 있는지 본인이 안다고 생각하는 것을 의미한다(예: 내 눈을 피하는 걸 보니, 나에게 숨기는 것이 있다고 판단하는 경우).

⑨ 예언자적 오류

충분한 근거 없이 미래에 일어날 일을 단정하고 확신하는 것이다. 마치 미래의 일들을 미리 볼 수 있는 예언자인 것처럼 앞으로 일어날 결과를 부정적으로 예측하고 이를 굳게 믿는다(예: 시험이나 면접을 보더라도 낙방할 것이 분명하다고 믿는 경우).

⑩ 파국화

어떤 사건에 대해 과도하게 염려하거나 두려워하는 것을 말한다(예: '이것도 못하다니, 다 끝장이야.'라고 파국적 결론을 내리는 것).

5 엘리스(Ellis)의 합리적 정서행동치료기법

① 비합리적 신념 논박하기

상담자는 내담자가 가지고 있는 비합리적 신념을 반박하여 어떤 사건이나 상황 때문이 아니라 이 사건들에 대한 내담자의 생각과 자기진술 때문에 심리적 고통(정서 및 행동상의 문제)을 경험한다는 것을 그들에게 알려 준다. 상담자는 '당신의 신념에 대한 증거는 어디에 있는가?' '삶이 당신이 원하는 식으로 되어가지 않는다고 해서 왜 그것이 끔찍하고 무서운 것인가?'와 같은 질문을 함으로써 내담자의 비합리적인 신념을 논박하여 합리적 신념으로 교정해 준다.

② 내담자의 언어를 변화시키기

부정확하고 부정적인 언어가 왜곡된 생각을 일으키는 원인 중 하나라고 보기 때문에 내담자의 언어습관을 수정하도록 한다. 구체적으로 '~해야만 한다.' '당연히 ~해야 한다.' '~하지 않으면 안 된다.'라는 당위적인 진술을 현실적이고 합리적인 방식으로 바꿔 새롭게 자기진술하도록 도와준다.

③ 인지적 과제 주기

치료자는 내담자에게 자신의 문제목록표를 만들고, 절대적 신념을 밝히며 그 신념을 논박하게 한다. ABC 이론을 일상생활에 적용하는 활동, 자기도움 문항 작성 등이 포함되며, 내담자들이 비합리적 신념에 도전하도록 돕는다.

④ 대안 제시

치료자들은 내담자에게 자신이 가지고 있는 생각보다 더 많은 선택을 할 수 있도록 대안적 사고를 촉진한다. 내담자에게 모든 가능한 대안들을 볼 수 있도록 돕고, 나아가 스스로 대안을 찾아내도록 격려한다.

⑤ 유머 사용

문제 상황으로 이끄는 과장된 사고에 대해 유머 사용을 강조하고 있다. 지나치게 진지하고 심각한 생각과 태도를 반박하고 법칙적 생활 철학을 논박하는 데 유머를 사용하도록 한다.

6 벡(Beck)의 인지적 치료기법

① 소크라테스식 대화

- 내담자의 인지적 변화를 촉진하기 위해서 상담자가 주로 질문을 통해 대화하는 방식을 의미한다. 상담자가 내담자에게 해결책을 제시하거나 그들의 사고를 논박하기보다 일련의 신중한 질문을 통해 내담자가 스스로 자신의 해결책을 찾도록 돕는다.
- 소크라테스식 대화는 충고나 지시 대신 적절한 질문을 통해서 내담자가 스스로 자기이해와 통찰을 통해 유익한 결론에 도달하도록 돕는 상호작용 방식이다.

② 재정의

- 상담자는 내담자가 사용하는 단어와 그 의미를 내담자에게 자세히 질문함으로써 문제를 재정의하도록 돕는다(예: 우울한 내담자의 경우 '속상한, 실패한, 우울한, 죽고 싶은'과 같은 모호하고 부정적인 단어를 사용하기 쉬운데, 이런 경우 '나는 잘해 보고 싶다.' '나는 다른 사람의 관심과 돌봄이 필요하다.'라고 재정의한다).
- 문제를 재정의하는 것은 문제를 보다 구체적이고 개인적으로 만들고 내담자 자신의 관점에서 말할 수 있도록 도와 자신의 사고과정에 대한 이해를 촉진한다.

③ 재귀인

내담자가 어떤 사건에 대하여 책임이 없음에도 불구하고 상황이나 사건에 대한 책임을 스스로에게 부여함으로써 죄책감을 느끼고 우울해할 경우에 사용된다. 내담자로 하여금 사건에 대한 책임과 원인을 공정하게 귀인하도록 돕는 방법이다.

④ 탈중심화(탈파국화하기)

내담자가 걱정하고 염려하여 특정 사건을 지나치게 파국화시키는 경우, 내담자가 두려워하는 일이 실제로 어느 정도 발생할 수 있을지를 현실적이고 합리적으로 생각해 보도록 하는 것이다. 이를 통해 내담자는 자신의 염려, 두려움, 불안 등이 지나치게 과장되어 있었다는 것을 깨닫고 파국화에서 벗어날 수 있게 된다.

⑤ 절대성에 도전하기

내담자가 '모든' '항상' '결코' '아무도'와 같이 극단적인 용어를 통해 자신의 고통을 표현하고 호소할 경우, 절대적 진술에 대해 상담자는 질문을 통해 내담자가 보다 정확하고 구체적으로 표현할 수 있도록 돕는 방법이다.

⑥ 사고중지

원치 않은 생각들이 떠올라 내담자를 지속적으로 괴롭힐 때, 원치 않는 생각이 떠오를 때마다 "멈춰!"라고 말함으로써 부적응적인 생각을 중지하는 방법이다. 더 나아가 그것을 보다 긍정적인 생각으로 대체하는 노력을 통해 왜곡된 생각이나 감정의 빈도와 강도가 점점 감소하게 된다.

⑦ 행동실험

내담자가 지니는 생각의 타당성을 직접적으로 행동을 해 봄으로써 검증하는 방법이다. 자신의 행동에 대한 다른 사람의 생각이나 반응을 왜곡할 수 있으므로, 내담자로 하여금 실제로 그러한 행동을 해 보고 어떤 결과가 나타나는지를 확인하는 일종의 실험을 해 보는 것이다.

7 마이켄바움(Meichenbaum)의 인지행동수정 기법

① 마이켄바움(Meichenbaum)의 인지행동수정(Cognitive Behavior Modification: CBM)은 사고와 인지를 행동적 절차에 의해 바꿀 수 있다고 보는 행동치료의 확장된 영역으로서, 내담자의 언어 변화를 중요하게 다룬다.

② 부적절한 자기진술은 스스로의 행동에 영향을 미치기에 내담자로 하여금 자기진술을 인식하도록 돕는 데 초점을 둔다. 즉, 비합리적 내적 언어는 정서적 장애의 원인이 되며, 이러한 내적 언어의 발달은 타인 또는 자기교습을 통해서 변화될 수 있으며 행동통제에 영향을 준다고 보았다.

〈행동변화법의 3단계 과정〉

- 1단계-자기관찰: 변화과정의 시작 단계는 내담자가 자신의 행동을 관찰하는 방법을 학습하는 것이다. 치료가 진행됨에 따라 내담자는 문제를 새로운 관점에서 볼 수 있는 인지구조를 형성하여 재개념화를 이룬다.
- 2단계-새로운 내적 대화의 시작: 내담자는 치료를 통해 자신의 부적응 행동을 알아차리는 것을 배우고 적합한 행동 대안에 주목하기 시작한다. 내적 대화를 변화시키는 것을 치료과정 동안 배우게 되며, 새로운 내적 대화는 새로운 행동을 유도한다. 이 과정은 내담자의 인지구조에 영향을 미친다.
- 3단계-새로운 기술의 학습: 효과적인 대처기술을 내담자에게 가르치고 이를 일상생활에서 실제로 실행하는 단계이다. 내담자들은 새로운 기술을 학습하여 이전과 다르게 행동하게 되며 효과적인 새로운 기술을 유지하고 적용하게 된다.

인간중심치료

1 인간중심치료의 목표

① 인간을 지속적으로 변화하고 성장하려는 동기를 가진 존재로 보고, 치료자의 직접적인 지시가 없이도 자신의 문제를 이해하고 해결할 수 있는 잠재능력이 있다고 가정하였다.

② 치료의 목표는 개인의 자발성과 자기성장을 목표로 하며, 기법의 적용보다는 내담자의 살아가는 방식과 태도에 초점을 두고 내담자가 성장하도록 돕는 데 있다.

③ 인간은 성장하면서 자기개념을 형성하며, 자기개념과 경험 간의 불일치가 생기면 불안을 경험하게 된다. 이때 치료의 목표는 불일치를 제거하고 방어기제를 해체하여 충분

히 기능하는 사람이 되도록 돕는 데 있다.

2 인간중심치료의 절차

① 초기 단계

치료자가 내담자를 있는 그대로 이해하고 수용할 때 내담자 자신도 스스로를 이해하고 수용하게 되면서 통찰이 증가하고 성격의 통합이 이루어진다.

② 중기 단계

내담자가 자신을 잘 이해하고 수용하면서 더욱 긍정적이고 건설적인 행동을 취할 수 있게 된다.

③ 종결 단계

내담자가 전에 부인하였던 감정을 수용하고, 현실을 왜곡하지 않고 있는 그대로 받아들이며, 스스로 자신의 문제를 해결하며 성장해 나간다.

3 인간중심치료의 주요개념

① 유기체와 현상학적 장

- 유기체란 자극에 반응하는 기능을 갖고 있는 생명체로 인간을 의미한다. 현상학적 장(phenomenal field)이란 유기체가 주관적으로 지각한 세계(주변환경)를 의미한다.
- 내담자가 경험하는 전체가 현상학적 장을 구성한다. 현상학적 장은 끊임없이 변화하는 경험의 세계로, 특정 순간에 개인이 지각하고 경험하는 것을 의미한다. 모든 개인은 자신이 경험하고 지각한 장에 대해 반응하는데, 이 지각의 장이 각 개인의 현실이며, 현상학적 장이 된다.

② 자기

- 자기(self)란 성격의 핵심적인 구성개념으로, 자신에 대해 의미를 부여하고 평가하는 것을 말하며 자신에 대한 외부의 평가를 내면화하면서 발달한다.
- 자기개념(self concept)이란 '자기 자신에 대해 어떻게 생각하고 있는가?'에 대한 것으로 자신에 대한 평가를 근거로 한 믿음(신념체계)이다.

③ 실현화 경향성

- 인간은 태어나서부터 자기실현을 위해 끊임없이 노력하는 성장지향적인 존재이다. 자신을 창조하는 과정 중 삶의 의미를 찾고, 주관적인 자유를 실천함으로써 점진적으로 완성되어 간다.

- 자기실현 경향성을 충분히 발휘하기 위해서는 자신의 경험에 대한 개방, 자기수용과 자기신뢰, 자신의 경험과 기준에 의한 평가와 판단, 자신을 지속적으로 성장시키고자 하는 의지가 필요하다.

④ 가치의 조건화

- 경험을 통해 가치를 형성하게 되며, 특히 의미 있는 타인의 태도에 영향을 받는다. 아동은 기본적 욕구인 '긍정적 자기존중'을 얻기 위해 노력하는데, 이에 대해 부모가 조건적 관심(자신의 기대에 부응했을 때만 인정, 수용, 애정 표현)을 주게 되는 것을 의미한다.
- 가치의 조건화로 인해 인정받기 위해 나의 경험을 회피, 왜곡, 부정하게 되고 갈등, 불안, 두려움을 느끼게 된다. 따라서 인간은 무조건적 긍정적 관심을 받을 때 충분히 기능하는 사람으로 발달하게 된다.

⑤ 충분히 기능하는 사람

- 충분히 기능하는 사람(the fully functioning person)이란 내담자가 자신의 경험을 좀 더 잘 지각하고 인식하여 있는 그대로의 자기 모습을 잘 수용하며, 자기실현 경향성을 충분히 발휘하는 상태를 의미한다.
- 현재 진행되는 자신의 자아를 완전히 자각하는 사람으로 최적의 심리적 적응과 심리적 성숙, 완전한 일치, 경험에 완전히 개방되어 있는 상태를 말한다.

충분히 기능하는 사람의 특징

- 새로운 경험에 대해 개방적인 태도를 가지고 있으며, '자신'이라는 유기체에 신뢰를 갖는다.
- 매 순간을 충분히 누리는 실존적인 삶을 영위한다.
- 자신의 요구를 만족시키면서도 창조적이고 건설적인 삶을 살아 나간다.
- 자신의 선택에 따라 삶을 자유롭게 살아가면서도 그러한 삶의 결과물에 책임을 지는 태도를 갖는다.

4 인간중심치료에서 치료자가 갖추어야 할 태도

① 진솔성

진솔성은 치료과정에서 매 순간 경험하는 감정을 있는 그대로 솔직히 인정하고 표현하는 태도로서, 치료자가 경험하는 감정을 기꺼이 표현하고 개방하는 것을 말한다.

② 무조건적인 긍정적 존중

내담자를 존중하며 있는 그대로 수용하는 것을 말한다. 치료자가 비판단적으로 내담자를 존중할 때, 방어하지 않고 자신의 경험을 자유롭게 탐색할 수 있게 되며 안정감과 자기개념의 변화를 경험하게 된다.

③ 공감적 이해

치료자가 내담자의 감정에 빠져들지 않으면서 내담자의 감정을 자신의 감정처럼 느끼고 이해하며 이를 내담자에게 전달하는 것을 말한다.

5 인간중심치료에서 심리적 문제의 발생과정 4단계

자기개념과 유기체적인 경험 간에 불일치가 생기면 불안해지고, 유기체적인 경험을 부정하거나 자기개념에 맞게 현실을 왜곡하여 받아들인다. 또한 이상적인 자기를 만들어 도달하고자 애쓰게 되는데 현실적인 자기와의 불일치로 인해 심리적 고통을 경험하게 된다.

① 1단계: 유기체적 경험과 자기개념 사이의 불일치

② 2단계: 위협 혹은 불안의 경험과 이에 대한 방어의 실패

③ 3단계: 유기체의 경험에 대한 의식 및 이에 따른 자기개념의 붕괴

④ 4단계: 자기개념과 경험 간의 불일치로 인한 괴리된 행동의 출현

마음챙김에 기반한 심리치료

1 마음챙김의 심리치료적 효과

① 탈동일시(de-identification)

- 마음챙김을 하게 되면 관찰자아와 체험자아가 분리됨으로써 자기경험을 대상화하여 바라보게 되고 그 결과 관찰자아와 체험자아의 탈동일시가 나타나게 된다.
- 관찰자아가 체험자아에 함몰되지 않은 채로 거리를 두고 바라볼 수 있기 때문에, 자기경험의 변화에 대한 정서적 반응이 감소하며 점차 평정한 상태에서 체험자아를 바라볼 수 있게 된다.

② 자신에 대한 깊은 이해

- 마음챙김을 통해서 자신의 마음에 대한 이해가 깊어진다. 마음챙김 명상에서는 현재의 자기경험에 주의를 집중하여 이를 지속적으로 관찰하기 때문에 자기경험의 세밀한 속성과 변화를 알아차리게 된다.
- 현재의 자기경험에 대한 세밀한 관찰은 자기이해를 깊게 만들며 자신에 대한 통찰을 촉진하게 된다. 나아가 현재의 자기경험에 대한 관찰은 탈자동화(de-automatization)

를 통해 부적응적 습관을 약화시킨다.

③ 고통감내 능력 증가
마음챙김은 고통과 불안을 유발하는 심리적 경험에 대한 반복적 노출(exposure)을 통해서 그에 대한 인내력을 증진시킨다.

2 마음챙김에 기반한 스트레스 감소 프로그램(MBSR)

① 마음챙김에 기반한 스트레스 감소(Mindfulness Based Stress Reduction: MBSR)는 내담자가 과도하게 과거를 반추하거나 미래를 걱정하지 않고 현재의 삶을 충만하게 영위해 나가도록 하는 것을 목표로 한다.
② 치료자는 내담자로 하여금 내·외부에서 발생하는 스트레스의 근원을 건설적인 방향으로 이끄는 방법을 가르치게 된다.
③ MBSR 프로그램 안에는 내담자로 하여금 신체의 모든 감각을 관찰하도록 하는 몸 관찰명상이 포함되어 있으며, 마음챙김의 태도를 삶의 모든 측면에서 적용하도록 돕는다.

MBSR 8주 프로그램 구성

- 1회기: 방황하는 마음의 속성을 설명하고 마음챙김 명상과 이를 위한 7가지 기본적 태도를 소개한다. 먹기명상을 통해 자동적으로 먹는 행위에서 벗어나 다양한 감각에 집중하며 마음챙김 연습을 한다. 다음으로 주의를 몸의 각 부위로 옮기며 그 감각을 관찰하는 보디스캔에 관한 실습을 한다.
- 2회기: 행위양식에서 존재양식으로의 변화를 주제로 진행된다. 보디스캔을 통해 마음의 산만성을 깨닫게 하고, 스트레스 사건을 경험하면서 몸이 어떻게 반응하는지를 살펴보도록 한다. 보디스캔과 더불어 마음챙김 걷기명상의 실습을 한다.
- 3회기: 마음이 얼마나 분주하게 움직이는가를 호흡 훈련을 통해 인식하도록 하고, 의도적으로 마음을 챙겨 호흡을 해 나가도록 유도한다. 실습은 보디스캔과 호흡명상으로 구성되어 있다.
- 4회기: 호흡을 하면서 감정이나 생각의 변화를 매 순간 알아차리는 훈련을 하게 된다. 실습은 마음챙김 호흡과 더불어 정좌명상으로 구성된다.
- 5회기: 현재에 머물며 항상 깨어 있는 자각훈련을 한다. 일상생활에서 일어나는 마음의 움직임을 판단하지 않은 채 있는 그대로 알아차리며 수용하도록 한다. 실습은 정좌명상과 소리듣기와 생각하기로 구성되어 있다.
- 6회기: 하타요가를 하면서 마음챙김을 하게 된다. 동작을 하는 동안 자신의 호흡을 관찰하고 신체감각에 주의를 기울이며 요가 동작과 함께 마음챙김하는 것을 익히도록 한다.
- 7회기: 참가자 모두가 마음챙김 명상의 전체 과정을 연습하며 일상에서의 마음챙김을 적용할 수 있도록 돕는다.
- 8회기: 마음챙김 명상 과정 동안의 서로의 체험과 깨달음을 공유하며 프로그램을 마무리하고, 일상의 적용을 증진하기 위한 피드백을 나눈다.

3 변증법적 행동치료(DBT)

① 변증법적 행동치료(Dialectical Behavior Therapy: DBT)는 다루기 힘들고 복잡한 정신장애 치료를 위한 통합적인 인지행동치료로서, 자살의도를 가진 내담자를 치료하기 위해 개발되었으며 이후 경계선 성격장애로 진단받은 내담자에게 적용하기 위한 심리치료법으로 발전하였다.

② DBT는 감정조절장애를 지닌 내담자들에게 다양한 심리적 대처기술을 교육함으로써 격렬한 정서상태에서도 이러한 기술을 활용하는 것이 습관화되도록 지속적으로 훈련시킨다.

③ DBT의 치료적 기술로는 마음챙김 기술, 대인관계 효율성 기술, 정서조절 기술, 고통감내 기술이 있으며, 마음챙김 기술이 가장 중요하게 가르치는 핵심기술이다.

변증법적 행동치료 치료모듈

- 마음챙김 기술: 마음챙김 기술에서는 감정적 마음과 합리적 마음 간의 균형을 유지하면서 지혜로운 마음을 갖도록 훈련한다. 지혜로운 마음은 감정적 경험과 논리적 분석에 직관적 인식을 추가해 놓은 상태를 말하며 다양한 마음챙김 기술을 통해 경험에 대한 심리적 균형을 유지하도록 돕는다.
- 대인관계 효율성 기술: 내담자가 구체적인 대인관계 문제를 해결하는 방법을 익히는 것으로서 사회적 기술과 자기주장 기술을 습득하면서 궁극적으로 대인관계에서 자신이 원하는 것을 이루도록 하는 것이 목표이다.
- 정서조절 기술: 정서조절 기술에서는 불쾌한 정서를 제거하는 것이 목표가 아니라 정서적 고통을 줄이면서 강렬한 정서 상태의 강도, 지속 시간, 빈도를 감소시키기 위한 것이다. 감정을 회피하거나 저항하는 것이 아니라 자신의 감정과 함께 작업하는 것을 배운다.
- 고통감내 기술: 고통감내 기술은 인간의 삶에서 필연적인 고통이나 아픔을 수용하고 감내하는 다양한 방법을 의미한다. 개인의 환경과 현재의 감정을 억지로 바꾸려 하지 않고 있는 그대로 인식하고 경험하며 자신의 생각과 행동방식을 통제하지 않은 채 수용하는 법을 배운다.

4 마음챙김에 기반한 인지치료(MBCT)

① 마음챙김에 기반한 인지치료(Mindfulness Based Cognitive Therapy: MBCT)는 기존의 인지치료가 우울증의 재발방지에 한계가 있음을 깨닫고 우울의 재발을 방지하기 위한 목적으로 개발하였다.

② 인지치료는 우울증 환자들의 역기능적 태도와 사고를 합리적으로 바꾸는 것이 핵심이었으나, 마음챙김 기반 인지치료는 부정적인 자동적 사고에 주목하기보다 사고에 대한 탈중심적인 접근을 강조한다.

③ 인지적 탈중심화를 통한 상위 인지적 자각(metacognitive awareness)은 부정적인 생각과 감정을 자신의 일부분으로 여기기보다는 마음에 떠오르는 정신적 사건으로 경험하는 능력을 말하며, 매 회기 다양한 마음챙김 훈련을 통해 상위인지적 자각능력을 증진한다.

④ MBCT에서는 의식 차원에서의 생각이나 신념을 발견하고 교정하려 하기보다는, 평소 감지하지 못했던 심신의 느낌에 주목하고 집중하여 자신의 상태를 인식하고 있는 그대로의 자신을 받아들이는 수용을 강조한다.

⑤ MBCT는 8주에 걸쳐 실시되는 매우 구조화된 치료이며, 매 회기마다 우울증의 인지이론과 관련된 교육과 더불어 마음챙김 훈련이 병행된다. 이를 통해 삶의 균형을 유지하고 우울증상에 효과적으로 대처하도록 돕는다.

5 수용전념치료(ACT)

① 수용전념치료(Acceptance and Commitment Therapy: ACT)는 제3세대 인지행동치료로서 마음챙김을 주요한 치료적 요소로 포함하고 있다.

② ACT는 내담자로 하여금 고통스러운 부정적 감정에 저항하지 말고 수용하면서 자신이 원하는 가치와 목표를 실현하는 데 전념하도록 돕는다.

③ ACT에서는 인간의 정신병리가 '경험회피'와 '인지적 융합'으로 인한 심리적 경직성 때문이라고 본다. 이러한 경험회피와 인지적 융합은 자신이 원하는 가치에 따라 살지 못하게 할 뿐 아니라 경직된 삶의 방식으로 인해 다양한 정신장애를 경험하게 된다.

- 경험회피(experiential avoidance)는 인간이 고통스러운 경험을 직면하기보다 그것을 제거하거나 변화시키려고 통제하는 노력을 의미한다. 이러한 통제의 노력은 오히려 역설적 효과로 인해 고통을 가중시킨다.
- 인지융합(cognitive fusion)이란 언어로 인해서 생각을 현실로 인식하면서 개념의 틀 속에서 갇혀 고통을 겪는 것을 의미한다. 인간은 경험을 있는 그대로 보는 것이 아니라 언어를 통해 재구성하여 인식함으로써 고통이 수반된다고 본다.

④ ACT의 목표는 개인의 심리적 유연성을 증대시키는 것이다. 심리적 유연성이란 개인이 추구하는 가치에 기여하는 행동을 지속할 수 있는 능력을 말한다. ACT는 6가지의 핵심적인 치료적 요소들을 포함한다.

수용전념치료(ACT)의 6가지 핵심 치료적 요소

- 수용(acceptance): 비판단적인 태도를 지니고 자신의 생각, 감정, 신체적 감각 등의 경험을 능동적으로 처리하는 것을 배운다. 수용은 경험을 없애거나 통제하거나 회피하지 않고 있는 그대로를 기꺼이 경험하는 것을 말한다.
- 인지적 탈융합(cognitive defusion): 생각, 심상, 감정, 기억을 언어적 개념으로 추상화하지 말고 있는 그대로 체험하도록 하는 것이다. 언어로 인해 인지적 융합을 경험하게 되므로 심리적 고통을 가중시키는 언어의 굴레로부터 벗어나도록 돕는다.
- 맥락으로서의 자기(self as context): 맥락으로서의 자기란 지금-여기에서의 경험을 '관찰하는 자기'를 말한다. 언어로 인해 개념화된 자기('나는 쓸모없는 사람이다.'라는 평가)와의 과도한 융합이 심리적 경직성을 초래한다고 보고, 개념화된 자기로부터 벗어나 매 순간의 경험에 대한 유연한 '자기'로서의 경험을 증진하도록 돕는다.
- 현재에 존재하기(being present): 언어로 인해서 과거와 미래에 집착하는 것으로부터 벗어나 지금-여기의 체험을 알아차리며 현재에 존재하도록 하는 것이다. 이를 위해 내담자로 하여금 환경과 사적 경험의 존재를 관찰하고 알아차리도록 훈련시키며, 다양한 행동적 · 인지적 노출을 함께 사용한다.
- 가치(value): 내담자는 자신의 삶을 통해 실현하고자 하는 가장 소중한 가치를 찾으며, 구체적인 목표와 행동들을 정해 실천하도록 한다. 경험을 있는 그대로 수용하면서 생각과 감정의 통제의 비효율성을 깨닫고 통제에 투여했던 에너지를 삶의 가치를 실현하는 방향으로 전환한다.
- 전념행동(committed action): 자신의 소중한 가치와 목표를 실현하기 위한 구체적인 행동에 전념하는 계획을 정한 후 가치 있는 행동을 지속적으로 실행하도록 한다. 이때 변화가 가능한 영역에서는 가치기반 행동을 통해 변화를 유발하는 데 초점을 두지만, 변화가 불가능하거나 유익하지 않은 영역에서는 수용과 알아차림에 중점을 두는 균형 잡힌 접근을 취한다.

기타 심리치료

1 실존치료의 기본가정

① 인간은 자기인식 능력을 지닌 존재이다. 자기인식 능력으로 자기존재와 자신의 삶에 대해 성찰하고 선택할 수 있다.

② 인간은 실존적 불안을 지니고 살아가는 존재이다. 실존적 불안에 어떻게 대처하느냐에 따라 개인의 삶이 달라진다.

③ 인간은 선택의 자유와 책임을 지닌 존재이다. 인간은 자신의 삶을 주체적으로 이끌어 갈 책임을 받아들여야 하며, 자신의 선택에 대해 책임을 져야 한다.

④ 개인은 그만의 주관적 세계 속에서 이해되어야 한다. 개인의 세계-내-존재양식을 이해하는 것은 자기정체성과 타자와의 관계양식, 사랑에 대한 경험을 이해하는 데 중요하다.

⑤ 인간은 삶의 의미와 목적을 추구하는 존재이다. 개인은 자신의 의미를 스스로 창조해야 한다.

2 실존치료에서 정상적 불안과 신경증적 불안의 특징

실존치료에서는 심리치료 동안 내담자에게 기저하는 두려움에 대한 불안을 감소시키고, 불안이 객관화되어 정상적 불안에 직면하도록 돕는다.

① 정상적 불안
- 직면하고 있는 상황에 부합된다.
- 억압이 일어나지 않는다.
- 불안이 창조적으로 사용된다.

② 신경증적 불안
- 직면하고 있는 상황에 적절하지 않다.
- 억압이 일어난다.
- 불안이 건설적이지 못하고 자기파괴적이다.

3 실존치료의 네 가지 실존적 조건

① 죽음

실존치료에서는 죽음을 부정적인 것으로 보지 않으며 삶의 의미를 부여하는 인간의 기본조건으로 여긴다. 죽음을 인식함으로써 삶의 더 큰 의미와 기쁨을 발견하고, 보다 본질적인 삶의 유형으로 전환하도록 한다.

② 자유와 책임

자신의 삶을 이끌어야 할 책임을 스스로 받아들이고 자신의 의지로 선택한 것에 대해 책임 있는 삶을 살 수 있도록 한다. 인간에게는 선택의 자유가 있어서 자신의 운명을 스스로 결정할 수 있으며, 자신의 삶에 대한 책임을 회피하지 않고 능동적으로 매 순간의 삶을 살도록 한다.

③ 고독

인간은 타자와 분리된 개체로서 근본적으로 고독한 존재이며, 인간의 근원적인 고독으로서 대인관계 고립을 넘어서는 것이 중요하다고 보았다. 실존적 소외에 직면하지 못하고 두려움에 압도되면 타인과의 관계에서 지배적이거나 소유적인 관계에 놓이게 되며, 인간 존재의 고독을 직면하는 사람은 비소유적 사랑으로 타인과 관계 맺을 수 있다.

④ 무의미
의미는 세계에 존재하는 것이 아니라 인간이 부여하고 발견하며 창조하는 것에 있다고 보았다. 무의미한 세계에서 의미를 발견하는 것은 인간의 중요한 과제이며, 내담자가 삶의 의미를 발견하도록 돕는다.

4 게슈탈트 치료의 기본개념

① 알아차림(awareness)
인간(유기체, 개체)이 자신의 욕구나 감정을 지각하여 게슈탈트로 형성하여 전경으로 떠올리는 행위를 의미한다. 인간은 매 순간 자신의 생각과 감정, 욕구, 감각을 잘 알아차림하는 것이 중요하다. 접촉경계에 혼란이 발생하면 알아차림이 어렵고 게슈탈트 형성이 실패하게 된다.

② 접촉(contact)
인간이 환경과 상호작용하는 행위로, 유기체가 에너지를 동원하여 실제로 환경과 만나는 행위를 접촉이라 한다. 접촉은 알아차림과 함께 서로 보완적으로 작용하여 '게슈탈트 형성-해소'의 순환과정을 도와 유기체의 성장에 기여한다.

③ 지금-여기(here and now)
현재를 음미하고 경험하는 과정으로, 기억되는 것보다 지금-여기의 현실에 무엇이 존재하고 일어나는지를 경험하는 것이다.

④ 미해결과제(unfinished business)
완결되지 못한 게슈탈트를 의미하는 것으로 슬픔, 불안, 두려움, 분노, 원망, 죄의식 등과 같이 명확히 표현되지 못한 감정들을 포함한다. 표현되지 못한 감정은 개인의 의식 배후에 자리하여 효율적으로 접촉하는 것을 방해한다.

⑤ 회피(avoidance)
미해결 과제나 이와 관련된 상황과 감정을 경험하지 않으려고 피하는 것을 말한다. 회피는 개인을 심리적으로 경직되게 만들며, 삶의 적응을 방해하는 요소로 작용한다. 상담자는 지금까지 표현되지 못한 채 남아 있는 감정들을 내담자가 표현하고 통합하여 성장할 수 있도록 도와야 한다.

5 게슈탈트 치료의 알아차림과 접촉의 주기(awareness-contact cycle)

① 게슈탈트가 생성되고 해소되는 반복적인 과정을 '알아차림-접촉 주기'라고 한다. 알아

차림과 접촉이 반복되면서 유기체는 성장하게 되며, 이 주기가 단절되어 미해결과제로 남게 되면 심리적 장애가 발생한다.

② 건강한 개체는 매 순간 자신에게 중요한 게슈탈트를 선명하게 형성하여 전경으로 떠올릴 수 있는 반면, 그렇지 못한 개체는 전경을 배경으로부터 명확하게 구분하지 못해 자신이 진정으로 원하는 것이 무엇인지 잘 모르며, 행동목표가 불분명하고, 매사에 의사결정을 잘하지 못해 혼란스러워한다.

* 게슈탈트를 형성한다는 말은 개체가 어느 한순간에 가장 중요한 욕구나 감정을 전경으로 떠올린다는 것을 의미한다.

〈알아차림-접촉 주기의 단계〉

- 1단계-배경 또는 배경으로 물러남(withdrawal): 이전의 게슈탈트가 해소되어 배경으로 물러난 상태를 말한다. 마음이 평온하고 고요한 상태라고 할 수 있다.
- 2단계-유기체의 욕구나 감정이 신체감각의 형태로 나타남(sensation): 어떤 외부자극이나 내면적 불균형 상태가 초래되어 유기체적 욕구나 감정이 신체감각을 통해 나타난 상태를 말한다.
- 3단계-이를 개체가 자각하여 게슈탈트로 형성하여 전경으로 떠올림(awareness): 개인이 이러한 신체감각을 알아차림을 통해 인식하게 됨으로서 게슈탈트를 전경으로 떠올리는 단계이다.
- 4단계-이를 해소하기 위해 에너지(흥분)를 동원함(energy): 형성된 게슈탈트를 해소하기 위해 에너지를 동원하는 단계이다.
- 5단계-행동으로 옮김(action): 게슈탈트 욕구 해소를 위해 행동으로 실천하는 단계이다.
- 6단계-환경과의 접촉을 통해 게슈탈트를 해소함(contact): 행동으로 환경과의 접촉을 통해 게슈탈트가 해소되면 그 게슈탈트는 배경으로 물러나 사라지고 개인은 휴식을 취하게 된다.

* 건강한 개체에 있어서는 자연스러운 전경과 배경의 교체가 알아차림과 접촉의 주기를 통해 일어난다. 이를 '게슈탈트의 형성과 해소'라고 한다(예: 공부를 하다가 갈증을 느낀 학생의 경우, 갈증이 전경으로 떠오르고 음료수를 찾아 마신다. 그러면 갈증이 해소되어 배경으로 사라지고 다시 공부를 전경으로 떠올려 거기에 집중하게 된다).

6 게슈탈트 치료에서의 '접촉-경계' 장애

게슈탈트 상담에서의 '접촉'은 전경으로 떠오르는 게슈탈트를 해소하기 위해 환경과 상호작용하는 행위로서 유기체와 환경 간의 창조적·적응적 변화의 성장이 일어나기 위한 필수조건이다.

① 내사(introjection)

- 유기체가 권위자의 행동이나 가치관을 무비판적으로 수용함으로써 내면적인 갈등을 일으키는 현상을 말한다.
- 치료: 본인이 자기가 되는 데 방해가 되는 요소들을 제거함으로써 내담자로 하여금 다시 진정한 자기 자신이 되도록 조력한다.

② 투사(projection)

- 직면하기 힘든 내적 욕구나 감정 등을 회피하기 위하여 무의식적이고 반복적으로 자신의 생각이나 욕구, 감정 등을 타인의 것으로 지각하는 현상을 말한다.
- 치료: 내담자로 하여금 자신의 지각과 반대되는 행동을 해 보도록 함으로써 내면에 잠재되어 있는 감정 및 욕구를 자각할 수 있도록 조력한다.

③ 융합(confluence)

- 밀접한 관계에 있는 두 사람이 서로 간에 차이점이 없다고 느낌으로써 발생하는 접촉경계 혼란을 말한다.
- 치료: 자신과 타인 간의 경계를 구분하도록 하고, 자기 자신의 욕구를 자각하고 행동에 대한 책임 및 부족한 자신감을 극복하도록 돕는다.

④ 반전(retroflection)

- 나른 사람이나 환경에 대하여 하고 싶은 행동을 자기 자신에게 하는 것 혹은 타인이 자기에게 해 주기를 바라는 행동을 자기 스스로에게 하는 것을 말한다.
- 치료: 환경 내 억압을 탐색하고 해소되지 않은 욕구에 대한 감정 정화 및 행동 방향을 수정한다.

⑤ 자의식(egotism)

- 타인으로부터의 존중과 관심 욕구가 높으나 거부당하는 것에 대한 두려움, 긴장, 불안으로 자신의 행동에 대한 타인의 반응을 지나치게 의식하여 발생한다.
- 치료: 내담자의 과잉통제를 해소하기 위해 명상, 이완 사용. 내담자의 불안을 수용해주고 자신의 약점을 받아들이는 수용을 촉진한다.

⑥ 편향(deflection)

- 여러 가지 부정적인 심리상태를 피하기 위해 작용하는 기제이며 불안의 방어로 사용된다. 환경과의 접촉이 감당하기 힘들게 느껴질 때 접촉을 피해 버리거나 약화시키는 태도를 취하는 것을 말한다.

• 치료: 내담자의 방어를 지적, 직면하도록 하고, 내담자와의 접촉을 증진한다.

7 게슈탈트 심리치료의 주요기법과 절차

① 욕구와 감정자각
지금-여기에서 체험되는 욕구와 감정을 알아차리게 하는 방법이다(예: "지금 어떤 기분이 드시죠?" "지금 당신이 원하는 것이 무엇입니까?").

② 환경자각
내담자 주위의 환경과 사물에 대해 자각하도록 해 줌으로써 환경과의 접촉을 촉진한다.

③ 언어자각
내담자가 사용하는 언어에서 행동의 책임소재가 불분명한 경우, 상담자는 내담자로 하여금 자신의 감정과 동기에 대해 책임을 지는 형식의 문장으로 바꾸어 말하도록 시킴으로써 내담자의 책임의식을 높여 줄 수 있다.

④ 신체자각
자신의 신체감각에 대해 자각함으로써 자신의 감정이나 욕구 혹은 무의식적 생각을 알아차리게 할 수 있다.

⑤ 꿈 작업
꿈은 내담자의 소외된 자기 부분들이 투사되어 상징적으로 나타난 것으로 본다. 내담자로 하여금 투사된 것들을 동일시함으로써 이제까지 억압하고 회피해 왔던 자신의 욕구와 충동, 감정들을 다시 접촉하고 통합하도록 해 주는 방법이다.

⑥ 머물러 있기
미해결과제를 회피하지 않고 그 감정을 그대로 받아들이고 수용함으로써 해소하도록 돕는다.

⑦ 과장하기
행동이나 언어를 과장되게 표현함으로써 내담자가 감정을 자각할 수 있게 도와주는 방법이다.

⑧ 반대로 하기
내담자가 이제까지 회피하고 있는 행동과 감정들, 반대되는 행동들을 해 보게 함으로써 억압하고 통제해 온 자신의 다른 측면을 접촉하고 통합할 수 있게 도와준다.

⑨ 빈 의자 기법

현재 치료 장면에 와 있지 않은 사람과 관련된 문제를 다룰 때 쓰는 기법이다. 내담자는 맞은 편 빈 의자에 상대방이 앉아 있다고 상상하고 그와 대화를 나눔으로써 자신의 억압된 부분과의 접촉을 통해 내면세계를 더욱 깊이 탐색할 수 있다.

8 현실치료의 기본개념

① 글래서(Glasser)가 창시한 현실치료(reality therapy)는 인간이 자신의 욕구를 충족하기 위해 행동하며, 그러한 행동은 인간이 스스로 선택하고 결정한 것이라는 점을 강조한다. 과거나 미래보다 현재에 초점을 두며 무의식적 행동보다 행동 선택에 대한 평가를 중시한다.

② 현실치료는 인간이 외부의 힘에 의해 결정된다는 결정론적 입장에 반대하며 궁극적으로 자기결정적이라고 보았다. 인간은 무의식적인 힘이나 본능에 의해 추동되기보다는 의식 수준에 의해 작동하는 자율적이고 책임감이 있는 존재로 보았다.

③ 개인의 삶은 선택에 기초하며, 생의 초기에 습득하지 못한 것은 나중에 그것을 습득하기 위한 선택을 할 수 있고 이러한 과정을 통해 자신의 정체감과 행동방식을 변화시킬 수 있다.

④ 자기결정적인 인간은 정신적 고통이나 행복을 선택할 수도 있고, 긍정적인 방식으로 행동하고 타인을 통제하려는 시도를 포기하는 선택을 할 수도 있다.

⑤ 인간은 누구나 건강과 성장의 힘을 가지고 있으며 기본적으로 생존, 사랑, 권력, 자유와 같은 심리적 욕구를 가진 존재이며, 이러한 욕구들이 충족될 때 성공적인 정체감을 성취할 수 있다.

9 현실치료의 인간의 기본욕구

글래서(Glasser)에 따르면 인간은 선천적으로 다섯 가지의 기본 욕구를 가지고 태어난다. 인간은 다섯 가지 욕구를 모두 지니고 있지만 그 강도는 다를 수 있으며, 인간의 모든 행동은 기본욕구를 충족시키기 위한 것으로 매 순간의 행동은 욕구충족을 위한 선택의 결과로 보았다.

〈인간의 기본욕구〉

- 생존(survival)의 욕구: 의식주를 비롯하여 개인의 생존과 안전을 위한 신체적 욕구를 의미한다.

- 사랑(love)의 욕구: 다른 사람과 연대감을 느끼며 사랑을 주고받고 사람들과 접촉하고 상호작용함으로써 소속되고자 하는 욕구를 의미한다.
- 힘(power)의 욕구: 성취를 통해 자신에 대한 자신감과 가치감을 느끼며 자신의 삶을 제어할 수 있다는 생각을 의미한다. 다만, 이러한 힘의 욕구가 타인에게 영향력을 행사하려는 행동으로 나타날 때 관계를 악화시키기도 한다.
- 자유(freedom)의 욕구: 자율적인 존재로 자유롭게 선택하고 행동하고자 하는 욕구를 의미한다.
- 재미(fun)의 욕구: 즐겁고 재미있는 것을 추구하며 새로운 것을 배우고자 하는 욕구를 의미한다.

10 현실치료에서 행동변화를 이끄는 WDEP 과정

① 1단계: W(Want)-소망과 욕구 탐색하기

- 내담자가 가지고자 바라는 것이 무엇인지와 가지지 않았으면 하는 것은 무엇인지, 그리고 바라지 않은 것인데 가지게 된 것이 무엇인지 등에 초점을 맞추어 내담자 자신의 바람을 인식하도록 돕는다.
- 자신이 진정 원하는 바를 생각하고, 가장 원하는 것부터 상대적으로 덜 원하는 것까지 순서를 정해 본다. 또 각각의 소망과 바람이 얼마나 실현 가능한지도 생각해 본다.

② 2단계: D(Direction & Doing)-현재 무엇을 하고 있는지 살펴보기

- 내담자의 행위, 사고, 감정, 생리기능과 같은 전행동을 탐색하는 데 중점을 둔다. 전행동의 목표와 영향에 대해 논의하며, 자신의 전행동의 특별한 면을 표현하도록 도우면서 치료의 완성도를 높인다.
- 현재 자신의 행동을 관찰하고 무엇을 하고 있는지 탐색한다. 자기통제가 가능한 영역과 그렇지 않은 영역에 대해 확인해 볼 수 있는 기회를 제공하고 내담자 자신의 모습을 객관적인 각도에서 바라보게 하며, 내담자가 현재의 행동의 초점을 맞출 수 있도록 도와준다.

③ 3단계: E(Evaluation)-현재의 행동평가하기

- 현실치료에서 가장 핵심이 되는 부분으로 내담자의 행동변화를 위해 그들 스스로 자기평가를 하게 하는 단계이다. 두 번째 단계에서 관찰한 행동들이 자신에게 어떤 도움 혹은 해가 되는지를 평가한다.
- 현재의 행동이 자신이 진정으로 원하는 것을 얻는 데 도움이 되는지 평가를 한다.

④ 4단계: P(Plan)-계획하기

- 내담자가 장기적 계획과 목표를 세울 수 있도록 격려한다. 그러한 장기계획들은 다시 단기의 현실적 계획들로 세분화할 수 있다.
- 계획은 구체적이어야 하며 현실적으로 실행 가능하여야 하며, 계획에 대한 약속을 하는 것이 필요하다. 계획은 자기평가가 더 발전된 것이며 바람과 전행동에 대한 변화의 욕구가 반영된 것이어야 한다.

아동심리치료

1 아동심리치료의 특징

① 아동은 정신적 · 육체적 · 지적으로 아직 성숙되지 않은 발달단계에 있는 관계로 아동 개개인의 특성뿐만 아니라 모든 아동이 성장과정에서 보일 수 있는 일반적 문제까지 고려되어야 한다.

② 아동의 여러 문제가 부모와 관련되어 있거나 또 다른 보호자와의 관계에서 발생될 수 있기 때문에 부모를 포함한 보호자의 역할과 참여가 중요하다.

③ 상담자는 아동이 보는 방식으로 세상을 인식할 필요가 있으며 아동의 인지적 수준, 정서적 · 사회적 · 신체적 발달을 고려하여 도움을 주어야 한다.

④ 아동은 덜 발달된 자아로 인해 현실을 객관적으로 파악하기 어려우며 자신이 겪고 있는 어려움에 대해서도 잘 인식하지 못하므로 자발적인 치료 동기를 갖기 어렵다는 점이 고려되어야 한다.

⑤ 아동은 언어발달과 인지능력이 미숙하며 행동하려는 경향이 있으므로 대화를 주된 방법으로 하는 심리치료를 하는 것이 어려운 경우가 많다. 따라서 아동의 이러한 특성에 맞는 놀이나 게임, 예술적인 활동 등의 심리치료가 고려되어야 한다.

2 아동심리치료의 사례개념화 요소

① 아동의 현재 문제 및 기능수준

- 현재 문제: 부모와 아동의 주 호소내용을 기초로 부모와 아동이 가장 걱정하고 힘들어 하는 것이 무엇인지 파악한다. 아동에게 나타난 증상이 무엇이며, 증상의 빈도와 유발 상황 그리고 언제 시작했는지를 탐색한다.
- 현재 기능수준과 양상: 아동의 현재 기능수준과 양상을 파악해야 한다. 이를 토대로 일반

적인 또래아동의 발달수준이나 양상과 비교하여 많이 이탈하는 핵심적인 문제를 정리하게 된다.

② 문제의 원인

현재의 문제와 어려움에 이르게 한 원인을 추정해 본다. 크게 두 가지 측면인 아동 개인적 원인과 환경적 원인으로 나누어 볼 수 있다.

- 아동 개인적 원인: 아동의 타고난 기질, 활력과 에너지 수준, 언어인지 능력 등을 파악하고, 그것들이 현재 문제에 어떤 영향을 미쳤을지 고려한다. 또한 아동의 증상이 가계력과 관련이 있는지 살펴본다.
- 환경적 원인: 부모의 성격과 태도, 가족관계 양상, 아동의 발달시기별 부모의 양육과 훈육 태도, 양육자의 변동 등 가족과 관련된 원인을 파악한다. 그리고 아동의 발달시기별 또래관계와 기관이나 학교에서의 경험을 고려한다.

③ 현재 문제의 유지 요인

아동이 개인적 요인과 환경적 요인 중에서 아동의 현재 생활과 어려움에 영향을 미치는 것이 있는지 살펴본다.

④ 상담목표 설정과 계획

아동의 핵심문제가 무엇인지 파악하고, 문제의 원인과 유지요인을 분석한 후, 아동의 어려움을 지속하게 하는 요인을 제거하고 아동이 최적의 기능을 발휘하도록 도울 수 있는 상담목표를 설정하고 계획을 세운다.

3 놀이치료의 일반적 치료효과

① 놀이를 통하여 아동과 치료자는 쉽게 관계를 맺을 수 있다.

② 아동의 연령이나 발달수준에 상관없이 모든 아동에게 놀이를 통한 의사소통이 가능하다.

③ 놀이 자체의 치유적 힘이 있어서 아동이 굳이 의식화하지 않아도 무의식 차원에서 치유가 이루어지기 시작한다.

④ 어떤 부정적 감정도 놀이로 안전하게 표현할 수 있다. 놀이를 통해서라면 큰 두려움 없이 혹은 즐겁게 부정적 감정의 표현이 가능하다.

⑤ 놀이에는 긍정적인 느낌이 수반된다. 놀이 자체가 내부의 긴장감을 발산하여 완화시키는 효과를 줄 뿐 아니라 즐거움을 경험하게 된다.

⑥ 놀이를 통하여 다른 사람의 입장이 되어 역할을 해 보거나 혹은 어떤 문제에 대하여 창의적인 관점과 새로운 통찰을 얻을 수 있다.

4 치료놀이의 효과

① 대인관계 능력 및 사회적 기술향상

치료놀이는 발달 초기에 부모와 긍정적인 상호작용을 경험하지 못해서 오는 병리적 작동모델의 결과로 인해 타인과 관계를 형성하거나 스트레스 요인제거 및 문제해결에 어려움이 있는 아동에게 건강한 초기관계 경험을 재경험시키므로 대인관계 능력 향상 및 사회적 기술 발달을 촉진시키는 효과를 보인다.

② 안정애착 증진

치료놀이는 아동의 욕구에 민감한 성인에 의해 주도되는 따뜻하고 공감적인 놀이이고 이러한 관계놀이를 통해 불안정애착을 형성한 아동도 점진적으로 자기와 타인에 대한 적절한 신뢰를 회복하게 된다. 타인과 감정을 공유하고 조율하는 경험을 하게 되고 타인과 즐겁게 함께할 수 있는 자신을 발견하며 자기효능감과 자율성을 높일 수 있다.

③ 미해결된 퇴행욕구 충족

치료놀이는 자신의 불안정애착 문제로 자녀를 적절히 돌볼 수 없었던 부모에게 자녀를 양육적으로 돌보는 방법을 훈련시켜 준다. 다양한 재미있는 활동으로 진행되는 치료시간을 통해 부모는 아동의 욕구에 대한 적절한 이해와 반응을 제공할 수 있고 자녀와의 긍정적 상호작용을 통해 양육 자신감을 회복하게 된다.

④ 공감능력 및 정서조율능력 향상

치료자가 끊임없이 아동의 욕구에 섬세하게 반응하고 그의 정서상태에 맞는 활동을 제공할 때 아동은 타인에 의해 조율되는 긍정적 경험을 하게 되고 주변에 공감적으로 반응할 수 있게 된다.

⑤ 신체접촉을 통한 발달 정상화

접촉놀이를 통해 아동은 감각기관의 자극인식과 반응력을 증가시킬 수 있다. 신체접촉을 강조하는 치료놀이는 정서문제, 인지문제, 관계문제와 같은 다양한 발달과제를 연령에 적합하게 수행하지 못한 아동들을 위한 발달 정상화 프로그램으로 제공할 수 있다.

5 치료놀이에 필요한 치료자의 행동규정

① 치료자는 내담자의 욕구에 민감하고 적절하게 반응해야 한다.
② 내담자에게 가장 적절한 방법을 찾아 신체적인 접촉을 지속하도록 한다.
③ 치료자는 내담자의 행동에 반응하기보다 행동을 주도해야 한다.
④ 치료자는 내담자가 자신의 기분과 감정상태를 알 수 있도록 도울 뿐 아니라 내담자의

감정상태에 맞게 행동을 조율하여야 한다.

⑤ 치료놀이 계획이 내담자의 흥미와 관심을 끌 수 있어야 한다.

⑥ 치료자 자신이 주요한 놀이 대상이 되어 주어야 한다.

⑦ 현재 그리고 여기에 보여 주는 내담자의 모습에 초점을 맞출 수 있어야 한다.

⑧ 치료저항이 있을 때 병리적 욕구에 반응하기보다 건강한 도전으로 전환하도록 한다.

⑨ 내담자가 보이는 심신의 상처나 고통에 관심을 기울이고 반응할 수 있어야 한다.

⑩ 내담자에게 필요한 치료과정을 선택하고 치료를 임의적으로 중단하지 않도록 한다.

가족치료

1 가족치료에서 치료자의 역할과 개입방법

① 치료자의 역할

가족의 특성과 문제의 성격, 치료자의 전문적인 판단에 따라 설정된 치료목표 달성을 위해 적절한 이론과 기법을 선택하고 적용한다. 치료자는 변화를 촉진하는 역할을 담당하여 가족이 긍정적인 변화를 자각하고 자율적인 문제해결능력을 습득하도록 돕는다.

② 개입방법

- 주변적인 가족구성원 참여시키기
- 가족구성원들과 적절하게 연결시키기
- 가족체계 내의 특정 변화 강조하기
- 가족구성원의 새로운 행동 강화하기
- 변화 가능성에 대해 낙관적 태도 유지하기
- 가족을 적절한 외부체계와 연결시키기
- 과정에 초점 두기
- 가족 내에서 변화 단서 찾기

2 가족치료 과정에서 발생되는 문제의 대처방법

① 어떤 가족구성원이 다른 가족을 대신해서 말할 경우

어느 누구도 다른 사람을 대신해서 이야기해서는 안 된다는 규칙을 만들어 놓는 것이 효과적이다. 이는 가족의 일상적인 의사소통 유형에 익숙해지는 것을 거부하는, 안정성을 흔들어 놓는 전략이다.

② 잡담을 하는 경우

치료자가 가족의 긴장을 완화시키고 친숙해지기 위해 일상적인 이야기나 잡담을 할 수 있지만, 잡담을 지나치게 사용할 경우에는 오히려 치료에 방해를 초래할 수 있다. 가족들이 매 회기마다 잡담을 지나치게 많이 한다면, 잡담하는 동안에는 치료자가 서 있다가 상담이 시작되는 것을 알리기 위하여 자리에 앉는 방법을 사용할 수도 있다.

③ 모든 가족구성원이 동시에 말하는 경우

치료자가 특정 가족구성원을 지칭해서 질문하는 방법을 사용할 수 있다. 치료자가 가족구성원을 대변해서 이야기하거나, 발언할 사람을 정해 주는 규칙을 설정하되, 규칙을 설정하는 이유에 대해서 먼저 설명한다. 모든 시도가 아무런 효력을 발휘하지 못하면 면담을 중단하고, 규칙이 지켜질 준비가 되어 있을 때 다시 시작할 것이라고 알려 준다.

④ 아무도 발언을 하지 않는 경우

치료자는 가족이 가지고 있는 생각과 감정을 추정해 내고, 이를 공개적으로 표현함으로써 침묵이라는 가족규칙을 깨뜨릴 수 있다. 가족은 치료자를 통해 자신의 감정을 표현하는 경험을 체험하면서 그러한 표현이 위기를 초래하지 않는다는 확신을 가질 수 있다.

⑤ 두서없이 떠드는 경우

비언어적 · 언어적 방법으로 가족의 주의를 끌어낸 뒤, 그들의 생각이나 감정을 요약하는 방법으로 접근할 수 있다. 치료자가 선택한 화제로 대화를 재조정한다.

⑥ 가족구성원이 치료자에게만 말을 하는 경우

가족구성원이 다른 가족구성원과 상호작용하지 않고 치료자에게만 말하는 경우는 초기 면담 때 주로 보이는 현상이다. 가족의 발언에서 언급된 구체적 대상에게 직접 이야기하도록 요구하거나, 옆으로 앉던 두 사람이 마주 보도록 의자배치를 다시 하는 개입을 해 볼 수 있다.

3 가족치료 주요이론

① 정신역동적 가족치료(psychodynamic family therapy)

- 개인이 원가족에서 분리되어 성장하는 것을 강조한다. 유기체적인 전체로서 가족을 돕기보다는 개인이 성장하고 성숙하도록 돕는 것을 우선시한다.
- 가족구성원을 무의식적 제약에서 벗어나게 하여 과거의 무의식적 이미지보다는 현실에 기초해 가족이 건강한 개인으로서 상호작용할 수 있도록 돕는다. 또한 현재 나타내고 있는 행동 아래 숨어 있는 동기를 표면화함으로써 통찰력을 키워 준다.

- 가족구성원이 원가족에서 해결되지 않은 대상과의 문제를 통찰하게 하여 변화를 이끌 수 있도록 돕는다.
- 치료자는 가족 내 신뢰감에 기초하여 천천히 문제에 접근하므로 비교적 오랜 시간을 필요로 하며 1년 혹은 그 이상 계속되기도 한다.

② 보웬 가족치료(bowen family therapy)

- 보웬 가족치료의 핵심은 가족의 분화와 융합이다. 융합된 가족의 분화를 촉진하여 내담자가 자율적으로 기능하도록 돕는다.
- 가족문제는 가족구성원이 자신의 원가족에서 심리적으로 분리되지 못하는 데 기인하며, 다른 가족구성원과 가장 강력한 정서적 유대(융합)를 가지고 있는 사람이 가족의 스트레스에 대해 가장 취약하다고 보았다.
- 가족치료의 목표는 자아분화 수준을 높이고 가족 삼각관계에서 벗어나는 것이다. 분화되지 않은 감정 속에 얽혀 있는 가족에서 자기 자신의 정서적 자주성을 향해 나아가는 장기적인 과정을 통해 개인의 독립과 성장을 촉진한다.
- 치료자는 가족문제를 이해하기 위해서나 가족의 변화를 가져오기 위해서 핵가족만을 다루는 것으로는 불충분하므로 가계도 등을 통하여 확대가족을 이해하려고 노력한다.

③ 구조적 가족치료(structural family therapy)

- 구조적 가족치료는 역기능적인 가족구조를 변화시켜 문제를 해결한다. 가족문제를 해결하기 위해서 가장 중요한 것은 가족구조를 파악하는 일이다. 세 가지 중요한 개념은 가족 구조, 하위체계 그리고 경계선이다.
- 가족기능이 원활한 가족구조를 가진 가족구성원은 가족체계 안팎에서 신체적 · 정신적 독립성과 자율성을 갖는 동시에, 가족에 대한 소속감과 친밀감 사이에 균형을 이루어서 하위체계들 사이의 경계선이 분명하다.
- 가족구성원의 상호작용하는 방식이 과도하게 서로의 일에 끼어들거나 지나치게 소원하거나 격리되어 있을 때는 가족문제가 발생한다. 가족치료자는 가족문제가 이러한 역기능적 가족구조에 의해 유지되므로 가족구조를 변화시켜 문제를 해결하고자 한다.
- 치료자는 가족의 재구조화를 시도하게 되는데, 밀착된 가족은 각 개인의 신체적 · 정신적 독립성과 자율성을 높여 하위체계의 경계를 강화하며, 격리된 가족은 경계를 융통성 있게 바꾸고 상호작용을 증진할 수 있도록 돕는다.

④ 경험적 가족치료(experimental family therapy)

- 경험적 가족치료는 가족구성원이 직접적이고 분명하며, 정직한 의사소통을 함으로써 자기존중감을 높이고 성장해 나가도록 돕는다.

- 가족체계 내에서 현재 일어나는 상호작용에 초점을 두고, 가족구성원 간 감수성, 느낌의 표현, 자발성과 창조성, 확실성의 성장이 치료의 목표가 된다.
- 가족의 미성숙한 태도, 역기능적 의사소통, 낮은 자기존중감, 억압된 감정 표현에 초점을 맞추고 가족 개인의 미해결된 사건과 그 영향력을 잘 다스릴 수 있도록 돕는다.
- 치료자는 가족이 가족조각과 같은 심리극을 연출하면서 자연스럽게 느끼고 체험하며 자기 느낌과 감정을 솔직하게 표현하도록 촉진한다. 또한 가족체계 안에서 가족이 융통성 있고 합리적인 가족규칙을 갖도록 돕는다.

⑤ 전략적 가족치료(strategic family therapy)

- 전략적 가족치료는 문제행동의 원인에 관심을 두지 않고 최소 개입을 통해 문제행동을 변화시키는 해결방법을 찾는 데 초점을 둔다.
- 전략적 가족치료는 통찰, 지각, 정서적 해소가 변화를 위한 필수적인 것은 아니라고 보았으며, 즉각적인 문제해결을 통해 증상을 해결하고 행동의 변화를 이루도록 촉진한다.
- 가족구성원의 문제행동에 대한 반응이 문제를 더욱 악화시키는 순환적 관계를 만들기에 좋지 않은 해결방법과 잘못된 시도를 변화시키도록 돕는다.
- 치료자는 문제를 유지시키는 순환적 피드백 과정을 확인하고, 이러한 상호작용을 지지하는 규칙을 파악하며, 규칙을 변화시킬 수 있는 방법을 찾는다.

⑥ 해결중심적 가족치료(solution-focused family therapy)

- 해결중심적 가족치료는 문제보다는 예외적인 해결에 중점을 두고, 가족이 적용해 왔거나 적용 가능한 해결책 등에 초점을 두며, 질문에 응답하는 대화방식을 통해 문제해결 방안을 협동적으로 구축해 나간다.
- 해결중심적 가족치료에서는 문제가 무엇인가를 파악하기보다는 문제에 대한 어떤 해결방안이 있으며, 어떻게 새로운 행동유형을 만들어 낼 수 있는지 등 가족이 원하는 해결이 무엇인지에 초점을 둔다.
- 치료의 목표는 도움을 받으러 온 가족으로 하여금 그들 자신의 생활을 보다 만족스럽게 하기 위해서 현재 하고 있는 것과는 다른 것을 생각해 보게 하고, 그것을 실행에 옮기도록 함으로써 현재 가족이 가지고 있는 문제를 해결하는 데 있다.
- 치료자는 문제를 보는 시각과 관점에 영향을 주어 해결로 이끄는 유용한 질문을 통해 가족이 문제해결을 위해 시도하였던 성공경험에 초점을 두게 한다. 치료자와 가족은 체계적이고 의도적인 질문에 응답하는 대화를 통해 잠재능력과 자원, 성공경험을 발견하여 활용함으로써 문제를 해결해 나간다.

02 기출기반학습+

심리치료의 공통요인

① 치료자-내담자의 치료적 관계

치료자와 내담자 간의 긍정적 치료적 관계 수립을 통해 내담자의 치료동기를 증진하고, 상호 신뢰로운 관계 속에서 치료에 적극적으로 임할 수 있는 치료적 환경을 제공한다.

② 해석, 통찰, 이해

심리치료를 통해 내담자의 개인적인 어려움에 대해 내담자 스스로 이해할 수 있도록 돕는다.

③ 정화와 방출

심리치료는 내담자가 자신의 문제를 이야기하고 불편한 점을 자세히 이야기하며, 그에 관한 감정을 표현하도록 돕는다.

심리치료의 효과를 평가하기 위한 통계적 판단 및 임상적 판단의 장단점

① 통계적 판단

- 〈장점〉 심리치료에서 모호할 수 있는 구성 개념을 명확하게 조작적으로 정의함으로써 측정을 가능하게 하고 통계적 분석을 통해 예측을 가능하게 한다.
- 〈단점〉 인간 내면의 복잡한 감정을 수량화하는 것에는 한계가 있을 수 있고, 수량화 과정에서 내담자가 거부감을 갖거나 그 자체가 윤리적으로 문제가 될 수 있다.

② 임상적 판단

- 〈장점〉 내담자의 언어 및 비언어적인 특징을 광범위하게 치료에 응용할 수 있으며 다차원적 정보를 통해 문제를 객관화할 수 있다.

- 〈단점〉 치료자의 다양한 실무 경험이 중요하며 개인적 편향과 주관이 개입될 소지가 있다.

심리치료의 일반적인 수행단계

(A) - 문제 및 상황 평가 - (B) - 치료 실시 - (C) - 치료 종결 - (D)

① 1단계-초기 면접

내담자의 부적응 문제 및 의뢰사유, 내담자의 문제와 관련된 환경 및 생활사적인 정보를 수집한다. 그 외 치료과정에 대한 구조화(한계, 비용, 시간, 치료적 접근방법 등)를 실시한다.

② 2단계-문제 및 상황 평가

내담자 문제에 대한 발생 및 지속 요인, 문제의 심각도 및 심리사회적으로 영향을 주는 요인에 대한 평가를 실시한다.

③ 3단계-치료목표 설정

내담자의 문제를 돕기 위한 치료적 목표를 수립한다. 목표설정은 내담자-치료자 간의 공동의 협력적 관계 속에서 이루어져야 하며 구체적이면서도 실현 가능한 방식으로 선택되어야 한다.

④ 4단계-치료 실시

내담자의 변화를 돕기 위해 다양한 방법을 적용하여 치료목표에 도달할 수 있도록 한다. 내담자의 수행수준을 고려하여 치료 실행 및 수정하는 과정을 거친다.

⑤ 5단계-치료 평가

치료계획의 효과성에 대한 평가를 실시한다. 초기 목표를 달성하는 데 있어 치료적 과정 및 결과가 효과적이었는지에 대한 여부를 검토한다.

⑥ 6단계-치료 종결

내담자의 문제가 상당 부분 해결되었다고 판단되면 내담자와 합의하에 치료를 종결한다. 치료과정 동안의 변화와 발생할 수 있는 장애물에 대한 탐색을 하고 대처방안을 논의한다.

⑦ 7단계-추수회기

치료 종결 이후 내담자가 치료과정 동안의 변화를 유지하고 있는지를 확인하기 위한 추수회기를 계획하여 제공한다.

정신분석의 정신구조 3요소(지형학적 모델)

인간의 정신(마음)을 의식, 전의식, 무의식으로 구분하여 지형학적 모델을 제시하였다.

① 의식(conscious)은 깨어 있는 상태에서 자각하고 있는 지각, 사고, 정서 경험을 말한다. 빙산에 비유하면 수면 위로 떠 있는 빙산의 일부분과 같다.

② 전의식(preconscious)은 평소에는 의식하지 못하지만 약간의 노력을 기울이면 의식으로 떠올릴 수 있는 기억과 경험이다.

③ 무의식(unconscious)은 의식화되지는 않지만 개인의 행동에 지대한 영향을 미치는 것으로, 쉽게 자각할 수 없는 사고, 소망, 감정, 기억 등이 포함된다. 빙산에 비유하면 수면 아래에 잠겨 있는 거대한 실체와 같다.

정신분석의 성격의 삼원구조

① 원초아(id)는 무의식적 정신 에너지의 저장소이며, 쾌락의 지배를 받아 현실에 의해서 구속받지 않고 즉각적 만족을 추구한다(쾌락원리).

② 자아(ego)는 현실적인 적응을 담당하며, 원초아와 초자아와의 균형을 유지하고 둘 간의 갈등을 중재하는 역할을 한다(현실원리).

③ 초자아(super ego)는 자아로 하여금 현실적인 것뿐만 아니라 이상적인 것도 고려하도록 이끌고, 행위를 판단하게 하는 도덕적 규범과 같다(도덕원리).

정신분석의 불안의 세 가지 유형

① 현실적 불안(reality anxiety)

자아가 외부세계의 현실을 지각하여 느끼는 불안이다. 불안의 정도는 실제 위험에 대한 두려움의 정도와 비례한다.

② 신경증적 불안(neurotic anxiety)

원초아와 자아 간의 갈등에서 비롯된 불안이다. 막대한 힘을 가진 원초아에 의해 충동적으로 표출된 행동 때문에 혹시 처벌받지 않을까 하는 무의식의 두려움과 관련된다.

③ 도덕적 불안(moral anxiety)

원초아와 초자아 간의 갈등에 의해 야기되는 불안이다. 자신의 양심과 도덕적 기준에 위배되는 생각이나 행동을 했을 때 수치심, 죄의식 등이 유발된다.

정신분석의 심리성적 발달단계

① 구강기(oral stage): 출생 직후부터 1년까지의 시기

- 유아는 구강을 통해 외부 대상과 처음으로 상호작용 관계를 하게 된다. 입을 통해 엄마와 상호작용하며 만족감과 좌절감을 경험하며 외부존재에 대한 기초적 인식을 형성한다.
- 구강기의 욕구가 과도하게 충족되면, 의존적이고 자기중심적이며 요구가 많은 구강기 수용적 성격이 형성될 수 있고, 과도한 욕구의 좌절은 구강기 공격적 성격을 형성하여 빈정거림, 냉소, 논쟁적인 행동으로 나타날 수 있다.
- 이 시기에 욕구가 적절히 충족되면, 자신감 있고 관대하며 외부세계에 대해 신뢰감을 지니는 안정된 성격을 형성하게 된다.

② 항문기(anal stage): 생후 1년에서 3년까지의 시기

- 이 시기는 부모가 배변훈련을 하는 시기로서 아동은 부모의 통제를 받게 되는 과정에서 갈등을 경험하게 된다. 아동은 배변훈련 과정에서 불안과 수치감을 경험하게 되며 자율성과 자기통제력을 발달시키게 된다.
- 항문기에 욕구가 지나치게 만족되거나 좌절되면, 완벽주의적이고 청결과 질서에 집착하며 인색한 성격이 형성될 수 있다.
- 이 시기에 욕구가 적절히 충족되면, 독립적이고 자기주장적이며 협동적인 성격을 형성하게 된다.

③ 남근기(phallic stage): 3세에서 6세 사이의 시기

- 남근기는 성격발달에 있어 중요한 의미를 지니며, 아동의 관심이 이성 부모에게로 확산되면서 애정을 독점하려는 노력과 동시에 동성 부모를 경쟁자로 인식하게 된다.
- 남자 아동은 어머니의 애정을 독점하려는 욕구에 의해 아버지에 대해 경쟁적인 감정 속에 갈등을 경험하면서 거세불안(castration anxiety)을 경험하게 된다. 이를 오이디푸스 콤플렉스(Oedipus complex)라고 하며, 초자아의 발달과 아버지에 대한 동일시를 통해 원만한 해결을 하게 된다.
- 여자 아동은 아버지에 대한 애정을 독점하려 하면서 어머니를 경쟁자로 인식하게 되

는 유사한 현상이 나타나는데, 이를 엘렉트라 콤플렉스(Electra complex)라고 한다.

- 오이디푸스 콤플렉스의 원만한 해결은 건강한 성정체감의 형성, 초자아와 자아의 발달, 건강한 이성관계를 맺을 수 있는 능력의 발달을 형성하고, 미해결될 경우 이후의 적응과 성격형성에 문제를 초래하여 권위상에 대한 두려움, 복종적 태도, 지나치게 경쟁적인 성격을 보인다.

④ 잠복기(latency stage): 6세부터 12세 사이의 시기

- 학업과 친구에 대한 관심이 증가하면서 성적인 욕구가 잠복되는 시기이며, 아동은 학교생활, 친구관계, 운동, 취미활동에 관심을 쏟게 된다.
- 이 시기는 자아가 성숙하고 초자아가 확립되는 시기로서 현실적 성취와 원만한 대인관계를 위한 적응능력이 발달하게 된다.
- 이 시기에 좌절을 경험하게 되면 열등감이 형성되고 소극적이고 회피적인 성격특성을 나타낼 수 있다.

⑤ 성기기(genital stage): 12세 이후의 시기

- 육체적인 성숙과 더불어 성적인 측면에서 성인으로 발전하는 시기이다. 이 시기의 성 에너지는 이성에게 집중되며 성 욕구가 현저하게 증가하여 이성관계를 통해 성 욕구를 충족하고자 한다.
- 성기기는 급격한 신체적 변화와 더불어 부모로부터의 심리적 독립과 자기정체성의 확립이라는 발달과제를 안고 있는 시기이기도 하며, 프로이트(Freud)는 성기기를 통해 성격이 완결된다고 보았다.

정신분석 방어기제 종류

① 억압(repression)

의식하기에는 현실이 너무나 고통스럽고 충격적이어서 무의식 속으로 억눌러 버리는 것을 말한다(예: 어린 시절 감당하기 힘든 충격적인 사건을 겪은 후, 사건과 관련된 외상경험을 기억하지 못하는 것).

② 부인(denial)

받아들이기 힘든 상황이나 고통스러운 경험을 인정하려 들지 않고 사실이 아닌 것으로 여기는 것을 말한다(예: 갑작스러운 사고로 자녀가 사망하게 되었을 때, 자녀의 죽음을 인정하지 않고 여전히 어딘가에 살아 있다고 생각하는 것).

③ 투사(projection)

자신이 받아들이기 어려운 느낌, 생각, 충동 등을 무의식적으로 타인의 탓으로 돌려 자신을 보호하는 기제를 말한다(예: 실제 자신이 배우자에게 불만을 갖고 있는데, 배우자가 자신을 못마땅하게 여긴다고 생각하는 것).

④ 반동형성(reaction formation)

실제로 느끼는 부정적 감정을 직접 표현하지 못하고 무의식적 소망과 반대되는 방향으로 행동하는 것을 말한다(예: 직장 상사에게 불만과 적개심이 많은 사람이 반대로 칭찬과 우호적인 행동을 실제 함으로써 관계가 악화되는 것을 피하는 것).

⑤ 전치/치환(displacement)

자신의 감정을 대상에게 직접적으로 표현하지 못하고 전혀 다른 대상에게 자신의 감정을 발산하는 것을 말한다(예: 부모님에게 꾸중을 들은 아이가 애완동물에게 화풀이하는 것).

⑥ 동일시(identification)

중요한 인물들의 태도와 행동을 자기 것으로 만들면서 닮으려는 것을 말한다. 동일시는 무의식적 과정으로, 그 동기는 대상이 가지고 있는 힘을 자기 것으로 하고자 하는 소망을 포함한다(예: 영향력이 있는 특정대상의 모습과 행동의 일부를 따라 하면서, 마치 그 대상과 동일해진 것 같은 느낌을 갖는 것).

⑦ 합리화(rationalization)

현실에 더 이상 실망을 느끼지 않으려고 그럴듯한 구실을 붙여 불쾌한 현실을 피하려는 기제를 말한다(예: 〈여우와 신포도〉 우화에서 포도 따기에 실패한 여우가 "저건 신포도라서 맛이 없을 거야."라고 변명하며 자신을 위로하는 것).

⑧ 주지화(intellectualization)

자신에게 불편하고 받아들이기 힘든 감정을 회피하고, 분석적이고 지적인 이해를 통해 불안을 줄이고자 하는 기제를 말한다(예: 대학 입시에 실패한 자신의 괴로운 심정에 대하여 교육의 역사, 국가차원에서의 교육정책, 입시전형 등에 대해서만 말하는 것).

⑨ 승화(sublimation)

사회적으로 용납할 수 없는 공격적 충동을 사회적으로 인정되는 형태와 방법을 통해 발산하는 것을 말한다(예: 공격적인 욕구나 충동을 가진 사람이 과격한 스포츠 경기를 하는 것).

⑩ 퇴행(regression)

현재 감당하기 어려운 일이나 불안을 모면하기 위해 어린 시절에 용납될 수 있었던 원시적이고 유치한 행위를 하는 것이다(예: 새로 태어난 동생에게 부모의 관심이 집중되자 7세 아동이 갑자기 대소변을 가리지 못하거나 아기 같은 말투로 이야기하는 것).

정신분석치료 절차

① 초기 단계

상담자는 내담자와 신뢰관계를 형성하고 자유연상, 꿈 분석을 통해 내담자의 심리적 문제에 대한 윤곽이 드러나면 상호적 치료동맹을 맺는다. 이 과정은 내담자 갈등의 본질에 대한 전반적 이해뿐만 아니라 내담자의 전이감정을 촉진하는 데 중요하다.

② 전이 단계

내담자는 유아 및 아동기 때 중요한 대상에게 가졌던 감정을 상담자와의 관계에서 반복하며 전이욕구를 충족하려 한다. 상담자는 내담자의 전이욕구에 대해 중립적인 태도로 해석을 수행하고 참여적 관찰자의 역할을 통해 내담자의 욕구를 다룬다.

③ 통찰 단계

치료자는 내담자의 욕구와 갈등 간의 역동적인 평형상태를 이루도록 돕고, 내담자는 자신의 부정적인 감정이 애정과 욕구의 좌절에서 비롯된 것임을 깨닫게 되면서 갈등에 대한 만족스러운 해결을 이끈다.

④ 훈습 단계

상담자는 내담자가 통찰한 것을 실제 생활로 옮기도록 조력한다. 상담을 통해 획득한 통찰을 현실에 적용하려는 노력을 돕고, 훈습에 의해 내담자의 변화된 행동이 안정수준에 이르게 되면 종결을 준비한다.

정신분석치료에서 전이 및 역전이의 의미

① 전이

전이감정이란 내담자가 치료자를 마치 자신의 어린 시절의 중요한 인물인 것처럼 대하는 감정을 말한다. 치료자는 내담자가 보이는 전이 감정에 대하여 설명(해석)해 줌으로써 전이를 좌절시켜 치료에 활용할 수 있고, 때로는 내담자의 전이요구를 충족시켜 줄 수 있다.

② 역전이

치료자가 내담자와의 관계에서 갈등을 느끼고 내담자에 대해 느끼는 감정적 반응을 역전이라고 한다. 치료자는 치료과정 중에 일어나는 자신의 역전이 감정을 알아차려서 내담자를 이해하는 자료로 활용하거나 자기이해를 위한 기회로 삼아야 한다.

정신분석치료에서 역전이의 의미 및 해결방안

① 치료자가 내담자와의 관계에서 갈등을 느끼고 내담자에 대해 느끼는 반응을 역전이라고 한다. 이는 치료자가 내담자의 태도나 행동에 대해 느끼는 개인적인 투사 반응이며, 내담자를 과거 자신의 경험 속 인물로 무의식적으로 여겨 감정적 반응을 하게 된다.

② 치료자는 자신의 과거의 중요했던 경험이 현재 자신과 내담자에게 미치는 영향에 대해 지속적으로 점검하여 역전이 감정을 알아차리고, 자신과 내담자에 대한 이해가 가능하여야 한다. 또한 분석을 통해 객관적으로 자신과 치료내용에 대한 지도감독을 받아야 한다.

정신분석에서 '해석'의 의미와 주의점

① 해석(interpretation)

내담자의 연상이나 정신작용 가운데서 불명확한 부분에 대해 상담자가 추리하여 내담자에게 설명해 주는 것으로, 미처 명확하게 자각하지 못하는 것을 일깨워 줌으로써 내담자가 자신의 경험, 행동, 감정, 태도에 대해 달리 생각해 볼 수 있도록 한다.

② 주의점

해석을 통해 내담자는 자신의 무의식적 갈등에 대한 통찰을 얻게 된다. 이때 환자가 스스로 이해하기 어려운 무의식적 갈등에 대해서 상담자가 해석을 해 주어야 하는데(예: 무의식적 갈등, 방어기제, 전이, 저항 등), 해석은 가능한 한 단정적이지 않고 가설적으로 표현하도록 한다.

학습 Plus '해석' 과정에서의 주의점

- 해석은 무의식적 갈등에 대한 해석보다는 저항에 대한 해석이 우선되어야 한다.
- 해석은 해석하려는 내용이 내담자의 의식수준에 가까이 있을 때, 즉 내담자가 아직 스스로 깨닫지는 못하고 있지만 견뎌 낼 수 있거나 수용할 수 있다고 판단될 때 이루어져야 한다.
- 해석은 표면적인 것에서부터 시작해서 깊이 들어가도록 한다. 그 내용은 내담자의 원초아적 충동, 내담자의 인생사와 현재 문제 간의 관련성과 의미, 내담자의 불안, 초자아적 규범, 자기상 등이 될 수 있다. 이를 통해 무의식적 갈등에 대한 통찰이 이루어진다.

정신분석치료에서 종결을 위한 이상적 목표

① 심각한 갈등의 해결과 자아기능의 향상
② 병리적 방어기제의 사용 감소
③ 성격구조의 중요한 긍정적 변화
④ 증상의 상당한 호전 또는 증상을 극복할 수 있는 능력이 생겼다는 증거의 존재

행동평가의 기능적 분석

① 기능적 분석이란 행동의 결과뿐만 아니라 관심 행동을 이끈 선행조건에 대해 분석하는 것을 말한다.
② 행동평가의 '기능적 분석'은 A(Antecedents, 선행사건), B(Behavior, 목표행동), C(Consequences, 행동의 결과)를 기반으로 분석한다.
③ 기능적 분석에서 행동은 전후의 맥락에 따라 결정된다. 선행사건은 특정 행동이 표출되는 선행조건이 되며, 결과는 행동을 유지하거나 강화하는 요인이 된다(예: A: 친구가 장난감을 가지고 논다. / B: 민수는 친구를 때린다. / C: 친구가 장난감을 준다).

학습 Plus 기능적 행동평가

기능적 행동평가는 문제행동의 기능과 문제행동이 환경과 어떠한 관련을 지니고 있는지를 평가하여, 문제행동과 관련된 환경을 수정하거나 문제행동을 대체할 적절한 새로운 행동을 가르치고 지원할 수 있는 긍정적 중재를 선택하고, 기존의 행동을 조절하는 데 중점을 둔다.

① ABC 수반성 모델
- 문제행동이 발생하는 현재의 환경을 조사하고 행동 전에 일어나는 변인과 행동 뒤에 따라오는 후속결과를 평가하는 것은 ABC 수반성 모델에 기반하여 이루어진다.
- ABC 수반성 모델이란 특정행동(Behavior)이 선행자극(Antecedents)과 이로 인해 나타나는 결과(Consequence)로 구성되는 모형을 말한다.
  - A(Antecedents): 선행자극(문제행동이 일어나기 전 또는 문제행동과 동시에 발생하는 변인)
  - B(Behavior): 행동(특정 문제행동 탐색)
  - C(Consequence): 후속결과(행동 뒤에 따라오는 후속결과를 확인)

② SORC 모델
기능적 행동평가는 문제행동을 다루기 위한 다양한 방법으로 사용될 수 있다. 행동적 관점에서 임상적 문제를 개념화하는 데 유용한 SORC 모델은 문제행동에 대한 치료 및 중재 계획을 세우는 데 효과적인 개입으로 적용되고 있다.
- S(Stimulus): 문제행동을 일으키는 자극이나 선행조건

- O(Organismic): 문제행동과 관련된 유기체적 변인들
- R(Response): 유기체의 반응이나 문제행동
- C(Consequences): 문제행동의 결과

행동평가 시 내담자의 행동측정을 위해 일반적으로 필요한 요소

① 빈도: 어떤 행동이 얼마나 자주 발생하는가를 측정하기 위해 행동의 빈도와 비율 등을 평가한다.
② 강도: 행동의 강도를 통해 표적행동의 문제 정도를 객관적으로 평가한다.
③ 지속시간: 행동의 지속시간을 평가하기 위해 표적행동의 시작과 종료 시간을 측정한다.
④ 지연시간: 표적행동의 지연시간을 측정하여 바람직한 행동을 위한 효과적인 계획을 수립한다.
⑤ 환경요인: 표적행동을 야기하거나 강화하는 환경요인, 행동을 변화시키기 위해 조작될 수 있는 환경요인을 확인한다.
⑥ 사후평가: 행동치료의 개입 결과에 대한 사후평가를 구체적으로 실시한다.

행동수정을 위한 자기-통제 프로그램의 일반적 단계

① 문제탐색 및 분석
내담자가 호소하는 부적응 문제나 문제행동을 탐색하고, 표적행동의 발달과정과 행동을 유지 및 강화하는 환경적 요인들을 파악한다.

② 목표설정
내담자와 함께 치료목표를 설정하고, 기저선을 정해 문제행동의 빈도나 지속시간을 일정한 수준까지 감소시키는 것으로 목표를 구체화한다.

③ 치료계획 수립 및 실행
내담자의 행동변화를 위한 치료계획을 수립하고, 문제행동의 특성에 따라 가장 적절한 자기통제 기법을 선택 후 실행에 옮긴다.

④ 치료효과 평가
표적행동의 개선 정도와 치료효과를 지속적으로 확인하고 치료목표가 달성되었을 시 성공적인 측면을 강화한다.

⑤ 재발방지 계획수립

재발방지를 위한 방법과 지침을 마련하여 내담자 스스로 자기통제 프로그램의 효과를 잘 유지하도록 한다.

행동주의 이론에 기반한 행동치료의 기본가정

① 개인의 특성은 관찰될 수 있는 구체적인 행동으로 분석하여 이해해야 한다.

② 대부분의 행동은 후천적으로 학습된 것이다. 부적응적인 문제행동은 환경과의 상호작용에 의해 잘못된 학습으로 습득된다고 본다.

③ 상담(치료)의 주된 목표는 부적응적인 문제행동을 제거하고, 긍정적인 행동을 학습함으로써 내담자의 적응을 돕는 것이다.

④ 상담(치료)의 과학적인 원리와 방법에 의해서 시행되어야 하므로, 경험적으로 효과가 입증된 기법을 사용해야 한다.

고전적 조건형성의 조건화 과정

① 고전적 조건형성은 조건 자극과 무조건 자극 간의 반복적인 연합학습의 결과로 조건 자극의 무조건 반응을 일으키는 것을 말한다.

② 실험에서 개에게 먹이(무조건 자극, unconditioned stimulus: UCS)를 주기 직전에 종소리(중립 자극, neutral stimulus: NS)를 1~2초 동안 제시하기를 일정 기간 반복하였다. 이 두 자극은 연합되어 조건화되었고, 개는 종소리(조건 자극, conditioned stimulus: CS)만 듣고도 침을 분비하였다(조건 반응, conditioned response: CR). 이러한 학습과정을 고전적 조건형성이라고 한다.

학습 Plus 고차적 조건형성(higher order conditioning)

- 고전적 조건형성을 통해 이미 조건화된 종소리와 빛을 연합시킴으로써 2차적으로 조건형성이 되는 과정을 말한다.
- 불빛이 제시된 후 곧바로 종소리를 들려주는 것을 반복하자, 반응강도는 낮았지만 불빛에 의해서도 침 분비가 나타났다.

종소리(CS1) → 침 분비(CR)
불빛(CS2) + 종소리(CS1) → 침 분비
불빛(CS2) → 침 분비(CR)

시간적 관계에 따른 조건형성 유형

① 동시조건형성: 조건자극(cs)과 무조건자극(ucs)이 동시에 제시된다.
② 지연조건형성: 조건자극(cs)이 먼저 제시되고 뒤이어 무조건자극(ucs)이 제시된다. 가장 조건형성이 잘 된다.
③ 흔적조건형성: 제시한 조건자극(cs)이 완전히 사라진 후 무조건자극(ucs)을 제시한다.
④ 역행조건형성: 무조건자극(ucs)을 먼저 제시하고 조건자극(cs)을 뒤에 제시하는 절차로, 학습하기가 어렵다.

스키너의 행동주의 이론에 기반한 강화계획

① 고정간격 강화계획(Fixed Interval schedule: FI)
일정한 시간 간격을 기준으로 강화가 주어진다(예: 월급 또는 정기시험).

② 고정비율 강화계획(Fixed Ratio schedule: FR)
정해진 횟수만큼 반응을 해야 강화가 주어진다(예: 도장 10번을 모으면 커피 한 잔을 제공).

③ 변동간격 강화계획(Variable Interval schedule: VI)
임의로 정한 시간 범위 내에서 불규칙한 시간 간격마다 강화를 주는 것이다(예: 쪽지 시험).

④ 변동비율 강화계획(Variable Ratio schedule: VR)
반응의 평균을 정하여 평균 n번에 이르렀을 때 강화가 주어진다. 언제 평균 n번에 해당될지 알 수가 없기에 수행 횟수가 불규칙적이다(예: 슬롯머신).

행동치료의 정적 강화 및 부적 강화

① 정적 강화(positive reinforcement)
어떤 행동을 '증가'시키기 위해 어떤 자극을 '제시'하는 것을 말한다(예: 마감일 전에 숙제를 제출하면 가산점 부여, 마감 전에 학생들이 과제 제출하게 됨).

② 부적 강화(negative reinforcement)
어떤 행동을 '증가'시키기 위해 어떤 자극을 '제거'하는 것을 말한다(예: 기부를 하는 사람에게 세금을 감면해 줌).

③ 정적 처벌(positive punishment)
어떤 행동을 '감소'시키기 위해 어떤 자극을 '제시'하는 것을 말한다(예: 주차위반 시 범칙금을 부과함).

④ 부적 처벌(negative punishment)
어떤 행동을 '감소'시키기 위해 어떤 자극을 '제거'하는 것을 말한다(예: 게임을 못 하게 하기 위해 컴퓨터 사용을 금지함).

파괴적 행동문제를 보이는 청소년에게 정적 강화의 수준을 높여야 하는 이유

① 바람직한 행동에 대해 즉각적인 보상을 제공함으로써 문제행동이 유발되는 기존 방식을 상쇄하여 행동문제 감소에 도움이 된다.
② 정적 강화를 통해 적응적 행동의 이후 출현빈도를 증가시킬 수 있어 새로운 적응행동을 학습하고 유지하는 데 도움이 된다.
③ 사회적 강화물(칭찬하기, 미소 짓기, 고개 끄덕여 주기 등)을 통한 정적 강화는 긴장감 · 적대감 완화, 자존감 증진에 도움이 된다.

관찰학습의 인지적 과정

사회적 상황에서 다른 사람의 행동을 관찰해 두었다가 유사한 행동을 보이는 학습과정을 의미한다.
① 1단계-주의 과정(관찰 대상인 모델의 행동에 관심을 갖고 주의를 기울임.)
② 2단계-저장 과정(모델이 하는 행동을 유심히 관찰하여 관찰내용을 기억함.)
③ 3단계-운동재생 과정(보유한 기억을 시행착오를 거쳐 연습, 행동을 통해 획득함.)
④ 4단계-동기화 과정(실제 행동으로 실현하고자 하는 동기나 욕구의 과정을 말함.)

공포대상에 대한 체계적 둔감화 순서

울페(Wolpe)에 의해 개발된 기법으로 공포증과 같은 불안장애의 치료에 효과적이다. 불안과 양립할 수 없는 이완훈련을 실시한 후, 불안 및 공포의 대상과 상황에 대한 위계목록을 작성한 다음, 낮은 수준에서 높은 수준으로 점진적이고 체계적으로 상상을 유도하고 이완 훈련을 반복함으로써 불안과 공포에서 서서히 벗어나도록 한다.

① 1단계-이완훈련
- 이완상태에서는 불안이 일어나지 않는다는 원리를 토대로 한다(상호억제원리).
- 상담자는 수회에 걸쳐 내담자가 긴장을 이완할 수 있도록 훈련한다.

② 2단계-불안위계목록 작성
- 내담자가 가지고 있는 불안(공포)에 대한 정보와 증상, 행동을 파악한다.
- 불안(공포)를 일으키는 유발상황에 대한 위계목록을 작성한다.

③ 3단계-불안위계목록에 따른 둔감화
- 이완상태에서 내담자가 불안을 유발하는 상황을 상상하도록 유도한다.
- 순서는 불안(공포)을 가장 적게 느끼는 상황에서부터 시작하여 높은 수준의 불안으로 옮겨 가는 것이 바람직하다.
- 불안상황에서 불안반응을 더 이상 보이지 않을 때까지 반복하여 실시한다.

노출치료의 인지적 치료효과

노출법(exposure therapy)은 내담자가 두려워하는 자극이나 상황에 반복적으로 노출시켜 직면하게 함으로써, 자극과 상황에 대한 불안을 감소시키는 방법이다.

〈인지적 치료효과〉
- 상황에 대한 현실적이고 객관적 인식
- 사고내용의 변화로 인한 불안수준 감소
- 불안 대처능력에 대한 믿음

행동치료에서 점진적 노출의 치료효과

① 불안을 유발하는 자극에 익숙해지고 둔감해짐으로써 실제 장면에서 더 이상 자극에 대한 회피반응이나 도피반응을 일으키지 않게 되어 불안 감소에 도움이 된다.
② 불안유발 상황에 안전하게 노출시킴으로써 내담자가 그 상황들에 대해 더 현실적으로 생각하게 되고, 이러한 현실적 사고 증진은 상황을 덜 위협적으로 느끼게 만들어 객관

적으로 상황을 인식하도록 돕는다.

③ 점진적 노출과정 동안 불안수준이 감소됨을 경험함으로써 내담자는 불안에 잘 대처할 수 있다는 강한 믿음을 얻게 되며 문제극복에 대한 노력과 용기를 갖게 된다.

노출 및 반응방지법 치료 단계

〈노출 및 반응방지법(Exposure and Response Prevention: ERP)〉

- 학습이론에 근거한 행동치료적 기법으로서 강박장애 환자를 그들이 두려워하는 자극이나 사고에 노출시키되 강박행동을 하지 못하게 하는 방법이다.
- 환자를 힘들게 하는 자극의 위계를 정해 불안의 정도에 따라 평정하게 한다.
- 환자를 상상이든 직접적이든 반복적으로 불안과 고통을 유발하는 자극 상황에 노출한 다음에는 의례적인 문제행동을 금지시킨다.
- 반응을 금지한 상태에서 강박적인 사고가 유발한 고통이나 불안이 감소하고 사라질 때까지 지켜보게 한다.
- 점차 불안이 완화되어 문제행동을 하지 않아도 불안을 느끼지 않는 상태가 되며 강박행동을 하지 않아도 두려워하는 결과가 발생하지 않는다는 것을 학습하게 된다.

행동수정을 위한 용암법과 조형법 과정

① 용암법(fading)

- 용암법은 도움이나 촉진을 점차 줄여 나가면서 결국 혼자서 문제를 해결할 수 있도록 하는 방법이다.
- 새로운 행동의 학습에 있어서 초기 단계에서 아동은 많은 도움을 필요로 하지만 점차 단계가 높아질수록 도움의 양은 체계적으로 감소되며, 아동 스스로 해야 할 행동의 양이 증가되면서 점차 혼자 수행을 할 수 있게 된다(예: 부모가 아이에게 자전거 타는 것을 가르칠 때 도와주고 붙들어 주는 것을 서서히 약화시키는 것).

② 조형법(shaping)

- 조형법은 바람직한 행동을 여러 단계로 나누어 강화시킴으로써 바람직한 방향에 접근하도록 하는 방법이다.
- 목표행동을 여러 단계로 나누어 단계적으로 강화하여 점진적으로 목표행동에 접근하

게 한다. 목표행동으로 접근해 가는 과정에서 처음에는 목표행동에 비슷하거나 근접한 행동에 대해 강화하고, 일관성 있게 행동이 유지되면 보다 어려운 반응에 대해서만 강화한다(예: 아이들에게 말을 가르칠 때 '음음–음마–엄마'라고 발음하게 됨).

인지치료의 사례개념화 과정

① 내담자가 호소하는 문제를 구체적으로 탐색하여 명료화한다(문제 목록).
② 내재된 기제(핵심 믿음 또는 도식)에 대한 가설을 수립한다.
③ 현재의 주된 문제를 일으키는 촉발요인을 검토한다.
④ 현재의 문제와 내담자가 지닌 믿음의 관련성을 탐색한다.
⑤ 기저에 내재된 믿음들의 발달과 관련된 배경을 이해한다.
⑥ 치료에 예상되는 장애물들에 대해 논의한다.

인지치료에서 내담자의 저항을 유발하지 않도록 돕는 치료자의 태도

① 내담자의 그릇된 신념에 대한 수정은 비교적 쉽게 변화를 유도할 수 있는 것에서부터 시작한다.
② 대안이 되는 신념을 구체적이고 간결하게 제시함으로써 내담자에게 혼란을 주지 않는다.
③ 논박의 초점을 내담자의 드러난 행동이나 기타 증거들에 한정시키는 것이 권유된다.
④ 내담자가 잘못된 신념에 스스로 반박하는 것을 격려한다.

비합리적 신념의 근간을 이루는 당위적 사고와 예시

① 자신에 대한 과도한 당위성
자기 자신에게 현실적으로 충족되기 어려운 과도한 기대와 요구를 부과하는 것을 말한다. '나는 실수해서는 안 된다.' '나는 항상 올바르게 행동해야 한다.' '나는 성공해야 한다.' '나의 외모는 매력적이어야 한다.' '나는 반드시 탁월하게 일을 수행해 내야 한다.'

② 타인에 대한 과도한 당위성
개인이 타인에게 지니는 과도한 기대와 요구로서 타인이 그러한 기대에 따르도록 일방적으로 요구하는 신념을 말한다. '가족이니까 나에게 관심을 가져야 한다.' '사람들은 내

말을 잘 들어 줘야 한다.' '진정한 친구라면 항상 내 편을 들어 줘야 한다.' '자식이니까 내 말을 들어야 한다.'

③ 세상에 대한 과도한 당위성

우리가 살아가는 사회정치적 체제뿐만 아니라 자연 세계에 대한 비현실적인 과도한 기대를 말한다. '우리가 사는 세상은 항상 공정하고 안전해야 한다.' '나의 가정(직장)은 문제가 없어야 한다.' '세상은 항상 원하는 대로 돌아가야 한다.' '자연재해로 인한 부당한 피해를 입어서는 안 된다.'

벡(Beck)의 인지치료의 핵심과제인 사고기록지 구성

사고기록지는 내담자가 우울한 기분을 느낄 때, 그들의 자동적 사고를 평가하는 것을 촉진시키는 작업기록지이다. 작업지를 통해 생각을 정리하고 보다 나은 대응을 할 수 있게 된다.

① 상황

정서적 고통을 느낄 때 경험한 내용들에 대해 기술한다. 기분 나쁜 감정을 일으키게 한 일이나 생각 또는 상황을 기술한다.

② 정서

기술한 상황에서 발생한(슬픔, 불안, 분노 등) 감정에 대해 기록한다. 또한 경험한 감정의 정도를 1~100%로 평가한다.

③ 자동적 사고

이전 칼럼에서 보고했던 감정과 연관되어 마음속에 떠오르는 생각들을 기록한다. 또한 이러한 생각들에 대한 믿음을 1~100%로 평가한다.

④ 적응적 사고

자동적 사고에 대응하는 생각들을 기록한다. 이 생각들은 구체적이면서도 자동적 사고의 내용을 반론하는 증거를 담고 있거나 대안을 제시해야 한다. 이 적응적 사고에 대한 믿음도 1~100%로 평가한다.

⑤ 결과

실행의 결과를 쓰고 감정과 사고들을 다시 평가한다. 실행의 결과로 일어난 변화를 기록한다.

학습 Plus 인지치료의 인지수정 전략

- 절대적 진술에 도전하기: 치료자들은 내담자들이 자신의 이야기를 할 때 절대어나 절대적 진술을 철회하고 행동을 좀 더 명료화하도록 한다.
- 활동 일정 짜기: 슬픔, 걱정의 감정에도 불구하고 활동적이게 되고 새로운 행동 및 생각을 하는 법을 계획하고 시도하도록 한다.
- 비난을 재귀인하기: 스스로를 비난하고 내부로 탓을 돌리는 내담자의 귀인 경향을 탐색하고 상황을 좀 더 분명하고 객관적으로 볼 수 있도록 한다.
- 대안 또는 주의전환: 광범위한 생각들을 분류하고 부정적 생각이 들 때마다 새로운 대안적 생각을 떠올리거나 주의를 전환하여 부정적 생각을 줄이도록 한다.
- 자기대화: 스스로에게 도움이 된다고 확인된 긍정적이고 격려가 되는 문구들을 여러 번 반복해서 말하도록 한다.
- 일지 쓰기: 자신의 인지, 생각, 감정을 기록하고 객관적으로 검토하는 과정 동안 내적·외적 경험에 대한 지각을 증대시킬 수 있다.
- 역할 연기: 사람들이 자신에 대해 갖는 새로운 생각들을 현실화하는 것을 가능하게 한다.

인지치료의 인지적 오류 유형

① 이분법적 사고: 상황을 연속적으로 보기보다 극단적 측면에서 보는 것
② 과잉일반화: 한 가지 증거로 타당하지 않은 일반적인 결론을 내리는 것
③ 정신적 여과(선택적 추론): 큰 그림을 보지 않고 부정적인 세부사실에 선택적으로 초점을 두는 것
④ 비약적 결론(임의적 추론): 성급하고 확인되지 않은 결론을 내리는 것
⑤ 확대하기/축소하기: 부정적인 것에 너무 치중하고 긍정적 정보의 가치를 축소하는 것
⑥ 감정적 추론: 어떤 것이 그렇게 느껴지기 때문에 진실이라고 믿는 것
⑦ 명명하기: 누군가에게 극단적이고 광범위하며 정당하지 않은 꼬리표를 붙이는 것
⑧ 개인화: 인과적 연결을 지지하는 증거 없이 외부적 사건을 자기 자신에게 귀인시키는 것
⑨ 재앙화: 미래에 대해 보다 현실적인 어떤 다른 고려도 없이 부정적으로 예상하는 것
⑩ 독심술: 실제로 어떤지 알아보지 않은 채 타인이 부정적 생각과 반응을 하고 있다고 여기는 것
⑪ 터널시야: 오로지 상황의 부정적 측면에만 초점을 맞추는 것

마이켄바움(Meichenbaum)의 인지행동수정의 3단계

① 1단계-자기관찰

변화과정의 시작 단계는 내담자가 자신의 행동을 관찰하는 방법을 학습하는 것이다. 치료가 진행됨에 따라 내담자는 문제를 새로운 관점에서 볼 수 있는 인지구조를 형성하여 재개념화를 이룬다.

② 2단계-새로운 내적 대화의 시작

내담자는 치료를 통해 자신의 부적응 행동을 알아차리는 것을 배우고 적합한 행동 대안에 주목하기 시작한다. 내적 대화를 변화시키는 것을 치료과정 동안 배우게 되며, 새로운 내적 대화는 새로운 행동을 유도한다. 이 과정은 내담자의 인지구조에 영향을 미친다.

③ 3단계-새로운 기술의 학습

효과적인 대처기술을 내담자에게 가르치고 이를 일상생활에서 실제로 실행하는 단계이다. 내담자들은 새로운 기술을 학습하여 이전과 다르게 행동하게 되며 효과적인 새로운 기술을 유지하고 적용하게 된다.

소크라테스식 대화의 특징 및 질문 유형

① 소크라테스식 대화의 특징

- 치료자의 다양한 질문을 통해 내담자가 가지고 있던 사고의 비합리성이 외현적으로 드러난다.
- 질문과 답이 오가는 대화의 과정에서 내담자 스스로 자기신념의 비합리성을 깨닫게 된다.
- 치료자의 분석적인 질문을 통해 내담자는 자기신념의 비합리성을 통찰하고, 깊은 수준의 인지적 왜곡(핵심신념)을 파악하는 데 도움이 된다.
- 소크라테스식 대화법을 통해 내담자는 스스로 자신을 돕고 문제를 해결할 수 있는 방법을 배울 수 있게 된다.

② 질문 유형과 예시

- 논리적 논박: 그러한 신념이 타당하다는 논리적 근거는 무엇인가? 그렇게 생각하는 것은 논리적 비약이 아닌가?
- 경험적 논박: 그러한 신념이 타당하다는 사실적 또는 경험적 근거는 무엇인가? 그렇게 생각할 만한 현실적인 근거가 있는가?

- 실용적/기능적 논박: 그러한 신념은 당신이 추구하는 목적을 달성하는 데 도움이 되는가? 당신의 기분을 좋게 만드는 데 도움이 되는가? 당신의 인간관계를 긍정적으로 만드는 데 어떤 도움이 되는가?
- 철학적 논박: 그러한 신념이 과연 당신을 행복하게 하는가? 당신의 인생에 있어서 어떤 의미를 가지고 있는가?
- 대안적 논박: 이 상황에서 좀 더 타당한 대안적인 신념은 없는가? 당신의 삶을 효과적으로 만드는 합리적 신념은 무엇인가?

소크라테스식 질문 시 유의사항

① 일문일답의 형식을 따라야 하며 한꺼번에 여러 질문을 하지 않도록 한다.
② 내담자가 지닌 비합리적 생각의 비현실성 · 비논리성 · 비실용성에 초점을 둔다.
③ 치료자의 질문에 대해 내담자가 여유를 가지고 대답할 수 있는 시간을 주어야 한다.
④ 치료자와 내담자가 상호 합의에 도달할 때까지 계속해서 이야기를 해 나간다.
⑤ 질문을 던질 때마다 장황하게 말을 늘어놓거나 대화의 초점을 놓치지 않도록 한다.
⑥ 비합리적 생각에 대해 서로 토론을 해야지 논쟁이 되어서는 안 된다.

합리적 정서행동치료(REBT)의 ABCDE 모형에 기반한 치료적 과정

A(Antecedent: 선행사건) → B(Belief: 비합리적 신념 체계) → C (Consequence: 결과) → D(Dispute: 논박) → E(Effect: 효과)

① 선행사건

내담자에게 부정적 감정을 유발한 선행사건(촉발사건, A)을 포착하여 구체적으로 확인한다.

② 신념

선행사건에 대한 내담자의 신념(B)를 탐색하여 찾아낸다. 내담자의 신념을 명료하게 확인하고 평가한다.

③ 결과

비합리적 신념의 결과로 나타난 부정적 감정과 행동을 검토한다. 신념이 비합리적인 경우 그 결과들은 건강하지 않은 감정과 자기파괴적인 행동으로 나타나기 쉽다.

④ 논박

내담자가 지니고 있는 신념의 합리성을 평가하고 비합리적인 신념을 합리적인 것으로 변화시킨다.

⑤ 효과

치료자는 논박을 통해서 내담자가 보다 합리적인 신념을 발견하도록 돕는다. 이러한 과정을 통해 내담자가 자신의 삶을 적응적인 것으로 변화시킬 수 있는 새로운 신념체계, 즉 효과적인 철학을 형성하도록 돕는다.

학습 Plus 인지치료의 기본원리 및 치료원칙

① 기본원리

인지치료의 기본적인 원리는 정신병리를 유발하는 왜곡된 인지를 수정하여 재구성하는 것이다. 이를 위해 내담자 스스로 자신의 부정적 사고를 인식하여 변화시키는 역량을 키우는 데 초점을 둔다.

② 치료원칙

- 자신의 부정적이고 자동적인 사고를 관찰하여 파악하기
- 인지 · 정서 · 행동 간의 관련성을 인식하기
- 자동적 사고의 지지증거와 반대증거를 검토하기
- 편향적인 인지를 좀 더 현실적인 대안적 사고로 대체하기
- 경험을 왜곡하게 만드는 역기능적 신념을 파악하고 수정하기

엘리스(Ellis)의 비합리적 신념의 유형

엘리스는 사람들이 정서적 문제를 겪는 이유는 일상생활에서 겪는 구체적인 사건들 때문이 아니라 그 사건을 합리적이지 못한 방식으로 지각하고 받아들이기 때문이라고 보았다.

① 알고 있는 중요한 사람들로부터 사랑받고, 인정받고, 이해받아야만 가치 있는 사람이다.
② 완벽한 능력이 있고 사교적이고 성공을 해야만 가치 있는 사람이다.
③ 어떤 사람들은 나쁘고 사악하기 때문에 비난과 처벌을 받아야만 한다.
④ 일이 뜻대로 되지 않는다는 것은 인생에서의 실패를 의미한다.
⑤ 위험하거나 두려운 일이 일어날 가능성을 늘 생각하고 있어야 한다.
⑥ 행복이란 외부상황에 의해 결정되기에 이를 통제할 수 없다.
⑦ 인생에서 겪는 어려움은 부딪히기보다 피해 가는 것이 더 편하다.
⑧ 다른 사람에게 의지해야만 하고 항상 의지할 만한 강한 누군가가 있어야만 한다.
⑨ 과거의 영향은 결코 사라지지 않으며, 과거의 일들이 현재의 행동을 결정한다.

⑩ 다른 사람의 문제나 고통에 함께 괴로워하고 속상해 줘야만 한다.
⑪ 모든 문제에는 완벽한 해결책이 있기에 그 해결책을 발견할 수 있어야만 한다.

인간중심치료에서 치료자가 갖추어야 할 태도

① 진솔성

진솔성은 치료과정에서 매 순간 경험하는 감정을 있는 그대로 솔직히 인정하고 표현하는 태도로서, 치료자가 경험하는 감정을 기꺼이 표현하고 개방하는 것을 말한다.

② 무조건적 긍정적 존중

내담자를 존중하며 있는 그대로 수용하는 것을 말한다. 치료자가 비판단적으로 내담자를 존중할 때, 방어하지 않고 자신의 경험을 자유롭게 탐색할 수 있게 되며 안정감과 자기개념의 변화를 경험하게 된다.

③ 공감적 이해

치료자가 내담자의 감정에 빠져들지 않으면서 내담자의 감정을 자신의 감정처럼 느끼고 이해하며 이를 내담자에게 전달하는 것을 말한다.

인간중심치료에서 '진솔성'의 의미와 내담자 변화효과

① 진솔성의 의미

상담자가 내담자와의 상담관계에서 순간순간 경험하는 감정을 있는 그대로 솔직히 인정하고 표현하는 태도로, 상담자가 겉으로 표현하는 것과 내면에서 경험한 것이 일치하는 것을 말한다. 상담자가 내담자에게 진솔하기 위해서는 자신을 이해하고 수용하며 솔직하게 자신을 개방하도록 노력해야 한다.

② 내담자 변화효과

- 내담자는 상담자와의 상담과정을 신뢰하게 된다.
- 내담자 역시 상담자처럼 자신의 약점을 드러내게 되어 자기수용의 가능성이 커진다.
- 내담자 역시 진솔한 사람이 되려고 노력하게 된다.

인간중심치료에서 '무조건적 긍정적 존중'의 의미와 내담자 변화효과

① 무조건적 긍정적 존중의 의미

상담자는 내담자를 하나의 인격체로서 무조건적으로 존중하고 있는 그대로의 모습을 따뜻하게 수용하는 것을 말한다. 이를 통해 내담자는 자신의 감정이나 경험 등을 자유롭게 표현할 수 있고 상담자와 공유할 수 있게 된다.

② 내담자 변화효과

- 내담자는 자신을 있는 그대로 수용하게 되면서 자신의 내면을 자유롭게 탐색하게 된다.
- 내담자는 자신의 감정을 더 잘 이해할 수 있게 되며, 자신과 관련된 갈등과 혼란스러운 감정을 자각하고 표현할 수 있게 된다.
- 내담자는 자신과 세상에 대한 현실적인 이해 속에서 효과적으로 기능하게 된다.

인간중심치료에서 '공감적 이해'의 의미와 내담자 변화효과

① 공감적 이해의 의미

상담자가 내담자의 감정에 빠져들지 않으면서 내담자의 감정을 자신의 감정인 것처럼 느끼고 이해하며 그것을 내담자에게 전달하는 것을 말한다. 올바른 공감적 이해는 내담자로 하여금 상담자가 자신을 잘 이해하고 있음을 느끼게 해 준다.

② 내담자 변화효과

- 내담자는 이전에 억압했던 감정들을 경험하고 이해하게 된다.
- 내담자는 자신의 내면세계를 더 정확하게 지각하고 이해하게 됨으로써 성격의 통합을 이루게 된다.
- 내담자는 타인을 보다 공감하고 수용하게 되면서 더욱 긍정적이고 건설적인 행동을 취하게 된다.

실존치료에서 정상적 불안과 신경증적 불안의 특징

실존치료에서는 심리치료 동안 내담자에게 기저하는 두려움에 대한 불안을 감소시키고, 불안이 객관화되어 정상적 불안에 직면하도록 돕는다.

① 정상적 불안
- 직면하고 있는 상황에 부합된다.
- 억압이 일어나지 않는다.
- 불안이 창조적으로 사용된다.

② 신경증적 불안
- 직면하고 있는 상황에 적절하지 않다.
- 억압이 일어난다.
- 불안이 건설적이지 못하고 자기파괴적이다.

게슈탈트치료에서 알아차림과 접촉의 주기

〈알아차림-접촉 주기의 단계〉

① 1단계: 배경 또는 배경으로 물러남(withdrawal)
이전의 게슈탈트가 해소되어 배경으로 물러난 상태이다. 모든 것이 잘 충족되고 해소된 균형 상태에서는 특정한 게슈탈트가 떠오르지 않는다. 마음이 평안하고 고요한 상태라고 할 수 있다.

② 2단계: 유기체의 욕구나 감정이 신체감각의 형태로 나타남(sensation)
어떤 외부자극이나 내면적 불균형 상태가 초래되면, 그와 관련된 유기체적 욕구나 감정이 신체 감각 형태로 나타나게 된다.

③ 3단계: 이를 개체가 자각하여 게슈탈트로 형성하여 전경으로 떠올림(awareness)
개인이 이러한 감각을 알아차림에 의해서 게슈탈트를 형성하면 전경으로 떠올려지는 세 번째 단계가 진행된다.

④ 4단계: 이를 해소하기 위해 에너지(흥분)를 동원함(energy)
개인이 게슈탈트를 해소하기 위해서 에너지를 동원하는 단계이다.

⑤ 5단계: 행동으로 옮김(action)
게슈탈트를 해소하기 위한 에너지를 구체적인 행동을 통해 실천하는 단계이다.

⑥ 6단계: 환경과의 접촉을 통해 게슈탈트를 해소함(contact)
환경과의 접촉을 통해서 게슈탈트를 해소하게 되면 그 게슈탈트는 배경으로 물러나 사라지고 개인은 휴식을 취하게 된다.

• 게슈탈트 해소 후에도, 다시 새로운 욕구나 감정이 전경으로 떠오르고 이를 알아차려 게슈탈트를 해소하는 새로운 알아차림−접촉 주기가 되풀이된다. 인간의 삶은 게슈탈트의 알아차림과 접촉이 반복되는 과정이라고 할 수 있다.

놀이치료에서 놀이의 치료적 가치

① 저항을 극복하는 데 도움이 되므로 치료적 관계를 형성하는 데 유용하다.
② 의사소통의 매체로서 치료자가 아동을 이해하고 진단하는 데 유용하다.
③ 아동의 불안을 감소시키고 이완하게 함으로써 효과적인 치료를 가능하게 한다.
④ 정화를 통해 심리적 외상을 극복하게 한다.
⑤ 창조적 사고를 통해 참신한 문제해결능력을 발달시킨다.
⑥ 유능성을 향한 욕구를 자극하고 실현하게 함으로써 자아존중감을 발달시킨다.
⑦ 역할놀이를 통해 새로운 행동의 연습과 획득이 가능하며 공감능력을 증진시킬 수 있다.
⑧ 은유적 교훈을 통해 통찰에 도움을 줄 수 있다.
⑨ 환상과 상상을 통해 대리적인 욕구충족을 가능하게 한다.
⑩ 애착형성을 촉진하고 관계를 향상시킴으로써 타인과 친밀해지는 능력을 발달시킨다.
⑪ 일상생활에 일반화될 수 있는 사회적 기술을 발달시킬 수 있는 기회를 제공한다.

아동심리치료에서 성인과 차별되는 아동의 특성

① 아동은 정신적 · 육체적 · 지적으로 아직 성숙되지 않은 발달단계에 있는 관계로 아동 개개인의 특성뿐만 아니라 모든 아동이 성장과정에서 보일 수 있는 일반적 문제까지 고려되어야 한다.
② 아동의 여러 문제가 부모와 관련되어 있거나 또 다른 보호자와의 관계에서 발생될 수 있기 때문에 부모를 포함한 보호자의 역할과 참여가 중요하다.
③ 상담자는 아동이 보는 방식으로 세상을 인식할 필요가 있으며 아동의 인지적 수준, 정서적 · 사회적 · 신체적 발달을 고려하여 도움을 주어야 한다.
④ 아동은 덜 발달된 자아로 인해 현실을 객관적으로 파악하기 어려우며 자신이 겪고 있는 어려움에 대해서도 잘 인식하지 못하므로 자발적인 치료 동기를 갖기 어렵다는 점이 고려되어야 한다.
⑤ 아동은 언어발달과 인지능력이 미숙하며 행동하려는 경향이 있으므로 대화를 주된 방

법으로 하는 심리치료를 하는 것이 어려운 경우가 많다. 따라서 아동의 이러한 특성에 맞는 놀이나 게임, 예술적인 활동 등의 심리치료가 고려되어야 한다.

가족치료의 이론적 근거

① 순환의 사고
가족구성원 한 사람의 행동은 다른 사람들에게 영향을 미치고 이러한 행동들은 또다시 자신에게로 돌아오게 된다. 가족들은 관계 속에서 발생되는 행동과 감정 혹은 생각들의 순환의 흐름 속에 살아가게 된다. 이는 구성원과의 관계의 흐름 또는 맥락을 만들어 주는 근거로서의 역할을 한다.

② 관계와 체제의 생각
가족구성원의 상호작용 방식은 일정한 체제를 만들어 내며, 가족구성원은 자체적으로 전체 구성원의 행동을 통제하고 관계하는 방식을 조절하는 형태와 구조를 갖게 된다.

③ 비합산의 원칙
가족 전체를 이해한다고 해서 가족구성원 개개인을 이해하는 것은 아니고, 그 가족구성원 개개인을 이해한다고 해서 그 가족 전체를 이해한다는 것이 아니기에, 가족을 이해할 때에는 가족 전체와 개개인을 하나로 보면서도 각자 따로 이해하도록 노력해야 한다.

④ 가족심리와 관계심리
가족심리는 가족들 간에 발생되는 심리현상을 말하는 개념이며, 관계심리는 가족을 넘어서 여러 다른 타인과의 관계들도 같이 고려하는 개념이다.

일반적으로 가족치료를 권하게 되는 경우

① 내담자의 어떤 증상이 역기능적인 가족관계에 얽혀 있다고 판단되는 경우
② 내담자의 호소가 개인의 문제라기보다는 가족 간의 관계 변화에 있다고 판단되는 경우

가족치료이론 주요개념

① 정신역동적 가족치료(psychodynamic family therapy)
가족구성원이 원가족에서 해결되지 않은 대상과의 문제를 통찰하게 하여 변화를 이끌

수 있도록 돕는다. 과거의 무의식적 이미지보다는 현실에 기초해 가족이 건강한 개인으로서 상호작용하고, 현재 나타내고 있는 행동 아래 숨어 있는 동기를 표면화함으로써 통찰력을 증진한다.

② 보웬 가족치료(Bowen family therapy)

보웬 가족치료의 핵심은 가족의 분화와 융합이다. 융합된 가족의 분화를 촉진하여 내담자가 자율적으로 기능하도록 돕는다. 가족치료의 목표는 자아분화 수준을 높이고 가족 삼각관계에서 벗어나는 것이다.

③ 구조적 가족치료(structural therapy)

구조적 가족치료는 역기능적인 가족의 구조를 변화시켜 문제를 해결한다. 가족문제를 해결하기 위해 가족의 재구조화를 시도하며, 밀착된 가족은 각 개인의 신체적 · 정신적 독립성과 자율성을 높여 하위체계의 경계를 강화하며, 격리된 가족은 경계를 융통성 있게 바꾸고 상호작용을 증진할 수 있도록 돕는다.

④ 경험적 가족치료(experimental family therapy)

경험적 가족치료는 가족구성원이 직접적이고 분명하며, 정직한 의사소통을 함으로써 자기존중감을 높이고 성장해 나가도록 돕는다. 가족체계 내에서 현재 일어나는 상호작용에 초점을 두고, 가족구성원 간의 감수성, 느낌의 표현, 자발성과 창조성, 확실성의 성장이 치료의 목표가 된다.

⑤ 전략적 가족치료(strategic family therapy)

전략적 가족치료는 문제행동의 원인에 관심을 두지 않고 최소 개입을 통해 문제행동을 변화시키는 해결방법을 찾는 데 초점을 둔다. 문제를 유지시키는 가족구조 내 순환적 피드백 과정을 확인하고, 이러한 상호작용을 지지하는 규칙을 파악하며, 규칙을 변화시킬 수 있도록 돕는다.

⑥ 해결중심적 가족치료(solution-focused family therapy)

해결중심적 가족치료는 문제보다는 예외적인 해결에 중점을 두고, 가족이 적용해 왔거나 적용가능한 해결책 등에 초점을 두며, 질문에 응답하는 대화방식을 통해 문제해결 방안을 협동적으로 구축해 나간다.

사티어(Satir)의 경험적 가족치료모델의 의사소통 유형

(①): 다른 사람을 존중하면서도 자신의 진정한 가치나 감정은 무시한다.
(②): 오로지 자기 자신만을 생각하며 다른 사람들은 무시한다.
(③): 비인간적인 객관성과 논리성의 소유자이며 자신과 타인을 무시한다.
(④): 주변상황과 관계없이 행동하며 버릇없고 혼란스럽다.
(⑤): 자신 및 타인, 상황을 모두 신뢰하고 존중한다.

① 회유형

다른 사람은 존중하면서 정작 자신의 진정한 가치나 감정은 무시하며, 자신의 안정을 유지하기 위하여 상대방의 의견에 반박을 하거나 거절을 하지 못한다.

② 비난형

타인을 비난하고 무시하는 양상을 보이며 자신을 강하게 보이도록 하기 위하여 타인을 통제하려 한다.

③ 계산형(초이성형)

자신과 타인을 무시하고 상황만을 중시한다. 원리와 원칙을 강조하는 경향을 보이는데, 이때 비인간적인 객관성과 논리성으로 무장한다.

④ 혼란형(산만형)

자신과 타인, 그리고 처한 상황과 관계없이 행동하며, 모두가 자신을 거부한다고 생각하여 실제로는 고독감과 고립감을 겪는다.

⑤ 일치형

자신, 타인, 상황을 존중하며, 다른 사람과 접촉이나 연결이 필요할 때에는 스스로 선택하며, 의사소통 내용과 감정이 일치함으로써 진솔한 의사소통이 가능하다.

구조적 가족치료에서 합류를 촉진하는 방법

① 유지하기(적응하기)

상담자가 가족구조를 탐색하고 분석할 때 가족구조를 의도적으로 지지해 주는 방법이다(예: 강압적인 아버지에게 "제가 자녀에게 뭘 좀 물어봐도 좋을까요?"라고 말한다).

② 추적하기(따라가기)

상담자가 가족이 지금까지 해 온 의사소통이나 행동을 존중하며 기존의 가족교류 방식의 흐름에 따라가는 것이다(예: "네, 그렇군요. 잘 알겠습니다."를 통해 가족이 자신들의 이야기를 계속하도록 격려한다).

③ 모방하기(흉내내기)
상담자가 가족의 행동과 감정의 표현방법을 모방하는 것이다(예: 느리고 차분하게 반응하는 가족에게는 상담자가 속도를 늦춰서 반응하고, 가족의 경험과 유사한 자신의 경험을 적절하게 소개하는 것이다).

해결중심 가족치료의 질문 유형

① 기적질문(miracle question)
문제가 해결된 상황 또는 내담자가 원하는 미래의 구체적인 모습을 상상해 봄으로써 해결하기 원하는 것을 구체화 · 명료화하는 데 도움을 주는 질문이다.

② 척도질문(scaling question)
내담자의 주관적인 상태를 확인하기 위해 문제의 심각성 정도나 치료목표, 성취 정도를 수치로 표현하도록 하는 질문이다.

③ 예외질문(exception-seeking question)
내담자의 문제가 나타나지 않거나 덜 심각한 경우를 찾아내도록 하는 질문이다.

④ 대처질문(coping question)
내담자가 스스로 인식하지 못하는 자원과 강점을 발견하도록 돕는 질문이다.

⑤ 관계성 질문(relationship question)
내담자와 중요한 관계를 맺고 있는 사람들의 관점에서 내담자 자신의 문제에 대해 어떻게 생각할지 추측해 보도록 하는 질문이다.

PART

04

자문 · 교육 · 재활

01 핵심개념정리

기초자문

1 자문의 개념

① 자문의 정의

- 자문은 병원, 진료서, 학교, 사업체 및 정부 기관과 같은 다양한 공동체 장면에서 특정 질문과 문제에 대한 인간 행동의 지식과 이론을 응용하는 것을 말한다.
- 자문은 자격 있는 심리전문가들이 피자문가들(내담자)과 관련된 문제의 쟁점들을 해결하고, 문제에 대한 능동적인 주체가 되어, 피자문가들이 미래에 유사한 쟁점들을 다룰 수 있도록 관련 능력들을 강화시켜 주는 접근을 말한다.

② 자문의 의의

- 사회 구성원들로 하여금 자신이 속한 사회체계 내에서 긍정적인 변화를 이룰 수 있도록 기술과 지식을 제공하는 데에 심리학적 원리를 제공하는 것이다.
- 내담자의 개인적 문제의 탐색 및 해결 외에도 학교, 기업, 지역사회 조직 등과 같은 체계를 보다 효율적으로 이해하고 다룰 수 있도록 피자문자를 돕는다는 데 의의가 있다.

2 정신건강자문의 유형

① 비공식적인 동료집단 자문

내담자에게 필요한 더 좋은 치료전략을 얻기 위해, 동료에게 해당 사례에 관한 자문을 요청하는 것을 말한다.

② 내담자-중심 사례 자문

내담자의 특별한 요구를 충족시키기 위해 특정한 환자의 치료나 보호에 책임이 있는 동료 자문가에게 조언을 구하는 것을 말한다.

③ 프로그램-중심 행정 자문
개인적인 사례보다는 프로그램이나 제도에 초점을 둔다. 진료소, 실무, 연구 프로그램 및 전체적 쟁점이 되는 문제에 관한 중요한 기능적 측면에 대한 자문을 제공한다.

④ 피자문자-중심 사례 자문
피자문자의 경험 내용에 대해 전문 자문가로부터 도움을 받는 것을 말한다.

⑤ 피자문자-중심 행정 자문
기관 내의 행정적인 쟁점과 인사 쟁점에 관한 업무에 대해 전문 심리학자의 자문을 구하는 것을 말한다.

3 자문가의 역할

① 직접적인 역할 자문가
전문적이고 기술적인 자문을 제공하며, 피자문자가 관심이 있는 쟁점에 대해 효과적으로 다룰 수 있도록 지원한다. 결과에 더 초점을 맞추고 있으며 과제 지향적이다.

② 간접적인 역할 자문가
피자문자의 기술을 촉진시켜 주기 위해 자문가 자신의 기술과 전문성을 사용하여 조력한다. 과정이나 성장에 초점을 맞추며 과정 지향적이고 촉진적이다.

4 정신건강자문의 단계

정신건강자문은 질문의 이해, 평가, 중재, 종결, 추적 단계로 이루어진다.

① 질문의 이해
- 자문가에게 의뢰된 질문의 성질과 자문의 목적을 이해하기 위해 상황을 판단해야 한다. 자문가는 자신이 유능하고 전문적인 자문을 제공하기 위한 수련, 경험 및 전문성을 가지고 있는지 검토해야 한다.
- 자문가는 자문을 의뢰한 조직, 기관이 실제로 자문을 받아들일 준비가 되어 있는지, 자문으로 인한 결과에 저항이 나타날 수 있는지 등에 대한 조직의 준비성과 개방성을 검토해야 한다.

② 평가
- 자문가는 중재와 조언을 제공하기 전에 상황을 전반적으로 평가해야 한다. 평가를 위

해 면접, 심리검사, 기록 및 기타 자료들을 검토한다.

- 종합적 평가가 완성되면 문제들의 진단적인 인상과 중재목적을 해결하기 위한 자문을 제공한다.

③ 중재

- 자문가는 피자문가의 질문 혹은 문제에 대해 실제적인 조언이나 제안을 제공한다.
- 중재는 개인적인 중재 외에도 집단중재가 포함될 수 있으며, 중재가 제공된 후에는 이득이 되었는지의 여부를 평가한다. 최종적으로 자문의 목표와 목적이 적절하게 이루어졌는지의 여부를 검토한다.

④ 종결

- 합의된 자문목적이 충족된 후에 종결하거나 혹은 자문가가 그 목적이 이루어지기 어렵다고 판단될 때 종결 단계가 일어난다.
- 종결 단계는 신중하게 고려해야 하며, 종결 시에는 마감면접(자문과정 검토, 중재에 대한 피드백 공유, 잔여 쟁점 해결, 추적계획, 모든 참가자에게 적절할 종결 기회 제공 등)을 실시한다.

⑤ 추적

- 피자문자는 자문의 종결 뒤에 나타나는 새로운 위협 때문에 문제를 겪을 수 있다.
- 추적자문은 주기적인 추적회기나 지속적 프로그램이 요구되며, 면대면, 전화 혹은 메일 등으로 추적관리를 할 수 있다.

5 정신재활 프로그램의 자문 유형

① 제1유형

- 정신재활 기술론의 훈련과 함께 이루어지며, 특정 프로그램의 환경과 관계없이 정신재활의 진단, 계획안 수립, 개입과정이 일어날 수 있도록 프로그램이 고안된다.
- 정신재활 프로그램을 자문하기 위해서는 특정한 지식(정신재활 프로그램의 요소)과 전문적 자문기술(정신재활 프로그램을 개발하는 방법)이 요구된다.

② 제2유형

- 특정 프로그램 모델에 맞추어 해당 자문을 실시한다.
- 특정 프로그램 모델의 원리와 지침에 부합되도록 자문가는 현재 실행 중인 프로그램 모델에 대한 특수한 지식을 가지고 있어야 한다.

6 지역사회 심리학의 정의

① 지역사회 심리학은 문제의 발생, 완화에서 환경적 힘의 역할을 강조하는 정신건강 접근을 말한다. 지역사회 심리학은 개인, 그룹, 단체, 사회적 차원의 행동에 영향을 끼치는 사회적 · 환경적 요소에 초점을 두는 학문분야이다.

② 지역사회 심리학은 환경적 요인을 강조하며 문제의 해소를 위한 개입방법 또한 환경적인 개입을 강조하고 있다. 즉, 지역사회에서 발생하는 여러 개인적 · 사회적 문제들의 원인을 환경과의 관련성을 살펴 해석하고, 그 예방과 치료 또한 지역사회에서 맡아야 한다는 관점을 지닌다.

〈지역사회 정신건강과 지역사회 심리학의 차이점〉

- 지역사회 정신건강은 정신건강의 증진, 정신질환의 예방과 조기발견, 치료기간의 단축, 조기퇴원과 사회복귀의 촉진과 재활 등을 포함하는 활동을 말한다.
- 지역사회 심리학은 사회적 · 환경적 요인들이 인간의 행동에 미치는 영향을 개인, 집단, 조직, 사회적 차원에서 연구한다.

7 지역사회 심리학에서 임상심리학자의 역할

① 평가자로서의 역할

만성정신질환자의 사회적 적응 능력, 일상생활 관리 능력, 문제해결 능력 등을 평가하기 위한 도구 개발, 사회적 지지망 평가, 정신질환 전반에 대한 평가를 수행한다.

② 치료자로서의 역할

재활 프로그램의 개발 및 실시, 만성정신질환자의 치료적 개입 및 정신재활을 돕기 위한 가족 교육, 지역사회 정신건강 증진 및 예방 프로그램을 실시한다.

③ 연구자로서의 역할

지역사회 정신질환 관련 연구, 프로그램 성과 평가, 지역사회 심리학 문헌 연구 및 실정에 맞는 모형 개발, 타 전문분야와의 학제 간 연구를 수행한다.

8 정신장애 예방을 위한 지역사회 심리학적 개입

① 일차 예방(primary prevention)

- 정신장애가 발생하는 것을 막기 위한 노력을 의미한다.
- 이러한 예비활동이 지역사회의 모든 사람을 대상으로 이루어질 경우에는 전반적 예방

(universal prevention)이라 하고, 취약성을 지닌 일부 집단을 대상으로 할 경우에는 선별적 예방(selective prevention)이라고 한다.

② 이차 예방(secondary prevention)

- 정신장애가 발생했을 때 그러한 장애를 초기에 발견하여 치료하려는 노력을 말한다.
- 정신장애가 이미 발생했지만 심각한 상태로 진전되기 전에 치료를 함으로써 그 영향을 최소화하려는 노력이다.

③ 삼차 예방(tertiary prevention)

- 정신장애가 이미 상당히 심각한 만성적 상태에 이른 경우 더 이상의 악화를 막고 합병증을 최소화하기 위한 노력들을 말한다.
- 삼차 예방의 주된 목적은 재활이라고 할 수 있다.

심리교육 및 심리재활

1 교육의 개념

① 교육의 정의

- 교육은 임상심리학자의 또 다른 주된 업무이다. 대학이나 기타 사회교육시설에서의 교육, 병원이나 상담시설에서의 수련 교육, 기업 대상 및 기타 다양한 장면에서 임상심리학적 지식을 전달하는 역할을 하고 있다.

② 교육 실무

- 대학 및 대학원에서 심리학 교과(이상심리학, 임상심리학, 심리검사, 심리치료 및 연구방법론 등)를 강의한다.
- 대학원생 혹은 수련 실무 중인 학생들의 임상사례들에 대한 개별 및 집단 지도감독을 한다.
- 지역사회 정신건강 진료소, 개업 진료소, 비영리기관 및 기타 장면에서 특정 장애의 이해, 평가 및 치료와 관련된 전문적인 교육을 실시한다.
- 워크숍을 마련하여 전문적 서비스 제공 및 수련 실무 관련 교육 전반에 대한 심층적인 교육을 제공한다.
- 사업체와 산업체 환경 전반에 대한 교육을 제공한다. 직무 스트레스 관리, 생산성 증진 방법, 면접과 의사소통 기술 전략 등에 초점을 두고 있다.

• 학교, 자원봉사단체, 기타 장면들에서 필요한 전문적인 교육을 제공한다. 스트레스 관리, 대인관계 증진, 학교폭력 예방, 부모 교육 등이 포함된다.

2 정신사회재활교육

① 심리교육적 집단치료

심리교육적 집단치료는 환자들을 교육하는 것을 목적으로 하는 집단치료방법이다. 동일한 문제를 가진 만성적인 환자집단을 대상으로 질병에 대해 교육하거나 예방 및 관리를 위한 교육을 제공한다.

② 심리교육적 가족치료

가족의 협력이 필요한 심리장애의 치료에서, 가족을 통한 적절한 보호체계를 강화하고 효과적인 치료방법을 지원하는 데 필요한 교육을 제공한다.

3 정신사회재활의 기본원리

정신사회재활이란 정신적 장애를 지닌 환자에게 신체적 · 정서적 · 사회적 · 지능적 기술을 제공하여 지역사회에 적응할 수 있도록 돕는 것을 말한다.

〈정신사회재활의 기본원리〉

• 개별적으로 적절한 서비스를 제공하여 자신의 능력을 최대한 개발할 수 있도록 돕는다.
• 환자의 환경적응능력을 향상시킬 수 있는 다양한 방법을 제공한다.
• 사회적 · 직업적 대인관계에 필요한 기술습득과 변화가능성에 대해 희망을 갖도록 지원한다.
• 환자의 복합적인 문제를 해결하기 위해 증상에 맞는 포괄적이고 전문적인 서비스를 제공한다.
• 자기결정을 통해 재활과정에 적극적으로 참여할 수 있도록 돕는다(동기부여, 목표설정 등).
• 환자의 개인 내적 발전과 환경적 지원을 돕기 위해 환자와 가족을 치료와 재활에 적극적으로 개입시킨다.
• 직업재활에 초점을 두고, 직업성과를 이룰 수 있도록 돕는다.
• 장기적인 재활치료를 돕기 위해 다양한 재활전략을 수립한다(약물사용의 감소, 가족지원 방안 등).

4 정신사회재활의 일반적 목표

① 환자가 가지고 있는 증상에 맞는 적절한 서비스를 제공하여 장애를 감소시키는 데 있다.
② 환자가 자신의 잠재적 능력을 개발하여 직업을 가지고 사회에 잘 복귀하도록 하는 데 있다.
③ 환자가 자신의 능력을 최대로 발휘하여 살아갈 수 있도록 기술을 가르침으로써 주변환경을 지지적으로 조정하는 데 있다.

재활상담의 목적

- 재활상담은 환자의 약해진 자아를 지지해 주고 희망을 갖게 함으로써 재기하려는 동기를 불러일으키며, 현실의 문제를 잘 해결해서 편안한 마음을 갖도록 하는 데 목적이 있다.
- 재활상담에서는 희망과 자신감, 용기 및 자기선택을 강조한다. 이는 회복 및 성공적 재활과 밀접한 관련이 있다.

5 재활상담을 위한 상담자의 태도

① 진솔성

상담자는 환자와의 관계에서 느끼는 감정과 태도에서 솔직해야 한다. 환자가 표출하는 부정적 감정을 그대로 받아들일 수 있을 때 솔직한 의사교류와 감정교류가 가능해진다.

② 수용

환자를 있는 그대로 받아들여야 한다. 환자가 말하는 것을 비판이나 평가 없이 무조건적으로 받아들이고 수용한다. 단, 환자의 왜곡된 생각에 동의하는 것과는 구별되어야 한다.

③ 긍정적 존중

환자를 한 인간으로 존중하며 감정, 사고, 행동을 평가하지 않고 있는 그대로 받아들여야 한다. 환자가 정신과적 문제를 가지고 있는지와 상관없이 소중한 인격체로 존중하고 인정해야 한다.

④ 공감적 이해

환자의 입장이 되어 내면의 여러 측면을 이해해 주어야 한다. 환자는 공감적 이해를 통해 자신이 이해받고 있다고 느껴져 솔직하게 자신의 문제를 이야기하게 되고 상담자를 신뢰하게 된다.

정신사회재활의 윤리강령

① 행동과 구성
- 재활전문가는 전문가로서 자신의 지위와 정체성에 맞게 개인적 행동에서 높은 기준을 유지해야 한다.
- 재활전문가는 정신재활과 서비스 전달을 수행하는 것에 능숙해질 수 있도록 노력해야 한다.
- 재활전문가는 개인이 그의 요구와 바람을 성취할 수 있도록 돕는 것이 일차적인 의무이다.

② 환자에 대한 윤리적 책임
- 재활전문가는 서비스를 받는 사람과 이중적인 관계를 맺지 않도록 한다.
- 재활전문가는 서비스를 받고 있는 사람들에게 긍정적인 이익을 주어야 한다.
- 재활전문가는 서비스를 받는 사람의 자기결정을 최대화하기 위해 모든 노력을 기울여야 한다.
- 재활전문가는 환자의 사생활을 존중하여야 하며 전문적인 서비스의 과정에서 얻어진 모든 정보를 비밀로 지켜야 한다.

③ 동료에 대한 윤리적 책임
재활전문가는 동료들을 존중하고 공정하게 대하며 좋은 신뢰를 보여야 한다.

④ 전문가로서 윤리적 책임
- 재활전문가는 정신재활의 원칙과 윤리에 관한 일을 지지하고 추진시켜야 한다.
- 재활전문가는 정신재활 서비스를 일차적인 서비스 방식으로 조성시켜서 동료들을 돕는다.
- 재활전문가는 전문적 업무에서 일을 식별하고 추진시키며 지식을 이용하는 것에 대한 책임을 갖는다.

⑤ 사회에 대한 윤리적 책임
재활전문가는 정신장애가 있는 사람이 사회에서 수용되도록 노력함으로써 사회의 일반적인 복지를 증진시킨다.

6 정신사회재활교육

① 사회기술훈련
- 사회기술훈련은 의사소통을 통해 대인관계의 효율성을 향상시키는 데 필요한 사회적 기술을 훈련하는 과정을 말한다.
- 가족이나 다른 사람들과의 대인관계에서 어려움이 많은 환자에게 갈등이나 긴장을 해결하기 위한 효과적인 방법을 제공한다.

② 환자교육
- 증상관리 교육: 환자에게 증상을 최소화시킬 수 있는 실제적인 자기관리 방법을 교육시켜서 재발과 재입원을 막도록 돕는다.
- 약물 교육: 환자가 약물에 대한 올바른 지식과 적절한 투약방법을 이해하여 약의 복용과 약의 부작용을 스스로 관리함으로써 증상의 안정된 상태를 유지하고 재발을 예방하는 데 목적이 있다.

③ 가족교육

가족에게 환자가 앓고 있는 질병 및 가족 지원 방법에 대해 교육을 실시하여 환자의 회복을 돕는 데 목적이 있다.

④ 직업재활교육

정신장애인의 직업재활교육은 구체적이고 체계적인 직업을 갖게 하여 일을 통한 사회적 역할을 지속적으로 수행할 수 있도록 돕는 데 있다.

7 사회기술훈련의 필요성 및 구성요소

① 사회기술훈련의 필요성

- 만성 정신과 환자는 사회기술이 부족하기 때문에 사회에 적절히 적응하지 못하며 자신의 욕구를 만족시키는 데 많은 어려움이 있다.
- 대인관계에서 생기는 문제를 잘 해결하지 못하고 스트레스에 잘 대처하지 못하며, 그 결과 증상이 악화되어 재입원하는 악순환을 반복한다.
- 사회기술훈련을 통해 환자의 기능수행능력을 증진하고 사회적 요구와 생활에서 일어나는 스트레스를 대처할 수 있는 교육과 훈련이 필요하다.

② 사회기술훈련의 구성요소

- 인지적 요소는 주의력이나 기억력, 정보처리능력, 사회지각, 사회인지기능 등이 포함된다.
- 행동적 요소는 말의 적절성, 말의 이해성, 음성의 크기, 억양과 같은 언어적 요소와 시선접촉, 얼굴 표정, 거리, 제스처와 같은 비언어적 요소로 구성된다.

사회기술훈련의 효과성 증진 지침과 일반적인 문제점

〈효과성 증진 지침〉

① 환자가 적극적으로 참여하고 노력할 수 있는 동기를 불어넣을 수 있는 강화인자가 무엇인지 밝혀 낸다.
② 훈련을 할 때 시각적 · 청각적 도구들을 이용하여 환자의 인지적 결손을 보상한다.
③ 목표로 삼은 바람직한 행동을 한꺼번에 가르치기보다는 작은 부분으로 세분화하여 가르치고 호전된 점을 강화한다.
④ 비교적 훈련이 가능한 것부터 단계적으로 시작한다.
⑤ 환자가 알고 있는 익숙한 것에서 시작해서 새로운 것, 복잡한 것으로 실행한다.
⑥ 환자에게 치료적 지시를 하고 호전될 것이라는 기대감을 준다.
⑦ 환자에게 직접 혹은 비디오를 통해 시범연기를 보여 준다.
⑧ 반복연습과 학습을 제공하고 적극적으로 격려하고 구체적으로 지도한다.
⑨ 호전에 대해 인정과 칭찬 같은 긍정적 피드백을 즉각적으로 준다.

⑩ 배운 기술을 실제 생활에서 활용할 수 있도록 숙제를 내 주거나 보호자의 협조를 얻는 등의 방법을 통하여 일반화하도록 한다.

〈일반적인 문제점〉
① 환자가 배운 사회기술을 실제 상황에서, 그리고 장기적으로 지속시킬 수 있는지와 같은 일반화 효과의 문제가 있다.
② 환자의 실제 생활에서 사회기술의 정도를 타당성 있게 반영하는 평가도구는 드물다.
③ 사회기술훈련을 체계적으로 시행해도 가족이나 주변 환경이 지지적이지 못하면 훈련의 효과가 부족하다.

8 증상관리 교육의 목적과 내용

① 증상관리 교육의 목적

환자가 자신의 병에 대하여 잘 이해하고 관리하여 재발되지 않도록 하는 데 목적이 있다. 정신보건전문가는 증상에 대하여 환자가 이해할 수 있게 사실대로 이야기하는 것이 좋다.

② 증상관리 교육내용

- 증상관리 교육은 환각이나 망상, 기괴한 행동, 감정 둔화, 대인관계 회피와 같은 증상 등에 대해서 설명하고 각각의 증상에 대한 대처방법을 가르친다.
- 재발경고 신호에 대하여 알게 하고, 재발이 일어날 위험성이 있을 때 정신건강전문가에게 신속히 도움을 청하여 재발을 예방하고 잘 대처할 수 있도록 한다.
- 환자가 겪을 수 있는 다양한 스트레스에 대해 교육하고 스트레스를 관리하는 방법을 제공한다.

9 만성 정신과 환자의 약물교육

① 약물치료 중단 이유

- 약물 부작용에 따른 불쾌하고 고통스러운 경험 때문에
- 사회적 편견과 낙인 때문에
- 병의 기간이 길어지면서 삶의 희망을 상실하고 노력을 포기하게 되기 때문에
- 약의 이점과 중요성을 인식하지 못하기 때문에
- 인지적 결함이나 병의 증상 등으로 인해

② 약물관리 교육내용

약물관리 교육에 대한 오리엔테이션, 약물복용의 이유, 정신과 약물의 종류와 특성, 항정신병 약물의 효과와 올바른 복용법, 항정신병 약물의 부작용과 해결법, 약물과 관련

된 문제발생 시 해결방법에 대해 교육한다.

10 만성 정신과 환자의 가족교육

① 가족교육

- 가족이 환자로 인해 받는 고통 속에서도 가족 스스로를 돌볼 수 있도록 하는 데 있다.
- 가족이 환자를 관리하는 방법을 교육하며, 가족교육 방법에는 강연 및 질의응답, 비디오 상영 후 토론, 세미나 형식, 집단모임 형식, 가족교육을 받은 환자 가족이 가족 자조모임에서 다른 환자 가족에게 교육하도록 하는 것 등이 있다.

② 가족이 가져야 할 올바른 태도

- 환자의 증상을 이해하고 약물관리를 포함한 적절한 증상관리를 해야 한다.
- 가족 자신의 욕구를 돌보고 가족구성원 스스로 스트레스를 잘 해결하도록 한다.
- 가족 중의 한 사람이 지금 병을 앓고 있다는 사실을 있는 그대로 받아들여야 한다.
- 환자뿐만 아니라 가족도 정신적 회복을 위한 다양한 심리적 단계를 경험할 수 있음을 이해한다.
- 병전 환자에게 가지고 있던 기대를 환자에게 맞는 현실적인 기대로 전환한다.
- 환자의 모든 행동을 병과 관련지어 말하거나 다른 사람과 비교하며 비난하지 않도록 한다.
- 가족이 가지는 신체적 · 경제적 · 정서적 한계를 솔직하게 인정한다.
- 가족이 환자를 위해 모든 것을 희생하기보다는 평소의 일상을 유지하고 회복하도록 한다.
- 환자를 포함한 모든 가족이 참여하여 자신의 행동에 책임을 질 수 있도록 한다.
- 가족구성원은 상호 신뢰하고 존중하며, 긍정적이고 지지적인 환경을 만들도록 한다.

11 직업재활교육의 이점

① 치료적 효과로서 증상을 완화시키며 재발과 재입원이 감소된다.

② 심리적 이득으로서 자존감 향상, 소속감, 생활만족감, 스트레스 대응능력, 병을 관리하고자하는 동기가 고양되며, 의료기관에 대한 의존감이 감소된다.

③ 직업 현장을 통해 개인이 의존할 수 있는 사회적 지원체계를 넓힐 수 있다.

④ 경제적 이득을 통해 독립적인 삶과 질 높은 생활을 할 수 있게 된다.

⑤ 가족의 입장에서 볼 때, 가족이 겪고 있는 고통이 여러 측면을 감소시킨다.

12 정신사회재활의 사례관리를 위한 기본지침

① 각 개인은 자신만의 장점과 욕구가 있기에 서비스 계획도 이에 맞추어야 한다.
② 각 개인의 장점과 욕구는 시간에 따라 변하므로 서비스가 제공되는 동안 유형과 강도가 변해야 한다.
③ 각 환자에게 제공되는 서비스 수준은 개인의 손상의 정도와 맞아야 하며, 환자가 독립적으로 기능하도록 격려되어야 한다.
④ 환자에 대한 사례관리 서비스는 환자의 요구에 맞게 장기적으로 지속되어야 한다.

13 재활상담 계획 시 사례관리를 위한 단계별 절차

① 접수: 사례관리 대상자 확인, 사례관리 적합성 점검, 사례관리 동의서 서명 및 상호 역할을 명료화 한다.
② 사정: 내담자의 욕구와 문제, 현재의 기능, 강점과 잠재 능력 등에 관한 전반적인 자료를 수집하고 종합적으로 분석하여 내외적 자원 및 제한적 요인을 평가한다.
③ 계획: 내담자에게 필요한 서비스의 우선순위를 정하고, 장단기 목표를 설정한 후, 목표 달성을 위한 개별적인 보호계획을 수립한다.
④ 개입: 내담자에게 계획된 서비스를 구체적이고도 실천적으로 실행하는 과정을 말한다. 개인의 기술과 능력을 향상시키는 직접적 개입과 지역사회 서비스 연결 및 지원을 돕는 간접적 개입이 있다.
⑤ 점검: 내담자에 대한 지원체계 서비스가 적절하게 수행되고, 지속적으로 제공되는지에 대한 재사정을 실시하는 과정을 말한다.
⑥ 평가 및 종결: 내담자에게 제공되었던 서비스 체계의 효과성과 효율성을 종합적으로 판단하는 과정이다. 내담자에게 서비스가 더 이상 필요하지 않을 때 사례관리의 과정을 종결한다.

14 정신사회재활의 회복(재기) 과정 7단계

① 1단계: 혼란과 충격
환자는 자신에게 일어나는 정신과적 증상으로 혼란스러워하고 충격을 받는다. 정신과 환자라는 사실과 정신병원에 입원해 있다는 사실을 받아들이지 못한다.

② 2단계: 부인
환자는 자신에게 일어나는 현실을 받아들이지 못하고 부인하게 된다. 환자는 병의 심각

성을 받아들이지 않으며, 병으로 인한 변화를 인정하지 않는다.

④ 3단계: 우울과 절망 및 포기

환자는 시간이 지나면서 예전과 다른 자신의 모습을 알게 되면서 무력한 자신을 발견하게 된다. 자신의 병을 인식하게 되고 자신의 삶 전체가 무너져 가고 있다는 것에 절망하고 우울해 한다.

④ 4단계: 분노

환자는 자신의 정신질환에 대한 분노뿐만 아니라, 주변인과 사회로부터 무시당하고 비인간적인 대우를 받는다는 생각으로 분노를 느낀다.

⑤ 5단계: 수용과 희망

환자는 있는 그대로 자신의 병을 받아들이면서 자발적인 노력을 하기 시작하고 희망을 갖게 된다. 수용과 희망을 갖게 되면서 새로운 삶의 전환점을 갖게 된다.

⑥ 6단계: 극복

환자는 자기 자신을 인정하고 받아들여 가며 자신의 병을 극복하고자 노력한다. 무엇을 배우려 하거나 직업을 가지려고 하며 취미생활을 하는 등 적극적으로 생활하게 된다.

⑦ 7단계: 옹호/힘의 획득

환자는 자신에 대한 새로운 느낌과 삶의 새로운 의미를 발견함에 따라 용기를 가지고 힘을 얻으며 유능감을 느낀다. 재기과정을 거치면서 자기를 보다 긍정적으로 보고 자신감을 갖게 되며 환경에 대한 통제력이 향상된다.

15 정신사회재활의 절차

① 진단단계

재활 실무자는 환자에게 필요한 재활목표를 설정하고, 목표와 관련된 기술과 자원의 강점 및 결점을 평가한다.

② 계획안 수립단계

환자의 재활목표를 달성하기 위해 개인의 기술과 자원을 어떻게 개발하고 제공할 것인지를 구체화하고 체계적인 개입법을 규명한다.

③ 개입단계

환자가 기술을 개발하고 자원을 활용할 수 있도록 능력을 향상시킨다. 일련의 체계적인 지도활동을 통해 새로운 행동을 능숙하게 수행할 수 있도록 하고 특정한 환경에서 관련 기술을 필요시 사용할 수 있도록 돕는다.

16 정신재활모형

① 스트레스 취약성 대처능력 모형(stress vulnerability coping competence model)

정신장애는 생물학적 · 환경적 · 행동적 요인의 복합적인 상호작용 결과로 나타난다.

- 정신생물학적 취약성에 영향을 미치는 두 가지 중요한 체계가 있으며, 이는 개인체계와 환경체계로 나뉜다.
- 정신생물학적 취약성은 스트레스가 되는 환경체계의 생활사건이 개인의 대처기술을 압박하거나 제한시킬 때를 말하며, 이로 인해 정신병적 증상이 나타난다.
- 개인체계와 환경체계가 재활효과에 미치는 영향은 보호요인에 따라 감소될 수 있다.

정신재활에 미치는 치료적 요인

① 정신생물학적 취약성

- 정신생물학적 취약성(psychological vulnerability)이란 주요 정신질환을 일으킬 수 있는 위험성을 의미하는 것으로 증상의 발생시기와 관계없이 한 개인이 지속적으로 지니고 있는 유전적 요인과 초기 환경적 요소이다.
- 정신질환에 대한 취약성을 지니고 있는 사람은 취약성이 없는 사람에 비해 어떤 스트레스가 가해지면 쉽게 증상을 일으킨다.

② 사회환경적 스트레스원

- 사회환경적 스트레스원(socioenvironmental sterssors)이란 개인에게 부정적인 영향을 미치고 적응을 위한 변화를 요구하고 극복기술과 능력을 필요로 하는 일시적 혹은 지속적인 환경적 사건이나 그와 연관된 것을 의미한다.
- 스트레스가 정신생물학적 취약성과 상호작용을 하게 되면 증상을 발현시키거나 기존의 증상을 악화시키는 데 영향을 준다.
- 정신사회재활에서는 여러 스트레스원을 없애고자 하기보다는 이를 극복하는 기술을 가르침으로써 스트레스원이 취약성에 미치는 부정적 효과를 감소시킨다.

③ 보호인자

- 보호인자(protective factors)란 취약성을 가진 사람이 현재의 스트레스 상태에서 향후 어떤 경과를 밟을 것인지를 결정짓는 인자이다.
- 보호인자를 통하여 증상의 심한 정도와 병의 경과를 호전시킬 수 있으며, 보호인자에는 크게 약물치료, 기술개발(개인적 요소), 사회적 지지(환경적 요소)가 있다.
  - 적절한 약물치료는 취약성이 있는 개인에게 환경적 스트레스원이 증상을 유발할 수 있는 역치를 변화시킴으로써 재발과 증상의 악화를 막는다.
  - 다양한 극복기술(사회기술과 문제해결기술)을 가르침으로써 환경적 스트레스원이 취약성에 미치는 부정적인 효과를 상쇄할 수 있다.
  - 사회적 지지 역시 극복기술과 마찬가지로 환자에게 미치는 스트레스의 부정적 효과를 감소시킨다. 사회적 지지란 사회생활에서 요구되는 역할을 충분히 할 수 있도록 주거, 임시취업, 보조취업, 재정적 지원, 사례관리 등의 환경적 자원과 지지를 제공하는 것을 말한다.

② 정신사회재활모형(Psychosocial Rehabilitation Model, Anthony)

> 정신장애가 개인에게 주는 영향은 손상(impairment)–기능결함(dysfunction)–역할장애(disability)–불이익(disadvantage)단계로 진행된다.

- 손상단계
  - 손상단계는 심리적 · 생리적 · 해부학적 구조 또는 기능에서 상실이나 이상이 생긴 상태를 말한다.
  - 정신과적 손상은 일반적으로 뇌의 생물학적 이상으로 초래되기 때문에 이로 인하여 망상과 부적절한 기분을 경험하게 된다. 따라서 자신의 생각과 감정을 의지대로 조절하기 어려워 자신에 대한 혼란이 일어나게 된다.
  - 이 단계에서는 약물치료나 정신치료가 사용되며, 손상의 경감에 초점을 두어야 한다.
- 기능결함단계
  - 기능결함단계는 환자가 사회적 접촉이 줄어들어 학습할 기회가 부족하고, 배웠던 사회기술마저 잊어버리게 되어 사회적 활동수행능력이 제한된다.
  - 환자는 직업기술, 사회기술, 일상생활에서의 여러 가지 기술에 결함이 생기며, 병에 걸리기 전에 수행하였던 활동들을 하기가 어렵게 된다.
  - 이 단계에서는 재활상담이 필요하며, 부족한 기술을 가르치고 훈련하며 이를 위한 환경적인 지원이 따라야 한다.
- 역할장애단계
  - 역할장애단계는 정상인이 해야 할 사회적 역할수행능력이 제한되거나 부족한 상태를 말한다.
  - 환자는 학교를 다니지 못하거나 취업하지 못하고 거주지가 없는 등의 문제가 있고, 사회적 역할을 해내는 데 필요한 능력이 결여되어 있다.
  - 이 단계에서는 직업재활상담, 역할훈련, 환경지원이 필요하며, 환경적 지지체계에 초점을 둔 개입을 해야 한다.
- 불이익단계
  - 불이익단계는 사회로부터 불이익을 겪게 되는 경우이며 핸디캡 단계라고도 한다.
  - 환자는 사회의 낙인, 차별대우, 빈곤 문제 때문에 자신의 능력을 사용할 수 있는 기회가 제한된다.
  - 이 단계에서는 정신보건 관련 제도를 개선시키고 사회적 편견을 없애며 환자의 권익을 찾도록 노력해야 한다.

〈정신사회재활모형〉

단계	손상 (impairment)	기능결함 (dysfunction)	역할장애 (disability)	불이익 (disadvantage)
정의	심리적, 생리적 혹은 해부학적인 구조나 기능이 상실되거나 어떤 이상이 생긴 상태	정상이라고 생각되는 방식과 범위 내에서 활동이나 과업을 수행할 능력이 제한되거나 부족한 상태	정상이라고 생각되는 방식과 범위 내에서 역할수행능력이 제한되거나 부족한 상태	어떤 개인이 정상적인 역할을 수행하는 일에 제한과 방해를 받는 불이익 상태
예	망상, 환각, 우울, 무감동 등	직무적응기술 부족, 사회기술 부족, 일상생활 기술 부족	학교를 다니지 못함, 취업을 하지 못함, 거주지가 없음	사회적 차별과 편견, 빈곤한 상태에 놓임
대표적 개입법	약물치료, 정신치료(손상의 경감에 초점)	재활상담, 기술훈련, 환경지원(기술적 · 기능적 능력 향상에 초점)	직업재활상담, 역할훈련, 환경지원(환경적 지지체계에 초점)	편견해소, 권익보호, 제도변화(사회적 불이익을 최소화하는 데 초점)

17 만성 정신과 환자의 약물효과를 증대시키기 위한 지침

① 목표 증상에 적합해야 하며, 선택할 약물의 효능 및 부작용을 고려한다.

② 투약용량과 복용방법, 복용기간에 대해 명시하도록 하고 그 효과성을 검토한다.

③ 충분한 기간 동안 지속적으로 투약할 수 있도록 인식시킨다.

④ 재발을 막기 위한 예방적 약물치료를 시행한다. 예방적 약물치료의 기간은 재발횟수뿐 아니라 질병의 심각도, 가족력 유무, 재발 사이의 간격, 치료에 대한 반응 정도 등을 고려해서 결정한다.

⑤ 약물 중단을 준비하는 과정에서는 약물의 용량을 서서히 줄여 나가다가 중단한다.

⑥ 환자의 특수상황이나 투약 중인 다른 약물과의 관련성을 신중하게 고려하여 약물을 선택한다.

⑦ 정신과적 약물치료 외 심리상담, 심리교육 등을 병행하여 치료효과를 증진한다.

18 치료와 재활의 차이점

① 치료는 개인의 증상이나 병리를 감소시키는 데 초점을 맞추는 반면, 재활은 부족한 점을 보완하고, 개인의 장점이나 자산을 최대로 개발하여 사회에 잘 적응하도록 하는 것이다.

② 치료는 다양한 인과이론을 기초로 하지만, 재활은 기저의 인과이론을 두지 않는다.
③ 치료는 현재 및 앞으로 요구되는 기술과 지원을 평가하지만, 재활은 증상과 가능한 원인을 평가한다.
④ 치료는 정신치료, 약물치료 등을 사용하지만 재활은 자원조정, 기술교육 등을 가르친다.
⑤ 치료는 여러 다양한 치료이론에 기반하지만, 재활은 인간자원 개발, 직업재활, 특수교육 및 학습적 접근 등에 기반한다.
⑥ 치료의 초점은 과거, 현재, 미래이지만, 재활의 초점은 현재와 미래에 중점을 둔다.

19 정신사회재활의 치료적 개입

① 심리학적 평가 및 기능평가

정신재활의 효과를 높이기 위해 환자에 대한 정확한 이해가 필요하다. 이를 위해 면담, 행동관찰, 심리검사를 실시하여 환자가 가진 기술과 보충해야 할 점 및 장점 등을 자세하고 정확하게 평가한다. 또한 기능평가를 통해 문제되는 행동 및 해결에 필요한 자원을 검토하여 구체적인 계획을 세운다.

② 인지기능의 재활

인지기능을 회복할 수 있는 인지기능 향상 프로그램을 제공한다. 이를 통해 주의력이나 기억력 및 집행능력 등의 전반적 인지기능을 효과적으로 개선시키도록 돕는다.

③ 재활상담

재활상담은 상담자가 환자의 약해진 자아를 지지해 주고 희망을 갖게 함으로써 재기하려는 동기를 불러일으키며, 현실의 문제를 잘 해결해서 편안한 마음을 갖도록 하는 데 목적이 있다.

④ 사회기술훈련

사회기술훈련을 통해 대인관계에서 오는 문제를 해결하고, 스트레스에 대처하며 사회에 적절히 적응할 수 있도록 돕는다. 일반적으로 의사소통 기술훈련, 문제해결 기술훈련 등이 포함된다.

⑤ 환자교육

환자교육이란 환자가 자신의 병을 극복하고 일상생활을 잘할 수 있도록 하는 데 도움이 되는 내용들을 교육시키는 것이다. 먼저 병의 증상과 자신을 구분하도록 돕고, 스스로를 돌볼 수 있는 실제적인 여러 방법을 제시한다.

⑥ 가족교육

가족교육은 환자의 재발률을 감소시키며 환자의 증상을 줄이고 기능 상태를 호전하는 데 도움이 된다. 가족이 환자로 인해 받는 고통 속에서도 가족 스스로를 돌볼 수 있도록 하며, 가족이 환자를 관리하는 방법을 제공한다.

⑦ 직업재활

직업재활이란 환자가 직업을 갖고 그것을 유지할 수 있도록 직업적 서비스를 포함한 계속적이며 종합적인 재활 과정이다. 직업재활은 환자의 성공적인 사회통합을 위해 필수적이며, 지역사회에서의 독립적인 생활과 사회적응에 중요한 기회를 제공한다.

⑧ 지역사회 지지서비스

환자의 사회적 재활을 돕기 위해 위기개입, 심리사회적 재활서비스, 사례관리, 주거지원 및 자조모임 등의 서비스를 제공한다.

⑨ 사례관리

환자에게 그들이 원하는 서비스를 통합적으로 제공받을 수 있도록 지속적으로 관리해 주는 과정을 말한다.

정신재활 진단을 위한 구성요소

정신재활 진단에는 재활 준비도, 전반적인 재활목표 세우기, 기능평가, 자원평가의 네 가지 구성요소가 포함된다.

- 재활 준비도: 재활 준비도는 장애를 가진 사람이 재활에 대해 가지는 흥미도와 자신감을 나타내는 지표이다. 전반적인 재활목표를 세우기에 앞서 재활 준비도를 평가하여 준비도 수준을 확인한다.
- 전반적인 재활목표 세우기: 전반적인 재활목표를 세울 때 실무자와 내담자가 자칫 다른 목표를 추구할 가능성이 있기에, 시간을 두고 내담자와 같이 작업하는 것이 중요하다.
- 기능평가: 기능평가란 전반적인 목표를 달성하기 위해 필요한 중대한 기술에 대해 내담자가 가지고 있는 기능 정도를 평정하는 것이다. 기능평가를 통해 내담자가 가지고 있는 기술의 강점과 결점의 양상을 파악한다.
- 자원평가: 자원평가는 내담자가 전반적인 재활목표를 달성하는 데 필요한 자원의 정도를 평가하는 것이다. 자원평가에서는 사람, 장소, 활동, 사물과 같은 중대한 자원의 이용 정도를 평정한다.

20 만성 정신과 환자의 직업능력 평가

① 취업을 할 수 있는 직업영역을 평가한다.
② 취업을 돕기 위한 지원체계를 평가한다.
③ 직업훈련경험, 작업행동, 정보의 이해와 전달능력, 학습능력 등을 평가한다.
④ 환자의 신체적 건강상태를 확인하는 의료평가를 실시한다.

⑤ 직업 동기, 자존감, 자기효능감을 평가하여 직업재활의 성공 가능성을 검토한다.

21 정신장애재활 주거 프로그램

① 중간 거주시설

기관의 관리 감독하에 환자에게 방을 제공하고 매일의 일상생활을 돕는다. 환자는 병원에서 퇴원한 후에 이곳에서 보통 6~8개월 정도 머문 후에 사회로 나가게 되는 일종의 과도기적 주거기관이다.

② 장기집단 거주시설

기능이 저하된 심한 만성정신질환자들이 지속적 혹은 장기간 거주할 수 있고 치료진이 상주한다.

③ 관리감독 거주시설

상주 치료진은 없지만 치료진들이 규칙적으로 방문하여 환자를 지도한다.

④ 위기관리 거주시설

입원을 막거나 혹은 입원기간을 단축시키는 데 도움을 주기 위하여 이용된다.

⑤ 요양원

노인환자나 만성신체질환을 가진 만성환자들이 주로 사용하지만, 만성 정신질환을 가진 환자의 요양과 관리를 위해 이용되기도 한다.

낮 병원의 기능

- 밤에는 집에서 지내고 낮 동안에는 병원을 방문하여 프로그램에 참가하고 집으로 돌아가는 재활프로그램이다.
- 낮 병원은 입원치료에 대한 대처기능을 할 뿐 아니라, 입원기간을 단축시키며, 지역사회로의 복귀와 사회적응을 돕는 입원치료와 외래치료의 중간단계로서의 기능을 수행한다.
- 낮 병원 치료는 입원치료에 비해 비용 효율적이며, 재발과 재입원의 예방에 효과가 있다.

22 지역사회 정신건강을 증진하기 위한 임상심리학자의 역할

① 평가자로서의 역할

만성정신질환자의 사회 적응능력, 일상생활 관리능력, 문제해결능력 등을 평가하기 위한 도구 개발, 사회적 지지망 평가, 정신질환 전반에 대한 평가를 수행한다.

② 치료자로서의 역할

재활 프로그램의 개발 및 실시, 만성정신질환자 치료적 개입 및 정신재활을 돕기 위한 가족 교육, 지역사회 정신건강 증진 및 예방 프로그램을 실시한다.

③ 연구자로서의 역할

지역사회 정신질환 관련 연구, 프로그램 성과 평가, 지역사회 심리학 문헌 연구 및 실정에 맞는 모형 개발, 타 전문분야와의 학제 간 연구를 시행한다.

23 지역사회 정신보건서비스 지원체계 주요지침

① 병원과 지역사회 내의 환자들을 파악하고 그들에게 적절한 서비스를 제공한다.
② 환자가 지역사회지원 프로그램에 등록하도록 돕는다.
③ 가능한 한 덜 구속적인 환경에서 위기안정 서비스를 제공한다.
④ 목표설정, 재활, 평가, 임시 거주 장소 주선, 직업재활과 같은 정신사회재활서비스를 제공한다.
⑤ 의학적 치료와 정신보건 치료를 제공한다.
⑥ 가족, 친구, 지역사회 회원들로 구성된 후원회를 제공한다.
⑦ 지역사회 회원이 환자의 주거와 취업 기회에 대해 계획을 세우고 참여하며, 실제로 환자가 그러한 서비스를 제공받도록 돕는다.
⑧ 병원과 지역사회에서 환자의 권리를 옹호한다.
⑨ 환자가 적절한 도움을 지속적으로 받을 수 있도록 사례관리 서비스를 제공한다.

02 기출기반학습+

정신건강자문의 유형

① 비공식적인 동료집단 자문
내담자에게 필요한 더 좋은 치료 전략을 얻기 위해, 동료에게 해당 사례에 관한 자문을 요청하는 것을 말한다.

② 내담자-중심 사례 자문
내담자의 특별한 요구를 충족시키기 위해 특정한 환자의 치료나 보호에 책임이 있는 동료 자문가에게 조언을 구하는 것을 말한다.

③ 프로그램-중심 행정 자문
개인적인 사례보다는 프로그램이나 제도에 초점을 둔다. 진료소, 실무, 연구 프로그램 및 전체적 쟁점이 되는 문제에 관한 중요한 기능적 측면에 대한 자문을 제공한다.

④ 피자문자-중심 사례 자문
피자문자의 경험 내용에 대해 전문 자문가로부터 도움을 받는 것을 말한다.

⑤ 피자문자-중심 행정자문
기관 내의 행정적인 쟁점과 인사 쟁점에 관한 업무에 대해 전문 심리학자의 자문을 구하는 것을 말한다.

자문가의 역할

① 직접적인 역할 자문가
전문적이고 기술적인 자문을 제공하며, 피자문자가 관심이 있는 쟁점에 대해 효과적으로 다룰 수 있도록 지원한다. 결과에 더 초점을 맞추고 있으며 과제 지향적이다.

② 간접적인 역할 자문가

피자문자의 기술을 촉진시켜 주기 위해 자문가 자신의 기술과 전문성을 사용하여 조력한다. 과정이나 성장에 초점을 맞추며 과정 지향적이고 촉진적이다.

정신건강자문의 단계

정신건강자문은 질문의 이해, 평가, 중재, 종결, 추적 단계로 이루어진다.

① 질문의 이해

- 자문가에게 의뢰된 질문의 성질과 자문의 목적을 이해하기 위해 상황을 판단해야 한다. 자문가는 자신이 유능하고 전문적인 자문을 제공하기 위한 수련, 경험 및 전문성을 가지고 있는지 검토해야 한다.
- 자문가는 자문을 의뢰한 조직, 기관이 실제로 자문을 받아들일 준비가 되어 있는지, 자문으로 인한 결과에 저항이 나타날 수 있는지 등에 대한 조직의 준비성과 개방성을 검토해야 한다.

② 평가

- 자문가는 중재와 조언을 제공하기 전에 상황을 전반적으로 평가해야 한다. 평가를 위해 면접, 심리검사, 기록 및 기타 자료들을 검토한다.
- 종합적 평가가 완성되면 문제들의 진단적인 인상과 중재목적을 해결하기 위한 자문을 제공한다.

③ 중재

- 자문가는 피자문가의 질문 혹은 문제에 대해 실제적인 조언이나 제안을 제공한다.
- 중재는 개인적인 중재 외에도 집단중재가 포함될 수 있으며, 중재가 제공된 후에는 이득이 되었는지의 여부를 평가한다. 최종적으로 자문의 목표와 목적이 적절하게 이루어졌는지의 여부를 검토한다.

④ 종결

- 합의된 자문목적이 충족된 후에 종결하거나 혹은 자문가가 그 목적이 이루어지기 어렵다고 판단될 때 종결 단계가 일어난다.
- 종결 단계는 신중하게 고려해야 하며, 종결 시에는 마감면접(자문과정 검토, 중재에 대한 피드백 공유, 잔여 쟁점 해결, 추적계획, 모든 참가자에게 적절할 종결 기회 제공 등)을 실시한다.

⑤ 추적

- 피자문자는 자문의 종결 뒤에 나타나는 새로운 위협 때문에 문제를 겪을 수 있다.
- 추적자문은 주기적인 추적회기나 지속적 프로그램이 요구되며, 면대면, 전화 혹은 메일 등으로 추적관리를 할 수 있다.

정신사회재활의 기본원리

① 개별적으로 적절한 서비스를 제공하여 자신의 능력을 최대한 개발할 수 있도록 돕는다.
② 환자의 환경적응능력을 향상시킬 수 있는 다양한 방법을 제공한다.
③ 사회적 · 직업적 대인관계에 필요한 기술습득과 변화가능성에 대해 희망을 갖도록 지원한다.
④ 환자의 복합적인 문제를 해결하기 위해 증상에 맞는 포괄적이고 전문적인 서비스를 제공한다.
⑤ 자기결정을 통해 재활과정에 적극적으로 참여할 수 있도록 돕는다(동기부여, 목표설정 등).
⑥ 환자의 개인 내적 발전과 환경적 지원을 돕기 위해 환자와 가족을 치료와 재활에 적극적으로 개입시킨다.
⑦ 직업재활에 초점을 두고, 직업성과를 이룰 수 있도록 돕는다.
⑧ 장기적인 재활치료를 돕기 위해 다양한 재활전략을 수립한다(약물사용의 감소, 가족지원방안 등).

정신사회재활의 일반적 목표

① 환자가 가지고 있는 증상에 맞는 적절한 서비스를 제공하여 장애를 감소시키는 데 있다.
② 환자가 자신의 잠재적 능력을 개발하여 직업을 가지고 사회에 잘 복귀하도록 하는 데 있다.
③ 환자가 자신의 능력을 최대로 발휘하여 살아갈 수 있도록 기술을 가르침으로써 주변환경을 지지적으로 조정하는 데 있다.

정신사회재활교육

① 사회기술훈련

- 사회기술훈련은 의사소통을 통해 대인관계의 효율성을 향상시키는 데 필요한 사회적 기술을 훈련하는 과정을 말한다.
- 가족이나 다른 사람들과의 대인관계에서 어려움이 많은 환자에게 갈등이나 긴장을 해결하기 위한 효과적인 방법을 제공한다.

② 환자교육

- 증상관리 교육: 환자에게 증상을 최소화시킬 수 있는 실제적인 자기관리 방법을 교육시켜서 재발과 재입원을 막도록 돕는다.
- 약물 교육: 환자가 약물에 대한 올바른 지식과 적절한 투약방법을 이해하여 약의 복용과 약의 부작용을 스스로 관리함으로써 증상의 안정된 상태를 유지하고 재발을 예방하는 데 목적이 있다.

③ 가족교육

가족에게 환자가 앓고 있는 질병 및 가족 지원 방법에 대해 교육을 실시하여 환자의 회복을 돕는 데 목적이 있다.

④ 직업재활교육

정신장애인의 직업재활교육은 구체적이고 체계적인 직업을 갖게 하여 일을 통한 사회적 역할을 지속적으로 수행할 수 있도록 돕는 데 있다.

만성 정신과 환자의 가족교육

① 가족교육

- 가족이 환자로 인해 받는 고통 속에서도 가족 스스로를 돌볼 수 있도록 하는 데 있다.
- 가족이 환자를 관리하는 방법을 교육하며, 가족교육 방법에는 강연 및 질의응답, 비디오 상영 후 토론, 세미나 형식, 집단모임 형식, 가족교육을 받은 환자 가족이 가족 자조모임에서 다른 환자 가족에게 교육하도록 하는 것 등이 있다.

② 가족이 가져야 할 올바른 태도

- 환자의 증상을 이해하고 약물관리를 포함한 적절한 증상관리를 해야 한다.
- 가족 자신의 욕구를 돌보고 가족구성원 스스로 스트레스를 잘 해결하도록 한다.
- 가족 중의 한 사람이 지금 병을 앓고 있다는 사실을 있는 그대로 받아들여야 한다.

- 환자뿐만 아니라 가족도 정신적 회복을 위한 다양한 심리적 단계를 경험할 수 있음을 이해한다.
- 병전 환자에게 가지고 있던 기대를 환자에게 맞는 현실적인 기대로 전환한다.
- 가족이 가지는 신체적 · 경제적 · 정서적 한계를 솔직하게 인정한다.
- 가족이 환자를 위해 모든 것을 희생하기보다는 평소의 일상을 유지하고 회복하도록 한다.
- 환자를 포함한 모든 가족이 참여하여 자신의 행동에 책임을 질 수 있도록 한다.
- 가족구성원은 상호 신뢰하고 존중하며, 긍정적이고 지지적인 환경을 만들도록 한다.

정신사회재활의 사례관리를 위한 기본지침

① 각 개인은 자신만의 장점과 욕구가 있기에 서비스 계획도 이에 맞추어야 한다.
② 각 개인의 장점과 욕구는 시간에 따라 변하므로 서비스가 제공되는 동안 유형과 강도가 변해야 한다.
③ 각 환자에게 제공되는 서비스 수준은 개인의 손상의 정도와 맞아야 하며, 환자가 독립적으로 기능하도록 격려되어야 한다.
④ 환자에 대한 사례관리 서비스는 환자의 요구에 맞게 장기적으로 지속되어야 한다.

재활상담 계획 시 사례관리를 위한 단계별 절차

① 접수

사례관리 대상자 확인, 사례관리 적합성 점검, 사례관리 동의서 서명 및 상호 역할을 명료화 한다.

② 사정

내담자의 욕구와 문제, 현재의 기능, 강점과 잠재 능력 등에 관한 전반적인 자료를 수집하고 종합적으로 분석하여 내외적 자원 및 제한적 요인을 평가한다.

③ 계획

내담자에게 필요한 서비스의 우선순위를 정하고, 장단기 목표를 설정한 후, 목표달성을 위한 개별적인 보호계획을 수립한다.

④ 개입

내담자에게 계획된 서비스를 구체적이고도 실천적으로 실행하는 과정을 말한다. 개인의 기술과 능력을 향상시키는 직접적 개입과 지역사회 서비스 연결 및 지원을 돕는 간접적 개입이 있다.

⑤ 점검

내담자에 대한 지원체계 서비스가 적절하게 수행되고, 지속적으로 제공되는지에 대한 재사정을 실시하는 과정을 말한다.

⑥ 평가 및 종결

내담자에게 제공되었던 서비스 체계의 효과성과 효율성을 종합적으로 판단하는 과정이다. 내담자에게 서비스가 더 이상 필요하지 않을 때 사례관리의 과정을 종결한다.

정신사회재활모형 단계별 개입

① 손상단계

- 손상단계는 심리적 · 생리적 · 해부학적 구조 또는 기능에서 상실이나 이상이 생긴 상태를 말한다.
- 정신과적 손상은 일반적으로 뇌의 생물학적 이상으로 초래되기 때문에 이로 인하여 망상과 부적절한 기분을 경험하게 된다. 따라서 자신의 생각과 감정을 의지대로 조절하기 어려워 자신에 대한 혼란이 일어나게 된다.
- 이 단계에서는 약물치료나 정신치료가 사용되며, 손상의 경감에 초점을 두어야 한다.

② 기능결함단계

- 기능결함단계는 환자의 사회적 접촉이 줄어들어 학습할 기회가 부족하고, 배웠던 사회기술마저 잊어버리게 되어 사회적 활동수행능력이 제한된다.
- 환자는 직업기술, 사회기술, 일상생활에서의 여러 가지 기술에 결함이 생기며, 병에 걸리기 전에 수행하였던 활동들을 하기가 어렵게 된다.
- 이 단계에서는 재활상담이 필요하며, 부족한 기술을 가르치고 훈련하며 이를 위한 환경적인 지원이 따라야 한다.

③ 역할장애단계

- 역할장애단계는 정상인이 해야 할 사회적 역할수행능력이 제한되거나 부족한 상태를 말한다.

- 환자는 학교를 다니지 못하거나 취업하지 못하고 거주지가 없는 등의 문제가 있고, 사회적 역할을 해내는 데 필요한 능력이 결여되어 있다.
- 이 단계에서는 직업재활상담, 역할훈련, 환경지원이 필요하며, 환경적 지지체계에 초점을 둔 개입을 해야 한다.

④ 불이익단계
- 불이익단계는 사회로부터 불이익을 겪게 되는 경우이며 핸디캡 단계라고도 한다.
- 환자는 사회의 낙인, 차별대우, 빈곤 문제 때문에 자신의 능력을 사용할 수 있는 기회가 제한된다.
- 이 단계에서는 정신보건 관련 제도를 개선시키고 사회적 편견을 없애며 환자의 권익을 찾도록 노력해야 한다.

만성 정신과 환자의 약물효과를 증대시키기 위한 지침

① 목표 증상에 적합해야 하며, 선택할 약물의 효능 및 부작용을 고려한다.
② 투약용량과 복용방법, 복용기간에 대해 명시하도록 하고 그 효과성을 검토한다.
③ 충분한 기간 동안 지속적으로 투약할 수 있도록 인식시킨다.
④ 재발을 막기 위한 예방적 약물치료를 시행한다. 예방적 약물치료의 기간은 재발횟수뿐 아니라 질병의 심각도, 가족력 유무, 재발 사이의 간격, 치료에 대한 반응 정도 등을 고려해서 결정한다.
⑤ 약물 중단을 준비하는 과정에서는 약물의 용량을 서서히 줄여 나가다가 중단한다.
⑥ 환자의 특수상황이나 투약 중인 다른 약물과의 관련성을 신중하게 고려하여 약물을 선택한다.
⑦ 정신과적 약물치료 외 심리상담, 심리교육 등을 병행하여 치료효과를 증진한다.

치료와 재활의 차이점

① 치료는 개인의 증상이나 병리를 감소시키는 데 초점을 맞추는 반면, 재활은 부족한 점을 보완하고, 개인의 장점이나 자산을 최대로 개발하여 사회에 잘 적응하도록 하는 것이다.
② 치료는 다양한 인과이론을 기초로 하지만, 재활은 기저의 인과이론을 두지 않는다.
③ 치료는 현재 및 앞으로 요구되는 기술과 지원을 평가하지만, 재활은 증상과 가능한 원

인을 평가한다.

④ 치료는 정신치료, 약물치료 등을 사용하지만 재활은 자원조정, 기술교육 등을 가르친다.

⑤ 치료는 여러 다양한 치료이론에 기반하지만, 재활은 인간자원 개발, 직업재활, 특수교육 및 학습적 접근 등에 기반한다.

⑥ 치료의 초점은 과거, 현재, 미래이지만, 재활의 초점은 현재와 미래에 중점을 둔다.

정신사회재활의 치료적 개입

① 심리학적 평가 및 기능평가

정신재활의 효과를 높이기 위해 환자에 대한 정확한 이해가 필요하다. 이를 위해 면담, 행동관찰, 심리검사를 실시하여 환자가 가진 기술과 보충해야 할 점 및 장점 등을 자세하고 정확하게 평가한다. 또한 기능평가를 통해 문제되는 행동 및 해결에 필요한 자원을 검토하여 구체적인 계획을 세운다.

② 인지기능의 재활

인지기능을 회복할 수 있는 인지기능 향상 프로그램을 제공한다. 이를 통해 주의력이나 기억력 및 집행능력 등의 전반적 인지기능을 효과적으로 개선시키도록 돕는다.

③ 재활상담

재활상담은 상담자가 환자의 약해진 자아를 지지해 주고 희망을 갖게 함으로써 재기하려는 동기를 불러일으키며, 현실의 문제를 잘 해결해서 편안한 마음을 갖도록 하는 데 목적이 있다.

④ 사회기술훈련

사회기술훈련을 통해 대인관계에서 오는 문제를 잘 해결하고, 스트레스에 대처하며 사회에 적절히 적응할 수 있도록 돕는다. 일반적으로 의사소통 기술훈련, 문제해결 기술훈련 등이 포함된다.

⑤ 환자교육

환자교육이란 환자가 자신의 병을 극복하고 일상생활을 잘할 수 있도록 하는 데 도움이 되는 내용들을 교육시키는 것이다. 먼저 병의 증상과 자신을 구분하도록 돕고, 스스로를 돌볼 수 있는 실제적인 여러 방법을 제시한다.

⑥ 가족교육

가족교육은 환자의 재발률을 감소시키며 환자의 증상을 줄이고 기능 상태를 호전하는 데 도움이 된다. 가족이 환자로 인해 받는 고통 속에서도 가족 스스로를 돌볼 수 있도록 하며, 가족이 환자를 관리하는 방법을 제공한다.

⑦ 직업 재활

직업재활이란 환자가 직업을 갖고 그것을 유지할 수 있도록 직업적 서비스를 포함한 계속적이며 종합적인 재활과정이다. 직업재활은 환자의 성공적인 사회통합을 위해 필수적이며, 지역사회에서의 독립적인 생활과 사회적응에 중요한 기회를 제공한다.

⑧ 지역사회 지지서비스

환자의 사회적 재활을 돕기 위해 위기개입, 심리사회적 재활서비스, 사례관리, 주거지원 및 자조모임 등의 서비스를 제공한다.

⑨ 사례관리

환자에게 그들이 원하는 서비스를 통합적으로 제공받을 수 있도록 지속적으로 관리해 주는 과정을 말한다.

재활모형에서 장애의 정의 및 개입방법

① 장애의 정의

역할장애 단계는 정상인이 해야 할 사회적 역할수행능력이 제한되거나 부족한 상태로, 학교를 다니지 못하거나 취업하지 못하고 거주지가 없는 등의 문제가 있다.

② 개입방법

사회적 역할을 해내는 데 필요한 능력이 결여되어 있는 상태로, 직업재활상담과 역할훈련, 이를 지원하는 환경적 지원이 필요하다.

만성 정신과 환자의 정신사회재활을 위한 주요 개입방법

① 인지재활

인지기능을 회복할 수 있는 인지기능 향상 프로그램을 제공한다. 이를 통해 주의력이나 기억력 및 집행 능력 등의 전반적 인지기능을 효과적으로 개선시키도록 돕는다.

② 사회기술훈련

사회기술훈련을 통해 대인관계에서 오는 문제를 해결하고, 스트레스에 대처하며, 사회에 적절히 적응할 수 있도록 돕는다. 일반적으로 의사소통 기술훈련, 문제해결 기술훈련 등이 포함된다.

③ 직업재활

환자가 직업을 갖고 그것을 유지할 수 있도록 직업적 서비스를 포함한 종합적인 재활과정이다. 환자의 성공적인 사회통합과 지역사회에서의 독립적인 생활 및 사회적응에 중요한 기회를 제공한다.

만성정신질환을 가지고 있는 환자의 치료 및 재활을 위한 가족구성원의 올바른 태도 및 피해야 할 태도

① 올바른 태도

- 환자의 증상을 이해하고 현실적인 기대를 가지며, 필요한 증상관리를 적절히 해야 한다.
- 가족 자신의 욕구를 잘 돌보고 스트레스를 잘 해결하도록 해야 한다.
- 환자를 포함한 모든 가족이 참여하여 자신의 행동에 책임을 질 수 있도록 한다.
- 가족은 환자에게 자극을 적게 받도록 하고 긍정적이며 지지적인 환경을 만들어 준다.
- 환자가 약물을 잘 먹고 있는지 반드시 확인해야 한다.

② 피해야 할 태도

- 환자에게 잔소리를 하거나 비판적으로 말한다.
- 환자의 말을 끝까지 듣지 않고 중간에서 자른다.
- 환자의 모든 행동을 병과 연관시켜 말한다.
- 환자와 논쟁하거나 부정적인 말을 한다.
- 환자를 다른 사람과 비교하거나 과거의 환자를 기대한다.

개인의 취약성과 환경적 스트레스의 상호작용에 기반한 정신장애 모델

① 취약성-스트레스 모델

조현병에 대한 취약성의 정도는 개인마다 다르며 유전적 요인과 출생 전후의 신체적-심리적 요인에 의해 결정된다. 이러한 취약성을 지닌 사람에게 스트레스 사건이 발생하여 그 적응 부담이 일정 수준을 넘게 되면 조현병이 발병한다는 것을 말한다. 즉, 유전적 취약성을 지닌 사람에게 과중한 환경적 스트레스가 주어지면 조현병이 발병될 수 있음을 설명한다.

② 개인 취약성에 해당하는 정신장애 원인
- 생물학적 · 유전적 원인
- 인지적 · 정서적 원인

만성정신질환자의 탈시설화가 추진된 배경

① 정신질환자들이 분리되어 병원에 수용되어 있는 것보다 지역사회에서 인간적인 대우를 받으며, 가족들과 가까이 사는 시스템을 구축하려는 움직임으로 인해 시작되었다(입원치료, 외래진료, 응급치료, 주간 프로그램, 그리고 교육과 상담서비스를 반드시 포함하도록 함).
② 정신치료제(Thorazine) 개발로 인해, 환자들을 비용이 많이 드는 정신병원에 입원시키지 않고, 약물치료를 잘하면 증상을 조절할 수 있고, 지역사회에 적응할 수 있다는 희망을 갖기 시작하면서 비용절감 차원에서 시작되었다.
③ 본인의 의사와 상관없이 법에서 보장된 기본권을 박탈당하고, 타의에 의해 정신병원에서 치료를 받는 환자들에 대한 인권문제가 제기되었다. 비자발적 정신병원 입원은 환자의 일상생활에 많은 제약을 주고, 「헌법」에서 보장하는 인간의 기본권리가 침해당할 수 있기 때문에 불필요한 제약을 최소화하고 신중하게 비자발적 입원을 결정해야 한다는 의식에서 시작되었다.

PART

05

기출문제풀이(2017~2022)

2016년 제3회 실기복원문제(학지사 홈페이지에 자료 제공)
2016년 제1회 실기복원문제(학지사 홈페이지에 자료 제공)

01 2022년 제3회 실기복원문제

01 다음 사례에서 연구 절차상 문제점을 3가지 쓰고, 각 문제점에 대해 대안을 제시하시오. (6점)

▸ 2011, 2013, 2020

> 한 임상심리학자가 자신이 새로 개발한 사회공포증 치료기법이 효과가 있는지 검증하기 위해 사회공포증이 의심되는 사람 20명을 선발한 후 직접 5회기 동안 치료하여 변화가 있는지 살펴보았다. 치료 효과 검증을 위해 치료 시작 전과 치료 종료 후 내담자들에게 자신의 증상에 대해 심각도를 7점 척도상에 평정하도록 했다. 그 결과 치료 후의 점수가 유의미하게 낮아졌다. 이 학자는 이 결과를 근거로 자신의 새 치료법이 효과가 있다고 주장하였다.

모범답안

① 표본의 사전 동질성 문제

실험 참가자 20명의 인구통계학적 및 심리사회적 특징의 동질성 여부가 검토되지 않았다.

〈대안〉 실험 전 참가자들의 다양한 특징(나이, 성별, 학력, 증상의 수준, 약물 사용, 공병 유무 등)이 서로 상이할 수 있으며, 특히 약물 사용, 기타 다른 증상과의 공병 유무는 실험 참가자들의 증상의 심각도에 매우 상이한 영향을 줄 수 있다. 이에 실험을 시작하기 전에 참가자들의 여러 특징이 서로 동질적인 집단인지를 검증해야 한다.

② 표집의 대표성 문제

실험 참가자 수가 적고 표집 선발 과정의 기준이 없어 실험 결과를 일반화하는 데 문제가 있다.

〈대안〉 실험 참가자 수가 충분한 실험조건을 구성하여 표본의 크기가 전체 집단을 대표하기에 적합한지 고려해야 하며 표본의 조건을 구체화해야 한다.

③ 통제집단 부재

실험집단(처치 집단)과 통제집단(무처치 집단)을 구성하지 않고 실험집단만을 설계하여 치료 효과를 검증하였기에 치료 효과의 유의미성을 확보하기 어렵다.

〈대안〉 실험조건과 통제조건에 사회공포증에 해당되는 참가자를 각각 무선 할당하여 통제조건에 비해 실험조건의 참가자들이 사회공포증 수준이 감소되었음을 비교, 검토하여 치료 효과의 유의미성을 밝혀야 한다.

④ 추적 연구 부재

심리검사(7점 척도)를 치료 전과 치료 종료 후에 실시하였다. 5회기 동안 실시한 치료의 효과를 실제적으로 검증하기 위해서는 치료가 모두 종결된 후, 추적 연구를 통해 치료 효과가 지속적으로 유의미하게 나타나고 있는지를 평가해야 한다.

〈대안〉 실제적인 치료 효과는 처치가 모두 종결된 후 얼마나 치료 효과가 유지되고 있는가가 매우 중요하기에 사전-사후-추적 검사를 실시하여 치료의 효과성을 검증해야 한다.

⑤ 이중 맹검(double-blind)의 문제

연구 개발자가 치료자로 직접 참여하여 치료 효과 검증을 하였기에 연구자의 태도나 욕구, 의도 등의 심리적 요인이 치료 효과에 영향을 줄 수 있다.

〈대안〉 치료 효과 검증을 위해 연구자와 치료자가 독립적이어야 한다. 연구자가 직접 참여하지 않도록 하고, 치료자를 별도로 두어 효과성을 검증한다.

⑥ 평가 도구의 문제

실험 참가자의 처치 효과에 대한 검증이 단일한 자기보고식 평정에 기반한다.

〈대안〉 처치 효과를 검증하기 위해 표준화된 검사를 실시한다.

02 다음 사례를 읽고 A군의 행동이 윤리적으로 타당한지의 여부를 쓰고, 그 이유를 제시하시오. (3점)

▸ 2015, 2020

> 임상심리학 전공 대학원생 A군은 자신이 개발한 새로운 치료기법을 상담에 적용하고자 하였다. 평소 자신에게 호감을 갖고 있던 한 여학생이 교내 상담센터에 신청을 하자 A군은 자신이 상담을 맡겠다고 하였다.

모범답안

- 상담자의 윤리원칙에 위배된다.
- 유능성 문제: 상담자는 내담자가 어려움을 해결할 수 있도록 전문적인 도움을 주어야 하므로 상담자로서의 능력을 갖추고 있어야 한다. 유능성을 위해서는 전문적인 교육과 훈련, 임상 경험을 충분히 갖추어야 하지만, A군은 대학원생으로서 전문적 능력과 자격을 갖추었다고 보기 어렵다.
- 이중관계 문제: 상담자는 내담자와의 상담관계에 영향을 줄 수 있는 이중관계는 피해야 한다. 상담자가 내담자에게 평소 호감을 갖고 있었고, 동급생인 여학생과 상담자-내담자 관계를 갖는 경우에 이러한 관계가 상담 과정과 성과에 영향을 줄 수 있다.

03 사회성숙도 검사에서 아동의 발달을 평가하기 위한 영역을 4가지 쓰시오. (4점) ▸ 2015

모범답안

① 자조(Self-help: SH)
조작 능력, 배변 관리, 이동, 자기관리 및 기본적인 의사소통 능력 등과 관련된 자조 일반, 식사 도구의 사용 및 식사 행동, 식이 행동 통제, 판단력 등과 관련된 자조 식사, 세면, 착의 등과 관련된 자조 용의의 3가지 영역으로 구성되어 있다.

② 이동(Location: L)
기어 다니기, 걷기, 독립적인 외출 및 이동 등을 평가한다.

③ 작업(Occupation: O)
단순한 놀이 행동, 장난감 사용에서부터 성인으로서 전문성, 독립성, 책임감을 요하는 작업 수행 능력 등을 평가한다.

④ 의사소통(Communication: C)
간단하고 관습적인 몸짓, 언어적 의사소통, 문자 등 매체를 사용한 수용성·표현성 의사소통 능력을 평가한다.

⑤ 자기관리(Self-Direction: SD)
돈의 용도를 인식하고 사용하는 능력, 구매, 경제적 자립 준비, 책임 있고 분별력 있는 행동, 독립성과 책임감 등을 평가한다.

⑥ 사회화(Socialization: S)
사회화 활동, 사회적 책임, 현실적 사고 등을 평가한다.

04 인지치료에서 소크라테스 문답법을 사용할 때 유의할 점 6가지를 쓰시오. (6점)

▸ 2013, 2016, 2019

모범답안

① 일문일답의 형식을 따라야 하며 한꺼번에 여러 질문을 하지 않도록 한다.
② 내담자가 지닌 비합리적 생각의 비현실성, 비논리성, 비실용성에 초점을 둔다.
③ 치료자의 질문에 대해 내담자가 여유를 가지고 대답할 수 있는 시간을 주어야 한다.
④ 치료자와 내담자가 상호 합의에 도달할 때까지 계속해서 이야기를 해 나간다.
⑤ 질문을 던질 때마다 장황하게 말을 늘어놓거나 대화의 초점을 놓치지 않도록 한다.
⑥ 비합리적 생각에 대해 서로 토론을 해야지 논쟁이 되어서는 안 된다.

05 인터넷 중독에서 벗어나는 방법 4가지를 쓰시오. (4점)

▸ 2003, 2006, 2010, 2017, 2020

모범답안

① 컴퓨터를 가족 공동 공간인 거실에 두어 부적절한 사용을 방지한다.
② 컴퓨터 사용 시간을 스스로 계획하도록 하여 자기통제 능력을 증진한다.
③ 인터넷 게임을 좋아하는 이유를 탐색하여 그 욕구를 전환시켜 주는 대안적 활동을 마련한다.
④ 가족 내에서 긍정적 관계 회복과 관심을 보여 주고, 신뢰와 기대를 가지고 대화를 갖도록 한다.

학습 Plus 인터넷 중독에서 벗어나는 방법

- 컴퓨터를 가족 공동 공간인 거실에 두어 부적절한 사용을 방지한다.
- 컴퓨터 사용 시간을 스스로 계획하도록 하여 자기통제 능력을 증진한다.
- 인터넷 게임을 좋아하는 이유를 탐색하여 그 욕구를 전환시켜 주는 대안적 활동을 마련한다.
- 가족 내에서 긍정적 관계 회복과 관심을 보여 주고, 신뢰와 기대를 가지고 대화를 갖도록 한다.
- 학교, 교회, 동아리 활동 등을 통해 사회적 관계를 유지하도록 돕는다.
- 규칙적인 식생활과 건강한 생활을 하도록 돕고, 개인 내적 · 외적 자원을 촉진한다.
- 내담자의 기대나 욕구를 파악하여 실현 가능하도록 현실적이고 구체적인 계획을 수립한다.

06 다음 사례의 A군이 집단 따돌림을 받는 상황이라면 초기의 호소 문제 외에 사고, 정서, 행동상에서 나타날 수 있는 양상을 2가지씩 쓰시오. (6점)

올해 남중3인 환아는 평소 학교 친구들과 어울리지 못하며, 거의 매일 아침 등교 시간마다 학교 가기를 거부하고 있다. 학교에서 아이들이 자신과 놀아 주기는커녕 괴롭히고 따돌린다면서 학교에 가는 것이 죽고 싶을 만큼 싫다고 불평을 늘어놓았다. A군은 어려서부터 태권도를 좋아하여 태권도장에 다니고 있고, 골격이 크고 당당한 체구이다. 그러나 중학교에 진학한 이후 성적이 최하위로 떨어졌으며, 담임선생님은 최근 실시한 집단지능검사 결과와 함께 A군의 일반고 진학이 어렵다는 이야기를 A군의 어머니에게 알려 주었다고 한다. A군의 어머니는 자신의 아들이 고등학교 진학이 어려울 만큼 심각한 상태인지, A군이 학교생활에 적응하지 못하는 문제를 어떻게 해결할 수 있을지 걱정이 되어 상담을 의뢰하였다. 심리평가를 위해 내원했을 때, A군은 무표정한 표정이었고 약간 어눌한 말투와 부정확한 발음 때문에 다시 확인해야 하는 상황이 있었다. 또한 자신의 문제를 쉽게 포기하려는 모습을 보였으며, 대답하는 것을 귀찮아 하는 듯 매우 짧은 답변으로 일관했다.

모범답안

- 사고 영역
  - 다른 사람에 대한 피해 사고가 나타난다.
  - 자기패배적 신념으로 인해 스스로 문제를 해결해 나가지 못한다.
- 정서 영역
  - 우울과 무기력으로 인한 학업 및 적응상의 문제가 지속된다.
  - 대인관계에서 불안, 낮은 자존감과 소외감을 보인다.
- 행동 영역
  - 회피행동으로 인해 관계 및 학습을 유지하기 어렵다.
  - 자기표현이 부족하여 소극적이고 수동적인 대응을 할 수 있다.

07 놀이치료에서 놀이는 치료적 가치가 있다. 놀이의 치료적 가치 5가지를 설명하시오. (5점)

▸ 2016, 2020

모범답안

① 저항을 극복하는 데 도움이 되므로 치료적 관계 형성에 유용하다.
② 의사소통의 매체로서 치료자가 아동을 이해하고 진단하는 데 유용하다.
③ 아동의 불안을 감소시키고 이완하게 함으로써 효과적인 치료를 가능하게 한다.
④ 정화를 통해 심리적 외상을 극복하게 한다.
⑤ 창조적 사고를 통해 참신한 문제해결 능력을 발달시킨다.
⑥ 유능성을 향한 욕구를 자극하고 실현하게 함으로써 자아존중감을 발달시킨다.
⑦ 역할놀이를 통해 새로운 행동의 연습과 획득이 가능하며 공감 능력을 증진시킬 수 있다.
⑧ 은유적 교훈을 통해 통찰에 도움을 줄 수 있다.
⑨ 환상과 상상을 통해 대리적인 욕구 충족을 가능하게 한다.
⑩ 애착 형성을 촉진하고 관계를 향상시킴으로써 타인과 친밀해지는 능력을 발달시킨다.
⑪ 일상생활에 일반화될 수 있는 사회적 기술을 발달시킬 수 있는 기회를 제공한다.

08 임상심리사가 준수해야 할 '유능성'의 의미를 설명하고, 이를 위반하게 되는 이유를 3가지 쓰시오. (5점)

▸ 2011, 2016, 2019

모범답안

- 유능성의 의미

  임상심리사는 자신의 강약점, 자신이 가지고 있는 기술과 그것의 한계에 대해 자각해야 한다. 이를 보완하기 위하여 지속적인 교육수련으로 최신 기술을 습득하며, 사회의 변화에 민첩하게 대응할 수 있어야 한다.
- 유능성의 원칙을 위반하는 이유
  - 개인적인 심리적 문제를 가지고 있는 경우
  - 너무 많은 부담으로 소진되어 있는 경우
  - 특정 전문교육수련을 받지 않고도 특정한 내담자군을 상담하는 경우

학습 Plus 유능성 원칙에 위배되는 경우

- 상담자가 개인적인 심리적 문제를 가지고 있는 경우
- 상담자가 심리적으로 소진되어 있는 경우
- 상담자가 특정한 내담자의 문제를 다루는 데 필요한 전문적 기술을 습득하지 못한 경우
- 상담자가 상담 성과에 대해 너무 많은 부담으로 지쳐 있는 경우
- 상담자가 더 이상 배우지 않고 배울 필요가 없다고 자만하고 있는 경우
- 해당되는 특정 전문교육수련을 받지 않고도 특정 내담자군을 상담하는 경우

09 MMPI-A에서 6-8/8-6 유형이 보일 수 있는 특성 5가지와 가능성 있는 진단명 2가지를 쓰시오. (7점)

▸ 2007, 2010, 2016

모범답안

〈6-8/8-6 코드 특징〉

① 편집증적 경향과 사고장애로 인해 사고가 자폐적, 단절적, 우회적이며 사고 내용이 기태적이다.

② 주의 집중 곤란 및 지속적 주의력의 곤란이 나타나며 기억력의 둔화 및 판단력 장애를 보인다.

③ 체계화된 망상(과대 혹은 피해) 및 환각이 나타나며, 비현실감을 호소하고, 많은 시간을 백일몽과 환상 속에서 보낸다.

④ 친밀한 대인관계를 회피하며, 사회적으로 고립되고, 의심과 불신감이 많고 적대적이며, 다른 사람과 항상 정서적 거리를 유지하려고 한다.

⑤ 자기존중감의 결여, 깊은 열등감 및 불안정감을 가지고 있으며, 행동이 예측 불허하고 사회적으로 부적절하다.

〈가능한 진단명〉

① 조현병

② 분열성 또는 편집성 성격장애

10 MMPI-2에서 ?(무응답) 척도가 상승하는 이유를 5가지 쓰시오. (5점) ▸ 2011, 2015

모범답안

- 수검자가 부주의하거나 혼란스러워 의도와 무관하게 반응을 누락하는 경우
- 자신의 바람직하지 않은 특성에 대해 고의로 거짓 응답을 하기보다는 회피하려는 경우
- '예'와 '아니요'의 양자택일 상황에서 어느 하나를 택하지 못하는 우유부단한 경우
- 의미 있는 결과를 도출하는 데 필요한 정보나 경험이 부족한 경우
- 독해 능력 문제로 다소 복잡한 문항에 응답하지 않은 경우
- 심한 정신병리 상태로 인해 적절히 반응하는 것 자체가 힘든 경우
- 자신의 특정한 문제가 노출되는 것을 꺼려서 특정 문항 내용에 대해서만 응답하지 않은 경우
- 강박증적 경향이나 반추적 사고로 인해 어떤 방향으로 응답해야 할지 결정을 하지 못하는 경우
- 문항 내용이 자신과 관련이 없다고 느끼는 경우
- 검사 및 검사자에 대해 반항적이고 비협조적인 태도를 보이는 경우
- 심한 우울증으로 인하여 문항에 대한 결정을 내리기 어려운 경우

11 신뢰도의 종류 3가지를 쓰고 설명하시오. (6점) ▸ 2019

모범답안

① 검사-재검사 신뢰도(test-retest reliability)

시간 경과에 따른 검사의 안정성을 재는 것으로, 1차 때의 점수와 일정한 시간이 흐른 뒤에 동일한 도구를 통해 얻은 2차 점수 간의 상관관계를 알아보는 것이다.

② 동형검사 신뢰도(alternate-forms reliability)

검사 도구의 신뢰도를 검증하기 위해 두 개의 동형검사를 제작한 뒤, 동일 피험자 집단에게 검사를 실시해 두 검사 간의 상관계수로 신뢰도를 추정한다.

③ 반분 신뢰도(split-half reliability)

단일 척도를 두 부분으로 나누어 두 부분 검사 점수의 상관계수를 계산 후 추정한다.

학습 Plus 신뢰도의 종류

- 검사-재검사 신뢰도(test-retest reliability)
  시간 경과에 따른 검사의 안정성을 재는 것으로, 1차 때의 점수와 일정한 시간이 흐른 뒤에 동일한 도구를 통해 얻은 2차 점수 간의 상관관계를 알아보는 것이다.
- 동형검사 신뢰도(alternate-forms reliability)
  검사 도구의 신뢰도를 검증하기 위해 두 개의 동형검사를 제작한 뒤, 동일 피험자 집단에게 검사를 실시해 두 검사 간의 상관계수로 신뢰도를 추정한다.
- 반분 신뢰도(split-half reliability)
  단일 척도를 두 부분으로 나누어 두 부분 검사 점수의 상관계수를 계산 후 추정한다.
- 문항 내적 합치도(item internal consistency)
  검사 내 문항들이 어느 정도의 동질성을 가지고 있는가를 살펴보기 위해 문항 간의 유사성 혹은 일치성을 추정한다.
- 평정자 간 신뢰도(inter-rater reliability)
  한 측정 대상에 대해서 복수의 평정자들이 일관성 있게 측정하여 평정자 간에 평정 결과가 얼마나 유사한가를 나타내는 정도이다.

12 얄롬(Yalom)이 제시한 실존주의 상담에서 인간의 궁극적 관심 4가지를 쓰시오. (4점)

모범답안

① 죽음

실존치료에서는 죽음을 부정적인 것으로 보지 않으며 삶의 의미를 부여하는 인간의 기본 조건으로 여긴다. 죽음을 인식함으로써 삶의 더 큰 의미와 기쁨을 발견하고, 보다 본질적인 삶의 유형으로 전환하도록 한다.

② 자유

자신의 삶을 이끌어야 할 책임을 스스로 받아들이고 자신의 의지로 선택한 것에 대해 책임 있는 삶을 살 수 있도록 한다. 인간에게는 선택의 자유가 있어서 자신의 운명을 스스로 결정할 수 있으며, 자신의 삶에 대한 책임을 회피하지 않고 능동적으로 매 순간의 삶을 살도록 한다.

③ 고독

인간은 타자와 분리된 개체로서 근본적으로 고독한 존재이며, 인간의 근원적인 고독으로서 대인관계에서의 고립을 넘어서는 것이 중요하다고 본다. 실존적 소외에 직면하지 못하고 두려움에 압도되면 타인과의 관계에서 지배적이거나 소유적인 관계에 놓이게 되며, 인간 존재의 고독을 직면하는 사람은 비소유적 사랑으로 타인과 관계 맺을 수 있다.

④ 무의미성

의미는 세계에 존재하는 것이 아니라 인간이 부여하고 발견하며 창조하는 것에 있다고 본다. 무의미한 세계에서 의미를 발견하는 것은 인간의 중요한 과제이며, 내담자가 삶의 의미를 발견하도록 돕는다.

13 정신사회재활에서 재활계획의 4단계를 쓰시오. (4점) ▸ 2020

모범답안

① 손상 단계
- 손상 단계는 심리적 · 생리적 · 해부학적 구조 또는 기능에서 상실이나 이상이 생긴 상태를 말한다.
- 이 단계에서는 약물치료나 정신치료가 사용되며, 손상의 경감에 초점을 두어야 한다.

② 기능결함 단계
- 기능결함 단계는 환자가 사회적 접촉이 줄어들어 학습할 기회가 부족하고, 배웠던 사회기술마저 잊어버리게 되어 사회적 활동 수행 능력이 제한된다.
- 이 단계에서는 재활상담이 필요하며, 부족한 기술을 가르치고 훈련하며 이를 위한 환경적인 지원이 따라야 한다.

③ 역할장애 단계
- 역할장애 단계는 정상인이 해야 할 사회적 역할 수행 능력이 제한되거나 부족한 상태를 말한다.
- 이 단계에서는 직업재활상담, 역할훈련, 환경지원이 필요하며, 환경적 지지체계에 초점을 둔 개입을 해야 한다.

④ 불이익 단계
- 불이익 단계는 사회로부터 불이익을 겪게 되는 경우로, 핸디캡 단계라고도 한다. 사회의 낙인, 차별대우, 빈곤 문제 때문에 자신의 능력을 사용할 수 있는 기회가 제한된다.
- 이 단계에서는 정신보건 관련 제도를 개선시키고 사회적 편견을 없애며 환자의 권익을 찾도록 노력해야 한다.

14 벡(Beck)의 인지적 오류 4가지를 기술하시오. (6점) ▸ 2007, 2015, 2018

모범답안

① 명명하기: 누군가에게 극단적이고 광범위하며 정당하지 않은 꼬리표를 붙이는 것
② 개인화: 인과적 연결을 지지하는 증거 없이 외부적 사건을 자기 자신에게 귀인시키는 것
③ 재앙화: 미래에 대해 보다 현실적인 어떤 다른 고려도 없이 부정적으로 예상하는 것
④ 독심술: 상호작용이나 관계에 있어서 타인이 어떤 생각을 하고 있는지 본인이 안다고 생각하는 것

학습 Plus 인지치료의 인지적 오류 유형

① 이분법적 사고: 상황을 연속적으로 보기보다는 극단적 측면에서 보는 것
② 과잉일반화: 한 가지 증거로 타당하지 않은 일반적인 결론을 내리는 것
③ 정신적 여과(선택적 추론): 큰 그림을 보지 않고 부정적인 세부 사실에 선택적으로 초점을 두는 것
④ 비약적 결론(임의적 추론): 성급하고 확인되지 않은 결론을 내리는 것
⑤ 확대하기/축소하기: 부정적인 것에 너무 치중하고 긍정적 정보의 가치를 축소하는 것
⑥ 감정적 추론: 어떤 것이 그렇게 느껴지기 때문에 진실이라고 믿는 것
⑦ 명명하기: 누군가에게 극단적이고 광범위하며 정당하지 않은 꼬리표를 붙이는 것
⑧ 개인화: 인과적 연결을 지지하는 증거 없이 외부적 사건을 자기 자신에게 귀인시키는 것
⑨ 재앙화: 미래에 대해 보다 현실적인 어떤 다른 고려도 없이 부정적으로 예상하는 것
⑩ 독심술: 상호작용이나 관계에 있어서 타인이 어떤 생각을 하고 있는지 본인이 안다고 생각하는 것
⑪ 터널 시야: 오로지 상황의 부정적 측면에만 초점을 맞추는 것

15 개인상담과 비교하여 집단상담이 갖는 치료적 요인을 6가지 쓰시오. (6점)

▶ 2009, 2012, 2013, 2014, 2017

모범답안

① 집단응집력
집단 내에서 자신이 인정받고, 수용된다는 소속감은 그 자체로 집단성원의 긍정적인 변화에 영향을 미친다.

② 정화
집단 내의 비교적 안정된 분위기 속에서 집단성원은 그동안 억압되어 온 감정을 자유롭게 발산할 수 있다.

③ 실존적 요인들
집단성원과의 경험을 공유하면서 자기 자신이 다른 사람에게 조언과 지지를 받는다고 해도, 자신의 인생에 대한 궁극적인 책임은 본인에게 있다는 것을 배운다.

④ 희망의 고취
집단은 집단성원들에게 문제가 개선될 수 있다는 희망을 심어 주는데, 희망 그 자체가 치료 효과를 가질 수 있다.

⑤ 보편성
참가자 자신만 심각한 문제 생각, 충동을 가진 것이 아니라 다른 사람들도 자기와 비슷한 갈등과 경험, 문제를 가지고 있다는 것을 알고 위로를 얻는다.

⑥ 정보 전달
집단성원들은 집단상담자뿐 아니라 함께 참여하는 사람들에게서 다양한 정보와 더불어 직간접적인 제안, 지도, 충고 등을 얻는다.

⑦ 사회기술의 발달

집단성원으로부터의 피드백이나 특정 사회기술에 대한 학습을 통해 필요한 사회기술을 개발한다.

⑧ 대인관계 학습

집단성원과의 상호작용을 통해 자신의 대인관계에 대한 통찰을 얻을 수 있으며, 대인관계의 새로운 방식을 시도해 볼 수 있는 장이 된다.

16 다음 사례를 읽고 상담자의 반영, 직면, 해석의 상담기법을 쓰시오. (4점)

내담자: "지난 밤 저는 너무 황당한 꿈을 꾸었습니다. 아버지와 함께 숲에서 사냥을 하고 있었는데요. 갑자기 바위 뒤편에서 커다란 물체가 튀어나오는 거예요. 저는 순간 사슴인 줄 알고 너무 놀라서 방아쇠를 당겼어요. 어렴풋이 물체가 쓰러진 듯 보여 두근거리는 마음을 부여잡고 서서히 다가갔어요. 그런데 가까이 가 보니 쓰러진 물체는 사슴이 아닌 아버지였어요. 아버지가 숨을 멈추고 죽어 있는 모습을 보니 너무 황당하고 두려워서 잠에서 깨어났는데, 등에서는 식은땀이 줄줄 흐르더라고요.

모범답안

- 반영: "당신은 지난 밤 꿈으로 인해 정말 많이 놀랐나보군요."
- 명료화: "비록 꿈이지만 아버지를 돌아가시게 했다는 것에 대해 죄책감을 느꼈는지도 모르겠군요."
- 직면: "꿈의 결말은 결국 아버지가 죽어 있었다는 것인데, 평소에 아버지를 미워했나요?"
- 해석: "아버지에 대한 적개심이 총을 오작동하도록 만든 것은 아닌가요?"

〈참조〉

– 반영(reflection)

반영은 상담자가 내담자의 행동 속에 내재된 내면의 감정을 정확하게 파악하여 내담자에게 전달해 주는 것을 말한다. 상담자는 반영을 통해 내담자의 태도를 거울에 비추어 주듯이 보여 줌으로써 내담자의 자기이해를 도와줄 뿐 아니라 내담자로 하여금 이해받고 있다는 인식을 전달해 준다.

– 명료화(clarification)

내담자의 말 속에 포함되어 있는 불분명한 내용에 대해 상담자가 그 의미를 분명하게 밝히려는 것을 말한다. 재진술과 달리 상담자의 판단에 의해 내담자의 감정, 생각 속에 내포된 의미를 보다 분명하게 말하는 것이다.

– 직면(confrontation)

내담자의 말이나 행동이 일치하지 않는 경우 또는 내담자의 말에 모순점이 있는 경우에 상담자가 그것을 지적해 주는 것이다. 내담자의 강한 감정적 반응을 유발할 수 있으므로 충분한 라포가 형성되고, 내담자가 받아들일 준비가 되었을 때 배려와 함께 사용해야 한다.

- 해석(interpretation)

  내담자가 새로운 방식으로 자신의 문제를 돌아볼 수 있도록 내담자가 경험한 사건들과 행동, 감정, 생각 등의 의미를 설명해 주는 것이다. 반드시 가설적 형태로 내담자에게 전달하도록 한다.

17 다음 사례에서 내담자는 상담의 효과에 대한 의문과 회의를 표명하였다. 이와 같은 경우에 상담자는 어떻게 반응해야 하며, 그러한 반응의 근거는 무엇인지 설명하시오. (5점)

▸ 2003, 2006, 2016, 2020

내담자: 선생님, 저는 솔직히 확신이 서지 않습니다. 상담 받고 나면 과연 좋아질까요?
상담자: 그렇게 말씀하시니 다행이군요. 솔직하게 이야기한다는 것 자체가 쉽지 않거든요.
내담자: 오해는 마세요. 선생님을 믿지 못해서가 아니에요. 단지, 상담을 받아도 나아지지 않는다면 어떻게 해야 할지 불안해서요.
상담자: (   )

모범답안

- 상담자 반응

  "상담 초기에는 누구나 긴장하고 불안해 합니다. 더욱이 자신의 속내를 다른 누군가에게 털어놓을 때는 그만큼 주저하게 되고, 과연 문제가 해결될 지 걱정하게 되지요. 그러한 감정은 자연스러운 것입니다. 중요한 점은 ○○○님이 자신의 현재 감정을 솔직히 이야기하고 있다는 점이에요. 그 점에 있어서 저는 ○○○님과의 상담이 더욱 원활하게 진행될 수 있으리라 봅니다. 저도 ○○○님과 함께 문제에 대해 고민하고 해결책을 찾을 수 있도록 노력하겠습니다."
- 반응의 근거
  - 상담 초기 상담관계의 형성

    상담 초기에 상담자는 내담자와 신뢰의 관계를 형성할 수 있어야 한다. 이는 상담 초기에 보이는 불안을 덜 수 있도록 내담자를 돕고 동기부여 및 협력적 관계 형성을 촉진한다.
  - 관심 기울이기와 경청

    내담자의 말에 따뜻한 태도로 관심을 기울이고 내담자의 이야기를 주의 깊게 정성 들여 듣는다. 이는 내담자가 자신이 존중받고 있다는 느낌을 들게 한다.
  - 공감적 반응

    내담자의 감정이나 생각에 대해 상담자가 깊은 이해와 더불어 그 사실을 내담자에게 전달하는 것을 말한다. 이는 내담자로 하여금 자신의 감정이 잘 이해되고 있음을 알게 하고 상담 진행 과정 동안에 내담자의 자기표현을 촉진하도록 돕는다.

18 방어기제의 의미 및 유형 4가지를 쓰시오. (6점)

▸ 2004, 2007, 2010, 2017, 2021

모범답안

① 방어기제의 의미

자아가 원초아의 욕구와 초자아의 욕구 사이에 조정을 하는 과정에서 원초아의 욕구가 강해지면 불안감을 느끼게 되는데, 이때 이러한 불안으로부터 자신을 보호하기 위해 사용하는 정신적 과정이다.

② 방어기제의 유형 4가지

- 억압(repression): 의식하기에는 현실이 너무나 고통스럽고 충격적이어서 무의식 속으로 억눌러 버리는 것을 말한다.
- 부인(denial): 받아들이기 힘든 상황이나 고통스러운 경험을 인정하려고 들지 않고 사실이 아닌 것으로 여기는 것을 말한다.
- 투사(projection): 자신이 받아들이기 어려운 느낌, 생각, 충동 등을 무의식적으로 타인의 탓으로 돌려 자신을 보호하는 기제를 말한다.
- 반동형성(reaction formation): 실제로 느끼는 부정적 감정을 직접 표현하지 못하고 무의식적 소망과 반대되는 방향으로 행동하는 것을 말한다.

학습 Plus 방어기제 유형

- 억압(repression): 의식하기에는 현실이 너무나 고통스럽고 충격적이어서 무의식 속으로 억눌러 버리는 것을 말한다.
- 부인(denial): 받아들이기 힘든 상황이나 고통스러운 경험을 인정하려고 들지 않고 사실이 아닌 것으로 여기는 것을 말한다.
- 투사(projection): 자신이 받아들이기 어려운 느낌, 생각, 충동 등을 무의식적으로 타인의 탓으로 돌려 자신을 보호하는 기제를 말한다.
- 반동형성(reaction formation): 실제로 느끼는 부정적 감정을 직접 표현하지 못하고 무의식적 소망과 반대되는 방향으로 행동하는 것을 말한다.
- 대치/치환(displacement): 자신의 감정을 대상에게 직접적으로 표현하지 못하고 전혀 다른 대상에게 자신의 감정을 발산하는 것을 말한다.
- 동일시(identification): 중요한 인물들의 태도와 행동을 자기 것으로 만들면서 닮으려는 것을 말한다. 동일시는 무의식적 과정으로, 그 동기는 대상이 가지고 있는 힘을 자기 것으로 하고자 하는 소망을 포함한다.
- 합리화(rationalization): 현실에 더 이상 실망을 느끼지 않으려고 그럴 듯한 구실을 붙여 불쾌한 현실을 피하려는 기제를 말한다.
- 주지화(intellectualization): 자신에게 불편하고 받아들이기 힘든 감정을 회피하고, 분석적이고 지적인 이해를 통해 불안을 줄이고자 하는 기제를 말한다.
- 승화(sublimation): 사회적으로 용납할 수 없는 공격적 충동을 사회적으로 인정되는 형태와 방법을 통해 발산하는 것을 말한다.

19 다음의 검사 결과 해석 단계를 순서대로 쓰시오. (2점)

ㄱ. 내담자에게 검사 결과와 정보를 전달한다.
ㄴ. 내담자가 검사 결과의 해석을 받아들일 수 있도록 준비한다.
ㄷ. 내담자가 검사의 의도와 결과의 의미를 이해하는지 숙고한다.
ㄹ. 내담자가 검사 결과를 어떻게 이해했는지 확인한다.

모범답안

- 해석 단계: ㄷ – ㄴ – ㄱ – ㄹ

〈틴슬리와 브래들리(Tinsley and Bradley)의 검사 결과 해석 단계〉

- 1단계(해석 준비 단계): 상담자는 내담자가 검사의 의도와 결과의 의미를 충분히 이해하고 있는지 숙고한다.
- 2단계(내담자 준비 단계): 상담자는 내담자로 하여금 검사 결과의 해석을 받아들일 수 있도록 준비시킨다.
- 3단계(정보 전달 단계): 상담자는 내담자가 충분히 이해할 수 있도록 검사 결과와 관련 정보를 전달한다.
- 4단계(추후 활동 단계): 내담자와 결과에 관해 이야기를 나누고 내담자가 어떻게 이해했는지 확인한다.

20 K-WISC-IV의 4가지 평가영역지표와 각 소검사를 1가지씩 서술하시오. (6점)

▸ 2015, 2017

모범답안

① 언어이해지표(Verbal Comprehension Index: VCI)
- 언어적 개념 형성, 언어적 추론과 이해, 획득된 지식, 언어적 자극의 주의력에 대한 측정치이다.
  - 공통성(Similarities: SI)
    논리적이고 추상적인 추론 능력, 언어적 개념 형성 또는 개념적 사고, 본질과 비본질(또는 핵심과 비핵심)을 변별하는 능력, 언어 능력과 결합된 연산 능력

② 지각추론지표(Perceptual Reasoning Index: PRI)
- 유동적 추론, 공간처리, 세부에 대한 주의력, 지각적 조직화, 시각–운동 통합에 대한 측정치이다.
  - 토막짜기(Block Design: BD)
    전체를 부분으로 분석하는 능력, 공간적 시각화, 비언어적 개념 형성, 시각–운동 협응 능력, 지각적 조직화, 지속적 노력, 집중력, 공간적 표상 능력

③ 작업기억지표(Working Memory Index: WMI)

- 주의력, 집중력, 단기 기억, 짧은 시간 동안에 정보를 유지하고 조작하는 능력, 연속 능력, 인지적 유연성에 대한 측정치이다.
  - 숫자(Digit Span: DS)

    즉각적인 기계적 회상, 가역적 사고, 사고 전환 능력, 집중력, 주의력, 청각적 연속 능력, 기계적 학습

④ 처리속도지표(Processing Speed Index: PSI)

- 정신운동 속도, 비언어적 문제해결 능력, 정보처리 속도, 집중력, 단순하거나 일상적인 정보를 오류 없이 처리할 수 있는지에 대한 측정치이다.
  - 기호쓰기(Coding: CD)

    정신운동 속도, 지시를 따르는 능력, 시각적 단기기억, 친숙하지 않은 과제를 학습하는 능력, 새로운 자극에 대한 반응 능력, 지속적 노력, 주의력, 정신적 전환 능력

학습 Plus K-WISC-IV 지표점수와 하위 소검사 구성

언어이해지표(VCI)	지각추론지표(PRI)	작업기억지표(WMI)	처리속도지표(PSI)
공통성	토막짜기	숫자	기호쓰기
어휘	공통그림찾기	순차연결	동형찾기
이해	행렬추리	(산수)	(선택)
(상식)	(빠진 곳 찾기)		
(단어추리)			

*괄호 안은 보충 소검사임.

02 2022년 제1회 실기복원문제

01 상담 초기에 관계 형성을 위해 내담자의 말을 효과적으로 경청하기 위한 방법 3가지를 쓰시오. (6점)

모범답안

① 내담자가 말하고자 하는 본질적인 내용이 무엇인지 파악하는 데 초점을 맞춰서 적극적으로 듣는다.
② 자신의 생각이나 판단을 배제하고 객관적으로 파악하여 정확하게 듣는다.
③ 세세한 부분에 얽매이기보다는 핵심적인 메시지와 감정을 확인하고 의미를 듣는다.

학습 Plus 효과적인 경청

- 경청은 내담자의 이야기를 주의 깊게 귀담아 듣는 것으로, 말의 내용뿐만 아니라 말하려는 의도, 심정을 주의 깊게 정성 들여 듣는 태도를 말한다.
- 경청을 통해서 상담자와 내담자 간에 신뢰관계가 형성되고, 이는 상담자와 내담자 간의 치료동맹으로 이어지게 된다.

〈효과적인 '경청'을 위한 방법〉
- 내담자가 말하고자 하는 본질적인 내용이 무엇인지 파악하는 데 초점을 맞춰서 적극적으로 듣는다.
- 자신의 생각이나 판단을 배제하고 객관적으로 파악하여 정확하게 듣는다.
- 세세한 부분에 얽매이기보다는 핵심적인 메시지와 감정을 확인하고 의미를 듣는다.
- 내담자가 맥락상 중요한 내용을 빠뜨리고 말하는지 주목하며 듣는다.
- 상담자 자신에게서 일어나고 있는 행동과 정서에 대해서도 자각하며 듣는다.

02 당신은 임상심리사로서 A씨와 같이 정신질환을 가진 사람들을 모아서 정신재활 프로그램을 운영하고자 한다. 이러한 정신재활에 있어서 가장 기본적인 원리에 해당하는 것을 5가지를 기술하시오. (5점)

▸ 2003, 2005, 2006

> 올해 30세인 A씨는 인천광역시에 위치한 ○○회사에 다니고 있다. A씨는 지난 1년 전부터 회사 직원들을 비롯한 주위 사람들이 자신을 감시하고 있고, 자신의 평소 생각이 언론을 통해 보도되고 있다며 몹시 불안해 하고 있다. 또한 알아들을 수 없는 말들을 혼자 중얼거리는가 하면, 종종 문을 걸어 잠근 채 다른 사람들과 만나는 것을 거부하곤 하였다.

모범답안

① 개별적으로 적절한 서비스를 제공하여 자신의 능력을 최대한 개발할 수 있도록 돕는다.
② 환자의 환경 적응 능력을 향상시킬 수 있는 다양한 방법을 제공한다.
③ 사회적, 직업적, 대인관계에 필요한 기술 습득과 변화 가능성에 대해 희망을 갖도록 지원한다.
④ 환자의 복합적인 문제를 해결하기 위해 증상에 맞는 포괄적이고 전문적인 서비스를 제공한다.
⑤ 자기결정을 통해 재활 과정에 적극적으로 참여할 수 있도록 돕는다(동기부여, 목표 설정 등).

학습 Plus 정신사회재활의 기본 원리

정신사회재활이란 정신적 장애를 지닌 환자에게 신체적 · 정서적 · 사회적 · 지능적 기술을 제공하여 지역사회에 적응할 수 있도록 돕는 것을 말한다.

〈정신사회재활의 기본 원리〉
- 개별적으로 적절한 서비스를 제공하여 자신의 능력을 최대한 개발할 수 있도록 돕는다.
- 환자의 환경 적응 능력을 향상시킬 수 있는 다양한 방법을 제공한다.
- 사회적, 직업적, 대인관계에 필요한 기술 습득과 변화 가능성에 대해 희망을 갖도록 지원한다.
- 환자의 복합적인 문제를 해결하기 위해 증상에 맞는 포괄적이고 전문적인 서비스를 제공한다.
- 자기결정을 통해 재활 과정에 적극적으로 참여할 수 있도록 돕는다(동기부여, 목표 설정 등).
- 환자의 개인내적 발전과 환경적 지원을 돕기 위해 환자와 가족을 치료와 재활에 적극적으로 개입시킨다.
- 직업재활에 초점을 두고 직업성과를 이룰 수 있도록 돕는다.
- 장기적인 재활 치료를 돕기 위해 다양한 재활 전략을 수립한다(약물 사용의 감소, 가족 지원 방안 등).

03 만성정신과 환자의 정신사회재활을 위한 개입방법 3가지를 쓰시오. (6점)

▸ 2009, 2013, 2016, 2021

모범답안

① 인지재활

인지기능을 회복할 수 있는 인지기능 향상 프로그램을 제공한다. 이를 통해 주의력이나 기억력 및 집행 능력 등의 전반적 인지기능을 효과적으로 개선시키도록 돕는다.

② 사회기술훈련

사회기술훈련을 통해 대인관계에서 오는 문제를 잘 해결하고, 스트레스에 대처하며, 사회에 적절히 적응할 수 있도록 돕는다. 일반적으로 의사소통 기술훈련, 문제해결 기술훈련 등이 포함된다.

③ 직업재활

환자가 직업을 갖고 그것을 유지할 수 있도록 직업적 서비스를 포함한 종합적인 재활 과정이다. 환자의 성공적인 사회통합과 지역사회에서의 독립적인 생활 및 사회적응에 중요한 기회를 제공한다.

학습 Plus 정신사회재활의 개입방법

① 심리학적 평가 및 기능평가

정신재활의 효과를 높이기 위해서는 환자에 대한 정확한 이해가 필요하다. 이를 위해 면담, 행동관찰, 심리검사를 실시하여 환자가 가진 기술과 보충해야 할 점 및 장점 등을 자세하고 정확하게 평가한다. 또한 기능평가를 통해 문제되는 행동 및 해결에 필요한 자원을 검토하여 구체적인 계획을 세운다.

② <u>인지재활</u>

인지기능을 회복할 수 있는 인지기능 향상 프로그램을 제공한다. 이를 통해 주의력이나 기억력 및 집행 능력 등의 전반적 인지기능을 효과적으로 개선시키도록 돕는다.

③ 재활상담

재활상담은 상담자가 환자의 약해진 자아를 지지해 주고 희망을 갖게 함으로써 재기하려는 동기를 불러일으키며, 현실의 문제를 잘 해결해서 편안한 마음을 갖도록 하는 데 목적이 있다.

④ <u>사회기술훈련</u>

사회기술훈련을 통해 대인관계에서 오는 문제를 잘 해결하고, 스트레스에 대처하며, 사회에 적절히 적응할 수 있도록 돕는다. 일반적으로 의사소통 기술훈련, 문제해결 기술훈련 등이 포함된다.

⑤ 환자교육

환자교육이란 환자가 자신의 병을 잘 극복하고 일상생활을 잘할 수 있도록 하는 데 도움이 되는 내용들을 교육시키는 것이다. 먼저 병의 증상과 자기를 구분하도록 돕고, 스스로를 돌볼 수 있는 실제적인 여러 방법을 제시한다.

⑥ 가족교육

가족교육은 환자의 재발률을 감소시키며 환자의 증상을 줄이고 기능 상태를 호전하는 데 도움이 된다. 가족이 환자로 인해 받는 고통 속에서도 가족 스스로를 돌볼 수 있도록 하며, 가족이 환자를 관리하는 방법을 제공한다.

⑦ <u>직업재활</u>

직업재활이란 환자가 직업을 갖고 그것을 유지할 수 있도록 직업적 서비스를 포함한 계속적이며 종합적인 재활 과정이다. 직업재활은 환자의 성공적인 사회통합을 위해 필수적이며, 지역사회에서의 독립적인 생활과 사회적응에 중요한 기회를 제공한다.

⑧ 지역사회 지지서비스

환자의 사회적 재활을 돕기 위해 위기개입, 심리사회적 재활서비스, 사례관리, 주거지원 및 자조모임 등의 서비스를 제공한다.

⑨ 사례관리

환자에게 그들이 원하는 서비스를 통합적으로 제공받을 수 있도록 지속적으로 관리해 주는 과정을 말한다.

04 놀이치료에서 놀이는 치료적 가치가 있다. 놀이의 치료적 가치 3가지를 설명하시오. (5점)

▸ 2015, 2020

모범답안

① 저항을 극복하는 데 도움이 되므로 치료적 관계 형성에 유용하다.
② 의사소통의 매체로서 치료자가 아동을 이해하고 진단하는 데 유용하다.
③ 아동의 불안을 감소시키고 이완하게 함으로써 효과적인 치료를 가능하게 한다.

학습 Plus 놀이치료의 치료적 가치

- 저항을 극복하는 데 도움이 되므로 치료적 관계 형성에 유용하다.
- 의사소통의 매체로서 치료자가 아동을 이해하고 진단하는 데 유용하다.
- 아동의 불안을 감소시키고 이완하게 함으로써 효과적인 치료를 가능하게 한다.
- 정화를 통해 심리적 외상을 극복하게 한다.
- 창조적 사고를 통해 참신한 문제해결 능력을 발달시킨다.
- 유능성을 향한 욕구를 자극하고 실현하게 함으로써 자아존중감을 발달시킨다.
- 역할놀이를 통해 새로운 행동의 연습과 획득이 가능하며 공감 능력을 증진시킬 수 있다.
- 은유적 교훈을 통해 통찰에 도움을 줄 수 있다.
- 환상과 상상을 통해 대리적인 욕구 충족을 가능하게 한다.
- 애착 형성을 촉진하고 관계를 향상시킴으로써 타인과 친밀해지는 능력을 발달시킨다.
- 일상생활에 일반화될 수 있는 사회적 기술을 발달시킬 수 있는 기회를 제공한다.

05 Beck의 인지적 오류의 종류 5가지를 쓰고, 각각에 대해 설명하시오. (5점)

▸ 2007, 2015, 2018

모범답안

① 이분법적 사고(흑백논리적 사고)
어떤 상황을 연속선상에서 보지 않고 양 극단으로만 보는 것을 말한다. 두 가지 극단 중 하나로 경험을 범주화하는 것을 의미한다.

② 과잉일반화
한 가지 사건에 기초한 결론을 광범위하게 적용시키는 것을 말한다. 하나 또는 몇 개의 고립된 사건에서 일반적인 규칙을 추출해 내고 이를 다른 사상이나 상황에 부적절하게 적용하는 것을 의미한다.

③ 정신적 여과(선택적 추상화)
전체를 보지 않고 부정적인 하나의 세부 사항에만 지나치게 집중하고 선택적으로 받아들여 결론을 내리는 것을 말한다.

④ 임의적 추론
어떤 결론을 지지하는 증거가 없거나 그 증거가 결론에 위배됨에도 불구하고, 명확한 근거나 증거

의 뒷받침 없이 주관적으로 추측하여 이를 토대로 결론을 내리는 것을 말한다.

⑤ 의미확대/의미축소

자신이나 다른 사람 혹은 어떤 상황을 평가할 때, 부정적인 측면을 지나치게 강조하고 긍정적인 측면은 최소화하는 것이다.

학습 Plus 인지 오류의 유형

- 이분법적 사고(흑백논리적 사고): 어떤 상황을 연속선상에서 보지 않고 양 극단으로만 보는 것을 말한다. 두 가지 극단 중 하나로 경험을 범주화하는 것을 의미한다.
- 과잉일반화: 하나 또는 몇 개의 고립된 사건에서 일반적인 규칙을 추출해 내고 이를 다른 사상이나 상황에 부적절하게 적용하는 것을 의미한다.
- 정신적 여과(선택적 추상화): 전체를 보지 않고 부정적인 하나의 세부 사항에만 지나치게 집중하고 선택적으로 받아들여 결론을 내리는 것을 말한다.
- 의미확대/의미축소: 자신이나 다른 사람 혹은 어떤 상황을 평가할 때, 부정적인 측면을 지나치게 강조하고 긍정적인 측면은 최소화하는 것이다.
- 감정적 추론: 자신의 감정 반응이 실제 상황을 반영하여 사실이라고 믿고, 그 반대의 증거는 무시하거나 고려하지 않는 것을 말한다.
- 개인화: 인과적 연결을 지지하는 증거 없이 외부적 사건을 자기 자신에게 귀인하여 잘못 해석하는 것을 말한다.
- 잘못된 명명(낙인찍기): 자기 스스로 부정적인 관점을 통해 개인의 정체성과 인식을 평가하는 것을 말한다.
- 독심술: 충분한 근거 없이 상대방의 생각이나 의도, 마음을 알고 있다고 믿는 것을 말한다. 상호작용이나 관계에 있어서 타인이 어떤 생각을 하고 있는지 본인이 안다고 생각하는 것을 의미한다.
- 예언자적 오류: 충분한 근거 없이 미래에 일어날 일을 단정하고 확신하는 것이다. 마치 미래의 일들을 미리 볼 수 있는 예언자인 것처럼 앞으로 일어날 결과를 부정적으로 예측하고 이를 굳게 믿는다.
- 파국화: 어떤 사건에 대해 과도하게 염려하고나 두려워하는 것을 말한다. 항상 최악의 상황을 상상하기에 공포나 불안을 크게 느낀다.
- 임의적 추론: 어떤 결론을 지지하는 증거가 없거나 그 증기가 결론에 위배됨에도 불구하고, 명확한 근거나 증거의 뒷받침 없이 주관적으로 추측하여 이를 토대로 결론을 내리는 것을 말한다.

06 다음 보기 사례를 읽고 물음에 답하시오. (10점)

▸ 2004, 2009, 2014, 2018

30대 중반의 주부인 B씨는 자신이 가정에서 무가치한 존재가 되어 버렸고, 사회적으로도 능력을 발휘할 수 없는 존재로 전락해 버렸다는 생각에 생활 전반에 활력과 동기가 저하된 상태이다. 수면곤란, 무기력, 죄책감과 자살 사고를 보이고 있으며, 인생과 미래에 대해 암울함을 보이고 있다.

(1) A씨의 증상은 주요우울장애를 시사한다. 주요우울장애 진단기준에서 주요우울증상을 4가지 쓰시오.

(2) 자살 위험성에 대한 평가내용 3가지를 쓰시오.

(3) 자살 위험이 높을 경우 해야 할 대처방법 3가지를 쓰시오.

모범답안

(1) 주요우울증상 4가지

① 거의 매일 나타나는 불면이나 과다수면

② 거의 매일 나타나는 피로나 활력의 상실

③ 거의 매일 무가치감 또는 과도하거나 부적절한 죄책감을 느낌

④ 반복적인 죽음에 대한 생각(단지 죽음에 대한 두려움이 아닌), 구체적인 계획 없이 반복되는 자살 사고 또는 자살 시도나 자살 수행에 대한 구체적인 계획

학습 Plus 주요우울장애 진단기준(DSM-5)

A. 다음의 증상 가운데 5가지(또는 그 이상)의 증상이 2주 연속으로 지속되며 이전의 기능 상태와 비교할 때 변화를 보이는 경우, 증상 가운데 적어도 하나는 (1) 우울 기분이거나 (2) 흥미나 즐거움의 상실이어야 한다.

1. 하루 중 대부분 그리고 거의 매일 지속되는 우울 기분에 대해 주관적으로 보고(예: 슬픔, 공허감 또는 절망감)하거나 객관적으로 관찰됨(예: 눈물 흘림).
2. 거의 매일, 하루 중 대부분, 거의 또는 모든 일상 활동에 대해 흥미나 즐거움이 뚜렷하게 저하됨.
3. 체중 조절을 하고 있지 않은 상태에서 의미 있는 체중의 감소(예: 1개월 동안 5% 이상의 체중 변화)나 체중의 증가, 거의 매일 나타나는 식욕의 감소나 증가가 있음.
4. 거의 매일 나타나는 불면이나 과다수면
5. 거의 매일 나타나는 정신운동 초조나 지연(객관적으로 관찰 가능함, 단지 주관적인 좌불안석 또는 처지는 느낌뿐만이 아님)
6. 거의 매일 나타나는 피로나 활력의 상실
7. 거의 매일 무가치감 또는 과도하거나 부적절한 죄책감(망상적일 수도 있는)을 느낌(단순히 병이 있는 데 대한 자책이나 죄책감이 아님)
8. 거의 매일 나타나는 사고력이나 집중력의 감소 또는 우유부단함(주관적인 호소나 객관적인 관찰 가능함)
9. 반복적인 죽음에 대한 생각(단지 죽음에 대한 두려움이 아닌), 구체적인 계획 없이 반복되는 자살 사고 또는 자살 시도나 자살 수행에 대한 구체적인 계획

(2) 자살 위험성에 대한 평가내용 3가지

- 자살 사고, 자살 계획, 자살 시도 경험

학습 Plus 자살위험도 평가내용

① 자살 사고
상담자는 자살을 생각하는 내담자를 대상으로 그 위험 수준에 대해 질문을 하며 이를 평가해야 한다. 질문 내용은 자살에 대한 생각이 얼마나 자주 떠오르는지, 이를 얼마나 오랫동안 견디어 낼 수 있는지에 대한 질문이 포함된다. 내담자의 자기보고가 위험 수준에 이르렀다고 판단되는 경우, 이를 심각하게 다루어야 한다.

② 자살 계획
상담자는 내담자가 실제 자살을 계획하고 있는지를 파악해야 한다. 자살 계획의 치명성, 자살의 방법과 도구, 계획의 구체성 등에 대해 평가한다.

③ 자살 시도 경험
과거 자살을 시도한 경험이 있는 사람의 경우 자살 위험의 가능성이 높다. 상담자는 내담자의 가족이나 주변 인물들 중 자살을 시도했거나 실제 자살한 사람이 있는지를 파악한다.

④ 심리적 증상
심리적 고통을 호소하거나 심리적 문제를 가지고 있는 사람의 경우 그렇지 않은 사람에 비해 자살할 가능성이 높다. 여러 검사 도구를 활용하여 심리적인 고통과 증상을 파악해야 한다. 내담자가 심각한 정신장애를 가지고 있는 경우 즉각적인 치료적 개입이 필요하다.

⑤ 환경적 스트레스
내담자가 어떠한 스트레스 상황에서 자살 충동을 느끼는지를 파악한다. 내담자의 스트레스 대처방식을 검토하고, 자살을 문제 상황의 도피방법으로 생각하는 것은 아닌지 살펴본다.

⑥ 자원 및 지지체계
내담자에게 도움이 될 수 있는 유용한 자원 및 지지체계에 대해 살펴보아야 한다. 위기 상황 시, 긴급히 연락을 취할 수 있는 방법에 대해서 안내해 준다.

(3) 자살 위험이 높을 경우 해야 할 대처방법 3가지

① 가족이나 가까운 사람에게 알리고, 혼자 있지 못하도록 한다.

② 자살을 시도할 수 있는 위험한 물건이나 상황에 가까이 있지 않도록 한다.

③ 정신건강의학과 전문의를 포함한 자살 예방 전문가와 접촉하도록 한다.

07 HTP검사에서 사람(Person) 그림을 통해 평가할 수 있는 측면 3가지를 기술하시오. (6점)

▶ 2014

모범답안

① 자화상(현재의 자기상)
수검자가 자신에 대해서 어떻게 느끼는가에 대한 묘사이다. 신체적인 자아와 심리적인 자아가 투사된다.

② 이상적인 자아(이상적으로 바라는 자기상)
수검자가 이상적으로 바라는 자기상이 묘사되어 나타난다. 현재의 자아 상태와 다른 기대하는 자기상이 표현된다.

③ 중요한 타인
수검자의 현재 혹은 과거의 경험과 환경으로부터 도출되어 묘사된다. 부모를 포함한 여러 중요하게 영향을 미친 대상이 표현된다.

08 다음 사례에서 상담자가 보여 주려고 하는 것은 무엇인지 기술하시오. (3점) ▸ 2017

> **내담자**: 나는 도움이 안 되는 사람입니다.
> **상담자**: 그렇게 생각하세요? 정말 비참한 기분이겠네요.
> **내담자**: 제 친구가 어제 저에게 그렇게 말했어요.
> **상담자**: 그 사람이 당신을 쓸모없는 인간이라고 말했다고요?

모범답안

〈재진술〉

- 내담자의 메시지 내용에 초점을 두고 내담자가 말한 바를 바꿔 말하는 것이다. 환언 또는 부연하기라고도 한다. 재진술함으로써 내담자의 입장을 이해하기 위해 노력하고 있다는 모습을 전달하며, 내담자는 자신의 생각을 구체화할 수 있게 된다.
- 재진술은 보통 내담자가 한 말과 유사한 단어를 포함하며, 그 내용에 있어서 더 구체적이고 분명한 편이다.

09 다음 ( ) 안에 들어갈 효과적인 상담기법을 쓰시오. (4점)

> (ㄱ): 내담자의 감정을 거울로 비추듯이 보여 주는 것
> (ㄴ): 내담자가 알기 쉬운 언어로 다시 이야기해 주는 것

모범답안

- ㄱ: 반영, ㄴ: 재진술
- 반영(reflection)
  반영은 상담자가 내담자의 행동 속에 내재된 내면의 감정을 정확하게 파악하여 내담자에게 전달해 주는 것을 말한다. 상담자는 반영을 통해 내담자의 태도를 거울에 비추어 주듯이 보여 줌으로써 내담자의 자기이해를 도와줄 뿐 아니라 내담자로 하여금 이해받고 있다는 인식을 전달해 준다.
- 재진술(paraphrasing)
  내담자의 메시지 내용에 초점을 두고 내담자가 말한 바를 바꿔 말하는 것이다. 환언 또는 부연하기라고도 한다. 재진술함으로써 내담자의 입장을 이해하기 위해 노력하고 있다는 모습을 전달하며, 이를 통해 내담자는 자신의 생각을 구체화할 수 있게 된다.

10 로저스의 인간중심상담에서 강조한 치료자의 태도 3가지를 쓰시오. (3점)

▸ 2008, 2010, 2014, 2017, 2018, 2019, 2020, 2021

모범답안

① 진솔성(일치성)
진솔성은 치료 과정에서 매 순간 경험하는 감정을 있는 그대로 솔직히 인정하고 표현하는 태도로서 치료자가 경험하는 감정을 기꺼이 표현하고 개방하는 것을 말한다.

② 무조건적인 긍정적 존중
내담자를 존중하며 있는 그대로 수용하는 것을 말한다. 치료자가 비판단적으로 내담자를 존중할 때, 방어하지 않고 자신의 경험을 자유롭게 탐색할 수 있게 되며 안정감과 자기개념의 변화를 경험하게 된다.

③ 공감적 이해
치료자가 내담자의 감정에 빠져들지 않으면서 내담자의 감정을 자신의 감정처럼 느끼고 이해하며 이를 내담자에게 전달하는 것을 말한다.

11 상담을 위한 면접에서 상담의 목표와 상관없이 이루어지는 공통적인 면접의 기본방법 5가지를 쓰시오. (5점)

모범답안

① 경청(listening)
경청은 내담자의 이야기를 주의 깊게 귀담아 듣는 것으로, 말의 내용뿐만 아니라 말하려는 의도, 심정을 주의 깊게 정성들여 듣는 태도를 말한다. 경청을 통해서 상담자와 내담자 간에 신뢰관계가 형성되고, 이는 상담자와 내담자 간의 치료동맹으로 이어지게 된다.

② 질문(question)
상담자가 내담자의 문제를 탐색할 때 가장 많이 사용하는 기술이다. 질문의 목적은 내담자가 자기노출을 하도록 격려하기 위해, 내담자의 생각을 구체화하기 위해, 상담자가 내담자의 상황을 더 명확하게 이해하도록 돕기 위한 다양한 이유로 사용된다.

③ 공감(empathy)
공감은 내담자의 감정과 생각에 대한 상담자의 깊은 이해와 더불어 그 사실을 내담자에게 알려 주는 것까지의 과정을 말한다. 상담자는 자신에 대한 것이나 자신의 경험과는 분리되어 독립성을 유지하면서 내담자에 대한 어떠한 판단도 포함하지 않고 내담자의 시각과 입장에서 있는 그대로 들을 수 있으며 이해할 수 있어야 한다.

④ 즉시성(immediacy)
상담자가 지금-여기 입장에서 내담자에게 반응하는 것으로, 상담자와 내담자 간의 즉각적인 상호

작용을 의미한다.

⑤ 최소의 촉진적 반응(minimal encourager response)

이해나 동의를 나타내는 짧은 말을 의미하며, 내담자가 수용되고 있다는 것들을 반영하고 지속적으로 이야기할 수 있도록 촉진시키는 역할을 한다.

학습 Plus 주요 상담기술

- 경청(listening)
  경청은 내담자의 이야기를 주의 깊게 귀담아 듣는 것으로, 말의 내용뿐만 아니라 말하려는 의도, 심정을 주의 깊게 정성들여 듣는 태도를 말한다. 경청을 통해서 상담자와 내담자 간에 신뢰관계가 형성되고, 이는 상담자와 내담자 간의 치료동맹으로 이어지게 된다.
- 질문(question)
  상담자가 내담자의 문제를 탐색할 때 가장 많이 사용하는 기술이다. 질문의 목적은 내담자가 자기노출을 하도록 격려하기 위해, 내담자의 생각을 구체화하기 위해, 상담자가 내담자의 상황을 더 명확하게 이해하도록 돕기 위한 다양한 이유로 사용된다.
- 공감(empathy)
  공감은 내담자의 감정과 생각에 대한 상담자의 깊은 이해와 더불어 그 사실을 내담자에게 알려 주는 것까지의 과정을 말한다. 상담자는 자신에 대한 것이나 자신의 경험과는 분리되어 독립성을 유지하면서 내담자에 대한 어떠한 판단도 포함하지 않고 내담자의 시각과 입장에서 있는 그대로 들을 수 있으며 이해할 수 있어야 한다.
- 즉시성(immediacy)
  상담자가 지금-여기 입장에서 내담자에게 반응하는 것으로, 상담자와 내담자 간의 즉각적인 상호작용을 의미한다.
- 최소의 촉진적 반응(minimal encourager response)
  이해나 동의를 나타내는 짧은 말을 의미하며, 내담자가 수용되고 있다는 것들을 반영하고 지속적으로 이야기할 수 있도록 촉진시키는 역할을 한다.
- 반영(reflection)
  반영은 상담자가 내담자의 행동 속에 내재된 내면의 감정을 정확하게 파악하여 내담자에게 전달해 주는 것을 말한다. 상담자는 반영을 통해 내담자의 태도를 거울에 비추어 주듯이 보여 줌으로써 내담자의 자기이해를 도와줄 뿐 아니라 내담자로 하여금 이해받고 있다는 인식을 전달해 준다.
- 재진술(paraphrasing)
  내담자의 메시지 내용에 초점을 두고 내담자가 말한 바를 바꿔 말하는 것이다. 환언 또는 부연하기라고도 한다. 재진술함으로써 내담자의 입장을 이해하기 위해 노력하고 있다는 모습을 전달하며, 내담자는 자신의 생각을 구체화할 수 있게 된다.
- 요약(summary)
  상담 회기 내용의 일부 또는 전부에 대해 간결하게 정리하고 통합하는 과정을 의미한다. 매 회기의 상담을 자연스럽게 종결하며, 새로운 해결책을 강구하도록 하는 데 도움이 된다.
- 명료화(clarification)
  내담자의 말 속에 포함되어 있는 불분명한 내용에 대해 상담자가 그 의미를 분명하게 밝히려는 것을 말한다. 재진술과 달리 상담자의 판단에 의해 내담자의 감정, 생각 속에 내포된 의미를 보다 분명하게 말하는 것이다.
- 즉시성(immediacy)
  상담자가 지금-여기 입장에서 내담자에게 반응하는 것으로, 상담자와 내담자 간의 즉각적인 상호작용을 의미한다.
- 직면(confrontation)
  내담자의 말이나 행동이 일치하지 않는 경우 또는 내담자의 말에 모순점이 있는 경우에 상담자가 그것을 지적해 주는 것이다. 불일치와 모순은 말과 행동, 감정과 행동, 행동과 행동, 현실과 이상 간의 불일치 등에서 다양하게 나타날 수 있다. 직면 기법은 충분한 라포가 형성되었을 때 신중히 사용해야 한다.

• 해석(interpretation)
내담자가 새로운 방식으로 자신의 문제를 돌아볼 수 있도록 내담자가 경험한 사건들과 행동, 감정, 생각 등의 의미를 설명해 주는 것이다. 반드시 가설적 형태로 내담자에게 전달해야 한다.

12 행동수정을 목적으로 한 행동치료 기법 5가지를 쓰시오. (5점)

모범답안

① 행동조성(behavior shaping)
행동조성(조형)은 조작적 조건형성의 원리를 적용한 기법으로, 바람직한 행동을 여러 하위 단계로 나누어 세분화된 목표행동에 접근할 때마다 적절한 보상을 주어 점진적으로 특정 행동을 학습시키는 기법이다.

② 모델링(modeling)
모델링은 내담자의 문제행동을 수정하거나 바람직한 행동의 학습을 촉진시키기 위해 사용하는 방법으로, 다른 사람의 행동을 관찰함으로써 자신의 태도를 바꾸거나 새로운 기술을 학습하게 된다.

③ 토큰경제(token economy)
토큰경제는 토큰 또는 교환권을 강화물로 사용하여 바람직한 행동을 유보하는 기법이다. 이 방법은 조작적 조건형성을 이용한 행동수정 기법이다. 바람직한 행동들에 대한 체계적인 목록을 정해 놓은 후, 그러한 행동이 이루어질 때 그에 상응하는 강화(내담자가 선호하는 것으로 교환할 수 있는 가치가 있는 토큰)를 제공한다.

④ 용암법(fading)
용암법은 도움이나 촉진을 점차 줄여 나가면서 결국 혼자서 문제를 해결할 수 있도록 하는 방법이다. 새로운 행동의 학습 과정에서 초기 단계에서는 많은 도움이 필요하지만, 점차 단계가 높아질수록 도움의 양은 체계적으로 감소되고 스스로 해야 할 행동의 양이 증가되면서 혼자 수행을 할 수 있게 된다.

⑤ 소거(extinction)
소거는 주위로부터 관심을 받지 못하는 행동은 저절로 소거된다는 강화의 원리를 역이용하여 문제행동을 보여도 타이르거나 꾸중하는 등의 관심을 보이지 않는 방법이다. 이때 소거를 받아야 할 문제행동 이외에 다른 행동에 대해서는 관심을 가져 주거나 보상을 해 주어야 한다.

학습 Plus 행동수정 방법

- 행동조성(behavior shaping)
  행동조성(조형)은 조작적 조건형성의 원리를 적용한 기법으로, 바람직한 행동을 여러 하위 단계로 나누어 세분화된 목표행동에 접근할 때마다 적절한 보상을 주어 점진적으로 특정 행동을 학습시키는 기법이다.
- 모델링(modeling)
  모델링은 내담자의 문제행동을 수정하거나 바람직한 행동의 학습을 촉진시키기 위해 사용하는 방법으로, 다른 사람의 행동을 관찰함으로써 자신의 태도를 바꾸거나 새로운 기술을 학습하게 된다.
- 토큰경제(token economy)
  토큰경제는 토큰 또는 교환권을 강화물로 사용하여 바람직한 행동을 유보하는 기법이다. 이 방법은 조작적 조건형성을 이용한 행동수정 기법이다. 바람직한 행동들에 대한 체계적인 목록을 정해 놓은 후, 그러한 행동이 이루어질 때 그에 상응하는 강화(내담자가 선호하는 것으로 교환할 수 있는 가치가 있는 토큰)를 제공한다.
- 용암법(fading)
  용암법은 도움이나 촉진을 점차 줄여 나가면서 결국 혼자서 문제를 해결할 수 있도록 하는 방법이다. 새로운 행동의 학습 과정에서 초기 단계에서는 많은 도움이 필요하지만, 점차 단계가 높아질수록 도움의 양은 체계적으로 감소되고 스스로 해야 할 행동의 양이 증가되면서 혼자 수행을 할 수 있게 된다.
- 소거(extinction)
  소거는 주위로부터 관심을 받지 못하는 행동은 저절로 소거된다는 강화의 원리를 역이용하여 문제행동을 보여도 타이르거나 꾸중하는 등의 관심을 보이지 않는 방법이다. 이때 소거를 받아야 할 문제행동 이외에 다른 행동에 대해서는 관심을 가져 주거나 보상을 해 주어야 한다.
- 고립(time-out)
  고립은 아동이 현재 즐기고 있는 상황으로부터 다른 곳으로 격리시키는 방법을 말하는데, 구석에 세워 두는 것, 다른 방으로 내보내는 것이 그 예이다.
- 정적 강화(positive reinforcement)
  정적 강화는 학습자가 좋아하는 자극을 제공함으로써 기대되는 행동의 발생 빈도수를 증가시키는 것이다. 정적 강화인(positive reinforcer)으로는 칭찬과 같은 사회적 인정, 돈, 음식 등이 포함된다.
- 부적 강화(negative reinforcement)
  부적 강화는 학습자가 싫어하는 자극인 부적 강화인(negative reinforcer)을 제거해 줌으로써 기대되는 행동의 발생 빈도수를 증가시키는 것이다. 부적 강화인의 예로는 선행을 한 아이에게 아이가 싫어하는 청소를 면제해 주는 것이다.
- 체계적 둔감화(systematic desensitization)
  주로 특정 사건, 사람, 대상에 대한 불안이나 공포가 있는 사람들의 치료를 위해 고안된 것으로, 공포 관련 부적응 행동이나 회피행동 또는 일반화된 공포 치료에 적용된다. 불안을 유발하는 상황들을 생각하도록 함으로써 불안과 병존할 수 없는 이완을 연합시켜 불안을 감소 또는 소거시키는 기법이다.
- 노출법(exposure therapy)
  내담자가 두려워하는 자극이나 상황에 반복적으로 노출시켜 직면하게 함으로써 특정 자극 상황에 대한 불안을 감소시키는 방법이다.
- 혐오치료(aversion therapy)
  역조건형성의 일종으로서 바람직하지 못한 행동에 혐오자극을 제시하여 부적응적인 행동을 제거하는 기법이다.

13 다음 보기 내용은 Beck의 인지적 오류와 왜곡 중 어떤 오류인지를 쓰고 치료기법을 설명하시오. (4점)

▸ 2011, 2016

> "이번 학기에 모든 과목에서 A학점을 받지 못한다면 이번 학기는 실패한 것이나 다름없어."

모범답안

〈인지적 오류〉

- 이분법적 사고(흑백논리적 사고)
  어떤 상황을 연속선상에서 보지 않고 양 극단으로만 보는 것을 말한다('성공 아니면 실패').

〈치료기법〉

- A(선행사건)－B(신념)－C(정서적 · 행동적 결과)
  생활 사건의 의미를 부정적인 것으로 받아들이는 부적응적인 인지(인지적 오류)에 초점을 두고 이를 변화시키도록 돕는다. 생활 사건의 해석을 양 극단으로 평가하기보다는 연속선상에서 일어나는 사건으로 객관화하여 사고할 수 있도록 돕는다.

14 심리상담자가 준수하여야 할 윤리 의무 중 '이중관계 지양'에 대해 설명하시오. (4점)

▸ 2010, 2016

모범답안

〈이중관계 지양〉

- 상담자는 내담자와의 상담관계에 영향을 줄 수 있는 다른 이중관계를 피해야 한다. 이중관계란 내담자와 전문적 역할 관계에 있으면서 동시에 또 다른 역할관계를 가지는 것을 말한다.
- 내담자와의 이중관계는 공정하고 객관적이며 효율적으로 업무를 수행하는 데 위험요인이 될 수 있으며, 상대방을 착취하거나 해를 입힐 가능성이 있으므로 상담자는 이중관계가 발생하게 될 때 신중하여야 한다.
- 상담자와 내담자 간의 이중관계(성적 · 금전적 관계 등)뿐만 아니라 상담자가 내담자의 친구, 가족, 친인척 등인 경우에도 이러한 관계가 상담의 성과에 영향을 줄 수 있다고 판단되면 다른 상담자에게 내담자를 의뢰해야 한다.

15 MMPI, BDI 자기보고형 검사의 장점과 단점을 기술하시오. (4점)

▸ 2009, 2017

모범답안

- 장점: 검사 실시와 해석이 간편하고, 검사의 신뢰도 및 타당도가 검증되어 있으며, 검사자 변인이나 검사의 상황 변인에 의한 영향이 적어 객관적인 개인 간 비교가 가능하다.
- 단점: 긍정적 문항이나 사회적으로 바람직한 문항에 응답하는 경향성이 나타날 수 있으며, 개인의 질적인 독특성에 대한 정보가 간과될 수 있고, 문항 내용의 제한성으로 인해 특정 상황에서의 특성과 상황 간의 상호작용 내용을 밝히기가 어렵다.

16 점진적 노출 치료의 효과 3가지를 쓰시오. (6점)

▸ 2012, 2017

모범답안

① 불안을 유발하는 자극에 익숙해지고 둔감해짐으로써 실제 장면에서 더 이상 자극에 대한 회피반응이나 도피반응을 일으키지 않게 되어 불안 감소에 도움이 된다.

② 불안 유발 상황에 안전하게 노출시킴으로써 내담자가 그 상황들에 대해 더 현실적으로 생각하게 되고, 이러한 현실적 사고 증진은 상황을 덜 위협적으로 느끼게 만들어 객관적으로 상황을 인식하도록 돕는다.

③ 점진적 노출 과정 동안 불안 수준이 감소됨을 경험함으써 내담자는 불안에 잘 대처할 수 있다는 강한 믿음을 얻게 되며 문제 극복에 대한 노력과 용기를 갖게 된다.

17 신경심리검사 중 시공간 능력을 측정하는 검사 5가지를 쓰시오. (5점)

모범답안

시공간 능력에는 시지각 능력과 구성 능력 등이 포함된다. 시공간 처리에는 주로 뇌의 우반구가 관여하며, 특히 일차 시각 피질이 위치한 후두엽과 공간처리를 담당하는 두정엽의 역할이 중요하다. 시공간 능력을 측정하는 검사는 다음과 같다.

- 벤더 도형 검사(Bender Visual Motor Gestalt Test: BGT)
- 레이-오스테리스 복합도형 검사(Rey-Osterrieth Complex Figure Test: ROCF)
- 시계 그리기 검사(Clock drawing test)
- 토막짜기(WAIS)
- 도형 그리기 검사(예: MMSE, CERAD-N)

18 무어(Moore)의 가족 갈등 모델에서 가족 갈등의 유형 5가지를 쓰시오. (5점)

모범답안

크리스토퍼 무어(Christopher Moor)는 갈등의 주요원인을 '이해관계 갈등' '사실관계 갈등' '가치관 갈등' '인간관계 갈등' '구조적 갈등'으로 구분하여 제시하였다.

① 이해관계 갈등: 한정된 자원이나 권력을 분배하는 과정에서 빚어지는 갈등으로, 주로 이해관계를 분배하는 과정이나 절차에 관한 입장 차에서 비롯된다.

② 사실관계 갈등: 하나의 사건이나 자료, 언행 등에 대해 서로 다르게 해석함으로써 생기는 갈등이다.

③ 가치관 갈등: 신앙, 신념 또는 문화의 차이에서 비롯된 것으로서 가치관이나 고정관념으로 인해 서로를 양립할 수 없는 관계로 인식하게 된다.

④ 인간관계 갈등: 서로 간의 불신이나 오해로 인해 상호관계가 벌어지는 갈등으로, 의사소통이 잘 이루어지지 않아서 일어나기도 하고 서로에 대한 부정적 감정과 불신으로 나타나기도 한다.

⑤ 구조적 갈등: 사회의 구조적인 요인, 즉 잘못된 제도나 관행, 불균형으로 발생하는 갈등이다. 차별이나 억압적인 구조가 그 대표적 요인이다.

19 카우프만(Kaufman)과 리히텐베르거(Lichtenberger)가 제시한 지능검사의 기본 철학 5가지를 쓰시오. (5점)

모범답안

① 지능검사의 소검사는 개인이 학습해 온 것을 측정한다.

② 지능검사의 소검사는 개인 행동의 표본일 뿐 총체는 아니다.

③ 개인 대상의 표준화된 검사는 특정한 실험적 환경하에서 정신기능을 평가한다.

④ 지능검사와 같은 종합검사는 이론적 모형에 근거하며 해석을 해야 유용하다.

⑤ 검사 프로파일을 통해 도출된 가설은 다양한 출처의 자료를 통해 지지되어야 한다.

학습 Plus 지능검사의 기본 철학

Lichtenberger와 Kaufman(2009)은 지능검사의 기본 철학을 다음과 같이 제시하면서 이를 명심하여 지능검사 결과를 해석할 것을 강조하였다.

- 지능검사의 소검사는 개인이 학습해 온 것을 측정한다.
  지능검사의 소검사 유형에 따라 언어적 혹은 비언어적 요소가 관여하는 정도가 다르기는 하지만, 기본적으로 모든 과제는 문화적, 교육적, 일상생활에서의 경험 등을 통한 학습을 반영한다.
- 지능검사의 소검사는 개인 행동의 표본일 뿐 총체는 아니다.
  지능검사는 1~2시간 정도 통제된 환경하에서 해당 과제의 수행과 관련된 특정 행동 표본에 근거한 평가이므로 지능의 본질적인 구성요소나 실생활에서의 성취를 총망라해서 반영할 수는 없다.

- 개인 대상의 표준화된 검사는 특정한 실험적 환경하에서 정신기능을 평가한다.
  개인의 지능 수준을 규준집단과 비교해서 해석하기 위해서는 표준화된 절차를 엄격하게 준수해야 한다. 그렇지 않을 경우 검사 점수가 타당하지 않아 아무런 의미가 없기 때문이다. 하지만 일상생활에서는 표준화된 절차나 통제된 환경하에서 행동하는 것이 아니며, 이러한 차이를 인지하고 있어야만 개인의 IQ를 최대 능력이라고 과잉 해석하는 우를 범하지 않을 수 있다.
- 지능검사와 같은 종합검사는 이론적 모형에 근거하며 해석을 해야 유용하다.
  여러 소검사가 포함되어 있는 종합검사는 이론적 모형에 근거해 검사 자료를 조직화해야 개인의 인지기능의 장단점을 명확히 파악하고 실용적이고 의미 있는 해석을 할 수 있다.
- 검사 프로파일을 통해 도출된 가설은 다양한 출처의 자료를 통해 지지되어야 한다.
  검사 결과에 기초한 가설을 수립한 다음에는 수검자에 대한 배경 정보, 사회적 맥락, 행동 관찰, 평소의 문제해결 방식 등 다양한 자료와 맥락을 통해 가설의 타당성을 검토해야만 한다. 이러한 과정을 거쳐야 지능검사 결과를 오용하지 않고 최적의 해석을 할 수 있다.

20 심리평가에서 전통적 모델과 치료적 모델의 차이점을 평가목표와 평가자 역할을 중심으로 기술하시오. (4점)

▸ 2007

모범답안

① 평가목표
- 전통적 모델: 현존하는 문제의 차원과 범주를 명확히 기술하고, 환자에 대한 치료적 결정을 도우며, 전문가들 간의 의사소통을 원활히 한다.
- 치료적 모델: 자기 자신과 타인에 대해 생각하고 느끼는 새로운 방식을 학습할 수 있도록 하며, 문제에 대한 이해를 넓혀서 삶의 문제를 해결할 수 있도록 돕는다.

② 평가자 역할
- 전통적 모델: 심리평가자는 객관적인 관찰자이자 반숙련된 전문가로서 비교적 제한적인 역할을 수행한다.
- 치료적 모델: 심리평가자는 관찰자인 동시에 참가자로서 초기 과정에서부터 상담을 통해 핵심 문제를 탐색, 치료적 개입을 하는 등 보다 능동적인 역할을 수행한다.

03 2021년 제3회 실기복원문제

01 로저스의 인간중심 상담에서 강조한 치료자의 태도 3가지를 쓰시오. (3점)

▸ 2008, 2010, 2014, 2017, 2018, 2019, 2021

모범답안

① 진솔성(일치성)

진솔성은 치료 과정에서 매 순간 경험하는 감정을 있는 그대로 솔직히 인정하고 표현하는 태도로서, 치료자가 경험하는 감정을 기꺼이 표현하고 개방하는 것을 말한다.

② 무조건적인 긍정적 존중

내담자를 존중하며 있는 그대로 수용하는 것을 말한다. 치료자가 비판단적으로 내담자를 존중할 때, 방어하지 않고 자신의 경험을 자유롭게 탐색할 수 있게 되며 안정감과 자기개념의 변화를 경험하게 된다.

③ 공감적 이해

치료자가 내담자의 감정에 빠져들지 않으면서 내담자의 감정을 자신의 감정처럼 느끼고 이해하며 이를 내담자에게 전달하는 것을 말한다.

02 만성정신과 환자의 정신사회재활을 위한 개입방법 3가지를 쓰시오. (6점)

▸ 2009, 2013, 2016, 2021

모범답안

① 인지 재활
인지기능을 회복할 수 있는 인지기능 향상 프로그램을 제공한다. 이를 통해 주의력이나 기억력 및 집행능력 등의 전반적 인지기능을 효과적으로 개선시키도록 돕는다.

② 사회기술훈련
사회기술훈련을 통해 대인관계에서 오는 문제를 잘 해결하고, 스트레스에 대처하며, 사회에 적절히 적응할 수 있도록 돕는다. 일반적으로 의사소통 기술훈련, 문제해결 기술훈련 등이 포함된다.

③ 직업 재활
환자가 직업을 갖고 그것을 유지할 수 있도록 직업적 서비스를 포함한 종합적인 재활 과정이다. 환자의 성공적인 사회 통합과 지역사회에서의 독립적인 생활 및 사회 적응에 중요한 기회를 제공한다.

03 시간제한적 집단치료의 주요 특징을 3가지 쓰시오. (6점)

▸ 2015

모범답안

① 시간제한적 구조화
치료에서 미리 종결 시기나 횟수를 정해 놓고 실시함으로써 치료 현실을 직면시키고, 짧은 시간 안에 치료자의 확신을 전달하여 치료 동기와 변화를 격려한다.

② 제한된 목표에 초점 두기
제한된 시간 때문에 목표 설정 또한 제한적이고, 여러 문제 중 실현가능한 구체적인 치료목표를 설정하게 된다. 제한된 시간에 치료의 목표에 도달하기 위해 치료적 개입을 필요로 하는 특정한 문제 영역에 선택적인 초점을 둔다.

③ 적극적인 개입과 치료활동
제한된 시간에 설정된 목표에 도달하기 위해서 치료자는 보다 적극적으로 작업하여 치료활동을 촉진한다. 시간의 한계로 인해 길고 포괄적인 평가를 할 수 없기 때문에 평가와 치료가 동시에 이루어진다.

04 MMPI-2의 성격병리 5요인 척도에 대해 쓰시오. (5점) ▸ 2018

모범답안

① 공격성(Aggressiveness: AGGR, 18문항)

- 이 척도에서 높은 점수를 받은 사람들은 다른 사람을 위협하는 것을 즐기고, 목표 달성을 위한 방법으로 공격성을 사용할 수 있으며, 좌절에 대한 반응으로 약탈적 혹은 가학적 공격 성향을 드러낸다.
- 타인에게 지시받거나 통제당하는 것을 두려워하며, 타인의 지시와 통제를 회피하려고 의도적으로 타인을 가해하고 보복한다. 대인관계를 우월과 열등의 관계 및 지배와 종속의 관계로 해석하고 자신이 우월자 혹은 지배자의 위치에 있다고 생각한다.

② 정신증(Psychoticism: PSYC, 25문항)

- 이 척도에서 높은 점수를 받은 사람들은 외부의 세상과 타인의 행동을 관습적으로 설명하지 못하고, 실제적 현실을 왜곡하여 망상적 현실을 구성한다. 비현실적 경험, 비논리적 신념, 백일몽에 사로잡혀 있으며, 외부와 교류하지 못하고 타인을 이해하지 못한다.
- 타인을 적대적, 도발적, 공격적으로 대하고, 자신을 무능하고 부적절한 존재로 여기며, 기태적 행동과 자기패배적인 행동을 보인다. 외모와 행동이 기이하고 특이하며, 사회적으로 고립되어 있다.

③ 통제 결여(Disconstraint: DISC, 29문항)

- 이 척도에서 높은 점수를 받은 사람들은 충동을 조절하지 못하고, 즉흥적으로 행동하고, 충동적이며, 위험 추구적이고, 만족을 지연시키지 못하며, 일상적인 일에 쉽게 지루해 한다.
- 규칙이나 규점을 준수하지 않고, 대인관계가 피상석이며, 관계에 충실하지 않고, 쾌락주의적 도덕기준을 시니고 있다. 부모와 권위자와의 갈등, 또래나 관계 착취 및 반사회적 행동을 보임에도 자신의 행동을 뉘우치지 않기 때문에 전반적인 대인관계 문제가 지속된다.

④ 부정적 정서성/신경증(Negative Emotionality/Neuroticism: NEGE, 33문항)

- 이 척도에서 높은 점수를 받은 사람들은 걱정, 신경과민, 공포감, 죄책감에 쉽게 압도되며, 최악의 시나리오를 상상하고, 자기비판적이며, 죄책감을 느낀다.
- 대인관계가 지극히 수동적이고, 의존적이며, 버림받을까 봐 두려워하고, 비판에 과민하게 반응한다. 경계선 수준의 불안정한 애착을 보이며, 타인의 도움을 거절하면서도 반복적으로 불평하고, 자살행동 및 자해행동을 드러낼 우려가 있다.

⑤ 내향성/낮은 긍정적 정서(Introversion/Low Positive Emotionality: INTR, 34문항)

- 이 척도에서 높은 점수를 받은 사람들은 불쾌하고 혐오적인 정서를 경험할 뿐만 아니라 비관적이며 신체증상을 보고한다. 성취에 대한 욕구가 낮고, 무쾌감증, 활력 저하, 불만족감, 낮은 자존감, 쉽게 포기하는 경향을 보인다.
- 다른 사람들과 어울리는 것이 불편하기 때문에 사회적 관계를 회피하며, 타인에게 적대적이지는 않지만 일정한 거리를 둔다. 대인관계에서 상호작용을 회피할 수 없는 상황에서는 최소한의 정서적 관여를 하면서 관계를 유지하며, 지속적인 사회적 부적절감을 경험한다.

학습 Plus 성격병리 5요인 척도(Personality Psychopathology Five Scale)

성격병리 5요인(PSY-5) 척도 구성개념은 성격장애와 정상 성격에 대한 근본적인 주제를 다루는 연구들을 바탕으로 개발되었으며, 다섯 가지의 폭넓은 성격영역을 다루고 있다.

성격병리 5요인 척도		
AGGR	공격성	공격적인 주장적 행동, 지배적 행동 경향, 낮은 죄책감, 위협 행동
PSYC	정신증	비현실적 사고, 지각적 혼란, 소외감, 관계 망상, 현실검증력 손상
DISC	통제 결여	충동적, 행동 통제 결여, 위험 추구 행동, 타인 조정, 행동문제 과거력
NEGE	부정적 정서성/신경증	불안, 우울, 불안정성, 걱정, 비관적, 스트레스에 대한 신체적 반응
INTR	내향성/낮은 긍정적 정서	사회적 억제, 자신감 저하, 부정적 자기개념, 낮은 성취 욕구, 무망감

05 성인심리치료와 구분되는 아동심리치료의 5가지 특징을 쓰시오. (5점) ▸ 2019

모범답안

① 아동은 정신적, 육체적, 지적으로 아직 성숙되지 않은 발달단계에 있는 관계로 아동 개개인의 특성뿐만 아니라 모든 아동이 성장 과정에서 보일 수 있는 일반적 문제까지 고려하여 상담을 하여야 한다.

② 아동의 여러 문제가 부모와 관련되어 있거나 또 다른 보호자와의 관계에서 발생될 수 있기 때문에 부모를 포함한 보호자의 역할과 참여가 중요하다.

③ 상담자는 아동이 보는 방식으로 세상을 인식할 필요가 있으며, 아동의 인지적 수준, 정서적 · 사회적 · 신체적 발달을 고려하여 도움을 주어야 한다.

④ 아동은 덜 발달된 자아로 인해 현실을 객관적으로 파악하기 어려우며, 자신이 겪고 있는 어려움에 대해서도 잘 인식하지 못하므로 자발적인 치료동기를 갖기 어렵다는 점이 고려되어야 한다.

⑤ 아동은 언어발달과 인지능력이 미숙하며 행동하려는 경향이 있으므로 대화를 주된 방법으로 하는 심리치료를 하는 것이 어려운 경우가 많다. 따라서 아동의 이러한 특성에 맞는 놀이나 게임, 예술적인 활동 등의 심리치료가 고려되어야 한다.

06 임상심리학 자문의 일반적인 순서를 괄호 안에 쓰시오. (3점) ▸ 2007

질문의 이해 → (A) → (B) → 종결 → (C)

모범답안

A: 평가, B: 중재, C: 추적 조사
(임상심리학 자문의 순서는 질문의 이해-평가-중재-종결-추적 조사로 구성됨)

① 질문의 이해
- 자문가는 의뢰된 질문의 성질과 자문의 목적을 이해하기 위해 상황을 판단해야 한다. 자문가는 자신이 유능하고 전문적인 자문을 제공하기 위한 수련, 경험 및 전문성을 가지고 있는지 검토해야 한다.
- 자문가는 자문을 의뢰한 조직, 기관이 실제로 자문을 받아들일 준비가 되어 있는지, 자문으로 인한 결과에 저항이 나타날 수 있는지 등에 대한 조직의 준비성과 개방성을 검토해야 한다.

② 평가
- 자문가는 중재와 조언을 제공하기 전에 상황을 전반적으로 평가해야 한다. 평가를 위해 면접, 심리검사, 기록 및 기타 자료들을 검토한다.
- 종합적 평가가 완성되면 문제들의 진단적인 인상과 중재 목적을 해결하기 위한 자문을 제공한다.

③ 중재
- 자문가는 피자문자의 질문 혹은 문제에 대해 실제적인 조언이나 제안을 제공한다.
- 중재는 개인적인 중재 외에도 집단 중재가 포함될 수 있으며, 중재가 제공된 후에는 이득이 되었는지의 여부를 평가한다. 최종적으로 자문의 목표와 목적이 적절하게 이루어졌는지의 여부를 검토한다.

④ 종결
- 합의된 자문의 목적이 충족된 후에 종결하거나 혹은 자문가가 그 목적이 이루어지기 어렵다고 판단될 때 종결단계가 일어난다.
- 종결단계는 신중하게 고려해야 하며, 종결 시에는 마감면접(자문 과정 검토, 중재에 대한 피드백 공유, 잔여 쟁점 해결, 추적 계획, 모든 참여자에게 적절한 종결 기회 제공 등)을 실시한다.

⑤ 추적 조사
- 피자문자는 자문의 종결 뒤에 나타나는 새로운 위협 때문에 문제를 겪을 수 있다.
- 추적 자문은 주기적인 추적 회기나 지속적 프로그램이 요구되며, 면대면, 전화 혹은 메일 등으로 추적 관리를 할 수 있다.

07 상담 초기, 중기, 후기에서의 해석 기법에 대해 쓰시오. (6점) ▸ 2018

모범답안

- 상담 초기
  상담 초기에는 상담에 대한 잘못된 기대와 미온적인 태도를 해석해야 할 필요가 있다. 이때의 해석은 상담 과정을 밝히고 내담자가 앞으로 유의해서 노력해야 할 영역을 제시한다.
- 상담 중기
  상담이 진행되는 중기에는 내담자의 방어기제, 문제에 대한 생각, 느낌 및 행동양식 등을 해석의 대상으로 삼는다.
- 상담 후기
  내담자 자신이 스스로 해석을 할 수 있도록 북돋워 주기 위해 일반적인 내용을 해석하면서 점차 해석의 횟수를 줄여 나간다.

08 엘리스의 REBT에서 비합리적 신념 5가지를 쓰시오. (5점) ▸ 2012, 2014, 2018

모범답안

① 알고 있는 중요한 사람들로부터 사랑받고, 인정받고, 이해받아야만 가치 있는 사람이다.
② 완벽한 능력이 있고, 사교적이고, 성공을 해야만 가치 있는 사람이다.
③ 어떤 사람들은 나쁘고 사악하기 때문에 비난과 처벌을 받아야만 한다.
④ 일이 뜻대로 되지 않는다는 것은 인생에서의 실패를 의미한다.
⑤ 위험하거나 두려운 일이 일어날 가능성을 늘 생각하고 있어야 한다.

학습 Plus 비합리적 신념 11가지

엘리스(Ellis)는 사람들이 정서적 문제를 겪는 이유는 일상생활에서 겪는 구체적인 사건들 때문이 아니라 그 사건을 합리적이지 못한 방식으로 지각하고 받아들이기 때문이라고 보았다.
- 알고 있는 중요한 사람들로부터 사랑받고, 인정받고, 이해받아야만 가치 있는 사람이다.
- 완벽한 능력이 있고, 사교적이고, 성공을 해야만 가치 있는 사람이다.
- 어떤 사람들은 나쁘고 사악하기 때문에 비난과 처벌을 받아야만 한다.
- 일이 뜻대로 되지 않는다는 것은 인생에서의 실패를 의미한다.
- 위험하거나 두려운 일이 일어날 가능성을 늘 생각하고 있어야 한다.
- 행복이란 외부 상황에 의해 결정되기에 이를 통제할 수 없다.
- 인생에서 겪는 어려움은 부딪히기보다 피해 가는 것이 더 편하다.
- 다른 사람에게 의지해야만 하고, 항상 의지할 만한 강한 누군가가 있어야만 한다.
- 과거의 영향은 결코 사라지지 않으며, 과거의 일들이 현재의 행동을 결정한다.
- 다른 사람의 문제나 고통에 함께 괴로워하고 속상해야만 한다.
- 모든 문제에는 완벽한 해결책이 있기에 그 해결책을 발견할 수 있어야만 한다.

09 상담목표 설정 시 지켜야 할 기준 5가지를 쓰시오. (5점)

▸ 2009, 2011, 2017

모범답안

① 상담목표는 반드시 상담자와 내담자가 합의하여 정해야 한다.
② 상담목표는 검증 가능하고 구체적이어야 한다.
③ 상담목표는 현실적으로 실현 가능한 것이어야 한다.
④ 상담목표는 내담자의 문제를 전반적으로 설명할 수 있어야 한다.
⑤ 상담목표는 결과 또는 성취로 진술되어야 한다.

10 다음 사례에 대한 진단명과 진단기준을 쓰시오. (6점)

▸ 2018

> 타인이 보기에 말랐다고 함에도 불구하고 자신이 뚱뚱하다는 생각에 섭식을 하지 않으며, 마른 체형을 유지하면서 신체상에 대한 문제로 가족과 이에 관련된 대화를 피함

모범답안

- 진단명: 신경성 식욕부진증(anorexia nervosa)
- 진단기준
  - 필요한 양에 비해 지나친 음식물 섭취 제한으로 연령, 성별, 발달 과정 및 신체적인 건강 수준에 비해 현저하게 저체중을 유발하게 된다.
  - 체중이 증가하거나 비만이 되는 것에 대한 극심한 두려움 혹은 체중 증가를 막기 위한 지속적인 행동이 나타나며, 이러한 행동은 지나친 저체중일 때에도 이어진다.
  - 기대되는 개인의 체중이나 체형을 경험하는 방식에 장애를 보인다. 자기평가에서 체중과 체형에 대한 지나친 압박 혹은 현재의 저체중에 대한 심각성 인식의 지속적 결여가 있다.

학습 Plus 신경성 식욕부진증(anorexia nervosa) 진단기준(DSM-5)

A. 필요한 양에 비해 지나친 음식물 섭취 제한으로 연령, 성별, 발달 과정 및 신체적인 건강 수준에 비해 현저하게 저체중을 유발하게 된다.
B. 체중이 증가하거나 비만이 되는 것에 대한 극심한 두려움 혹은 체중 증가를 막기 위한 지속적인 행동이 나타나며, 이러한 행동은 지나친 저체중일 때에도 이어진다.
C. 기대되는 개인의 체중이나 체형을 경험하는 방식에 장애를 보인다. 자기평가에서 체중과 체형에 대한 지나친 압박 혹은 현재의 저체중에 대한 심각성 인식의 지속적 결여가 있다.

* 다음 중 하나를 명시할 것
- 제한형: 지난 3개월 동안 폭식하거나 하제를 사용하지 않음(즉, 스스로 유도하는 구토 또는 하제, 이뇨제, 관장제의 남용이 없음)
- 폭식 및 하제 사용형: 지난 3개월 동안 폭식 혹은 하제를 사용함(즉, 스스로 구토를 유도하거나 하제, 이뇨제, 관장제를 남용함)

11 자기표현 훈련이 필요한 내담자의 특징을 6가지 쓰고, 이를 통해 내담자가 인식해야 할 점을 2가지 쓰시오. (6점)

▸ 2007, 2010, 2018

모범답안

〈자기표현 훈련이 필요한 내담자의 특징〉

① 수동적이고 억제적이며 타인의 시선을 회피한다.

② 의사결정 시 타인에게 의존하거나 결정을 맡긴다.

③ 문제에 직면하는 경우, 회피하는 태도를 보인다.

④ 다른 사람의 조언이나 평가를 두려워한다.

⑤ 다른 사람의 비합리적 요구를 거절하지 못한다.

⑥ 자신에 대한 자존감 수준이 낮다.

〈내담자가 인식해야 할 점〉

① 자신의 부적응 행동에 대한 변화의 필요성을 인식하며, 행동 변화에 대한 의지를 갖도록 한다.

② 시도하기 쉬운 것부터 자기표현을 시작하여 인내심으로 노력하며, 결과가 만족스럽지 않더라도 좌절하거나 포기하지 않는다.

12 임상면접 시 라포 형성이 필요한 이유와 라포 형성방법 4가지를 쓰시오. (4점)

모범답안

〈라포 형성이 필요한 이유〉

① 내담자가 자신의 문제를 꺼내는 것은 어색하고 불편한 일일 수 있으며, 특히 특정한 정신병리 진단을 받은 경험이 있는 내담자는 타인의 부정적인 판단에 대한 두려움으로 자발적으로 자신의 문제를 드러내기 어려울 수 있다.

② 임상면접 초기 상황에서 라포 형성이 잘 이루어진다면 내담자는 임상가와의 관계에서 안정감을 느끼고 방어나 왜곡을 최소화하여 자신이 겪고 있는 감정이나 문제를 솔직하고 자유롭게 표현할 수 있다.

③ 임상가와 내담자의 치료적 관계는 치료성과에 영향을 주기에 생산적이고 효과적인 면접을 위해 협력적인 관계를 형성해야 한다.

〈라포 형성방법〉

① 관심 기울이기: 임상가는 내담자에게 관심을 기울이고 있음을 언어적 · 비언어적 태도를 통해 표현하며 지속적인 주의를 두도록 한다.

② 적극적 경청하기: 임상가는 내담자의 생각과 감정을 이해하기 위해 주관적인 판단이나 평가에서 벗어나 열린 태도로 경청하며 면접에 임해야 한다.

③ 질문하기: 임상가는 면접이 진행되는 동안에 적절한 질문을 통해 내담자의 생각과 감정 및 경험에 대한 이해를 한다.

④ 공감하기: 내담자가 표면적으로 언급한 내용 이외에 말의 함축된 의미와 감정, 욕구를 발견해서 이해하고 있음을 전달하며, 존중과 수용의 태도를 유지한다.

학습 Plus 임상 면접의 질문 유형

- 개방형 질문
  무엇(what), 어떻게(how)로 시작하는 질문으로, 내담자는 질문 받은 주제에 대해 자유롭게 대답할 수 있다(예: "어떤 이유로 면접을 신청하게 되었는지 이야기해 주시겠어요?").
- 촉진형 질문
  내담자가 경험한 내용을 구체적으로 이야기할 수 있도록 촉진하는 역할을 한다(예: "그 당시 경험에 대해 조금만 더 자세히 이야기해 주시겠어요?").
- 확인형 질문
  내담자의 말을 그대로 반복하거나, 바꾸어 말하거나, 요약하여 이야기함으로써 내담자가 말한 내용을 잘 이해했는지 확인하고, 나아가 더 설명할 기회를 줄 수 있다(예: "그러니까 그때 당신은 ……라고 느꼈다는 말인가요?").
- 직면형 질문
  내담자의 언어적 · 비언어적 행동이 불일치할 때 또는 내담자가 앞서 언급한 내용과 지금 보고하는 내용이 불일치할 때 그 부분을 반복함으로써 내담자의 정확한 정보를 파악할 수 있다(예: "이전에는 ……라고 말씀하셨는데, 지금은 ……라고 말씀하시네요.").
- 직접 질문
  라포가 형성하고 나면 이를 유지하면서 내담자를 이해하는 데 필요한 정보를 직접적으로 질문한다(예: "당신은 친구가 거절했을 때 뭐라고 반응했나요?").

13 내담자와 내담자 어머니의 호소 문제에 대한 치료적 개입으로서 인지적 · 정서적 · 행동적 요소를 토대로 한 치료방향 제언을 4가지 쓰시오. (4점) ▸ 2009, 2012, 2019

올해 남중 3학년인 A군은 평소 학교 친구들과 어울리지 못하며, 거의 매일 아침 등교 시간마다 학교 가기를 거부하고 있다. 학교에서 아이들이 자신과 놀아 주기는커녕 괴롭히고 따돌린다면서, 학교에 가는 것이 죽고 싶을 만큼 싫다고 불평을 늘어놓았다. A군은 어려서부터 태권도를 좋아하여 태권도장에 다니고 있고, 골격이 크고 당당한 체구이다. 그러나 중학교에 진학한 이후 성적이 최하위로 떨어졌으며, 담임선생님은 최근 실시한 집단 지능검사 결과와 함께 A군의 일반고 진학이 어렵다는 이야기를 A군의 어머니에게 알려 주었다고 한다. A군의 어머니는 자신의 아들이 고등학교 진학이 어려울 만큼 심각한 상태인지, A군이 학교생활에 적응하지 못하는 문제를 어떻게 해결할 수 있을지 걱정이 되어 상담을 의뢰하였다. 심리평가를 위해 내원했을 때, A군은 무표정한 표정이었고 약간 어눌한 말투와 부정확한 발음 때문에 다시 확인해야 하는 상황이 있었다. 또한 자신의 문제를 쉽게 포기하려는 모습을 보였으며, 대답하는 것을 귀찮아하는 듯 매우 짧은 답변으로 일관했다.

모범답안

① 인지적 개입

- "학교 가는 것이 죽고 싶을 만큼 싫다" → 부정적 생각이 들 때마다 새로운 대안적 생각을 떠올리는 것을 통해 부정적 생각을 줄이도록 하고(대안적 사고 전략), 자신의 이야기를 할 때 사용하는 절대어, 절대적 진술을 수정하도록 돕는다(절대적 진술 수정 전략).
- 성적 저하, 집단 지능검사 실시 후 일반고 진학이 어려움 → 주의력, 집중력 향상, 학습클리닉을 통한 학습능력 증진

② 정서적 개입

- 따돌림, 학습 저하, 무표정하고 검사 시 쉽게 포기하는 경향, 짧은 답변 → 우울, 자존감 저하, 낮은 학습 동기를 증진, 강점과 자원 찾기

③ 행동적 개입

- 친구들과 어울리지 못함 → 사회성 기술훈련(의사소통 훈련, 자기주장 훈련), 역할극을 통한 사회적 효능감 증진

④ 기타

- 언어치료를 통해 어눌한 말투와 부정확한 발음 교정
- 부모교육을 통한 효과적인 훈육방법, 아동에 대한 정서적 수용과 공감훈련 등 제공

14 집단상담에서 내담자의 자기노출을 위한 지침을 4가지 쓰시오. (4점)

모범답안

① 집단원과 신뢰할 수 있는 관계가 형성된 후에 자기노출을 한다.
② 타인의 경험이 아닌 자기 자신의 경험을 표현하도록 한다.
③ 집단원이 관심을 가지고 있는 주제에 대해 자기개방을 한다.
④ 자기노출을 위해서는 일정 수준의 모험을 감수해야 한다.

〈자기노출〉

집단상담을 효과적으로 이끌기 위해 집단원에게 자신에 대한 주관적인 정보를 공개하는 것을 말한다. 자기노출을 통해 집단원 간에 유사성과 친근감을 형성할 수 있고, 보다 깊은 관심과 이해를 발달시킬 수 있다.

15 토큰경제(token economy)의 장점에 대해 3가지 쓰시오. (5점)

▸ 2012, 2018

모범답안

① 토큰을 통해 바람직한 행동의 즉각적인 촉진 및 표적행동과 교환 강화물 간의 긴 지연을 연결해 주는 기능으로 인해 충족지연의 습관을 학습할 수 있다.

② 하나의 표적행동에 대해 이중 강화 효과(1차: 토큰 강화, 2차: 교환 강화물)를 얻는 결과로 인해 기대행동이 보다 잘 유지된다.

③ 여러 교환 강화물과 짝지어진 토큰은 일반화된 조건 강화물로서 행동의 동기를 유지하고, 토큰의 교환가치로 인해 강화력의 감소나 상실 현상을 예방할 수 있다.

학습 Plus 토큰경제(token economy)의 장점

- 바람직한 행동이 일어나자마자 제시될 수 있고, 나중에 교환 강화물로 교환될 수 있다.
- 표적행동과 교환 강화물 간의 긴 지연을 연결해 주는 기능으로 인해 충족지연의 습관을 학습할 수 있다.
- 하나의 표적행동에 대해 이중 강화 효과(1차: 토큰 강화, 2차: 교환 강화물)를 얻는 결과로 인해 기대행동이 보다 잘 유지된다.
- 여러 교환 강화물과 짝지어진 토큰은 일반화된 조건 강화물의 기능을 지니기에 여러 동기 상태에 있는 사람들에게 효과적인 강화물로 사용될 수 있다.
- 토큰이 지니는 교환가치로 인해 강화력의 감소나 상실 현상을 예방할 수 있다.

〈토큰경제〉

- 토큰경제는 토큰 또는 교환권을 강화물로 사용하여 바람직한 행동을 유보하는 기법이다. 이 방법은 조작적 조건 형성을 이용한 행동수정 기법이다.
- 토큰강화는 바람직한 행동들에 대한 체계적인 목록을 정해 놓은 후, 그러한 행동이 이루어질 때 그에 상응하는 강화(내담자가 선호하는 것으로 교환할 수 있는 가치가 있는 토큰)를 제공한다. 이때 강화는 공정하고 일관성 있는 방식으로 주어져야 하며, 강화물은 분명하고 실질적이며 의미 있는 것이어야 한다.

16 WAIS-IV의 연속적인 해석 절차 5단계를 쓰시오. (5점)

모범답안

- 수준 I: FSIQ와 GAI에 근거한 지능 수준의 분류 및 해석
  - 전체 IQ에 대해서 지능의 범위를 분류하고 백분위 및 표준오차를 반영한 신뢰구간을 기술한다.
  - 전체 IQ와 일반능력지수(GAI)의 차이를 살펴보고 두 점수 간의 차이가 1.5 표준편차(즉, 23점) 내외 수준인가를 살펴서 해석의 근거를 마련한다.

: GAI는 언어이해지수와 지각추론지수의 점수를 합산하여 산출되는 부가 지수로서 지능의 보다 안정적인 요인들로 구성되어 있다.

- 수준 II: 지수점수 및 군집분석
  - 4가지 지수점수를 해석하여 개인의 인지기능을 구체화한다. 지수점수에 대한 해석은 인지기능의 강점과 약점의 설명에 유용하다.
  - 지수점수를 통해 의미 있는 해석을 하기 어려운 경우에는 다양한 군집분석을 적용해 해석한다.
- 수준 III: 소검사 간 분산분석
  - 소검사가 전체 IQ나 지수점수로부터 이탈된 정도를 고려해 개인의 상대적인 인지적 강점과 약점을 설명한다. 단, 모든 하위 검사에서 균등하다면 소검사 프로파일에 근거한 해석은 필요하지 않다.
  - 소검사 간 변산이 유의한지 결정하고, 상대적으로 높은/낮은 점수의 의미에 대한 해석적 가설을 수립하여 수검자의 다양한 정보와 통합적으로 해석한다.
- 수준 IV: 과정점수를 포함한 질적 분석
  - 소검사 분산에 관한 점수의 도출 과정에 대해 질적인 접근을 한다. 이에 수검자의 독특한 표현이나 특이한 반응양식을 살펴본다.
  - 과정점수에 대한 분석을 통해 세부적인 분석을 할 수 있으며, 토막짜기, 숫자, 순서화 소검사에 대해 개발된 과정점수를 참조한다.
- 수준 V: 소검사 내 분산분석
  - 소검사 내에서의 분산분석을 실시한다. 비전형적 패턴을 통해 주의력, 기억력, 뇌 손상의 영향 등으로 나타날 수 있기에 그 이유를 탐색해 볼 필요가 있다.
  - 소검사 문항은 난이도에 따라 구성되어 있기에 쉬운 문항의 실패는 의도적인 반응 태도의 경향성인지 고려해 볼 수 있다.

학습 Plus WAIS-IV의 과정점수

- WAIS-IV에서는 몇 가지 과정점수를 포함하고 있다. 과정점수(process score)는 소검사 수행에 영향을 주는 인지능력에 대한 보다 자세한 정보를 제공하기 위해 만들어진 것으로, 추가적인 실시 절차 없이 해당 소검사의 수행으로부터 도출된다.

과정점수	약자
시간 보너스가 없는 토막짜기	BDN
숫자 바로 따라하기	DSF
숫자 거꾸로 따라하기	DSB
숫자 순서대로 따라하기	DSS
가장 긴 숫자 바로 따라하기	LDSF
가장 긴 숫자 거꾸로 따라하기	LDSB
가장 긴 숫자 순서대로 따라하기	LDSS
최장 순서화	LLNS

17 MMPI의 1-3/3-1 척도에서 3번 척도가 1번 척도보다 높은 경우에 보일 수 있는 특징 4가지를 쓰시오. (5점)

모범답안

① 척도 3이 1보다 높은 경우, 소화기 장애, 폐 또는 심장 관련 증상을 호소하며, 이러한 증상에 기저하는 자신의 심리적 문제에 대한 통찰이 낮다.

② 스트레스 상황에서 증상 호소가 증가하며, 자신의 신체증상을 이용해 다른 사람을 조종하려 든다.

③ 성격적으로 미성숙하고, 자기중심적이며, 애정에 대한 욕구가 강하며, 대인관계가 피상적이다.

④ 대인관계에서 잦은 분노 및 적대감을 느끼지만 이를 부인 및 억압 등의 방어기제를 통해 강하게 통제하며 수동적, 간접적으로 표현된다.

18 풀배터리 검사에서 웩슬러 지능검사를 실시하는 이유를 5가지 쓰시오. (5점)

▸ 2018

모범답안

① 지능검사는 개인의 지적기능 수준 및 양상을 평가하는 중요한 도구이다.

② 신경학적 문제와 정신건강의학적 문제를 감별진단하는 데 유용하다.

③ 개인의 성격적 및 정서적 특징, 강점 및 약점 등을 파악하고 임상적 진단 및 합리적 치료목표를 설정하는 데 사용된다.

④ 지능검사에 대한 반응 과정에서 독특하고 대표적인 행동을 직접 관찰할 수 있으며, 적응적 · 부적응적 행동 양상을 이해하는 데 중요한 자료가 된다.

⑤ 지능검사를 통해 지적기능의 획득 및 활용에 대한 다양한 정보 및 연령 변화에 따른 지적기능의 변화 양상을 파악하는 데 도움이 된다.

19 종합심리평가 작성 시 최종보고서에 들어갈 내용 5가지를 쓰시오. (5점)

▸ 2006, 2008, 2010, 2017, 2020

모범답안

① 의뢰사유 및 배경정보

수검자에 대한 배경정보, 문제의 특징 등을 간단히 기술하고 평가를 실시하게 된 이유를 언급한다. 배경정보에는 수검자의 발달력, 의학력, 교육력, 가족구성, 직업력 등의 개인사가 포함된다.

② 실시검사 및 평가절차

수검자에게 실시한 검사 항목을 기술하며, 검사 수행 순서가 중요한 경우라면 이에 대해 함께 기술한다.

③ 행동관찰 및 수검태도

검사 동안 수검자의 외관, 일반적인 행동 관찰 또는 검사자－수검자 상호작용에서 나타난 행동을 기술한다. 행동관찰은 수검자의 문제에 대한 통찰을 제공할 수 있고, 검사와 관련된 해석에 대한 자료가 된다.

④ 검사결과 및 해석

지적능력, 사고능력, 정서 및 성격, 대처양식 등의 특징을 구체적으로 기술하고, 이에 대한 타당한 근거와 이유도 함께 언급해야 한다. 또한 수검자의 문제나 고통이 현재 일시적일 것인지, 장기간 지속될 문제인지 예견하는 것도 필요하다.

⑤ 진단적 인상 및 치료적 제언

심리평가를 실시하게 된 의뢰된 문제에 대한 진단적 제안과 치료적 개입에 대한 방법을 언급한다. 제언은 구체적으로 명확하게 제시하며, 수검자의 문제해결에 실질적 도움이 될 수 있어야 한다.

20 ADHD의 대표적인 치료개입 방법 3가지를 쓰고 설명하시오. (6점) ▸ 2016

모범답안

- ADHD의 효과적인 치료로는 약물치료와 비약물치료인 행동치료(사회기술훈련, 부모교육)가 권장되고 있다.
- 약물치료와 비약물치료는 상호보완적인 특성이 있어 어느 한 가지만으로는 효과가 부족할 수 있으며, 약물치료와 행동치료를 병행할 경우 추가적인 치료효과가 나타나면서 약의 부작용도 줄일 수 있다.

① 약물치료

약물치료는 도파민이라는 신경전달물질의 재흡수를 막아 도파민 작용을 강화함으로써 집중력과 각성을 높이거나 과잉행동 및 충동성, 공격성을 억제하는 데 효과적인 경과를 보이는 약물치료 등이 있어 아동의 증상에 맞는 약물을 선택하여 사용하였을 시 70~80%의 ADHD의 증상 개선에 도움이 된다.

② 사회기술훈련

사회기술훈련은 흔히 동반되는 학습, 또래관계 문제를 개선하는 데 상당히 효과적이다. 또래와의 갈등 속에서 발생하는 일들을 다루기 위한 문제해결하기, 감정조절하기, 자기주장하기, 경청하기 등을 훈련하거나 계획세우기, 할 일 목록 관리하기, 정리하기 등을 가르쳐 주고 연습하도록 한다.

③ 부모교육

행동치료의 원리(보상, 제재, 칭찬, 모델링 등)를 부모에게 교육하고, 실제로 자녀의 문제행동에 대해 어떻게 대처하면 되는지 부모에게 구체적인 방법을 가르쳐 준 후 집에서 부모가 치료자가 되어 자녀의 행동을 개선하도록 도움을 주는 방법이다.

21 상담 시 내담자 반응을 해석하는 데 있어 유의점 5가지를 쓰시오. (5점)

▶ 2006, 2008, 2011, 2015, 2018

모범답안

① 내담자가 받아들일 준비가 되어 있다고 판단되는 경우 조심스럽게 실행한다.
② 내담자의 성격을 파악하지 못한 경우 또는 해석에 대한 실증적인 근거가 없는 경우 해석을 삼간다.
③ 상담 초기에는 감정의 반영, 상담 중기에는 명료화와 직면, 상담 후기에는 구체적인 해석의 과정을 거쳐 해석이 전개되도록 한다.
④ 즉각적인 해석이나 충고적인 해석을 삼가며, 모순은 지적하지 않는다.
⑤ 가급적 내담자가 스스로 해석하여 통찰을 얻도록 돕는다.

04 2021년 제1회 실기복원문제

01 상담자가 상담 시 내담자와의 관계에 대해 알고 있어야 할 윤리문제에 대한 기본원칙과 행동지침 5가지를 기술하시오. (7점) ▸ 2006, 2012, 2017, 2020

모범답안

〈윤리적 원칙〉

① 자율성(autonomy): 타인의 권리를 해치지 않는 한 내담자가 자신의 행동을 선택할 수 있는 권리가 주어져야 한다.

② 선행(beneficence): 내담자에게 이로운 일을 행하고, 선의의 태도로서 필요한 도움을 주어야 한다.

③ 무해성(nonmaleficence): 내담자에게 해를 끼칠 수 있는 어떠한 행동도 하지 않아야 한다.

④ 공정성(justice, fairness): 모든 내담자는 평등하며, 성별과 인종, 지위에 관계없이 공정하게 대우받아야 한다.

⑤ 충실성(fidelity): 상담자는 내담자에게 믿음과 신뢰를 줄 수 있어야 하며, 주어진 책무에 충실해야 한다.

〈행동지침 5가지〉

① 상담자는 자신의 개인적인 욕구가 내담자에게 어떠한 영향을 미치는지를 명확히 자각하고 있어야 한다.

② 상담자는 내담자의 복리에 대한 책임이 있으며, 자신의 욕구 충족을 위해 내담자를 이용해서는 안 된다.

③ 상담자는 치료적 관계를 명백히 해칠 수 있는 내담자와의 어떠한 다른 관계(예: 금전적 관계나 성적 관계)를 가져서는 안 된다.

④ 상담자는 내담자의 비밀을 보장해야 하며, 상담관계에 부정적인 영향을 미칠 수 있는 다른 문제들에 대해 내담자에게 알려야 한다.

⑤ 상담자는 자신의 태도, 가치관 등이 상담관계 및 내담자에게 어떠한 영향을 미치는지를 인식하고 있어야 한다.

학습 Plus 상담자-내담자 관계 행동지침

- 상담자는 자신의 개인적인 욕구가 내담자에게 어떠한 영향을 미치는지를 명확히 자각하고 있어야 한다.
- 상담자는 내담자의 복리에 대한 책임이 있으며, 자신의 욕구 충족을 위해 내담자를 이용해서는 안 된다.
- 상담자는 치료적 관계를 명백히 해칠 수 있는 내담자와의 어떠한 다른 관계(예: 금전적 관계나 성적 관계)를 가져서는 안 된다.
- 상담자는 내담자의 비밀을 보장해야 하며, 상담관계에 부정적인 영향을 미칠 수 있는 다른 문제들에 대해 내담자에게 알려야 한다.
- 상담자는 자신의 태도, 가치관 등이 상담관계 및 내담자에게 어떠한 영향을 미치는지를 인식하고 있어야 한다.
- 상담자는 상담목표, 절차 등을 비롯하여 상담관계를 시작함으로써 내담자에게 닥칠지도 모르는 위험, 상담 결정을 내리기 전에 고려해야 할 요인들에 대해 미리 내담자에게 알려 주어야 한다.
- 상담자는 자신의 한계를 명확히 알고 있어야 하며, 내담자에게 적절한 도움을 제공하기 어렵다고 판단하는 경우, 지도감독자의 도움을 받거나 다른 상담자에게 의뢰해야 한다.
- 상담자는 상담 과정에서 자신이 내담자에게 모델이 될 수 있음을 알아야 하며, 따라서 자신의 생활에서 내담자에게 영향을 미칠 수 있는 일이나 행동을 인식하고 있어야 한다.

02 심리상담자가 준수해야 할 윤리적인 의무 중 다중관계의 의미를 쓰고, 이를 다루기 위한 방법을 기술하시오. (5점)

모범답안

〈다중관계의 의미〉

- 다중관계란 내담자와 전문적 역할관계에 있으면서 동시에 또 다른 역할관계를 가지는 것을 말한다. 내담자와의 다중관계는 공정하고 객관적이며 효율적으로 업무를 수행하는 데 위험요인이 될 수 있으며, 상대방을 착취하거나 해를 입힐 가능성이 있으므로 상담자는 다중관계가 발생하지 않도록 해야 한다.

〈다중관계 다루기〉

- 초기의 상담관계에서 건강한 경계를 설정한다. 이를 위한 사전 동의와 상담자-내담자 역할의 구조화는 상담 시작과 과정에서 필수적이다.
- 상담의 과정 동안 상담자와 내담자의 기대와 요구를 의논하고 절차와 결정에 항상 내담자가 참여하도록 한다.
- 상담의 객관성을 유지하고, 예상치 못한 어려움을 파악하기 위해 동료 전문가에게 조언을 구한다.
- 다중관계의 잠재적 문제가 나타날 때 혹은 해를 끼칠 위험이 높을 때는 슈퍼비전을 받도록 한다. 만일 지속적인 위험성이 높다면 다른 전문가에게 내담자를 의뢰할 수 있어야 한다.
- 상담자는 지속적인 자기평가를 통해 다중관계가 개입될 수 있는 자신의 동기를 점검한다.

학습 Plus 피해야 할 다중(이중)관계의 예

- 사제관계이면서 동시에 사적으로 친밀관계인 경우
- 사제관계이면서 동시에 상담자-내담자/환자 관계인 경우
- 같은 기관에 소속되어 사제관계, 고용관계, 또는 상하관계에 있으면서 기관 내의 상담자-내담자/환자에 대한 지도감독의 대가로 직접 금전적 관계를 형성하는 경우
- 상담자-내담자/환자 관계이면서 동시에 사적으로 친밀관계인 경우
- 내담자/환자의 가까운 친척이나 보호자와 사적으로 친밀관계인 경우
- 기타 업무 수행의 공정성을 저해할 가능성이 있거나, 착취를 하거나, 피해를 입힐 가능성이 있는 경우

03 Yalom(얄롬)이 제시한 집단상담의 치료요인 5가지를 기술하시오. (5점)

▸ 2009, 2012, 2013, 2014, 2017, 2018

모범답안

① 희망감 고취: 내담자가 자신의 삶에 대해 희망의 느낌을 갖는다.
② 보편성: 다른 사람들도 유사한 걱정거리를 갖는다는 것을 깨닫는다.
③ 이타심: 집단원과 경험 및 생각을 공유하면서 타인을 향한 이타행동이 증진된다.
④ 대인관계 학습: 다른 집단원과의 상호작용을 통해 대인관계 기술을 학습한다.
⑤ 감정 정화: 집단상담 이전에는 표현하지 못했던 감정을 표현하며 정화적 경험을 갖는다.

학습 Plus Yalom의 집단상담 치료요인 11가지

- 희망감 고취: 내담자가 자신의 삶에 대해 희망의 느낌을 갖는다.
- 보편성: 다른 사람들도 유사한 걱정거리를 갖는다는 것을 깨닫는다.
- 정보 공유: 집단 논의를 통해 건강한 삶에 대한 정보를 획득한다.
- 이타심: 집단원과 경험 및 생각을 공유하며 서로 도움을 주고받는다.
- 일차가족집단의 교정적 개괄: 초기 아동기 경험과 유사한 역동성을 경험할 기회를 갖는다.
- 사회화 기술의 개발: 기본적인 사회적 기술을 학습한다.
- 모방행동: 다른 집단원의 긍정적 행동을 모델로 삼아 학습한다.
- 대인관계 학습: 다른 집단원과의 상호작용을 통해 대인관계 기술을 학습한다.
- 집단응집력: 집단원 간의 소속감이 긍정적인 치료적 요인으로 작용한다.
- 감정 정화: 집단상담 이전에는 표현하지 못했던 감정을 표현하며 정화적 경험을 갖는다.
- 실존적 요인들: 집단원은 자신의 삶에 대한 책임을 수용한다.

04 집단상담의 장점과 단점에 대해 각각 3가지를 기술하시오. (6점) ▸ 2015

모범답안

〈장점〉

① 집단상담에서는 상담자가 개인상담에 비해 짧은 시간에 많은 사람의 성장을 도울 수 있어 시간과 노력을 크게 줄일 수 있다.

② 집단원 각자가 자신의 문제에만 관심을 보이던 것에서 벗어나 타인을 위해 좀 더 폭넓은 관심을 갖게 된다.

③ 집단상담에서는 동료들 간에 서로의 관심사나 감정을 터놓고 이야기할 수 있기 때문에 소속감과 동료의식을 쉽게 발전시킬 수 있다.

〈단점〉

① 집단상담에서는 개인상담에서처럼 특정 집단원의 문제가 충분히 다루어지지 못할 가능성이 있다.

② 집단 경험을 통해서 생활양식과 가치관에 변화가 일어날 경우 그 변화로 인하여 안정감을 상실할 수 있다.

③ 집단상담에서는 집단원 간에 공유된 내용들에 대한 비밀보장의 어려움이 발생할 수 있다. 집단상담 과정에서 내담자의 비밀보장이 철저히 이루어지지 않는 경우 사회적 · 법적인 문제를 야기할 수 있다.

학습 Plus 집단상담의 장점과 단점

〈집단상담의 장점〉

- 집단상담에서는 상담자가 개인상담에 비해 짧은 시간에 많은 사람의 성장을 도울 수 있어 시간과 노력을 크게 줄일 수 있다.
- 개인상담에 비해 집단상담의 경우 내담자의 심리적 부담이 적을 수 있다.
- 집단 속에서 집단원은 상호작용을 통해 자기지각과 자신에 대한 타인지각이 일치하는지의 여부를 검증할 수 있다.
- 집단원 각자가 자신의 문제에만 관심을 보이던 것에서 벗어나 타인을 위해 좀 더 폭넓은 관심을 갖게 된다.
- 집단상담에서 개인은 어떤 외적인 비난이나 처벌에 대한 두려움 없이 새로운 행동을 실습해 볼 수 있다.
- 집단원이 똑같은 문제를 갖고 있지 않다고 하더라도, 최소한 집단원은 다른 사람들도 보편적인 문제를 가지고 있다는 사실을 발견하게 됨으로써 자신이나 타인을 더욱 잘 이해할 수 있게 된다.
- 집단상담에서는 동료들 간에 서로의 관심사나 감정을 터놓고 이야기할 수 있기 때문에 소속감과 동료의식을 쉽게 발전시킬 수 있다.
- 다양한 집단원을 만남으로써 개인상담에서 할 수 없는 여러 가지 풍부한 학습 경험을 할 수 있다.

〈집단상담의 단점〉

- 집단상담은 인간의 행동을 변화시키는 여러 가지 접근법 가운데 하나이며, 이에 모든 사람에게 효과적인 것이 아니다.
- 집단상담에서는 개인상담에서처럼 특정 집단원의 문제가 충분히 다루어지지 못할 가능성이 있다.
- 집단 과정에서 집단원이 부정적인 집단 압력에 의해서 상처를 입게 될 우려가 있다.
- 집단 경험을 통해서 생활양식과 가치관에 변화가 일어날 경우 그 변화로 인하여 안정감을 상실할 수 있다.
- 체계적인 훈련이나 교육 경험이 부족한 집단상담자가 집단상담을 하게 되면 오히려 피해를 줄 수 있다.
- 집단상담에서는 집단원 간에 공유된 내용들에 대한 비밀보장의 어려움이 발생할 수 있다. 집단상담 과정에서 내담자의 비밀보장이 철저히 이루어지지 않는 경우 사회적 · 법적인 문제를 야기할 수 있다.

05 다음 사례를 읽고 상담자의 반영, 직면, 해석의 상담기법을 쓰시오. (6점)

▸ 2005, 2009, 2014, 2015, 2016, 2020

> 내담자: "지난밤 저는 너무 황당한 꿈을 꾸었습니다. 아버지와 함께 숲에서 사냥을 하고 있었는데요. 갑자기 바위 뒤편에서 커다란 물체가 튀어나오는 거예요. 저는 순간 사슴인 줄 알고 너무 놀라서 방아쇠를 당겼어요. 어렴풋이 물체가 쓰러진 듯 보여 두근거리는 마음을 부여잡고 서서히 다가갔어요. 그런데 가까이 가 보니 쓰러진 물체는 사슴이 아닌 아버지였어요. 아버지가 숨을 멈추고 죽어 있는 모습을 보니 너무 황당하고 두려워서 잠에서 깨어났는데 등에서는 식은땀이 줄줄 흐르더라고요.

모범답안

- 상담자: "당신은 지난밤 꿈으로 인해 정말 많이 놀랐나보군요." (반영)
- 상담자: "꿈의 결말은 결국 아버지가 죽어 있었다는 것인데, 평소에 아버지를 미워했나요?" (직면)
- 상담자: "아버지에 대한 적개심이 총을 오작동하도록 만든 것은 아닌가요?" (해석)
  - 반영(reflection)이란 내담자의 기저하는 내면의 감정을 정확하게 파악하여 전달하는 것을 말한다.
  - 직면(confrontation)이란 내담자가 의식적, 무의식적으로 피하고 있는 사실을 직접적으로 인식시켜 주는 것을 말한다.
  - 해석(interpretation)이란 내담자가 자신의 문제를 새로운 방식으로 돌아볼 수 있도록 경험의 의미를 설명해 주는 것이다.

06 상담 종결을 준비하고자 할 때 평가해야 할 사항을 6가지 쓰시오. (6점)

▸ 2020

모범답안

① 내담자의 초기 문제 또는 증상이 경감되거나 사라졌는지에 대해 평가한다.
② 상담에 오게끔 했던 스트레스를 유발하는 감정이 사라졌는지에 대해 평가한다.
③ 내담자의 대처능력과 자신과 다른 사람들을 이해하는 정도에 대해 평가한다.
④ 내담자가 다른 사람들과 관계를 잘 맺을 수 있는지에 대해 평가한다.
⑤ 내담자가 계획을 세우고 생산성 있게 일할 수 있는 능력을 얻었는지에 대해 평가한다.
⑥ 내담자가 더 즐겁게 활동하고 삶을 의미 있게 다룰 수 있는지에 대해 평가한다.

07 자문의 정신건강 모델과 행동주의 모델의 차이점을 쓰시오. (4점) ▸ 2013

모범답안

〈정신건강 모델〉

- 자문가와 자문 요청자 간의 관계는 평등하며, 자문가는 조언과 지시를 제공하는 촉진자로서의 역할을 수행한다.
- 자문의 성공 여부는 자문 요청자의 기술적 · 정서적 문제해결능력 및 대처능력의 확장 정도 등으로 평가된다.

〈행동주의 모델〉

- 자문가는 학습이론이 어떻게 개인, 집단 및 조직의 문제에 실질적으로 적용될 수 있는지를 가르치고 보여 주는 인정된 전문가이다.
- 자문가와 자문 요청자 간에 보다 분명한 역할이 있으며, 문제해결에 있어 상호관계가 있을 수 있지만 행동지식 기반에 있어서 자문가와 자문 요청자 간에는 불균형이 있다.

학습 Plus 자문의 주요 모델

① 정신건강 모델
- 자문가와 자문 요청자 간의 관계는 평등하며, 자문가는 조언과 지시를 제공하는 촉진자로서의 역할을 수행한다.
- 자문의 성공 여부는 자문 요청자의 기술적 · 정서적 문제해결능력 및 대처능력의 확장 정도 등으로 평가된다.

② 행동주의 모델
- 자문가는 학습이론이 어떻게 개인, 집단 및 조직의 문제에 실질적으로 적용될 수 있는지를 가르치고 보여 주는 인정된 전문가이다.
- 자문가와 자문 요청자 간에 보다 분명한 역할이 있으며, 문제해결에 있어 상호관계가 있을 수 있지만 행동지식 기반에 있어서 자문가와 자문 요청자 간에는 불균형이 있다.

③ 조직인간관계 모델
- 조직 내에서 개인 간에 상호작용이 어떻게 이루어지는가에 관심을 기울인다.
- 자문가는 인간관계의 촉진자로서 개인의 가치 및 태도, 집단 과정에 초점을 두어 계획된 변화를 이끌어 냄으로써 조직의 생산성 향상 및 관계 증진을 촉진한다.

④ 조직사고 모델
- 조직인간관계 모델의 변형된 형태로서, 조직 내의 의사소통 및 의사결정, 목표설정 및 역할규정, 조직 내 갈등 등에 관심을 기울인다.
- 자문가는 시범을 보이고 훈련을 제공하는 등 보다 직접적인 개입을 통해 집단 과정을 촉진한다.

⑤ 과정 모델
- 자문가와 자문 요청자 간의 협력적 관계와 협동을 강조한다.
- 조직의 상호작용을 분석하여 문제를 파악하고 해결책을 모색하며, 자문 요청자로 하여금 조직의 생산성 및 조직 내의 정서적 분위기에 영향을 미치는 대인관계 상호작용에 대한 이해도를 높이는 데 초점을 둔다.

08 오포드(Orford)가 제시한 자조집단의 1차적 기능을 5가지 쓰시오. (5점)

▸ 2018

모범답안

① 정서적 지지 제공
② 문제 극복을 위한 역할 모델 제공
③ 문제 이해의 방법 제공
④ 중요하고 적절한 정보 제공
⑤ 사교적 관계 제공

학습 Plus 자조집단의 1차적 기능

- 정서적 지지 제공
- 문제 극복을 위한 역할 모델 제공
- 문제 이해의 방법 제공
- 중요하고 적절한 정보 제공
- 사교적 관계 제공
- 기존 문제를 대처하는 새로운 아이디어 제공
- 집단원을 서로 도울 기회 제공
- 자신들의 문제에 대한 향상된 숙달감과 통제감 제공

〈자조집단〉
공통적인 문제를 가진 사람들이 모여 공통의 목적을 위하여 자발적이고 비전문적인 집단 활동을 함으로써 집단 개개인이 도움을 얻는 조직을 의미하며, 스트레스 상황이나 사건에 직면했을 때 그 스트레스를 줄이거나 통제할 수 있는 개인적인 경험을 나누고 대처방법, 지식, 기술 등을 논의하며 상호 지지를 효과적으로 제공하는 특성이 있다.

09 만성정신과 환자의 정신사회재활을 위한 개입방법 3가지를 쓰시오. (5점)

▸ 2009, 2013, 2016

모범답안

① 인지 재활
인지기능을 회복할 수 있는 인지기능 향상 프로그램을 제공한다. 이를 통해 주의력이나 기억력 및 집행능력 등의 전반적 인지기능을 효과적으로 개선시키도록 돕는다.

② 사회기술훈련
사회기술훈련을 통해 대인관계에서 오는 문제를 잘 해결하고, 스트레스에 대처하며, 사회에 적절히 적응할 수 있도록 돕는다. 일반적으로 의사소통 기술훈련, 문제해결 기술훈련 등이 포함된다.

③ 직업 재활
환자가 직업을 갖고 그것을 유지할 수 있도록 직업적 서비스를 포함한 종합적인 재활 과정이다. 환자의 성공적인 사회 통합과 지역사회에서의 독립적인 생활 및 사회 적응에 중요한 기회를 제공한다.

학습 Plus 정신사회재활의 치료적 개입요소

① 심리학적 평가 및 기능평가
정신재활의 효과를 높이기 위해서는 환자에 대한 정확한 이해가 필요하다. 이를 위해 면담, 행동관찰, 심리검사를 실시하여 환자가 가진 기술과 보충해야 할 점 및 장점 등을 자세하고 정확하게 평가한다. 또한 기능평가를 통해 문제되는 행동 및 해결에 필요한 자원을 검토하여 구체적인 계획을 세운다.

② 인지 재활
인지기능을 회복할 수 있는 인지기능 향상 프로그램을 제공한다. 이를 통해 주의력이나 기억력 및 집행능력 등의 전반적 인지기능을 효과적으로 개선시키도록 돕는다.

③ 재활상담
재활상담은 상담자가 환자의 약해진 자아를 지지해 주고 희망을 갖게 함으로써 재기하려는 동기를 불러일으키며, 현실의 문제를 잘 해결해서 편안한 마음을 갖도록 하는 데 목적이 있다.

④ 사회기술훈련
사회기술훈련을 통해 대인관계에서 오는 문제를 잘 해결하고, 스트레스에 대처하며, 사회에 적절히 적응할 수 있도록 돕는다. 일반적으로 의사소통 기술훈련, 문제해결 기술훈련 등이 포함된다.

⑤ 환자교육
환자교육이란 환자가 자신의 병을 잘 극복하고, 일상생활을 잘할 수 있도록 하는 데 도움이 되는 내용들을 교육시키는 것이다. 먼저 병의 증상과 자기를 구분하도록 돕고, 스스로를 돌볼 수 있는 실제적인 여러 방법을 제시한다.

⑥ 가족교육
가족교육은 환자의 재발률을 감소시키며 환자의 증상을 줄이고 기능 상태를 호전하는 데 도움이 된다. 가족이 환자로 인해 받는 고통 속에서도 가족 스스로를 돌볼 수 있도록 하며, 가족이 환자를 관리하는 방법을 제공한다.

⑦ 직업 재활
직업 재활이란 환자가 직업을 갖고 그것을 유지할 수 있도록 직업적 서비스를 포함한 계속적이며 종합적인 재활과정이다. 직업 재활은 환자의 성공적인 사회 통합을 위해 필수적이며, 지역사회에서의 독립적인 생활과 사회적응에 중요한 기회를 제공한다.

⑧ 지역사회 지지서비스
환자의 사회적 재활을 돕기 위해 위기개입, 심리사회적 재활서비스, 사례관리, 주거지원 및 자조모임 등의 서비스를 제공한다.

⑨ 사례관리
환자에게 그들이 원하는 서비스를 통합적으로 제공받을 수 있도록 지속적으로 관리해 주는 과정을 말한다.

10 방어기제의 의미 및 유형 4가지를 쓰시오. (4점) ▸ 2004, 2007, 2010, 2017

모범답안

① 방어기제의 의미

자아가 원초아의 욕구와 초자아의 욕구 사이에 조정을 하는 과정에서 원초아의 욕구가 강해지면 불안감을 느끼게 되는데, 이때 이러한 불안으로부터 자신을 보호하기 위해 사용하는 정신적 과정이다.

② 방어기제 유형 4가지

- 억압(repression): 의식하기에는 현실이 너무나 고통스럽고 충격적이어서 무의식 속으로 억눌러 버리는 것을 말한다.
- 부인(denial): 받아들이기 힘든 상황이나 고통스러운 경험을 인정하려 들지 않고 사실이 아닌 것으로 여기는 것을 말한다.
- 투사(projection): 자신이 받아들이기 어려운 느낌, 생각, 충동 등을 무의식적으로 타인의 탓으로 돌려 자신을 보호하는 기제를 말한다.
- 반동형성(reaction formation): 실제로 느끼는 부정적 감정을 직접 표현하지 못하고 무의식적 소망과 반대되는 방향으로 행동하는 것을 말한다.

학습 Plus 방어기제 유형

- 억압(repression): 의식하기에는 현실이 너무나 고통스럽고 충격적이어서 무의식 속으로 억눌러 버리는 것을 말한다.
- 부인(denial): 받아들이기 힘든 상황이나 고통스러운 경험을 인정하려 들지 않고 사실이 아닌 것으로 여기는 것을 말한다.
- 투사(projection): 자신이 받아들이기 어려운 느낌, 생각, 충동 등을 무의식적으로 타인의 탓으로 돌려 자신을 보호하는 기제를 말한다.
- 반동형성(reaction formation): 실제로 느끼는 부정적 감정을 직접 표현하지 못하고 무의식적 소망과 반대되는 방향으로 행동하는 것을 말한다.
- 대치/치환(displacement): 자신의 감정을 대상에게 직접적으로 표현하지 못하고 전혀 다른 대상에게 자신의 감정을 발산하는 것을 말한다.
- 동일시(identification): 중요한 인물들의 태도와 행동을 자기 것으로 만들면서 닮으려는 것을 말한다. 동일시는 무의식적 과정으로, 그 동기는 대상이 가지고 있는 힘을 자기 것으로 하고자 하는 소망을 포함한다.
- 합리화(rationalization): 현실에 더 이상 실망을 느끼지 않으려고 그럴 듯한 구실을 붙여 불쾌한 현실을 피하려는 기제를 말한다.
- 주지화(intellectualization): 자신에게 불편하고 받아들이기 힘든 감정을 회피하고, 분석적이고 지적인 이해를 통해 불안을 줄이고자 하는 기제를 말한다.
- 승화(sublimation): 사회적으로 용납할 수 없는 공격적 충동을 사회적으로 인정되는 형태와 방법을 통해 발산하는 것을 말한다.

11 공포증 환자를 대상으로 체계적 둔감화 3단계를 순서대로 기술하시오. (6점)

▸ 2009, 2010, 2015, 2018

모범답안

〈시행 순서〉

① 1단계-이완훈련

- 이완 상태에서는 불안이 일어나지 않는다는 원리를 토대로 한다(상호억제원리).
- 상담자는 수회에 걸쳐 내담자가 긴장을 이완할 수 있도록 훈련한다.

② 2단계-불안위계목록 작성

- 내담자가 가지고 있는 불안(공포)에 대한 정보와 증상, 행동을 파악한다.
- 불안(공포)을 일으키는 유발 상황에 대한 위계목록을 작성한다.

③ 3단계-불안위계목록에 따른 둔감화 실시

- 이완 상태에서 내담자가 불안을 유발하는 상황을 상상하도록 유도한다.
- 순서는 불안(공포)을 가장 적게 느끼는 상황에서부터 시작하여 높은 수준의 불안으로 옮겨 가는 것이 바람직하다. 불안 상황에서 불안 반응을 더 이상 보이지 않을 때까지 반복하여 실시한다.

체계적 둔감화는 내담자가 특정 장면에 공포를 느낄 때 이완훈련을 도입하여 낮은 단계의 불안 유발 장면에서부터 점차 높은 단계의 불안 유발 장면에 이르기까지 불안 강도가 높은 자극이나 상황을 상상하도록 하여 불안 감소를 유도하는 방법이다. 역조건형성에 의한 체계적 둔감법은 고전적 조건형성에 기초한다.

12 관찰학습이 효과적으로 일어날 수 있는 조건을 4가지 쓰시오. (4점)

▸ 2014

모범답안

① 주의 과정

주의(attentional) 과정은 유기체가 관찰학습의 모델이 되는 행동과 그 결과에 주의를 기울이는 것을 말한다. 이는 관찰학습의 가장 기본적인 단계가 된다. 만약 모델의 행동에 주의를 집중하지 않거나 부적절한 측면에 주의를 집중한다면 관찰학습은 일어나지 않는다.

② 저장 과정(기억 과정 또는 파지 과정)

저장(retention) 과정은 관찰학습의 모델이 되었던 행동을 돌이켜 보기 위해 관찰자가 하는 인지적 과정이다. 저장 과정에서는 관찰한 행동들을 보통 언어로 표상하여 기억하는데, 언어적인 대뇌기가 힘든 것은 이미지로 기억하게 된다. 저장 과정에서 중요한 것은 인지적 시연이다. 인지적 시연은 언어나 이미지의 형태로 기억하기만 하는 것이 아니라 마음속으로 그려 보는 것을 말한다.

③ 운동재생 과정

운동재생(motor reproduction) 과정은 기억되어 있는 모델의 행동을 본인의 신체로 직접 재생산하는 과정을 말한다. 관찰한 행동을 성공적으로 재생하려면 머릿속에 기억한 것으로는 안 되고, 직접 행동으로 연습해 보아야 정확하고 성공적인 모방이 가능하다(밴듀라는 관찰자의 행동이 모델 행동과 일치되기 위해서는 실제 운동적 반복이 필요하다고 보았다).

④ 동기화 과정

동기화(motivation) 과정은 실제 행동으로 실현하고자 하는 동기나 욕구의 과정을 말한다. 관찰자가 모델의 행동을 정확하게 기억하고 운동능력을 지니게 되었다고 하더라도 유기체가 직접 행동하려는 동기가 없으면 실제 행동으로 나타나지 않게 된다. 이 동기화를 결정짓는 요인은 행동의 결과가 어떤 것이냐 하는 것인데, 모델에게 주어진 행동의 결과가 어떤 것이었느냐에 따라 동기화의 결과가 달라지게 된다.

13 로저스의 인간중심 상담에서 강조한 치료자의 태도 3가지를 쓰시오. (3점)

▸ 2008, 2010, 2014, 2017, 2018, 2019

모범답안

① 진솔성(일치성)

진솔성은 치료 과정에서 매 순간 경험하는 감정을 있는 그대로 솔직히 인정하고 표현하는 태도로서, 치료자가 경험하는 감정을 기꺼이 표현하고 개방하는 것을 말한다.

② 무조건적인 긍정적 존중

내담자를 존중하며 있는 그대로 수용하는 것을 말한다. 치료자가 비판단적으로 내담자를 존중할 때, 방어하지 않고 자신의 경험을 자유롭게 탐색할 수 있게 되며 안정감과 자기개념의 변화를 경험하게 된다.

③ 공감적 이해

치료자가 내담자의 감정에 빠져들지 않으면서 내담자의 감정을 자신의 감정처럼 느끼고 이해하며 이를 내담자에게 전달하는 것을 말한다.

14 인간중심치료에서 로저스가 제시한 긍정적인 성격 변화를 위한 필요충분조건 5가지를 쓰시오. (4점)

▸ 2018

모범답안

① 관계의 존재인 두 사람(치료자–내담자)은 심리적 접촉 상태에 있다.
② 내담자는 자신을 상처받게 하거나 불안하게 하는 부조화 상태에 있다.
③ 치료자는 관계에서 일치성(진솔성)을 경험한다.
④ 치료자는 내담자에게 무조건적인 긍정적 존중의 태도를 지닌다.
⑤ 치료자는 내담자의 내적 참조 틀에 대해 공감적 이해를 하고 표현한다.

학습 Plus 인간중심치료의 필요충분조건 6가지

- 관계의 존재인 두 사람(치료자-내담자)은 심리적 접촉 상태에 있다.
- 내담자는 자신을 상처받게 하거나 불안하게 하는 부조화 상태에 있다.
- 치료자는 관계에서 일치성(진솔성)을 경험한다.
- 치료자는 내담자에게 무조건적인 긍정적 존중의 태도를 지닌다.
- 치료자는 내담자의 내적 참조 틀에 대해 공감적 이해를 하고 표현한다.
- 치료자의 무조건적인 긍정적인 존중, 공감적 이해, 일치성(진솔성)이 내담자에게 어느 정도 전달되어야 한다.

15 심리평가의 목적을 3가지 쓰시오. (3점)

▸ 2013

모범답안

① 임상적 진단
임상적 장애의 유형을 진단하는 동시에 심리적 문제나 정신장애의 발생 원인이나 선행요인, 진행 경로 및 그 영향 등에 대해 정확하게 밝혀 문제를 명료화한다.

② 성격, 자아기능 및 문제의 정도 평가
개인의 인지적 · 정서적 · 성격적 · 행동적 측면에 대한 다양한 정보는 수검자에 대한 명확하고 객관적인 이해를 돕고 적절한 치료계획을 세울 수 있는 근거를 제공한다.

③ 치료유형과 치료전략 평가
치료를 준비하는 과정에서 치료 유형과 전략에 대한 적절한 판단을 내릴 수 있도록 정보를 제공하며, 이는 치료목표를 효과적으로 수립하는 데 있어 매우 중요하다.

학습 Plus 심리평가의 기능

- 문제의 명료화
  심리적 문제나 정신장애를 다각적으로 평가하여 문제의 원인이나 특징에 대해 정확하게 파악할 수 있도록 해 준다. 문제를 명료화하고 장애의 유형을 진단하는 동시에 기저하는 문제나 정신장애의 발생 원인이나 선행요인, 진행 경로 및 그 영향 등을 명료하게 밝혀 준다.
- 수검자에 대한 이해
  심리평가는 개인의 지적 능력과 적성, 인지적 특징, 성격, 대인관계 방식, 문제해결 방식이나 방어 양식, 적응 방식 등 다양한 측면을 평가할 수 있도록 해 준다. 또한 개인의 취약점과 더불어 강점을 밝혀 개인에게 적절한 치료 목표를 설정할 수 있게 해 준다.
- 치료계획 세우기
  심리평가는 적절한 치료계획을 세울 수 있는 근거를 제공한다. 적합한 치료목표를 세우고 치료유형을 선택하며, 치료전략을 세우는 일련의 과정에 대한 정보를 제공해 준다. 만일 명확한 근거 없이 치료계획을 세우게 된다면 적절하지 않은 치료 목표, 유형 및 전략이 세워지는 위험이 뒤따르기에 치료계획 세우기와 관련된 심리평가의 기능은 매우 중요하다.
- 치료결과에 대한 평가
  치료 종결 시 원래 계획했던 치료효과가 나타났는지, 기대했던 긍정적 변화가 일어났는지를 평가하는 데 유용하다. 치료 시작 단계에서 시행했던 심리평가의 결과와 치료 중간이나 종결 단계에서 시행했던 심리평가의 결과를 비교해 봄으로써 치료효과를 밝힐 수 있다.

16 지능을 평가할 때의 주요 쟁점인 임상적 접근과 개념적 접근에 대해 설명하시오. (6점)

▶ 2018

모범답안

- 임상적 접근
  - 지능을 전체적인 잠재적 적응능력으로 정의하였으며, 가설을 바탕으로 지능검사를 제작하여 가장 중요한 목표인 개인의 전체적 능력을 평가하기 위해 검사를 사용해 왔다.
  - 더불어 동기나 성격 등의 비인지적 요소가 지적 기능의 수행에 영향을 미치고, 지능검사 결과에 반영되며, 이러한 결과가 임상적으로 중요한 자료를 제공해 준다고 강조하였다(Binet, Terman, Wechsher, Bayley 등을 중심으로 발전함).
- 개념적 접근
  - 지능의 개념을 과학적으로 정의하기 위해 지능검사 결과와 개인의 성, 연령, 학력, 성취 등과의 상관관계를 분석하거나 지능검사의 소검사들에 대한 요인분석 연구를 바탕으로 지능의 개념을 발전시켜 왔다.
  - 더불어 지능의 보다 구별되는 영역을 확인하고, 지능검사 해석에 있어 특정 영역에서의 개인의 수행뿐 아니라 해당 영역에서의 발달적 경로상의 차이를 강조하기 시작했다(Spearman, Thorndike, Thurstone, Cattell, Guilford 등을 중심으로 발전함).

17 웩슬러 지능검사(WAIS-IV)에서 언어이해 소검사가 측정하는 요인 5가지를 쓰시오. (5점)

모범답안

① 언어적 추론 및 개념화 능력
② 언어적 이해와 표현능력
③ 과거 경험을 활용하고 평가하는 능력
④ 사회적 판단력 및 이해력
⑤ 사회적 규칙과 규범에 대한 지식

학습 Plus WAIS-IV의 언어이해 소검사와 측정 내용

구분	소검사	측정 내용
핵심 소검사	공통성	결정적 지능, 논리적이고 추상적인 추론능력, 개념적 사고능력, 언어적 이해능력, 기억력, 연합 및 범주적 사고, 핵심적인 측면과 지엽적인 측면의 변별, 언어능력과 결합된 연상능력 등을 측정한다.
	어휘	언어적 개념 형성, 단어 지식, 장기기억, 결정적 지능, 언어발달의 정도, 언어적 이해능력, 축적된 언어학습의 정도, 획득된 사고, 언어적 유창성 등을 측정한다.
	상식	일반적인 사실적 지식의 범위, 장기기억, 실제적 지식에 대한 학습, 파지, 재인능력, 결정적 지능, 언어적 지각능력, 언어적 이해 및 표현능력 등을 측정한다.
보충 소검사	이해	언어적 추론 및 개념화 능력, 언어적 이해와 표현능력, 과거 경험을 활용하고 평가하는 능력, 사회적 판단력, 장기기억, 사회적 환경에 대한 이해력, 사회적 규칙과 규범에 대한 지식 등을 측정한다.

18 MMPI에서 4-9/9-4번 척도 상승의 코드 타입 해석 5가지를 쓰시오. (4점)

▸ 2006, 2008, 2011, 2015, 2017, 2020

모범답안

〈척도 4번: 반사회성/척도 9번: 경조증〉

• 사회적 기준이나 가치를 무시함
• 자기중심적이고 충동적인 행동을 보임
• 판단력 저하, 경험을 통해 배우지 못함
• 자신의 실패나 단점을 합리화하고 문제의 원인을 외부 귀인함
• 피상적 인간관계로 인한 깊은 정서적 유대관계의 형성이 곤란함

19 다음 사례를 보고 임상심리사가 할 수 있는 자문이나 치료적 개입에 대한 조언을 5가지 쓰시오. (6점)

▸ 2006, 2018

A군은 만 7세 4개월로 올해 초등학교에 입학하였다. 초등학교에 입학하기 전에 유치원에 다녔으며 별다른 문제를 보이지 않았다. 초등학교 입학 후 수업에 집중을 잘하지 못하고, 수업 중 돌아다니는 모습이 자주 관찰되었으며, 학업성적도 저조한 편이었다. 같은 반 또래들도 A군에게 다가가기를 거부하였다. A군의 어머니는 평소 과잉보호를 하였다고 보고했다.

KEDI-WISC

하위검사명	평가치	하위검사명	평가치
상식	3	빠진 곳 찾기	6
공통성	8	기호쓰기	6
산수	4	차례 맞추기	6
어휘	9	토막짜기	9
이해	9	모양 맞추기	8
숫자(보충)	6	미로(보충)	7

* 언어성 IQ: 79 * 동작성 IQ: 78 * 전체 IQ: 76

모범답안

① 기초 학습 증진이 필요하고, 다양한 영역에 대한 관심이 부족하기에 학습 호기심과 동기 및 학습 전략에 대한 개입이 필요하다.

② 주의집중력, 주의지속능력이 부족해 수업에 집중하기 어렵고, 학업 성과를 경험하기 어려울 수 있다. 주의집중력 훈련 및 학습에 집중할 수 있도록 충동조절훈련이 필요하다.

③ 실제적인 상황판단력과 사회적 대처능력이 저하되어 있어 또래관계 문제를 해결하는 데 어려움이 있기에 사회기술훈련 및 대처기술을 학습하도록 하여 대인관계 효능감을 증진할 필요가 있다.

④ 또래 거부와 학업 저하로 인한 우울, 자존감 저하, 적응 곤란이 나타나고 있어 심리상담 및 치료적 개입이 필요하다.

⑤ 부모교육을 병행하여 자녀 교육과 지도에 필요한 정보와 기술을 습득하도록 도와 가정 내에서 올바른 개입을 할 수 있도록 한다.

20 다음 사례를 읽고 물음에 답하시오. (6점) ▸ 2017

> 뇌졸중 환자에게 반구 손상이 있음을 확인하였고, 손상 여부를 알아보기 위해 글자 지우기 검사를 실시하였다. 그 결과 시야의 좌측 글자를 지우지 못했다.

(1) 이런 현상을 무엇이라고 지칭하는가?

(2) 뇌의 어느 부분이 손상되었는가?

(3) 이 환자와 같은 현상을 평가할 수 있는 검사 종류 1가지를 쓰시오.

모범답안

(1) 편측무시(unilateral neglect) 현상

(2) 우측 반구 병변

(3) 선 나누기 검사(Line Bisection Test: LBT)

- 편측무시 현상

  편측무시란 뇌병변의 반대 측에 의미 있는 공간 자극을 제시하였을 때 자극에 대한 감지, 반응, 공간 인식이 어려운 증상으로, 오른쪽 하두정엽의 손상이 가장 흔하게 나타나고, 기타 오른쪽 전두엽, 시상과 기저핵의 손상 후에도 발생할 수 있다.

- 선 나누기 검사(Line Bisection Test: LBT)

  21.5×29cm의 흰 용지 위에 중앙, 왼쪽, 오른쪽으로 무작위로 배열되어 있는 선들로 구성되어 있다. 20개의 줄(10, 12, 14, 16, 18, 20cm)이 그어져 있으며. 검사방법은 종이를 대상자의 중앙에 위치시키고, 펜을 이용하여 각 선의 중심점을 표시한다.

05 2020년 제3회 실기복원문제

01 직업재활을 해야 하는 이유를 3가지 쓰시오. (6점)

모범답안

① 치료적 효과로서 증상을 완화시키며 재발과 재입원을 감소시킨다. 일은 자아기능과 관련되므로 자아형성을 돕고 현실에 입각하여 행동하게 함으로써 현실검증력을 강화시켜 퇴행을 막아 준다.

② 심리적 이득으로서 개인의 자존감이 향상되고, 소속감을 가지게 되며, 생활 만족감이 증진된다. 이는 병을 관리하고 극복하겠다는 동기 고양을 돕고 의료기관에 대한 의존성을 낮춘다.

③ 경제적 이득으로서 독립적인 삶과 질 높은 생활을 할 수 있게 한다. 지역사회 속에서 생활하는 기간을 유지함으로써 입원 예방 및 의료비 절감을 촉진한다.

학습 Plus 직업재활의 필요성

- 치료적 효과로서 증상을 완화시키며 재발과 재입원을 감소시킨다. 일은 자아기능과 관련되므로 자아형성을 돕고 현실에 입각하여 행동하게 함으로써 현실검증력을 강화시켜 퇴행을 막아 준다.
- 심리적 이득으로서 개인의 자존감이 향상되고, 소속감을 가지게 되며, 생활 만족감이 증진된다. 이는 병을 관리하고 극복하겠다는 동기 고양을 돕고 의료기관에 대한 의존성을 낮춘다.
- 경제적 이득으로서 독립적인 삶과 질 높은 생활을 할 수 있게 한다. 지역사회 속에서 생활하는 기간을 유지함으로써 입원 예방 및 의료비 절감을 촉진한다.
- 사회적 관계성의 측면에서 직장은 여러 사회적 접촉을 가능하기에 직업 현장을 통해 개인이 의존할 수 있는 사회적 지원체계를 넓힐 수 있다.
- 가족 차원으로서 여러 가족이 겪고 있는 고통을 감소시키는 데 도움이 된다. 환자의 치료를 위한 지출이 줄어들며 직업을 가진 환자를 봄으로써 안도와 희망을 갖게 된다.

02 인간중심상담에서 로저스가 제시한 긍정적인 성격변화를 위한 상담자의 필요충분조건 3가지를 쓰시오. (3점)

▸ 2018, 2020

모범답안

① 상담자는 관계에서 일치성(진솔성)을 경험한다.
② 상담자는 내담자에 대한 무조건적 긍정적 존중을 경험한다.
③ 상담자는 내담자의 참조 틀에 대한 공감적 이해의 표현을 시도하고 경험한다.

학습 Plus 인간중심상담: 상담자의 필요충분조건

- 관계의 존재인 두 사람(상담자-내담자)은 심리적 접촉 상태에 있다.
- 내담자는 자신을 상처받게 하거나 불안하게 하는 부조화 상태에 있다.
- 상담자는 관계에서 일치성(진솔성)을 경험한다.
- 상담자는 내담자에 대한 무조건적 긍정적 존중을 경험한다.
- 상담자는 내담자의 참조 틀에 대한 공감적 이해의 표현을 시도하고 경험한다.
- 상담자의 무조건적 긍정적 존중, 공감적 이해가 내담자에게 어느 정도는 전달되어야 한다.

03 해결중심 가족치료에서 주로 사용하는 질문의 유형 3가지를 쓰시오. (3점)

▸ 2018, 2020

모범답안

① 기적질문(miracle question)
문제가 해결된 상황 또는 내담자가 원하는 미래의 구체적인 모습을 상상해 봄으로써 해결하기 원하는 것을 구체화, 명료화하는 데 도움을 주는 질문이다("밤에 자는 동안 기적이 일어나 지금 치료목표로 하는 문제가 해결되었다고 합시다. 당신에게 변화가 일어난 것을 다른 가족들은 무엇을 보고 알 수 있겠습니까?").

② 척도질문(scaling question)
내담자의 주관적인 상태를 확인하기 위해 문제의 심각성 정도나 치료목표, 성취 정도를 수치로 표현하도록 하는 질문이다. 변화에 대한 동기를 강화하고, 다음 단계로 발전하기 위해 무엇을 해야 할지 탐색하는 데 유용하다("0~10점까지의 척도에서 10점은 문제가 해결된 상태, 0점은 문제가 전혀 해결되지 않은 상태라고 가정합니다. 오늘은 몇 점이라고 생각하나요?").

③ 예외질문(exception-seeking question)
내담자의 문제가 나타나지 않거나 덜 심각한 경우를 찾아내도록 하는 질문이다. 예외질문은 일상생활에서 성공적으로 잘 하고 있으면서도 의식하지 못하는 것을 발견하고, 성공했던 행동을 의도적으로 하도록 강화시키는 기법이다("최근에 문제가 일어나지 않은 때는 언제인가요?").

학습 Plus 해결중심 가족치료: 질문의 유형

- 기적질문(miracle question): 문제가 해결된 상황 또는 내담자가 원하는 미래의 구체적인 모습을 상상해 봄으로써 해결하기 원하는 것을 구체화, 명료화하는 데 도움을 주는 질문이다("밤에 자는 동안 기적이 일어나 지금 치료목표로 하는 문제가 해결되었다고 합시다. 당신에게 변화가 일어난 것을 다른 가족들은 무엇을 보고 알 수 있겠습니까?").
- 척도질문(scaling question): 내담자의 주관적인 상태를 확인하기 위해 문제의 심각성 정도나 치료목표, 성취 정도를 수치로 표현하도록 하는 질문이다. 변화에 대한 동기를 강화하고, 다음 단계로 발전하기 위해 무엇을 해야 할지 탐색하는 데 유용하다("0~10점까지의 척도에서 10점은 문제가 해결된 상태, 0점은 문제가 전혀 해결되지 않은 상태라고 가정합니다. 오늘은 몇 점이라고 생각하나요?").
- 예외질문(exception-seeking question): 내담자의 문제가 나타나지 않거나 덜 심각한 경우를 찾아내도록 하는 질문이다. 예외질문은 일상생활에서 성공적으로 잘하고 있으면서도 의식하지 못하는 것을 발견하고, 성공했던 행동을 의도적으로 하도록 강화시키는 기법이다("최근에 문제가 일어나지 않은 때는 언제인가요?").
- 대처질문: 내담자가 스스로 인식하지 못하는 자원과 강점을 발견하도록 돕는 질문이다. 내담자와 가족이 낙담과 좌절, 고통스러운 상황에 처해 있을 때, 위로를 하기보다는 '약간의 성공감을 갖도록 하는 대처방법'에 관한 질문을 하는 것이 바람직하다("제가 봐도 지금은 무척 힘든 상태라고 생각됩니다. 그런데 상태가 더 나빠지지 않도록 하기 위해 현재 어떤 노력을 하고 계신가요?" / "무엇이 조금 바뀌면 희망이 생길까요?").
- 관계성질문: 관계성질문은 내담자와 중요한 관계를 맺고 있는 사람들의 관점에서, 그들이 내담자 자신의 문제에 대해 어떻게 생각할지 추측해 보도록 하는 것이다("만약 당신의 어머니라면, 지금 상황에 대해서 무엇이라고 말씀하실까요?").

04 어떤 환자에게 MMPI를 실시한 결과 L, K가 70이 넘어 방어적 경향이 강한 것으로 나타났고 검사 결과를 해석할 수 없는 정도였다. 그러나 이 사람에게 심리검사는 꼭 필요한 것으로 판단되었다. 이때 임상심리사가 취할 수 있는 방법을 2가지로 구분해서 설명하시오. (4점)

▸ 2017, 2020

모범답안

① 내담자와 신뢰로운 관계를 형성하고, 심리적 방어에 대해 공감하며, 검사의 기능과 활용에 대해 이해할 수 있도록 충분히 설명한다.

② 다른 유용한 정보들(과거력, 정신상태 검사, 중요한 타인으로부터 얻은 정보) 및 투사적 검사를 실시하여 수검자에 대한 타당한 정보를 수립한다.

05 사례를 읽고 답하시오.

> 올해 남중 3학년인 A군은 평소 학교 친구들과 어울리지 못하며, 거의 매일 아침 등교시간마다 학교 가기를 거부하고 있다. 학교에서 아이들이 자신과 놀아 주기는커녕 괴롭히고 따돌린다면서, 학교에 가는 것이 죽고 싶을 만큼 싫다고 불평을 늘어놓았다. A군은 어려서부터 태권도를 좋아하여 태권도장에 다니고 있고, 골격이 크고 당당한 체구이다. 그러나 중학교에 진학한 이후 성적이 최하위로 떨어졌으며, 담임 선생님은 최근 실시한 집단지능검사 결과와 함께 A군의 일반고 진학이 어렵다는 이야기를 A군의 어머니에게 알려 주었다고 한다. A군의 어머니는 자신의 아들이 고등학교 진학이 어려울 만큼 심각한 상태인지, A군이 학교생활에 적응하지 못하는 문제를 어떻게 해결할 수 있을지 걱정이 되어 상담을 의뢰하였다. 심리평가를 위해 내원했을 때, A군은 무표정한 표정이었고 약간 어눌한 말투와 부정확한 발음 때문에 다시 확인해야 하는 상황이 있었다. 또한 자신의 문제를 쉽게 포기하려는 모습을 보였으며, 대답하는 것을 귀찮아하는 듯 매우 짧은 답변으로 일관했다.

(문) A군의 학습습관 증진과 교정을 위하여 어머니에게 몇 가지 행동치료 절차를 주문하였다. 그 중 치료자가 행동수정 원리를 적용시키고자 노력하였다면 행동수정의 원리별로 어떤 식으로 개입이 진행되었을 것인지 행동수정의 원리 3가지를 제시하고 설명하시오. (6점)

모범답안

① 토큰 강화(토큰경제)

등교거부 행동을 수정하기 위해 학교에 출석 시 토큰을 제공하고, 만족스러운 수준까지 도달하면 A군이 원하는 지원 강화물로 교환하도록 한다.

- 표적행동: 등교 거부 행동
- 기저선 정하기: 행동수정 목표 기간, 등교거부 빈도
- 지원 강화물 선택하기: A군과 합의한 지원 강화물 제공(강화물 목록이나 강화물 제공 방법 등을 사전에 협의)

② 정적 강화

A군의 학습 동기 및 공부 습관을 증진하기 위해 정적 강화물을 제공한다(예: 공부하러 갈 때 애정 어린 마음으로 등을 두드려 주거나 안아 주기, 일정한 학습 시간을 마친 후 즉각적으로 칭찬하기 등의 사회적 강화 제공).

③ 활동 계획 세우기

학습 증진을 돕기 위해 일주일 계획 또는 주말에 어떤 활동을 할 것인지 A군과 어머니가 함께 활동 계획을 구체적으로 세운다. 활동계획은 낮은 단계부터 실천 가능한 행동으로 점진적으로 계획하여 자기효능감을 증진하도록 한다.

(그 외)

• 자기주장 훈련(사회성 증진)
또래관계 문제로 인한 심리적 부적응(우울, 위축, 자존감 저하 등)이 학습에 영향(주의력, 집중력 저하)을 주기에 사회성 기술훈련을 통해 관계 증진 및 일상의 적응을 돕는다.
– 평소 가정에서 A군의 자기표현이 억제되지 않도록 돕고, 전문가의 도움을 받아 가정에서 실천할 수 있는 다양한 생활 기술을 훈련할 수 있도록 한다.

06 언어성 검사 중 기본 지식이 측정하는 측면 5가지를 쓰시오. (5점)

▸ 2014, 2020

모범답안

① 일반적인 사실적 지식의 범위
② 장기기억 및 의미기억
③ 파지 및 재인능력
④ 결정적 지능
⑤ 언어적 이해능력

참조 기본 지식 측정 내용
일반적인 사실적 지식의 범위, 장기기억 및 의미기억, 과거 교육적 · 문화적 경험 정도, 지적 호기심과 동기수준, 파지 및 재인능력, 결정적 지능, 언어적 이해력

07 연구와 실무에서 의사결정을 할 때, 임상적 판단보다 통계적 판단을 사용할 경우 장점과 단점을 각각 2가지씩 쓰시오. (4점)

▸ 2014, 2020

모범답안

〈통계적 접근방법〉
• 장점: 모호한 개념이 명확하게 정의됨으로써 구체적인 예측이 가능하며, 오류와 실수를 최소화할 수 있다.
• 단점: 개인의 특유적인 정보들이 검토되지 않을 수 있고, 측정하고자 하는 문제 외에는 접근이 어렵다.

학습 Plus 통계적 접근방법과 임상적 접근방법의 장단점

① 통계적 접근방법
• 장점: 모호한 개념이 명확하게 정의됨으로써 구체적인 예측이 가능하며, 오류와 실수를 최소화할 수 있다.
• 단점: 개인의 특유적인 정보들이 검토되지 않을 수 있고, 측정하고자 하는 문제 외에는 접근이 어렵다.

② 임상적 접근방법
• 장점: 개인의 다차원적인 자료를 수집할 수 있으며, 고유한 심리적 특성을 평가할 수 있다.
• 단점: 임상가의 경험과 전문성에 따라 판단되기에 실수와 오류로 인한 예측의 정확성 문제가 나타날 수 있다.

08 심리평가자의 기본적인 역할에 대해 '과학자의 자질'과 '예술가의 자질' 측면에서 설명하시오. (4점)

▸ 2011, 2014, 2020

모범답안

〈과학자로서의 자질〉

- 심리평가자는 과학자로서 전문적인 지식과 객관적인 평가 및 검증된 검사를 토대로 내담자에 대한 종합적이고 체계적인 해석과 판단을 내려야 한다.
- 표준화된 절차에 기반한 심리평가, 신뢰도와 타당도가 확보된 심리검사 도구 사용, 심리평가 해석에 있어 정신병리, 성격장애, 신경심리 등을 비롯한 지식과 이론적 체계를 갖추고 있어야 한다.

〈예술가로서의 자질〉

- 내담자의 특성과 문제를 이해하는 데 있어 다양한 임상적 경험과 실무를 기반으로 한 다차원적인 이해를 할 수 있어야 한다.
- 동일한 증상도 기저하는 다양한 심리사회적 원인이 있기에 내담자가 호소하는 문제에 대한 개인 특유적인 특성을 충분히 검토하여 평가하여야 하며, 해석과 판단에 있어 유연성과 통찰력, 치료적 과정을 이끌 수 있는 역량을 발휘할 수 있어야 한다.

09 MMPI 결과 타당도 척도가 L=46, F=106, K=45이고, 임상척도는 5번을 제외한 대부분이 높게 나타났다. 이와 같은 프로파일을 나타낼 가능성이 있는 사람들의 유형을 3가지 제시하시오. (5점)

모범답안

① 정신적 혼란으로 인해 무선적으로 혹은 아무렇게나 응답했을 수 있다.
② 2차적 이득을 얻기 위해서 정신병리를 고의적으로 과장했거나 부정적인 방향으로 왜곡했을 수 있다.
③ 매우 심각한 정신병리를 지니고 있을 수 있다.

학습 Plus MMPI: F 척도 상승 이유(T점수 88~120)

- 정신적 혼란으로 인해 무선적으로 혹은 아무렇게나 응답했을 수 있다.
- 2차적 이득을 얻기 위해서 정신병리를 고의적으로 과장했거나 부정적인 방향으로 왜곡했을 수 있다.
- 매우 심각한 정신병리를 지니고 있을 수 있다.
- 피검자가 문항의 의미를 이해하지 못할 수 있다.
- 피검자가 저항했거나 혹은 협조하지 않았을 수 있다.
- 임상가가 자신의 공포와 고통 및 불편에 관심을 기울여 주기를 기대했을 수 있다.

10 상담 시 내담자의 비밀보장을 할 수 없는 경우를 5가지 쓰시오. (5점)

▸ 2016, 2020

모범답안

① 내담자가 자신과 타인에게 위해행동을 할 위험이 있을 경우(예: 학대, 폭행, 살인 등)
② 내담자 자신이 타인의 위해행동의 피해자인 경우
③ 내담자가 자살시도와 같은 생명의 위험이 높은 경우
④ 범죄 및 법적인 문제와 연루되어 있는 경우
⑤ 내담자에게 위해한 감염성 질병이 있는 경우

11 상담 장면에서 좋은 경청자가 되기 위한 구체적 방법을 5가지 쓰시오. (5점)

▸ 2003, 2006, 2015, 2020

모범답안

① 내담자의 언어적 메시지를 잘 듣는다. 언어적 메시지에는 내담자가 한 말의 내용은 물론 내담자의 경험, 행동, 감정, 정서 등이 있으며 이에 주의를 기울인다.
② 내담자의 비언어적 메시지를 잘 관찰하며 듣는다. 비언어적 메시지에는 얼굴 표정, 몸의 움직임, 목소리의 높낮이나 억양 등이 포함된다.
③ 내담자가 설명하는 상황의 맥락을 잘 듣는다. 상담자는 내담자가 처한 상황 및 맥락 안에서 내담자를 이해해야 한다.
④ 내담자의 이야기를 객관적으로 듣는다. 이는 내담자 개인의 관점이나 경향, 자기 자신과 세상에 대한 왜곡된 인식 등을 잘 구분하며 들어야 한다는 것을 의미한다.
⑤ 내담자가 자신에 대해 충분하게 이야기할 수 있도록 개방적이고 비판단적인 태도로 주의를 기울인다.

12 조현병 양성증상이 발생한 환자에 대해 임상심리사가 면접 시 취할 수 있는 대응방법 3가지를 쓰시오. (6점)

▸ 2017, 2020

모범답안

① 양성증상 감소를 위해 약물치료를 받도록 한다. 약물치료는 조현병의 양성증상에 효과적이며 조기개입 시, 급성기의 정신운동성 초조, 환청 등은 수일 내에 호전되고 망상 또한 수주 내에 호전되는 경과를 보인다.
② 망상의 내용이 대개 비논리적이고 기괴한 경우가 많으며 환청과 동반되는 경우가 흔해 급작스러운 정신적 혼란을 보일 수 있어, 망상의 내용에 동의하지 않으며 망상 자체보다는 동반되는 감정에 대해 이야기를 나눈다.
③ 정신적 스트레스를 줄 수 있는 말을 삼가하고, 일상적인 주제로 대화의 내용을 전환하며, 논쟁을 피하도록 한다.

13 로르샤흐 검사의 특수점수에서 특수내용의 종류를 3가지만 쓰고 각각에 대해 설명하시오. (6점)

▸ 2018, 2020

모범답안

① 공격적인 내용(AG)
AG는 운동반응(M, FM, m)에 '싸우는, 파괴적인, 논쟁하는, 매우 화난' 등과 같이 뚜렷하게 공격적인 반응내용을 포함하고 있을 때 채점한다.

② 협조적인 운동반응(COP)
COP는 두 가지 이상의 대상이 적극적으로 혹은 협조적으로 상호작용하는 운동반응(M, FM, m)을 했을 때 채점한다('두 사람이 물건을 나르고 있다').

③ 병적인 내용(MOR)
MOR은 파괴되고 손상된 사물과 우울한 느낌을 주는 사물 중 한 가지 특징을 지니고 있을 때 채점된다(반응 대상이 두 가지 특징 가운데 한 가지를 보일 때 채점).
- '죽은, 파괴된, 폐허가 된, 오염된, 손상된, 상처 입은, 깨어진' 대상으로 지각할 때 채점한다.
- 반응한 대상이 우울한 감정이나 특징을 나타낼 때 채점한다(침울한 집, 슬픈 여자, 울고 있는 사람).

학습 Plus 로르샤흐 검사 특수점수: 4가지 특수내용

로르샤흐 종합체계에는 15가지 특수점수가 있다. 6개의 특이한 언어반응(unusual verbalization), 1개의 반응반복(preservation), 4가지 특수내용, 인간표상에 대한 반응을 구별시켜 주는 2가지 반응, 개인적 반응과 특수색채현상

- 추상적 내용(AB): 인간의 지각이나 정서적 경험과 관련되는 내용, 주제가 명백하고 특정한 상징적 의미를 지니고 있는 경우 채점된다.
- 공격적 내용(AG): 반응의 내용이 M, FM, m 반응에 포함되어 있을 때 AG로 채점한다. 단, 공격적인 행위가 주체적으로 일어나는 경우에만 채점된다.
- 협조적 운동반응(COP): 움직임 반응(M, FM, m)에서 둘 이상의 대상이 서로 호의적으로 협동적인 상호작용을 하고 있는 장면에 대해 채점된다. 서로 상호작용을 하고 있다는 특징이 명백하게 드러나야 한다.
- 병적인 내용(MOR): 파괴되고 손상된 사물과 우울한 느낌을 주는 사물 중 한 가지 특징을 지니고 있을 때 채점된다.

14 상담자가 상담 시 내담자와의 관계에 대해 알고 있어야 할 행동지침 5가지를 쓰시오. (5점)

▸ 2020

모범답안

① 상담자는 자신의 개인적인 욕구가 내담자에게 어떠한 영향을 미치는지를 명확히 자각하고 있어야 한다.
② 상담자는 내담자의 복리에 대한 책임이 있으며, 자신의 욕구충족을 위해 내담자를 이용해서는 안 된다.
③ 상담자는 치료적 관계를 명백히 해칠 수 있는 내담자와의 어떠한 다른 관계(예: 금전적 관계나 성적

관계 등)를 가져서는 안 된다.

④ 상담자는 내담자의 비밀을 보장해야 하며, 상담관계에 부정적인 영향을 미칠 수 있는 다른 문제들에 대해 내담자에게 알려야 한다.

⑤ 상담자는 자신의 태도, 가치관 등이 상담관계 및 내담자에게 어떠한 영향을 미치는지를 인식하고 있어야 한다.

학습 Plus 상담자-내담자 관계 행동지침

- 상담자는 자신의 개인적인 욕구가 내담자에게 어떠한 영향을 미치는지를 명확히 자각하고 있어야 한다.
- 상담자는 내담자의 복리에 대한 책임이 있으며, 자신의 욕구충족을 위해 내담자를 이용해서는 안 된다.
- 상담자는 치료적 관계를 명백히 해칠 수 있는 내담자와의 어떠한 다른 관계(예: 금전적 관계나 성적 관계 등)를 가져서는 안 된다.
- 상담자는 내담자의 비밀을 보장해야 하며, 상담관계에 부정적인 영향을 미칠 수 있는 다른 문제들에 대해 내담자에게 알려야 한다.
- 상담자는 자신의 태도, 가치관 등이 상담관계 및 내담자에게 어떠한 영향을 미치는지를 인식하고 있어야 한다.
- 상담자는 상담 목표, 절차 등을 비롯하여 상담관계를 시작함으로써 내담자에게 닥칠지도 모르는 위험 및 상담 결정을 내리기 전에 고려해야 할 요인들에 대해 미리 내담자에게 알려 주어야 한다.
- 상담자는 자신의 한계를 명확히 알고 있어야 하며, 내담자에게 적절한 도움을 제공하기 어렵다고 판단하는 경우, 지도 감독자의 도움을 받거나 다른 상담자에게 의뢰해야 한다.
- 상담자는 상담 과정에서 자신이 내담자에게 모델이 될 수 있음을 알아야 하며, 따라서 자신의 생활에서 내담자에게 영향을 미칠 수 있는 일이나 행동을 인식하고 있어야 한다.

15 REBT의 ABCDE 모델에 기초하여 상담계획을 수립하시오. (5점)

모범답안

- A-촉발사건(Activating events): 내담자에게 부정적인 감정을 유발한 촉발사건(A)을 구체적으로 확인한다.
- B-신념체계(Belief system): 촉발 사건에 대한 내담자의 비합리적 신념(B)을 탐색한다.
- C-정서 및 행동적 결과(Consequences): 비합리적 신념의 결과로 나타난 부정적인 감정과 행동을 검토한다.
- D-자신의 비합리적인 신념을 논박하기(Disputes): 논박을 통해서 내담자가 지니고 있는 신념의 합리성을 평가하고 비합리적인 신념을 합리적인 신념으로 변화시킨다.
- E-논박한 인지적 · 정서적 · 행동적 효과(Effect): 내담자가 자신의 삶을 적응적으로 변화시킬 수 있는 새로운 신념체계와 효과적인 철학을 형성하도록 돕는다.
- REBT는 내담자가 가지고 있는 문제에 ABCDE 모델을 적용하여 비합리적인 신념들을 확인하고 논박을 통해 이를 합리적 신념으로 바꾼 후, 적절한 정서와 행동을 경험하도록 돕는 치료적 과정이다.

16 일반적으로 가족치료를 권하게 되는 경우 2가지를 쓰시오. (2점)

▸ 2015, 2020

모범답안

① 내담자의 어떤 증상이 역기능적인 가족관계에 얽혀 있다고 판단되는 경우
② 내담자의 호소가 개인의 문제라기보다는 가족 간의 관계 변화에 있다고 판단되는 경우

17 투사적 그림 검사인 집-나무-사람 그림 검사(HTP)에서 그림의 크기와 위치가 나타내는 의미를 2가지씩 제시하시오. (8점)

▸ 2007, 2020

모범답안

① 그림의 크기
- 지나치게 큰 그림: 공격적, 행동화 경향, 과장적 경향, 조증상태, 과도한 자신감, 자아팽창, 부적절감 보상 또는 억압 방어 등을 반영한다.
- 지나치게 작은 그림: 열등감, 부적절감, 낮은 자존감, 불안, 수줍음과 위축, 과도한 자기억제, 사회적 철수 경향, 낮은 자아강도, 의존적 경향 등을 반영한다.

② 그림의 위치
- 용지의 상단: 욕구 수준 높음, 공상을 즐김, 성취를 위한 투쟁, 야심이 높음, 에너지 수준은 낮은데 과잉보상 방어를 하는 경향 등을 반영한다.
- 용지의 하단: 불안정감, 부적절감, 우울 경향, 구체적이고 현실적인 사고 경향, 조용한 성격 특성 등을 반영한다.

18 다음 물음에 답하시오. (8점)

▸ 2017, 2020

> 50대 여성의 지능검사 결과, 기본지식 8점, 숫자 6점, 어휘 10점, 산수 7점, 이해 9점, 공통성 9점, 빠진 곳 찾기 5점, 차례맞추기 6점, 토막짜기 5점, 모양맞추기 6점, 바꿔 쓰기 5점으로 나왔다.

(1) 정신과적 진단 2가지와 감별 진단을 위해 고려해야 하는 사항 4가지를 쓰시오.
(2) 위의 내담자가 신경증적 손상은 없고 남편의 외도로 인하여 스트레스를 받았다고 할 때, 산수 및 숫자 점수의 상대적 저하와 동작성 지능의 전반적 저하에 대해 설명하시오.

모범답안

(1) 정신과적 진단 2가지와 감별 진단을 위해 고려해야 하는 사항 4가지를 쓰시오.

- 정신과적 진단: 우울장애, 지속성 우울장애
- 감별진단
  - 과민한 기분이 있는 조증 또는 혼재성 삽화
    현저하게 과대한 기분을 보이는 주요 우울 삽화는 과민한 기분이 있는 조증 삽화나 혼재성 삽화와 구별하기 어렵기에 조증 증상의 유무를 임상적으로 주의 깊게 평가해야 한다.
  - 다른 의학적 상태로 인한 기분 장애
    병력, 신체 검진, 검사 소견에 근거하여 기분장애가 특정한 의학적 상태(예: 뇌졸중, 갑상선기능저하증 등)의 직접적인 결과로 판단되지 않아야 한다.
  - 물질/약물치료로 유발된 우울 또는 양극성장애
    물질이 기분장애의 원인이 될 수 있기에 주요 우울장애와 구분하여 판단하여야 한다.
  - 우울기분 동반 적응 장애
    정신사회적 스트레스에 대한 반응으로 나타나는 주요 우울 삽화는 우울 기분 동반 적응장애로 구분되어야 한다.

(2) 위의 내담자가 신경증적 손상은 없고 남편의 외도로 인하여 스트레스를 받았다고 할 때, 산수 및 숫자 점수의 상대적 저하와 동작성 지능의 전반적 저하에 대해 설명하시오.

우울증의 특성으로 인하여,

① 언어성 지능이 동작성 지능에 비해 상대적으로 높은 수준을 보인다(언어성>동작성).
② 산수, 숫자 등의 주의집중력 관련 소검사에서 저조한 수행을 보인다.
③ 시간제한이 있거나 시각-운동 협응능력을 필요로 하는 바꿔 쓰기, 토막짜기 등의 소검사에서 낮은 점수를 보인다.
④ 정신운동성 지연으로 인해 정신적 노력과 에너지가 필요한 검사에서는 검사 시 쉽게 포기하거나 주의를 기울이지 않아 낮은 점수를 보인다.
⑤ 반응의 정교화 및 즉각적인 문제해결능력이 부족하다.

19 **심리상담사는 상담장면에서 심리검사를 해석해 주는데 이때 내담자에게 비전문적인 용어를 사용해야 한다. 심리상담사의 심리검사 해석 시 일반적인 지침을 4가지만 쓰시오.** (4점)

▸ 2014, 2020

모범답안

① 의뢰 사유에 대해 명확한 답을 제공한다.
② 수검자 개인에 대한 세부적인 특징을 설명한다.
③ 수집된 다양한 자료를 조직화하여 통합적 해석을 마련한다.
④ 치료적 개입방법에 대해 제언한다.

20 심리학적 평가보고서를 작성할 때 심리검사 결과의 생활사적 정보의 통합이 중요한 이유를 설명하시오. (5점)

▸ 2005, 2012, 2016, 2020

모범답안

- 현재의 주 호소문제를 이해하는 데 있어 심리검사 결과를 종합적으로 평가하는 것이 중요하다. 수검자의 개인력이나 과거력을 충분히 알고 있지 못하다면 검사 결과를 해석하는 데 제한이 있기에 다차원적인 자료의 통합을 통해 평가가 이루어져야 한다.
- 수검자의 생활사적 정보와 검사 결과와의 통합은 개인의 일반적인 특징 외에도 개인만의 독특한 측면에 대한 이해를 도와 심리평가의 타당성을 수립하는 데 중요한 자료가 된다.
- 생활사적 정보를 통해 개인 내적 요인, 환경적 요인, 촉발 요인 등을 구체적으로 파악하고 심리검사를 통해 밝혀진 결과를 기반으로 통합적인 평가를 하게 되면 적합한 치료목표와 계획을 수립하는 데 효과적이다.

06 2020년 제2회 실기복원문제

01 MMPI-2의 재구성 임상척도의 개발 이유를 설명하시오. (3점)

▸ 2016, 2020

모범답안

■ 재구성 임상척도(Restructured Clinic Scales: RC)

- RC 척도는 MMPI가 지니고 있는 고질적인 문제, 즉 임상척도들 사이의 공변량이 지나치게 크기 때문에 각각의 임상척도를 차별적으로 해석하는 것이 어려워지는 문제를 해결하기 위해 개발되었다.
- 임상척도들 사이의 공변량이 지나치게 크면 여러 개의 임상척도가 동시에 상승하거나 하강하는 현상이 나타나는데, 그 원인 중의 하나가 초기 MMPI 개발 시 경험적 문항 선정방식을 채택했기 때문이다. 즉, 어떤 문항을 어떤 척도에 배치할지 결정하는 과정에서 그 문항이 다른 척도에는 포함되는지 여부는 고려하지 않은 것이다(그 결과, 1개의 문항이 여러 임상척도에 동시에 채점 문항이 되어 점수화되는 채점문항 중복문제가 발생함).
- 이에, 임상척도의 변별타당도의 근본적인 문제를 해결하고자 임상적으로 중요한 구성개념을 잘 반영하는 새로운 척도, 즉 RC 척도를 개발하게 되었다.

02 불안장애에 대한 행동치료에 근거하는 학습이론과 그 예를 설명하시오. (4점)

▸ 2013, 2016, 2020

모범답안

① 불안장애의 행동치료 이론

- 행동주의적 입장에서는 불안장애를 환경자극에 대해 조건형성된 학습의 결과로 본다. 즉, 환경자극에 대해 고전적 조건형성을 통해 불안반응이 학습되며, 다양한 경로를 통해 형성된 불안은 회피 반응에 의해 유지되고 강화되는 것으로 설명하고 있다.
- 즉, 불안이 형성되는 과정에는 '고전적 조건형성'의 학습원리가 관여하는 반면, 일단 형성된 불안은 '조작적 조건형성'의 원리에 의해 유지되고 강화된다.

② 치료의 예

체계적 둔감법(systematic desensitization)은 긴장을 이완시킨 상태에서 약한 불안으로부터 시작하여 점차 강한 불안 자극을 노출시키는 방법이다.

학습 Plus 체계적 둔감법 절차

① 1단계-이완훈련
- 이완상태에서는 불안이 일어나지 않는다는 원리를 토대로 한다(상호억제원리).
- 상담자는 수회에 걸쳐 내담자가 긴장을 이완할 수 있도록 훈련한다.

② 2단계-불안위계목록 작성
- 내담자가 가지고 있는 불안(공포)에 대한 정보와 증상, 행동을 파악한다.
- 불안(공포)을 일으키는 유발상황에 대한 위계목록을 작성한다.

③ 3단계-불안위계목록에 따른 둔감화
- 이완상태에서 내담자가 불안을 유발하는 상황을 상상하도록 유도한다.
- 순서는 불안(공포)을 가장 적게 느끼는 상황에서부터 시작하여 높은 수준의 불안으로 옮겨 가는 것이 바람직하다.
- 불안상황에서 불안반응을 더 이상 보이지 않을 때까지 반복하여 실시한다.

03 상담 종결을 준비하고자 할 때 이를 평가 시 유용한 영역 6가지를 쓰시오. (6점) ▸ 2020

모범답안

① 내담자의 초기 문제 또는 증상이 경감되거나 사라졌는지에 대해 평가한다.
② 상담에 오게끔 했던 스트레스를 유발하는 감정이 사라졌는지에 대해 평가한다.
③ 내담자의 대처능력과 자신과 다른 사람들을 이해하는 정도에 대해 평가한다.
④ 내담자가 다른 사람들과 관계를 잘 맺을 수 있는지에 대해 평가한다.
⑤ 내담자가 계획을 세우고 생산성 있게 일할 수 있는 능력을 얻었는지에 대해 평가한다.
⑥ 내담자가 더 즐겁게 활동하고 삶을 의미 있게 다룰 수 있는지에 대해 평가한다.

04 상담사나 임상치료사가 가져야 할 전문가로서의 윤리원칙을 5가지 쓰시오. (5점) ▸ 2020

모범답안

① 비밀유지

내담자가 털어놓은 사적인 문제와 상담관계에서 나눈 상담내용은 내담자의 요청이 있는 경우를 제외하고 타인에게 노출해서는 안 된다. 상담자가 비밀을 보장할 수 없는 예외상황을 제외하고는 비밀을 꼭 지켜야 한다.

② 유능성

상담자는 내담자가 어려움을 해결할 수 있도록 전문적인 도움을 주어야 하므로 능력을 갖추고 있어야 한다. 상담자의 유능성은 전문적인 교육과 훈련, 임상경험 및 자격증을 통해 입증될 수 있다.

③ 전문적 한계

상담자는 전문적인 책임감과 기술을 가지고 내담자를 조력해야 하는데, 자신의 능력과 전문가로서 자격 이상의 부적절한 조력활동을 해서는 안 된다. 상담자는 자신의 전문적 한계를 인식하고 내담자에게 효과적인 조력을 할 수 없는 경우, 다른 상담자에게 내담자를 의뢰해야 한다.

④ 이중관계

상담자는 내담자와의 상담관계에 영향을 줄 수 있는 다른 사적관계(이중관계)는 피해야 한다. 상담자가 내담자의 친구, 가족, 친인척 등인 경우에 이러한 관계가 상담의 성과에 영향을 줄 수 있다고 판단되면, 다른 상담자에게 내담자를 의뢰해야 한다.

⑤ 성적 관계

상담자는 상담관계 중에 있는 내담자와 어떤 형태의 성적 관계도 가져서는 안 된다. 또한 이전에 성적 관계를 가졌던 대상과는 상담자-내담자 관계를 맺지 않아야 한다. 상담관계가 종결된 이후에도 윤리강령에서 정해진 기간 내 내담자와 어떠한 성적 친밀성도 맺지 않도록 한다.

05 토큰경제에서 강화는 학습이론의 어떤 원리를 근거로 한 것인지 쓰시오. (3점) ▸2020

모범답안

- 토큰경제는 토큰 또는 교환권을 강화물로 사용하여 바람직한 행동을 유지하여 최종 기대행동이 수립되게 하는 강화 기법이다. 이 방법은 '조작적 조건형성'을 이용한 행동수정 기법이다.
- 토큰강화는 바람직한 행동들에 대한 체계적인 목록을 정해 놓은 후, 그러한 행동이 이루어질 때 그에 상응하는 강화(내담자가 선호하는 것으로 교환할 수 있는 가치가 있는 토큰)를 제공한다. 이때 강화는 공정하고 일관성 있는 방식으로 주어져야 하며, 강화물은 분명하고 실질적이며 의미 있는 것이어야 한다.

06 다음 사례에서 연구 절차상 문제점을 4가지만 쓰고, 각 문제점에 대해 대안을 제시하시오. (6점) ▸2011, 2013, 2020

> 한 임상심리학자가 자신이 새로 개발한 사회공포증 치료기법이 효과가 있는지 검증하기 위해 사회공포증이 의심되는 사람 20명을 선발한 후 직접 5회기 동안 치료하여 변화가 있는지 살펴보았다. 치료효과 검증을 위해 치료 시작 전과 치료 종료 후 내담자들에게 자신의 증상에 대해 심각도를 7점 척도상에 평정하도록 했다. 그 결과 치료 후의 점수가 유의미하게 낮아졌다. 이 학자는 이 결과를 근거로 자신의 새 치료법이 효과가 있다고 주장하였다.

모범답안

① 표본의 사전 동질성 문제

실험 참가자 20명의 인구통계학적 및 심리사회적 특징의 동질성 여부가 검토되지 않았다.

〈대안〉 실험 전 참가자들의 다양한 특징(나이, 성별, 학력, 증상의 수준, 약물 사용, 공병 유무 등)이 서로 상이할 수 있으며, 특히 약물 사용, 기타 다른 증상과의 공병 유무는 실험 참가자들의 증상의 심각도에 매우 상이한 영향을 줄 수 있다. 이에 실험을 시작하기 전에 참가자들의 여러 특징이 서로 동질적인 집단인지를 검증해야 한다.

② 표집의 대표성 문제

실험 참가자 수가 적고 표집 선발 과정의 기준이 없어 실험 결과를 일반화하는 데 문제가 있다.

〈대안〉 실험 참가자 수가 충분한 실험조건을 구성하여 표본의 크기가 전체 집단을 대표하기에 적합한지 고려해야 하며 표본의 조건을 구체화해야 한다.

③ 통제집단 부재

실험집단(처치 집단)과 통제집단(무처치 집단)을 구성하지 않고, 실험집단만을 설계하여 치료효과를 검증하였기에 치료효과의 유의미성을 확보하기 어렵다.

〈대안〉 실험조건과 통제조건에 사회공포증에 해당되는 참가자를 각각 무선 할당하여 통제조건에 비해 실험조건의 참가자들이 사회공포증 수준이 감소되었음을 비교, 검토하여 치료효과의 유의미성을 밝혀야 한다.

④ 추적 연구 부재

심리검사(7점 척도)를 치료 전과 치료 종료 후에 실시하였다. 5회기 동안 실시한 치료의 효과를 실제적으로 검증하기 위해서는 치료가 모두 종결된 후, 추적 연구를 통해 치료효과가 지속적으로 유의미하게 나타나고 있는지를 평가해야 한다.

〈대안〉 실제적인 치료효과는 처치가 모두 종결된 후 얼마나 치료효과가 유지되고 있는가가 매우 중요하기에 사전-사후-추적 검사를 실시하여 치료효과성을 검증해야 한다.

⑤ 이중 맹검(double-blind)의 문제

연구 개발자가 치료자로 직접 참여하여 치료효과 검증을 하였기에 연구자의 태도나 욕구, 의도 등의 심리적 요인이 치료효과에 영향을 줄 수 있다.

〈대안〉 치료효과 검증을 위해 연구자와 치료자가 독립적이어야 한다. 연구자가 직접 참여하지 않도록 하고, 치료자를 별도로 두어 효과성을 검증한다.

⑥ 평가 도구의 문제

실험 참가자의 처치효과에 대한 검증이 단일한 자기보고식 평정에 기반한다.

〈대안〉 처치효과를 검증하기 위해 표준화된 검사를 실시한다.

07 K-WAIS의 소검사 항목 11가지와 측정 내용을 기술하시오. (11점)

▸ 2020

모범답안

① K-WAIS-Ⅳ의 언어이해 소검사와 측정 내용

구분	소검사	측정 내용
핵심 소검사	공통성	결정적 지능, 논리적이고 추상적인 추론능력, 개념적 사고능력, 언어적 이해능력, 기억력, 연합 및 범주적 사고, 핵심적인 측면과 지엽적인 측면의 변별, 언어능력과 결합된 연상능력 등을 측정한다.
	어휘	언어적 개념형성, 단어 지식, 장기기억, 결정적 지능, 언어발달의 정도, 언어적 이해능력, 축적된 언어학습의 정도, 획득된 사고, 언어적 유창성 등을 측정한다.
	상식	일반적인 사실적 지식의 범위, 장기기억, 실제적 지식에 대한 학습, 파지, 재인능력, 결정적 지능, 언어적 지각능력, 언어적 이해 및 표현능력 등을 측정한다.
보충 소검사	이해	언어적 추론 및 개념화 능력, 언어적 이해와 표현능력, 과거 경험을 활용하고 평가하는 능력, 사회적 판단력, 장기기억, 사회적 환경에 대한 이해력, 사회적 규칙과 규범에 대한 지식 등을 측정한다.

② K-WAIS-Ⅳ의 지각추론 소검사와 측정 내용

구분	소검사	측정 내용
핵심 소검사	토막짜기	추상적인 시각적 자극을 분석하고 통합하는 능력, 비언어적 개념형성과 추론능력, 유동적 지능, 시지각 및 조직화 능력, 동시적 처리능력, 시각-운동 협응능력, 공간적 시각화 능력 등을 측정한다.
	행렬추론	부분과 전체의 관계를 파악하는 능력, 유동적 지능, 동시적 처리능력, 지각적 조직화 능력, 추상적 추론능력, 시공간적 추론능력, 분류와 공간적 능력 등을 측정한다.
	퍼즐	비언어적 추론능력, 추상적인 시각자극을 분석 및 통합하는 능력, 시각적 재인능력, 시공간적 추론능력, 전체를 부분으로 분석하는 능력, 유동적 추론능력, 지속적인 시각적 주의력 및 집중력 등을 측정한다.
보충 소검사	무게비교	비언어적 수학적 추론능력, 양적 및 유추적 추론능력, 시각적 조직화 및 집중력, 귀납적 사고 및 연역적 사고, 지속적 주의력 등을 측정한다.
	빠진 곳 찾기	시지각적 조직화 능력, 시각적 집중력, 시각적 주의, 시각적 재인 및 장기기억, 환경적 세부사항에 대한 인식(현실검증력), 본질과 비본질을 구분하는 능력 등을 측정한다.

③ K-WAIS-Ⅳ의 작업기억 소검사와 측정 내용

구분	소검사	측정 내용
핵심 소검사	숫자	즉각적인 기계적 회상능력, 가역적 사고능력, 인지적 유연성, 집중력과 주의력, 청각적 연속능력, 기계적 학습, 청각적 처리능력, 정보의 변형과 정신적 조작능력 등을 측정한다.
	산수	청각적 기억능력, 정신적 조작능력, 주의력 및 집중력, 단기 및 장기기억, 수리적 추론능력, 순차적 처리능력, 유동적 지능, 논리적 추론능력, 추상화 및 수리적 문제분석력 등을 측정한다.
보충 소검사	순서화	청각적 단기기억, 연속적 처리능력, 주의력 및 집중력, 순차적 처리능력, 정보를 재조직화하는 능력, 기억 폭 등을 측정한다.

④ K-WAIS-IV의 처리속도 소검사와 측정 내용

구분	소검사	측정 내용
핵심 소검사	동형찾기	시각적 단기기억, 시각-운동 협응능력, 인지적 유연성, 시각적 변별력, 정신운동 속도, 정신적 조작속도, 주의력 및 집중력, 정보처리 및 탐색의 속도, 정보의 부호화 능력 등을 측정한다.
	기호쓰기	정신운동 속도, 지시를 따르는 능력, 시각적 단기기억, 시각적 자극에 대한 학습 및 반응 능력, 정신적 전환능력, 지속적 주의력, 연합학습, 시각적 탐색 능력, 시각-운동 협응능력 등을 측정한다.
보충 소검사	지우기	지각적 재인능력, 지각적 변별력, 지각적 주사능력, 주의력 및 집중력, 시각-운동 협응능력, 시각적 선택적 주의력, 반응 억제 및 경계 능력, 지각속도, 과제 처리속도 등을 측정한다.

08 MMPI 재구성 임상척도 중 다른 사람들이 믿을 만하지 못하고, 남을 배려하지 않고 자신만 생각하며, 착취적이라고 생각하는 경우 상승하는 척도를 쓰시오. (3점) ▸ 2020

모범답안

〈냉소적 척도(RC3)〉

- RC3가 높은 사람들은 다른 사람들이 믿을 만하지 못하고, 남을 배려하지 않고 자신만 생각하며, 착취적이라고 생각한다. 타인에 대해 거부적이며 적대감을 드러낸다.
- 타인을 신뢰하는 능력이 부족하기 때문에 대인관계에서 소외감을 경험하기 쉽고, 치료자와 긍정적인 치료동맹을 형성하는 것이 어렵다.
- 인간을 근본적으로 이기적인 존재로 간주하는 경향이 있어서 자신도 타인을 기꺼이 이용하는 양상으로 행동할 수 있다.

학습 Plus 재구성 임상척도

재구성 임상척도(Restructured Clinical Scales)		
RCd	의기소침	자존감이 낮고, 비관적이며, 우울감, 불안감, 신체적 불편감 호소
RC1	신체증상 호소	신체적 건강에 대한 집착, 만성통증, 심리적·대인관계 곤란 시 신체화
RC2	낮은 긍정 정서	불행감, 무력감, 절망감, 동기 저하, 수동적, 고립감, 자살사고 고려
RC3	냉소적 태도	남을 배려하지 않고, 착취적이라고 생각하고, 자신만 생각하고, 거부적
RC4	반사회적 행동	논쟁적이고, 비판적이고, 화를 잘 내며, 반사회적 행동 및 약물남용 문제
RC6	피해의식	타인의 동기 의심, 타인 비난, 사회적 소외감, 망상 혹은 환각
RC7	역기능적 부정 정서	불안, 분노, 공포감과 같은 다양한 부정적 정서 경험, 수동적, 복종적
RC8	기태적 경험	현실검증력 손상, 환각, 망상, 기태적 감각 경험, 분열성 성격 특성
RC9	경조증적 상태	성마름, 고양된 기분 및 활력 수준, 충동통제 곤란, 감각적, 자극 추구

09 사례에서 A군의 지능검사 결과 및 신상정보로 유추 가능한 해석을 쓰시오. (10점)

▸ 2005, 2020

> ○○중학교 1학년에 재학 중인 A군은 부모가 이혼한 상태이다. A군은 어머니와 함께 살고 있으며, 보통 주말이나 방학을 이용하여 아버지와 지내고 있다. A군은 아버지의 말을 잘 따르는 편이고, 자신도 아버지와 함께 시간을 보내는 것을 좋아한다. 그런데 A군은 수업시간에 주의가 산만하고 과제를 제대로 수행하지 않으며, 짜증을 부리는 모습을 보였다.
> A군에 대한 웩슬러 지능검사 결과 언어성 IQ(VIQ)는 114, 동작성 IQ(PIQ)는 133, 전체 IQ(FIQ)는 126을 나타냈다. 특이한 점은 산수에서 7점, 숫자 외우기에서 11점으로 다른 하위 검사에 비해 상대적으로 낮은 점수를 받았다는 것이다.

모범답안

- 동작성 IQ에 비해 언어성 IQ가 낮게 나타나고 있고, 두 영역 간 편차가 19점으로 유의미하게 나타나고 있으며, 전체 IQ 126에 비해서도 언어성 영역은 낮은 점수를 보이고 있어 인지기능의 불균형이 나타나고 있다.
- 동작성 IQ가 높게 나타나고 있고, 아버지와의 관계 태도를 고려해 볼 때 일상에서의 대처능력이나 상황에 대한 판단력이 양호한 것으로 나타난다.
- 언어성 검사의 소검사인 산수, 숫자에서 다른 하위 검사에 비해 상대적으로 낮은 점수를 보인 점을 볼 때, 주의집중력 및 주의지속력의 문제를 검토할 수 있으며, 수업시간에도 주의가 산만하고 과제 수행 곤란 및 짜증을 부리는 행동으로 볼 때 환경 통제가 된 상황 및 일관성 있는 주의가 요구되는 상황하에서는 안정된 주의력과 집중력을 유지하기 어려운 것으로 평가된다.
- 산수 소검사에서 유의미한 저하가 나타나고 있고, 언어성 영역과 동작성 영역 간의 편차가 신경학적 손상을 고려해 볼 수 있는 19점으로 나타나고 있어 수학적 능력의 결함을 초래하는 특정 영역의 문제를 추가적으로 고려해 볼 필요가 있다.
- 과제 압력을 견디지 못하여 쉽게 산만해지고 짜증을 보이는 등의 행동이 나타나고 있어 불안과 관련된 정서적 문제를 검토해 볼 필요가 있다. 특히 산수, 숫자 검사는 불안 관련 수행저하를 초래하는 데 있어 민감하기에 학습 및 가족 환경 변화와 적응 과정에서 오는 불안 및 정서적 자기조절을 돕기 위한 개입이 필요해 보인다.

10 재활과 치료의 의미와 차이를 기술하시오. (6점)

▸ 2004, 2006, 2007, 2020

모범답안

- 치료는 개인의 증상이나 병리를 감소시키는 데 초점을 맞추는 반면, 재활은 부족한 점을 보완하고, 개인의 장점이나 자산을 최대로 개발하여 사회에 잘 적응하도록 하는 것이다.
- 치료는 다양한 인과이론을 기초로 하지만, 재활은 기저의 인과이론을 두지 않는다.
- 치료는 현재 및 앞으로 요구되는 기술과 지원을 평가하지만, 재활은 증상과 가능한 원인을 평가한다.

- 치료는 정신치료, 약물치료 등을 사용하지만 재활은 자원조정, 기술교육 등을 가르친다.
- 치료는 여러 다양한 치료이론에 기반하지만, 재활은 인간자원 개발, 직업재활, 특수 교육 및 학습적 접근 등에 기반한다.
- 치료의 초점은 과거, 현재, 미래이지만, 재활은 현재와 미래에 초점을 둔다.

11 다음 보기에 내담자의 말에 상담자로서 공감적 반응을 쓰시오. (5점)

▸ 2003, 2005, 2012, 2014, 2016, 2020

> **내담자**: "믿을 수가 없어요. 남편이 매일 저녁식사 시간에 맞추어서 귀가하기로 지난주에 여기서 약속했잖아요? 이번 주에 남편이 제시간에 귀가했어요. 이렇게 약속을 잘 지킬 줄 몰랐어요. 정말 놀랐어요!"

모범답안

〈공감적 반응〉

정말 놀라운 일인데요. 저 또한 남편분이 지난주에 한 약속을 한 번에 지켜 주실 줄 몰랐어요. 확실히 이전과는 다른 모습을 보여 주시고 계시네요.

참조

- 공감은 내담자의 감정과 생각에 대한 상담자의 깊은 이해와 더불어 그 사실을 내담자에게 알려 주는 것까지의 과정을 말한다.
- 상담자는 자신에 대한 것이나 자신의 경험과는 분리되어 독립성을 유지하면서 내담자에 대한 어떠한 판단도 포함하지 않고 내담자의 시각과 입장에서 있는 그대로 들을 수 있으며 이해할 수 있어야 한다.

12 인터넷 중독에서 벗어날 수 있도록 추천하는 방법 4가지를 쓰시오. (4점)

▸ 2003, 2006, 2010, 2017, 2020

모범답안

① 컴퓨터를 가족 공동 공간인 거실에 두어 부적절한 사용을 방지한다.
② 컴퓨터 사용시간을 스스로 계획하도록 하여 자기통제능력을 증진한다.
③ 인터넷 게임을 좋아하는 이유를 탐색하여 그 욕구를 전환시켜 주는 대안적 활동을 마련한다.
④ 가족 내에서 긍정적 관계 회복과 관심을 보여 주고, 신뢰와 기대를 가지고 대화를 갖도록 한다.

학습 Plus 인터넷 중독에서 벗어나기 위한 방법

① 컴퓨터는 거실에 두어 부적절한 사용을 방지한다.
② 컴퓨터 사용시간을 스스로 계획하도록 하여 자기통제능력을 증진한다.
③ 인터넷 게임을 좋아하는 이유를 탐색하여 그 욕구를 전환시켜 주는 대안적 활동을 마련한다.
④ 가족 내에서 긍정적 관계 회복과 관심을 보여 주고, 신뢰와 기대를 가지고 대화를 갖도록 한다.
⑤ 학교, 교회, 동아리 활동 등을 통해 사회적 관계를 유지하도록 돕는다.

⑥ 규칙적인 식생활과 건강한 생활을 하도록 개인 내 · 외적 자원을 촉진한다.
⑦ 내담자의 기대나 욕구를 파악하여 실현 가능하도록 현실적이고 구체적인 계획을 수립한다.

13 자극통제 중 행동 강화 시 나타나는 선행자극을 (ㄱ), 행동이 강화되지 않을 때 나타나는 선행자극을 (ㄴ)라고 한다. 빈칸을 작성하시오. (2점)

모범답안

- ㄱ: 강화 자극(stimulus of reinforcement)
  '강화 자극'은 자극-행동 간의 관계에서 특정 반응이 보상받을 것이라는 단서로 작용한다.
- ㄴ: 소거 자극(stimulus for extinction)
  '소거 자극'은 자극-행동 간의 관계에서 특정 반응이 보상받지 않을 것이라는 단서로 작용한다.

학습 Plus 자극통제(stimulus control)

특정 자극의 발생과 뒤이은 반응의 발생 간의 상관의 정도를 말한다. 자극통제란 특정 자극의 발생과 특정 반응의 발생 사이에 강한 상관이 있음을 의미한다.

(예)
- 자동판매기에 돈을 넣고 나서 원하는 음료 버튼을 찾아 특정 버튼을 누른다. 그 버튼의 표식은 '버튼 누르기' 행동에 대한 좋은 자극통제를 갖는다. 즉, 버튼을 누르면 원하는 보상 강화물이 나오는 일련의 관련성을 유발한다.
- 한편, 자동판매기의 고장 표시는 기계에 돈을 넣는 행동으로 이어지지 않는 행동 소거와 연결된 선행자극이 된다.

14 전화로 어떤 여성이 다급한 목소리로 자신이 방금 강간을 당했다고 보고하면서 두려워하고 있다. 상담자로서 취할 조치방법 5가지를 기술하시오. (5점)

▸ 2003, 2017, 2020

모범답안

① 피해자의 안전을 위해 도움을 줄 수 있는 사람에게 연락하고 안전한 장소로 도피시킨다.
② 지역사회 자원을 통해 심리적 · 사회적 · 법률적 지원을 받을 수 있도록 한다.
③ 피해자가 처한 정확한 상황을 파악하여 의료조치가 필요하다면 해당 기관을 통한 의료처치를 받을 수 있도록 한다.
④ 피해자에게 증거를 확보하도록 해당 정보를 제공한다.
⑤ 대면상담을 원할 시 해당 전문가를 통해 필요한 도움을 받을 수 있도록 한다.

15 소크라테스 대화법의 특징 3가지와 구체적인 질문 예시 2가지를 쓰시오. (5점)

▸ 2014, 2017

모범답안

- 소크라테스 대화법의 특징 3가지
  - 치료자가 다양한 질문을 던짐으로써 내담자의 사고를 외현적으로 드러내 보이게 한다.
  - 깊은 수준의 인지적 왜곡(핵심신념)을 파악하는 데 도움이 된다.
  - 질문과 답이 오가는 대화의 과정에서 내담자 스스로 자기신념의 비합리성을 깨닫게 된다.
- 구체적인 질문 예시 2가지
  - 논리적 논박: 그러한 신념이 타당하다는 논리적 근거는 무엇인가?
  - 대안적 논박: 이 상황에서 좀 더 타당한 대안적인 신념은 없는가?

학습 Plus 소크라테스 대화법

- 내담자의 인지적 변화를 촉진하기 위해서 상담자가 주로 질문을 통해 대화하는 방식을 의미한다. 상담자가 내담자에게 해결책을 제시하거나 그들의 사고를 논박하기보다 일련의 신중한 질문을 통해 내담자가 스스로 자신의 해결책을 찾도록 돕는다.
- 소크라테스식 대화는 충고나 지시 대신 적절한 질문을 통해서 내담자가 스스로 자기이해와 통찰을 통해 유익한 결론에 도달하도록 돕는 상호작용 방식이다.

① 소크라테스식 대화의 특징
- 치료자의 다양한 질문을 통해 내담자가 가지고 있던 사고의 비합리성이 외현적으로 드러난다.
- 질문과 답이 오가는 대화의 과정에서 내담자 스스로 자기신념의 비합리성을 깨닫게 된다.
- 치료자의 분석적인 질문을 통해 내담자는 자기신념의 비합리성을 통찰하고, 깊은 수준의 인지적 왜곡(핵심신념)을 파악하는 데 도움이 된다.
- 소크리테스 대화법을 통해 내담자는 스스로 자신을 돕고 문제를 해결할 수 있는 방법을 배울 수 있게 된다.

② 질문 유형과 예시
- 논리적 논박: 그러한 신념이 타당하다는 논리적 근거는 무엇인가? 그렇게 생각하는 것은 논리적 비약이 아닌가?
- 경험적 논박: 그러한 신념이 타당하다는 사실적 또는 경험적 근거는 무엇인가? 그렇게 생각할만한 현실적인 근거가 있는가?
- 실용적/기능적 논박: 그러한 신념은 당신이 추구하는 목적을 달성하는 데 도움이 되는가? 당신의 기분을 좋게 만드는 데 도움이 되는가? 당신의 인간관계를 긍정적으로 만드는 데 어떤 도움이 되는가?
- 철학적 논박: 그러한 신념이 과연 당신을 행복하게 하는가? 당신의 인생에 있어서 어떤 의미를 가지고 있는가?
- 대안적 논박: 이 상황에서 좀 더 타당한 대안적인 신념은 없는가? 당신의 삶을 효과적으로 만드는 합리적 신념은 무엇인가?

16 정신사회재활에서 재활계획의 4단계를 쓰시오. (4점)

▸ 2020

모범답안

① 손상단계
- 손상단계는 심리적 · 생리적 · 해부학적 구조 또는 기능에서 상실이나 이상이 생긴 상태를 말한다.
- 이 단계에서는 약물치료나 정신치료가 사용되며, 손상의 경감에 초점을 두어야 한다.

② 기능결함단계
- 기능결함단계는 환자가 사회적 접촉이 줄어들어 학습할 기회가 부족하고, 배웠던 사회기술마저 잊어버리게 되어 사회적 활동수행능력이 제한된다.
- 이 단계에서는 재활상담이 필요하며, 부족한 기술을 가르치고 훈련하며 이를 위한 환경적인 지원이 따라야 한다.

③ 역할장애단계
- 역할장애단계는 정상인이 해야 할 사회적 역할수행능력이 제한되거나 부족한 상태를 말한다.
- 이 단계에서는 직업재활상담, 역할훈련, 환경지원이 필요하며, 환경적 지지체계에 초점을 둔 개입을 해야 한다.

④ 불이익단계
- 불이익단계는 사회로부터 불이익을 겪게 되는 경우이며 핸디캡 단계라고도 한다. 사회의 낙인, 차별대우, 빈곤문제 때문에 자신의 능력을 사용할 수 있는 기회가 제한된다.
- 이 단계에서는 정신보건 관련 제도를 개선시키고 사회적 편견을 없애며 환자의 권익을 찾도록 노력해야 한다.

17 정신역동치료의 특징 5가지를 쓰시오. (5점)

▸ 2020

모범답안

① 정신분석치료는 감정에 초점을 맞추어 정서를 표현하도록 한다.
② 정신분석치료는 내담자가 회피하고자 하는 고통스러운 생각이나 감정을 탐색한다.
③ 정신분석치료는 반복되는 주제와 양식을 확인한다.
④ 정신분석치료는 내담자의 과거 경험에 대해 논의한다.
⑤ 정신분석치료는 내담자의 대인관계에 초점을 맞춘다.

학습 Plus 정신역동치료의 특징

① 정신분석치료는 감정에 초점을 맞추어 정서를 표현하도록 한다.
상담자는 내담자가 자신이 인식하지 못했던 또는 모순된 감정들을 설명하고 언어로 표현하도록 도우며, 내담자가 인지적인 통찰(intellectual insight)이 아닌 정서적인 통찰(emotional insight)을 하도록 도와 깊은 수준에서의 변화가 일어나도록 돕는다.

② 정신분석치료는 내담자가 회피하고자 하는 고통스러운 생각이나 감정을 탐색한다.
사람들은 의식적으로 또는 무의식적으로 문제가 되는 경험을 회피하려 하는데 이러한 모습은 일상생활에서 상당히 미묘한 형태로 드러난다.

③ 정신분석치료는 반복되는 주제와 양식을 확인한다.
상담자는 내담자의 반복되는 사고와 감정, 자기개념, 대인관계, 삶의 경험 등에 대해 확인하고 탐색한다.

④ 정신분석치료는 내담자의 과거 경험에 대해 논의한다.
내담자의 반복되는 주제와 양식들은 과거 경험, 특히 애착 대상과의 초기 경험과 관련된 것으로서 상담자는 내담자가 이를 인식하도록 돕는다. 과거가 어떻게 현재의 심리적 문제에 영향을 주는지에 초점을 맞추고, 내담자가 현재에 충실하게 살아가고, 과거 경험으로부터 자유롭도록 돕는다.

⑤ 정신분석치료는 내담자의 대인관계에 초점을 맞춘다.
상담자는 내담자의 대인관계 방식과 경험에 초점을 맞추며, 내담자가 자신의 정서적 욕구를 충족하는 데 방해되는 문제적 대인관계 방식을 확인하도록 돕는다.

⑥ 정신분석치료는 치료관계에 초점을 맞춘다.
치료자와 내담자의 관계는 그것 자체로 중요한 대인관계로서 내담자의 반복되는 대인관계 방식에 대해 직접 다룰 수 있는 기회를 제공한다.

⑦ 정신분석치료는 내담자의 심리내적역동을 탐색한다.
상담자는 내담자로 하여금 자신의 욕구, 두려움, 공상, 꿈, 백일몽 등에 대해 자유연상을 하도록 함으로써 자신을 더 깊이 이해하도록 돕는다.

18 다음 신경심리검사들의 인지기능 평가영역을 서술하시오. (3점)

▸ 2015, 2020

- Contrasting Program
- Go-No-Go Test
- Alternating Square & Triangle
- Luria Loop
- Controlled Oral Word Association Test(COWAT)
- Fist-Edge-Palm
- Alternating Hand Movement
- Korean-Color Word Stroop Test

모범답안

- 전두엽 집행기능(실행기능)을 평가하는 검사이다. 집행기능이란 독립적이고 목표 지향적으로 자신의 행동을 조절 · 통제 · 관리해 나가는 능력을 말한다.
- 해당 검사항목은 서울신경심리검사(Seoul Neuropsychological Screening Battery: SNSB) 내에 포함되어 있는 전두엽 집행기능을 측정하는 검사이다.

학습 Plus

<전두엽 집행기능 구성요소>
- 추상적 사고력
- 개념형성 능력
- 추론 및 예측 능력
- 목표설정과 계획 수립능력
- 목표에 맞게 행동을 이행하는 능력
- 인지적 융통성
- 사회적 판단 및 인식능력
- 행위의 시작, 중단, 행동통제
- 충동 및 감정 조절 능력

<서울신경심리검사(Seoul Neuropsychological Screening Battery: SNSB)>
■ 전두엽 집행기능 검사항목 및 측정 내용
- 전두엽 집행기능은 Motor impersistence, Contrasting Program, Go-No-Go, Fist-Edge-Palm, Alternating Hand movement, Alternating Square and Triangle, Luria Loop, Controlled Oral Word Assciation Test(COWAT) 및 Korean-Color Word Stroop Test(K-CWST)로 평가한다.
- 전두엽 집행기능은 Motor impersistence, Contrasting Program, Go-No-Go, Fist-Edge-Palm, Alternating Hand movement, Alternating Square and Triangle, Luria Loop, Controlled Oral Word Assciation Test(COWAT) 및 Korean-Color Word Stroop Test(K-CWST)로 평가한다.
- Motor impersistence는 전두엽 손상 지표 중의 하나인 운동지속불능증을 평가한다.
- Contrasting Program과 Go-No-Go test는 전두엽의 중요한 기능인 mental set-shifting ability와 반응 억제를 평가한다.
- Fist-Edge-Palm나 Alternating Hand Movement test는 motor programming ability와 motor set-shifting ability의 장애를 평가한다.
- Alternating Square and Triangle test와 Luria Loop test는 전두엽 손상 지표 중의 하나인 보속증을 평가한다.
- Controlled Oral Word Association Test(COWAT)는 생성이름대기 능력(언어유창성)을 평가하는 것으로서 사고의 생산성을 평가하며 전두엽 손상 환자들의 탐지와 변별에 유용하다.
- Korean-Color Word Stroop Test(K-CWST)는 전두엽에서 담당하는 주요 인지기능 중의 하나인 억제기능을 평가한다.

19 놀이치료는 놀이가 치료적 가치가 있다. 놀이의 치료적 가치 5가지를 설명하시오. (5점)

▸ 2016, 2020

모범답안

① 저항을 극복하는 데 도움이 되므로 치료적 관계를 형성하는 데 유용하다.
② 의사소통의 매체로서 치료자가 아동을 이해하고 진단하는 데 유용하다.
③ 아동의 불안을 감소시키고 이완하게 함으로써 효과적인 치료를 가능하게 한다.
④ 정화를 통해 심리적 외상을 극복하게 한다.
⑤ 창조적 사고를 통해 참신한 문제해결능력을 발달시킨다.

학습 Plus 놀이의 치료적 가치

① 저항을 극복하는 데 도움이 되므로 치료적 관계를 형성하는 데 유용하다.
② 의사소통의 매체로서 치료자가 아동을 이해하고 진단하는 데 유용하다.
③ 아동의 불안을 감소시키고 이완하게 함으로써 효과적인 치료를 가능하게 한다.
④ 정화를 통해 심리적 외상을 극복하게 한다.
⑤ 창조적 사고를 통해 참신한 문제해결능력을 발달시킨다.
⑥ 유능성을 향한 욕구를 자극하고 실현하게 함으로써 자아존중감을 발달시킨다.
⑦ 역할놀이를 통해 새로운 행동의 연습과 획득이 가능하며 공감능력을 증진시킬 수 있다.
⑧ 은유적 교훈을 통해 통찰에 도움을 줄 수 있다.
⑨ 환상과 상상을 통해 대리적인 욕구충족을 가능하게 한다.
⑩ 애착형성을 촉진하고 관계를 향상시킴으로써 타인과 친밀해지는 능력을 발달시킨다.
⑪ 일상생활에 일반화될 수 있는 사회적 기술을 발달시킬 수 있는 기회를 제공한다.

20 접수면접에서 반드시 포함되어야 할 내용 5가지를 설명하시오. (5점) ▸ 2020

모범답안

- 접수면접(초기면접)은 가장 적절한 치료나 중재 계획을 세우고, 환자의 증상을 더 잘 이해하기 위한 목적에 초점을 둔다.
  ① 기본정보: 내담자 및 면접자 이름, 나이, 직업, 성별, 면접 일시 등
  ② 주된 호소문제: 방문 사유, 상담을 받고자 하는 주된 목적, 현재의 문제 등
  ③ 배경 정보: 성장과정, 가족력, 학교 및 직업 내력, 대인관계, 현재의 생활환경 등
  ④ 의학적 상태: 과거 치료 기록, 병력, 현재의 질병, 약물 치료 등
  ⑤ 정신상태: 사고, 지각, 의사소통 방식, 정서 및 행동 특징 등

07 2020년 제1회 실기복원문제

01 종합심리평가 작성 시 최종보고서에 들어갈 내용 5가지를 쓰시오. (5점)

▸ 2006, 2008, 2010, 2017, 2020

모범답안

① 의뢰사유 및 배경정보
② 실시검사 및 평가절차
③ 행동관찰 및 수검태도
④ 검사결과 및 해석
⑤ 진단적 인상 및 치료적 제언

02 엑스너(Exner) 종합체계방식의 주요 채점 항목 5가지를 쓰시오. (5점)

▸ 2020

모범답안

로르샤흐 검사의 채점과정에서는 각 반응을 검토하여 반응영역, 발달질, 결정인, 형태질, 반응내용, 평범반응, 쌍반응, 조직화 활동, 특수점수에 대한 점수를 부여하고, 이 절차가 완료되면 구조적 요약을 수행한다.

① 반응영역(location)
반응영역이란 특정 반응에 카드 반점의 어느 부분이 사용되었는지를 말한다. 이는 수검자가 자신의 환경에 어떻게 접근하는가(전체적으로 혹은 부분적으로), 그리고 과제에 얼마나 많은 인지적 에너지를 투자하는가를 평가한다.

② 발달질(developmental quality)
발달질은 반응에서 의미있는 조직화 혹은 통합이 일어난 정도를 말한다. 이는 수검자가 정보를 의미 있는 방식으로 분석하고 통합하는 데 얼마나 관심이 있는지를 나타낸다. 지적인 능력이 제한되거나 신경학적 손상이 있는 수검자일수록 더 많은 모호반응을 보인다.

③ 결정인(determination)

결정인이란 수검자의 반응을 이끈 반점의 특징이 무엇인가를 의미한다. 수검자가 반점의 형태에 반응한 것인지, 움직임, 색채, 음영 혹은 대칭에 반응한 것인지를 파악하는 것이다. 수검자의 인지적, 지각적 조직화 및 성격적 특징을 반영한다.

④ 형태질(form quality)

형태질은 수검자가 기술한 대상의 형태와 반응에 사용된 반점 영역이 대상과 부합되는 정도에 대한 평가이다. 형태에 대한 평가는 수검자의 지각적 정확성 및 현실 검증력에 대한 정보를 제공한다.

⑤ 반응내용(content)

반응내용은 반응에 나온 대상이 무엇이며 어떤 종류인지를 말한다. 내용분석은 반응에 관한 좀 더 질적인 평가와 더불어 자기와 타인 지각에 관한 주요한 정보를 제공한다.

학습 Plus 엑스너(Exner) 종합체계 채점 항목

〈반응영역, 발달질, 결정인, 형태질, 반응내용, 평범반응, 조직화 활동, 특수점수, 쌍반응〉

- 평범반응(popular response): 평범반응이란 카드마다 일반적으로 자주 나오는 반응을 말한다. 수검자가 분명한 방식으로 반응할 수 있는지를 평가하며, 수검자의 반응이 평범반응과 같은 내용이더라도 반드시 지각한 위치가 평범반응으로 규명한 위치와 동일해야 한다.
- 조직화 활동(organization activity): 조직화 활동이란 반응에 나타난 형태를 통합하는 데 있어서 자극의 복잡성을 고려할 때 얼마나 조직화된 반응을 하는지 평가하기 위해 가중치를 부여한 점수이다.
- 특수점수(special score): 특이한 언어반응을 포함하여 특이한 반응의 특징을 통해 인지적 역기능을 평가한다. 반응이 얼마나 기이한가에 따라 수준 1반응과 수준 2반응의 두 가지 수준으로 나누어 채점한다.
- 쌍반응(pare response): 쌍반응은 반사반응과 함께 자아중심성 지표를 산출하는데 사용되고, 쌍으로 된 인간운동반응과 동물운동반응의 분석은 대인관계에서 상호작용의 특징에 관한 정보를 제공한다.

03 다음 사례를 읽고 상담자의 명료화와 직면의 반응을 쓰시오. (4점)

▸ 2005, 2009, 2014, 2015, 2016, 2020

내담자: "지난밤 저는 너무 황당한 꿈을 꾸었습니다. 아버지와 함께 숲에서 사냥을 하고 있었는데요. 갑자기 바위 뒤편에서 커다란 물체가 튀어나오는 거예요. 저는 순간 사슴인 줄 알고 너무 놀라서 방아쇠를 당겼어요. 어렴풋이 물체가 쓰러진 듯 보여 두근거리는 마음을 부여잡고 서서히 다가갔어요. 그런데 가까이 가 보니 쓰러진 물체는 사슴이 아닌 아버지였어요. 아버지가 숨을 멈추고 죽어 있는 모습을 보니 너무 황당하고 두려워서 잠에서 깨어났는데 등에서는 식은땀이 줄줄 흐르더라고요.

상담자: (   )

모범답안

- 명료화: 당신은 총에 맞은 물체가 아버지라는 것을 알고 황당하고 두려웠다고 말을 했는데요. 황당하고 두려웠다는 것은 구체적으로 어떤 죄책감이 들었다는 의미인가요?
- 직면: 꿈의 결말은 결국 아버지가 죽어 있었다는 것인데, 평소 아버지를 미워했나요?

참조

- 명료화: 내담자의 말 속에 포함되어 있는 불분명한 내용에 대해 상담자가 그 의미를 분명하게 밝히는 것을 말한다.
- 직면: 내담자가 의식적 · 무의식적으로 피하고 있는 사실에 대해 상담자가 이를 인식시켜 주는 것을 말한다. 이를 통해 자신의 감정이나 욕구를 자각하게 되고 문제를 다른 관점으로도 볼 수 있게 된다.

04 다음 사례를 읽고 A군의 행동이 윤리적으로 타당한지의 여부를 쓰고, 그 이유를 제시하시오. (4점)

▸ 2015, 2020

> 임상심리학 전공 대학원생 A군은 자신이 개발한 새로운 치료기법을 상담에 적용하고자 하였다. 평소 자신에게 호감을 갖고 있던 한 여학생이 교내 상담센터에 신청을 하자 A군은 자신이 상담을 맡겠다고 하였다.

모범답안

- 상담가의 윤리원칙에 위배된다.
- 유능성 문제: 상담자는 내담자가 어려움을 해결할 수 있도록 전문적인 도움을 주어야 하므로 상담사로서의 능력을 갖추고 있어야 한다. 유능성을 위해서는 전문적인 교육과 훈련, 임상경험을 충분히 갖추어야 하지만, A군은 대학원생으로서 전문적 능력과 자격을 갖추었다고 보기 어렵다.
- 이중관계 문제: 상담자는 내담자와의 상담관계에 영향을 줄 수 있는 이중관계는 피해야 한다. 상담자가 내담자에게 평소 호감을 갖고 있었고 동급생인 여학생과 상담자–내담자 관계를 갖는 경우에 이러한 관계가 상담 과정과 성과에 영향을 줄 수 있다.

05 다음 사례에서 내담자는 상담의 효과에 대한 의문과 회의를 표명하였다. 이와 같은 경우에 상담자는 어떻게 반응해야 하며, 그러한 반응의 근거는 무엇인지 설명하시오. (4점)

▸ 2003, 2006, 2016, 2020

> 내담자: 선생님, 저는 솔직히 확신이 서지 않습니다. 상담받고 나면 과연 좋아질까요?
> 상담자: 그렇게 말씀하시니 다행이군요. 솔직하게 이야기한다는 것 자체가 쉽지 않거든요.
> 내담자: 오해는 마세요. 선생님을 믿지 못해서가 아니에요. 단지, 상담을 받아도 나아지지 않는다면 어떻게 해야 할지 불안해서요.
> 상담자: (   )

모범답안

① 상담자 반응

"상담 초기에는 누구나 긴장하고 불안해 합니다. 더욱이 자신의 속내를 다른 누군가에게 털어놓을 때에는 그만큼 주저하게 되고, 과연 문제가 해결될지 걱정하게 되지요. 그러한 감정은 자연스러운 것입니다. 중요한 점은 ○○○님이 자신의 현재 감정을 솔직히 이야기하고 있다는 점이에요. 그 점에 있어서 저는 ○○○님과의 상담이 더욱 원활하게 진행될 수 있으리라 봅니다. 저도 ○○○님과 함께 문제에 대해 고민하고 해결책을 찾을 수 있도록 노력하겠습니다."

② 반응의 근거

- 상담 초기 상담관계의 형성: 상담 초기에 상담자는 내담자와 신뢰로운 관계를 형성할 수 있어야 한다. 이는 상담 초기에 보이는 불안을 덜 수 있도록 내담자를 돕고 동기부여 및 협력적 관계 형성을 촉진한다.
- 관심 기울이기와 경청: 내담자의 말에 따뜻한 태도로 관심을 기울이고 내담자의 이야기를 주의 깊게 정성 들여 듣는다. 이는 내담자가 자신이 존중받고 있다는 느낌을 들게 한다.
- 공감적 반응: 내담자의 감정이나 생각에 대해 상담자가 깊은 이해와 더불어 그 사실을 내담자에게 전달하는 것을 말한다. 이는 내담자로 하여금 자신의 감정이 잘 이해되고 있음을 알게 하고 상담 진행 과정 동안 내담자의 자기표현을 촉진하도록 돕는다.

06 MMPI 6번 척도의 T점수가 72점 이상일 때, 임상적 해석 5가지를 쓰시오. (5점)

▶ 2003, 2005, 2020

모범답안

〈척도 6번: 편집증〉

① 피해망상, 과대망상, 관계 사고 등과 같은 정신병적 증상을 보일 수 있다.

② 자신이 타인들로부터 정당한 대우를 받고 있지 못하다고 느끼며 분개하거나 원한을 품을 수 있다.

③ 방어기제로 투사를 주로 사용하여 자신의 문제를 인정하기보다는 타인의 탓으로 돌린다.

④ 타인이 악의적인 의도를 가지고 있다고 생각하여 과도하게 경계하고 의심한다.

⑤ 감정적 문제에 대해 이야기하려 하지 않으며 합리화를 잘한다.

- 정신과 환자들 중에서는 조현병이나 편집장애 진단을 받는 경우가 가장 흔하며, 일반적으로 과거에 입원치료를 받은 내력이 있는 경우가 많다.

07 MMPI 타당도 척도의 L, K 척도는 30이고, F 척도는 70일 때 환자의 심리상태 2가지를 쓰시오. (4점)

▸ 2015, 2020

모범답안

① 자신의 신체적 및 정서적 곤란을 인정하고 있고 해당 문제에 대한 도움을 요청하며, 이를 해결할 수 있는 자신의 능력에 대하여 자신이 없는 상태이다.

② 자신의 문제에 대한 빠른 도움을 얻고자 증상을 과장하거나 혹은 정신적 장애가 있는 것처럼 위장하는 것으로 볼 수 있다.

08 다음은 슈퍼비전의 기능에 대한 설명이다. 어떤 기능인지 쓰시오. (4점)

▸ 2020

1) 업무에 필요한 지식과 기술을 제공: (　　　　　　)
2) 업무를 수행하는 데 있어 심리적 만족감을 제공: (　　　　　　)

모범답안

• 슈퍼비전의 기능

1) 교육적 기능: 효과적인 직무수행을 위해 필요한 지식과 기술을 제공하고 전문적 자아발달을 도모하는 것이다. 즉, 전문적 능력향상을 통해 상담사의 업무능력을 개선하고, 전문직업적 정체성을 확립하도록 돕는다.
2) 지지적 기능: 상담사가 능률적으로 업무를 수행할 수 있도록 심리적 자원을 제공하는 것이다. 즉, 실무수행을 방해하는 스트레스 감소, 사기진작을 통한 업무수행 동기를 증대시켜 직무만족도를 높이는 것을 의미한다.

학습 Plus 슈퍼비전의 기능(Kadushin, 1985)

• 교육적 기능: 효과적인 직무수행을 위해 필요한 지식과 기술을 제공하고 전문적 자아발달을 도모하는 것이다. 전문적 능력향상을 통해 상담사의 업무능력을 개선하고, 전문직업적 정체성을 확립하도록 돕는다.
• 지지적 기능: 상담사가 능률적으로 업무를 수행할 수 있도록 심리적 자원을 제공하는 것이다. 즉, 실무수행을 방해하는 스트레스 감소, 사기진작을 통한 업무수행 동기를 증대시켜 직무만족도를 높이는 것을 의미한다.
• 행정적 기능: 직무를 효과적으로 수행할 수 있도록 환경을 구조화하고 필요한 자원을 제공한다. 즉, 내담자를 돕는 과정에서 윤리적 · 전문적인 서비스 체계에 따라 상담사가 효율적으로 자원을 활용할 수 있도록 돕고 필요한 지식과 기술을 적용할 수 있도록 조력한다.

09 오염에 대한 반복적인 손 씻기를 하는 환자의 경우 장애 진단명, 치료기법 및 효과적인 치료과정 4단계를 기술하시오. (10점)

▸ 2011, 2017, 2020

모범답안

1) 진단명: 강박장애(obsessive compulsive disorder)

2) 치료기법: 노출 및 반응 방지법(Exposure and Response Prevention: ERP)

3) 치료과정

① 환자로 하여금 힘들게 하는 자극의 위계를 정해 불안의 정도에 따라 평정하게 한다.

② 환자를 상상이든 직접적이든 반복적으로 불안과 고통을 유발하는 자극 상황에 노출한 다음에는 의례적인 강박 행동을 금지시킨다.

③ 반응을 금지한 상태에서 강박적인 사고가 유발한 고통이나 불안이 감소하고 사라질 때까지 지켜보게 한다.

④ 점차 불안이 완화되어 문제행동을 하지 않아도 불안을 느끼지 않는 상태가 되며 강박행동을 하지 않아도 두려워하는 결과가 발생하지 않는다는 것을 학습하게 된다.

10 아동평가에 특정한 문제영역이 아닌 전반적인 광범위한 문제영역을 보호자의 보고에 의해 평가할 수 있는 평가척도 2가지를 쓰시오. (4점)

▸ 2012, 2017, 2020

모범답안

① 한국 아동 · 청소년 행동평가척도(KOREAN-CHILD BEHAVIOR CHECKLIST: K-CBCL)
- 아동 · 청소년기의 사회적 적응 및 정서 · 행동 문제를 평가한다.
- 만 4~17세 아동의 보호자를 대상으로 실시하며, 소요시간은 평균 15~20분으로, 크게 사회능력 척도와 문제행동증후군 척도로 구성된다.

② 한국 아동인성평정척도(KOREAN Personality Rating scale for Children: KPRC)
- 아동의 심리적 장애나 정신과적 문제를 선별, 진단 평가한다.
- 만 3~17세 아동의 보호자를 대상으로 총 50분간 실시하며, 아동의 다양한 환경 안에서의 일반적이지 않은 행동들과 정서적으로 불안정하거나 침체된 정신과적 문제 등을 측정하고 정서적 특성들을 평가한다.

11 프로차스카(Prochaska)의 행동변화 6단계를 쓰시오. (6점)

▸ 2020

모범답안

- 프로차스카 등에 의해 개발된 초이론적 변화단계 모델에서는 사람들이 행동변화 과정을 밟아 가는 일련의 단계들을 소개하는데, 이러한 변화단계는 동기면담을 적용 · 활용할 수 있는 한 가지 틀의 역할을 한다.
- 변화단계는 한 번에 한 단계씩 이동하므로 면담자는 내담자의 변화단계에 맞추어 인내심을 갖고 내

담자의 변화속도에 맞추어 진행한다.

① 인식전단계(precontemplation)
내담자는 아직 변화에 대해 생각하지 않는다. 변화하고자 하는 마음이 없고 자신의 행동 패턴이 문제이고 위험할 수 있다는 사실을 믿지 않는다.

② 인식단계(contemplation)
내담자는 중독 문제에 대한 염려가 있음을 인정하고 변화의 가능성을 생각하기는 한다. 그러나 양가감정을 지니고 있으며 변화를 확신하지 않는다.

③ 준비단계(preparation)
내담자는 가까운 미래에 변화하려 하는 마음을 굳건히 하고 변화계획을 세운다. 하지만 여전히 무엇을 해야 할지 생각 중이다.

④ 행동실천단계(action)
내담자는 적극적으로 변화를 보이고 있다. 이 단계 내담자들은 자신의 습관과 환경을 적극적으로 바꾼다. 그러나 안정상태는 아직 도달하지 않았다.

⑤ 유지단계(maintenance)
내담자는 중독행동 중단과 같은 초기 목표들을 달성하였다. 그리고 그 이득을 유지하려고 노력하는 중이다. 내담자들은 중독행동을 초래할 수 있는 위험한 유발상황들을 알아차리는 방법과 이러한 상황에서 자신을 보호하는 방법들을 배운다.

⑥ 재발(relapse)
내담자는 증상 재발을 경험했고 이제 결과에 대처해야 하며 앞으로 무엇을 해야 할지 결정해야 한다. 어떤 목표들이 비현실적인지 어떤 전략들이 비효과적인지 어떤 환경들이 효과적 변화를 일으키지 않는지 배우게 된다.

학습 Plus 변화동기를 위한 과제

변화단계	면담자의 과제
인식 전	의구심 제기하기, 현재 행동의 위험과 문제에 대한 내담자의 지각 증진시키기
인식	결정저울, 변화의 이유 유발하기, 변화하지 않을 때의 위험 유발하기, 행동변화를 위한 내담자의 자기효능감 견고히 하기
준비	변화에 적합한 행동 실천 과정을 결정하도록 내담자 돕기, 행동변화 계획 세우기
행동실천	계획을 실행하도록 돕기, 기술 활용하기, 문제해결하기, 자기효능감 지지하기
유지	재발을 파악하도록 돕기, 재발을 예방하기 위한 전략들을 활용하도록 돕기, 관련 문제들 해결하기
재발	재발로 인해 정체되지 않도록 지지하기, 재발 비난하지 않기

12 벡(Beck)의 인지치료의 핵심과제로서 자기점검은 5개의 칼럼으로 구성된 사고기록지를 통해 가능하다. 벡(Beck)과 그의 동료들이 제안하여 널리 사용되고 있는 사고기록지의 5개 칼럼 내용을 쓰시오. (5점)

▸ 2013, 2020

모범답안

사고기록지는 내담자가 우울한 기분을 느낄 때, 그들의 자동적 사고를 평가하는 것을 촉진시키는 작업기록지이다. 작업지를 통해 생각을 정리하고 보다 나은 대응을 할 수 있게 된다.

① 상황: 정서적 고통을 느낄 때 경험한 내용들에 대해 기술한다. 기분 나쁜 감정을 일으키게 한 일이나 생각 또는 상황을 기술한다.

② 정서: 기술한 상황에서 발생한(슬픔, 불안, 분노 등) 감정에 대해 기록한다. 또한 경험한 감정의 정도를 1~100%로 평가한다.

③ 자동적 사고: 이전 칼럼에서 보고했던 감정과 연관되어 마음속에 떠오르는 생각들을 기록한다. 또한 이 생각들에 대한 믿음을 1~100%로 평가한다.

④ 적응적 사고: 자동적 사고에 대응하는 생각들을 기록한다. 이 생각들은 구체적이면서도 자동적 사고의 내용을 반론하는 증거를 담고 있거나 대안을 제시해야 한다. 이 적응적 사고에 대한 믿음도 1~100%로 평가한다.

⑤ 결과: 실행의 결과를 쓰고 감정과 사고들을 다시 평가한다. 실행의 결과로 일어난 변화를 기록한다.

〈사고기록지의 예〉

날짜/시간	상황	정서 (0~100%)	자동적 사고 (0~100%)	적응적 사고 (0~100%)	결과
11/10 오후 5:15	퇴근길에 직장에서 잊어버리고 하지 않은 일이 생각났다.	불안(90%) 두려움(95%)	그 일을 끝내지 못하면 나를 해고할지도 몰라(95%)	늘 일을 신속하게 처리한다고 상사는 나를 좋게 평가하고 있다(90%)	불안 40%로 감소 두려움은 50%로 감소 새로운 감정: 편안함 60% 자신감 55%

13 병원의 정신과나 심리상담센터에서 환자를 평가하기 위해 면담할 때 일반적으로 유의해야 할 사항 2가지를 서술하시오. (4점)

▸ 2015, 2020

모범답안

① 내담자와 안정적이고 협력적인 관계를 형성한다.

- 초기 면담 상황에서 라포 형성이 잘 이루어진다면 내담자는 면담가와의 관계에서 안정감을 느끼고 방어나 왜곡을 최소화하여 자신이 겪고 있는 감정이나 문제를 솔직하고 자유롭게 표현할 수 있다.
- 좋은 치료적 관계는 타당하고 신뢰할 수 있는 정보를 획득하고 효과적인 개입을 제공하는 데 필수적인 조건이라고 할 수 있다.

② 내담자 이해를 위한 객관적이고 정확한 정보를 수집한다.

- 내담자 문제를 이해하고 문제의 가설을 수립하기 위해 중요한 정보를 수집한다. 정보수집 시에는 내담자 외에도 가능한 한 다양한 출처로부터 정보를 수집해 자료의 객관성과 타당성을 수립한다.
- 일반적인 표준자료로서 신상정보, 주 호소문제, 증상의 목록, 가족배경, 의학적 배경, 발달력, 성장내력, 외상내력 및 치료내력 등에 대한 정보가 요구된다.

14 만성정신질환을 가지고 있는 환자의 치료 및 재활을 위한 가족구성원의 올바른 태도와 피해야 할 태도를 각각 3가지씩 쓰시오. (10점)

▸ 2005, 2014, 2020

모범답안

- 올바른 태도
  - 환자의 증상을 이해하고 약물관리를 포함한 적절한 증상관리(운동, 취미, 여가활동 등)를 돕는다.
  - 환자에 대한 기대를 현실적으로 전환하고 지속적인 치료와 재활을 유지하기 위해 조력한다.
  - 가족구성원은 상호 신뢰하고 존중하며, 긍정적이고 지지적인 환경을 만들도록 한다.
  - 환자를 포함한 모든 가족이 참여하여 일상을 유지하고 회복하도록 하며 자신의 행동에 책임을 질 수 있도록 한다.
  - 가족 자신의 욕구를 돌보고 가족구성원 스스로 스트레스를 잘 해결하도록 한다.
- 피해야 할 태도
  - 환자의 모든 행동을 병과 관련지어 말하거나 다른 사람과 비교하며 비난하지 않도록 한다.
  - 환자의 증상 호전에 대해 성급한 기대를 갖지 않도록 한다.
  - 가족이 환자를 위해 모든 것을 희생하는 태도를 보이지 않도록 한다.
  - 환자가 보이는 작은 변화라도 격려하고 이를 당연시하지 않는다.
  - 가족 내에서 환자가 소외되거나 고립되지 않도록 하고 일상적 기능이 제한되지 않도록 한다.

15 재활치료를 받고 있는 정신과 환자의 교육방법 중 2가지를 쓰시오. (4점)

▸ 2020

모범답안

① 사회기술훈련

사회기술훈련은 의사소통을 통해 대인관계의 효율성을 향상시키는 데 필요한 사회적 기술을 훈련하는 과정을 말한다. 가족이나 다른 사람들과의 대인관계에서 어려움이 많은 환자에게 갈등이나 긴장을 해결하기 위한 효과적인 방법을 제공한다.

② 직업재활교육

정신장애인의 직업재활교육은 구체적이고 체계적인 직업을 갖게 하여 일을 통한 사회적 역할을 지속적으로 수행할 수 있도록 돕는 데 있다.

학습 Plus 정신사회재활교육

- 사회기술훈련
  - 사회기술훈련은 의사소통을 통해 대인관계의 효율성을 향상시키는 데 필요한 사회적 기술을 훈련하는 과정을 말한다.
  - 가족이나 다른 사람들과의 대인관계에서 어려움이 많은 환자에게 갈등이나 긴장을 해결하기 위한 효과적인 방법을 제공한다.
- 환자교육
  - 증상관리교육: 환자에게 증상을 최소화시킬 수 있는 실제적인 자기관리 방법을 교육시켜서 재발과 재입원을 막도록 돕는다.
  - 약물교육: 환자가 약물에 대한 올바른 지식과 적절한 투약방법을 이해하여 약의 복용과 약의 부작용을 스스로 관리함으로써 증상의 안정된 상태를 유지하고 재발을 예방하는 데 목적이 있다.
- 가족교육

  가족에게 환자가 앓고 있는 질병 및 가족 지원 방법에 대해 교육을 실시하여 환자의 회복을 돕는 데 목적이 있다.
- 직업재활교육

  정신장애인의 직업재활교육은 구체적이고 체계적인 직업을 갖게 하여 일을 통한 사회적 역할을 지속적으로 수행할 수 있도록 돕는 데 있다.

16 MMPI에서 4-9/9-4번 척도 상승의 코드유형 해석 5가지를 쓰시오. (5점)

▸ 2006, 2008, 2011, 2015, 2017, 2020

모범답안

〈척도 4번: 반사회성/척도 9번: 경조증〉
- 사회적 기준이나 가치를 무시함.
- 자기중심적이고 충동적인 행동을 보임.
- 판단력 저하, 경험을 통해 배우지 못함.
- 자신의 실패나 단점을 합리화하고 문제의 원인을 외부 귀인함.
- 피상적 인간관계로 인한 깊은 정서적 유대관계 형성이 곤란함.

17 웩슬러 지능검사 결과를 보고 환자의 특징에 대해 쓰시오. (3점)

▸ 2020

> 내담자의 지능검사 결과, 바꿔쓰기, 공통성, 차례맞추기, 토막짜기, 숫자 등은 낮은 점수를 보이고 언어성 지능이 동작성 지능보다 높음

모범답안

• 우울증
 – 언어성 지능이 동작성 지능에 비해 높은 경향을 보인다. 축적된 경험과 지식이 적절하나 예기치 않거나 새로운 상황에 대한 즉각적인 문제해결능력이 낮고 순발력있게 대응하는 데 어려움을 보일 수 있다.
 – 주의집중력 문제로 인해 바꿔쓰기, 숫자 점수에서 낮은 수행을 보인다.
 – 시간적 압력하에 작업하는 능력이 낮고 전반적으로 느린 반응 경향성으로 인해 토막짜기, 바꿔쓰기 수행이 저하된다.
 – 언어적 개념화나 언어적 이해력을 보는 검사 중 공통성 점수가 낮다. 고차적 개념화나 추상적 사고능력이 약화되어 단순하게 반응하거나 쉽게 포기하는 경향을 보인다.
 – 사회적 상황에 대한 객관적인 이해능력과 판단력이 낮아지고, 피상적 수준의 판단력 유지는 가능하나 전체 상황을 파악하고 예견하는 데 어려움이 있다.

18 기능성 기억장애와 기질성 기억장애의 예를 1가지씩 쓰고 차이점을 설명하시오. (4점)

▸ 2007, 2009, 2017, 2020

모범답안

① 기능성 기억장애(functional amnesia)
 • 기억상실증의 원인이 심인성(psychological reasons)으로 오는 경우로 정신적으로 충격적인 사건을 겪은 후 기억 재생에 장애가 있는 것을 말한다. 이는 하나의 사건뿐만 아니라 과거의 일정기간에 대한 기억까지도 상실되는 경우가 있다.
 (예) 해리성 기억상실증
 • 심한 스트레스나 충격이 있은 후에 중요한 개인적인 경험을 기억하지 못하는 것으로, 쉽게 기억해야 할 자전적 정보를 회상하는 능력이 상실된다.
 • 외상과 관련된 주요 개인적 정보를 회상하지 못하지만 기본적인 인지기능이나 비개인적인 정보의 기억은 유지된다.

② 기질성 기억장애(organic amnesia)
뇌의 특정 기능의 장애로 오는 기억장애를 말한다. 주로 종양, 중풍, 뇌출혈, 두부 손상, 노인성 치매와 같은 퇴행성 질환으로 오게 된다.
(예) 퇴행성 기억상실증
 • 과거 사건을 기억하는 데 어려움을 보이는 것으로, 가장 큰 특징은 오래전 어린 시절의 일들은 비교적 상세히 기억하나 최근 수년 사이에 일어난 개인적 · 사회적 사건들을 기억하는 데 어려움을 보이게 된다.
 • 기질성인 경우에는 개인의 사회적 및 직업적 기능에 현저한 지장을 초래할 정도의 기억장애가 있는 경우가 많다.

19 상담 종결 시 다루어야 하는 사항에 대해 5가지를 서술하시오. (5점)

▸ 2013, 2014, 2017, 2020

모범답안

① 종결 시 이별의 감정 다루기
상담은 상담자와 내담자의 특별한 만남 속에서 이루어지는 관계이기에 내담자는 상담의 종결로 인한 이별이 힘들고 어려울 수 있다. 상담가는 이런 이별의 감정을 다루어 나가면서 내담자 스스로 설 수 있도록 지지해야 한다.

② 상담성과에 대한 평가하기
상담자는 내담자와 상담과정을 통해 변화하고 성장한 것은 무엇인지, 상담을 통해 해결하지 못한 것은 무엇인지를 탐색해 보아야 한다.

③ 문제해결능력 유지하기
현실 속에서 문제에 부딪혔을 때 상담을 통해 습득한 문제해결 방법을 효과적으로 적용해 나갈 수 있도록 한다. 특히 상담실 밖의 생활에서 상담 성과가 유지되기 위해 필요한 노력을 구체화한다.

④ 재발가능성에 대해 안내하기
재발가능성에 대해 안내하고, 내담자에게 증상이 재발되었을 때 상담에서 배운 지혜를 활용하여 문제를 스스로 극복할 수 있도록 준비시킨다.

⑤ 추수상담에 관해 논의하기
상담을 종결한 후에 필요한 경우 언제든지 다시 상담할 수 있음을 알려 주어 내담자에게 심리적 안정감을 주도록 한다. 상담 종결 후에도 추수상담을 통해 내담자의 행동변화를 지속적으로 점검하고, 내담자의 부족한 점을 보완할 수 있도록 한다.

20 상담장면에서 '좋은 경청자' '생산적 경청자'가 보이는 구체적 태도를 5가지 쓰시오. (5점)

▸ 2003, 2006, 2015, 2020

모범답안

① 내담자의 언어적 메시지를 잘 듣는다. 언어적 메시지에는 내담자가 한 말의 내용은 물론 내담자의 경험, 행동, 감정, 정서 등에 주의를 기울인다.

② 내담자의 비언어적 메시지를 잘 관찰하며 듣는다. 비언어적 메시지에는 얼굴 표정, 몸의 움직임, 목소리의 높낮이나 억양 등이 포함된다.

③ 내담자가 설명하는 상황의 맥락을 잘 듣는다. 상담자는 내담자가 처한 상황 및 맥락 안에서 내담자를 이해해야 한다.

④ 내담자의 이야기를 객관적으로 듣는다. 이는 내담자 개인의 관점이나 경향, 자기 자신과 세상에 대한 왜곡된 인식 등을 잘 구분하며 들어야 한다는 것을 의미한다.

⑤ 내담자가 자신에 대해 충분하게 이야기할 수 있도록 개방적이고 비판단적인 태도로 주의를 기울인다.

08 2019년 제3회 실기복원문제

01 얄롬(Yalom)의 집단상담의 치료적 요인 5가지를 쓰시오. (5점)

▸ 2009, 2012, 2013, 2014, 2017, 2018, 2019

모범답안

① 보편성: 참여자 자신만 심각한 문제와 증상을 가진 것이 아니라 다른 사람들도 자기와 비슷한 갈등과 어려움, 문제를 가지고 있다는 것을 알고 위로를 받는다.
② 이타심: 집단성원들은 서로 위로와 격려, 지지, 제안 등을 통해 서로 도움을 주고받는다.
③ 모방행동: 집단상담자와 집단성원들은 새로운 행동을 배우는 데 있어 좋은 모델이 될 수 있다.
④ 집단응집력: 집단 내에서 자신이 인정받고 수용된다는 소속감은 그 자체로 집단성원의 긍정적인 변화에 영향을 미친다.
⑤ 실존적 요인들: 집단성원과 경험을 공유함으로써 자신의 인생(삶)에 대한 궁극적인 책임은 자신에게 있다는 것을 배운다.

학습 Plus 얄롬(Yalom)의 집단상담 치료요인 11가지

- 희망감 고취: 내담자가 자신의 삶에 대해 희망의 느낌을 갖는다.
- 보편성: 다른 사람들도 유사한 걱정거리를 갖는다는 것을 깨닫는다.
- 정보 공유: 집단 논의를 통해 건강한 삶에 대한 정보를 획득한다.
- 이타심: 집단구성원과 경험 및 생각을 공유하며 서로 도움을 주고받는다.
- 일차가족집단의 교정적 개괄: 초기 아동기 경험과 유사한 역동성을 경험할 기회를 갖는다.
- 사회화 기술의 개발: 기본적인 사회적 기술을 학습한다.
- 모방행동: 다른 집단구성원의 긍정적 행동을 모델로 삼아 학습한다.
- 대인관계 학습: 다른 집단구성원들과의 상호작용을 통해 대인관계 기술을 학습한다.
- 집단응집력: 집단구성원들 간의 소속감이 긍정적인 치료적 요인으로 작용한다.
- 감정 정화: 집단상담 이전에는 표현하지 못했던 감정을 표현하며 정화적 경험을 갖는다.
- 실존적 요인들: 집단구성원은 자신의 삶에 대한 책임을 수용한다.

02 웩슬러(Wechsler)가 정의한 지능의 개념을 쓰고, 유동성 지능과 결정성 지능의 특징을 각각 2가지씩 기술하시오. (6점)

▸ 2004, 2010, 2015, 2019

모범답안

- 웩슬러의 지능의 정의
  웩슬러는 지능을 '개인이 목적 달성을 위해 행동하고 합리적으로 사고하고 환경을 효율적으로 처리하는 전체적인 능력'이라고 정의하였다.
- 유동성 지능(fluid intelligence)
  - 선천적으로 주어지는 능력으로, 중추신경계의 성숙에 의해 비례하여 발달하거나 쇠퇴하는 특성이 있다.
  - 기계적 암기, 속도, 지각능력, 일반적 추론능력과 같이 새로운 상황에서의 문제해결능력과 관련된다.
- 결정성 지능(crystallized intelligence)
  - 환경이나 경험, 문화적 영향에 의해서 발달되는 지능으로, 유동지능을 바탕으로 후천적으로 발달한다.
  - 언어이해력, 논리적 추리력, 상식 등이 이에 속한다.

03 현 병력을 기술하는 데 있어서 포함되어야 할 사항 5가지를 쓰시오. (5점)

▸ 2008, 2012, 2016, 2019

모범답안

① 문제의 발생시기
② 문제의 발생상황
③ 문제의 발현양상으로서 증상에 대한 기술(증상의 정도, 양상, 경과 등)
④ 치료경력 혹은 증상에 대한 대응 노력
⑤ 현 증세에 대한 환자의 심리 및 생활상의 변화

04 투사적 검사의 장점과 단점을 각각 3가지씩 기술하시오. (6점)

▸ 2019

모범답안

① 투사적 검사의 장점
- 검사반응이 독특하다.
  투사적 검사는 객관적 검사와는 다르게 개인의 독특한 반응을 나타나게 해 준다는 점에서 개인을 이해하는 데 유용하다.
- 방어가 어렵다.
  투사적 검사는 모호하고 생소하고 불분명한 자극을 제시하므로 수검자가 그에 대해 적절한 방어를 하기가 어렵다. 객관적 검사와 비교해 보면, 수검자는 객관적 검사의 문항을 읽으면서 그 내용을 이해할 수 있고 그에 따라 방어적으로 응답할 수 있지만, 투수적 검사에서는 자신의 의도에 맞추어 방어적으로 응답하기가 어렵다.

• 검사의 반응이 풍부하다.
투사적 검사는 검사자극이 모호하고 검사지시가 일정한 응답방식을 요구하지 않으므로 독특하고 다양하고 풍부한 내용의 반응이 드러나기 쉽다는 점에서 개인의 심리적 특성을 잘 반영해 줄 수 있다.

② 투사적 검사의 단점

• 투사적 검사는 신뢰도가 낮다.
검사 반응의 일관성이 결여되어 있다는 투사적 검사의 특징에 기인한다. 특히 투사적 검사의 반응이 개인의 지속적인 특성을 반영하는 것이 아니라 정서적 상태나 심리적 상태를 반영하는 경우 반응의 일관성이 부족하게 되고, 이로 인해 투사적 검사의 신뢰도가 저하되는 경향이 있다.

• 투사적 검사는 타당성 문제가 있다.
투사적 검사 해석의 근거가 과학적으로 충분히 검증되지 않았다는 점으로 인해 타당도 측면에서 해석에 필요한 근거를 충분히 마련할 필요가 있다.

• 검사반응이 상황에 따라 영향을 받는다.
검사자의 성, 태도, 수검자에 대한 선입견 등이 검사반응에 영향을 미침으로써 수검자의 특성 외 검사시행의 상황적 조건이 영향을 미칠 수 있다.

학습 Plus 투사적 검사와 객관적 검사의 장점과 단점

투사적 검사		객관적 검사	
장점	단점	장점	단점
– 검사반응이 독특하다. – 방어가 어렵다. – 검사의 반응이 풍부하다. – 개인의 무의식적 내용이 반영된다.	– 신뢰도가 낮다. – 타당성 문제가 있다. – 검사반응이 상황에 따라 영향을 받는다.	– 검사 실시가 간편하다. – 신뢰도가 검증되어 있다. – 객관성이 보장되어 있다.	– 사회적 바람직성의 영향을 받는다. – 반응 경향성이 나타날 수 있다. – 문항 내용이 제한되어 있다.

05 행동치료 방법 중 용암법(fading)과 조형법(shaping)을 설명하시오. (4점) ▸ 2019

모범답안

• 용암법(fading)
– 반응을 통제하는 선행자극을 점진적으로 변화시켜 결국 반응이 부분적으로 변화되거나 온전히 반응이 일어나도록 하는 것이다.
– 용암법은 한 사람이 다른 사람에게 어떤 행동을 가르치는 여러 일상적인 상황에서 나타나며, 도움이나 촉진을 점차 줄여 나가면서 결국 혼자서 문제를 해결할 수 있도록 이끈다.

(예) 부모가 아이에게 걷거나 자전거 타는 것을 가르칠 때 도와주고 붙들어 주는 것을 서서히 약화시킴.

(예) 댄스 강사는 새로운 스텝을 지도하는 동안 처음에는 손을 강하게 붙잡고 이끌어 주면서 스텝을 익히도록 한 후에 점차 손의 압력을 약하게 함.

- 조형법(shaping)
  - 최종 목표 반응과 조금이라도 비슷한 반응이 나타나면 강화를 시작하여 반응 빈도수가 많아졌을 때 그에 대한 강화를 중단하고, 최종 목표반응에 좀 더 근접한 반응을 강화하기 시작한다.
  - 목표행동에 좀 더 가깝게 근접하는 행동을 연속적으로 강화하면서 그 전의 행동은 소거하고 새로운 행동을 발달시키는 방법이다.

  (예) 아이에게 말을 가르칠 때, 아이의 옹알이 행동이 강화됨.
  이후 '마'와 '바'라는 소리에 강화를 받음.
  ⇨ 다음 단계에서 '음–마' 와 '빠–빠'로 발전해서 강화를 받음('마'와 '바'는 소거됨).
  ⇨ 다음 단계에서 '엄마'와 '아빠'로 말해야 강화를 받고, '음–마'와 '빠–빠'는 소거됨.

06 MMPI의 과장된 보고에 상승하는 척도 3가지를 쓰고, 각각에 대하여 설명하시오. (6점)

▸ 2019

모범답안

1) 과장된 보고를 탐지하는 척도
비전형 척도(F), 비전형 후반부 척도(FB), 비전형–정신병리 척도(FP)

2) 수검자가 실제보다 더 심각한 부적응을 겪고 있는 것처럼 보이려는 의도를 탐지하는 척도이다.

① 비전형 척도(F)
- 이상반응 경향 및 타당하지 않은 수검태도를 탐지하는 데 유용하며, 부정적인 방향으로 왜곡하거나 과장하려는 시도를 한 경우 높은 F점수가 얻어질 수 있다.
- 실제 정신병리가 현저한 경우 및 도움을 청하려는 목적으로 증상을 과장할 수 있어 해석에 신중을 기할 필요가 있다.

② 비전형 후반부 척도(FB)
- MMPI 문항들에 거의 대부분 '그렇다'로 응답한 경우 혹은 상당수의 문항에 '부정왜곡'으로 반응한 경우 FB 척도에서 매우 높은 점수를 보인다.
- FB 척도의 T점수가 F 척도보다 적어도 30점 이상 높을 때는 검사의 후반부에서 수검태도가 변화했을 가능성이 크므로 후반부 문항을 중심으로 채점되는 척도의 해석에 주의할 필요가 있다.

③ 비전형–정신병리 척도(FP)
- 증상을 과장하여 꾸미는 경향을 탐지하는 척도이나, 무선반응 혹은 부정왜곡으로 인한 것이 아닌 적어도 부분적으로는 수검자가 실제로 심각한 정신병리를 지니고 있을 수 있기에 해석에 신중을 기해야 한다.
- F 척도에 비해서 전반적인 부적응 및 심각한 정신병리를 덜 반영하는 특성이 있으나 T점수가 100 이상이면 부정왜곡을 시사할 가능성이 높다.

07 가족치료를 담당하는 임상심리사는 가족을 하나의 유기체로 접근하고 이해해야 한다. 이에 Becvar가 정리한 기본전제 3가지를 쓰시오. (6점)

▸ 2019

모범답안

〈Becvar(벡바르)의 가족체계 기본전제 3가지〉

① 상호적 인과성: 가족치료 체계 내에서는 선형적 인과관계의 개념이 아닌, 상호적 인과성을 지니는 것으로 보고 접근한다. 즉, A와 B는 상호관계적 맥락 안에서 존재하기에 양자는 서로에게 원인이 되고 결과가 되기도 함을 전제로 한다.

② 패턴: 가족체계 내에서 시간이 지나면 A와 B 간의 어떠한 패턴이 확립되고, 그 패턴을 보면 그들의 특별한 관계의 특징을 살펴볼 수 있다.

③ 지금-여기에 초점: 치료의 초점은 현재 중심이며, 과거의 원인을 찾기 위해 배경(역사)을 돌아보기보다는 지금-여기의 상호작용에 초점을 두고 접근한다.

학습 Plus Becvar(벡바르)의 가족체계 기본전제

- '무엇'이라는 질문: 가족 체계 내에서 '왜' 일어났는지보다는 '무엇'이 일어났는지에 초점을 둔다.
- 상호적 인과성: 가족에 대한 이해는 상호작용 패턴에 대한 사정을 필요로 한다.
- 변증법적: 가족 내 상호작용은 호혜적인 교환이 일어나는 비인과적이며 변증법적 과정이다.
- 전일적: 관찰자와 관찰 대상 간의 관계는 전일적 관점으로 이해되어야 한다.
- 주관적/지각적: 관찰하는 사람이 자신의 실재를 지각하고, 행동하고, 참여하는 방식이 중요하다.
- 선택의 자유/능동적: 자신의 운명 창조에 대한 선택을 하고, 능동적으로 세상과 관계 맺고 의미를 부여한다.
- 패턴: A와 B 간은 시간이 지나면서 패턴을 확립하게 되고, 그 패턴을 보면 그들의 특별한 관계의 특징을 알 수 있다.
- '지금-여기에' 초점: 과거의 원인을 찾기보다는 지금-여기의 상호작용을 살펴본다.
- 관계적: A와 B는 관계적 맥락 안에 존재하며, 그 안에서 각각 상대에게 영향을 미치고 양자는 서로의 행동에 대한 원인이 되기도 하고 결과가 되기도 한다.
- 맥락적: 개인 혹은 개별적인 사건이 아니라 사건이나 사안에 의미를 부여하는 과정 혹은 맥락에 초점을 둔다.
- 상대적: 삶의 유용성은 상황에 따라 다르게 결정되며 혹은 맥락에 따라 상대적이다.

08 임상적 면접의 서면보고에서 포함되어야 할 내용을 5가지 쓰시오. (5점)

▸ 2008, 2019

모범답안

① 신상정보

피검자의 이름, 나이, 성, 교육수준, 결혼상태, 직업, 인종이나 민족, 거주지역과 생활환경, 이전의 임상적 병력, 및 의뢰와 정보의 원천과 같은 신상정보를 제시한다.

② 주 호소

전문적 도움을 찾게 된 문제의 빈도와 지속기간, 특히 각 증상이 나타나고 있는 시간의 길이와 이전의 경우에 비해 질적 그리고 양적인 변화가 있는지의 여부를 언급한다.

③ 현재 및 과거 병력

발병시기를 확인하고, 시초의 그리고 가장 손상된 증상들과 주 호소를 야기하는 모든 촉발요인을

찾는다. 그 외 신체적 그리고 심리적 문제에 관한 과거 병력을 개관한다.

④ 개인 및 가족력

심리적 혹은 신체적 문제들의 모든 내력에 관한 정보가 포함될 수 있다(아동기 발달, 교육, 직업, 결혼, 법률, 기타 다른 쟁점 등). 또한 내담자의 양육에 미친 각 가족구성원의 역할과 현재 내담자와의 관계, 내담자의 장애에 대한 가족구성원들의 태도, 내담자는 각 가족원들을 어떻게 보는가 등을 기술한다.

⑤ 치료 권고사항

특정한 문제와 목표 증상들을 위해 내담자가 받아야 하는 치료의 종류가 제시된다.

09 다음에 제시된 김 대리의 사례를 Ellis의 REBT의 ABCDE 치료모델에 맞추어 설명하시오. (5점)

▸ 2015, 2019

> 김 대리는 업무능력이 뛰어나고 남보다 승진도 빠르다. 그러던 중 어느 날 사소한 실수를 저지르게 되었다. 상사와 동료들이 모두 괜찮다고 하였으나 정작 김 대리 본인만은 자신이 실수를 저질렀다는 사실을 용납하기 어려웠다. 김 대리는 "약간의 실수라도 저지른다면, 나의 회사생활은 끝이다."라고 생각하고 있었던 것이다. 김 대리는 이와 같은 심리적인 어려움으로 인해 이직까지 고려하고 있다.

모범답안

〈ABCDE 모델〉

- A(촉발사건, activating events): 사소한 실수를 저지르게 됨.
- B(신념, beliefs): "약간의 실수라도 저지른다면, 나의 회사생활은 끝이다." – 비합리적 신념
- C(결과, consequences): 심리적 어려움으로 인한 이직 고려
- D(논박, disputing): "나는 절대로 실수해서는 안 된다." – 당위적 사고에 대한 논박
- E(효과적 철학, effective philosophy): 실수할 수 있음을 인식하여 수용하고, 업무 능력 및 상사나 동료들의 이해를 객관화하며, 심리적 곤란에서 벗어나 적응적으로 회사생활을 유지함. – 효과적인 인지, 정서, 행동 상의 변화

10 정신분석적 상담과정에서 나타나는 전이와 역전이에 대해 설명하시오. (4점)

▸ 2008, 2015, 2019

모범답안

- 전이(transference)
  - 내담자의 어린 시절에 중요한 역할을 했던 사람, 특히 부모에게 느꼈던 감정과 갈등이 치료자에게 투사되어 반복적으로 나타나는 것을 말한다. 내담자는 치료자를 마치 어린 시절의 중요한 사람을 대하듯이 행동하지만 내담자 자신은 이러한 현상을 자각하지 못한다.
  - 치료자는 내담자의 전이를 인식하고 관찰하면서 그 무의식적 근원과 의미를 탐색하며, 전이분석을 통해서 내담자는 자신의 무의식적 갈등에 대한 통찰을 얻게 된다.
- 역전이(countertransference)
  - 역전이란 치료자가 내담자의 태도나 행동에 대해 느끼는 개인적인 투사반응을 말한다. 치료자의 투사는 내담자를 과거 자신의 경험 속 인물로 무의식적으로 착각함으로써 현실에 대한 왜곡이 일어나도록 만든다.
  - 치료자는 자신의 과거의 중요했던 경험이 현재 자신과 내담자에게 미치는 영향에 대해 지속적으로 점검하고 역전이 감정을 알아차리고 자신과 내담자에 대한 이해가 가능하여야 한다.

11 체계적 둔감법의 학습원리와 과정을 순서대로 쓰고 설명하시오. (5점)

▸ 2019

모범답안

〈체계적 둔감화(systematic desensitization)〉

고전적 조건형성 원리에 기반한 체계적 둔감법은 이완상태에 있는 내담자에게 공포 위계에 있는 항목들을 순차적으로 상상하게 함으로써 불안공포증을 극복하는 절차이다.

〈시행순서〉

① 1단계-이완훈련
- 이완상태에서는 불안이 일어나지 않는다는 원리를 토대로 한다(상호억제원리).
- 상담자는 수회에 걸쳐 내담자가 긴장을 이완할 수 있도록 훈련한다.

② 2단계-불안위계목록 작성
- 내담자가 가지고 있는 불안(공포)에 대한 정보와 증상, 행동을 파악한다.
- 불안(공포)을 일으키는 유발상황에 대한 위계목록을 작성한다.

③ 3단계-불안위계목록에 따른 둔감화 실시
- 이완상태에서 내담자가 불안을 유발하는 상황을 상상하도록 유도한다.
- 순서는 불안(공포)을 가장 적게 느끼는 상황에서부터 시작하여 높은 수준의 불안으로 옮겨 가는 것이 바람직하다. 불안상황에서 불안 반응을 더 이상 보이지 않을 때까지 반복하여 실시한다.

12 인간중심상담에서 로저스가 강조한 상담사의 태도를 3가지 쓰시오. (6점)

▸ 2008, 2010, 2014, 2017, 2018, 2019

모범답안

① 진솔성(일치성)

진솔성은 치료과정에서 매 순간 경험하는 감정을 있는 그대로 솔직히 인정하고 표현하는 태도로서, 치료자가 경험하는 감정을 기꺼이 표현하고 개방하는 것을 말한다.

② 무조건적인 긍정적 존중

내담자를 존중하며 있는 그대로 수용하는 것을 말한다. 치료자가 비판단적으로 내담자를 존중할 때, 방어하지 않고 자신의 경험을 자유롭게 탐색할 수 있게 되며 안정감과 자기개념의 변화를 경험하게 된다.

③ 공감적 이해

치료자가 내담자의 감정에 빠져들지 않으면서 내담자의 감정을 자신의 감정처럼 느끼고 이해하며 이를 내담자에게 전달하는 것을 말한다.

13 피아제 인지발달이론에 의한 인지발달단계에서 전조작기, 구체적 조작기, 형식적 조작기에 아동, 및 청소년을 위한 심리치료의 특징과 주의점을 쓰시오. (6점)

▸ 2013, 2019

모범답안

- 전조작기
  - 사고가 경직되어 있고 직관에 의해 사물을 파악하고 과제를 이해 및 처리하는 경향이 있기에 전체와 부분의 관계를 이해하도록 인지발달을 돕는다.
  - 언어 발달과 함께 대인관계 사회성이 발달할 수 있도록 도와야 하며, 환경 내 자율성과 주도성을 갖도록 한다.
- 구체적 조작기
  - 체계적인 논리적 사고 발달 및 자기중심적 사고에서 벗어나 타인에 대한 관심의 폭이 넓어질 수 있도록 돕는다.
  - 다양하고 풍부한 학습의 기회를 갖도록 하며, 신체적 · 학업적 · 사회적 자존감이 형성될 수 있도록 돕고, 열등감에 사로잡히지 않도록 주의한다.
- 형식적 조작기
  - 추상적 명제에 대한 논리적 사고 및 가설 연역적인 명제적인 사고발달을 도와 체계적으로 사고할 수 있도록 촉진한다.
  - 청소년기 자기중심성에서 벗어나 건강한 자아정체감과 성 역할 정체감 형성 및 또래 및 이성관계가 원만하도록 돕는다.

학습 Plus 피아제의 인지발달 단계

단계	연령	주요 특징
감각운동기	출생~2세	– 감각과 운동을 통한 인지구조 발달 – 반사행동에서 목적을 가진 의도적 행동으로 발전 – 대상영속성 개념 획득
전조작기	2~7세	– 언어, 상징과 같은 표상적 사고능력의 발달 – 중심화: 자기중심적 언어와 사고 – 직관적 사고와 전인과적 사고
구체적 조작기	7~11세	– 구체적 경험 중심의 논리적 사고 발달 – 보존개념의 획득 – 유목화와 서열화 가능
형식적 조작기	11세~이후	– 추상적 상황의 논리적 사고 가능 – 명제적, 가설 연역적 추리 가능 – 조합적 추리 가능

14 내담자의 면접 시 행동평가방법을 4가지 제시한 후 각각에 대해 설명하시오. (6점)

▸ 2008, 2011, 2019

모범답안

① 행동적 면담

선행사건, 행동, 결과 간의 관계를 기술하고 이해하는 데 초점을 둔다. 구체적인 표적행동의 빈도, 강도, 지속시간 등을 기술하며 당면한 문제의 인과적 요인을 확인한다.

② 행동적 관찰

문제행동과 관련된 모든 행동이 표적행동이 되며, 모든 행동은 명확히 관찰할 수 있도록 객관적이고 분명하게 정의되어야 한다. 자연상태에서의 관찰, 관찰자(부모, 교사)에 의한 관찰, 이야기 기록(관심행동을 기록하고 추론, 가설을 세우는 데 도움), 평가기록 등을 활용한다.

③ 기능분석

행동의 결과만을 보는 것이 아니라 행동을 이끄는 선행조건에 대해서도 분석이 이루어지는 것으로 행동이 이루어지게 된 원인, 환경적인 자극, 행동을 유지시키거나 발달시키는 요인, 결과와의 관계를 분석한다.

④ 자기보고 평가

행동평가를 위한 자기보고 검사나 측정치를 활용하는 방법이며, 때로는 질문지나 평가지가 부모, 교사 등의 주변인들에 의해 평가될 수 있다. 보다 구체적인 문제 특성을 밝히는 데 유용하다.

15 강박장애의 노출 및 반응방지법의 원리와 그에 따른 시행순서를 기술하시오. (6점)

▸ 2012, 2019

모범답안

- 원리
  학습이론에 근거한 행동치료적 기법으로서 강박장애 환자를 그들이 두려워하는 자극상황에 노출시키되 의례적인 강박행동을 하지 못하게 하는 방법을 말한다.
- 시행순서
  - 환자로 하여금 힘들게 하는 자극의 위계를 정해 불안의 정도에 따라 평정하게 한다.
  - 환자를 상상이든 직접적이든 반복적으로 강박증을 유발하는 자극에 위계적으로 노출시킨다.
  - 불안과 고통을 유발하는 자극상황에 노출한 다음에는 의례적인 강박행동을 금지시킨다.
  - 반응을 금지한 상태에서 강박적인 사고가 유발한 고통이나 불안이 감소하고 사라질 때까지 지켜보게 한다.
  - 점차 불안이 완화되어 문제행동을 하지 않아도 불안을 느끼지 않는 상태가 되며 강박행동을 하지 않아도 두려워하는 결과가 발생하지 않는다는 것을 학습하게 된다.

16 웩슬러의 지능검사 중 병전지능을 추정할 수 있는 소검사와 이 소검사들이 추정기준으로 이용되는 근거를 설명하시오. (5점)

▸ 2019

모범답안

- 병전지능 추정치: 어휘, 상식, 토막짜기
- 추정기준의 근거: 정신병리 또는 뇌손상에 비교적 영향을 받지 않고 점수가 가장 안정적인 소검사에 해당됨.

어휘, 상식, 토막짜기 소검사의 환산점수로 병전지능을 추정한 다음, 현재 지능과 비교하여 현재 지능이 15점 이상 저하되어 있다면 소검사에서 유의한 지능 저하가 있는 것으로 가설을 세울 수 있다.

학습 Plus 어휘, 상식, 토막짜기 소검사와 관련된 능력

어휘(Vocabulary: VC)	상식(Information: IN)	토막짜기(Block Design: BD)
- 언어발달의 정도 - 단어 지식과 언어적 개념 형성 - 언어 사용 및 축적된 언어 학습 능력 - 우수한 학업 성취 및 교육적 배경 - 수검자가 획득한 사고, 경험 및 관심사의 범위	- 일반적인 사실적 지식의 범위 - 과거의 학습 또는 학교 교육 - 지적 호기심 또는 지식을 얻고자 하는 욕구 - 일상 세계에 대한 관심 - 장기기억	- 전체를 부분으로 분석하는 능력 - 공간적 시각화 - 비언어적 개념 형성 - 시각-운동 협응 및 지각적 조직화 - 지속적 노력, 집중력 - 시각-운동-공간 협응능력 - 조작적 · 지각적 속도

17 임상심리사의 유능성의 의미를 설명하고, 이를 위반하는 이유를 3가지 쓰시오. (5점)

▸ 2011, 2016, 2019

모범답안

- 유능성의 의미
  임상심리사가 자신의 강/약점, 자신이 가지고 있는 기술과 그것의 한계에 대해 자각해야 한다. 이를 보완하기 위하여 지속적인 교육수련으로 최신 기술을 습득하며, 사회의 변화에 민첩하게 대응할 수 있어야 한다.
- 유능성을 위반하는 이유
  - 임상심리사가 개인적인 심리적 문제를 가지고 있는 경우
  - 임상심리사가 심리적으로 소진되어 있는 경우
  - 임상심리사가 특정한 내담자의 문제를 다루는 데 필요한 전문적 기술을 습득하지 못한 경우

학습 Plus 임상심리사 윤리: 유능성의 원칙

- 유능성의 원칙을 위반하는 이유
  - 개인적인 심리적 문제를 가지고 있는 경우
  - 너무 많은 부담으로 소진되어 있는 경우
  - 더 이상 배울 필요가 없다고 자만하여 최신 기술을 습득하거나 학습하지 않는 경우
  - 특정 전문교육수련을 받지 않고도 특정한 내담자군을 상담하는 경우

18 재활치료의 주요개념으로서 병리, 손상, 장애, 핸디캡을 각각 설명하시오. (4점)

▸ 2006, 2010, 2012, 2014, 2015, 2018, 2019

모범답안

- 병리: 중추신경계에 이상이 있는 경우로서 인지, 주의집중력, 자율신경 기능, 각성과 정보 전달 과정에서 결손을 유발하는 상태이다.
- 손상: 심리적 · 생리적 · 해부학적 구조 또는 기능에서 상실이나 이상이 생긴 상태로, 신체적 또는 정신적 장애의 일시적이거나 영구적인 손상을 초래하며 치료의 초점을 손상의 감소에 둔다.
- 장애: 정상인이 해야 할 사회적 역할수행능력이 제한되거나 부족한 상태로, 학교를 다니지 못하거나 취업하지 못하고 거주지가 없는 등의 문제가 있다.
- 핸디캡: 정상적인 역할을 수행하는 일에 제한과 방해를 받는 불이익 상태로, 사회의 낙인, 차별대우, 빈곤 문제 때문에 자신의 능력을 사용할 수 있는 기회를 제한당하게 된다.

09 2019년 제1회 실기복원문제

01 행동치료에서 행동평가에 사용되는 SORC기법을 설명하시오. (4점) ▸ 2019

모범답안

- 행동적 관점에서 임상적 문제를 개념화하는 데 유용한 모델은 SORC 모델로 행동임상가들은 문제를 충분히 기술하기 위해 그리고 치료 및 중재 계획을 세우기 위해 이 모델을 사용한다.
- 행동평가의 평가요소: SORC
  - S(Stimulus): 문제행동을 일으키는 자극이나 선행조건
  - O(Organismic): 문제행동과 관련된 유기체의 변인들
  - R(Response): 반응이나 문제행동
  - C(Consequence): 문제행동의 결과
- 문제행동의 기능과 문제행동이 환경과 어떠한 관련을 지니고 있는지를 평가하여, 문제행동과 관련된 환경을 수정하거나 문제행동을 대체할 새로운 행동을 가르치고 필요한 긍정적 중재를 선택하여, 기존의 행동을 조절하는 데에 중점을 둔다.

02 윤리원칙에서 비밀보장 예외원칙 중 내담자가 자살계획이 있는 경우와 내담자가 타인을 살해할 위험이 있는 경우 어떻게 대처할 것인지 각각 3가지를 쓰시오. (6점) ▸ 2019

모범답안

① 내담자가 자살계획이 있는 경우
- 가족이나 가까운 사람에게 알리고, 혼자 있지 않도록 한다.
- 자살을 시도할 수 있는 위험한 물건이나 상황으로부터 안전을 보호할 수 있도록 한다.
- 정신건강의학과 전문의를 포함한 자살예방 전문가의 도움을 받을 수 있도록 한다.

② 내담자가 타인을 살해할 위험이 있는 경우
- 내담자에게 비밀보호가 불이행되는 상황에 대해 고지하고 이를 인식시킨다.

• 내담자의 위험성을 평가하여 잠재적 피해자를 포함한 가족에게 그와 같은 사실을 알린다.
• 관련 기관 및 해당 분야의 전문가에게 의뢰하여 필요한 도움을 받도록 한다.

03 특정공포증의 하위유형 3가지를 쓰시오. (6점) ▸ 2019

모범답안

① 동물형(animal type): 거미, 곤충, 개
② 혈액-주사-손상형(blood-injection-injury type): 바늘, 침투적인 의료시술
③ 상황형(situational type): 비행기, 엘리베이터, 폐쇄된 장소

학습 Plus 특정공포증 진단기준(DSM-5)

A. 특정 대상, 상황에 대하여 극심한 공포나 불안이 유발된다(예: 비행기 타는 것, 높은 곳, 동물, 주사맞기, 피를 보는 것 등).
B. 공포 대상과 상황은 대부분 즉각적으로 공포나 불안을 유발한다.
C. 공포 대상 혹은 상황을 회피하거나 매우 극심한 불안과 공포를 지니면서 참는다.
D. 공포나 불안이 특정 대상이나 상황의 실제적인 위험에 비해 극심하며 사회문화적으로 흔히 받아들여지는 것보다 심하다.
E. 공포나 불안, 회피 반응이 대체로 6개월 이상 지속된다.
F. 공포, 불안, 회피로 인해 사회적, 직업적 또는 다른 중요한 기능 영역에서의 임상적으로 유의한 고통이나 손상을 초래한다.
* 동물형(거미, 곤충, 개), 자연환경형(고소, 폭풍, 물), 혈액-주사-손상형(바늘, 침투적인 의료시술), 상황형(비행기, 엘리베이터, 폐쇄된 장소), 기타(질식, 구토를 유발하는 상황)

04 다음에서 설명하고 있는 가족치료 이론이 무엇인지 쓰시오. (3점) ▸ 2019

- 헤일리가 제안한 가족치료 모델
- 인간행동의 원인보다는 해결방법에 초점
- 가족이 호소하는 문제를 해결하기 위한 다양한 전략 모색
- 단기치료에 해당되며 ~인 척하기, 증상 처방 등 역설적 방법 활용

모범답안

• 전략적 가족상담(strategic family therapy)
  - 문제행동의 원인에 관심을 두지 않고 최소 개입을 통해 문제행동을 변화시키는 해결방법을 찾는 데 초점을 맞춘다.
  - 내담자의 증상이 지니는 기능적 측면을 가족의 위계구조와 의사소통 패턴에서 파악하고, 문제해결책을 모색하여 가족구성원에게 안내하는 단기치료이다.

05 상담과정의 문서기록이 슈퍼비전에서 유용한 점 3가지를 쓰시오. (6점) ▸ 2019

모범답안

① 내담자의 치료경과에 대한 전반적인 이해가 가능하고 상담가의 치료적 개입의 적절성을 평가하는 데 효과적이다.

② 상담가의 치료적 성과와 한계를 파악하고, 강점과 역량을 강화할 수 있는 유용한 자료가 된다.

③ 슈퍼비전 시 회기내용의 정확성을 보장하고, 추수회기의 치료적 개입의 효율성을 증진한다.

06 만성정신질환자의 탈시설화가 추진된 배경을 3가지 쓰시오. (6점) ▸ 2019

모범답안

① 정신질환자들이 분리되어 병원에 수용되어 있는 것보다 지역사회에서 인간적인 대우를 받으며, 가족들과 가까이 사는 시스템을 구축하려는 움직임으로 인해 시작됨(입원치료, 외래 진료, 응급치료, 주간 프로그램, 그리고 교육과 상담서비스를 반드시 포함하도록 함).

② 정신치료제(Thorazine) 개발로 인해, 환자들을 비용이 많이 드는 정신병원에 입원시키지 않고, 약물치료를 잘하면 증상을 조절할 수 있고, 지역사회에 적응할 수 있다는 희망을 갖기 시작하게 되면서 비용절감 차원에서 시작됨.

③ 본인의 의사와 상관없이 법에서 보장된 기본권을 박탈당하고, 타의에 의해 정신병원에서 치료를 받는 환자들에 대한 인권문제가 제기됨. 비자발적 정신병원 입원은 환자의 일상생활에 많은 제약을 주고, 「헌법」에서 보장하는 인간의 기본권리가 침해당할 수 있기 때문에, 불필요한 제약을 최소화하고 신중하게 비자발적 입원을 결정해야 한다는 의식에서 시작됨.

07 로르샤흐 검사에서 반응위치 D, Dd, S를 설명하시오. (6점) ▸ 2019

모범답안

① D: 잉크 반점의 전체가 응답에 사용된 경우에 한하여 W로 채점된다.
정상 규준집단에서 사용되는 빈도에 따라 결정되며, 규준집단에서 95% 이상 반응된 영역의 경우 D로 채점된다.

② Dd: 정상 규준집단에서 5% 미만으로 반응하는 영역의 경우 Dd로 채점된다.
대부분 크기가 작은 영역에서 응답되지만 때로는 전체반응에서 일부를 제외한 큰 부분에서 반응되는 경우도 있다. 위치반응표에 W, D 반응으로 분류되지 않는 반응은 Dd반응으로 표기한다.

③ S: 흰 공간 부분이 사용되었을 경우에 기호화되며, 어떤 방식으로 흰 공간을 사용했든지 간에 단독으로는 기호화될 수 없다. 항상 WS, DS, DdS처럼 다른 기호들과 같이 사용된다.

학습 Plus 로르샤흐 검사의 채점체계-반응위치(Location)

잉크 반점의 어떤 부분에서 반응이 일어났는가를 판단한다. 전체반응 W, 부분반응 D, 드문 부분반응 Dd, 흰색부분 반응은 공백반응 S로 채점한다.

기호	정의	기준
W	전체반응 whole response	잉크 반점의 전체가 응답에 사용된 경우에 한하여 W로 채점된다.
D	부분반응 common detail response	정상집단의 반응 빈도를 기준으로 하여 정상집단의 반응 가운데 반응 빈도가 95% 이상 빈번하게 응답된 영역이 반응에 사용되었을 때 D로 채점된다.
Dd	드문 부분반응 unusual detail response	반응 빈도가 5% 미만으로 드물게 반응되는 영역에 해당된다. 대부분 크기가 작은 영역에서 응답되나 때로는 전체반응에서 일부를 제외한 큰 부분에서 반응되는 경우도 있다. 위치반응표에 W, D 반응으로 분류되지 않는 반응은 Dd반응으로 표기된다.
S	공백반응 white response	카드의 흰 공백부분에 대해 반응이 일어난 경우이며, S는 독립적으로 채점되지 않고 WS, DS, DdS와 같이 부가적으로 채점된다.

08 신뢰도의 종류 3가지를 쓰고 설명하시오. (6점)

▸ 2019

모범답안

① 검사-재검사 신뢰도(test-retest realibility): 시간 경과에 따른 검사의 안정성을 재는 것으로, 1차 때의 점수와 일정한 시간이 흐른 뒤에 동일한 도구를 통해 얻은 2차 점수 간의 상관관계를 알아보는 것이다.

② 동형검사 신뢰도(alternate forms): 검사도구의 신뢰도를 검증하기 위해 두 개의 동형 검사를 제작한 뒤, 동일 피험자 집단에게 검사를 실시해 두 검사 간의 상관계수로 신뢰도를 추정한다.

③ 반분 신뢰도(split-half reliability): 단일척도를 두 부분으로 나누어 두 부분 검사 점수의 상관계수를 계산 후 추정한다.

학습 Plus 신뢰도의 종류

- 검사-재검사 신뢰도(test-retest realibility): 시간 경과에 따른 검사의 안정성을 재는 것으로, 1차 때의 점수와 일정한 시간이 흐른 뒤에 동일한 도구를 통해 얻은 2차 점수 간의 상관관계를 알아보는 것이다.
- 동형검사 신뢰도(alternate forms): 검사도구의 신뢰도를 검증하기 위해 두 개의 동형검사를 제작한 뒤, 동일 피험자 집단에게 검사를 실시해 두 검사 간의 상관계수로 신뢰도를 추정한다.
- 반분 신뢰도(split-half reliability): 단일척도를 두 부분으로 나누어 두 부분 검사 점수의 상관계수를 계산 후 추정한다.
- 내적 합치도 신뢰도(internal consistency): 검사 내 문항들이 어느 정도의 동질성을 가지고 있는가를 살펴보기 위해 문항들 간의 유사성 혹은 일치성을 추정한다.
- 평정자 간 신뢰도(inter-rater reliability): 한 측정대상에 대해서 복수의 평정자들이 일관성 있게 측정하여 평정자들 간에 평정결과가 얼마나 유사한가를 나타내는 정도이다.

09 얄롬이 제시한 집단치료의 치료적 요인 6가지를 쓰시오. (6점)

▸ 2009, 2012, 2013, 2014, 2017, 2018, 2019

모범답안

① 희망감 고취: 내담자가 자신의 삶에 대해 희망의 느낌을 갖는다.
② 보편성: 다른 사람들도 유사한 걱정거리를 갖는다는 것을 깨닫는다.
③ 이타심: 집단구성원과 경험 및 생각을 공유하면서 타인을 향한 이타행동이 증진된다.
④ 대인관계 학습: 다른 집단구성원들과의 상호작용을 통해 대인관계 기술을 학습한다.
⑤ 감정 정화: 집단상담 이전에는 표현하지 못했던 감정을 표현하며 정화적 경험을 갖는다.
⑥ 실존적 요인들: 집단구성원은 자신의 삶에 대한 책임을 수용한다.

10 정신장애의 취약성-스트레스 모델에 대해 설명하시오. (5점)

▸ 2016, 2017, 2019

모범답안

정신장애 자체가 만성화되는 것이 아니라 장애에 대한 취약성이 지속되는 장애이며, 정신장애의 취약성의 정도는 개인마다 다르고, 유전적 요인과 출생 전후의 신체적-심리적 요인에 의해 취약성이 결정된다.
이러한 취약성을 가진 사람에게 스트레스 사건이 발생하여 그 적응부담이 일정한 수준을 넘게 되면 정신장애가 발병하게 된다.
즉, 특정한 심리적 장애에 걸리기 쉬운 개인적 특성인 취약성과 환경으로부터 주어지는 심리사회적 스트레스가 상호작용하여 정신장애가 유발되는 것을 말한다.

11 상담을 종결하는 기준 3가지를 서술하시오. (6점)

▸ 2016, 2019

모범답안

① 내담자의 기저문제 또는 증상이 경감되거나 사라졌다고 판단되는 경우
② 상담의 초기 목표가 해결되었거나 성취되었다고 판단되는 경우
③ 내담자가 자신이 획득하고자 원했던 영역에서 도움이 되었거나 긍정적인 발전이 있는 경우

학습 Plus 종결 여부를 결정하는 기준

- 내담자의 기저문제 또는 증상이 경감되거나 사라졌다고 판단되는 경우
- 상담의 초기 목표가 해결되었거나 성취되었다고 판단되는 경우
- 상담에 오게끔 했던 스트레스를 유발하는 감정이 해소되었다고 판단되는 경우
- 내담자가 자신이 획득하고자 원했던 영역에서 도움이 되었거나 긍정적인 발전이 있는 경우
- 내담자의 대처능력 및 자신과 다른 사람들을 이해하는 정도가 증진된 경우
- 내담자의 자기이해 및 다른 사람들과 관계 맺는 능력이 향상된 경우
- 내담자가 계획을 세우고 생산성 있게 일할 수 있는 능력을 얻은 경우
- 내담자가 더 즐겁게 활동하고 삶을 의미 있게 즐길 수 있다고 판단된 경우

12 초기면담 과정에서 포함되어야 할 내담자에 대한 행동관찰의 요소 4가지를 쓰시오. (5점)

▸ 2003, 2006, 2008, 2013, 2019

모범답안

① 면담 태도: 적극성, 수동성, 방어성, 경직성 등

② 사고: 주의력, 집중력, 이해력, 논리력, 추리력 등

③ 정서: 정서 억제, 정서 표현, 정서적 변화 및 조절 등

④ 행동: 행동 억제 및 표현 양식, 행동의 조절 정도 등

학습 Plus 초기면담 시 행동관찰 요소

- 면담태도: 적극성, 수동성, 방어성, 경직성 등
- 용모: 복장상태, 위생상태, 얼굴과 신체의 모습 등
- 언어: 목소리의 강도와 고저, 말의 속도와 반응시간 등
- 사고: 주의력, 집중력, 이해력, 논리력, 추리력 등
- 정서: 정서 억제, 정서 표현, 정서적 변화 및 조절 등
- 행동: 행동 억제 및 표현 양식, 행동의 조절 정도 등
- 의사소통능력: 언어적 · 비언어적 의사소통능력 등

13 웩슬러 지능검사를 진행한 후 병전지능을 추측하는 방법을 3가지 쓰시오. (6점) ▸ 2019

모범답안

① 소검사에 근거한 추정
소검사 중 어휘, 상식, 토막짜기 소검사의 환산점수에 기초해 병전지능을 추정한다.

② 언어능력에 근거한 추정
어휘 및 언어능력 점수에 기초해 병전지능을 추정한다. 이는 일반적 병전지능을 추정하는 데 안정적인 특성이 있어 상대적으로 다른 소검사에 기반한 추정에 비해 유용하다.

③ 인구통계학적 특성을 활용한 추정
지능검사의 수행 양상과 연령, 교육수준, 과거 학업 성취도 및 직업력 등 인구통계학적 특성을 함께 고려해 병전지능을 추정한다.

14 단회상담은 다른 일반적인 심리상담과 달리 제한된 시간 내에 응급상황을 처리해야 하는 경우가 많다. 일반적인 응급상담을 포함한 단회상담에서 강조되는 원리 또는 기술을 5가지 쓰시오. (5점)

▸ 2011, 2015, 2019

모범답안

① 상담자는 내담자의 문제가 단회상담에 적합한지 신속히 결정해야 한다.
② 상담자는 내담자가 원하는 것을 명확하게 발견해야 한다.
③ 상담자는 내담자와 협의하여 구체적이고 합리적인 상담목표를 수립해야 한다.
④ 상담자는 적합한 상담기법을 통해 내담자와의 대화 과정을 효율적으로 조절해야 한다.
⑤ 상담자는 융통성과 단호함을 겸비해야 하며 문제해결에 대한 의지와 동기강화를 도와야 한다.

학습 Plus 단회상담의 기본원리

- 상담자는 내담자의 문제가 단회상담에 적합한지 신속히 결정해야 한다.
- 상담자는 내담자가 원하는 것을 명확하게 발견해야 한다.
- 상담자는 내담자와 협의하여 합리적인 상담목표를 수립해야 한다.
- 상담자는 적합한 상담기법을 통해 내담자와의 대화 과정을 효율적으로 조절해야 한다.
- 상담자는 융통성과 단호함을 겸비해야 한다.
- 상담자는 내담자의 문제해결에 대한 의지와 동기강화를 도와야 한다.
- 상담자는 구체적인 방법을 제공하여 효과적인 상담이 이루어지도록 해야 한다.

15 심리상담 중 내담자가 침묵을 보일 때 그 의미와 이유를 4가지 쓰시오. (4점)

▸ 2008, 2010, 2012, 2015, 2019

모범답안

① 침묵의 의미

상담과정 중의 침묵은 여러 가지 의미를 갖게 된다. 대개의 경우 내담자가 자기 자신을 음미해 보거나 머릿속으로 생각을 간추리는 과정에서 침묵이 발생한다. 이런 경우 상담에 의미 있는 침묵으로 작용한다. 이럴 경우 상담자는 침묵을 섣불리 깨뜨리려 하지 말고, 인내심을 갖고 기다려 보는 것이 바람직하다.

② 침묵의 이유

- 내담자가 상담 초기 관계형성에서 두려움을 느끼는 경우
- 상담자에게 적대감을 가지고 저항하는 경우
- 내담자가 자신의 말에 대한 상담자의 확인이나 해석을 기대하고 있는 경우
- 내담자가 자신의 감정표현으로 인한 피로에서 회복하고 있는 경우

학습 Plus 내담자가 침묵을 지키는 이유

- 내담자가 상담 초기 관계형성에서 두려움을 느끼는 경우
- 상담 중 논의된 것에 대해 음미하고 평가하며 정리해 보고자 하는 경우
- 상담자에게 적대감을 가지고 저항하는 경우
- 내담자가 자신의 말에 대한 상담자의 확인이나 해석을 기대하고 있는 경우
- 내담자가 자신의 감정 표현으로 인한 피로에서 회복되고 있는 경우
- 내담자가 다음에 무엇을 논의할 것인지 상담자로 하여금 결정해 주기를 기다리고 있는 경우
- 내담자가 할 말이 더 이상 생각나지 않거나 무슨 말을 해야 할지 모르는 경우
- 내담자가 자신의 생각이나 느낌을 표현하고자 노력하고 있음에도 불구하고 적절한 표현이 떠오르지 않는 경우

16 성인심리치료와 구분되는 아동 심리치료의 5가지 특징을 쓰시오. (5점) ▸ 2019

모범답안

① 아동은 정신적 · 육체적 · 지적으로 아직 성숙되지 않은 발달단계에 있는 관계로 아동 개개인의 특성뿐만 아니라 모든 아동들이 성장과정에서 보일 수 있는 일반적 문제까지 고려하여 상담을 하여야 한다.

② 아동의 여러 문제가 부모와 관련되어 있거나 또 다른 보호자와의 관계에서 발생될 수 있기 때문에 부모를 포함한 보호자의 역할과 참여가 중요하다.

③ 상담자는 아동이 보는 방식으로 세상을 인식할 필요가 있으며 아동의 인지적 수준, 정서적 · 사회적 · 신체적 발달을 고려하여 도움을 주어야 한다.

④ 아동은 덜 발달된 자아로 인해 현실을 객관적으로 파악하기 어려우며 자신이 겪고 있는 어려움에 대해서도 잘 인식하지 못하므로 자발적인 치료동기를 갖기 어렵다는 점이 고려되어야 한다.

⑤ 아동은 언어발달과 인지능력이 미숙하여 자기중심적으로 행동하려는 경향이 있으므로 대화를 주된 방법으로 하는 심리치료를 하는 것이 어려운 경우가 많다. 따라서 아동의 이러한 특성에 맞는 놀이나 게임, 예술적인 활동 등의 심리치료가 고려되어야 한다.

17 인지치료에서 내담자의 자동적 사고를 수정하기 위해 소크라테스식 질문법을 사용한다. 소크라테스식 질문법을 사용할 때의 유의사항 6가지를 서술하시오. (6점) ▸ 2013, 2016, 2019

모범답안

① 일문 일답의 형식을 따라야 하며 한꺼번에 여러 질문을 하지 않도록 한다.

② 내담자가 지닌 비합리적 생각의 비현실성 · 비논리성 · 비실용성에 초점을 둔다.

③ 치료자의 질문에 대해 내담자가 여유를 가지고 대답할 수 있는 시간을 주어야 한다.

④ 치료자와 내담자가 상호 합의에 도달할 때까지 계속해서 이야기를 해 나간다.

⑤ 질문을 던질 때마다 장황하게 말을 늘어놓거나 대화의 초점을 놓치지 않도록 한다.

⑥ 비합리적 생각에 대해 서로 토론을 해야지 논쟁이 되어서는 안 된다.

18 다음에 제시된 내담자와 내담자 어머니의 호소문제에 대한 치료적 개입으로서 인지적, 정서적, 행동적 요소들을 토대로 한 치료방향 제언을 4가지 쓰시오. (4점) ▸2009, 2012, 2019

> 올해 남중 3학년인 A군은 평소 학교 친구들과 어울리지 못하며, 거의 매일 아침 등교시간마다 학교가기를 거부하고 있다. 학교에서 아이들이 자신과 놀아 주기는커녕 괴롭히고 따돌린다면서, 학교에 가는 것이 죽고 싶을 만큼 싫다고 불평을 늘어놓았다. A군은 어려서부터 태권도를 좋아하여 태권도장에 다니고 있고, 골격이 크고 당당한 체구이다. 그러나 중학교에 진학한 이후 성적이 최하위로 떨어졌으며, 담임 선생님은 최근 실시한 집단지능검사 결과와 함께 A군의 일반고 진학이 어렵다는 이야기를 A군의 어머니에게 알려 주었다고 한다. A군의 어머니는 자신의 아들이 고등학교 진학이 어려울 만큼 심각한 상태인지, A군이 학교생활에 적응하지 못하는 문제를 어떻게 해결할 수 있을지 걱정이 되어 상담을 의뢰하였다. 심리평가를 위해 내원했을 때, A군은 무표정한 얼굴이었고 약간 어눌한 말투와 부정확한 발음 때문에 다시 확인해야 하는 상황이 있었다. 또한 자신의 문제를 쉽게 포기하려는 모습을 보였으며, 대답하는 것을 귀찮아하는 듯 매우 짧은 답변으로 일관했다.

모범답안

① 인지적 개입
- "학교 가는 것이 죽고 싶을 만큼 싫다."
  - 부정적 생각이 들 때마다 새로운 대안적 생각을 떠올리는 것을 통해 부정적 생각을 줄이도록 하고(대안적 사고 전략), 자신의 이야기를 할 때 사용하는 절대어, 절대적 진술을 수정하도록 돕는다(절대적 진술 수정 전략).
- 성적 저하, 집단 지능검사 실시 후 일반고 진학 어려움.
  - 주의력, 집중력 향상, 학습클리닉을 통한 학습능력 증진

② 정서적 개입
- 따돌림, 학습 저하, 무표정하고 검사 시 쉽게 포기하는 경향, 짧은 답변
  - 우울, 자존감 저하, 낮은 학습 동기를 증진, 강점과 자원 찾기

③ 행동적 개입
- 친구들과 어울리지 못함.
  - 사회성 기술훈련(의사소통 훈련, 자기주장 훈련), 역할극을 통한 사회적 효능감 증진

④ 기타
- 언어치료를 통해 어눌한 말투와 부정확한 발음 교정
- 부모교육을 통한 효과적인 훈육 방법, 아동에 대한 정서적 수용과 공감 훈련 등 제공

19 실존치료에서는 정상적 불안과 신경증적 불안을 구분하고 있다. 그중 정상적 불안의 특징 3가지를 쓰시오. (5점)

▸ 2016, 2019

모범답안

〈정상적 불안〉

① 직면하고 있는 상황에 부합된다.

② 억압되지 않는다.

③ 불안이 창조적으로 사용된다.

〈신경증적 불안〉

① 상황에 적절하지 않다.

② 억압이 일어난다.

③ 건설적이지 못하고 자기파괴적이다.

10 2018년 제3회 실기복원문제

01 벡(Beck)의 인지적 오류 4가지를 기술하시오. (4점)
▶ 2007, 2015, 2018

모범답안

① 명명하기: 누군가에게 극단적이고 광범위하며 정당하지 않은 꼬리표를 붙이는 것
② 개인화: 인과적 연결을 지지하는 증거 없이 외부적 사건을 자기 자신에게 귀인시키는 것
③ 재앙화: 미래에 대해 보다 현실적인 어떤 다른 고려도 없이 부정적으로 예상하는 것
④ 독심술: 상호작용이나 관계에 있어서 타인이 어떤 생각을 하고 있는지 본인이 안다고 생각하는 것

학습 Plus 인지치료의 인지적 오류 유형

- 이분법적 사고: 상황을 연속적으로 보기보다 극단적 측면에서 보는 것
- 과잉일반화: 한 가지 증거로 타당하지 않은 일반적인 결론을 내리는 것
- 정신적 여과(선택적 추론): 큰 그림을 보지 않고 부정적인 세부사실에 선택적으로 초점을 두는 것
- 비약적 결론(임의적 추론): 성급하고 확인되지 않은 결론을 내리는 것
- 확대하기/축소하기: 부정적인 것에 너무 치중하고 긍정적 정보의 가치를 축소하는 것
- 감정적 추론: 어떤 것이 그렇게 느껴지기 때문에 진실이라고 믿는 것
- 명명하기: 누군가에게 극단적이고 광범위하며 정당하지 않은 꼬리표를 붙이는 것
- 개인화: 인과적 연결을 지지하는 증거 없이 외부적 사건을 자기 자신에게 귀인시키는 것
- 재앙화: 미래에 대해 보다 현실적인 어떤 다른 고려도 없이 부정적으로 예상하는 것
- 독심술: 상호작용이나 관계에 있어서 타인이 어떤 생각을 하고 있는지 본인이 안다고 생각하는 것
- 터널시야: 오로지 상황의 부정적 측면에만 초점을 맞추는 것

02 사회기술훈련을 집단으로 시행할 때의 장점 3가지를 쓰시오. (6점)
▶ 2008, 2018

모범답안

① 집단원 간의 사회적 반응이 쉽게 일어나므로 다양한 사회기술을 자연스럽고 자발적으로 연습할 기회를 갖게 된다.

② 대인관계학습이 활발하게 일어나는 실험적 장을 제공하므로 자신에 대한 객관적 이해의 기회를 가질 수 있다.

③ 참여자는 서로가 역할시연의 상대가 될 수 있고, 사회적 기술이 보다 풍부한 참여자가 다른 참여자에게 적절한 모델이 된다.

학습 Plus 집단 사회기술훈련의 효과

- 집단원 간의 사회적 반응이 쉽게 일어나므로 다양한 사회기술을 자연스럽고 자발적으로 연습할 기회를 갖게 된다.
- 대인관계학습이 활발하게 일어나는 실험적 장을 제공하므로 자신에 대한 객관적 이해의 기회를 가질 수 있다.
- 참여자는 서로가 역할시연의 상대가 될 수 있고, 사회적 기술이 보다 풍부한 참여자가 다른 참여자에게 적절한 모델이 된다.
- 집단치료자는 물론 다른 구성원들에게서 피드백을 제공받을 수 있으므로 구성원 스스로 자신의 문제를 발견하고 교정할 수 있다.
- 집단이 공개토론 장소로 이용되므로 치료자가 참여자의 사회기술 습득 및 진행 정도를 자연스럽게 평가할 수 있다.
- 집단치료자는 물론 다른 참여자들의 칭찬이나 지지를 통해 학습한 기술의 강화효과가 증진된다.

03 엘리스의 비합리적 신념 5가지를 쓰시오. (5점)

▸ 2012, 2014, 2018

모범답안

① 알고 있는 중요한 사람들로부터 사랑받고, 인정받고, 이해받아야만 가치 있는 사람이다.

② 완벽한 능력이 있고 사교적이고 성공을 해야만 가치 있는 사람이다.

③ 어떤 사람들은 나쁘고 사악하기 때문에 비난과 처벌을 받아야만 한다.

④ 일이 뜻대로 되지 않는다는 것은 인생에서의 실패를 의미한다.

⑤ 위험하거나 두려운 일이 일어날 가능성을 늘 생각하고 있어야 한다.

학습 Plus 비합리적 신념 11가지

엘리스(Ellis)는 사람들이 정서적 문제를 겪는 이유는 일상생활에서 겪는 구체적인 사건들 때문이 아니라 그 사건을 합리적이지 못한 방식으로 지각하고 받아들이기 때문이라고 보았다.

- 알고 있는 중요한 사람들로부터 사랑받고, 인정받고, 이해받아야만 가치 있는 사람이다.
- 완벽한 능력이 있고 사교적이고 성공을 해야만 가치 있는 사람이다.
- 어떤 사람들은 나쁘고 사악하기 때문에 비난과 처벌을 받아야만 한다.
- 일이 뜻대로 되지 않는다는 것은 인생에서의 실패를 의미한다.
- 위험하거나 두려운 일이 일어날 가능성을 늘 생각하고 있어야 한다.
- 행복이란 외부상황에 의해 결정되기에 이를 통제할 수 없다.
- 인생에서 겪는 어려움은 부딪히기보다 피해 가는 것이 더 편하다.
- 다른 사람에게 의지해야만 하고 항상 의지할 만한 강한 누군가가 있어야만 한다.
- 과거의 영향은 결코 사라지지 않으며, 과거의 일들이 현재의 행동을 결정한다.
- 다른 사람의 문제나 고통에 함께 괴로워하고 속상해야만 한다.
- 모든 문제에는 완벽한 해결책이 있기에 그 해결책을 발견할 수 있어야만 한다.

04 상담 시 내담자 반응을 해석하는 데 있어 유의점 5가지를 쓰시오. (5점)

▸ 2006, 2008, 2011, 2015, 2018

모범답안

① 내담자가 받아들일 준비가 되어 있다고 판단되는 경우 조심스럽게 실행한다.
② 내담자의 성격을 파악하지 못한 경우 또는 해석에 대한 실증적인 근거가 없는 경우 해석을 삼간다.
③ 상담 초기에는 감정의 반영, 상담 중기에는 명료화와 직면, 상담 후기에는 구체적인 해석의 과정을 거쳐 해석이 전개되도록 한다.
④ 즉각적인 해석이나 충고적인 해석을 삼가며, 모순은 지적하지 않는다.
⑤ 가급적 내담자가 스스로 해석하여 통찰을 얻도록 돕는다.

05 38세 미혼여성의 MMPI 검사결과를 보고, 임상적 특징, 가능한 진단명, 주로 사용하는 방어기제를 쓰시오. (8점)

▸ 2005, 2007, 2012, 2018

L(76), F(42), K(80), 1(85), 2(60), 3(78), 4(62), 5(42), 6(53), 7(60), 8(56), 9(42), 0(50)

모범답안

〈임상적 특징〉

- 타당도 척도: L, F, K의 V형 프로파일
  바람직하지 못한 감정이나 충동 혹은 문제들을 부인하거나 회피하려 하며 자신을 가능한 한 좋게 보이려고 애쓰는 사람이다. 비교적 단순하며, 세상을 선과 악의 양극단으로만 보려는 경향이 있다.
- 임상척도: 1-3 프로파일
  - 부정적이고 비관적인 경향을 보이며, 손과 다리 등 신체 사지에 증상이 나타날 수 있고 스트레스를 받으면 신체증상이 증가될 수 있다.
  - 신체적 증상에 대한 이차적 이득이 있을 수 있고 이는 증상을 지속시키는 데 영향을 준다.
  - 미성숙하고 자기중심적이며, 대인관계의 깊이가 부족하고 피상적인 경향이 있다.
  - 적대감을 강하게 억압하며 과시적인 경향이 있고 자신의 심리적 문제에 대한 통찰이 부족하다.

〈가능한 진단명〉

건강염려증, 전환장애, 히스테리성 성격장애

〈주로 사용하는 방어기제〉

억압, 부인, 합리화

참조

- K 척도의 상승을 보이는 사람들은 자신의 약점을 인정하지 않으려는 특성을 가진 사람들로, 억압(repression)이나 합리화(rationalization)의 방어기제를 사용한다.
- L 척도에서 높은 점수를 받은 사람들은 더욱 원시적 형태의 억압(repression)과 경직된 형태의 부인(denial) 방어기제를 사용한다.
- 1-3 코드 상승을 보이는 경우, 부인(denial)이나 억압(repression)의 방어기제를 사용하여 내적 갈등을 의식 밖으로 차단하거나 모호한 신체증상으로 돌림으로써 갈등의 직면을 회피하려 한다.

06 성인용 웩슬러 지능검사의 양적 분석에 포함되어야 할 내용 3가지를 쓰시오. (6점)

▸ 2011, 2013, 2018

모범답안

① 현재 지능
현재 지능은 언어성 지능, 동작성 지능, 전체 지능지수, 지능수준, 백분위, 표준측정 오차범위를 밝히는 방식으로 기술한다.

② 병전지능 추정
피검자의 현재의 지능수준이 원래 가지고 있던 지능수준과 차이가 있는지를 알아봄으로써 지능의 퇴화, 유지정도, 병리의 만성적 경과, 급성 발병 등을 추정한다.

③ 언어성 검사와 동작성 검사 간의 비교
각 개인이 속한 연령 집단에서의 유의미한 점수 차이를 근거로 하여 피검자의 언어성 검사지수와 동작성 검사지수 간의 차이가 유의미한지를 판단한다. 만약 차이가 난다면 유의미한 이유에 대해 추론해 보아야 한다.

학습 Plus 웩슬러 지능검사의 양적 분석

- 현재 지능
- 병전지능 추정
- 언어성 검사와 동작성 검사 간의 비교
- 소검사 점수 분산 분석
  - 어휘 분산분석: 어휘점수의 평가치를 기준으로 하여 각 소검사가 유의한 점수 차이를 보이는지 검토하는 방식이다(어휘가 다른 소검사에 비해 부적응 상태에서도 점수 저하가 잘 나타나지 않는다고 보고, 지능의 수준을 잘 대표한다고 보아 어휘점수를 기준으로 함).
  - 평균치 분산분석: 언어성 소검사는 언어성 소검사 평균치와 동작성 소검사는 동작성 소검사 평균치와 비교하여 특정기능에 유의한 차이가 있는지를 검토한다.
  - 변형된 평균치 분산분석: 한두 개의 소검사 점수가 지나치게 높거나 낮을 경우, 이러한 점수를 제외한 평균치를 계산하여 나온 점수를 다른 소검사와 비교하여 특정 기능의 유의한 차이가 있는지를 검토한다(3점 이상 차이가 나는 것을 기준으로 함).

07 Orford가 제안한 자조집단의 1차적 기능 5가지를 쓰시오. (5점)

▸ 2018

모범답안

① 정서적 지지 제공
② 문제극복을 위한 역할모델 제공
③ 문제이해의 방법 제공
④ 중요하고 적절한 정보 제공
⑤ 사교적 관계 제공

학습 Plus 자조집단의 1차적 기능

- 정서적 지지 제공
- 문제극복을 위한 역할모델 제공
- 문제이해의 방법 제공
- 중요하고 적절한 정보 제공
- 사교적 관계 제공
- 기존 문제를 대처하는 새로운 아이디어 제공
- 집단원을 서로 도울 기회 제공
- 자신들의 문제에 대한 향상된 숙달감과 통제감 제공

〈자조집단〉
공통적인 문제를 가진 사람들이 모여 공통의 목적을 위하여 자발적이고 비전문적인 집단 활동을 함으로써 집단 개개인이 도움을 얻는 조직을 의미하며, 스트레스 상황이나 사건에 직면했을 때 그 스트레스를 줄이거나 통제할 수 있는 개인적인 경험을 나누고 대처 방법, 지식, 기술 등을 논의하며 상호 지지를 효과적으로 제공하는 특성이 있다.

08 다음 사례를 읽고 물음에 답하시오. (8점)

▸ 2004, 2008, 2018

○○초등학교 5학년 학생인 박모 군은 평소 또래 친구들과 어울리지 못하고 집단따돌림을 당하던 중 자신이 거주하는 아파트에서 뛰어내려 스스로 목숨을 끊었다. 같은 반 학생들은 박모 군의 자살소식에 죄책감을 느꼈으며 실의에 잠겼다. 박모 군의 담임선생님은 이러한 사실을 교장선생님께 전하였고, 학교 측은 학생들의 심리적 안정을 위해 학교로 임상심리사를 모셔 왔다.

(1) 임상심리사의 역할에 대해 기술하시오.

(2) 임상심리사가 학생들을 도울 수 있는 방법 4가지를 기술하시오.

모범답안

〈임상심리사의 역할〉
- 학생들의 심리적 고통을 완화하기 위한 치료적 개입을 마련한다(심리치료).
- 재발 방지를 위한 교육과 예방 프로그램을 실시한다(교육과 예방).
- 교내 위기관리를 위한 자문을 제공하고 교사 및 학부모를 위한 대응책을 마련한다(자문 및 대책마련).

〈임상심리사가 학생들을 도울 수 있는 방법 4가지〉
- 학생들의 심리적 안정을 돕기 위한 즉각적인 치료 프로그램을 적용한다.
- 유사상황이 발생되지 않도록 재발방지 교육 및 관계 개선을 위한 자문을 제공한다.
- 심리적 고통의 심각도에 따라 개인상담을 병행하여 일상의 적응을 효과적으로 돕는다.
- 교사 및 학부모를 대상으로 한 교육을 통해 사후관리가 안정적으로 유지될 수 있도록 한다.

학습 Plus 임상심리사의 역할

- 심리평가: 개인의 다양한 심리적 속성을 심리학적 전문지식에 근거하여 핵심적인 부적응 증상과 심각도를 평가할 뿐만 아니라 그러한 증상을 유발한 심리사회적 원인을 통합적으로 분석한다.
- 심리치료: 심리학적 방법을 통해서 개인의 부적응 증상을 제거하거나 경감하고 심리적 성장을 증진한다. 이에 다양한 정신장애와 심리치료 방법에 대한 이론적 이해 및 심리치료를 실시할 수 있는 실무적 능력을 갖춰야 한다.
- 교육과 예방: 임상심리 전반에 대한 이론적 지식과 실무적 활동을 가르치고 감독하며, 임상현장에서 교육 및 예방 프로그램을 실시하여 임상심리학적 지식과 경험을 전달한다.
- 연구: 정신장애의 원인과 치료에 대한 과학적 접근을 통해 다양한 심리적 측면을 연구하며, 이는 실무적 활동의 실증적인 학문적 근거가 된다.
- 자문 및 정책 제안: 다양한 조직이나 집단에서 구성원들의 심리적 문제를 완화하고 효과적으로 적응할 수 있도록 전문적 자문을 제공하며, 정신건강을 증진할 수 있는 정책을 제안할 수 있다.

09 MMPI-2의 성격병리 5요인 척도에 대해 쓰시오. (5점)

▸ 2018

모범답안

- 공격성(Aggressiveness: AGGR)
  다른 사람을 위협하는 것을 즐기고, 목표 달성을 위한 방법으로 공격성을 사용할 수 있다.
- 정신증(Psychoticism: PSYC)
  사고가 와해되고, 기이하고 혼란되어 있으며, 관계망상을 가지며, 우회적이거나 탈선된 사고를 보이는 경향이 있다.
- 통제 결여(Disconstraint: DISC)
  위험추구적이고, 충동적이며 일상적인 일에 쉽게 지루해 하는 경향을 보인다.
- 부정적 정서성/신경증(Negative Emotionality/Neuroticism: NEGE)
  상황의 부정적인 측면에 초점을 두고, 과도하게 걱정하며 자기비판적이며 죄책감을 느낀다. 또한 우울, 불안, 신체증상 등을 보고하고, 친구가 적거나 없는 경향이 있다.
- 내향성/낮은 긍정적 정서성(Introversion/Low Positive Emotionality: INTR)
  기쁨이나 즐거움을 경험할 수 있는 능력이 거의 없고, 내향적이며 성취에 대한 욕구가 낮고, 우울하고 비관적이며 신체증상을 보고한다.

10 풀배터리 검사에서 웩슬러 지능검사를 실시하는 이유에 대해 5가지 쓰시오. (5점) ▸ 2018

모범답안

① 지능검사는 개인의 지적 기능 수준 및 양상을 평가하는 중요한 도구이다.
② 신경학적 문제와 정신건강의학적 문제를 감별 · 진단하는 데 유용하다.
③ 개인의 성격적 및 정서적 특징, 강점 및 약점 등을 파악하고 임상적 진단 및 합리적 치료목표를 설정하는 데 사용된다.
④ 지능검사에 대한 반응과정에서 독특하고 대표적인 행동을 직접 관찰할 수 있으며 적응적 · 부적응적 행동 양상을 이해하는 데 중요한 자료가 된다.
⑤ 지능검사를 통해 지적 기능의 획득 및 활용에 대한 다양한 정보 및 연령 변화에 따른 지적 기능의 변화양상을 파악하는 데 도움이 된다.

11 지능검사의 라포 형성 방법을 5가지 쓰시오. (5점) ▸ 2012, 2018

모범답안

① 사전설명 없이 곧바로 검사를 시작해서는 안 되며, 먼저 피검자가 알아 두어야 할 일반적인 사항을 설명해 주는 것이 좋다.
② 지능검사 전에 면담 등을 통해 방어나 저항 없이 편안하게 검사를 실시할 수 있도록 분위기를 조성한다.
③ 검사를 실시하는 동안 피검자의 다양한 심리행동적 변화에 대한 지속적인 관심과 주의 깊은 상호작용을 유지한다.
④ 피검자의 연령에 적합한 언어로 간단하게 검사를 소개하고 질문에 대한 설명을 제공한다.
⑤ 지능검사 실시 및 채점 매뉴얼을 정확하게 숙지하여 검사의 효율성을 증진한다.

12 자기표현 훈련이 필요한 내담자의 특징을 6가지 쓰고, 이를 통해 내담자가 인식해야 할 점을 2가지 쓰시오. (8점) ▸ 2007, 2010, 2018

모범답안

〈특징〉
① 수동적이고 억제적이며 타인의 시선을 회피한다.
② 의사결정 시 타인에게 의존하거나 결정을 맡긴다.
③ 문제에 직면하는 경우 회피하는 태도를 보인다.
④ 다른 사람의 조언이나 평가를 두려워한다.
⑤ 다른 사람의 비합리적 요구를 거절하지 못한다.
⑥ 자신에 대한 자존감 수준이 낮다.

〈인식〉

① 자신의 부적응 행동에 대한 변화의 필요성을 인식하며, 행동변화에 대한 의지를 갖도록 한다.

② 시도하기 쉬운 것부터 자기표현을 시작하여 인내심으로 노력하며, 결과가 만족스럽지 않더라도 좌절하거나 포기하지 않는다.

13 다음의 내담자 내용에 대한 상담자의 반영적 반응을 간략히 쓰시오. (3점)

▸ 2003, 2005, 2012, 2014, 2016, 2018

"지난주에 이곳에서 남편이 일찍 오겠다고 약속했잖아요. 그런데 남편이 정말로 일찍 들어왔어요. 남편이 그렇게 약속을 잘 지킬 줄은 몰랐는데 정말 놀랐어요."

모범답안

• 상담자의 반영적 반응

"남편이 약속을 지킬 줄 몰랐는데, 약속대로 집에 일찍 들어오는 모습을 보니 새삼 놀라기도 하고, 한편으론 무척 기쁘기도 하셨군요."

〈반영〉

내담자의 감정에 대한 파악을 통해 내담자에게 파악된 감정을 잠정적이지만 명확하게 표현하는 것을 말한다.

14 토큰경제의 장점 3가지를 쓰시오. (6점)

▸ 2012, 2018

모범답안

① 토큰을 통해 바람직한 행동의 즉각적인 촉진 및 표적행동과 교환 강화물 간의 긴 지연을 연결해 주는 기능으로 인해 충족지연의 습관을 학습할 수 있다.

② 하나의 표적행동에 대해 이중 강화 효과(1차: 토큰 강화, 2차: 교환 강화물)를 얻는 결과로 인해 기대행동이 보다 잘 유지된다.

③ 여러 교환 강화물과 짝지어진 토큰은 일반화된 조건 강화물로서 행동의 동기를 유지하고, 토큰의 교환가치로 인해 강화력의 감소나 상실 현상을 예방할 수 있다.

* 토큰경제(token economy)는 바람직한 행동을 함으로써 토큰을 얻고, 그 토큰으로 교환 강화물들을 살 수 있는 행동 프로그램이다.

15 로저스의 인간중심상담에서 강조한 치료자의 태도 3가지를 쓰시오. (3점)

▶ 2008, 2010, 2014, 2017, 2018

모범답안

① 진솔성(일치성)

진솔성은 치료과정에서 매 순간 경험하는 감정을 있는 그대로 솔직히 인정하고 표현하는 태도로서, 치료자가 경험하는 감정을 기꺼이 표현하고 개방하는 것을 말한다.

② 무조건적인 긍정적 존중

내담자를 존중하며 있는 그대로 수용하는 것을 말한다. 치료자가 비판단적으로 내담자를 존중할 때, 방어하지 않고 자신의 경험을 자유롭게 탐색할 수 있게 되며 안정감과 자기개념의 변화를 경험하게 된다.

③ 공감적 이해

치료자가 내담자의 감정에 빠져들지 않으면서 내담자의 감정을 자신의 감정처럼 느끼고 이해하며 이를 내담자에게 전달하는 것을 말한다.

16 성폭력 피해 여성이 피해 사실에 대해 부정하고 있으며, 가해자는 무죄를 주장할 때 피해자에게 적합한 자문방법과 치료적 개입방법을 쓰시오. (6점)

▶ 2018

모범답안

〈자문방법〉

- 성폭력에 대한 기억을 되살리는 일이 힘들다는 것을 인정해 주고 치료에 대한 피해자의 자율성을 회복하도록 도움을 주어야 한다.
- 성폭력 후유증에 대한 정보를 제공하고, 피해자가 언제든 치료를 받을 수 있고 이를 통해 도움을 받을 수 있음을 안내한다.
- 피해자에게 필요한 법적 절차 및 의학적 조치에 대해 안내하고 해당 기관 및 의료적 도움을 받을 수 있도록 돕는다.

〈치료적 개입방법〉

- 상담자는 내담자가 성폭력 피해 사실을 이야기하는 것에 대한 두려움을 인지하며, 내담자로 하여금 자신의 억압된 감정을 표출하도록 돕는다.
- 상담자는 내담자의 성폭력 피해 사실에 따른 수치심이나 죄책감이 전적으로 가해자로 인한 것임을 인식시킨다.
- 상담자는 내담자의 잘못된 죄의식을 수정하고, 자신의 느낌과 생각을 보다 건설적으로 조정할 수 있도록 도와 긍정적인 관점에서 자신을 발견할 수 있도록 한다.
- 문제해결을 위한 다양한 대처양식을 증진하고 가족 및 사회적 보호체계로부터 지원을 받을 수 있도록 돕는다.

17 순환성 장애의 진단기준 3가지를 쓰시오. (6점) ▸ 2018

모범답안

① 적어도 2년(아동 · 청소년은 1년) 동안 다수의 경조증 기간(경조증 삽화의 진단기준을 충족하지 않는)과 우울증 기간(주요 우울 삽화의 진단기준을 충족하지 않는)이 있어야 한다.

② 2년 이상의 기간(아동 · 청소년에게는 1년) 동안 경조증 기간과 우울증 기간이 절반 이상 차지해야 하고, 증상이 없는 기간이 2개월 이상 지속되어서는 안 된다.

③ 주요 우울 삽화, 조증 삽화 또는 경조증 삽화가 존재하지 않는다.

* 순환성 장애는 기분의 불안정성, 변동성을 특징적으로 보이는 만성적인 기분장애이다. 양극성 및 관련 장애의 하위유형에 포함된다.

18 상담 초기, 중기, 후기에서의 해석 기법에 대해 쓰시오. (6점) ▸ 2018

모범답안

- 상담 초기: 상담 초기에는 상담에 대한 잘못된 기대와 미온적인 태도를 해석해야 할 필요가 있다. 이때의 해석은 상담과정을 밝혀 주고 내담자가 앞으로 유의해서 노력해야 할 영역을 제시한다.
- 상담 중기: 상담이 진행되는 중기에는 내담자의 방어기제, 문제에 대한 생각, 느낌 및 행동양식 등을 해석의 대상으로 삼는다.
- 상담 후기: 내담자 자신이 스스로 해석을 할 수 있도록 북돋워 주기 위해 일반적인 내용을 해석하면서 점차 해석의 횟수를 줄여 나간다.

11 2018년 제1회 실기복원문제

01 로르샤흐 검사의 특수점수에서 특수내용의 종류를 3가지 쓰고 각각에 대해 설명하시오. (6점)

▸ 2018

모범답안

① 공격적인 내용(AG)

AG는 운동반응(M, FM, m)에 '싸우는, 파괴적인, 논쟁하는, 매우 화난' 등과 같이 뚜렷하게 공격적인 반응내용을 포함하고 있을 때 채점한다.

② 협조적인 운동반응(COP)

COP는 두 가지 이상의 대상이 적극적으로 혹은 협조적으로 상호작용하는 운동반응(M, FM, m)을 했을 때 채점한다('두 사람이 물건을 나르고 있다.').

③ 병적인 내용(MOR)

MOR은 파괴되고 손상된 사물과 우울한 느낌을 주는 사물 중 한 가지 특징을 지니고 있을 때 채점된다(반응 대상이 두 가지 특징 가운데 한 가지를 보일 때 채점).

- '죽은, 파괴된, 폐허가 된, 오염된, 손상된, 상처 입은, 깨어진' 대상으로 지각할 때 채점한다.
- 반응한 대상이 우울한 감정이나 특징들을 나타낼 때이다(침울한 집, 슬픈 여자, 울고 있는 사람).

학습 Plus 로르샤흐 검사 특수점수와 4가지 특수내용

〈특수점수〉

- 로르샤흐 반응을 기호화할 때 마지막으로 해야 할 일은 특수점수를 추가할 필요가 있는지를 결정하는 것이다. 특수점수 역시 다른 로르샤흐 기호처럼 반응들을 점수로 나타내기보다는 반응특징을 기호화하는 것이다.
- 특수내용들은 특수한 인지적 특징이나 자아의 특징을 나타내는 반응들이다. 이러한 반응들은 단순한 내용분류에 포함되지 않으므로 별도의 채점기호가 필요하다.
- 특수점수를 사용하면 과거에 질적으로 해석하던 여러 가지 반응특징들을 수량화할 수 있다. 로르샤흐 종합체계에는 15가지 특수점수가 있다. 그것은 6개의 특이한 언어반응(unusual verbalization), 1개의 반응반복(preservation), 4가지 특수내용, 인간표상에 대한 반응을 구별시켜 주는 2가지 반응, 개인적 반응과 특수색채현상이다.

〈4가지 특수내용〉
- 추상적 내용(AB): 인간의 지각이나 정서적 경험과 관련되는 내용, 주제가 명백하고 특정한 상징적 의미를 지니고 있는 경우 채점된다.
- 공격적 내용(AG): 반응의 내용이 M, FM, m 반응에 포함되어 있을 때 AG로 채점한다. 단, 공격적인 행위가 주체적으로 일어나는 경우에만 채점한다.
- 협조적 운동반응(COP): 움직임 반응(M, FM, m)에서 둘 이상의 대상들이 서로 호의적으로 협동적인 상호작용을 하고 있는 장면에 대해 채점된다. 서로 상호작용을 하고 있다는 특징이 명백하게 드러나야 한다.
- 병적인 내용(MOR): 파괴되고 손상된 사물과 우울한 느낌을 주는 사물 중 한 가지 특징을 지니고 있을 때 채점된다.

02 재활치료의 손상, 장애, 핸디캡의 의미를 쓰고 개입방법의 차이를 설명하시오. (5점)

▶ 2006, 2010, 2012, 2014, 2015, 2018

모범답안

- 손상: 손상단계는 심리적 · 생리적 · 해부학적 구조 또는 기능에서 상실이나 이상이 생긴 상태를 말한다. 이 단계에서는 약물치료나 정신치료가 사용된다.
- 장애: 역할장애 단계는 정상인이 해야 할 사회적 역할수행능력이 제한되거나 부족한 상태로, 학교를 다니지 못하거나 취업하지 못하고 거주지가 없는 등의 문제가 있다. 이 단계에서는 직업재활상담과 역할훈련, 이를 지원하는 환경지원이 필요하다.
- 핸디캡: 불이익 단계는 환자가 사회로부터 불이익을 겪게 되는 경우이며 핸디캡이라고 한다. 사회의 낙인, 차별대우, 빈곤문제 때문에 자신의 능력을 사용할 수 있는 기회를 제한 당하게 된다. 이 단계에서는 정신보건 관련 제도를 개선시키고 사회적 편견을 없애며 환자의 권익을 찾도록 노력해야 한다.

학습 Plus

정신사회재활모형(Psychosocial Rehabilitation Model, Anthony)에서 정신장애가 개인에게 주는 영향은 손상(impairment), 기능결함(dysfunction), 역할장애(disability), 불이익 혹은 핸디캡(disadvantage) 단계로 진행된다.

단계	손상 (impairment)	기능결함 (dysfunction)	역할장애 (disability)	불이익 (disadvantage)
정의	심리적 · 생리적 혹은 해부학적인 구조나 기능이 상실되거나 어떤 이상이 생긴 상태	정상이라고 생각되는 방식과 범위 내에서 활동이나 과업을 수행할 능력이 제한되거나 부족한 상태	정상이라고 생각되는 방식과 범위 내에서 역할 수행 능력이 제한되거나 부족한 상태	어떤 개인이 정상적인 역할을 수행하는 일에 제한과 방해를 받는 불이익 상태
예	망상, 환각, 우울, 무감동 등	직무적응기술 부족, 사회기술 부족, 일상생활기술 부족	학교를 다니지 못함, 취업을 하지 못함, 거주지가 없음.	사회적 차별과 편견, 빈곤한 상태에 놓임.
대표적 개입법	약물치료, 정신치료(손상의 경감에 초점)	재활상담, 기술훈련, 환경지원(기술적 · 기능적 능력 향상에 초점)	직업재활상담, 역할훈련, 환경지원(환경적 지지체계에 초점)	편견해소, 권익보호, 제도변화(사회적 불이익을 최소화하는 데 초점)

03 해결중심 가족치료에서 주로 사용하는 질문의 유형을 3가지 쓰시오. (6점) ▸ 2018

모범답안

해결중심 가족치료(solution-focused family therapy)는 내담자의 문제에 초점을 맞추기보다 내담자의 긍정적 자원에 초점을 맞추어 내담자가 원하는 삶을 위한 해결책을 강구하는 데 집중하는 단기치료적 접근이다.

① 기적질문(miracle question)
문제가 해결된 상황 또는 내담자가 원하는 미래의 구체적인 모습을 상상해 봄으로써 해결하기 원하는 것을 구체화·명료화하는 데 도움을 주는 질문이다("밤에 자는 동안 기적이 일어나 지금 치료목표로 하는 문제가 해결되었다고 합시다. 당신에게 변화가 일어난 것을 다른 가족들은 무엇을 보고 알 수 있겠습니까?").

② 척도질문(scaling question)
내담자의 주관적인 상태를 확인하기 위해 문제의 심각성 정도나 치료목표, 성취 정도를 수치로 표현하도록 하는 질문이다. 변화에 대한 동기를 강화하고, 다음 단계로 발전하기 위해 무엇을 해야 할지 탐색하는 데 유용하다("0~10점까지의 척도에서 10점은 문제가 해결된 상태, 0점은 문제가 전혀 해결되지 않은 상태라고 가정합니다. 오늘은 몇 점이라고 생각하나요?").

③ 예외질문(exception-seeking question)
내담자의 문제가 나타나지 않거나 덜 심각한 경우를 찾아내도록 하는 질문이다. 예외질문은 일상생활에서 성공적으로 잘하고 있으면서도 의식하지 못하는 것을 발견하고, 성공했던 행동을 의도적으로 하도록 강화시키는 기법이다("최근에 문제가 일어나지 않은 때는 언제인가요?").

학습 Plus 해결중심 가족치료-질문의 유형

- 기적질문(miracle question): 문제가 해결된 상황 또는 내담자가 원하는 미래의 구체적인 모습을 상상해 봄으로써 해결하기 원하는 것을 구체화·명료화하는 데 도움을 주는 질문이다("밤에 자는 동안 기적이 일어나 지금 치료목표로 하는 문제가 해결되었다고 합시다. 당신에게 변화가 일어난 것을 다른 가족들은 무엇을 보고 알 수 있겠습니까?").
- 척도질문(scaling question): 내담자의 주관적인 상태를 확인하기 위해 문제의 심각성 정도나 치료목표, 성취 정도를 수치로 표현하도록 하는 질문이다. 변화에 대한 동기를 강화하고, 다음 단계로 발전하기 위해 무엇을 해야 할지 탐색하는 데 유용하다("0~10점까지의 척도에서 10점은 문제가 해결된 상태, 0점은 문제가 전혀 해결되지 않은 상태라고 가정합니다. 오늘은 몇 점이라고 생각하나요?").
- 예외질문(exception-seeking question): 내담자의 문제가 나타나지 않거나 덜 심각한 경우를 찾아내도록 하는 질문이다. 예외질문은 일상생활에서 성공적으로 잘하고 있으면서도 의식하지 못하는 것을 발견하고, 성공했던 행동을 의도적으로 하도록 강화시키는 기법이다("최근에 문제가 일어나지 않은 때는 언제인가요?").
- 대처질문: 내담자가 스스로 인식하지 못하는 자원과 강점을 발견하도록 돕는 질문이다. 내담자와 가족이 낙담과 좌절, 고통스러운 상황에 처해 있을 때, 위로를 하기보다는 '약간의 성공감을 갖도록 하는 대처방법'에 관한 질문을 하는 것이 바람직하다("제가 봐도 지금은 무척 힘든 상태라고 생각됩니다. 그런데 상태가 더 나빠지지 않도록 하기 위해 현재 어떤 노력을 하고 계신가요?" / "무엇이 조금 바뀌면 희망이 생길까요?").
- 관계성질문: 관계성질문은 내담자와 중요한 관계를 맺고 있는 사람들의 관점에서, 그들이 내담자 자신의 문제에 대해 어떻게 생각할지 추측해 보도록 하는 것이다("만약 당신의 어머니라면, 지금 상황에 대해서 무엇이라고 말씀하실까요?").

04 다음 사례를 보고 임상심리사가 할 수 있는 자문이나 치료적 개입에 대한 조언을 5가지 쓰시오. (6점)

▸ 2006, 2018

A군은 만 7세 4개월로 올해 초등학교에 입학하였다. 초등학교 입학하기 전에 유치원에 다녔으며 별다른 문제를 보이지 않았었다. 초등학교 입학 후 수업에 집중을 잘하지 못하고 수업 중 돌아다니는 모습이 자주 관찰되었으며 학업성적도 저조한 편이었다. 같은 반 또래들도 A군에게 다가가기를 거부하였다. A군의 어머니는 평소 과잉보호를 하였음을 보고하였다.

〈KEDI-WISC〉

하위검사명	평가치	하위검사명	평가치
상식	3	빠진 곳 찾기	6
공통성	8	기호쓰기	6
산수	4	차례맞추기	6
어휘	9	토막짜기	9
이해	9	모양맞추기	8
숫자(보충)	6	미로(보충)	7

* 언어성 IQ: 79　　* 동작성 IQ: 78　　* 전체 IQ: 76

모범답안

① 기초 학습 증진이 필요하고, 다양한 영역에 대한 관심이 부족하기에 학습 호기심과 동기 및 학습전략에 대한 개입이 필요하다.

② 주의집중력, 주의지속능력이 부족해 수업에 집중하기 어렵고 학업성과를 경험하기 어려울 수 있다. 주의집중력 훈련 및 학습에 집중할 수 있도록 충동조절 훈련이 필요하다.

③ 실제적인 상황판단력과 사회적 대처능력이 저하되어 있어 또래관계 문제를 해결하는 데 어려움이 있기에 사회기술훈련 및 대처기술을 학습하도록 하여 대인관계 효능감을 증진할 필요가 있다.

④ 또래 거부와 학업 저하로 인한 우울, 자존감 저하, 적응 곤란이 나타나고 있어 심리상담 및 치료적 개입이 필요하다.

⑤ 부모교육을 병행하여 자녀교육과 지도에 필요한 정보와 기술을 습득하도록 도와 가정 내에서 올바른 개입을 할 수 있도록 한다.

05 지능을 평가할 때의 주요쟁점인 임상적 접근과 개념적 접근에 대해 설명하시오. (6점)

▸ 2018

모범답안

지능의 구성개념은 임상적 입장과 이론적 입장에 따라 서로 다르게 정의되어 왔다(Kaufman, 1990).

• 임상적 접근
  – 지능을 전체적인 잠재적 적응 능력으로 정의하였으며, 가설을 바탕으로 지능검사를 제작하여 가장 중요한 목표인 개인의 전체적 능력을 평가하기 위해 검사를 사용해 왔다.
  – 더불어 동기나 성격 등의 비인지적 요소가 지적 기능의 수행에 영향을 미치고 지능검사 결과에 반영되며 이러한 결과가 임상적으로 중요한 자료를 제공해 준다고 강조하였다(Binet, Terman, Wechsher, Bayley 등을 중심으로 발전함).

• 개념적 접근
  – 지능의 개념을 과학적으로 정의하기 위해 지능검사 결과와 개인의 성, 연령, 학력, 성취 등과의 상관관계를 분석하거나 지능검사의 소검사들에 대한 요인분석 연구를 바탕으로 지능의 개념을 발전시켜 왔다.
  – 더불어 지능의 보다 구별되는 영역을 확인하고, 지능검사 해석에 있어 특정 영역에서의 개인의 수행뿐 아니라 해당 영역에서의 발달적 경로상의 차이를 강조하기 시작했다(Speaman, Thorndike, Thurstone, Cattell, Guilford 등을 중심으로 발전함).

학습 Plus 지능의 개념적 접근

• 스피어먼(Spearman): 모든 지적 기능은 공통적인 g요인(general factor)과 음악적 재능, 기계적 능력과 같은 특수한 지능 요인(special factor)이 존재한다는 '2요인설'을 제시하였다.
• 서스톤(Thurstone): 지능이 언어 이해력, 어휘 유창성, 수리적 능력, 공간 능력, 지각 속도, 기억, 추리력의 '7요인'으로 이루어져 있다고 제시하였다.
• 카텔(Cattell): 지능을 현재 지능검사 분야에서 가장 널리 받아들여지는 개념인 유동적 지능(fluid inteligence)과 결정적 지능(crystallized intelligence)으로 구별하였다.
  - 유동적 지능: 선천적 지능으로서 뇌손상이나 정상적 노령화에 따라 감소되는 지적 능력
  - 결정적 지능: 유동적 지능을 바탕으로 개인의 문화적 또는 교육적 경험에 따라 영향을 받는 기능으로서 지속적인 발전이 가능한 지적 능력

혼(Horn)은 이후에 카텔(Cattell)의 이론을 시각 지각, 단기기억, 장기저장과 인출, 처리속도, 청각처리 능력, 양적 능력 및 읽기-쓰기 능력 요인을 포함하는 것으로 확장하였다.

06 이중관계(다중관계)의 의미와 피해야 하는 이유를 예를 들어 설명하시오. (5점) ▸ 2018

모범답안

- 이중관계(다중관계)
  - 내담자와 전문적 역할 관계에 있으면서 동시에 또 다른 역할관계를 가지는 것을 말한다.
- 피해야 하는 이유
  - 내담자와의 이중관계는 공정하고 객관적이며 효율적으로 업무를 수행하는 데 위험요인이 될 수 있으며, 상대방을 착취하거나 해를 입힐 가능성이 있으므로 상담가는 이중관계가 발생하게 될 때 신중하여야 한다.
- 피해야 할 이중관계의 예
  - 사제관계이면서 동시에 사적 친밀관계인 경우
  - 사제관계이면서 동시에 치료자–내담자/환자 관계인 경우
  - 같은 기관에 소속되어 사제관계, 고용관계, 또는 상하관계에 있으면서 기관 내의 치료자–내담자/환자에 대한 지도감독의 대가로 직접 금전적 관계를 형성하는 경우
  - 치료자–내담자/환자 관계이면서 동시에 사적 친밀관계인 경우
  - 내담자/환자의 가까운 친척이나 보호자와 사적 친밀관계를 가지는 경우
  - 기타 업무수행의 공정성을 저해할 가능성이 있거나 착취를 하거나 피해를 입힐 가능성이 있는 경우

07 집단치료에서 집단구성 시 현실적으로 고려해야 할 사항 5가지를 쓰시오. (5점) ▸ 2018

모범답안

① 집단원의 선정: 집단원을 선정할 때는 사전면담을 통해 집단의 목표에 적합한지를 확인해야 한다.

② 장소: 집단상담 장소는 너무 크지 않고, 편안한 곳이 좋으며, 서로 얼굴을 볼 수 있도록 원형으로 앉는 것이 효과적이다.

③ 집단의 크기: 집단의 크기는 6~12명 정도가 적절하다. 집단원이 너무 많으면 각 집단원이 개인적인 문제를 제대로 탐색하지 못하게 되며, 인원이 너무 적으면 내담자들의 상호관계나 행동의 범위가 좁아지고 집단원 개개인에게 미치는 압력이 커져서 비효율적이다.

④ 상담 시간 및 횟수: 집단상담 시간은 내담자의 연령이나 집단의 특징 및 빈도에 따라 적절하게 정한다. 또한 집단상담의 전체 지속 횟수나 기간은 최소한 8~10회기 정도로 잡는 것이 바람직하다.

⑤ 집단의 구성: 집단의 구성은 개방적으로 하거나 폐쇄적으로 할 수 있다. 폐쇄집단은 집단을 시작할 때 참여한 구성원들만으로 진행되며, 개방집단은 집단의 전 기간을 통해 아무 때나 새로운 구성원을 받아들인다.

08 공포증 환자를 대상으로 체계적 둔감화 3단계를 순서대로 기술하시오. (6점)

▸ 2009, 2010, 2015, 2018

모범답안

〈시행순서〉

① 1단계-이완훈련
- 이완상태에서는 불안이 일어나지 않는다는 원리를 토대로 한다(상호억제원리).
- 상담자는 수회에 걸쳐 내담자가 긴장을 이완할 수 있도록 훈련한다.

② 2단계-불안위계목록 작성
- 내담자가 가지고 있는 불안(공포)에 대한 정보와 증상, 행동을 파악한다.
- 불안(공포)을 일으키는 유발상황에 대한 위계목록을 작성한다.

③ 3단계-불안위계목록에 따른 둔감화 실시
- 이완상태에서 내담자가 불안을 유발하는 상황을 상상하도록 유도한다.
- 순서는 불안(공포)을 가장 적게 느끼는 상황에서부터 시작하여 높은 수준의 불안으로 옮겨 가는 것이 바람직하다. 불안상황에서 불안반응을 더 이상 보이지 않을 때까지 반복하여 실시한다.

09 정신과병동에 있는 A씨는 만성 조현병 환자이다. 임상심리사는 이 환자에게 인사하는 기술을 가르치고자 한다. 이를 위한 토큰경제방법을 5단계로 순서대로 설명하시오. (5점)

▸ 2018

모범답안

토큰 또는 교환권을 강화물로 사용하여 바람직한 행동을 유도하는 기법이다. 먼저 강화하고자 하는 목표행동을 구체적으로 설정하고 합당한 행동을 실천했을 때 명확하게 대가를 제공한다.

- 1단계: 표적행동 평가(분석)-인사를 안 하는 행동(표적행동)의 발생을 구체화한다.
- 2단계: 기초선(기저선) 결정-적합한 인사행동 빈도를 결정한다.
- 3단계: 사용할 토큰 및 교환 강화물 설정-인사를 할 경우 제공될 토큰을 정하고, 일정한 수량의 토큰을 획득하였을 시 교환할 강화물을 설정한다.
- 4단계: 강화계획 수립 및 실행-강화계획을 구체화(대상, 시간, 공간 등)하고 실행을 하기 위한 세부 전략을 수립한다.
- 5단계: 효과 평가 및 재발방지 계획 수립-강화효과를 평가하고 재발방지 계획을 수립한다.

10 Beck의 인지적 왜곡 6가지를 쓰고 설명하시오. (5점)

▸ 2007, 2015, 2018

모범답안

① 이분법적 사고: 상황을 연속적으로 보기보다 극단적 측면에서 보는 것(흑백논리)
② 과잉일반화: 한 가지 증거로 타당하지 않은 일반적인 결론을 내리는 것
③ 정신적 여과(선택적 추상화): 전체적인 측면을 고려하지 않고 한 가지 작은 세부적 요소에 초점을 두는 것
④ 임의적 추론: 결론을 지지할 만한 증거가 없거나 결론에 위배됨에도 성급하게 비약적인 결론을 내리는 것
⑤ 확대하기/축소하기: 부정적인 것에 너무 치중하고 긍정적 정보의 가치를 축소하는 것
⑥ 감정적 추론: 어떤 것이 강하게 느껴지기 때문에 반대되는 증거는 고려하지 않고 사실이라고 믿는 것

학습 Plus 인지적 오류

- 이분법적 사고: 상황을 연속적으로 보기보다 극단적 측면에서 보는 것(흑백논리)
- 과잉일반화: 한 가지 증거로 타당하지 않은 일반적인 결론을 내리는 것
- 정신적 여과(선택적 추상화): 전체적인 측면을 고려하지 않고 한 가지 작은 세부적 요소에 초점을 두는 것
- 임의적 추론: 결론을 지지할 만한 증거가 없거나 결론에 위배됨에도 성급하게 비약적인 결론을 내리는 것
- 확대하기/축소하기: 부정적인 것에 너무 치중하고 긍정적 정보의 가치를 축소하는 것
- 감정적 추론: 어떤 것이 강하게 느껴지기 때문에 반대되는 증거는 고려하지 않고 사실이라고 믿는 것
- 명명하기: 누군가에게 극단적이고 광범위하며 정당하지 않은 꼬리표를 붙이는 것
- 개인화: 인과적 연결을 지지하는 증거 없이 외부적 사건을 자기 자신에게 귀인시키는 것
- 재앙화: 미래에 대해 보다 현실적인 어떤 다른 고려도 없이 부정적으로 예상하는 것
- 독심술: 상호작용이나 관계에 있어서 타인이 어떤 생각을 하고 있는지 본인이 안다고 생각하는 것
- 터널 시야: 오로지 상황의 부정적 측면에만 초점을 맞추는 것

11 얄롬(Yalom)이 제시한 집단상담의 치료요인 5가지를 쓰시오. (5점)

▸ 2009, 2012, 2013, 2014, 2017, 2018

모범답안

① 희망감 고취: 내담자가 자신의 삶에 대해 희망의 느낌을 갖는다.
② 보편성: 다른 사람들도 유사한 걱정거리를 갖는다는 것을 깨닫는다.
③ 이타심: 집단구성원과 경험 및 생각을 공유하면서 타인을 향한 이타행동이 증진된다.
④ 대인관계 학습: 다른 집단구성원들과의 상호작용을 통해 대인관계 기술을 학습한다.
⑤ 감정 정화: 집단상담 이전에는 표현하지 못했던 감정을 표현하며 정화적 경험을 갖는다.

12 Weiner는 객관적 검사와 투사적 검사의 구분에서 로르샤흐 검사를 투사적 검사로 분류하는 것에 이의를 제기했는데 그 이유를 2가지 쓰시오. (4점)

▸ 2018

모범답안

① 검사자와 수검자에 따라 로르샤흐 해석이 달라질 수 있는 주관적인 검사라는 데에 대한 이의를 제기하였으며, 이는 검사기법에서 오는 문제가 아니라 검사자가 로르샤흐 검사에 미숙하게 때문에 초래되는 것이라고 보았음.

② 로르샤흐 검사를 투사적 검사로 분류하는 이유는, 반응 과정에서 투사가 작용하여 유용한 정보를 얻을 수 있기 때문이기는 하나, 로르샤흐 반응 시 항상 투사가 일어나는 것도 아니고 투사가 가장 핵심적인 측면만은 아니라고 이의를 제기함.

13 인간중심치료에서 로저스가 제시한 긍정적인 성격변화를 위한 필요충분조건 5가지를 쓰시오. (5점)

▸ 2018

모범답안

① 관계의 존재인 두 사람(치료자-내담자)은 심리적 접촉 상태에 있다.
② 내담자는 자신을 상처받게 하거나 불안하게 하는 부조화 상태에 있다.
③ 치료자는 관계에서 일치성(진솔성)을 경험한다.
④ 치료자는 내담자에게 무조건적 긍정적 존중의 태도를 지닌다.
⑤ 치료자는 내담자의 내적 참조 틀에 대해 공감적 이해를 하고 표현한다.

학습 Plus 인간중심치료의 필요충분조건 6가지

- 관계의 존재인 두 사람(치료자-내담자)은 심리적 접촉 상태에 있다.
- 내담자는 자신을 상처받게 하거나 불안하게 하는 부조화 상태에 있다.
- 치료자는 관계에서 일치성(진솔성)을 경험한다.
- 치료자는 내담자에게 무조건적 긍정적 존중의 태도를 지닌다.
- 치료자는 내담자의 내적 참조 틀에 대해 공감적 이해를 하고 표현한다.
- 치료자의 무조건적 긍정적 존중, 공감적 이해, 일치성(진솔성)이 내담자에게 어느 정도 전달되어야 한다.

14 TCI 척도를 구성하는 4가지 기질차원과 3가지 성격차원을 설명하시오. (7점)

▸ 2018

모범답안

〈기질차원〉

- 자극추구(novelty seeking): 새롭거나 신기한 자극, 잠재적인 보상단서에 끌리면서 행동이 활성화되는 유전적 경향성
- 위험회피(harm avoidance): 위험하거나 혐오스러운 자극에 대해 행동이 억제되고 위축되는 유전적 경향성

• 사회적 민감성(reward dependence): 사회적 보상신호(타인의 표정 및 감정 등)에 대해 강하게 반응하는 유전적 경향성
• 인내력(persistence): 지속적인 강화가 없어도 한 번 보상된 행동을 꾸준히 지속하려는 유전적 경향성

〈성격차원〉
• 자율성(self-directedness): 자신이 선택한 목표와 가치를 이룰 수 있도록 상황을 만들어 가는 능력
• 연대감(cooperativeness): 자기 자신을 사회의 통합적인 한 부분으로 지각할 수 있는 정도
• 자기초월(self-transcendence): 우주 만물과 자연을 수용하고 동일시하며 이들과 일체감을 느끼는 능력에서의 개인차

15 다음 사례에 대한 진단명과 진단기준을 쓰시오. (6점) ▸ 2018

타인이 보기에 말랐다고 함에도 불구하고 자신이 뚱뚱하다는 생각에 섭식을 하지 않으며 마른 체형을 유지하면서 신체상에 대한 문제로 가족과 관련된 대화를 피함

모범답안

① 진단명: 신경성 식욕부진증(anorexia nervosa)

② 진단기준
• 필요한 양에 비해 지나친 음식물 섭취 제한으로 연령, 성별, 발달 과정 및 신체적인 건강 수준에 비해 현저하게 저체중을 유발하게 된다.
• 체중이 증가하거나 비만이 되는 것에 대한 극심한 두려움 혹은 체중 증가를 막기 위한 지속적인 행동이 나타나며, 이러한 행동은 지나친 저체중일 때도 이어진다.
• 기대되는 개인의 체중이나 체형을 경험하는 방식에 장애를 보인다. 자기평가에서 체중과 체형에 대한 지나친 압박 혹은 현재의 저체중에 대한 심각성 인식의 지속적 결여가 있다.

학습 Plus 신경성 식욕부진증(anorexia nervosa) 진단기준(DSM-5)

A. 필요한 양에 비해 지나친 음식물 섭취 제한으로 연령, 성별, 발달 과정 및 신체적인 건강 수준에 비해 현저하게 저체중을 유발하게 된다.
B. 체중이 증가하거나 비만이 되는 것에 대한 극심한 두려움 혹은 체중 증가를 막기 위한 지속적인 행동이 나타나며, 이러한 행동은 지나친 저체중일 때도 이어진다.
C. 기대되는 개인의 체중이나 체형을 경험하는 방식에 장애를 보인다. 자기평가에서 체중과 체형에 대한 지나친 압박 혹은 현재의 저체중에 대한 심각성 인식의 지속적 결여가 있다.
  * 다음 중 하나를 명시할 것
  • 제한형: 지난 3개월 동안 폭식하거나 하제를 사용하지 않음(즉, 스스로 유도하는 구토 또는 하제, 이뇨제, 관장제의 남용이 없음).
  • 폭식 및 하제 사용형: 지난 3개월 동안 폭식 혹은 하제를 사용함(즉, 스스로 구토를 유도하거나 하제, 이뇨제, 관장제를 남용함).

16 다음 사례를 읽고 물음에 답하시오. (10점)

▸ 2014, 2018

30대 중반의 주부인 B씨는 자신이 가정에서 무가치한 존재가 되어 버렸고 사회적으로도 능력을 발휘할 수 없는 존재로 전락해 버렸다는 생각에 생활 전반에 활력과 동기가 저하된 상태이다. 수면곤란, 무기력, 죄책감과 자살사고를 보이고 있으며 인생과 미래에 대해 암울함을 보이고 있다.

(1) 우울장애에 대한 진단기준 4가지를 쓰시오.

(2) 내담자가 자살위험이 있는지 알아보기 위한 평가내용 3가지를 쓰시오.

(3) 내담자가 자살위험이 있을 때 조치방법 3가지를 쓰시오.

모범답안

〈우울장애에 대한 진단기준 4가지〉

- 거의 매일 나타나는 불면이나 과다수면
- 거의 매일 나타나는 피로나 활력의 상실
- 거의 매일 무가치감 또는 과도하거나 부적절한 죄책감
- 반복적인 죽음에 대한 생각(단지 죽음에 대한 두려움이 아닌), 구체적인 계획 없이 반복되는 자살사고 또는 자살시도나 자살수행에 대한 구체적인 계획

〈내담자가 자살위험이 있는지 알아보기 위한 평가내용 3가지〉

- 자살사고, 자살계획, 자살시도 경험

〈내담자가 자살위험이 있을 때 조치방법 3가지〉

- 가족이나 가까운 사람에게 알리고, 혼자 있지 못하도록 한다.
- 자살을 시도할 수 있는 위험한 물건이나 상황에 가까이 있지 않도록 한다.
- 정신건강의학과 전문의를 포함한 자살예방전문가와 접촉하도록 한다.

학습 Plus 주요 우울장애(major depressive disorder) 진단기준(DSM-5)

A. 다음의 증상 가운데 5가지(또는 그 이상)의 증상이 2주 연속으로 지속되며 이전의 기능 상태와 비교할 때 변화를 보이는 경우, 증상 가운데 적어도 하나는 (1) 우울 기분이거나 (2) 흥미나 즐거움의 상실이어야 한다.

1. 하루 중 대부분 그리고 거의 매일 지속되는 우울 기분에 대해 주관적으로 보고(예: 슬픔, 공허감 또는 절망감)하거나 객관적으로 관찰됨(예: 눈물 흘림).
2. 거의 매일, 하루 중 대부분, 거의 또는 모든 일상 활동에 대해 흥미나 즐거움이 뚜렷하게 저하됨.
3. 체중 조절을 하고 있지 않은 상태에서 의미 있는 체중의 감소(예: 1개월 동안 5% 이상의 체중변화)나 체중의 증가, 거의 매일 나타나는 식욕의 감소나 증가가 있음.
4. 거의 매일 나타나는 불면이나 과다수면
5. 거의 매일 나타나는 정신운동 초조나 지연(객관적으로 관찰 가능함, 단지 주관적인 좌불안석 또는 처지는 느낌뿐만이 아님).
6. 거의 매일 나타나는 피로나 활력의 상실
7. 거의 매일 무가치감 또는 과도하거나 부적절한 죄책감(망상적일 수도 있는)을 느낌(단순히 병이 있는 데 대한 자책이나 죄책감이 아님).
8. 거의 매일 나타나는 사고력이나 집중력의 감소 또는 우유부단함(주관적인 호소나 객관적인 관찰 가능함).
9. 반복적인 죽음에 대한 생각(단지 죽음에 대한 두려움이 아닌), 구체적인 계획 없이 반복되는 자살사고 또는 자살시도나 자살수행에 대한 구체적인 계획

17 단기상담에 적합한 내담자의 특성을 4가지 쓰시오. (4점) ▸ 2015, 2018

모범답안

① 환경적인 요인에 의해서 급성적으로 발생한 문제로 고통받는 내담자
② 이전에 양호한 적응능력을 가진 경험이 있었던 내담자
③ 대인관계에서 타인과 양호한 관계 형성의 능력이 있는 내담자
④ 상담에 대한 동기가 높은 내담자

학습 Plus 단기상담에 적합한 내담자

- 환경적인 요인에 의해서 급성적으로 발생한 문제로 고통받는 내담자
- 이전에 양호한 적응능력을 가진 경험이 있었던 내담자
- 대인관계에서 타인과 양호한 관계 형성의 능력이 있는 내담자
- 상담에 대한 동기가 높은 내담자
- 주 호소문제를 구체적으로 표현할 수 있는 내담자
- 인간관계에서 소통이 잘되고 정신 기능이 비교적 건강한 내담자
- 비교적 문제가 경미하며 그 문제에 대한 생각을 좀 더 명확하게 해결되기를 원하는 내담자
- 조직체의 구성원인 내담자(각종 조직이나 기관의 구성원)
- 인생에 중요한 영향을 끼친 주요 인물과 최근에 사별했거나 이별한 내담자
- 생활이나 지위에 최근 어떤 변화가 일어나서 급성적 상황으로 인한 정서적 어려움을 겪는 내담자
- 인간으로서 겪는 다양한 발달 과업에 수반하는 심리적 변화를 겪는 내담자(임신, 출산, 자녀 양육, 은퇴, 노화 등)
- 성격장애에 해당되지 않는 내담자

18 어떤 환자에게 MMPI를 실시한 결과, L, K가 70이 넘어 방어적 성향이 강한 것으로 나타났고 검사결과를 해석할 수 없는 정도였다. 그러나 이 사람에게 심리검사는 꼭 필요한 것으로 판단되었다. 임상심리사가 취할 수 있는 방법 2가지를 기술하시오. (4점) ▸ 2018

모범답안

① 내담자와 신뢰로운 관계를 형성하고, 심리적 방어에 대해 공감하며, 검사의 기능과 활용에 대해 이해할 수 있도록 충분히 설명한다.
② 다른 유용한 정보(과거력, 정신상태 검사, 중요한 타인으로부터 얻은 정보) 및 투사적 검사를 실시하여 수검자에 대한 타당한 정보를 수립한다.

12 2017년 제3회 실기복원문제

01 심리평가를 위한 자료원 중 면담, 행동관찰과 비교한 심리검사의 장점 3가지를 쓰시오. (6점)
▸ 2017

모범답안

① 심리검사는 주관적 판단에서 벗어나 내담자 문제에 대한 명확한 이해 및 객관적인 정보를 수집하는 데 도움이 된다.
② 측정된 결과를 통해 개인 내 비교 및 개인 간 비교를 할 수 있으며, 이는 임상적 수준과 비임상적 측면에 대한 명확한 이해 및 문제해결에 필요한 근거를 수립하는 데 도움이 된다.
③ 심리검사를 통해 얻은 개인에 대한 다양한 정보(성격, 감정, 인지, 관계 특성 등)는 개인에 대한 진단 및 치료계획 수립과 효과적인 치료방법을 선택하고 적용하는 데 용이하다.

02 상담자가 상담 시 내담자와의 관계에 대해 알고 있어야 할 윤리문제에 대한 원칙을 설명하고 행동지침 5가지를 쓰시오. (7점)
▸ 2006, 2012, 2017

모범답안

1) 윤리적 원칙
① 자율성(autonomy): 타인의 권리를 해치지 않는 한 내담자가 자신의 행동을 선택할 수 있는 권리가 주어져야 한다.
② 선행(beneficience): 내담자에게 이로운 일을 행하고 선의의 태도로서 필요한 도움을 주어야 한다.
③ 무해성(nonmaleficence): 내담자에게 해를 끼칠 수 있는 어떠한 행동도 하지 않아야 한다.
④ 공정성(justice, fairness): 모든 내담자는 평등하며, 성별과 인종, 지위에 관계없이 공정하게 대우받아야 한다.
⑤ 충실성(fidelity): 상담자는 내담자에게 믿음과 신뢰를 줄 수 있어야 하며 주어진 책무에 충실해야 한다.

2) 행동지침 5가지

① 상담자는 자신의 개인적인 욕구가 내담자에게 어떠한 영향을 미치는지를 명확히 자각하고 있어야 한다.

② 상담자는 내담자의 복리에 대한 책임이 있으며, 자신의 욕구충족을 위해 내담자를 이용해서는 안 된다.

③ 상담자는 치료적 관계를 명백히 해칠 수 있는 내담자와의 어떠한 다른 관계(예: 금전적 관계나 성적 관계 등)을 가져서는 안 된다.

④ 상담자는 내담자의 비밀을 보장해야 하며, 상담관계에 부정적인 영향을 미칠 수 있는 다른 문제들에 대해 내담자에게 알려야 한다.

⑤ 상담자는 자신의 태도, 가치관 등이 상담관계 및 내담자에게 어떠한 영향을 미치는지를 인식하고 있어야 한다.

학습 Plus 상담자-내담자 관계 행동지침

- 상담자는 자신의 개인적인 욕구가 내담자에게 어떠한 영향을 미치는지를 명확히 자각하고 있어야 한다.
- 상담자는 내담자의 복리에 대한 책임이 있으며, 자신의 욕구충족을 위해 내담자를 이용해서는 안 된다.
- 상담자는 치료적 관계를 명백히 해칠 수 있는 내담자와의 어떠한 다른 관계(예: 금전적 관계나 성적 관계 등)를 가져서는 안 된다.
- 상담자는 내담자의 비밀을 보장해야 하며, 상담관계에 부정적인 영향을 미칠 수 있는 다른 문제들에 대해 내담자에게 알려야 한다.
- 상담자는 자신의 태도, 가치관 등이 상담관계 및 내담자에게 어떠한 영향을 미치는지를 인식하고 있어야 한다.
- 상담자는 상담 목표, 절차 등을 비롯하여 상담관계를 시작함으로써 내담자에게 닥칠지도 모르는 위험, 상담 결정을 내리기 전에 고려해야 할 요인들에 대해 미리 내담자에게 알려 주어야 한다.
- 상담자는 자신의 한계를 명확히 알고 있어야 하며, 내담자에게 적절한 도움을 제공하기 어렵다고 판단하는 경우, 지도 감독자의 도움을 받거나 다른 상담자에게 의뢰해야 한다.
- 상담자는 상담과정에서 자신이 내담자에게 모델이 될 수 있음을 알아야 하며, 따라서 자신의 생활에서 내담자에게 영향을 미칠 수 있는 일이나 행동을 인식하고 있어야 한다.

03 로르샤흐의 구조적 해석에서 형태질 종류 3가지를 쓰시오. (6점)

▸ 2017

모범답안

① FQx: 확대된 형태질(형태를 사용한 모든 반응을 포함)

기록된 반응에서 모든 형태질(+, O, U, −)의 총수를 반영한다. 형태를 포함한 모든 반응은 형태질로 부호화되고, 각 형태질은 채점된 반응수를 세고 채점되지 않은 반응 수도 기록한다.

② MQual: 인간운동반응 형태질

인간운동반응의 형태질을 의미하며, 모든 인간운동반응의 형태질의 빈도를 기록한다.

③ W+D: W와 D영역 형태질

W+D는 W와 D 영역을 사용한 반응 모두의 형태질 빈도를 기록한다.

* 형태질(Form Quality)

- 반응내용이 잉크 반점의 특징에 얼마나 적합한가를 평가하는 요소로서, 현실검증력이나 지각장애를 판단해 주고 임상진단을 구별해 주는 주요한 지표이다.

〈로르샤흐 구조 요약표-형태질〉

	형태질		
	FQx	MQual	W+D
+	= 2	= 1	= 2
o	= 17	= 2	= 17
u	= 6	= 2	= 3
–	= 0	= 0	= 0
none	= 0	= 0	= 0

04 다음 사례를 보고 물음에 답하시오. (8점) ▸ 2017

50대 여성의 지능검사 결과, 기본지식 8점, 숫자 6점, 어휘 10점, 산수 7점, 이해 9점, 공통성 9점, 빠진 곳 찾기 5점, 차례맞추기 6점, 토막짜기 5점, 모양맞추기 6점, 바꿔 쓰기 5점으로 나왔다.

(1) 정신과적 진단 2가지와 감별진단을 위해 고려해야 하는 사항 4가지를 쓰시오.

(2) 신경증적 손상은 없고 남편의 외도로 인하여 스트레스를 받아, 산수 및 숫자 점수에서 상대적 저하와 동작성 점수의 전반적 저하가 나타나는 것에 대해 설명하시오.

모범답안

(1) 정신과적 진단 2가지와 감별진단을 위해 고려해야 하는 사항 4가지를 쓰시오.

- 정신과적 진단: 우울장애, 지속성 우울장애
- 감별진단
  - 과민한 기분이 있는 조증 또는 혼재성 삽화: 현저하게 과대한 기분을 보이는 주요 우울 삽화는 과민한 기분이 있는 조증 삽화나 혼재성 삽화와 구별하기 어렵기에 조증 증상의 유무를 임상적으로 주의 깊게 평가해야 한다.
  - 다른 의학적 상태로 인한 기분장애: 병력, 신체 검진, 검사 소견에 근거하여 기분 장애가 특정한 의학적 상태(예: 뇌졸중, 갑상선기능저하증 등)의 직접적인 결과라고 판단되지 않아야 한다.
  - 물질/약물치료로 유발된 우울 또는 양극성 장애: 물질이 기분장애의 원인이 될 수 있기에 주요 우울장애와 구분하여 판단하여야 한다.
  - 우울기분 동반 적응장애: 정신사회적 스트레스에 대한 반응으로 나타나는 주요 우울 삽화는 우울 기분 동반 적응장애로 구분되어야 한다.

(2) 신경증적 손상은 없고 남편의 외도로 인하여 스트레스를 받아, 산수 및 숫자 점수에서 상대적 저하와 동작성 점수의 전반적 저하가 나타나는 것에 대해 설명하시오.

우울증의 특성으로 인하여,

① 언어성 지능이 동작성 지능에 비해 상대적으로 높은 수준을 보인다(언어성>동작성).

② 산수, 숫자 등의 주의집중력 관련 소검사에서 저조한 수행을 보인다.

③ 시간제한이 있거나 시각-운동 협응능력을 필요로 하는 바꿔쓰기, 토막짜기 등의 소검사에서 낮은 점수를 보인다.

④ 정신운동성 지연으로 인해 정신적 노력과 에너지가 필요한 검사에서는 검사 시 쉽게 포기하거나 주의를 기울이지 않아 낮은 점수를 보인다.

⑤ 반응의 정교화 및 즉각적인 문제해결능력이 부족하다.

05 집단상담의 일반적인 치료요인 5가지를 쓰시오. (5점)

▸ 2009, 2012, 2013, 2014, 2017

모범답안

① 집단응집력: 집단 내에서 자신이 인정받고, 수용된다는 소속감은 그 자체로 집단성원의 긍정적인 변화에 영향을 미친다.

② 정화: 집단 내의 비교적 안전한 분위기 속에서 집단성원은 그동안 억압되어 온 감정을 자유롭게 발산할 수 있다.

③ 보편성: 참여자 자신만 심각한 문제, 생각, 충동을 가진 것이 아니라 다른 사람들도 자기와 비슷한 갈등과 경험, 문제를 가지고 있다는 것을 알고 위로를 얻는다.

④ 정보전달: 집단성원들은 집단상담자뿐 아니라 함께 참여하는 사람들에게 다양한 정보와 더불어 직접적 · 간접적인 제안, 지도, 충고 등을 얻는다.

⑤ 사회기술의 발달: 집단성원으로부터의 피드백이나 특정 사회기술에 대한 학습을 통해 필요한 사회기술을 개발한다.

학습 Plus 집단상담의 일반적인 치료요인

- 집단응집력: 집단 내에서 자신이 인정받고, 수용된다는 소속감은 그 자체로 집단성원의 긍정적인 변화에 영향을 미친다.
- 정화: 집단 내의 비교적 안전한 분위기 속에서 집단성원은 그동안 억압되어 온 감정을 자유롭게 발산할 수 있다.
- 실존적 요인들: 집단성원과의 경험을 공유하면서 자기 자신이 다른 사람에게 조언과 지지를 받는다고 해도, 자신의 인생에 대한 궁극적인 책임은 본인에게 있다는 것을 배운다.
- 희망의 고취: 집단은 집단구성원들에게 문제가 개선될 수 있다는 희망을 심어 주는데, 희망 그 자체가 치료적 효과를 가질 수 있다.
- 보편성: 참여자 자신만 심각한 문제 생각, 충동을 가진 것이 아니라 다른 사람들도 자기와 비슷한 갈등과 경험, 문제를 가지고 있다는 것을 알고 위로를 얻는다.
- 정보전달: 집단성원들은 집단상담자뿐 아니라 함께 참여하는 사람들에게 다양한 정보와 더불어 직접적 · 간접적인 제안, 지도, 충고 등을 얻는다.

- 사회기술의 발달: 집단성원으로부터의 피드백이나 특정 사회기술에 대한 학습을 통해 필요한 사회기술을 개발한다.
- 대인관계학습: 집단성원과의 상호작용을 통해 자신의 대인관계에 대한 통찰을 얻을 수 있으며, 대인관계의 새로운 방식을 시도해 볼 수 있는 장이 된다.

06 사티어의 의사소통 유형을 쓰시오. (5점)

▸ 2011, 2017

모범답안

- 회유형: 다른 사람은 존중하면서 정작 자신의 진정한 가치나 감정은 무시하며, 자신의 안정을 유지하기 위하여 상대방의 의견에 반박을 하거나 거절을 하지 못한다.
- 비난형: 자신을 보호하기 위해 타인을 비난하고 무시하는 양상을 보이며 자신을 강하게 보이도록 하기 위하여 타인을 통제하려 하거나 공격적인 태도를 보인다.
- 혼란형(산만형): 생각과 말, 행동이 자주 바뀌며, 자신과 타인이 처한 상황을 고려하지 않는 일관성 없는 행동을 보인다. 내면에는 모두가 자신을 받아들이지 않는다고 생각하여 외로움, 고독감, 혼란스러움을 느낀다.
- 계산형(초이성형): 원리와 원칙을 강조하며 감정에 치우치지 않으려 하고 지나치게 이성적으로 상황에 초점을 둔다. 타인의 감정을 인정하지 못하며 융통성이 부족하고 정보와 논리를 중요시한다.
- 일치형: 가장 기능적인 의사소통 유형으로, 자신이 하고 있는 일에 대해 잘 알고 그 결과를 받아들일 준비가 되어 있으며 변화에 대해 융통성이 있으며 정보를 전달하는 방법에서도 말과 정서와 행동이 일치되어 균형을 이룬다.

07 아동평가에 특정한 문제영역이 아닌 전반적인 광범위한 문제영역을 보호자의 보고에 의해 평가할 수 있는 평가척도 2가지를 쓰시오. (4점)

▸ 2012, 2017

모범답안

① 한국 아동 · 청소년 행동평가척도(KOREAN-CHILD BEHAVIOR CHECKLIST: K-CBCL)
- 아동 · 청소년기의 사회적 적응 및 정서 · 행동 문제를 평가한다.
- 만 4~17세 아동의 보호자를 대상으로 실시하며, 소요시간은 평균 15~20분으로, 크게 사회능력 척도와 문제행동증후군 척도로 구성된다.

② 한국 아동인성평정척도(KOREAN Personality Rating scale for Children: KPRC)
- 아동의 심리적 장애나 정신과적 문제를 선별, 진단 평가한다.
- 만 3~17세 아동의 보호자를 대상으로 총 50분간 실시하며, 아동의 다양한 환경 안에서의 일반적이지 않은 행동들과 정서적으로 불안정하거나 침체된 정신과적 문제 등을 측정하고 정서적 특성들을 평가한다.

08 개인의 취약성과 환경적 스트레스가 상호작용하여 정신장애로 발병한다고 보는 통합적인 입장의 모델과 이 모델에서 개인의 취약성에 해당하는 정신장애 발생원인 2가지를 쓰시오. (5점)

▸ 2016, 2017

모범답안

① 취약성-스트레스 모델

조현병에 대한 취약성의 정도는 개인마다 다르며 유전적 요인과 출생 전후의 신체적-심리적 요인에 의해 결정된다. 이러한 취약성을 지닌 사람에게 스트레스 사건이 발생하여 적응 부담이 일정 수준을 넘게 되면 조현병이 발병한다는 것을 말한다. 즉, 유전적 취약성을 지닌 사람이 과중한 환경적인 스트레스가 주어지면 조현병이 발병될 수 있음을 설명한다.

② 개인 취약성에 해당하는 정신장애 원인

- 생물학적 · 유전적 원인
- 인지적 · 정서적 원인

09 인터넷 중독에서 벗어나는 방법 4가지를 쓰시오. (4점)

▸ 2003, 2006, 2010, 2017

모범답안

① 컴퓨터를 가족 공동 공간인 거실에 두어 부적절한 사용을 방지한다.
② 컴퓨터 사용시간을 스스로 계획하도록 하여 자기통제능력을 증진한다.
③ 인터넷 게임을 좋아하는 이유를 탐색하여 그 욕구를 전환시켜 주는 대안적 활동을 마련한다.
④ 가족 내에서 긍정적 관계 회복과 관심을 보여 주고, 신뢰와 기대를 가지고 대화를 갖도록 한다.

학습 Plus 인터넷 중독에서 벗어나는 방법

- 컴퓨터를 가족 공동 공간인 거실에 두어 부적절한 사용을 방지한다.
- 컴퓨터 사용시간을 스스로 계획하도록 하여 자기통제능력을 증진한다.
- 인터넷 게임을 좋아하는 이유를 탐색하여 그 욕구를 전환시켜 주는 대안적 활동을 마련한다.
- 가족 내에서 긍정적 관계 회복과 관심을 보여 주고, 신뢰와 기대를 가지고 대화를 갖도록 한다.
- 학교, 교회, 동아리 활동 등을 통해 사회적 관계를 유지하도록 돕는다.
- 규칙적인 식생활과 건강한 생활을 하도록 돕고, 개인 내 · 외적 자원을 촉진한다.
- 내담자의 기대나 욕구를 파악하여 실현 가능하도록 현실적이고 구체적인 계획을 수립한다.

10 오염에 대한 반복적인 손 씻기를 하는 환자의 경우 장애 진단명, 치료기법 및 효과적인 치료과정 4단계를 기술하시오. (5점)

▸ 2011, 2017

모범답안

1) 진단명: 강박장애(obsessive compulsive disorder)

2) 치료기법: 노출 및 반응 방지법(exposure and response prevention: ERP)

3) 치료과정

① 환자로 하여금 힘들게 하는 자극의 위계를 정해 불안의 정도에 따라 평정하게 한다.

② 환자를 상상이든, 직접적이든 반복적으로 불안과 고통을 유발하는 자극 상황에 노출한 다음에는 의례적인 강박 행동을 금지시킨다.

③ 반응을 금지한 상태에서 강박적인 사고가 유발한 고통이나 불안이 감소하고 사라질 때까지 지켜보게 한다.

④ 점차 불안이 완화되어 문제행동을 하지 않아도 불안을 느끼지 않는 상태가 되며 강박행동을 하지 않아도 두려워하는 결과가 발생하지 않는다는 것을 학습하게 된다.

11 MMPI, BDI 자기보고형 검사의 장점과 단점을 기술하시오. (6점)

▸ 2009, 2017

모범답안

- 장점: 검사 실시와 해석이 간편하고, 검사의 신뢰도 및 타당도가 검증되어 있으며, 검사자 변인이나 검사의 상황변인에 의한 영향이 적어 객관적인 개인 간 비교가 가능하다.
- 단점: 긍정적 문항이나 사회적으로 바람직한 문항에 응답하는 경향성이 나타날 수 있으며, 개인의 질적인 독특성에 대한 정보가 간과될 수 있고, 문항 내용의 제한성으로 인해 특정 상황에서의 특성과 상황 간의 상호작용 내용을 밝히기가 어렵다.

12 소크라테스 대화법의 특징 3가지 및 구체적인 질문 예시 2가지를 쓰시오. (5점)

▸ 2014, 2017

모범답안

① 소크라테스 대화법의 특징 3가지

- 치료자가 다양한 질문을 던짐으로써 내담자의 사고를 외현적으로 드러내 보이게 한다.
- 깊은 수준의 인지적 왜곡(핵심신념)을 파악하는 데 도움이 된다.
- 질문과 답이 오가는 대화의 과정에서 내담자 스스로 자기신념의 비합리성을 깨닫게 된다.

② 구체적인 질문 예시 2가지

- 논리적 논박: 그러한 신념이 타당하다는 논리적 근거는 무엇인가?
- 대안적 논박: 이 상황에서 좀 더 타당한 대안적인 신념은 없는가?

학습 Plus 소크라테스 대화법 질문유형과 예시

논박하기는 내담자로 하여금 자신이 지닌 신념의 타당성과 유용성을 평가하도록 돕는 적극적인 개입방법이다. 그 중 하나인 소크라테스식 문답법은 다음 다섯 가지 유형의 질문을 통해서 내담자의 변화를 유도한다.
① 논리적 논박: 그러한 신념이 타당하다는 논리적 근거는 무엇인가? 그렇게 생각하는 것은 논리적 비약이 아닌가?
② 경험적 논박: 그러한 신념이 타당하다는 사실적 또는 경험적 근거는 무엇인가? 그렇게 생각할 만한 현실적인 근거가 있는가?
③ 실용적/기능적 논박: 그러한 신념은 당신이 추구하는 목적을 달성하는 데 도움이 되는가? 당신의 기분을 좋게 만드는 데 도움이 되는가? 당신의 인간관계를 긍정적으로 만드는 데 어떤 도움이 되는가?
④ 철학적 논박: 그러한 신념이 과연 당신을 행복하게 하는가? 당신의 인생에 있어서 어떤 의미를 가지고 있는가?
⑤ 대안적 논박: 이 상황에서 좀 더 타당한 대안적인 신념은 없는가? 당신의 삶을 효과적으로 만드는 합리적 신념은 무엇인가?

13 심리적 응급처치 방법 5단계를 구분하여 설명하시오. (5점) ▸ 2017

모범답안

- 심리적 응급처치(psychological first aid)
  - 심리적 응급처치는 재난 경험자들이 스스로 회복할 수 있도록 현실적인 도움과 함께 공감, 존중, 관심과 지지 등을 제공하는 것을 말한다.
  - 재난으로 인한 충격과 고통을 완화하고 상실과 변화에 대한 적응 및 기능 회복을 돕는 위기 개입 방법이다.
  - 재난 직후 생존자는 여러 스트레스 반응을 보이지만, 스스로 회복할 수 있는 힘을 지니고 있으며 적절한 도움을 받으면 회복이 촉진될 수 있다.

〈심리적 응급처치 5단계〉

- 1단계(재난 발생 당일)
  - 상황을 파악하고(재난의 범위, 성질, 종류), 신속하게 의사결정하여 정해진 대응체계를 가동한다.
  - 재난 심리지원 계획을 수립하고, 조직체계를 결성한다.
- 2단계(재난 발생 후 당일에서 3일)
  - Pre ASD(Acute Stress Disorder) 단계
  - 비정상적 상황에 따른 정상적 반응을 유지한다.
    : 신체적 안녕, 안전확보, 환경관리
    : 식사, 수면, 건강상태 유지
    : 소량의 단기간 약물치료
- 3단계(재난 발생 후 3일에서 1개월)
  - ASD(Acute Stress Disorder) 단계
  - 본격적 심리지원 활동기간, 인력 수요 문제가 초래될 수 있다.
  - 재난 경험자의 물리적 · 정신적 피해 확인과 요구사항을 파악한 후 초기 평가 실시하고, 재난 경험자의 심층 사정평가 실시를 통해 고위험군을 선별한다.

- 스트레스 반응에 대한 정보를 제공하고 대처/완화를 위한 방법을 교육한다.

• 4단계(재난 발생 후 1개월에서 3개월)
  - PTSD(Post Traumatic Stress Disorder) 단계
  - 약 50%의 경우에서 완전 회복, 나머지 50%도 12개월까지는 대부분 회복된다.
  - 피해자의 두려움을 돕기 위해 주기적 모니터링과 관심 표현 및 지지/격려를 제공한다.
  - 자조그룹 활동을 통해 연대감과 자신감을 증진하도록 돕는다.

• 5단계(재난 발생 3개월 이후)
  - Follow-up 단계
  - 대개는 장기적 전문치료가 필요한 경우가 많아 추후 관리체계를 마련한다.
  - 만성화로 진행되는 사례, 재발 사례를 방지할 수 있어야 한다.
  - 기본적인 재난 심리지원 업무가 종결된 시점이며, 현 상황에 맞게 의료기관과의 연계를 돕는다.

학습 Plus 심리적 응급처치(psychological first aid)의 핵심요소

• 첫 접촉과 관계 형성: 자기소개 및 비밀보장 안내, 당장 필요한 기본적 욕구파악
• 안전과 지지: 물리적으로 안전한 공간확보, 전문기관 연계 필요성 확인(자·타해, 중독, 학대·방임 등)
• 안정화: 해리·과각성 및 심리적 어려움 확인, 안정화 기법(복식호흡, 근육이완, 나비포옹 등) 교육
• 정보수집과 문제해결 지원: 외상이 재경험되지 않도록 주의(디브리핑 금지), 가급적 재난 경험자가 스스로 해결할 수 있도록 지원
• 사회적 관계 연결: 심리적·사회적 지지체계 연결 (가족, 친구 등), 다른 재난 경험자 혹은 지원단체 연결
• 대처방법 정보제공: 스트레스 반응과 관련한 정보제공, 건강한 대처방법 교육
• 기관 연계: 재난 경험자의 현 상황에 맞게 기관과의 연계

14 로저스가 강조한 3가지 치료적 조건(내담자의 변화를 촉진하는 치료자의 3가지 태도)을 기술하시오. (6점)

▸ 2008, 2010, 2014, 2017, 2018

모범답안

① 진솔성(일치성)
진솔성은 치료과정에서 매 순간 경험하는 감정을 있는 그대로 솔직히 인정하고 표현하는 태도로서, 치료자가 경험하는 감정을 기꺼이 표현하고 개방하는 것을 말한다.

② 무조건적인 긍정적 존중
내담자를 존중하며 있는 그대로 수용하는 것을 말한다. 치료자가 비판단적으로 내담자를 존중할 때, 방어하지 않고 자신의 경험을 자유롭게 탐색할 수 있게 되며 안정감과 자기개념의 변화를 경험하게 된다.

③ 공감적 이해
치료자가 내담자의 감정에 빠져들지 않으면서 내담자의 감정을 자신의 감정처럼 느끼고 이해하며 이를 내담자에게 전달하는 것을 말한다.

15 방어기제의 의미 및 유형 4가지를 쓰시오. (6점)

▸ 2004, 2007, 2010, 2017

모범답안

① 방어기제 의미

자아가 원초아의 욕구와 초자아의 욕구 사이에 조정을 하는 과정에서 원초아의 욕구가 강해지면 불안감을 느끼게 되는데, 이때 이러한 불안으로부터 자신을 보호하기 위해 사용하는 정신적 과정이다.

② 방어기제 유형 4가지

- 억압(repression): 의식하기에는 현실이 너무나 고통스럽고 충격적이어서 무의식 속으로 억눌러 버리는 것을 말한다.
- 부인(denial): 받아들이기 힘든 상황이나 고통스러운 경험을 인정하려 들지 않고 사실이 아닌 것으로 여기는 것을 말한다.
- 투사(projection): 자신이 받아들이기 어려운 느낌, 생각, 충동 등을 무의식적으로 타인의 탓으로 돌려 자신을 보호하는 기제를 말한다.
- 반동형성(reaction formation): 실제로 느끼는 부정적 감정을 직접 표현하지 못하고 무의식적 소망과는 반대되는 방향으로 행동하는 것을 말한다.

학습 Plus 방어기제 유형

- 억압(repression): 의식하기에는 현실이 너무나 고통스럽고 충격적이어서 무의식 속으로 억눌러 버리는 것을 말한다.
- 부인(denial): 받아들이기 힘든 상황이나 고통스러운 경험을 인정하려 들지 않고 사실이 아닌 것으로 여기는 것을 말한다.
- 투사(projection): 자신이 받아들이기 어려운 느낌, 생각, 충동 등을 무의식적으로 타인의 탓으로 돌려 자신을 보호하는 기제를 말한다.
- 반동형성(reaction formation): 실제로 느끼는 부정적 감정을 직접 표현하지 못하고 무의식적 소망과는 반대되는 방향으로 행동하는 것을 말한다.
- 대치/치환(displacement): 자신의 감정을 대상에게 직접적으로 표현하지 못하고 전혀 다른 대상에게 자신의 감정을 발산하는 것을 말한다.
- 동일시(identification): 중요한 인물들의 태도와 행동을 자기 것으로 만들면서 닮으려는 것을 말한다. 동일시는 무의식적 과정으로, 그 동기는 대상이 가지고 있는 힘을 자기 것으로 하고자 하는 소망을 포함한다.
- 합리화(rationalization): 현실에 더 이상 실망을 느끼지 않으려고 그럴듯한 구실을 붙여 불쾌한 현실을 피하려는 기제를 말한다.
- 주지화(intellectualization): 자신에게 불편하고 받아들이기 힘든 감정을 회피하고, 분석적이고 지적인 이해를 통해 불안을 줄이고자 하는 기제를 말한다.
- 승화(sublimation): 사회적으로 용납할 수 없는, 공격적 충동을 사회적으로 인정되는 형태와 방법을 통해 발산하는 것을 말한다.

16 MMPI의 척도 4, 6이 상승되어 있고 척도 5가 이들 척도보다 10점 이상 낮거나, T점수가 50점 이하로 하락되어 있는 형태의 명칭을 쓰시오. (3점)

▶ 2017

모범답안

수동-공격형 V(Scarlett O'Hara V)

- 수동적이고 의존적이며 전통적인 여성적 역할에 과도하게 동일시하는 경향이 있다. 표면적으로는 사교적이고 자신만만해 보이지만, 내면에는 분노감과 적대감이 가득 차 있으며 애정에 대한 강한 욕구가 숨어 있다.
- 타인을 비난하고 자신의 결점이나 실패를 외부 환경으로 돌리는 경향성이 있고, 자신의 책임을 인정하지 않으려 하기 때문에 치료적 개입이 매우 어렵다.

17 건강심리학의 발달배경에 대해 3가지를 쓰시오. (6점)

▶ 2017

모범답안

① 급성질환에서 만성질환으로의 질병양상의 변화

사망의 주된 원인이 급성 전염병 질병으로부터 불건강한 행동이나 생활습관과 같은 만성질병으로 바뀌게 되면서 질환을 예방하기 위한 방법을 탐구 · 연구하는 건강심리학이 발전하게 되었다.

② 과학과 의학 기술 발전에 따른 건강심리학 영역 확장

많은 질병을 치료하기 위한 의료기술의 개발 및 건강과 관련된 행동이 질병에 걸릴 위험률을 보다 낮출 수 있다는 인식제고가 대두되면서 건강심리학 영역이 발전하게 되있나.

③ 건강관리 서비스 및 건강 관련 의료수요의 확장

건강에 대한 새로운 정의가 등장하면서, 건강이란 단순히 질병이 없는 것이 아니라 건강하게 생활하는 기간이 중요하다는 점이 강조되면서 건강관리 서비스 및 건강 관련 의료수요의 확장 및 발전의 계기가 되었다.

학습 Plus 건강심리학

〈설립〉

미국심리학회가 건강 연구에 대한 심리학의 잠재력을 탐색하기 위해 특별위원회를 구성하여 논의를 시작한 후 1978년에 제38분과로 건강심리학회를 조직하였으며, 1994년에 국내에서도 한국심리학회의 제8분과로 건강심리학회가 설립되었다.

〈특성〉

건강심리학은, 건강하고 행복한 삶이 질병이나 고통이 없는 수동적 상태가 아니라 신체 · 심리 · 사회적으로 안녕(well-being)한 상태를 유지하는 능동적 과정이라는 점에 기반하여, 인간의 적응 문제를 다루더라도 해결책과 더불어 문제가 발생하기 전에 이를 예방할 수 있는 길을 찾고, 건강할 때 이를 유지하고 증진시키는 방법에 초점을 맞추고 있다.

건강심리학의 내용영역은 심리적 차원과 신체적 차원을 모두 포함하고 있다는 측면에서 다른 심리학 영역과 구별된다. 이는 사람의 건강을 위협하는 신체적 질병(예: 암, 심혈 관계 질환, 당뇨 등)이 생활습관이나 행동, 스트레스 대처방식, 태도 등에 의해 큰 영향을 받는다는 사실, 즉 심리적인 문제와 신체적인 문제가 분리될 수 없다는 사실에 기초한다.

18 심리평가 작성 시 최종보고서에 반드시 포함되어야 할 5가지를 쓰시오. (5점)

▸ 2006, 2008, 2010, 2017

모범답안

① 의뢰사유 및 배경정보
② 실시검사 및 평가절차
③ 행동관찰 및 수검태도
④ 검사결과 및 해석
⑤ 진단적 인상 및 치료적 제언

13 2017년 제1회 실기복원문제

01 아동심리치료에 있어서 성인과 차별되는 아동의 특성을 3가지 쓰시오. (6점) ▸ 2017

모범답안

① 아동은 정신적 · 육체적 · 지적으로 아직 성숙되지 않은 발달단계에 있는 관계로 아동 개개인의 특성뿐만 아니라 모든 아동들이 성장과정에서 보일 수 있는 일반적 문제까지 고려하여 상담을 하여야 한다.

② 아동의 여러 문제가 부모와 관련되어 있거나 또 다른 보호자와의 관계에서 발생될 수 있기 때문에 부모를 포함한 보호자의 역할과 참여가 중요하다.

③ 상담자는 아동이 보는 방식으로 세상을 인식할 필요가 있으며 아동의 인지적 수준, 정서적 · 사회적 · 신체적 발달을 고려하여 도움을 주어야 한다.

학습 Plus 아동심리치료의 특징

- 아동은 정신적 · 육체적 · 지적으로 아직 성숙되지 않은 발달단계에 있는 관계로 아동 개개인의 특성뿐만 아니라 모든 아동이 성장과정에서 보일 수 있는 일반적 문제까지 고려하여 상담을 하여야 한다.
- 아동의 여러 문제가 부모와 관련되어 있거나 또 다른 보호자와의 관계에서 발생될 수 있기 때문에 부모를 포함한 보호자의 역할과 참여가 중요하다.
- 상담자는 아동이 보는 방식으로 세상을 인식할 필요가 있으며 아동의 인지적 수준, 정서적 · 사회적 · 신체적 발달을 고려하여 도움을 주어야 한다.
- 아동은 덜 발달된 자아로 인해 현실을 객관적으로 파악하기 어려우며 자신이 겪고 있는 어려움에 대해서도 잘 인식하지 못하므로 자발적인 치료동기를 갖기 어렵다는 점이 고려되어야 한다.
- 아동은 언어발달과 인지능력이 미숙하며 행동하려는 경향이 있으므로 대화를 주된 방법으로 하는 심리치료를 하는 것이 어려운 경우가 많다. 따라서 아동의 이러한 특성에 맞는 놀이나 게임, 예술적인 활동 등의 심리치료가 고려되어야 한다.

02 다음 사례를 읽고 물음에 답하시오. (6점)

▸ 2017

> 뇌졸중 환자에게 반구손상이 있음을 확인하였고 손상여부를 알아보기 위해 글자 지우기 검사를 실시하였다. 그 결과 시야의 좌측 글자를 지우지 못했다.

(1) 이런 현상을 무엇이라고 지칭하는가?

(2) 뇌의 어느 부분이 손상되었는가?

(3) 이 환자와 같은 현상을 평가할 수 있는 검사종류 1가지를 쓰시오.

모범답안

(1) 편측무시(Unilateral neglect) 현상

* 편측무시란? 두뇌 병변의 반대편으로 나타나는 의미있는 자극에 반응할 수 없는 상태를 말한다.

(2) 우측 반구 병변

(3) 선 나누기 검사(Line Bisection Test: LBT)

학습 Plus 편측무시 검사

- 편측무시
  편측무시란 뇌병변의 반대측에 의미 있는 공간 자극을 제시하였을 때 자극에 대한 감지, 반응, 공간인식이 어려운 증상으로 오른쪽 하두정엽의 손상에서 가장 흔하게 나타나고 기타 오른쪽 전두엽, 시상과 기저핵의 손상 후에도 발생할 수 있다.
- 선 나누기 검사(Line Bisection Test: LBT)
  21.5 × 29cm의 흰 용지 위에 중앙, 왼쪽, 오른쪽으로 무작위로 배열되어 있는 선들로 구성되어 있다. 20개의 줄(10, 12, 14, 16, 18, 20cm)이 그어져 있으며, 검사 방법은 종이를 대상자의 중앙에 위치시키고, 펜을 이용하여 각선의 중심점을 표시한다.

- 알버트 검사(Albert's test)
  알버트 검사의 평가지는 26 × 20cm의 용지로 편측무시 증상의 정도를 확인해 보는 평가도구이다(Albert, 1973). 각 길이가 2.5cm인 총 40개의 선이 6행(좌 2행, 중 2행, 우 2행) × 6열+1행(정중앙) × 4열로 구성된다. 평가자는 평가 전 정중앙 열의 선 1개를 그어 시범으로 보여 주고, 모든 선에 표시하라고 지시한다. "모든 선을 다 표시하였나요?"라는 질문으로 확인한다.

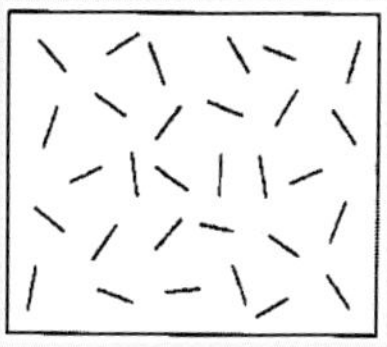

- 별 지우기 검사(Star Cancellation Test: SCT)
  별 지우기 검사는 56개의 작은 별, 52개의 큰 별과 단어와 문자로 구성된 A4 크기의 검사지로 만들어져 있다. 검사자는 가운데 작은 별 2개를 표시하여 시범을 보여 주고, 참여자에게 나머지 작은 별들을 표시하도록 한다.

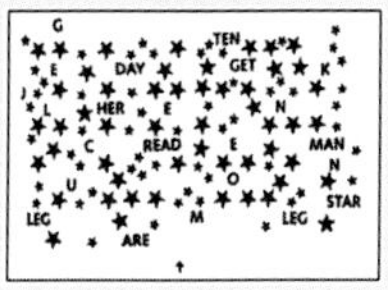

- 시계 그리기 검사(Clock Drawing Test: CDT)
  CDT는 백지 위에 원형의 아날로그 시계를 그려 보도록 하는 그리기 검사의 일종이다. CDT의 과제는 크게 두 가지로 구분된다. 한 과제는 피검사자가 시각적 이미지를 생각해서 수행해야 하는 생산과제이며, 다른 과제는 피험자가 제시된 이미지와 똑같이 그리도록 하는 모사과제이다.

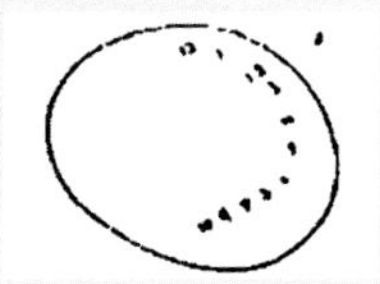

03 MMPI의 2개 척도 상승형태 분석에서 4-9/9-4 형태에 대한 가능한 해석을 5가지를 기술하시오. (5점)

▸ 2006, 2008, 2011, 2015, 2017

모범답안

〈척도 4번: 반사회성/척도 9번: 경조증〉

① 사회적 기준이나 가치를 무시함.

② 자기중심적이고 충동적인 행동을 보임.

③ 판단력 저하, 경험을 통해 배우지 못함.

④ 자신의 실패나 단점을 합리화하고 문제의 원인을 외부 귀인함.

⑤ 피상적 인관관계로 인한 깊은 정서적 유대관계 형성이 곤란함.

학습 Plus MMPI 49/94 코드 특징

- 사회적 기준이나 가치를 무시하며, 반사회적인 행동으로 인해 권위적 인물과 자주 갈등을 초래한다.
- 양심이 충분히 발달되지 않았으며, 도덕성이 낮고, 그릇된 윤리관을 가지고 있다.
- 자기도취적이고, 이기적이고, 충동적이며, 충동의 만족을 지연시키지 못한다.
- 판단력이 부족하고, 자신의 행동이 초래할 결과를 고려하지 않고 행동하며, 책임감이 낮다.
- 자신의 실패나 단점을 합리화하고, 문제가 생기면 타인을 탓하고 비난한다.
- 좌절을 감내하지 못하고, 변덕스러우며, 강한 분노와 적대감을 지니며, 강렬하게 감정을 표출한다. 정서적인 자극과 흥분을 추구하며 과잉 활동적이다.
- 미성숙하고 불안정하며, 자기중심적이다. 깊은 유대관계를 맺지 못하며 대인관계가 피상적이다.
- 변화에 대한 동기가 부족하여 자발적으로 치료 장면을 찾는 경우는 드물며, 문제에 대한 통찰과 문제인식이 부족하여 치료적 예후가 낮은 편이다.
- 흔히 반사회성 성격장애, 알코올 중독이나 기타 약물남용, 때로는 편집증이나 양극성 장애로 진단을 받는다.

04 기능성 기억장애와 기질성 기억장애의 예를 1가지씩 쓰고 차이점을 설명하시오. (5점)

▸ 2007, 2009, 2017

모범답안

- 기능성 기억장애(functional amnesia)

  기억상실증의 원인이 심인성(psychological reasons)으로 오는 경우로 정신적으로 충격적인 사건을 겪은 후 기억재생에 장애가 있는 것을 말한다. 이는 하나의 사건뿐만 아니라 과거의 일정 기간에 대한 기억까지지도 상실되는 경우가 있다.

  (예) 해리성 기억상실증

  - 심한 스트레스나 충격이 있은 후에 중요한 개인적인 경험을 기억하지 못하는 것으로, 쉽게 기억해야 할 자전적 정보를 회상하는 능력이 상실된다.
  - 외상과 관련된 주요 개인적 정보를 회상하지 못하지만 기본적인 인지기능이나 비개인적인 정보의 기억은 유지된다.

• 기질성 기억장애(organic amnesia)
뇌의 특정 기능의 장애로 오는 기억장애를 말한다. 주로 종양, 중풍, 뇌출혈, 두부 손상, 노인성 치매와 같은 퇴행성 질환으로 오게 된다.
(예) 퇴행성 기억상실증
– 과거 사건을 기억하는 데 어려움을 보이는 것으로, 가장 큰 특징은 오래전 어린 시절의 일들은 비교적 상세히 기억하나 최근 수년 사이에 일어난 개인적 · 사회적 사건들을 기억하는 데 어려움을 보이게 된다.
– 기질성인 경우에는 개인의 사회적 및 직업적 기능에 현저한 지장을 초래할 정도의 기억장애가 있는 경우가 많다.

05 Kadushin(1985)이 제시한 슈퍼비전의 기능 3가지에 따라 괄호 안에 들어갈 알맞은 말을 쓰시오. (6점)

▸ 2017

(A) 기능은 상담작업에 관한 탐색과 숙고를 통해 상담자의 기술, 이해, 능력, 전문적 정체감을 발달시키도록 하는 것을 의미한다.
(B) 기능은 상담자가 슈퍼바이저가 제공하는 수용과 확인을 통해 상담작업의 정서적 효과를 처리하고 보고하여 풀 수 있도록 해 준다.
(C) 기능은 슈퍼비전의 질적 통제를 제공하는 것으로 슈퍼바이저는 내담자의 욕구가 명확히 정의된 윤리적 · 전문적 실천의 규준 내에서 언급되고 있는가를 분명히 하기 위해 상담자를 조력한다.

모범답안

• A: 교육적
• B: 지지적
• C: 행정적

학습 Plus 슈퍼비전의 기능

〈슈퍼비전의 기능(Kadushin, 1985)〉
• 교육적 기능: 효과적인 직무수행을 위해 필요한 지식과 기술을 제공하고 전문적 자아발달을 도모하는 것이다. 전문적 능력향상을 통해 상담사의 업무능력을 개선하고, 전문직업적 정체성을 확립하도록 돕는다.
• 지지적 기능: 상담사가 능률적으로 업무를 수행할 수 있도록 심리적 자원을 제공하는 것이다. 즉, 실무수행을 방해하는 스트레스 감소, 사기진작을 통한 업무수행 동기를 증대시켜 직무만족도를 높이는 것을 의미한다.
• 행정적 기능: 직무를 효과적으로 수행할 수 있도록 환경을 구조화하고 필요한 자원을 제공한다. 즉, 내담자를 돕는 과정에서 윤리적 · 전문적인 서비스 체계에 따라 상담사가 효율적으로 자원을 활용할 수 있도록 돕고 필요한 지식과 기술을 적용할 수 있도록 조력한다.

〈슈퍼비전의 일반적 기능〉
• 상담자가 상담기술을 적용하고 수행하는 데 대해 조정하고 평가하는 기능을 한다.
• 교사-학생의 관계처럼 지도와 충고를 하는 기능을 한다.

- 전문가 행동모델로서 상담자에게 영향을 미치는 본보기의 기능을 한다.
- 질문과 의견 제시를 통해 상담자에게 임상적/전문적 상황의 문제를 해결하도록 촉진하며, 직면한 이슈들에 대해 자문하는 기능을 한다.
- 공감적 주의, 격려, 건설적 직면을 통해 상담자에게 어려움을 극복하고 자신감을 가지도록 하며, 전문성을 발달시키도록 지지와 공유를 해 주는 기능을 한다.

06 다음 사례에서 상담자가 보여 주려고 하는 것은 무엇인지 기술하시오. (2점) ▸ 2017

> 내담자: 나는 도움이 안 되는 사람입니다.
> 상담자: 그렇게 생각하세요? 정말 비참한 기분이네요.
> 내담자: 제 친구가 어제 저에게 그렇게 말했어요.
> 상담자: 그 사람이 당신을 쓸모없는 인간이라고 말했다고요?

모범답안

- 재진술(paraphrasing)
  내담자의 이야기를 듣고 상담자가 자기의 표현방식으로 바꾸어 말해 주는 기법을 말한다. 이는 상대방을 이해하고 있음을 전달하고, 좀 더 간결한 방식으로 상대방의 대화내용을 요약하며, 상대방의 말을 상담자가 올바르게 이해하고 있는지 확인해 보기 위한 목적으로 사용된다.

학습 Plus

- 관심 기울이기: 시선, 자세와 몸짓, 얼굴 표정, 목소리 등으로 내담자에게 관심을 가지고 있다는 것을 알리는 상담자의 비언어적 태도이다.
- 경청: 내담자의 이야기를 주의 깊게 귀담아 듣는 것으로, 말의 내용뿐만 아니라 말하려는 의도, 심정을 주의 깊게 정성 들여 듣는 태도이다.
- 개방형 질문: 내담자의 대답이 짧은 한두 마디의 말로 한정되지 않도록 하는 형태의 질문으로, 내담자가 자신의 문제에 대해 깊이 생각하고 드러낼 수 있도록 하는 질문이다.
- 공감: 내담자의 감정과 생각에 대한 상담자의 깊은 이해와 그 사실을 내담자에게 알려 주는 것까지의 과정을 말한다. 내담자의 입장에서 어떠한 판단 없이 있는 그대로 느낄 수 있고 들을 수 있고 이해할 수 있어야 한다.
- 감정의 반영: 내담자의 감정에 대한 파악을 통해 내담자에게 파악된 감정을 잠정적이지만 명확하게 표현하는 것이다. 상담자가 표현한 감정의 반영이 내담자가 느끼는 것과 가깝다면 상담자로부터 충분히 이해받고 있다고 느끼게 되고 자신의 감정을 보다 분명히 말할 수 있도록 돕는다.
- 직면: 내담자가 상담 중에 보인 사고, 감정, 행동에서 모습이나 불일치가 관찰될 때 이러한 모순이나 불일치를 드러내는 상담기법이다. 다만, 내담자가 받아들일 준비가 되어 있지 않다면 무리한 직면은 저항을 일으켜 상담이 효과적으로 진행되지 않을 수 있다.
- 해석: 내담자가 자신의 말이나 상황에 대해 명확하게 의식하지 못한 것에 대해 그 의미를 설명해 주는 것을 말한다. 단, 내담자와의 신뢰감이 없는 상태에서 이루어지거나 내담자의 욕구와 상관없이 이루어지면 이를 평가적으로 느껴 치료동맹에 손상을 끼칠 수도 있다.
- 자기개방: 상담자가 자신의 생각, 가치, 느낌, 태도 등 여러 가지 정보를 내담자에게 드러내 보이는 것을 말한다. 단, 자기개방을 자주 사용하면 내담자의 탐색을 방해하고, 상담자에게로 주의가 옮겨질 수 있으므로 조심해야 한다.

07 상담목표 설정 시 지켜야 할 기준 5가지를 쓰시오. (5점) ▸ 2009, 2011, 2017

모범답안

① 상담목표는 반드시 상담자와 내담자가 합의하여 정해야 한다.
② 상담목표는 검증 가능하고 구체적이어야 한다.
③ 상담목표는 현실적으로 실현 가능한 것이어야 한다.
④ 상담목표는 내담자의 문제를 전반적으로 설명할 수 있어야 한다.
⑤ 상담목표는 결과 또는 성취로 진술되어야 한다.

학습 Plus 상담의 일반적 목표

- 내담자의 문제해결: 내담자가 상담자에게 호소했던 주 호소문제를 치료적인 방법이나 교육적인 방법을 통해서 해결하는 것이 상담의 가장 중요한 목표이다.
- 환경에 대한 적응: 내담자의 일상 영역에서 대인관계나 의사결정, 문제해결 등 다양한 부분에서의 어려움을 극복하여 건강하게 생활할 수 있도록 조력하는 것이 중요하다.
- 내담자의 발달 및 효율성 향상: 삶을 살아가는 동안 다양한 문제 상황에 대해 효과적으로 대처하고, 문제를 정확하게 인지하고, 문제해결을 위해 자신의 여러 가지 강점들을 효율적으로 활용할 수 있도록 돕는 것이 필요하다.
- 문제 발생의 예방: 상담이 끝난 후에 내담자가 어려움을 잘 해결해 나가고, 내면의 건강한 성장을 위해서 부적응 행동의 원인을 정확하게 이해하며 효과적으로 다루기 위한 방안을 마련하는 예방적 차원의 상담은 성장과 문제해결에 중요하다.

08 심리치료 효과를 가져오는 공통적인 치료요인 3가지를 쓰시오. (6점) ▸ 2011, 2017

모범답안

① 치료자-내담자의 치료적 관계
치료자와 내담자 간의 긍정적 치료적 관계 수립을 통해 내담자의 치료동기를 증진하고, 신뢰로운 관계 속에서 치료에 적극적으로 임할 수 있는 치료적 환경을 제공한다.

② 해석, 통찰, 이해
심리치료를 통해 내담자의 개인적인 어려움에 대해 내담자 스스로 이해할 수 있도록 돕는다.

③ 정화와 방출
심리치료는 내담자가 자신의 문제를 이야기하고 불편한 점을 자세히 이야기하며, 그에 관한 감정을 표현하도록 돕는다.

09 다면적 인성검사(MMPI-2) 프로파일에서 상승한 척도가 1-2-3, 3-4, 7-8-9, 2-7-3인 경우, 가장 우선적으로 다루어야 할 척도는 무엇이고 그 이유를 기술하시오. (5점)

▸ 2017

모범답안

- 우선적으로 다루어야 할 척도: 7-8-9
  - 사고장애 가능성이 있고 높은 수준의 불안을 경험할 수 있다.
  - 걱정, 불안, 긴장, 공포, 강박적 사고, 반추, 저조한 기분이 흔히 드러나며 현실검증력에 있어 혼란 및 간헐적 손상을 경험한다.
  - 삶에서 즐거움을 거의 얻지 못하며, 어떤 일이든 자신과 관련지어 받아들이고 쉽게 짜증, 분노 감정을 느끼며 타인의 조언이나 제안에 대해 비난이나 비판으로 받아들인다.
  - 괴롭힘을 당했다고 느껴지면 폭발적인 양상을 보일 수 있고 효과적으로 문제해결하는 데 있어 어려움을 보일 수 있다.
  - 자살사고가 흔한 편이며, 자살시도 가능성이 있으며 환각이나 망상을 경험한다.
  - 정서적 소외감을 느끼고, 사회적 기술과 판단력이 낮으며 일상에서 비현실감을 경험한다.
  - 좌절이나 상실에 대한 두려움과 공존하는 자기웅대성이 있고, 과잉행동적이며 충동적일 수 있다.
- 이유
  - 자살사고가 흔히 나타나며, 현저한 심리적 동요 및 사고 붕괴를 보일 수 있고 충동적 행동 특징이 있어 언제든 위기상황에 처할 가능성이 높다. 자살하고 싶은 감정을 느끼거나 자살 및 자해를 위한 계획에 대한 탐색이 필요하다.
  - 환각이나 망상 경험, 부정적 사고 확장으로 인해 자신 및 타인에게 위해를 가할 수 있어 전문가의 개입 및 심리약물학적 개입을 통해 도움을 주어야 한다.

10 다음 사례를 읽고 검사결과를 토대로 해석을 쓰시오. (6점)

▸ 2003, 2009, 2017

> 20세 남성으로 재수하여 3월에 입학한 대학생이다. 재수를 시작한 지 1개월 만에 기분이 우울하고, 가슴이 두근거리고 머리가 아프고, 소화가 안 되고, 불면증이 나타났으며, 매사에 짜증이 나고, 집중력이 저하되어 공부도 안 되는 증상이 나타나기 시작하였다. 원하던 대학교에 입학한 후에도 증상이 지속되어 동네 내과병원에 방문하였으나, 내과적 이상소견은 없어서 심리상담소에 방문하게 되었다. MMPI, BDI, K-WAIS를 실시하였는데, MMPI에서 L(52), F(58), K(62), Hs(59), D(73), Hy(58), Pd(62), Mf(35), Pa(54), Pt(65), Sc(46), Ma(48), Si(59)였고, BDI에서는 23점이었으며, K-WAIS에서는 언어성 IQ 125, 동작성 IQ 94, 전체 IQ 114로 나타났다.

모범답안

- MMPI: 2-7/BDI: 23점(중등도 우울)
  - 불안하고 긴장되어 있으며 예민하고 우울하다. 걱정이 너무 많고 사소한 스트레스에도 과민반응을 보인다.
  - 신체적인 증상을 호소하는 경우가 많아 피로감, 불면증, 식욕부진을 비롯한 여러 증상을 호소하며 이는 만성적 긴장상태를 반영한다.
  - 우울증은 가장 중요한 한 가지 특징으로서, 체중감소, 동작 및 말의 느림, 사고 지연과 같은 우울증의 임상적 증상을 나타낸다.
  - 세상사 일반에 대하여 비관적이고 불행감, 부적절감, 불안정감, 열등감 등을 느끼는 경우가 많다. 또한 자살에 대한 생각이나 계획에 대하여 주의 깊게 관찰할 필요가 있다.
- 지능지수: 언어성 IQ 125, 동작성 IQ 94, 전체 IQ 114
  - 언어성 점수와 동작성 점수 간의 편차(31점)를 보이고 있어 유의미한 수준의 인지기능 불균형이 나타난다.
  - 동작성 검사의 유의미한 저하가 나타나고 있어 즉각적인 문제해결능력이 낮고, 새로운 상황에 대한 적응 및 순발력 있는 대응력이 약하며 효율적인 대처능력을 발휘하는 데 어려움이 나타난다.

11 성폭행 피해자의 전화를 받았다. 이때 상담자의 조치방법 5가지를 서술하시오. (5점)

▸ 2003, 2017

모범답안

① 피해자의 안전을 위해 도움을 줄 수 있는 사람에게 연락하고 안전한 장소로 도피시킨다.
② 지역사회 자원을 통해 심리적 · 사회적 · 법률적 지원을 받을 수 있도록 한다.
③ 피해자가 처한 정확한 상황을 파악하여 의료조치가 필요하다면 해당 기관을 통해 의료처치를 받을 수 있도록 한다.
④ 피해자에게 증거를 확보하도록 해당 정보를 제공한다.
⑤ 대면상담을 원할 시 해당 전문가를 통해 필요한 도움을 받을 수 있도록 한다.

12 K-WISC-IV의 4가지 평가영역지표와 각 소검사를 1가지씩 서술하시오. (4점)

▸ 2015, 2017

모범답안

- 언어이해지표(Verbal Comprehension Index: VCI)
  언어적 개념형성, 언어적 추론과 이해, 획득된 지식, 언어적 자극에 관한 주의력에 대한 측정치이다.
  - 공통성(Similarty: SI): 논리적이고 추상적인 추론능력, 언어적 개념형성 또는 개념적 사고, 본질과 비본질(또는 핵심과 비핵심)을 변별하는 능력, 언어능력과 결합된 연산능력

• 지각추론지표(Perceptual Reasoning Index: PRI)

유동적 추론, 공간처리, 세부에 대한 주의력, 지각적 조직화, 시각-운동 통합에 대한 측정치이다.

- 토막짜기(Block Design: BD): 전체를 부분으로 분석하는 능력, 공간적 시각화, 비언어적 개념형성, 시각-운동 협응능력, 지각적 조직화, 지속적 노력, 집중력, 공간적 표상능력

• 작업기억지표(Working Memory Index: WMI)

주의력, 집중력, 단기기억, 짧은 시간 동안 정보를 유지하고 조작하는 능력, 연속능력, 인지적 유연성에 대한 측정치이다.

- 숫자(Digit Span: DS): 즉각적인 기계적 회상, 가역적 사고, 사고전환능력, 집중력, 주의력, 청각적 연속능력, 기계적 학습

• 처리속도지표(Processing Speed Index: PSI)

정신운동 속도, 비언어적 문제해결능력, 정보처리 속도, 집중력, 단순하거나 일상적인 정보를 오류 없이 처리할 수 있는지에 대한 측정치이다.

- 기호쓰기(Coding: CD): 정신운동 속도, 지시를 따르는 능력, 시각적 단기기억, 친숙하지 않은 과제를 학습하는 능력, 새로운 자극에 대한 반응능력, 지속적 노력, 주의력, 정신적 전환능력

학습 Plus K-WISC-IV 지표점수와 하위 소검사 구성

언어이해지표(VCI)	지각추론지표(PRI)	작업기억지표(WMI)	처리속도지표(PSI)
공통성	토막짜기	숫자	기호쓰기
어휘	공통그림찾기	순차연결	동형찾기
이해	행렬추리	(산수)	(선택)
(상식)	(빠진 곳 찾기)		
(단어추리)			

※ 괄호 안은 보충 소검사임.

13 **파괴적 행동문제를 보이는 청소년에게 정적 강화의 수준을 높여야 하는 이유 3가지를 쓰시오.** (6점) ▸ 2011, 2017

모범답안

① 바람직한 행동에 대해 즉각적인 보상을 제공함으로써 문제행동이 유발되는 기존 방식을 상쇄하여 행동문제 감소에 도움이 된다.

② 정적 강화를 통해 적응적 행동 이후 출현 빈도를 증가시킬 수 있어 새로운 적응행동을 학습하고 유지하는 데 도움이 된다.

③ 사회적 강화물(칭찬하기, 미소 짓기, 고개 끄덕여 주기 등)을 통한 정적 강화는 긴장감, 적대감 완화, 자존감 증진에 도움이 된다.

학습 Plus 정적 강화(positive reinforcement)

- 정적 강화
  특정한 상황에서 어떤 사람이 무언가를 하였을 때 즉각적으로 정적 강화물을 제공받으면, 그 사람은 이후 유사한 상황에 접하게 될 때 같은 행동을 하게 될 가능성이 높아진다(단, 강화물 제공 시 즉시성이 중요하며, 기대 행동이 나타날 시에만 적용한다).
- 정적 강화물
  어떤 행동 뒤에 즉각적으로 제시하여 그 행동의 발생 빈도를 증가시키는 자극이다.
  〈정적 강화물의 유형〉
  - 소모할 수 있는 강화물(consumable reinforcer): 사탕, 과자, 과일, 음료수와 같이 먹거나 마실 수 있는 품목들
  - 활동 강화물(activity reinforcer): TV를 보기, 책 보기, 뛰어 놀기, 산책하기 등
  - 조작하는 강화물(manipulative reinforcer): 좋아하는 것을 가지고 놀기, 인터넷 하기, 자전거 타기 등
  - 소유하는 강화물(possessional reinforcer): 좋아하는 옷 입기, 자기 방 갖기, 원하던 물건을 갖기 등
  - 사회적 강화물(social reinforcer): 애정 어린 마음으로 안아 주거나 등을 두드려 주기, 칭찬하기, 미소 짓기 등

14 조현병 양성증상이 발생한 환자의 대처방법 3가지를 쓰시오. (6점) ▸ 2017

모범답안

① 양성증상 감소를 위해 약물치료를 받도록 한다. 약물치료는 조현병의 양성증상에 효과적이며 조기 개입 시, 급성기의 정신운동성 초조, 환청 등은 수일 내에 호전되고 망상 또한 수주 내에 호전되는 경과를 보인다.

② 망상의 내용이 대개 비논리적이고 기괴한 경우가 많으며 환청과 동반되는 경우가 흔해 급작스런 정신적 혼란을 보일 수 있어, 망상의 내용에 동의하지 않으며 망상 자체보다는 동반되는 감정에 대해 이야기를 나눈다.

③ 정신적 스트레스를 줄 수 있는 말을 삼가하고, 일상적인 주제로 대화의 내용을 전환하며, 논쟁을 피하도록 한다.

학습 Plus 조현병의 진단기준(DSM-5)

A. 다음 증상 중 2가지(또는 그 이상)가 1개월 중 상당 기간 동안 존재해야 하며, 이들 중 최소한 하나는 1 혹은 2 혹은 3이어야 한다.
   1. 망상
   2. 환각
   3. 와해된 언어(예: 빈번한 탈선 또는 지리멸렬한 언어)
   4. 와해된 행동 또는 긴장성 행동
   5. 음성 증상(예: 감정표현의 감소 혹은 무의욕증)

B. 장애가 발병한 이후 상당 기한 동안 일과 대인관계 또는 자기관리와 같은 주요 영역 중 한 가지 이상에서 기능 수준이 발병 전 성취 수준 이하로 현저히 저하된다(혹은 아동기나 청소년기에 발병되는 경우, 기대 수준의 대인관계, 학문적 · 직업적 기능을 성취하지 못함).

C. 장애의 지속적 징후가 최소 6개월 이상 계속된다.

D. 조현정동장애와 정신병적 증상을 동반한 우울 또는 양극성장애는 배제된다.

E. 장애가 물질(D: 약물, 치료 약물)의 생리적 효과나 다른 의학적 상태로 인한 것이 아니다.

15 상담 종결 시 상담자가 해야 할 일 3가지를 서술하시오. (6점)

▸ 2013, 2014, 2017

모범답안

① 종결 시 이별의 감정 다루기

상담은 상담자와 내담자의 특별한 만남 속에서 이루어지는 관계이기에 내담자는 상담의 종결로 인한 이별이 힘들고 어려울 수 있다. 상담가는 이런 이별의 감정을 다루어 나가면서 내담자 스스로 설 수 있도록 지지해야 한다.

② 상담성과에 대한 평가하기

상담자는 내담자와 상담과정을 통해 변화하고 성장한 것은 무엇인지, 상담을 통해 해결하지 못한 것은 무엇인지를 탐색해 보아야 한다.

③ 문제해결능력 유지하기

현실 속에서 문제에 부딪혔을 때 상담을 통해 습득한 문제해결 방법을 효과적으로 적용해 나갈 수 있도록 필요한 노력을 구체화한다. 또한 상담을 종결한 후에 필요한 경우 언제든지 다시 상담할 수 있음을 알려 주어 내담자에게 심리적 안정감을 주도록 한다.

16 얄롬(Yalom)이 제시한 집단치료의 치료요인 5가지를 서술하시오. (5점)

▸ 2009, 2012, 2013, 2014, 2017, 2018

모범답안

① 희망감 고취: 내담자가 자신의 삶에 대해 희망의 느낌을 갖는다.
② 보편성: 다른 사람들도 유사한 걱정거리를 갖는다는 것을 깨닫는다.
③ 이타심: 집단구성원과 경험 및 생각을 공유하면서 타인을 향한 이타행동이 증진된다.
④ 대인관계 학습: 다른 집단구성원들과의 상호작용을 통해 대인관계 기술을 학습한다.
⑤ 감정 정화: 집단상담 이전에는 표현하지 못했던 감정을 표현하며 정화적 경험을 갖는다.

학습 Plus 얄롬(Yalom)의 집단상담 치료요인 11가지

- 희망감 고취: 내담자가 자신의 삶에 대해 희망의 느낌을 갖는다.
- 보편성: 다른 사람들도 유사한 걱정거리를 갖는다는 것을 깨닫는다.
- 정보 공유: 집단 논의를 통해 건강한 삶에 대한 정보를 획득한다.
- 이타심: 집단구성원과 경험 및 생각을 공유하며 서로 도움을 주고받는다.
- 일차가족집단의 교정적 개괄: 초기 아동기 경험과 유사한 역동성을 경험할 기회를 갖는다.
- 사회화 기술의 개발: 기본적인 사회적 기술을 학습한다.
- 모방행동: 다른 집단구성원의 긍정적 행동을 모델로 삼아 학습한다.
- 대인관계 학습: 다른 집단구성원들과의 상호작용을 통해 대인관계 기술을 학습한다.
- 집단응집력: 집단구성원들 간의 소속감이 긍정적인 치료적 요인으로 작용한다.
- 감정 정화: 집단상담 이전에는 표현하지 못했던 감정을 표현하며 정화적 경험을 갖는다.
- 실존적 요인들: 집단구성원은 자신의 삶에 대한 책임을 수용한다.

17 망상을 보이는 편집증적 환자의 평가를 위한 면담 시 주의할 사항 3가지를 쓰시오. (6점)

▸ 2017

모범답안

① 적대적이고 불신적인 경향으로 인해 초기 관계 형성이 어렵기 때문에 솔직하고 개방적인 자세로 신뢰감을 심어 주는 것이 중요한다. 편집증적 환자의 초기 방어와 저항은 평가면담의 객관성에 영향을 주기에 관계 초기 라포 형성은 매우 중요하다.

② 면담가의 태도에서 적대적인 요소를 포착하여 의심과 분노를 표현할 수 있는데, 이러한 내담자의 행동에 대해 왜곡된 해석을 하지 않도록 하며, 감정을 공감적으로 수용하는 것이 중요하다.

③ 망상으로 인해 면담내용의 객관성이 저해될 수 있으며, 문제에 대한 자기정당화와 합리화로 인해 자료의 타당성이 왜곡될 수 있기에 면담 시 객관적인 태도를 유지하며 다양한 정보를 수집할 수 있도록 한다.

18 점진적 노출의 치료효과 3가지를 쓰시오. (6점)

▸ 2017

모범답안

① 불안을 유발하는 자극에 익숙해지고 둔감해짐으로써 실제 장면에서 더 이상 자극에 대한 회피반응이나 도피반응을 일으키지 않게 되어 불안 감소에 도움이 된다.

② 불안유발 상황에 안전하게 노출시킴으로써 내담자가 그 상황들에 대해 더 현실적으로 생각하게 되고, 이러한 현실적 사고 증진은 상황을 덜 위협적으로 느끼게 만들어 객관적으로 상황을 인식하도록 돕는다.

③ 점진적 노출 과정 동안 불안수준이 감소됨을 경험함으써 내담자는 불안에 잘 대처할 수 있다는 강한 믿음을 얻게 되며 문제 극복에 대한 노력과 용기를 갖게 된다.

19 MMPI 9번 척도가 27점일 때 임상양상 2가지를 서술하시오. (4점)

▸ 2017

모범답안

- 9번 척도(경조증, Ma)가 낮은 수준으로 나타난 경우
  - 쉽게 피로해지고 의욕이 없으며 활력수준이 낮다.
  - 동기가 저하되어 있고 무기력하며 우울한 상태를 보인다.

* 척도 9는 정신적 에너지를 측정하는 척도로서, 40T보다 낮은 경우 우울할 가능성을 고려해 보아야 한다. 이들은 쉽게 피로해지고 의욕이 없으며, 주의집중 곤란 등의 우울을 시사하는 증상을 보이는 경향이 있다.

PART

06

사례형 기출복원문제

01 사례형 기출복원문제

01 다음 사례의 증상 및 징후의 평가, 규정을 하고 DSM-5 진단기준에 맞는 잠정적 진단을 내리시오.

▸ 2009, 2011

성인 남자의 사례로 부모로부터 의뢰되었다. 지난 일주일 동안 한숨도 자지 않고 여전히 기운이 넘쳐 있다. 얼마 전부터 자신이 세상을 구원할 수 있다고 믿고 있으며 신이 자신에게 구체적 지시, 즉 "○○가 너를 구원하리라."라는 말을 듣고 있다고 한다. 어느 간판 위 옥상에서 뛰어내리고 싶다는 말을 했으며, 이유는 거기에서 뛰어내리면 자신과 세상이 구원될 것이라고 믿고 있기 때문이다. 그리고 병원 직원은 정보요원이기 때문에 반드시 따돌려야 한다고 믿고 있다.

모범답안

① 조현병의 증상
- 망상
- 환각
- 와해된 언어, 와해된 행동이나 긴장증적 행동
- 음성 증상으로 무언증, 정서적 둔마, 무쾌감증, 무욕증, 사회적 철회 등이 있음.

② 징후의 평가
- 망상: 자신이 세상을 구원할 수 있다고 믿고 있으며, 옥상에서 뛰어내리면 자신과 세상이 구원될 것이라고 여김.
- 환각: "○○가 너를 구원하리라."라는 말을 들음(환청에 해당).
- 와해된 행동: 병원 직원을 정보요원이라고 믿고 따돌리려 함.

③ 잠정적 진단명: 조현병

02 철수의 행동에 A-B-C 모형을 적용하여 철수를 치료에 참여시키는 방법에 대해 기술하시오.

▸ 2012

14세 철수는 엄마가 자신을 못살게 구는 것을 그만두게 하려고 치료에 참여하게 되었다고 한다. 초등 3학년 시기에 반항성 장애로 진단받은 적이 있으며, 자신의 반항적이고 도전적인 행동이 변화되어야 한다는 어머니의 주장에 대해 오히려 어머니가 소리를 지르고, 외출을 금지시키며 끊임없이 잔소리를 하여 자신을 화나게 자극하는 것이 문제일 뿐 자신은 문제가 없다고 주장한다.

모범답안

- A(사건)-B(행동)-C(결과) 모형
  - A: 엄마의 소리 지름, 외출 금지, 잔소리
  - B: 철수의 반항적, 도전적인 행동
  - C: 반항성 장애 진단, 치료 참여
- 치료 참여 방법
  - 치료자는 엄마와의 면담을 통해 철수의 행동을 촉발하는 자극요인에 대한 이해를 돕고, 철수와 엄마와의 관계형성을 돕기 위한 효율적인 전략을 안내하여 바람직하지 않은 철수의 행동을 유발하는 선행조건을 변화시킨다.
  - 철수의 반항적이고 도전적인 행동을 수정하기 위한 행동수정 전략을 적용하여 문제를 개선하고 긍정적인 행동변화를 촉진한다.
  - 철수와 엄마의 행동수정 과정을 평가하고, 장애물 요인이 있다면 탐색하며, 긍정적 변화를 강화 및 유지하기 위한 후속계획을 수립한다.

03 다음 사례를 읽고 물음에 답하시오.

▸ 2014

중학교 3학년 학생으로 밖에 나가는 것을 좋아하지 않고 어려서부터 컴퓨터만 했다고 한다. 3세까지 말이 안 되었고 눈 마주침도 어려웠다. 언어치료를 받은 후 조금 나아졌으나, 여전히 눈 마주침은 안 되었다. 전체지능은 59로 동작성이 언어성보다 조금 더 높으며, 사회성숙도 55점, 언어성 검사에서 산수(6점), 숫자 외우기(8점)가 높다. 동작성 검사에서는 토막짜기(8점), 모양맞추기(7점), 차례맞추기(8점)가 전체적으로 높다.

(1) 검사점수로 예상되는 임상적 행동을 기술하시오.

(2) 감별진단을 기술하시오.

모범답안

(1) 검사점수로 예상되는 임상적 행동

- 사회적 상호작용 곤란으로 인해 언어 표현 및 언어 수용에 어려움을 보일 수 있음.
- 사회적 대처능력이 저하되어 있어 문제해결능력의 곤란을 보일 수 있음.
- 주의집중력이 안정적으로 발달되지 못해 학습 곤란 및 부주의한 행동을 보일 수 있음.
- 일반적 수준의 사회적 이해능력을 보일 수는 있으나 상황이해와 판단력 저하로 인해 부적절한 대응행동을 보일 수 있음.

(2) 감별진단

- 사회적 의사소통장애: 사회적 의사소통과 상호작용 곤란을 보이지만 제한적이고 반복적인 상동행동을 보이지 않는다.
- 레트 증후군: 생후 첫 5개월까지는 연령에 적절한 운동발달, 정상 두부 둘레를 보이나, 이후 진행적인 뇌병증으로 소뇌증이 나타남. 손 운동의 퇴행, 보행 장애, 수용성 또는 표현성 언어 모두에서 장애가 유발된다.
- 주의력 결핍 및 과잉행동장애: 주의산만, 과잉행동, 충동성을 주 증상으로 보이며 대개 초기 아동기에 발병하여 만성적인 경과를 갖는다.

04 다음 사례를 보고 진단명, 증상과 징후의 평가에 대해 기술하시오. ▸ 2015

- A씨가 수시로 서울로 올라간 이유는 대학생 때 짝사랑했던 여학생이 데이트를 하자고 하는 소리가 들렸기 때문이다.
- "특수 국가기관에서 24시간 나를 CCTV와 위성으로 감시하고 있어요. 조만간 나를 죽이러 올 거예요."
- "나는 하나님의 아들이다. 모두 내 앞에 무릎을 꿇어라. 내가 너희를 구원할 것이다."

모범답안

① 진단명: 조현병

② 증상: 망상, 환각

③ 징후의 평가

- 망상
  - 과대망상: "특수 국가기관에서 24시간 나를 CCTV와 위성으로 감시하고 있어요. 조만간 나를 죽이러 올 거예요."
  - 피해망상: "나는 하나님의 아들이다. 모두 내 앞에 무릎을 꿇어라. 내가 너희를 구원할 것이다."
- 환각(환청): A씨가 수시로 서울로 올라간 이유는 대학생 때 짝사랑했던 여학생이 데이트를 하자고 하는 소리가 들렸기 때문이다.

05 다음의 MMPI 검사 결과에 근거하였을 때, 진단명과 진단이유를 기술하시오. ▸2015

L, K 척도는 낮고 F 척도는 100이상이며, 임상척도 1, 2, 4 높게 나타났으며 특히 6-7-8이 높게 나타남

모범답안

① 진단명: 조현병(Schizophrenia)

② 진단이유

- F 척도가 100 이상으로 나타나고 있어 심각한 정신병리를 지니고 있을 가능성이 크다.
  - F 척도는 편집적 사고, 반사회적 태도 혹은 행동, 적대감, 낮은 신체적 건강수준 등의 다양한 특성들을 평가하며 일반적으로 F 척도가 상승하면 대개의 임상척도가 상승하는데, 특히 조현병을 나타내는 6-8 척도의 의미 있는 상승을 보인다.
- 6-7-8 척도는 정신증 척도에 해당되며, 일반적으로 환각, 망상, 극도의 의심을 드러낸다. 정서는 둔마되어 있고 기억력 및 주의집중력 곤란을 보인다.

06 다음 사례를 읽고 답하시오. ▸2015

A군은 1년 전부터 누군가 자신을 감시하고 있고, 자기가 하는 말이 모두 TV를 통해 방송되고 있다고 믿으면서 불안해 하고 있다. 혼잣말을 중얼거리기도 하고, 사람들 만나기를 꺼리면서 혼자 방에 들어가 문을 잠그고 나오지 않고 있다.

(문) 조현병의 양성증상과 음성증상의 의미를 각각 설명하고, 이 사례에서 두 증상에 해당되는 내용을 구분하여 쓰시오.

모범답안

① 양성증상(positive symptom)

- 정상인들에게는 나타나지 않지만 정신분열병 환자에게서는 나타나는 증상
- 망상, 환각, 와해된 언어나 행동(극도로 와해된 또는 긴장증적 행동)

② 음성증상(negative symptom)

- 정상인들이 나타내는 적응적 기능이 결여된 상태
  - 정서적 둔마(flat affect): 외부자극에 대한 정서적 반응성이 둔화된 상태이다.
  - 무의욕증(avolition): 마치 아무런 욕망이 없는 듯 어떠한 목표지향적 행동도 하지 않고 사회적 활동에도 무관심한 상태이다.
  - 무언어증(alogia): 말이 없어지거나 짧고 간단하며 공허한 말만 하는 등 언어반응이 빈곤해지는 상태이다.
  - 무쾌락증(anhedonia): 긍정적인 자극으로부터 쾌락을 경험하는 능력이 감소된 상태이다.
  - 비사회성(asociability): 사회적 철회, 다른 사람과의 사회적 상호작용에 대한 관심이 없는 상태이다.

③ 양성증상과 음성증상에 해당되는 내용

- 양성증상: 누군가 자신을 감시하고 있고, 자기가 하는 말이 모두 TV를 통해 방송되고 있다고 믿으면서 불안해 함(망상에 해당됨).
- 음성증상: 사람들 만나기를 꺼리면서 혼자 방에 들어가 문을 잠그고 나오지 않음(비사회성에 해당–사회적 철회).

07 다음 사례를 읽고 물음에 답하시오.

▸ 2014, 2018

> 30대 중반의 주부인 B씨는 자신이 가정에서 무가치한 존재가 되어 버렸고 사회적으로도 능력을 발휘할 수 없는 존재로 전락해 버렸다는 생각에 생활 전반에 활력과 동기가 저하된 상태이다. 수면곤란, 무기력, 죄책감과 자살사고를 보이고 있으며 인생과 미래에 대해 암울함을 보이고 있다.

(1) 우울장애에 대한 진단기준 4가지를 쓰시오.

(2) 내담자가 자살위험이 있는지 알아보기 위한 평가내용 3가지를 쓰시오.

(3) 내담자가 자살위험이 있을 때 조치방법 3가지를 쓰시오.

모범답안

(1) 우울장애에 대한 진단기준 4가지

- 거의 매일 나타나는 불면이나 과다수면
- 거의 매일 나타나는 피로나 활력의 상실
- 거의 매일 무가치감 또는 과도하거나 부적절한 죄책감
- 반복적인 죽음에 대한 생각(단지 죽음에 대한 두려움이 아닌), 구체적인 계획 없이 반복되는 자살사고 또는 자살시도나 자살수행에 대한 구체적인 계획

(2) 내담자가 자살위험이 있는지 알아보기 위한 평가내용 3가지

- 자살생각, 자살계획, 자살시도 경험

(3) 내담자가 자살위험이 있을 때 조치방법 3가지

- 가족이나 가까운 사람에게 알리고, 혼자 있지 못하도록 한다.
- 자살을 시도할 수 있는 위험한 물건이나 상황에 가까이 있지 않도록 한다.
- 정신건강의학과 전문의를 포함한 자살예방전문가와 접촉하도록 한다.

08 다음 사례에 대한 진단명과 진단기준을 쓰시오. ▸2018, 2021

타인이 보기에 말랐다고 함에도 불구하고 자신이 뚱뚱하다는 생각에 섭식을 하지 않으며 마른 체형을 유지하면서 신체상에 대한 문제로 가족과 관련된 대화를 피함.

모범답안

- 진단명: 신경성 식욕부진증(anorexia nervosa)
- 진단기준
  - 필요한 양에 비해 지나친 음식물 섭취 제한으로 연령, 성별, 발달 과정 및 신체적인 건강 수준에 비해 현저하게 저체중을 유발하게 된다.
  - 체중이 증가하거나 비만이 되는 것에 대한 극심한 두려움 혹은 체중증가를 막기 위한 지속적인 행동이 나타나며, 이러한 행동은 지나친 저체중일 때도 이어진다.
  - 기대되는 개인의 체중이나 체형을 경험하는 방식에 장애를 보인다. 자기평가에서 체중과 체형에 대한 지나친 압박 혹은 현재의 저체중에 대한 심각성 인식의 지속적 결여가 있다.

09 A군의 홀랜드 검사 결과가 아래와 같을 경우 문항에 답하시오. ▸2004, 2009

	R(현실)	I(탐구)	A(예술)	S(사회)	E(기업)	C(관습)
I	25	42	83	92	58	17
II	9	73	64	55	36	9
III	15	38	85	77	15	0
IV	18	64	55	100	82	27
전체	17	54	72	81	48	13

(1) 1차 코드: SA

(2) 2차 코드: AS

(3) A군의 성격유형 특징과 바람직한 직업을 1가지 이상 포함하여 설명하시오.

(4) A군이 피해야 할 직업과 그 이유를 기술하시오.

모범답안

(1) 1차 코드: SA

1차 코드는 가장 높은 점수와 두 번째로 높은 점수의 개인 유형코드를 통해 탐색한다.

S(사회): 81점, A(예술): 72점

(2) 2차 코드: AS

2차 코드는 1순위와 2순위의 점수 차로 결정하며, 점수 차가 10점 이하이면 코드의 순서를 바꿔서 표기한다. 따라서 81−72=9점이므로 코드순서를 바꾼 AS가 2차 코드가 된다.

(3) A군의 성격유형 특징과 바람직한 직업을 1가지 이상 포함하여 설명하시오.

타인의 문제를 돕고 이해하며, 변화의 다양성을 선호하고, 자유롭고 상징적인 활동에 흥미를 보인다. 직업으로는 사회복지사, 상담사, 예술가 등이 적합하다.

(4) A군이 피해야 할 직업과 그 이유

SA와 상반된 특징을 지닌 직업에는 흥미와 선호가 낮아질 수 있다. 점수가 낮은 R(현실), C(관습)의 경우, 분명하고 체계적이며 정해진 원칙과 계획에 따라 조직화하는 활동을 선호하므로 기술자, 은행원, 회계원 등이 피해야 할 직업에 해당된다.

10 38세 미혼여성의 MMPI 검사 결과를 보고, 임상적 특징, 가능한 진단명, 주로 사용하는 방어기제를 쓰시오.

▸ 2005, 2007, 2012, 2018

L(76), F(42), K(80), 1(85), 2(60), 3(78), 4(62), 5(42), 6(53), 7(60), 8(56), 9(42), 0(50)

모범답안

① 임상적 특징

- 타당도 척도: L, F, K의 V형 프로파일

  바람직하지 못한 감정이나 충동 혹은 문제들을 부인하거나 회피하려 하며 자신을 가능한 한 좋게 보이려고 애쓰는 사람이다. 비교적 단순하며, 세상을 선과 악의 양극단으로만 보려는 경향이 있다.

- 임상척도: 1-3 프로파일
  - 부정적이고 비관적인 경향을 보이며, 손과 다리 등 신체 사지에 증상이 나타날 수 있고 스트레스를 받으면 신체증상이 증가될 수 있다.
  - 신체적 증상에 대한 이차적 이득이 있을 수 있고 이는 증상을 지속시키는 데 영향을 준다.
  - 미성숙하고 자기중심적이며, 대인관계의 깊이가 부족하고 피상적인 경향이 있다.
  - 적대감을 강하게 억압하며 과시적인 경향이 있고 자신의 심리적 문제에 대한 통찰이 부족하다.

② 가능한 진단명

건강염려증, 전환장애, 히스테리성 성격장애

③ 주로 사용하는 방어기제

억압, 부인, 합리화

11 MMPI 타당도 척도의 L, K 척도는 30이고 F 척도는 70일 때 환자의 심리상태 2가지를 쓰시오.

▸ 2015, 2020

모범답안

① 자신의 신체적 및 정서적 곤란을 인정하고 있고 해당 문제에 대한 도움을 요청하며, 이를 해결할 수 있는 자신의 능력에 대하여 자신이 없는 상태이다.

② 자신의 문제에 대한 빠른 도움을 얻고자 증상을 과장하거나 혹은 정신적 장애가 있는 것처럼 위장하는 것으로 볼 수 있다.

12 MMPI 2개 척도 상승 형태 분석에서 6-8/8-6 타입의 정신과 환자들이 보일 수 있는 일반적인 특성을 5가지 쓰고, 가능한 진단명을 2가지 쓰시오.

▸ 2007, 2010

모범답안

〈일반적 특징〉

① 현저한 사고과정의 어려움, 자폐적이고 산만하고 우회적인 사고경향, 기괴한 사고내용

② 정서적 둔마, 부적절한 감정 반응

③ 친밀한 관계 회피, 의심과 불신, 적대감, 사회적 철수

④ 부적절한 사회적 행동, 행동 예측 곤란

⑤ 열등감과 불안정감, 자신감과 자존감 저하

〈가능한 진단명〉

정신분열증(편집형), 분열성 혹은 편집성 성격장애

13 다음의 사례를 읽고 검사결과를 타당도 척도, 임상척도(code type)에 근거하여 각각 설명하시오.

▸ 2015

> 20대 남자 피검자의 MMPI-2 검사결과를 보면, 타당도 척도에서 L 척도 45점, F 척도 73점, K 척도 37점, VRIN 척도 45점, TRIN 척도 55점으로 나타났다. 임상척도에서는 D 76점, Pt 74점, Ma 49점이며 나머지의 경우 50점~60점대로 나타났다.

모범답안

• 타당도 척도

F 척도의 점수가 높지만, VRIN 척도와 TRIN 척도 점수가 낮거나 보통수준에 해당되기에 심각한 정신장애를 겪고 있다고 볼 수 있으며, 비교적 문항에 솔직하고 타당하게 응답한 결과로 판단된다.

• 임상척도 2-7 코드유형

- 불안하고 초조하고, 긴장된 모습을 보이며 걱정을 많이 하고 실제 및 가상의 위협에 취약하다.
- 흔히 임상적 수준의 우울증을 지니는 경우가 많고, 우울 증상에는 슬픔, 체중 감소, 활력 저하, 지체된 사고과정, 자살사고 등이 포함된다. 그 외 불안장애, 강박장애 진단을 받는다.
- 목표달성에 실패하면 죄책감을 느끼고, 자기비판적이며 부적절감, 불안정감, 열등감을 지니고 있다.
- 사고 및 문제해결 양상이 경직되어 있으며, 일상생활에서 매우 꼼꼼하고 완벽주의적이거나 도덕적인 모습을 보일 수 있다.

14 MMPI 측정결과 T점수가 L 척도 48점, F 척도 110점, K 척도 45점을 보이고, 5번 척도를 제외한 대부분의 임상척도가 높게 상승했다. 이러한 프로파일을 보일 가능성이 있는 일반적인 사람들의 유형 3가지를 쓰시오.

▸ 2009

모범답안

① 전문가의 도움이 절실하게 필요하다는 점을 호소하기 위해서 증상을 과장되게 보고하는 경우
② 심각한 심리문제를 겪고 있는 것처럼 보임으로써 자신의 행동에 대한 책임을 회피하려는 경우
③ 실제 매우 심각한 정신병리를 지니고 있는 경우

15 다음 사례를 보고 임상심리사가 할 수 있는 자문이나 치료적 개입에 대한 조언을 5가지 쓰시오.

▸ 2006, 2018

> A군은 만 7세 4개월로 올해 초등학교에 입학하였다. 초등학교 입학하기 전에 유치원에 다녔으며 별다른 문제를 보이지 않았다. 초등학교 입학 후 수업에 집중을 잘하지 못하고 수업 중 돌아다니는 모습이 자주 관찰되었으며 학업성적도 저조한 편이었다. 같은 반 또래들도 A군에게 다가가기를 거부하였다. A군의 어머니는 평소 과잉보호를 하였음을 보고하였다.

KEDI-WISC

하위검사명	평가치	하위검사명	평가치
상식	3	빠진 곳 찾기	6
공통성	8	기호쓰기	6
산수	4	차례맞추기	6
어휘	9	토막짜기	9
이해	9	모양맞추기	8
숫자(보충)	6	미로(보충)	7

* 언어성 IQ: 79 * 동작성 IQ: 78 * 전체 IQ: 76

모범답안

① 기초 학습 증진이 필요하고, 다양한 영역에 대한 관심이 부족하기에 학습 호기심과 동기 및 학습 전략에 대한 개입이 필요하다.
② 주의집중력, 주의지속능력이 부족해 수업에 집중하기 어렵고 학업 성과를 경험하기 어려울 수 있다. 주의집중력 훈련 및 학습에 집중할 수 있도록 충동조절 훈련이 필요하다.
③ 실제적인 상황판단력과 사회적 대처능력이 저하되어 있어 또래관계 문제를 해결하는 데 어려움이 있기에 사회기술훈련 및 대처기술을 학습하도록 하여 대인관계 효능감을 증진할 필요가 있다.
④ 또래 거부와 학업 저하로 인한 우울, 자존감 저하, 적응 곤란이 나타나고 있어 심리상담 및 치료적

개입이 필요하다.

⑤ 부모교육을 병행하여 자녀교육과 지도에 필요한 정보와 기술을 습득하도록 도와 가정 내에서 올바른 개입을 할 수 있도록 한다.

16 다음의 사례에서 A군의 지능검사 결과 및 신상정보로 유추 가능한 해석을 쓰시오.

▶ 2005, 2020

○○중학교 1학년에 재학 중인 A군은 부모가 이혼한 상태이다. A군은 어머니와 함께 살고 있으며, 보통 주말이나 방학을 이용하여 아버지와 지내고 있다. A군은 아버지의 말을 잘 따르는 편이고, 자신도 아버지와 함께 시간을 보내는 것을 좋아한다. 그런데 A군은 수업시간에 주의가 산만하고 과제를 제대로 수행하지 않으며, 짜증을 부리는 모습을 보였다. A군에 대한 웩슬러 지능검사 결과 언어성 IQ(VIQ)는 114, 동작성 IQ(PIQ)는 133, 전체 IQ(FIQ)는 126을 나타냈다. 특이한 점은 산수에서 7점, 숫자 외우기에서 11점으로 다른 하위 검사에 비해 상대적으로 낮은 점수를 받았다는 것이다.

모범답안

① 동작성 IQ에 비해 언어성 IQ가 낮게 나타나고 있고 두 영역 간 편차가 19점으로 유의미하게 나타나고 있으며, 전체 IQ 126에 비해서도 언어성 영역은 낮은 점수를 보이고 있어 인지기능의 불균형이 나타나고 있다.

② 동작성 IQ가 높게 나타나고 있고, 아버지와의 관계 태도를 함께 고려해 볼 때 일상에서의 대처능력이나 상황에 대한 판단력이 양호한 것으로 나타난다.

③ 언어성 검사의 소검사인 산수, 숫자에서 다른 하위검사에 비해 상대적으로 낮은 점수를 보인 점을 볼 때, 주의집중력 및 주의 지속력의 문제를 검토할 수 있으며, 수업시간에도 주의가 산만하고 과제 수행 곤란 및 짜증을 부리는 행동으로 볼 때 환경 통제가 된 상황 및 일관성 있는 주의가 요구되는 상황하에서는 안정된 주의력과 집중력을 유지하기 어려운 것으로 평가된다.

④ 산수 소검사에서 유의미한 저하가 나타나고 있고, 언어성 영역과 동작성 영역 간의 편차가 신경학적 손상을 고려해 볼 수 있는 19점으로 나타나고 있어 수학적 능력의 결함을 초래하는 특정 영역의 문제를 추가적으로 고려해 볼 필요가 있다.

⑤ 과제 압력을 견디지 못하여 쉽게 산만해지고 짜증을 보이는 등의 행동이 나타나고 있어 불안과 관련된 정서적 문제를 검토해 볼 필요가 있다. 특히 산수, 숫자 검사는 불안 관련 수행저하를 초래하는 데 있어 민감하기에 학습 및 가족 환경 변화와 적응 과정에서 오는 불안 및 정서적 자기조절을 돕기 위한 개입이 필요해 보인다.

17 다음의 사례에서 연구 절차상의 문제점과 대안을 제시하시오. ▸2011, 2013, 2020

> 한 임상심리학자는 최근 자신이 개발한 사회공포증 치료의 효과성을 검증하기 위한 실험을 실시하였다. 사회공포증을 보인 참가자 20명을 대상으로 5회기 동안 치료를 한 후 변화를 살펴보았다. 치료효과 검증을 위해 치료 전과 치료 종료 후 참가자들에게 심리검사를 실시하여 자신의 증상을 7점 척도로 평정하게 하였다. 임상심리학자는 치료 종료 후 참가자들의 심리검사 점수가 사전 점수에 비해 낮게 나왔다는 점을 토대로 자신의 치료법이 효과적이었다고 주장하였다.

모범답안

① 표본의 사전 동질성 문제

실험 참가자 20명의 인구통계학적 및 심리사회적 특징의 동질성 여부가 검토되지 않았다.

〈대안〉 실험 전 참가자들의 다양한 특징(나이, 성별, 학력, 증상의 수준, 약물사용, 공병 유무 등)이 서로 상이할 수 있으며, 특히 약물사용, 기타 다른 증상과의 공병 유무는 실험 참가자들의 증상의 심각도에 매우 상이한 영향을 줄 수 있다. 이에 실험을 시작하기 전에 참가자들의 여러 특징이 서로 동질적인 집단인지를 검증해야 한다.

② 표집의 일반화 문제

실험 참가자 수가 적어 실험결과를 일반화하는 데 문제가 있다.

〈대안〉 실험 참가자 수가 충분한 실험조건을 구성하여 표본의 크기가 전체 집단을 대표하기에 적합한지 검토해야 한다.

③ 통제집단 부재

실험집단(처치 집단)과 통제집단(무처치 집단)을 구성하지 않고, 실험집단만을 설계하여 치료효과를 검증하였기에 치료효과의 유의미성을 확보하기 어렵다.

〈대안〉 실험조건과 통제조건에 사회공포증에 해당되는 참가자를 각각 무선 할당하여 통제조건에 비해 실험조건의 참가자들이 사회공포증 수준이 감소되었음을 비교 · 검토하여 치료효과의 유의미성을 밝혀야 한다.

④ 추적연구 부재

심리검사(7점 척도)를 치료 전과 치료 종료 후에 실시하였다. 5회기 동안 실시한 치료의 효과를 실제적으로 검증하기 위해서는 치료가 모두 종결된 후, 추적연구를 통해 치료효과가 지속적으로 유의미하게 나타나고 있는지를 평가해야 한다.

〈대안〉 실제적인 치료효과는 처치가 모두 종결된 후 얼마나 치료효과가 유지되고 있는가가 매우 중요하기에 사전–사후–추적 검사를 실시하여 치료효과성을 검증해야 한다.

⑤ 이중맹검(double-blind)의 문제

연구 개발자가 치료자로 직접 참여하여 치료효과 검증을 하였기에 연구자의 태도나 욕구, 의도 등의 심리적 요인이 치료효과에 영향을 줄 수 있다.

〈대안〉 치료효과 검증을 위해 연구자와 치료자가 독립적이어야 한다. 연구자가 직접 참여하지 않도록 하고, 치료자를 별도로 두어 효과성을 검증한다.

18 다음 사례를 읽고 A군의 행동이 윤리적으로 타당한지의 여부와 그 이유를 제시하시오.

▸ 2015, 2020

> 임상심리학 전공 대학원생 A군은 자신이 개발한 새로운 치료기법을 상담에 적용하고자 하였다. 평소 자신에게 호감을 갖고 있던 한 여학생이 교내 상담센터에 신청을 하자 A군은 자신이 상담을 맡겠다고 하였다.

모범답안

- 상담가의 윤리원칙에 위배된다.
- 유능성 문제
  상담자는 내담자가 어려움을 해결할 수 있도록 전문적인 도움을 주어야 하므로 상담자로서의 능력을 갖추고 있어야 한다. 유능성을 위해서는 전문적인 교육과 훈련, 임상경험을 충분히 갖추어야 하지만, A군은 대학원생으로서 전문적 능력과 자격을 갖추었다고 보기 어렵다.
- 이중관계 문제
  상담자는 내담자와의 상담관계에 영향을 줄 수 있는 이중관계는 피해야 한다. 상담자가 내담자에게 평소 호감을 갖고 있었고 동급생인 여학생과 상담자–내담자 관계를 갖는 경우에 이러한 관계가 상담 과정과 성과에 영향을 줄 수 있다.

19 상담초기 내담자는 상담의 효과에 대한 의문과 회의를 표명하였다. 이와 같은 경우 상담자는 어떻게 반응해야 하며, 그러한 반응의 근거는 무엇인지 설명하시오.

▸ 2003, 2006, 2016, 2020

> **내담자:** 선생님, 저는 솔직히 확신이 서지 않습니다. 상담을 받고 나면 과연 좋아질까요?
> **상담자:** 그렇게 말씀하시니 다행이군요. 솔직하게 이야기한다는 것 자체가 쉽지 않거든요.
> **내담자:** 오해는 마세요. 선생님을 믿지 못해서가 아니에요. 단지, 상담을 받아도 나아지지 않는다면 어떻게 해야 할지 불안해서요.
> **상담자:** (   )

모범답안

① 상담자 반응

"상담 초기에는 누구나 긴장하고 불안해 합니다. 더욱이 자신의 속내를 다른 누군가에게 털어놓을 때에는 그만큼 주저하게 되고, 과연 문제가 해결될지 걱정하게 되지요. 그러한 감정은 자연스러운 것입니다. 중요한 점은 ○○○님이 자신의 현재 감정을 솔직히 이야기하고 있다는 점이에요. 그 점에 있어서 저는 ○○○님과의 상담이 더욱 원활하게 진행될 수 있으리라 봅니다. 저도 ○○○님과 함께 문제에 대해 고민하고 해결책을 찾을 수 있도록 노력하겠습니다."

② 반응의 근거

- 상담 초기 상담관계의 형성
  상담 초기 상담자는 내담자와 신뢰로운 관계를 형성할 수 있어야 한다. 이는 상담 초기에 보이는 불안을 덜 수 있도록 내담자를 돕고 동기부여 및 협력적 관계 형성을 촉진한다.
- 관심 기울이기와 경청
  내담자의 말에 따뜻한 태도로 관심을 기울이고 내담자의 이야기를 주의 깊게 정성 들여 듣는다. 이는 내담자가 자신이 존중받고 있다는 느낌을 들게 한다.
- 공감적 반응
  내담자의 감정이나 생각에 대해 상담자가 깊은 이해와 더불어 그 사실을 내담자에게 전달하는 것을 말한다. 이는 내담자로 하여금 자신의 감정이 잘 이해되고 있음을 알게 하고 상담 진행 과정 동안 내담자의 자기표현을 촉진하도록 돕는다.

20 다음의 내용에 대한 상담자의 반영적 반응을 간략히 쓰시오.

▸ 2003, 2005, 2012, 2014, 2016, 2018

> "지난주에 이곳에서 남편이 일찍 오겠다고 약속했잖아요. 그런데 남편이 정말로 일찍 들어왔어요. 남편이 그렇게 약속을 잘 지킬 줄은 몰랐는데 정말 놀랐어요."

모범답안

- 상담자의 반영적 반응
  "남편이 약속을 지킬 줄 몰랐는데, 약속대로 집에 일찍 들어오는 모습을 보니 새삼 놀랍기도 하고, 한편으론 무척 기쁘기도 하셨군요."

21 다음 사례를 읽고 상담자의 명료화와 직면의 반응을 쓰시오.

▸ 2005, 2009, 2014, 2015, 2016, 2020, 2021

> 내담자: "지난밤 저는 너무 황당한 꿈을 꾸었습니다. 아버지와 함께 숲에서 사냥을 하고 있었는데요. 갑자기 바위 뒤편에서 커다란 물체가 튀어나오는 거예요. 저는 순간 사슴인 줄 알고 너무 놀라서 방아쇠를 당겼어요. 어렴풋이 물체가 쓰러진 듯 보여 두근거리는 마음을 부여잡고 서서히 다가갔어요. 그런데 가까이 가 보니 쓰러진 물체는 사슴이 아닌 아버지였어요. 아버지가 숨을 멈추고 죽어 있는 모습을 보니 너무 황당하고 두려워서 잠에서 깨어났는데 등에서는 식은땀이 줄줄 흐르더라고요.
>
> 상담자: (   )

모범답안

- 명료화: 당신은 총에 맞은 물체가 아버지라는 것을 알고 황당하고 두려웠다고 말을 했는데요. 황당하고 두려웠다는 것은 구체적으로 어떤 죄책감이 들었다는 의미인가요?
- 직면: 꿈의 결말은 결국 아버지가 죽어 있었다는 것인데, 평소 아버지를 미워했나요?

참조

① 반영: 당신은 지난밤 꿈으로 인해 정말 많이 놀랐나 보군요.
② 명료화: 당신은 총에 맞은 물체가 아버지라는 것을 알고 황당하고 두려웠다고 말을 했는데요, 황당하고 두려웠다는 것은 구체적으로 어떤 죄책감이 들었다는 의미인가요?
③ 직면: 꿈의 결말은 결국 아버지가 죽어 있었다는 것인데, 평소 아버지를 미워했나요?
④ 해석: 당신이 가지고 있던 아버지에 대한 위압감이나 적개심이 그와 같은 꿈으로 나타난 것은 아닌지 추측해 봅니다.

22 다음에 제시된 김 대리의 사례를 Ellis의 REBT의 ABCDE 치료모델에 맞추어 설명하시오.

▸ 2015, 2019

> 김 대리는 업무능력이 뛰어나고 남보다 승진도 빠르다. 그러던 어느 날 사소한 실수를 저지르게 되었다. 상사와 동료들이 모두 괜찮다고 하였으나 정작 김 대리 본인만은 자신이 실수를 저질렀다는 사실을 용납하기 어려웠다. 김 대리는 "약간의 실수라도 저지른다면, 나의 회사생활은 끝이다."라고 생각하고 있었던 것이다. 김 대리는 이와 같은 심리적인 어려움으로 인해 이직까지 고려하고 있다.

모범답안

- A(촉발사건, activating events): 사소한 실수를 저지르게 됨.
- B(신념, beliefs): "약간의 실수라도 저지른다면, 나의 회사생활은 끝이다." – 비합리적 신념
- C(결과, consequences): 심리적 어려움으로 인한 이직 고려
- D(논박, disputing): "나는 절대로 실수해서는 안 된다." – 당위적 사고에 대한 논박
- E(효과적 철학, effective philosophy: 실수할 수 있음을 인식하여 수용하고, 업무 능력 및 상사나 동료들의 이해를 객관화하며, 심리적 곤란에서 벗어나 적응적으로 회사생활을 유지함. – 효과적인 인지, 정서, 행동 상의 변화

23 다음에 제시된 내담자와 내담자 어머니의 호소문제에 대한 치료적 개입으로서 인지적, 정서적, 행동적 요소들을 토대로 한 치료방향 제언을 4가지 쓰시오. ▸ 2009, 2012, 2019, 2021

> 올해 남중 3학년인 A군은 평소 학교 친구들과 어울리지 못하며, 거의 매일 아침 등교시간마다 학교 가기를 거부하고 있다. 학교에서 아이들이 자신과 놀아 주기는커녕 괴롭히고 따돌린다면서, 학교에 가는 것이 죽고 싶을 만큼 싫다고 불평을 늘어놓았다. A군은 어려서부터 태권도를 좋아하여 태권도장에 다니고 있고, 골격이 크고 당당한 체구이다. 그러나 중학교에 진학한 이후 성적이 최하위로 떨어졌으며, 담임선생님은 최근 실시한 집단지능검사 결과와 함께 A군의 일반고 진학이 어렵다는 이야기를 A군의 어머니에게 알려 주었다고 한다. A군의 어머니는 자신의 아들이 고등학교 진학이 어려울 만큼 심각한 상태인지, A군이 학교생활에 적응하지 못하는 문제를 어떻게 해결할 수 있을지 걱정이 되어 상담을 의뢰하였다. 심리평가를 위해 내원했을 때, A군은 무표정한 얼굴이었고 약간 어눌한 말투와 부정확한 발음 때문에 다시 확인해야 하는 상황이 있었다. 또한 자신의 문제를 쉽게 포기하려는 모습을 보였으며, 대답하는 것을 귀찮아하는 듯 매우 짧은 답변으로 일관했다.

모범답안

① 인지적 개입
- "학교 가는 것이 죽고 싶을 만큼 싫다."
  - 부정적 생각이 들 때마다 새로운 대안적 생각을 떠올리는 것을 통해 부정적 생각을 줄이도록 하고(대안적 사고 전략), 자신의 이야기를 할 때 사용하는 절대어, 절대적 진술을 수정하도록 돕는다(절대적 진술 수정 전략).
- 성적 저하, 집단 지능검사 실시 후 일반고 진학 어려움.
  - 주의력, 집중력 향상, 학습클리닉을 통한 학습능력 증진

② 정서적 개입
- 따돌림, 학습 저하, 무표정하고 검사 시 쉽게 포기하는 경향, 짧은 답변
  - 우울, 자존감 저하, 낮은 학습 동기를 증진, 강점과 자원 찾기

③ 행동적 개입
- 친구들과 어울리지 못함.
  - 사회성 기술훈련(의사소통 훈련, 자기주장 훈련), 역할극 통한 사회적 효능감 증진

④ 기타
- 언어 치료를 통해 어눌한 말투와 부정확한 발음 교정
- 부모교육을 통한 효과적인 훈육 방법, 아동에 대한 정서적 수용과 공감 훈련 등 제공

24 다음 사례를 읽고 물음에 답하시오.

▸ 2004, 2008, 2018

> ○○초등학교 5학년 학생인 박모 군은 평소 또래 친구들과 어울리지 못하고 집단따돌림을 당하던 중 자신이 거주하는 아파트에서 뛰어내려 스스로 목숨을 끊었다. 같은 반 학생들은 박모 군의 자살소식에 죄책감을 느꼈으며 실의에 잠겼다. 박모 군의 담임선생님은 이러한 사실을 교장선생님께 전하였고, 학교 측은 학생들의 심리적 안정을 위해 학교로 임상심리사를 모셔 왔다.

(1) 임상심리사의 역할에 대해 기술하시오.

(2) 임상심리사가 학생들을 도울 수 있는 방법 4가지를 기술하시오.

모범답안

(1) 임상심리사의 역할

- 학생들의 심리적 고통을 완화하기 위한 치료적 개입을 마련한다(심리치료).
- 재발방지를 위한 교육과 예방 프로그램을 실시한다(교육과 예방).
- 교내 위기 관리를 위한 자문을 제공하고 교사 및 학부모를 위한 대응책을 마련한다(자문 및 대책 마련).

(2) 임상심리사가 학생들을 도울 수 있는 방법 4가지

- 학생들의 심리적 안정을 돕기 위한 즉각적인 치료 프로그램을 적용한다.
- 유사상황이 발생되지 않도록 재발방지 교육 및 관계 개선을 위한 자문을 제공한다.
- 심리적 고통의 심각도에 따라 개인상담을 병행하여 일상의 적응을 효과적으로 돕는다.
- 교사 및 학부모를 대상으로 한 교육을 통해 사후 관리가 안정적으로 유지될 수 있도록 한다.

25 다음 사례를 읽고 검사결과를 토대로 해석을 쓰시오.

▸ 2003, 2009, 2017

> 20세 남성으로 재수하여 3월에 입학한 대학생이다. 재수를 시작한 지 1개월 만에 기분이 우울하고, 가슴이 두근거리고, 머리가 아프고, 소화가 안 되고, 불면증이 나타났으며, 매사에 짜증이 나고, 집중력이 저하되어 공부도 안 되는 증상이 나타나기 시작하였다. 원하던 대학교에 입학한 후에도 증상이 지속되어 동네 내과병원에 방문하였으나, 내과적 이상소견은 없어서 심리상담소에 방문하게 되었다. MMPI, BDI, K-WAIS를 실시하였는데, MMPI에서 L(52), F(58), K(62), Hs(59), D(73), Hy(58), Pd(62), Mf(35), Pas(54), Pt(65), Sc(46), Ma(48), Si(59)였고, BDI에서는 23점이었으며, K-WAIS에서는 언어성 IQ 125, 동작성 IQ 94, 전체 IQ 114로 나타났다.

모범답안

• MMPI: 2-7 / BDI: 23점, 중등도 우울
 – 불안하고 긴장되어 있으며 예민하고 우울하다. 걱정이 너무 많고 사소한 스트레스에도 과민반응을 보인다.
 – 신체적인 증상을 호소하는 경우가 많아 피로감, 불면증, 식욕 부진을 비롯한 여러 증상을 호소하며 이는 만성적 긴장상태를 반영한다.
 – 우울증은 가장 중요한 한 가지 특징으로서, 체중감소, 동작 및 말의 느림, 사고지연과 같은 우울증의 임상적 증상을 나타낸다.
 – 세상사 일반에 대하여 비관적이고 불행감, 부적절감, 불안정감, 열등감 등을 느끼는 경우가 많다. 또한 자살에 대한 생각이나 계획에 대하여 주의 깊게 관찰할 필요가 있다.
• 지능지수: 언어성 IQ 125, 동작성 IQ 94, 전체 IQ 114
 – 언어성 점수와 동작성 점수 간의 편차(31점)를 보이고 있어 유의미한 수준의 인지기능 불균형이 나타난다.
 – 동작성 검사의 유의미한 저하가 나타나고 있어 즉각적인 문제해결능력이 낮고, 새로운 상황에 대한 적응 및 순발력 있는 대응력이 약하며 효율적인 대처능력을 발휘하는 데 어려움이 나타난다.

26 다음 사례를 읽고 물음에 답하시오.

▸ 2003, 2006, 2014

> 서울시에 거주하는 박 아무개 씨는 올해 52세로, 학력수준은 중졸이며 목수일로 생계를 유지하고 있다. 박 아무개 씨는 몇 달 전 오토바이를 타고 가다가 승용차와 충돌하여 의식을 잃고 병원으로 후송되었다. 다행히 40여 일 만에 의식을 회복하였으나, 이후에 어깨가 결리고 좀처럼 깊이 잠들 수 없다고 호소하였다.

(1) 박 아무개 씨에게 나타날 수 있는 또 다른 증상을 2가지 제시하시오.
(2) 감별 진단 2가지를 제시하시오.
(3) 심리검사 중 위스콘신 카드분류검사가 포함되었다면, 이는 무엇을 확인하기 위한 것인지 2가지 제시하시오.
(4) 예후와 관련된 요인을 2가지 제시하시오.

모범답안

(1) 박 아무개 씨에게 나타날 수 있는 또 다른 증상 2가지
 ① 사건에 대한 반복적, 불수의적이고, 침습적인 고통스러운 기억
 ② 사건을 상징하거나 관련된 단서에 노출되었을 때 나타나는 심리적 고통
(2) 감별 진단 2가지
 ① 외상성 뇌손상
  사건 충격 후 40여 일 만에 의식을 회복한 경과가 나타나고 있어, 외상성 뇌손상에 기인한 신경

인지적장애와 PTSD 간의 감별이 필요하다. 외상 후 스트레스 장애와 외상성 뇌손상과 연관된 신경인지 증상은 겹쳐질 수 있기에, 각각의 발현에 특징적인 증상이 있는지의 근거를 살펴 평가되어야 한다.

② 기능성 신경학적 증상장애

신체증상의 새로운 시작이 외상 후 고통의 맥락 내에서 나타난다면 기능성 신경학적 증상보다는 외상 후 스트레스 장애의 징후일 수 있다. 이에 새롭게 나타나는 증상발현의 기저원인을 면밀히 검토하여 감별할 필요가 있다.

(3) 심리검사 중 위스콘신 카드분류 검사가 포함되었다면, 이는 무엇을 확인하기 위한 것인지 2가지

전두엽 실행기능을 평가하는 검사로, 추상적인 개념을 형성하고 범주화하는 능력과 피드백에 따라 인지 틀(cognitive set)을 변환하거나 유지하는 인지적 융통성을 측정한다.

(4) 예후와 관련된 요인 2가지

① 연령으로 인한 인지기능 저하가 예후와 관련하여 중요한 예측인자가 될 수 있다.

② 의식 결손을 보인 기간이 존재하여 차후 확산적 손상을 보일 가능성을 배제할 수 없어 예후와 관련된 위험인자가 될 수 있다.

27 임상심리사로서 A씨와 같이 정신질환을 가진 사람들을 모아서 정신재활프로그램을 운영하고자 한다. 이러한 정신재활에 있어서 가장 기본적인 원리에 해당하는 것을 5가지 기술하시오.

▸ 2003, 2006

> 32세의 회사원인 A씨는 지난 1년 전부터 회사 직원을 비롯해서 주변 사람들이 자신을 괴롭히고 감시하고 있으며, 자신의 생각이 언론을 통해 보도되고 있다고 몹시 불안해 하고 있다. 또한 알아들을 수 없는 말들을 혼자 중얼거리는가 하면, 종종 문을 걸어 잠근 채 다른 사람들과 만나는 것을 거부하곤 하였다.

모범답안

〈재활의 기본원리〉

- 환자의 복합적인 문제를 해결하기 위해 증상에 맞는 포괄적이고 전문적인 서비스를 제공한다.
- 개별적으로 적절한 서비스를 제공하여 자신의 능력을 최대한 개발할 수 있도록 돕는다.
- 환자의 환경 적응능력을 향상시킬 수 있는 다양한 방법을 제공한다.
- 환자의 개인 내적 발전과 환경적 지원을 돕기 위해 환자와 가족을 치료와 재활에 적극적으로 개입시킨다.
- 장기적인 재활치료를 돕기 위해 다양한 재활전략을 수립한다(약물사용의 감소, 가족지원 방안 등).

28 다음 보기의 사례를 읽고 물음에 답하시오.
▸ 2009, 2014

> 올해 10세로 초등학교 3학년인 A군은 부모나 또래 친구들과의 사회적 관계에서 문제 증상을 나타내 보이고 있다. A군의 부모는 A군이 부모인 자신들을 회피하려는 모습을 보인다고 주장하면서, A군이 어렸을 때부터 맞벌이를 하였으며 이로 인해 할머니에게서 양육되었다는 사실을 알려 주었다. A군에 대한 검사 결과 반응성 애착장애의 진단이 내려졌다.

(1) 반응성 애착장애의 진단기준에 의한 2가지 양상을 기술하시오.
(2) 양육의 병리성 여부를 판단하는 기준 3가지를 기술하시오.

모범답안

(1) 반응성 애착장애의 진단기준에 의한 2가지 양상
- A군이 부모를 회피하려는 모습을 보임.
  : 보호자와 안정된 상호작용 경험이 부족해 비위협적인 상황에서도 과민한 태도를 보임.
- A군이 어렸을 때부터 부모가 맞벌이를 하여 할머니에게 양육됨.
  : 주 보호자가 어린 시기에 바뀌어 부모와의 애착이 안정적으로 형성되지 않음.

(2) 양육의 병리성 여부를 판단하는 기준 3가지
- 부모와의 관계에서 안락과 자극, 애정 등의 지속적인 감정적 요구에 대한 결핍을 경험함.
- 안정된 애착을 형성해야 하는 시기에 주 양육자가 교체되어 부모와의 애착 형성 기회가 제한됨.
- 부모 관계에서의 제한된 정동 및 타인과의 관계에서도 사회적 반응성의 약화가 나타나 또래관계 문제를 보임.

학습 Plus 반응성 애착장애(Reactive Attachment Disorder)의 진단기준

A. 성인 보호자에 대한 억제되고 감정적으로 위축된 행동의 일관된 양식이 다음의 2가지 모두에 나타난다.
  1. 아동은 정신적 고통을 받을 때 거의 안락을 찾지 않거나 최소한의 정도만 안락을 찾음.
  2. 아동은 정신적 고통을 받을 때 거의 안락에 대한 반응이 없거나 최소한의 정도로만 안락에 대해 반응함.

B. 지속적인 사회적 · 감정적 장애가 다음 중 최소 2가지 이상으로 나타난다.
  1. 타인에 대한 최소한의 사회적 · 감정적 반응성
  2. 제한된 긍정적 정동
  3. 성인 보호자와 비위협적인 상호작용을 하는 동안에도 설명되지 않는 과민성, 슬픔 또는 무서움의 삽화

C. 아동이 불충분한 양육의 극단적인 양식을 경험했다는 것이 다음 중 최소 한 가지 이상에서 분명하게 드러난다.
  1. 성인 보호자에 의해 충족되는 안락과 자극, 애정 등의 기본적인 감정적 요구에 대한 지속적인 결핍이 사회적 방임 또는 박탈의 형태로 나타남.
  2. 안정된 애착을 형성하는 기회를 제한하는 주 보호자의 반복적인 교체
  3. 선택적 애착을 형성하는 기회를 고도로 (심각하게) 제한하는 독특한 구조의 양육

D. 진단기준 C의 양육이 진단기준 A의 장애 행동에 대한 원인이 되는 것으로 추정된다.

29 다음 사례를 읽고 물음에 답하시오.

▸ 2004, 2009, 2013

충남 천안시에 사는 A씨는 올해 45세로 가정주부이다. A씨는 남편의 실직과 딸의 가출로 인해 고민을 해 오던 중, 최근 1개월 동안 잠을 제대로 이루지 못하여 피로를 느끼며, 생활의 활기를 잃은 상태이다. 또한 자신이 가정 문제를 해결하는 데 있어서 아무런 능력을 발휘할 수 없는 데 대한 무기력감과 죄책감에 휩싸여 있으며, 자신의 인생과 미래에 대해 심각하게 고민하고 있다. A씨는 자살에 대해 생각한 적이 있으며, 자기 자신이 현재 우울증을 가지고 있다고 판단하고 있다.

(1) 주요 우울증 삽화의 진단기준에서 주요 우울 증상을 3가지 기술하시오.

(2) 자살상담에서 자살위험도에 대한 평가 2가지와 자살 예방의 대처방법을 기술하시오.

모범답안

1) 주요 우울증 삽화의 진단기준에서 주요 우울 증상 3가지

- 잠을 제대로 이루지 못하여 피로를 느끼며, 생활의 활기를 잃음, 가정문제에 능력을 발휘할 수 없는 데 대한 무기력감과 죄책감, 자살에 대한 생각

2) 자살상담에서 자살 위험도에 대한 평가 2가지와 자살 예방의 대처방법을 기술하시오.

〈자살 위험도 평가〉

- 자살 위험수준 평가: 상담자는 자살을 생각하는 내담자를 대상으로 그 위험수준에 대해 질문을 하며, 질문 내용은 자살에 대한 생각이 얼마나 자주 떠오르는지, 이를 얼마나 오랫동안 견디어 낼 수 있는지에 대한 질문이 포함된다.
- 자살 계획 평가: 상담자는 내담자가 실제 자살을 계획하고 있는지를 파악해야 한다. 자살 계획의 치명성, 자살의 방법과 도구, 계획의 구체성 등에 대해 평가한다.

〈자살 예방을 위한 대처방법〉

- 가족이나 가까운 사람에게 알리고 혼자 있지 않도록 한다.
- 자살을 시도할 수 있는 위험한 물건이나 상황으로부터 안전을 보호할 수 있도록 한다.
- 자살시도를 유발한 스트레스 원인을 명확히 하여 상황을 객관화하도록 돕고, 내담자가 겪고 있는 위기상황에 대해 넓은 조망을 갖도록 한다.
- 정신건강의학과 전문의를 포함한 자살 예방 전문가의 도움을 받을 수 있도록 적극적인 조치를 취하고, 지역사회의 다양한 서비스 자원들을 활용할 수 있도록 필요한 정보를 제공한다.

학습 Plus 주요 우울장애(major depressive disorder)의 DSM-5 진단기준

A. 다음의 증상 가운데 5가지(또는 그 이상)의 증상이 2주 연속으로 지속되며 이전의 기능 상태와 비교할 때 변화를 보이는 경우, 증상 가운데 적어도 하나는 (1) 우울 기분이거나 (2) 흥미나 즐거움의 상실이어야 한다.

1. 하루 중 대부분, 그리고 거의 매일 지속되는 우울 기분이 주관적인 보고(예: 슬픔, 공허감 또는 절망감)나 객관적인 관찰(예: 울 것 같은 표정)에서 드러남.
2. 거의 매일, 하루 중 대부분, 거의 또는 모든 일상 활동에 대해 흥미나 즐거움이 뚜렷하게 저하됨.

3. 체중 조절을 하고 있지 않은 상태에서 의미 있는 체중의 감소(예: 1개월 동안 5% 이상의 체중변화)나 체중의 증가, 거의 매일 나타나는 식욕의 감소나 증가가 있음.
4. 거의 매일 나타나는 불면이나 과다수면
5. 거의 매일 나타나는 정신운동 초조나 지연(객관적으로 관찰 가능함)
6. 거의 매일 나타나는 피로나 활력의 상실
7. 거의 매일 무가치감 또는 과도하거나 부적절한 죄책감을 느낌.
8. 거의 매일 나타나는 사고력이나 집중력의 감소 또는 우유부단함.
9. 반복적인 죽음에 대한 생각(단지 죽음에 대한 두려움이 아닌), 구체적인 계획 없이 반복되는 자살 사고 또는 자살시도나 자살 수행에 대한 구체적인 계획

B. 증상이 사회적, 직업적 또는 다른 중요한 기능 영역에서 임상적으로 현저한 고통이나 손상을 초래한다.

C. 삽화가 물질의 생리적 효과나 다른 의학적 상태로 인한 것이 아니다.

30 다음 사례를 읽고 물음에 답하시오. ▸ 2015

A씨는 올해 24세로 군 입대를 앞두고 병사용 진단서를 발급받기 위해 병사 진단용 검사에 의뢰되었다. MMPI 검사 결과 타당도 척도에 대한 T점수가 L 척도 38, F 척도 112, K 척도 36으로 나타났다. 또한 임상척도에 대한 T점수에서 5번 Mf 척도를 제외한 대부분의 임상척도에서 높은 점수를 보였으며, 그중 6번 Pa 척도, 7번 Pt 척도, 8번 Sc 척도 점수에서 90 이상으로 다른 임상척도에 비해 높은 점수를 보였다. A씨는 자신이 평소 과대망상 증상을 보인다고 호소하였다.

(문) 사례에서 A씨의 MMPI 검사 결과에 따라 유추 가능한 진단명과 함께 진단의 이유를 기술하시오.

모범답안

- 진단명-꾀병(malingering): 의도적으로 증상을 만들거나 과장하지만 현실적인 문제(예: 군대 징집 회피)를 피하기 위한 목적에 기인한다.
- 진단의 이유
  - F 척도가 112로 높은 수준을 보이고 있어 부정왜곡을 시도했을 가능성이 매우 높다. 즉, 정신병리를 가장하거나 혹은 과장하려는 시도가 포함된다(F 척도의 문항 중 상당수가 6, 7, 8, 9와 중복되기에 높은 F 척도의 상승은 임상척도 6, 7, 8, 9번의 상승을 초래함).
  - L(38), K(36)가 낮은 수준을 보이고 있어 병리적인 문항에 응답하고, 심리적 곤란이나 사소한 약점까지도 모두 시인하여 두 척도 점수가 낮아져 있다. 특히 정신병리를 과장하는 경향이 있는 경우 자신을 부정적으로 묘사하는 과정에서 F 척도가 높게 상승되고 L, K 척도가 낮게 하강하는 양상을 보인다.

이 경우, 프로파일의 타당성이 의심되기에 무효로 간주하고 재검사를 실시하여야 한다.

참고문헌

김도연 외(2020). 사례를 통한 로르샤흐 해석. 서울: 학지사.

권석만(2013). 현대이상심리학. 서울: 학지사.

권석만(2012). 현대심리치료와 상담이론. 서울: 학지사.

권준수 외(2015). 정신질환의 진단 및 통계 편람. 서울: 학지사.

김영혜 외(2014). 상담 및 심리치료의 이론. 서울: 시그마프레스.

김재환 외(2014). 임상심리검사의 이해. 서울: 학지사.

노성덕 외(2014). 상담심리학. 서울: 학지사.

마음사랑연구소(2015). MMPI 2 해석 상담, 어떻게 할 것인가. 긍정심리학적 접근. 서울: 마음사랑.

박상규(2006). 정신재활의 이론과 실제. 서울: 학지사.

박영숙 외(2019). 현대 심리평가의 이해와 활용. 서울: 학지사.

손정락(2006). 긴장 이완과 스트레스 감소 워크북. 서울: 하나의학사.

손정락(2012). 현대임상심리학. 서울: 시그마프레스.

신민섭 외(2019). 최신 임상심리학. 서울: 사회평론아카데미.

신성만 외(2014). 정신재활. 서울: 학지사.

신성만 외(2016). 동기강화상담. 서울: 시그마프레스.

오상우 외(2018). PAI 평가의 핵심. 서울: 학지사.

유성진 외(2020). MMPI-2 해설서. 서울: 학지사.

유영권 외(2019). 상담 수퍼비전의 이론과 실제. 서울: 학지사.

이우경(2019). DSM-5에 의한 최신 이상심리학. 서울: 학지사.

이우경, 이원혜(2012). 심리평가의 최신 흐름. 서울: 학지사.

이훈진 외(2007). MMPI-2 성격 및 정신병리 평가. 서울: 시그마프레스.

임선아 외(2018). 행동수정. 서울: 학지사.

정문자 외(2019). 아동상담의 이해. 서울: 학지사.

조수철, 신민섭(2006). 소아정신병리의 진단과 평가. 서울: 학지사.

천성문 외(2015). 상담심리학의 이론과 실제. 서울: 학지사.

천성문 외(2019). 집단상담 이론과 실제. 서울: 학지사.

천성문 외(2020). 상담입문자를 위한 상담기법 연습. 서울: 학지사.

최기홍, 권정혜(2010). 중증 정신질환의 치료와 재활. 서울: 학지사.

편저자 소개

김 도 연(Kim Doyeon)

전북대학교 임상심리학 석사
전북대학교 임상심리학 박사

전 사단법인 한국청소년자살예방협회 회장
한양대학교 이노베이션대학교 겸임교수
경희대학교 후마니타스칼리지 겸임교수
가톨릭대학교 성모병원 Clinical Psychologist & Supervisor

현 마인드플니스 심리상담연구소 대표
한국데이트폭력연구소 소장
경희사이버대학교 상담심리학과 겸임교수
한국보건산업진흥원 R&D 평가위원
서울지방경찰청 범죄피해평가 감수위원

쉽게 풀어 쓴
임상심리사: 2급 실기(2023 최신판)

2023년 2월 15일 1판 1쇄 인쇄
2023년 2월 25일 1판 1쇄 발행

엮은이 • 김도연
펴낸이 • 김진환
펴낸곳 • (주) 학지사
04031 서울특별시 마포구 양화로 15길 20 마인드월드빌딩
대표전화 • 02)330-5114 팩스 • 02)324-2345
등록번호 • 제313-2006-000265호

홈페이지 • http://www.hakjisa.co.kr
페이스북 • https://www.facebook.com/hakjisabook

ISBN 978-89-997-2857-0 93180

정가 29,000원

엮은이와의 협약으로 인지는 생략합니다.
파본은 구입처에서 교환해 드립니다.

이 책을 무단으로 전재하거나 복제할 경우 저작권법에 따라 처벌을 받게 됩니다.

출판미디어기업 학지사
간호보건의학출판 **학지사메디컬** www.hakjisamd.co.kr
심리검사연구소 **인싸이트** www.inpsyt.co.kr
학술논문서비스 **뉴논문** www.newnonmun.com
교육연수원 **카운피아** www.counpia.com